Von der Septuaginta zum Neuen Testament

Arbeiten zur Neutestamentlichen Textforschung

Herausgegeben im Auftrag des
Instituts für Neutestamentliche Textforschung der Westfälischen
Wilhelms-Universität Münster/Westfalen

von David C. Parker und Holger Strutwolf

Band 43

De Gruyter

Von der Septuaginta zum Neuen Testament

Textgeschichtliche Erörterungen

Herausgegeben von Martin Karrer,
Siegfried Kreuzer und Marcus Sigismund

De Gruyter

BS
2387
.V66
2010

ISBN 978-3-11-024001-6
e-ISBN 978-3-11-024002-3
ISSN 0570-5509

Library of Congress Cataloging-in-Publication Data

Von der Septuaginta zum Neuen Testament : textgeschichtliche Erörterungen / [herausgegeben von] Martin Karrer, Siegfried Kreuzer, Marcus Sigismund.
   p. cm. − (Arbeiten zur neutestamentlichen Textforschung ; Bd. 43)
Proceedings of a technical meeting held in early 2010 at the Kirchliche Hochschule Wuppertal-Bethel.
Includes bibliographical references and index.
ISBN 978-3-11-024001-6 (hardcover 23 × 15,5 : alk. paper)
   1. Bible. N.T. − Relation to the Old Testament − Congresses.   2. Bible. O.T. Greek − Versions − Septuagint − Congresses.   3. Bible − Criticism, Textual − Congresses.   I. Karrer, Martin.   II. Kreuzer, Siegfried. III. Sigismund, Marcus, 1971 −
   BS2387.V66   2010
   230'.041 − dc22

                                  2010024279

Bibliografische Information der Deutschen Nationalbibliothek

Die Deutsche Nationalbibliothek verzeichnet diese Publikation in der Deutschen Nationalbibliografie; detaillierte bibliografische Daten sind im Internet über http://dnb.d-nb.de abrufbar.

∞ Gedruckt auf säurefreiem Papier
Printed in Germany
www.degruyter.com

Vorwort

Der vorliegende Band führt eine Neuerung in die Arbeiten zur Neutestamentlichen Textforschung ein: Er weitet das Interesse der Reihe auf alt- und neutestamentliche Textforschung aus. Der Grund dafür liegt in der Sache. Denn das Neue Testament verwendet die Schriften Israels, die zum Alten Testament (im Griechischen zur Septuaginta) werden, in Zitaten und zitatnahen Anspielungen. Die großen Vollbibeln des 4. und 5. Jh. vereinen daraufhin die zitierenden und die zitierten Texte gemäß der Septuaginta-Fassung der Schriften Israels. Daher verlangt die Textüberlieferung selbst den Brückenschlag zwischen dem Neuen Testament und den Referenztexten.

Die Arbeit an dieser Eigentümlichkeit der Textüberlieferung hat in den letzten Jahren einen beträchtlichen Aufschwung erfahren, wie nicht zuletzt verschiedene Workshops und international besetzte Tagungen des Institutes für Septuaginta und Biblische Textforschung der Kirchlichen Hochschule Wuppertal/Bethel zeigten. Die Arbeit des Instituts und einen Teil der dort gehaltenen Vorträge einer breiteren Öffentlichkeit zugänglich zu machen, ist Ziel des vorliegenden Sammelbandes.

Den Herausgebern der Reihe, David Parker und Holger Strutwolf, ist sehr zu danken, dass sie diese Erweiterung der Fragestellung in der klassischen Reihe der neutestamentlichen Textforschung (verbunden mit dem Institut für Neutestamentliche Textforschung der Westfälischen Wilhelms-Universität Münster/Westfalen) wagen.

Gleichfalls gedankt sei dem Verlag und den mit dem Band befassten Mitarbeitern, namentlich den studentischen Hilfskräften Darius Müller und Kerstin Riegel sowie Frau Dorothee Schönau vom wissenschaftlichen Sekretariat der Kirchlichen Hochschule, die bei der Erstellung der Druckvorlage tatkräftig Hand anlegte. Welche Arbeit alle Beteiligten auf sich nahmen, werden all jene nachvollziehen können, die bereits einmal mit den formattechnischen Unwägbarkeiten textkritischer Publikationen befasst waren. Herrn Dr. Wolfgang Schütte ist für die Zusammenstellung der Register zu danken.

Die Beiträge des Bandes lenken die Aufmerksamkeit zunächst auf eine textgeschichtliche Frage zur Septuaginta, die auch für die neutestamentlichen Zitation Gewicht hat, nämlich den antiochenischen Text, der herkömmlich als junge Revision gilt, aber eine alte Basis besitzt und somit in neutestamentlicher Zeit für viele Bereiche der Septuaginta vorhanden war, in einigen Bereichen sogar dem sog Old Greek (dem Ausgangstext der Septuaginta) nahe kommt. Die weiteren Beiträge untersuchen den Vorgang der Zitation in den großen Codices des 4. und 5. Jh. und diskutieren die Eigenart und den textgeschichtlichen Wert der ntl. Schriftreferenzen unter bewusstem Einbezug auch von kontroversen Auffassungen.

Möglich wurde diese Bandbreite von Aspekten durch die Unterstützung der Deutschen Forschungsgemeinschaft für Forschungsprojekte zum Antiochenischen Text und der Rezeption der Septuaginta im Neuen Testament am Institut für Septuaginta und Biblische Textforschung der Kirchlichen Hochschule Wuppertal/Bethel. Wir danken der Deutschen Forschungsgemeinschaft und der Kirchlichen Hochschule, die Lücken über ihren Forschungshaushalt füllten.

Nicht zuletzt hoffen wir, dass der Band dazu beiträgt, die bisher selbstständige Erforschung der Textgeschichte von Septuaginta und Neuem Testament fruchtbar miteinander zu verzahnen, und zu weiterer textgeschichtlicher Forschung motiviert. Sowohl die Septuaginta-Rezensionen als auch die Rezeption alttestamentlicher Schriften im Neuen Testament halten ausgedehnte Forschungsfelder bereit. Eine genaue Analyse auch der Marginalbeschriftung der biblischen Manuskripte ist bislang nahezu vollständig vernachlässigt. Die Verbindung der bisher meist getrennten Bereiche von alt- und neutestamentlicher Textkritik steht in vielen Fragen noch aus und ist nicht zuletzt vor dem Hintergrund der neueren elektronischen Editionsmöglichkeiten voranzutreiben.

Wuppertal, 30.5.2010

Martin Karrer, Siegfried Kreuzer und Marcus Sigismund

Inhaltsverzeichnis

Von der Septuaginta zum Neuen Testament – Einleitung

MARTIN KARRER – SIEGFRIED KREUZER

Seit 2007/2008 fördert die Deutsche Forschungsgemeinschaft die Untersuchung der antiken Textentwicklung zwischen der LXX und den ntl. Hss. am Institut für Septuaginta und biblische Textforschung der Kirchlichen Hochschule Wuppertal-Bethel. Die Forschung gilt drei Teilbereichen. Ein erstes Projekt (geleitet durch Siegfried Kreuzer) wendet sich dem Antiochenischen Text (Ant. Text) zu, dessen Grundlage in der vorneutestamentlichen Zeit entstand und der, anders als die Forschung früher annahm, in beträchtlichen Teilen dem Archetyp der LXX (dem sog. Old Greek) nahe steht. Ein zweites Projekt (geleitet durch Martin Karrer) untersucht die Entwicklung der Zitate aus der LXX im NT mit Schwerpunkt auf den großen Hss., die die Schriften der LXX und des NT in einem Produktionszusammenhang zusammenschließen (Sinaiticus, Vaticanus, Alexandrinus und – nur partiell erhalten – Ephraemi Rescriptus). Damit verbunden, versucht ein dritter Teilbereich (geleitet durch Martin Karrer), die Spuren aus der LXX und anderer jüdischer Schriftüberlieferung im eigentümlichen Schriftgebrauch der Apk textlich genauer zu verfolgen.

Das Institut veranstaltete regelmäßig Workshops und im Frühjahr 2009 eine Fachtagung, um sich abzeichnende Beobachtungen kritisch zu überprüfen und Drittaspekte zu Gehör zu bringen. Der vorliegende Band nimmt einige dieser Beiträge auf[1] und stellt Schwerpunkte der Wuppertaler Arbeit vor:

Ein erster Teil des Bandes (I. Septuaginta und Antiochenischer Text) gilt dem Ant. Text der Septuaginta, insbesondere im Bereich der älteren Ge-

---

[1] Andere werden an dritten Orten veröffentlicht. Genannt sei nur F. Wilk (Göttingen), Das Zitat 1Kor 2,9 und seine traditionsgeschichtlichen Kontexte (Veröffentlichung in Vorbereitung), der den interessanten Fall erörtert, dass ein ntl. Zitat nicht in der LXX zu verifizieren ist und auch nicht nachträglich in den LXX-Text eingetragen wurde, obwohl das durch Anklänge an mehreren Stellen der LXX möglich gewesen wäre (Jes 64,3f.; 65,16b–17; Jer 3,16).

schichtsbüchern (Samuel- und Königebücher) und im Vergleich mit der sog. kaige-Revision, woran sich Ausblicke zum NT anschließen.

Die umfangreiche Mitte des Bandes untersucht Aspekte der ntl. Schriftzitate und ihrer Überlieferung. Schwerpunkte gelten nach der einführenden Übersicht den Markierungen der Zitate in den großen griechischen Hss. (Diplés, Quellenangaben in Marginalien), die erst jetzt in den dezidierten Blick der biblischen Forschung geraten, und der in Wuppertal entstehenden Datenbank, die der breiten Öffentlichkeit in open access zugänglich sein wird und die künftige Forschung an den Zitaten erleichtern soll.[2]

Einzeluntersuchungen dokumentieren am Beispiel des 1Petr den Dissens zur Frage, ob sprachlich-textliche Besonderheiten auf eine ungewöhnliche Fassung des LXX-Textes oder Tätigkeit des ntl. Autors verweisen, und verbreitern den Horizont zu den Kirchenvätern wie zur nichtgriechischen Überlieferung, um eine Verengung des Horizonts in der Zitatgeschichte zu vermeiden.[3]

- Der letzte Teil des Bandes (V. Die Apokalypse des Johannes – textgeschichtliche Probleme und Schriftrezeption) wendet sich der Apk zu. Zu ihr begann das Forschungsprojekt etwas später, doch zeichnet sich die Komplexität und Eigenart des Gegenstandes (freie Textwiedergabe bei erkennbarer Priorität der LXX) gut ab.[4] Überraschend stellte sich bei den Untersuchungen heraus, dass der Apk-Text trotz bedeutender textgeschichtlicher Studien des 20. Jh.[5] höchst unbefriedigend ediert ist. Die Wuppertaler Forschungserkenntnisse dringen darauf, eine kritische editio maior der Apk zu erstellen.[6]

---

2   Die Beta-Version ist frei und ohne Registrierung zugänglich unter: *http://www.kiho-wuppertal-bethel.de/institut_fuer_septuaginta_und_biblische_textforschung/datenbank.*

3   Neben der im Band dokumentierten syrischen Überlieferung wurde auch die koptische diskutiert. Dazu befindet sich der in Wuppertal vorgetragene Beitrag von P. Nagel (Bonn), Vetus Testamentum in Novo. Die koptischen Septuagintazitate im Neuen Testament in der Druckvorbereitung (Veröffentlichung voraussichtlich im Journal of Coptic Studies 2010).

4   Eine Spezialuntersuchung über Besonderheiten der Schriftanspielungen der Apk in den biblischen Vollhandschriften (A, S/‫א‬, C) ist im Entstehen und wird die Hinweise zu den großen Hss. aus der Mitte des Bandes abrunden.

5   S. bes. H. C. Hoskier, Concerning the Text of the Apocalypse. Collations of All Existing Available Greek Documents With the Standard Text of Stephen's Third Edition. Together With the Testimony of Versions, Commentaries and Fathers; a Complete Conspectus of All Authorities, Bde. 1–2, London 1929 und J. Schmid, Studien zur Geschichte des Griechischen Apokalypse-Textes, I Der Apokalypse-Kommentar des Andreas von Caesarea. 1 Text (1955), 2 Einleitung (1956), MThS.E I 1–2, München 1955–1956, ders., Studien zur Geschichte des Griechischen Apokalypse-Textes, II Die Alten Stämme, MThS.E II, München 1955.

6   Vgl. M. Karrer, Der Text der Johannesoffenbarung in Alexandrinus und Sinaiticus, erscheint in: A Century of Knowledge in Early Christianity (40–140 AD). Ein Jahrhundert der Kenntnis im frühen Christentum, erscheint Pretoria 2010, und ders., Der Text der Johannesapoka-

Die Mitarbeiter des Wuppertaler Instituts – PD Dr. M. Labahn, Prof. Dr. U. Schmid, Dr. M. Sigismund, J. de Vries – sind sämtlich im Band vertreten. Ihnen sei herzlich für ihre unermüdliche und höchst produktive Arbeit gedankt. Gleichfalls gilt der Dank den Hilfskräften Gabriel Becker, Franziska Beetschen, Christina Kreiskott, Micha J. Kuppler, Darius Müller und Kerstin Riegel sowie dem IT-Spezialisten Jens Thomas, die sich weit über das Normale hinaus engagierten, der Bibliothek in Wuppertal, die manch schwierigen Wunsch erfüllte (genannt seien Dr. J. Frels, K. Großkurth, I. Leifert, I. Müller, S. Prädel, J. Waurisch). Vor allem aber ist den Trägern der Hochschule zu danken, die das Institut fördern, und in überragender Weise der Deutschen Forschungsgemeinschaft, die alle Projektbereiche finanziert.

Nach zwei Jahren der Forschung zeichnen sich dank der vielfachen Förderung und der intensiven Durchdringung der Materie durch die Mitarbeiter wichtige Ergebnisse ab. Nennen wir sie in knapper Übersicht:

-   Der Ant. Text ist zwar nur in einer Familie von Minuskelhandschriften erhalten, er ist aber auf Grund der Zitate bei antiochenischen Kirchenschriftstellern des vierten und fünften Jahrhunderts in der äußeren Bezeugung als ähnlich alt wie die großen Codices erwiesen. Auf Grund der Übereinstimmungen mit Josephus, mit dem NT sowie mit der im Wesentlichen im 2. Jh. n.Chr. entstandenen Vetus Latina wurde schon bisher immer wieder ein hohes Altes zumindest eines Substrats dieses Textes vermutet. Auf Grund der von Hieronymus erwähnten Verbindung mit dem 312 n.Chr. verstorbenen Exegeten und Märtyrer Lukian wurde der Text aber von den allermeisten Autoren als Ergebnis einer Bearbeitung der Zeit um 300 n.Chr. eingestuft. Selbst angesichts der Qumranfunde wurde – mit fast einziger Ausnahme von Dominique Barthélemy – am späten und redaktionellen Charakter des Ant. Textes festgehalten und ein hohes Alter nur für jene Passagen akzeptiert, zu denen es Zitate aus Josephus oder Fragmente aus Qumran oder der Vetus Latina gibt. Die Übereinstimmungen mit Zitaten im NT wurde darüber hinaus sogar pauschal als Übernahme ntl. Textformen in die handschriftliche Überlieferung der Septuaginta erklärt.

-   Demgegenüber zeigen die hier vorgelegten Untersuchungen durch neue Beobachtungen und einen neuen methodischen Zugang, dass der Antiochenische Text tatsächlich der ursprünglichen LXX (Old Greek) sehr nahe steht und – zumindest in den Geschichtsbüchern – ihr bester Zeuge ist. Die nicht zuletzt unter Berücksichtigung der zeitgenössischen frühjüdischen

lypse, im Erscheinen, J. Frey, J. A. Kelhoffer, F. Tóth (Hgg.), Die Johannesapokalypse: Kontexte und Konzepte/The Revelation of John: Contexts and Concepts, WUNT, Tübingen 2010.

Hermeneutik entwickelte Methodik und die gewonnenen Ergebnisse bestätigen die infolge der Qumrantexte und der frühen Zitate, insbesondere des Josephus, gewonnen Einsichten, und zwar nicht nur für dort, wo zufällig Vergleichstexte vorhanden sind, sondern generell.

Ausgehend von diesen Erkenntnissen zum ältesten Text der LXX wird an einzelnen Beispielen gezeigt, dass die Übereinstimmungen mit neutestamentlichen Zitaten nicht sekundär sind, sondern ursprünglich, womit diese Zitate ihrerseits wichtige frühe Belege für den Antiochenischen Text darstellen.

- Die im ersten Beitrag dargestellten grundlegenden Erkenntnisse werden im folgenden Beitrag mit einem Überblick zu den vorhandenen LXX-Hss. und den sonstigen Quellen wie Qumran-Hss., Masoretischer Text und Vetus Latina verknüpft und veranschaulicht. Im dritten Beitrag dieses ersten Teiles wird schließlich die textliche Überlieferung der Beamtenliste Davids (2Sam 20,23-26) untersucht, wobei sich die eingangs gewonnene Erkenntnisse bestätigen.

- Die in diesem ersten Teil gewonnenen Ergebnisse haben nicht nur Bedeutung für die Bewertung des Ant. Textes als dem besten Zeugen für die ursprüngliche LXX (ohne dass damit Textverderbnisse und auch einzelne Änderungen ausgeschlossen wären). Es ist vielmehr anzunehmen, dass ähnliches auch für andere Teile der LXX – insbesondere der Propheten und der Psalmen – gilt.

Die Ergebnisse haben auch Bedeutung für die Interpretation des NT, nämlich ob die ntl. Autoren die ihnen vorliegenden Text genau zitiert oder ihren Absichten angepasst haben. Nicht zuletzt ergibt sich eine Konsequenz für die Grammatik des ntl. Griechisch: Durch eine sorgfältige Unterscheidung zwischen Zitaten der relativ gut griechisch übersetzenden Old Greek bzw. dem Ant. Text einerseits und den hebraisierend überarbeiteten kaige-Texten andererseits könnten diverse Unschärfen der grammatischen Beschreibung überwunden werden.

- Das Alter des Ant. Textes bestätigt sich durch die Spuren dieses Textes in den ntl. Zitaten. Sicher nachweisbar ist nach den bisherigen Untersuchungen der Einfluss im Bereich der Geschichtsbücher (s. Röm 11,4 neben 3 Königtümer [MT 1Kön] 19,18 Ant. Text) des Ezechielbuches (s. 2Kor 6,16 neben Ez 37,27 ant. Text) und der Psalmen (s. Hebr 1,7.12 neben Ps

103[104], 4 und Ps 101[102], 27 ant. Text).[7] Diese bisher punktuellen Beobachtungen müssen aber noch vertieft und verbreitert werden.

- Neben dem Ant. Text begegnen im NT andere im 1. Jh. umlaufende Textfassungen der griechischen Schriften Israels, so dass sich Tendenzen von kaige (s. Act 2,18 nach Joel 3,2) bis zu (Proto)-Symmachus finden (s. Röm 12,19 und Hebr 10,30aβ neben Dtn 32,35).

- Viele Abweichungen ntl. Schriftzitate vom Wortlaut der kritischen Septuaginta-Editionen erklären sich mithin durch Besonderheiten der Textüberlieferung um die ntl. Zeit. Die ntl. Autoren benützten ihnen zugängliche Hss. oder ihnen mündlich überlieferte Textfassungen, die in Hss. eingingen. Sie betteten die Zitate in die Kontexte ihrer Schriften ein (durch Anpassung an die Syntax des zitierenden Textes u.ä.), änderten aber den Kern der aufgegriffenen Texte meist nur begrenzt.

- Die Textüberlieferung der Alten Kirche bewahrte die LXX und ntl. Text lange, teilweise noch bis zum frühen Mittelalter in beträchtlichem Maße unabhängig voneinander. Der von der Forschung bis vor kurzem vermutete starke Einfluss neutestamentlicher Zitate auf die nachneutestamentliche LXX-Überlieferung bestätigt sich nicht.

- Wo es unbeschadet der weitgehenden Selbstständigkeit von ntl. und LXX-Überlieferung zu Abgleichungen zwischen LXX-Vorlagen und ntl. Zitaten kommt, dominiert in der Regel bis mindestens zum Ausgang der Antike die LXX. Exemplarische Einblicke ins Mittelalter lassen vermuten, dass sich auch dort das Gefälle keineswegs überall zugunsten des NT umkehrte. Doch ist die Untersuchung dessen noch zu leisten.

- Aufgrund der geschilderten Charakteristika sind viele ntl. Schriftzitate in der Rekonstruktion der LXX-Überlieferung und manchmal auch des ältest erreichbaren LXX-Textes (des Old Greek) zu berücksichtigen. Markante Beispiele bilden Röm 3,10–18 neben LXX Ps 13 und Hebr 10,5–7 neben LXX Ps 39,7–9.

- Die biblischen Vollhandschriften kennzeichnen die ntl. Zitate nicht einheitlich, aber in signifikantem Umfang durch ein Sonderzeichen, die Diplé (ein, wie der Name sagt, in der Regel zweihakiges Zeichen). Der Umgang mit dieser Diplé verdient besondere Aufmerksamkeit, da er bislang noch kaum erforscht ist.

---

7 Vgl. S. Docherty, The Text Form of the OT Citations in Hebrews Chapter 1 and the Implications for the Study of the Septuagint, NTS 55, 2009, 355–365.

- Die Apk bildet einen Sonderfall in der frühchristlichen Schriftrezeption. Sie zitiert nie explizit, sondern schmilzt gemeinhin die Schriften Israels in erstaunlicher Breite in den eigenen Text ein. So werden die Rezeptionstexte zu einem neuen Text. An einzelnen Stellen verwendet die Apk die rezipierten Texte aber sprachlich so dicht, dass von einem nicht explizit gekennzeichneten Zitat gesprochen werden kann (s. bes. Apk 15,4 auf LXX Ps 85,9; s.a. Ps 2,9 in Apk 2,26b–27; 19,15; 2Kön 1,10 in Apk 20,9; Zeph 3,13 in Apk 14,5). Die verbreitete Meinung, in der Apk gäbe es keine Zitate, ist daher zu differenzieren.

- Unter den Bezugstexten der Apk besitzen die LXX-Fassungen bzw. jüdisch-griechische Textentwicklungen, die die sog. jüngeren Übersetzungen vorbereiten,[8] erhebliches Gewicht, ohne Einflüsse des hebräischen Textes (und gelegentlich targumischer Überlieferung[9]) ganz zu verdrängen. D.h. der Autor der Apk war neben dem Griechischen auch in semitischen Traditionen bewandert. Gleichwohl gab er im von ihm angestrebten kleinasiatischen Rezeptionsraum und angesichts der von ihm verwendeten griechischen Sprache griechischen Schriftüberlieferungen den Vorzug.

All diese Ergebnisse drängen zur Vertiefung, Überprüfung und Erweiterung. Möge also die Forschung in den nächsten Jahren in Wuppertal und an dritten Orten reiche weitere Erträge bringen!

Außer den in diesem Band vorgelegten seien für das Wuppertaler Projekt noch folgende, teils erschienene, teils im Erscheinen befindliche Beiträge genannt:

Für den Bereich Septugintarezensionen, insb. „Old Greek":

S. Kreuzer, From 'Old Greek' to the recensions. Who and what caused the change of the Hebrew reference-text of the Septuagint?, in: Septuagint Research. Issues and challenges in the Study of the Greek Jewish Scriptures,

---

8   Vgl. z.B. Apk 1,7a (Ἰδοὺ ἔρχεται μετὰ τῶν νεφελῶν [...]) mit Dan 7,13 Θ (ἰδοὺ μετὰ τῶν νεφελῶν τοῦ οὐρανοῦ [...] ἐρχόμενος) sowie 1,7b (καὶ ὄψεται αὐτὸν πᾶς ὀφθαλμὸς καὶ οἵτινες αὐτὸν ἐξεκέντησαν, καὶ κόψονται ἐπ'αὐτὸν πᾶσαι αἱ φυλαὶ τῆς γῆς. mit den sog. jüngeren Übersetzungen von Sach 12,10 [καὶ ἐκχεῶ ἐπὶ τὸν οἶκον Δαυιδ καὶ ἐπὶ τοὺς κατοικοῦντας Ιερουσαλημ πνεῦμα χάριτος καὶ οἰκτιρμοῦ καὶ ἐπιβλέψονται (θ´: ὄψονται) πρός με ἀνθ'ὧν κατωρχήσαντο (θ´ et al.: εἵς ὅν ἐξεκέντησαν α´ σὺν ᾧ ἐξεκέντησαν σ´ ἔμπροσθεν ἐξεκέντησαν) καὶ κόψονται ἐπ' αὐτὸν κοπετὸν ὡς ἐπ'ἀγαπητὸν καὶ ὀδυνηθήσονται ὀδύνην ὡς ἐπὶ πρωτοτόκῳ] (eventuell durch ein christliches Testimonium vermittelt) und καὶ σκηνώσει μετ'αὐτῶν in Apk 21,3 mit Jer 7,3 α´ σκηνώσω σὺν ὑμῖν.

9   Vgl. z.B. Apg 21,4 neben Tg Jes 65,20; J. van Ruiten, The Intertextual Relationship Between Isaiah 65,17–20 and Revelation 21,1–5b, EstB 51, 1993, 473–510.

Hg. Kraus, Wolfgang/Wooden, Glenn, in: Septuagint and Cognate Studies, 2006, S. 225–237.

S. Kreuzer, Die Septuaginta im Kontext alexandrinischer Kultur und Bildung, in: Im Brennpunkt: Die Septuaginta. Studien zu Entstehung und Bedeutung der Griechischen Bibel, Bd. 3, BWANT 174, Stuttgart 2007, 28–56.

S. Kreuzer, Towards the Old Greek. New Criteria for the Evaluation of the Recensions of the Septuagint (especially the Antiochene/Lucianic Text and the Kaige-Recension), in: M. K. H. Peters (Hg.), Congress Volume Lubljana 2007, SCS 55, Atlanta 2008, 239–253.

S. Kreuzer, Das frühjüdische Textverständnis und die Septuaginta-Versionen der Samuelbücher. - Neue Kriterien zur Bewertung des Antiochenischen Textes und der Kaige-Rezension an Hand von 2Sam 15,1–12, erscheint in: W. Kraus/O. Munnich (Hgg.), La Septante en Allemagne et en France. Septuaginta Deutsch und La Bible d´Alexandrie, OBO 238, Fribourg 2009/2010.

S. Kreuzer, Translation and Recensions: Old Greek, Kaige, and Antiochene Text in Samuel and Reigns, BIOSCS 43 (2009), 34–51.

S. Kreuzer, Textformen und Bearbeitungen. Kriterien zur Frage der ältesten Textgestalt, insbesondere des Septuagintatextes, anhand von 2 Samuel 12, erscheint in: P. Hugo/A. Schenker (Hgg.), Archaeology of the Books of Samuel. The Entangling of the Textual and Literary History, VTS 132, Leiden: Brill 2010, 91–115.

S. Kreuzer, Übersetzung – Revision – Überlieferung. Probleme und Aufgaben in den Geschichtsbüchern, erscheint in: M. Karrer/W. Kraus/M. Meiser (Hgg.), Die Septuaginta – Texte, Theologien und Einflüsse, WUNT, Tübingen 2010.

Einleitung zur Septuaginta des Richterbuches, in: Septuaginta-deutsch. Erläuterungen, erscheint in: M. Karrer/W. Kraus u.a. (Hgg.), Septuaginta Deutsch. Erläuterungen, Bd. 1, Stuttgart 2010.

M. Meiser/S. Kreuzer, Erläuterungen zur Septuaginta des 1. und 2. Samuelbuches, erscheint in: M. Karrer/W. Kraus u.a. (Hgg.), Septuaginta Deutsch. Erläuterungen, Bd. 1, Stuttgart 2010.

Für den Bereich der atl. Zitate im NT und ihre Textform:

M. Karrer, Licht über dem Galiläa der Völker: Die Fortschreibung von Jes 9:1-2 in der LXX, in: J. Zangenberg/H.W. Attridge/D.B. Martin (Edd.), Religion, Ethnicity and Identity in Ancient Galilee. A Region in Transition, WUNT II 210, Tübingen 2007, 33–53.

M. Labahn, Rezension von J. Hernández jr., Scribal Habits and Theological Influences in the Apocalypse, WUNT II 218, Tübingen 2006, in: EThL 83 (2007), 499–502.

U. Schmid, Rezension von D. Jongkind, Scribal Habits of Codex Sinaiticus. TaS III 5, Piscataway, NJ 2007, in: BIOSCS 41 (2008), 128–132.

M. Karrer, Die Entstehungsgeschichte der Septuaginta und das Problem ihrer maßgeblichen Textgestalt, in: M. Karrer/W. Kraus/M. Meiser (Hgg.), Die Septuaginta – Texte, Kontexte, Lebenswelten. Internationale Fachtagung, veranstaltet von Septuaginta Deutsch (LXX.D), Wuppertal 20.–23. Juli 2006, WUNT 219, Tübingen 2008, 40–62.

M. Karrer/U. Schmid/M. Sigismund, Das lukanische Doppelwerk als Zeuge für den LXX-Text des Jesaja-Buches, in: H. Ausloos/B. Lemmelijn/M. Vervenne ed., Florilegium Lovaniense. Studies in Septuagint and Textual Criticism in Honour of Florentino García Martínez, BEThL 224, Leuven etc. 2008, 253–274.

M. Labahn, Ausharren im Leben, um vom Baum des Lebens zu essen und ewig zu leben. Zur Textform und Auslegung der Paradiesgeschichte der Genesis in der Apokalypse des Johannes und deren Textgeschichte, in: H. Ausloos/B. Lemmelijn/M. Vervenne ed., Florilegium Lovaniense. Studies in Septuagint and Textual Criticism in Honour of Florentino García Martínez, BEThL 224, Leuven etc. 2008, 291–316.

U. Schmid, "Scribes and Variants. Sociology and Typology", in: H. A. G. Houghton/D. C. Parker (Edd.), Textual Variation: Theological and Social Tendencies? Papers from the Fifth Birmingham Colloquium on the Textual Criticism of the New Testament, TaS III 6, Piscataway, NJ 2009, 1–23.

M. Karrer, Ps 22 (MT 23): von der Septuaginta zur Eschatologisierung im frühen Christentum, erscheint in: W. Kraus/O. Munnich, La Septante en Allemagne et en France. Septuaginta Deutsch und La Bible d'Alexandrie, OBO, Fribourg 2009/2010.

M. Karrer, LXX Ps 39:7–10 in Hebrews 10:5–7, erscheint in: D. J. Human/G. Steyn (Edd.): Reception of the Psalms, 2009/2010.

M. Karrer/S. Kreuzer, Von der Septuaginta zum Neuen Testament. Forschungsprojekte der Kirchlichen Hochschule Wuppertal-Bethel, erscheint in: Early Christianity 1 (2010).

M. Karrer/U. Schmid/M. Sigismund: Textgeschichtliche Beobachtungen zu den Zusätzen in den Septuaginta-Psalmen, erscheint in: M. Karrer/W.

Kraus/M. Meiser (Hgg.), Die Septuaginta – Texte, Theologien und Einflüsse, WUNT, Tübingen 2010.

M. Karrer, The New Leaves of Sinaiticus Judges, erscheint in W. Kraus/M. Karrer/M. Meiser (Hgg.), Die Septuaginta – Texte, Theologien und Einflüsse, WUNT, Tübingen 2010.M. Labahn, Die Septuaginta und die Johannesapokalypse. Möglichkeiten und Grenzen einer Verhältnisbestimmung im Spiegel von kreativer Intertextualität und Textentwicklungen, erscheint in: J. Frey, J. A. Kelhoffer, F. Tóth (Hgg.), Die Johannesapokalypse: Kontexte und Konzepte/The Revelation of John: Contexts and Concepts, WUNT, Tübingen 2010.

M. Sigismund, Anmerkungen zu alttestamentlichen Zitaten in der gotischen, neutestamentlichen Bibelüberlieferung, erscheint in: W. Kraus/M. Karrer/M. Meiser (Hgg.), Die Septuaginta – Texte, Theologien und Einflüsse, WUNT, Tübingen 2010.

Vgl. für den größeren Bereich der Septuagintaforschung außerdem:

M. Karrer/W. Kraus in Zusammenarbeit mit E. Bons, K. Brodersen, H. Engel, H.-J. Fabry, S. Kreuzer, W. Orth, M. Rösel, K. Usener, H. Utzschneider, F. Wilk (Hgg.), Septuaginta Deutsch. Erläuterungen, 2 Bde., in der Drucklegung zum Erscheinen Stuttgart 2010.

Literatur:

S. Docherty, The Text Form of the OT Citations in Hebrews Chapter 1 and the Implications for the Study of the Septuagint, NTS 55, 2009, 355–365.

H. C. Hoskier, Concerning the Text of the Apocalypse. Collations of All Existing Available Greek Documents With the Standard Text of Stephen's Third Edition. Together With the Testimony of Versions, Commentaries and Fathers; a Complete Conspectus of All Authorities, Bde. 1–2, London 1929.

M. Karrer, Der Text der Johannesoffenbarung in Alexandrinus und Sinaiticus, erscheint in: A Century of Knowledge in Early Christianity (40–140 AD).

P. Nagel, Vetus Testamentum in Novo. Die koptischen Septuagintazitate im Neuen Testament in der Druckvorbereitung (Veröffentlichung voraussichtlich im Journal of Coptic Studies 2010).

J. van Ruiten, The Intertextual Relationship Between Isaiah 65,17–20 and Revelation 21,1–5b, EstB 51, 1993, 473–510.

J. Schmid, Studien zur Geschichte des Griechischen Apokalypse-Textes, I Der Apokalypse-Kommentar des Andreas von Caesarea. 1 Text (1955), 2 Einleitung (1956), MThS.E I 1–2, München 1955–1956.

J. Schmid, Studien zur Geschichte des Griechischen Apokalypse-Textes, II Die Alten Stämme, MThS.E II, München 1955.

I. Septuaginta und Antiochenischer Text

Die Bedeutung des Antiochenischen Textes für die älteste Septuaginta (Old Greek) und für das Neue Testament

SIEGFRIED KREUZER

Untersuchungen und Diskussionen zur Septuaginta aber auch die Interpretation der atl. Zitate im NT gehen meistens davon aus, dass der in den kritischen Editionen zu findende Text der älteste und ursprüngliche ist. Dabei wird insbesondere der sogenannte lukianische bzw. Antiochenische Text (Ant) als spät und wenig relevant oder gar als vom NT her sekundär beeinflusst angesehen. Der folgende Beitrag möchte die Genese dieser Einschätzung aufzeigen und sie an Hand bekannter Fakten und vor allem an Hand neuer methodischer Perspektiven korrigieren sowie die Bedeutung der neuen Einsichten für die ntl. Exegese aufzeigen.

Das Stichwort „Antiochenische" oder „Syrischer" Text verbindet sich nicht nur für die Septuagintaforschung sondern mutatis mutandis auch für die ntl. Wissenschaft mit mehreren Fragezeichen und einer traditionell niedrigen Einschätzung. In einem der Klassiker der ntl. Wissenschaft, nämlich in der Einleitung von Werner Georg Kümmel, machte der Autor unter der Überschrift „Der heutige Stand der Neutestamentlichen Textkritik" auf die seit Westcott und Hort erfolgten großen Veränderungen aufmerksam und nennt dann eine einzige Ausnahme: „Die Westcott-Hortsche Auffassung der Textgeschichte ist an einem Punkte Allgemeingut der Erkenntnis geworden, das ist die Einsicht in die Minderwertigkeit des <syrischen Texttypus> (meist lieber *Ant, Lukian-Text, byzantinischer* oder *Reichstext* oder wegen seiner allgemeine Verbreitung *Koine-Text* […] genannt."[1] – Wenn ich recht sehe, könnte man heute noch immer ungefähr dasselbe feststellen: Die großen Veränderungen in allen Bereichen der Textgeschichte und die Kontinuität in der Beurteilung des Ant bzw. lukianischen Textes.[2]

---

1   W. G. Kümmel, Einleitung in das Neue Testament, Heidelberg [16]1969, 402.

2   So etwa bei E. J. Epp, The Significance of the Papyri for Determining the Nature of the New Testament Text in the Second Century. A Dynamic View of Textual transmission (1988), in: ders., Perspectives on New Testament Textual Criticism. Collected Essays 1962–2004, NTS

Allerdings machte auch schon Kümmel eine kleine Einschränkung: „Doch haben neuere Untersuchungen gezeigt, dass auch Koine-Lesarten alt und gut sein *können*, zumal wenn die Lesart sonst noch irgendwo bezeugt ist."[3] In diesem Sinn könnte man auch auf eine vorsichtige Öffnung in der Beurteilung des Ant bei Barbara Aland in ihrem Artikel Textgeschichte/Textkritik hinweisen.[4]

Auch für das AT erfährt der Ant bzw. der lukianische Text traditionell eine eher geringe bzw. zumindest eine ambivalente Bewertung und wird in der Regel mit gewissen Vorentscheidungen – um nicht zu sagen Vorurteilen – betrachtet.

Im Folgenden geht es vor allem um die Bedeutung des Ant bzw. lukianischen Textes im Rahmen der Septuagintaforschung sowie um neue Kriterien für die Bewertung dieser Textform. Daran werden sich einige Beispiele und Bemerkungen zur Bedeutung für das NT anschließen.

Dabei ist allerdings vorweg noch auf einen wichtigen Punkt hinzuweisen: M.E sind die Sachverhalte in der Textgeschichte zwischen AT und NT deutlich zu unterscheiden. Auch wenn die Codices in der Regel AT und NT umfassen, so ist mit der Untersuchung des alt. bzw. LXX-Textes noch wenig über den ntl. Text gesagt und umgekehrt. Wenn schon, dann ist der unmittelbare Zusammenhang zunächst auf die Schriftzitate zu beziehen.

1. Der lukianische Text in der alttestamentlichen Forschung

1.1 Die Identifikation des lukianischen Textes

Die Bezeichnung lukianischer Text geht zurück auf Bemerkungen des Hieronymus, der von einer trifaria varietas des biblischen Textes zu seiner Zeit spricht. Eine der Textformen ist die des Lukian, der um 312 als Märtyrer starb und mit dem eine exegetische Schule in Antiochien verbunden wird. Der lukianische Text soll in den Kirchengebieten von Antiochien bis nach Kon-

---

116, 2005, 345–381. Die von Epp so genannte Gruppe A wird von ihm nur am Rande behandelt und hat nur wenige und späte Papyri aufzuweisen (S. 368.376). Hier zeigt sich allerdings auch ein Grundproblem: Die Papyri stammen praktisch nur aus Ägypten (genauerhin nur aus Oberägypten, nicht aus dem Delta oder aus Alexandrien). Um die ägyptischen Papyri als repräsentativ betrachten zu können, muss er einen äußerst intensiven Austausch von Texten zwischen allen Kirchengebieten schon im zweiten Jahrhundert annehmen. Doch selbst wenn dies der Fall gewesen sein sollte, ist die Frage, ob das auch für die nicht so neuen sondern schon länger und vorchristlich existierenden alt. bzw. LXX-Texte angenommen werden kann.

3   Kümmel, Einleitung, 403.
4   B. Aland, Art. Textgeschichte/Textkritik der Bibel II., TRE 33, 2002, 155–168: 164.

stantinopel verbreitet gewesen sein, d.h. in Mesopotamien und Syrien und in Kleinasien.[5] Die Textform als solche konnte man bei den syrisch-antiochenischen Kirchenvätern finden, vor allem in den exegetischen Werken des Theodoret von Kyrrhos.

Antiochenische Hss. wurden in der Mitte des 19. Jh. identifiziert, und zwar auf der Basis der Septuagintaedition von Holmes-Parsons. Hier konnte man sehen, dass die Handschriften 19, 82, 93 und 108 sowie 127 oft zusammengehen.[6] Die Identifikation dieser Textform erfolgte durch den italienischen Gelehrten Ceriani 1863, dessen Erkenntnisse bald danach von Frederik Field und von Paul Anton de Lagarde übernommen wurden.[7]

Nicht nur forschungsgeschichtlich sondern auch sachlich interessant ist eine Notiz von Julius Wellhausen. Dieser hatte den Text der Samuelbücher untersucht und 1871 eine entsprechende Arbeit publiziert.[8] Dabei hatte er auch viele Konjekturen vorgeschlagen. In einem Nachwort berichtet er davon, dass er jüngst auf die lukianischen Handschriften hingewiesen wurde. Mit sichtlicher Begeisterung hält Wellhausen fest, dass er darin viele seiner Entscheidungen und sogar viele seiner Konjekturen bestätigt fand. Er schlug vor, diese Handschriften separat zu publizieren, weil sie in der Fülle des Materials bei Holmes-Parsons untergehen. Die Erfüllung dieses Wunsches nahm Lagarde in Angriff, dessen Ausgabe allerdings übereilt und zudem ohne kritischen Apparat war.[9] Erst vor etwa 20 Jahren wurde die Aufgabe von neuem in Angriff genommen. Bernhard Taylor erstellte für 1Sam aus den lukianischen Handschriften einen Mehrheitstext.[10] Vor allem aber liegt jetzt eine große kritische Edition des lukianischen Textes der Samuel- und Königebücher sowie der Chronik vor. Diese wurde von Natalio Fernandez Marcos und José Busto Saiz

---

5   Im Prolog zu den Büchern der Chronik schreibt er: „Constantinopolis usque Antiochiam Luciani martyris exemplaria probat". Für eine Diskussion dieser und anderer Bemerkungen und über die Rolle Lukians siehe H. Dörrie, Zur Geschichte der Septuaginta im Jahrhundert Konstantins, ZNW 39, 1940, 57–110, und N. Fernández Marcos, The Septuagint in Context. Introduction to the Greek Versions of the Bible, Leiden 2000, bes. 223f.

6   R. Holmes/J. Parsons, Vetus Testamentum Graecum Cum Variis Lectionibus. Vol. 2 Josue – 2 Paralipomena, Oxford 1810–1818. Ms 127 wurde erst während des Erscheinens zugänglich und wurde in einem Nachtrag ergänzt.

7   Dazu und zur weiteren Forschungsgeschichte siehe jetzt J.-H. Kim, Die hebräischen und griechischen Textformen der Samuel- und Königebücher. Studien zur Textgeschichte ausgehend von 2Sam 15,1–19,9, BZAW 394, Berlin 2009, 4–14.

8   J. Wellhausen, Der Text der Bücher Samuelis, Göttingen 1871.

9   P. A. de Lagarde, Librorum Veteris Testamenti canonicorum pars prior Graece, Göttingen 1883.

10 B. Taylor, The Lucianic manuscripts of 1 Reigns, Vol. 1: Majority Text, HSM 50, Atlanta, GA 1992; Vol. 2: Analysis, HSM 51, Atlanta, GA 1993.

erstellt.[11] Damit steht jedenfalls für die Geschichtsbücher eine ausgezeichnete
Arbeitsgrundlage zur Verfügung, die jeweils auch die Lesarten bei Josephus,
der Vetus Latina und anderen Textzeugen vermerkt.

1.2 Die Bewertung des lukianischen Textes

Jedenfalls für das AT geht das Urteil über den lukianischen Text bis heute im
Wesentlichen auf Alfred Rahlfs zurück. Während Rahlfs' Lehrer und Vorgän-
ger Paul Anton de Lagarde den lukianischen bzw. Ant offensichtlich hoch
einschätzte,[12] geht Rahlfs praktisch vom Gegenteil aus. Er legte 1911 eine
Studie zum lukianischen Text der Königebücher vor,[13] in dem er dessen Wert
konsequent möglichst weit reduziert. Während Adam Mez 1895 die Übereinstimmungen des lukianischen Textes mit Josephus aufgewiesen hatte,[14] werden
diese Übereinstimmungen von Rahlfs konsequent wegerklärt, so dass nur einige Übereinstimmungen in der Namenschreibung bleiben, die ihrerseits auf
zufällige Überlieferung zurückgeführt werden. Auch die Übereinstimmungen
mit der Vetus Latina, auf die schon Antonio M. Ceriani und andere Autoren
hingewiesen hatten, werden im Prinzip wegerklärt.

Die Studie von Rahlfs bezog sich, wie der Titel sagt, auf die
Königebücher. Sein Vergleichstext war im Wesentlichen der Text des Codex
Vaticanus, den er auch in der Handausgabe von 1935 vor allem in 2Kön wie-
dergab. 2Kön gehört zu den Texten der sog. kaige-Revision, deren Besonderheiten – vor allem eine auch stark formale Anpassung an das Hebräische –
schon Henry St. Jones Thackeray herausgestellt hatte, auch wenn die Bezeichnung als kaige-Rezension erst auf Dominique Barthélemy zurückgeht. Rahlfs
bezeichnet die Übersetzungsweise 2Kön zu Recht als ziemlich hölzern und
sogar als „stumpf-sinnig".[15]

Trotzdem geht Rahlfs hier wie auch später in seiner Handausgabe vom
Codex Vaticanus als ältestem Text aus. Er steht damit in der Tradition der
diplomatischen Ausgaben mit dem Codex Vaticanus als Obertext, die von der

---

11 N. Fernández Marcos/J. R. Busto Saiz, El texto antioqueno de la Biblia griega. I. 1–2 Samuel,
    TECC 50, Madrid 1989; II. 1–2 Reyes, TECC 53, Madrid 1992; III. 1–2 Crónicas, TECC 60,
    Madrid 1996.

12 Das lässt sich jedenfalls daraus erschließen, dass er seine auf den drei alten Textformen
    basierende Rekonstruktion des alten LXX-Textes damit begann, dass er als erstes den
    lukianischen Text erstellen wollte.

13 A. Rahlfs, Lucians Rezension der Königsbücher, Septuagintastudien III, Göttingen 1911 =
    Nachdruck 1965.

14 A. Mez, Die Bibel des Josephus, untersucht für Buch V bis VII der Archäologie, Basel 1895.

15 Rahlfs, Lucians Rezension, 293: Das Buch 2Kön ist „oft stumpfsinnig genau übersetzt".

Sixtina im 16. Jh. bis zu Holmes-Parsons im 19. und Brooke-McLean im 20. Jh. reicht. Während Rahlfs in seiner Handausgabe von 1935 für das Richterbuch bekanntlich zwei Textformen wiedergibt, wobei der dem Vaticanus entsprechende B-Text der jüngere ist, folgt Rahlfs für die Samuel- und Königebücher weithin dem Vaticanus, und damit für 2Sam 10 bis 1Kön 2,11 und 1Kön 2,12 bis 2Kön 25 dem Text der kaige-Rezension.

Der lukianische Text ist dagegen für Rahlfs der viel jüngere Text, was angesichts der Verbindung mit der Person des Lukian als selbstverständlich erscheinen mag. Allerdings – und das ist nicht ganz unwichtig, sich bewusst zu machen – wurde aus der bei Hieronymus zu lesenden Verbindung des im antiochenischen Kirchengebiet verbreiteten Bibeltextes mit Lukian in der modernen Forschung eine lukianische Rezension.

Welche Charakteristika hat nun dieser lukianische Text bzw. die lukianische Rezension?

Die generelle Vorstellung ist, dass Lukian den Text im Sinn eines besseren Griechisch bearbeitet hat. Dies geschah vor allem durch die Hinzufügung des Artikels und von ergänzenden oder erklärenden Wörtern, insbesondere von Personennamen, um besser zu verdeutlichen, wer jeweils handelt bzw. spricht oder antwortet. Lukian soll häufig auch ältere oder weniger gebräuchliche Wörter durch neuere oder geläufigere ersetzt haben. Dieses Ergebnis von Rahlfs wurde von anderen Autoren bestätigt. Joseph Ziegler kam bei seinen Studien zu den Prophetenbüchern, insbesondere zu Jeremia,[16] zu ganz ähnlichen Ergebnissen wie Rahlfs zu den Geschichtsbüchern. Auch Sebastian P. Brock kam in seiner Untersuchung von 1Sam zu ähnlichen Ergebnissen. Brock interpretierte seine Beobachtung der Hinzufügung des Artikels und von erklärenden Wörtern zusätzlich noch dahingehend, dass damit ein zum Vorlesen besser geeigneter Text geschaffen worden sei.[17]

Im unten wiedergegebenen Text aus 2Sam 15 lassen sich die Phänomene sehr schön erkennen:

In V.2 (vorletzte Zeile) ist der Artikel hinzugefügt: τῶν φυλῶν τοῦ Ισραηλ; ebenso in V.5 (Zeile 2): ἄνδρα zu τὸν ἄνδρα; und ἀνδρῶν Ισραηλ am Ende von V.6 wird zu τῶν ἀνδρῶν τοῦ Ισραηλ. Auch die Hinzufügung von Wörtern ist gut zu erkennen: Absalom stiehlt das Herz der Männer Israels. Im lukianischen Text stehen die Herzen im Plural und es sind betont die Herzen aller Männer, παντῶν τῶν ἀνδρῶν. Auch in V.10 (Zeile 5) findet sich die Ergänzung des Artikels: τὰς φυλὰς τοῦ Ισραηλ.

---

16   J. Ziegler, Beiträge zur Jeremias Septuaginta, MSU 6, Göttingen 1958, 167.

17   S. P. Brock, The Recensions of the Septuagint Version of 1Samuel, Oxford 1966 = Torino 1996; aufgenommen bei Fernández Marcos, The Septuagint in Context. Introduction to the Greek Version of the Bible, Leiden 2000, 231: "In Samuel-Chronicles, then, it is an edited and revised text probably with a view to public reading."

Allerdings gibt es auch die gegenteiligen Phänomene: Im gleichen V. 10 werden zwei Artikel gestrichen: τὴν φωνὴν τῆς κερατίνης wird zu φωνὴν σάλπιγγος, und Lukian fügt nicht nur Wörter hinzu, sondern er streicht auch Wörter, so ebenfalls in V. 10 (Zeile 3 von unten): βασιλεὺς ist gestrichen.

Dieses Phänomen ist schon Rahlfs aufgefallen und ebenso auch Ziegler und Brock. Rahlfs machte daraus ein weiteres Kennzeichen der Arbeit Lukians: „der Hauptcharakterzug dieser Rezension ist das Fehlen eines klaren Prinzips".[18] Ziegler sagt über Lukian: "Konsequenz ist nicht seine Sache"[19] und Brock spricht von "less consistent variants" oder von "non-recurrent variants".[20] Die Rezension Lukians ist damit nicht nur spät, sondern hat mit dieser Unregelmäßigkeit und Inkonsequenz noch zusätzlich einen negativen Touch.

Die auf Rahlfs zurückgehende und von Ziegler und Brock bestätigten Kennzeichen des Lukianischen Textes wurden Standard und finden sich in dieser Form auch in den Lehrbüchern zur LXX: Hinzufügung des Artikels, Ergänzung von erklärenden Wörtern, Änderung in der Wortwahl, und in all dem: Unregelmäßigkeit. – Aber niemand fragte, ob Lukian wirklich so ungenau und widersprüchlich arbeitete, oder ob vielleicht die moderne Analyse falsch sein könnte.

Synopse zu 2Sam/2Kgt 15,2b.5–6.10[21]

MT		KR (Rahlfs bzw. B)	Ant (Madrider Edition)
וַיִּקְרָא	2b β	καὶ ἐβόησεν	καὶ ἐκάλει
אַבְשָׁלוֹם אֵלָיו		πρὸς αὐτὸν Αβεσσαλωμ	αὐτὸν Αβεσσαλωμ
וַיֹּאמֶר		καὶ ἔλεγεν αὐτῷ	καὶ ἔλεγεν αὐτῷ
אֵי־מִזֶּה עִיר אַתָּה		ἐκ ποίας πόλεως σὺ εἶ	ἐκ ποίας πόλεως εἶ σύ
			καὶ ἀπεκρίνατο
וַיֹּאמֶר		καὶ εἶπεν [ὁ ἀνήρ > B]	ὁ ἀνήρ καὶ ἔλεγεν
מֵאַחַד		ἐκ μιᾶς	ἐκ μιᾶς

---

18 Rahlfs, Lucians Rezension, 293.
19 J. Ziegler, Beiträge zur Jeremias-Septuaginta, 163.
20 Brock, Recensions, 255.
21 Hier und in der folgenden Synopse ist beim masoretischen Text natürlich in erster Linie der Konsonantenbestand relevant. Dass die Vokalisation beibehalten ist, hat zunächst praktische Gründe in Sinn der Leserfreundlichkeit, es ist aber auch insofern berechtigt, als der hebräische Text immer ein gelesener und damit vokalisierter Text war. Auch wenn die masoretische Vokalisation vergleichsweise spät ist, so entspricht sie doch bis auf wenige Ausnahmen (nämlich in den Fällen von Ketib und Qere) dem Konsonantenbestand und hält somit die alte Lesung fest.

שִׁבְטֵי־יִשְׂרָאֵל עַבְדֶּךָ:		φυλῶν Ισραηλ ὁ δοῦλός σου	τῶν φυλῶν τοῦ Ισραηλ ὁ δοῦλός σου
וְהָיָה בִּקְרָב־אִישׁ לְהִשְׁתַּחֲוֹת לוֹ וְשָׁלַח אֶת־יָדוֹ וְהֶחֱזִיק לוֹ וְנָשַׁק לוֹ:	5	καὶ ἐγένετο ἐν τῷ ἐγγίζειν ἄνδρα τοῦ προσκυνῆσαι αὐτῷ καὶ ἐξέτεινεν τὴν χεῖρα αὐτοῦ καὶ ἐπελαμβάνετο αὐτοῦ καὶ κατεφίλησεν αὐτόν	καὶ ἐγίνετο ἐπὶ τῷ προσάγειν τὸν ἄνδρα τοῦ προσκυνεῖν αὐτῷ καὶ ἐξέτεινε τὴν χεῖρα αὐτοῦ καὶ ἐπελαμβάνετο αὐτοῦ καὶ κατεφίλει αὐτόν
וַיַּעַשׂ אַבְשָׁלוֹם כַּדָּבָר הַזֶּה לְכָל־יִשְׂרָאֵל אֲשֶׁר־יָבֹאוּ לַמִּשְׁפָּט אֶל־הַמֶּלֶךְ וַיְגַנֵּב אַבְשָׁלוֹם אֶת־לֵב אַנְשֵׁי יִשְׂרָאֵל:	6	καὶ ἐποίησεν Αβεσσαλωμ κατὰ τὸ ῥῆμα τοῦτο παντὶ Ισραηλ τοῖς παραγινομένοις εἰς κρίσιν πρὸς τὸν βασιλέα καὶ ἰδιοποιεῖτο Αβεσσαλωμ τὴν καρδίαν ἀνδρῶν Ισραηλ	καὶ ἐποίει Αβεσσαλωμ κατὰ τὸ ῥῆμα τοῦτο παντὶ Ισραηλ τοῖς παραγινομένοις εἰς κρίσιν πρὸς τὸν βασιλέα καὶ ἰδιοποιεῖτο Αβεσσαλωμ τὰς καρδίας παντῶν τῶν ἀνδρῶν τοῦ Ισραηλ
וַיִּשְׁלַח אַבְשָׁלוֹם מְרַגְּלִים בְּכָל־שִׁבְטֵי יִשְׂרָאֵל לֵאמֹר כְּשָׁמְעֲכֶם אֶת־קוֹל הַשֹּׁפָר וַאֲמַרְתֶּם מָלַךְ אַבְשָׁלוֹם בְּחֶבְרוֹן:	10	καὶ ἀπέστειλεν Αβεσσαλωμ κατασκόπους ἐν πάσαις φυλαῖς Ισραηλ λέγων ἐν τῷ ἀκοῦσαι ὑμᾶς τὴν φωνὴν τῆς κερατίνης καὶ ἐρεῖτε βεβασίλευκεν βασιλεὺς Αβεσσαλωμ ἐν Χεβρων	καὶ ἀπέστειλεν Αβεσσαλωμ κατασκόπους εἰς πάσας τὰς φυλὰς τοῦ Ισραηλ λέγων ἐν τῷ ἀκοῦσαι ὑμᾶς φωνὴν σάλπιγγος καὶ ἐρεῖτε βεβασίλευκεν Αβεσσαλωμ ἐν Χεβρων

Bevor ich zu meiner Lösung komme, ist der Qumrantext in den Blick zu nehmen. Nicht nur Josephus und die Vetus Latina zeigen, dass der lukianische Text eine alte Komponente enthält, sondern viel mehr noch die Qumrantexte. Insbesondere mit 4QSam[a] = 4Q51 aus der Zeit von etwa 50–25 v.Chr. haben wir einen Text, der dem lukianischen Text bzw. dessen hebräischer Vorlage sehr nahe steht. Aber auch 4QSam^b = 4Q52, der auf ca. 250 v.Chr. zurückgeht, hat eine Reihe von Lesarten, die dem lukianischen Text entsprechen.

Nicht nur diese, sondern die Qumrantexte im Allgemeinen zeigen darüber hinaus ein Phänomen, das zumindest eine Analogie zu einem angeblich typischen Kennzeichen des lukianischen Textes darstellt: In den sogenannten Vulgärtexten – oder, wie Emanuel Tov sie nennt: den Texten in qumranischer Schreiberpraxis - gibt es genau dasselbe Phänomen, dass erklärende Wörter hinzugefügt werden.[22] Die Evidenz der Qumrantexte lässt sich nicht beiseite schieben. Das bedeutet aber, dass das entsprechende Phänomen im lukianischen Text nicht eo ipso spät sein muss, sondern genauso gut auf die hebräische Vorlage des Textes zurückgehen kann.

In der Tat finden viele angeblich lukianische Ergänzungen schon ihre Entsprechung im biblischen Text aus Qumran. Auch in dieser Hinsicht ist also zuzugeben, dass der lukianische Text einen erheblichen Anteil an altem Text beinhaltet und somit – wie es auch schon Barthélemy festgestellt hatte – der ursprünglichen LXX sehr nahe steht. Auch von da her ist es angebracht, nicht vom lukianischen sondern neutraler vom Ant zu sprechen.[23] Somit ergibt sich die Frage, wie man zwischen dem älteren Text der ursprünglichen LXX und späteren Revisionen unterscheiden kann. Jedenfalls ist es auf Grund der Übereinstimmungen mit Qumran, mit Josephus und auch mit dem NT deutlich, dass der Ant einen erheblichen Anteil an altem, vorlukianischem Text aufweist. Damit ist aber auf jeden Fall die alte Voraussetzung aufzugeben, dass der lukianische Text eo ipso immer der jüngste ist und dass alle Differenzen auf Veränderungen durch Lukian – oder wer immer es um 300 n.Chr. war – zurückgehen. Vielmehr sind die jeweiligen Sachverhalte offen und unvoreingenommen zu prüfen. Damit kommen wir zum nächsten Punkt:

2. Die kaige-Rezension, ihre hermeneutischen Prinzipien und ihr redaktionelles Profil

Wie oben erwähnt wurden jedenfalls für das 1. bis 4. Buch der Königtümer (1–4Kgt) die Kennzeichen des sog. kaige-Textes bereits von Henry St. J. Thacke-

---

22 E. Tov, Der Text der Hebräischen Bibel. Handbuch der Textkritik, Stuttgart 1997, 89–92.95. Diese Hinzufügung von erklärenden Wörtern etc. ist ein markantes Kennzeichen vieler Qumrantexte, und findet sich auch bei anderen Texten der Zeit, etwa beim Samaritanischen Pentateuch, cf. A.D. Crown, Samaritan Scribal Habits with Reference to the Masorah and the Dead Sea Scrolls, in: Festschrift für Emanuel Tov, VT.S 94, Leiden 2003, 159–177.

23 So der Titel der Madrider Edition by N. Fernández Marcos/J. R. Busto Saiz.

ray herausgestellt.[24] An Hand der Zwölfprophetenrolle von Naḥal Ḥever gelang es darüber hinaus Barthélemy zu zeigen, dass die entsprechende Bearbeitung schon in frühjüdischer Zeit und von jüdischer Seite her durchgeführt worden war. Barthélemy sprach von einer palästinischen Rezension und verband diese mit Jonathan ben Uzziel und dessen hermeneutischen Prinzipien.[25] Heute wissen wir, dass die Zwölfprophetenrolle von Naḥal Ḥever älter ist. Sie wird paläographisch in das spätere 1.Jh. v.Chr. datiert,[26] womit der in der Rolle aufgezeichnete Texttyp mindestens ebenso alt bzw. älter sein muss.

Für unseren Zusammenhang wichtig sind nun die Kennzeichen der kaige-Rezension. Diese beruhen auf dem damaligen, frühjüdischen Schriftverständnis und der damit verbundenen Hermeneutik.[27] Insbesondere geht es darum, dass der Text als perfekter Text verstanden wurde, in dem nichts fehlt und in dem nichts überflüssig ist. Das bedeutet dann auch, dass jedes Detail von Bedeutung ist, selbst Details, die scheinbar unbedeutend sind. Darum ist es z.B. wichtig, die verschiedenen Formen des Personalpronomens, also die Kurzform אֲנִי und die Langform אָנֹכִי zu beachten. Diese Unterscheidung soll auch im Griechischen erkennbar sein, was dazu führte, dass אֲנִי mit ἐγώ wiedergegeben wurde, אָנֹכִי jedoch mit ἐγώ εἰμι, auch dann wenn eine finite Verbform folgt und dies im Griechischen unsinnig ist.[28] Auch andere Einzelheiten der hebräischen Schreibung sollten im Griechischen erkennbar sein, insbesondere das Vorhandensein oder Fehlen des Artikels oder von Partikeln und Präpositionen. Diese Phänomene lassen sich im Text von 2Sam 15 bei den verschiedenen Genitivverbindungen sehr schön erkennen.

In 2Sam 15,2 (vorletzte Zeile) wird מֵאַחַד שִׁבְטֵי־יִשְׂרָאֵל im Ant zweimal mit Artikel wiedergegeben: ἐκ μιᾶς τῶν φυλῶν τοῦ Ισραηλ. Das ist nicht nur gutes Griechisch, sondern entspricht auch der hebräischen Grammatik, denn שִׁבְטֵי־יִשְׂרָאֵל ist eine durch den Eigennamen Israel determinierte Genitivkonstruktion. Die kaige-Rezension hat dagegen den Artikel gestrichen, weil im Hebräischen kein (sichtbarer) Artikel oder ein anderes Graphem vorhanden ist.

---

24 H. St. J. Thackeray, The Greek translators of the four books of Kings, JTS 8, 1907, 262–266, und ähnlich ders., The Septuagint and Jewish Worship, London 1921, 23–24, 114–115.

25 D. Barthélemy, Les Devanciers d'Aquila, VTS 10, Leiden 1963, 148ff.

26 P. J. Parsons, The Script and their Date, in: E. Tov/R. A. Kraft/P. J. Parsons, The Greek Minor Prophets Scroll from Naḥal Ḥever (8 ḤevXIIgr), DJD 8, Oxford 1990, 19–26, bes. 25f.: "I should therefore opt [...] for a date in the later i [= 1. Jh.] B.C.".

27 Siehe dazu G. Stemberger/C. Dohmen, Hermeneutik der Jüdischen Bibel und des Alten Testaments, Stuttgart 1996, sowie ders., Midrasch: Vom Umgang der Rabbinen mit der Bibel, München 2002.

28 Die Verwendung von εἰμι ἐγώ hat somit keine semantische Funktion, etwa im Sinn einer besonderen Betonung. Ein Grieche hat die Kombination wohl eher als einen störenden Fehler wahrgenommen.

Dasselbe findet sich in V. 6 (letzte Zeile): אַנְשֵׁי יִשְׂרָאֵל ist wieder determiniert, weil Israel ein Eigenname ist. Der Ant bzw., wie ich sagen würde: die
ursprüngliche LXX verwendet wiederum den Artikel: τῶν ἀνδρῶν τοῦ Ισραηλ.
Kaige dagegen hat den Artikel gestrichen, weil er im Hebräischen kein sicht-
bares Gegenstück hat. In V. 10 (Zeile 3) wiederholt sich das Beispiel von V. 2:
שִׁבְטֵי־יִשְׂרָאֵל ist wieder mit Artikel übersetzt, kaige hat dagegen die Artikel
gestrichen, um die formale Entsprechung herzustellen.

Diese Erkenntnis erlaubt es nun auch, die scheinbaren Unregelmäßigkeiten des
lukianischen Textes zu erklären. In V. 10 (Zeile 6) steht im Ant nur φωνὴν
σάλπιγγος. Im kaige-Text gibt es dagegen zwei Artikel. Diese beiden Artikel
sind nicht von Lukian unregelmäßigerweise gestrichen, sondern von der kaige-
Rezension hinzugefügt, weil es im hebräischen Text אֶת־קֹול הַשֹּׁפָר zwei
entsprechende Grapheme gibt: הַשֹּׁפָר hat einen Artikel und אֶת entspricht
einem Artikel, weil die nota accusativi nur in Verbindung mit einem Artikel
vorkommt.

Übrigens: κερατίνη für שֹׁפָר ist eine typische Wiedergabe der kaige-
Rezension, wie schon Barthélemy gezeigt hat. κερατίνη ist daher sicher sekundär. Die ursprüngliche LXX hatte höchstwahrscheinlich σάλπιγξ wie es an
vielen anderen Stellen (auch außerhalb der kaige-Abschnitte) belegt ist.

Ich überspringe die Diskussion weiterer Einzelheiten und komme zu meiner zentralen Schlussfolgerung:

3. Eine konsistente Erklärung der Kennzeichen der kaige-Rezension und des Antiochenischen Textes

Die vorgetragenen Beobachtungen führen zu einem neuen Bild der Geschichte
des griechischen Textes, jedenfalls in den Geschichtsbüchern. Das wesentliche
Ergebnis ist, dass der Ant der ursprünglichen LXX sehr nahe steht, und zwar
nicht nur in Details, sondern insgesamt. Die scheinbar unregelmäßigen Veränderungen durch die lukianische Rezension lassen sich besser mit der Aktivität
der kaige-Rezension erklären. Das wesentliche Argument ist, dass wir dadurch
zu einer konsistenten Erklärung der Phänomene kommen.

Diesem methodischen Argument kann man an die Seite stellen, dass die
Übereinstimmungen mit den Lemmata aus Josephus und der Vetus Latina
sowie den Texten aus Qumran ebenfalls das hohe Gewicht und das Alter des
Ant bestätigen.

Um nicht missverstanden zu werden: Ich würde eine gewisse Bearbeitung
durch Lukian oder in seiner Zeit nicht ausschließen, aber eine solche Bearbeitung darf nicht einfach postuliert, sondern sie muss nachgewiesen werden.

Ebenso würde ich nicht ausschließen, dass es zwischen der ursprünglichen LXX und dem Ant eine sog. protolukianische Bearbeitung vielleicht schon im 1. Jh. vor oder nach Chr. gegeben hat. Aber auch eine solche Bearbeitung ist nachzuweisen und nicht nur zu postulieren.[29]

Auch wenn also solche kleineren Veränderungen nicht auszuschließen sind, so wird man doch sagen können, dass der Ant der ursprünglichen LXX sehr nahe steht und dass damit auch die oft dargelegten Eigenheiten des Antiochenischen Textes – im Wesentlichen das Bemühen um einen zwar dem Hebräischen eng folgenden, aber doch auch gut verständlichen griechischen Text – zugleich die Charakteristik der ursprünglichen LXX darstellen.

Auf jeden Fall gilt das für die älteren historischen Bücher. M.E. gilt das aber auch für die Prophetenbücher wie etwa das Jeremiabuch, dessen lukianischer Text von Ziegler praktisch genauso beschrieben wurde,[30] wie es Rahlfs für die Geschichtsbücher gemacht hatte.

4. Beobachtungen an 2Könige (4Kgt)

Zum Vergleich werfen wir einen Blick auf 2Kön 6,8–19. 2Kön ist im Codex Vaticanus und in der Ausgabe von Rahlfs ebenfalls ein kaige-Text. Hier gibt es aber nur wenige Qumranfragmente und auch nur wenige Zitate bei Josephus. Dagegen gibt es hier mehr Belege aus der Vetus Latina. Die Vetus Latina ist zwar nicht so alt wie die Qumrantexte, aber sie geht jedenfalls in das 2. Jh. zurück, und bietet damit einen Text, der weit vor der Zeit Lukians und auch vor der Zeit des Origenes liegt und somit sowohl vorlukianisch als auch vorhexaplarisch ist.

Eine erste Beobachtung ist, dass kaige den Namen Elissaie/Ελισαιε verwendet bzw. Elischa voraussetzt, während der Ant in V. 9.10 und 15 Mann Gottes/ἄνθρωπος τοῦ θεοῦ voraussetzt. Aber der Ant verwendet Elischa in V. 12 und 16–19. Interessanterweise hat der MT אִישׁ הָאֱלֹהִים und nicht den Eigennamen. Hier könnte man – wie es manche Autoren tun – vermuten, dass Lukian für seine Revision einen hebräischen oder einen an Hand des Hebräischen revidierten griechischen Text verwendet habe. Einfacher ist aber die Annahme, dass der Bezugstext der kaige-Rezension hier vom MT abwich. In der Exegese wird angenommen, dass die Gottesmann-Texte älter sind und dass

---

29 Nach bisherigem Stand ist wohl eher Barthélemy recht zu geben, der die wenigen Veränderungen im Antiochenischen Text nicht als geplante Bearbeitung betrachtete, sondern als zufällige Fehler und Verderbnisse: „C'est essentiellement la Septante ancienne, plus ou moins abâtardie et corrompue." Barthélemy, Devanciers, 127.

30 Siehe oben, Anm. 20.

die durchgehende Nennung des Elischa dagegen jünger ist. So gesehen hätten der MT und der Ant die ältere Version bewahrt, während die kaige-Revision einen demgegenüber jüngeren hebräischen Bezugstext widerspiegelt. Die Fragmente der Vetus Latina haben *homo dei* in V. 9 und 10 und – nachdem in V. 12 der Name Elisa genannt wurde - in V. 16 die Kombination *Elissei hominis dei*. Die Vetus latina bestätigt somit, dass der Ant alt ist, jedenfalls vorlukianisch und vorhexaplarisch.

Ein ähnlicher Fall liegt in V.11 vor: Der kaige-Text hat ἡ ψυχὴ βασιλέως Συρίας, die Seele des Königs von Syrien, der Ant hat ἡ καρδία τοῦ βασιλέως Συρίας, das Herz des Königs von Syrien. Wieder entspricht der Ant dem MT. Da die Vetus Latina vom Herz des Königs, *cor regis*, spricht, kann es sich wieder nicht um eine Veränderung durch Lukian handeln, sondern um den alten Text. Die kaige-Lesart mit ἡ ψυχή geht dagegen vermutlich auf eine hebräische Vorlage mit נפש zurück. D.h. auch hier entspricht der hebräische Bezugstext der kaige-Rezension nicht dem MT, sondern weicht – in diesem Fall in der Wortwahl – etwas davon ab.

Synopse zu 2Kön/4Kgt 6,8–19

MT		KR (Rahlfs bzw. B)	Ant (Madrider Edition)
וּמֶ֙לֶךְ֙ אֲרָ֔ם הָיָ֥ה נִלְחָ֖ם בְּיִשְׂרָאֵ֑ל וַיִּוָּעַץ֙ אֶל־עֲבָדָ֣יו לֵאמֹ֔ר אֶל־מְק֛וֹם פְּלֹנִ֥י אַלְמֹנִ֖י תַּחֲנֹתִֽי׃	8	καὶ βασιλεὺς Συρίας ἦν πολεμῶν ἐν Ισραηλ καὶ ἐβουλεύσατο πρὸς τοὺς παῖδας αὐτοῦ λέγων εἰς τὸν τόπον τόνδε τινὰ ελμωνι παρεμβαλῶ	καὶ βασιλεὺς Συρίας ἦν πολεμῶν τὸν Ἰσραήλ, καὶ συνεβουλεύσατο τοῖς παισὶν αὐτοῦ λέγων Εἰς τὸν τόπον τὸν φελμουνεὶ ποιήσωμεν ἔνεδρον, καὶ ἐποίησαν.
		Et consilium habuit cum pueris suis: dicens: In locum Phelminiim insidia faciamus L₁₁₅ in locum Phelmunim obsessionem faciamus L₉₁₋₉₅	
וַיִּשְׁלַ֗ח אִ֣ישׁ הָאֱלֹהִ֗ים אֶל־מֶ֤לֶךְ יִשְׂרָאֵל֙ לֵאמֹ֔ר הִשָּׁ֕מֶר מֵעֲבֹ֖ר הַמָּק֥וֹם הַזֶּֽה׃	9	καὶ ἀπέστειλεν Ελισαιε πρὸς [τὸν >B] βασιλέα Ισραηλ λέγων φύλαξαι μὴ παρελθεῖν ἐν τῷ τόπῳ τούτῳ	καὶ ἀπέστειλεν ὁ ἄνθρωπος τοῦ θεοῦ πρὸς τὸν βασιλέα Ἰσραὴλ λέγων Πρόσεχε τοῦ μὴ διελθεῖν τὸν τόπον τοῦτον,

כִּי־שָׁם אֲרָם נְחִתִּים:		ὅτι ἐκεῖ Συρία κέκρυπται	ὅτι ἐκεῖ Σύροι ἐνεδρεύουσιν.

Et mandavit homo dei L₁₁₅

וַיִּשְׁלַח מֶלֶךְ יִשְׂרָאֵל אֶל־הַמָּקוֹם אֲשֶׁר אָמַר־לוֹ אִישׁ־הָאֱלֹהִים [וְהִזְהִירֹה] (וְהִזְהִירֹו) וְנִשְׁמַר שָׁם לֹא אַחַת וְלֹא שְׁתָּיִם:	10	καὶ ἀπέστειλεν ὁ βασιλεὺς Ισραηλ εἰς τὸν τόπον ὃν εἶπεν αὐτῷ Ελισαιε καὶ ἐφυλάξατο ἐκεῖθεν οὐ μίαν οὐδὲ δύο	καὶ ἀπέστειλεν ὁ βασιλεὺς Ἰσραὴλ εἰς τὸν τόπον ὃν εἶπεν ὁ ἄνθρωπος τοῦ θεοῦ, καὶ ἐφυλάξατο ἐκεῖθεν οὐχ ἅπαξ οὐδὲ δίς.

Et misit rex Israel in locum quem dixit homo dei et observavit inde non semel nec bis L₁₁₅

וַיִּסָּעֵר לֵב מֶלֶךְ־אֲרָם עַל־הַדָּבָר הַזֶּה וַיִּקְרָא אֶל־עֲבָדָיו וַיֹּאמֶר אֲלֵיהֶם הֲלוֹא תַּגִּידוּ לִי מִי מִשֶּׁלָּנוּ אֶל־מֶלֶךְ יִשְׂרָאֵל:	11	καὶ ἐξεκινήθη ἡ ψυχὴ βασιλέως Συρίας περὶ τοῦ λόγου τούτου καὶ ἐκάλεσεν τοὺς παῖδας αὐτοῦ καὶ εἶπεν πρὸς αὐτούς οὐκ ἀναγγελεῖτέ μοι τίς προδίδωσίν με βασιλεῖ Ισραηλ	καὶ ἐξέστη ἡ καρδία τοῦ βασιλέως Συρίας περὶ τοῦ λόγου τούτου, καὶ ἐκάλεσε τοὺς παῖδας αὐτοῦ καὶ εἶπε πρὸς αὐτούς Οὐκ ἀπαγγέλλετέ μοι τίς προδίδωσί με τῷ βασιλεῖ Ἰσραήλ;

Et perturbatum est cor regis L₁₁₅

וַיֹּאמֶר אַחַד מֵעֲבָדָיו לוֹא אֲדֹנִי הַמֶּלֶךְ כִּי־אֱלִישָׁע הַנָּבִיא אֲשֶׁר בְּיִשְׂרָאֵל יַגִּיד לְמֶלֶךְ יִשְׂרָאֵל אֶת־הַדְּבָרִים אֲשֶׁר תְּדַבֵּר בַּחֲדַר מִשְׁכָּבֶךָ:	12	καὶ εἶπεν εἷς τῶν παίδων αὐτοῦ οὐχί κύριέ μου βασιλεῦ ὅτι Ελισαιε ὁ προφήτης ὁ ἐν Ισραηλ ἀναγγέλλει τῷ βασιλεῖ Ισραηλ πάντας τοὺς λόγους οὓς ἐὰν λαλήσῃς ἐν τῷ ταμιείῳ τοῦ κοιτῶνός σου	καὶ εἶπεν εἷς ἐκ τῶν παιδῶν αὐτοῦ Οὐχί, κύριέ μου βασιλεῦ, ἀλλ' ἢ Ἐλισσαῖε ὁ προφήτης ὁ ἐν Ἰσραὴλ ἀναγγέλλει τῷ βασιλεῖ Ἰσραὴλ πάντα ὅσα ἂν λαλήσῃς ἐν τῷ ταμιείῳ τοῦ κοιτῶνός σου.

Hebrew		Greek	Greek
וַיֹּאמֶר לְכוּ וּרְאוּ אֵיכָה הוּא וְאֶשְׁלַח וְאֶקָּחֵהוּ וַיֻּגַּד־לוֹ לֵאמֹר הִנֵּה בְדֹתָן:	13	καὶ εἶπεν δεῦτε ἴδετε ποῦ οὗτος καὶ ἀποστείλας λήμψομαι αὐτόν καὶ ἀνήγγειλαν αὐτῷ λέγοντες ἰδοὺ ἐν Δωθαΐμ	καὶ εἶπεν ὁ βασιλεὺς Πορεύετε καὶ ἴδετε ποῦ ἐστὶν οὗτος καὶ ἀποστείλας λήμψομαι αὐτόν καὶ ἀνήγγειλαν αὐτῷ λέγοντες ἰδοὺ ἐν Δωθάειμ
		Ite et videte ubi sit hic L115	
וַיִּשְׁלַח־שָׁמָּה סוּסִים וְרֶכֶב וְחַיִל כָּבֵד וַיָּבֹאוּ לַיְלָה וַיַּקִּפוּ עַל־הָעִיר:	14	καὶ ἀπέστειλεν ἐκεῖ ἵππον καὶ ἅρμα καὶ δύναμιν βαρεῖαν καὶ ἦλθον νυκτὸς καὶ περιεκύκλωσαν τὴν πόλιν	καὶ ἀπέστειλεν ἐκεῖ βασιλεὺς Συρίας ἵππους καὶ ἅρματα καὶ δύναμιν βαρεῖαν, καὶ ἦλθον νυκτὸς καὶ περιεκύκλωσαν τὴν πόλιν.
		Et misit illo equos et currus L115	
וַיַּשְׁכֵּם מְשָׁרֵת אִישׁ הָאֱלֹהִים לָקוּם וַיֵּצֵא וְהִנֵּה־חַיִל סוֹבֵב אֶת־הָעִיר וְסוּס וָרָכֶב וַיֹּאמֶר נַעֲרוֹ אֵלָיו אֲהָהּ אֲדֹנִי אֵיכָה נַעֲשֶׂה:	15	καὶ ὤρθρισεν ὁ λειτουργὸς Ελισαιε ἀναστῆναι καὶ ἐξῆλθεν καὶ ἰδοὺ δύναμις κυκλοῦσα τὴν πόλιν καὶ ἵππος καὶ ἅρμα καὶ εἶπεν τὸ παιδάριον πρὸς αὐτόν ὦ κύριε πῶς ποιήσωμεν	καὶ ὤρθρισεν ὁ λειτουργὸς τοῦ ἀνθρώπου τοῦ θεοῦ ἀναστῆναι τὸ πρωῒ καὶ ἐξῆλθεν, καὶ ἰδοὺ δύναμις κυκλοῦσα τὴν πόλιν καὶ ἵπποι καὶ ἅρματα. καὶ εἶπε τὸ παιδάριον αὐτοῦ πρὸς αὐτόν Ὦ κύριε, τί ποιήσομεν;
		Et surrexit de luce minister Elissei hominis Dei L115	
וַיֹּאמֶר אַל־תִּירָא כִּי רַבִּים אֲשֶׁר אִתָּנוּ מֵאֲשֶׁר אוֹתָם:	16	καὶ εἶπεν Ελισαιε μὴ φοβοῦ ὅτι πλείους οἱ μεθ᾽ἡμῶν ὑπὲρ τοὺς μετ᾽αὐτῶν	καὶ εἶπεν Ἐλισσαῖε Μὴ φοβοῦ, ὅτι πλείους οἱ μεθ᾽ ἡμῶν ὑπὲρ τοὺς μετ᾽ αὐτῶν.

וַיִּתְפַּלֵּל אֱלִישָׁע וַיֹּאמַר יְהוָה פְּקַח־נָא אֶת־עֵינָיו וְיִרְאֶה וַיִּפְקַח יְהוָה אֶת־עֵינֵי הַנַּעַר וַיַּרְא וְהִנֵּה הָהָר מָלֵא סוּסִים וְרֶכֶב אֵשׁ סְבִיבֹת אֱלִישָׁע:	17	καὶ προσεύξατο Ελισαιε καὶ εἶπεν κύριε διάνοιξον τοὺς ὀφθαλμοὺς τοῦ παιδαρίου καὶ ἰδέτω καὶ διήνοιξεν κύριος τοὺς ὀφθαλμοὺς αὐτοῦ καὶ εἶδεν καὶ ἰδοὺ τὸ ὄρος πλῆρες ἵππων καὶ ἅρμα πυρὸς περικύκλῳ Ελισαιε	καὶ προσηύξατο Ἐλισσαῖε καὶ εἶπεν Κύριε, ἄνοιξον τοὺς ὀφθαλμοὺς αὐτοῦ, καὶ ἰδέτω. καὶ διήνοιξε Κύριος τοὺς ὀφθαλμοὺς αὐτοῦ, καὶ εἶδεν·καὶ ἰδοὺ τὸ ὄρος ὅλον πλῆρες ἵππων, καὶ ἅρμα πυρὸς περικύκλῳ Ἐλισσαῖε.
וַיֵּרְדוּ אֵלָיו וַיִּתְפַּלֵּל אֱלִישָׁע אֶל־יְהוָה וַיֹּאמַר הַךְ־נָא אֶת־הַגּוֹי־הַזֶּה בַּסַּנְוֵרִים וַיַּכֵּם בַּסַּנְוֵרִים כִּדְבַר אֱלִישָׁע:	18	καὶ κατέβησαν πρὸς αὐτόν καὶ προσηύξατο Ελισαιε πρὸς κύριον καὶ εἶπεν πάταξον δὴ τοῦτο τὸ ἔθνος ἀορασίᾳ καὶ ἐπάταξεν αὐτοὺς ἀορασίᾳ κατὰ τὸ ῥῆμα Ελισαιε	καὶ κατέβησαν πρὸς αὐτούς, καὶ προσηύξατο Ἐλισσαῖε πρὸς τὸν θεὸν καὶ εἶπεν Πάταξον δὴ τὸ ἔθνος τοῦτο ἀορασίᾳ. καὶ ἐπάταξεν αὐτοὺς Κύριος ἀορασίᾳ κατὰ τὸ ῥῆμα Ἐλισσαῖε.
וַיֹּאמֶר אֲלֵהֶם אֱלִישָׁע לֹא זֶה הַדֶּרֶךְ וְלֹא זֶה הָעִיר לְכוּ אַחֲרַי וְאוֹלִיכָה אֶתְכֶם אֶל־הָאִישׁ אֲשֶׁר תְּבַקֵּשׁוּן וַיֹּלֶךְ אוֹתָם שֹׁמְרוֹנָה:	19	καὶ εἶπεν πρὸς αὐτοὺς Ελισαιε οὐχ αὕτη ἡ πόλις καὶ αὕτη ἡ ὁδός δεῦτε ὀπίσω μου καὶ ἀπάξω ὑμᾶς πρὸς τὸν ἄνδρα ὃν ζητεῖτε καὶ ἀπήγαγεν αὐτοὺς εἰς Σαμάρειαν	καὶ εἶπεν πρὸς αὐτοὺς Ἐλισσαῖε Οὐχὶ αὕτη ἡ ὁδὸς καὶ οὐχ αὕτη ἡ πόλις· δεῦτε ὀπίσω μου, καὶ ἀπάξω ὑμᾶς πρὸς τὸν ἄνδρα ὃν ζητεῖτε. καὶ ἀπήγαγεν αὐτοὺς εἰς Σαμάρειαν.

Ein anderer interessanter Fall liegt in V. 17 vor: τοὺς ὀφθαλμοὺς <u>τοῦ παιδαρίου</u> und τοὺς ὀφθαλμοὺς <u>αὐτοῦ</u>. Der Ant geht wieder mit dem MT. Auch wenn hier kein Vetus Latina-Text vorliegt, machen es die anderen Fälle, die wir hatten, wahrscheinlich, dass wieder der alte LXX-Text vorliegt und nicht eine späte Anpassung. Auf jeden Fall aber muss τοῦ παιδαρίου im kaige-Text einen vom

MT verschiedenen Bezugstext gehabt haben. Dieser hebräische Text hat genau das getan, was man gerne Lukian unterstellt und was wir heute aus den biblischen Texten von Qumran kennen, nämlich das Personalpronomen explizit gemacht, d.h. statt von "seinen Augen" konkreter von "den Augen des Kindes" zu reden.

In V.19 gibt es eine interessante Differenz in der Wortfolge von ἡ ὁδός und ἡ πόλις. Wieder stimmt der Ant mit MT überein. Kaige hat die abweichende Reihenfolge: die Stadt – der Weg. MT and Antiochenischer Text erscheinen logischer: Zuerst der Weg, dann die Stadt. Demgegenüber könnte man den kaige-Text als die lectio difficilior und damit als älter ansehen. Aber auch diese Reihenfolge hat ihre Logik: Die Syrer sind in der Stadt, aber: Es ist nicht die richtige Stadt und daher sind sie auch nicht auf dem richtigen Weg gekommen. Beides macht Sinn. Anscheinend liegen hier zwei alte hebräische Textformen zu Grunde.

In V.18 gibt es eine Differenz beim Gottesnamen in Zeile 3 und eine Hinzufügung von Κύριος in Zeile 6. Das Κύριος in Zeile 6 könnte auf eine hebräische Vorlage zurückgehen oder auf den Übersetzer. Es hält fest, dass es Κύριος ist, der die Syrer mit Blindheit schlägt. Dieser theologische Akzent passt durchaus zu den Septuagintaübersetzern, die oft das Wirken Gottes herausstellen. Aber dieselbe Motivation kann auch schon in der hebräischen Vorlage am Werk gewesen sein. Das πρὸς τὸν θεόν in Zeile 3 kann ebenfalls auf eine hebräische Vorlage zurückgehen, aber auch der Übersetzer könnte eine Variation bevorzugt haben.

Zurück zu V.10 (letzte Zeile). Der Ant liest οὐχ ἅπαξ οὐδὲ δίς, nicht einmal oder zweimal, was eine genaue Wiedergabe dessen ist, was der hebräische Text sagt. Der hebräische Text hat allerdings Kardinalzahlen: אַחַת und שְׁתָּיִם. Dementsprechend ändert kaige streng formalistisch zu οὐ μίαν οὐδὲ δύο. Interessanterweise wird der Ant von der Vetus Latina bestätigt: *non semel nec bis*; er ist daher auch aus diesem Grund ursprünglich.

In V.11 (Zeile 2) findet sich das oben bei 2Sam 15 erörterte Phänomen mit dem Artikel: Der Ant hat τοῦ βασιλέως Συρίας. Kaige hat den Artikel getilgt, weil es im hebräischen Text ebenfalls keinen (sichtbaren) Artikel gibt sondern nur: מֶלֶךְ־אֲרָם. Dagegen haben in der nächsten Zeile beide Texte bei περὶ τοῦ λόγου τούτου den Artikel, weil auch der hebräische Text bei הַדָּבָר einen sichtbaren Artikel hat.

In V.12 (Zeile 6) gibt es den interessanten Fall eines kürzeren Antiochenischen Textes. Der Prophet sagt dem König: πάντα ὅσα ἂν λαλήσῃς, alles, was du sagst. Kaige macht eine Wort-für-Wort-Übersetzung und gibt אֶת־הַדְּבָרִים wortwörtlich mit τοὺς λόγους wieder. Aber kaige und Antiochenischer Text haben auch etwas gemeinsam: Beide haben πάντα, also: alles bzw.: alle Worte.

Wahrscheinlich hatten beide griechischen Versionen eine hebräische Vorlage mit כל.

Als letztes Beispiel kommen wir zu τὸ πρωΐ, früh am Morgen, in V. 15 (Zeile 3). Für diese Zeitangabe gibt es kein direktes hebräisches Gegenstück. Dennoch ist sie eine gute Explikation des hebräischen וַיַּשְׁכֵּם, das nicht einfach „sich aufmachen", sondern „sich früh am Morgen aufmachen" bedeutet. Im kaige-Text ist τὸ πρωΐ aus formalen Gründen gestrichen, weil es keine direkte Entsprechung gibt. Die Vetus Latina mit ihrem *de luce* bestätigt wieder den Antiochenischen Text und sein hohes Alter: τὸ πρωΐ ist keine lukianische Hinzufügung, sondern Teil des alten LXX-Textes. Darüber hinaus zeigt sich auch hier noch einmal die Übersetzungsweise der ursprünglichen LXX: Die Bedeutung des hebräischen Verbs wird genau wiedergegeben und für das Griechische explizit gemacht.

5. Zwischenergebnis

a) Jedenfalls ist für das AT festzuhalten, dass der Codex Vaticanus bei aller Bedeutung doch nicht automatisch als der beste Textzeuge gelten kann. Durch die Tatsache, dass er zufälliger Weise der älteste erhalten gebliebene Codex ist und vor allem dadurch, dass er seit dem 16 Jh. für den Obertext der Septuagintaausgaben verwendet wird und auf Grund der Urteile von Rahlfs ist ihm eine Bedeutung zugewachsen, die ihm nicht automatisch gebührt.

b) Dass der Codex Vaticanus zumindest in Teilen eine jüngere Revision repräsentiert, ist von Rahlfs in seiner Handausgabe für das Richterbuch anerkannt, wo er gegenüber B seinen kritisch rekonstruierten A-Text voran stellte, der im Wesentlichen auf dem Codex Alexandrinus und Lesarten des lukianischen Textes basiert. Dass der Codex Vaticanus aus Texten unterschiedlichen Alters und unterschiedlicher Prägung zusammengestellt ist, ist jedenfalls für die Samuel- und Königebücher seit Thackeray erwiesen.

c) Auch wenn der sog. lukianische Text handschriftlich nur durch Minuskeln bezeugt ist, so ergibt sich einerseits durch deren Stemma,[31] vor allem aber auch durch die Identität mit dem Text der antiochenischen Väter des 4. Jh.s, insbesondere Theodoret, dass der lukianische Text mindestens so wie einer der großen Codices des 4. und 5. Jh. zu betrachten ist.[32]

---

31 Siehe dazu F. Marcos/Busto Saiz, Texto antioqueno, 1-2Reyes, XXVIII: Stemma codicum.

32 Dass vom Ant wenige alte Textzeugen erhalten blieben, liegt einerseits an den gegenüber Ägypten oder auch der Wüste Juda anderen klimatischen Bedingungen, andererseits vielleicht auch an der gezielten Vernichtung biblischer Texte in der diokletianischen Verfolgung (vgl. das Problem der *traditores*, die die heiligen Schriften den Behörden herausgegeben hatten), die in Kleinasien und Nordsyrien besonders intensiv und länger andauernd war.

d) Darüber hinaus zeigen die Übereinstimmungen mit Qumrantexten (insbesondere 1QSam^a), mit Josephus und mit der Vetus Latina, dass der lukianische bzw. besser gesagt Ant eine gute alte Grundlage hat, die der ursprünglichen LXX nahe steht.

e) In methodischer Hinsicht geht es nicht an, die Nähe des Ant zur ursprünglichen LXX nur dort zuzugeben, wo Qumrantexte, Josephuszitate und Vetus-Latina-Fragmente vorhanden sind, und jene Textabschnitte, wo es zufällig keine solche externe Bezeugung gibt, spät anzusetzen und dem 4. Jh. zuzuordnen.

f) Die äußere Bezeugung des hohen Alters des Antiochenischen Textes wird durch die hier vorgelegte Analyse der Revisionstechnik der kaige-Revision gestützt: An Stelle der Annahme unregelmäßiger und widersprüchlicher Ergänzungen und Streichungen durch eine angenommene lukianische Rezension ergibt sich eine konsistente Erklärung der Phänomene auf Grund der Vorgangsweise der kaige-Rezension. Der Ant erweist sich als der ursprünglichen LXX sehr nahe stehender Text, der damit im Wesentlichen auch die Kennzeichen der alten LXX repräsentiert.

g) Die hier für die Geschichtsbücher aufgewiesenen Gegebenheiten gelten wahrscheinlich ebenso für andere Bereiche der LXX, etwa für die prophetischen Bücher, jedenfalls insofern als dort die postulierte lukianische Rezension mit den gleichen Charakteristika – einschließlich der behaupteten Unregelmäßigkeit und Widersprüchlichkeit beschrieben wird.

h) Für die ntl. Textgeschichte, insbesondere für die Schriftzitate im NT, bedeuten die hier vorgetragenen Erkenntnisse, dass die lukianischen bzw. antiochenischen Lesarten nicht vernachlässigt werden dürfen, sondern in jedem Fall ernsthaft zu prüfen sind.

6. Neutestamentliche Schriftzitate

Im Rahmen der oben erwähnten Untersuchung[33] beschäftigte sich Rahlfs auch mit den Übereinstimmungen zwischen dem lukianischen Text und ntl. Schriftzitaten. Ähnlich wie bei den von Mez aufgewiesenen Übereinstimmungen mit Josephus versuchte Rahlfs auch die Übereinstimmung mit ntl. Schriftzitaten beiseite zu schieben.

In der Regel erklärte er Übereinstimmungen als sekundäre Beeinflussung der LXX-Überlieferung durch den ntl. Text; eine Erklärung, die sich damals und bis heute großer Beliebtheit erfreut. So vermerkt er: „In § 43 haben wir gesehen, daß 𝔏 in Kön. I 1 oft nach ähnlichen Stellen ändert. Dieselbe Be-

---

33   Rahlfs, Lucians Rezension.

obachtung wiederholt sich bei Kön. I 2-II 25.“[34] Diese ähnlichen Stellen sind
Parallelen aus der Chronik, wo Rahlfs immer annimmt, dass 𝔏 (Ant) der jüngste Textzeuge ist und daher Übereinstimmungen – in diesem Fall mit der Chronik–junge Anpassungen durch Lukian sind. Die umgekehrte Möglichkeit, dass
𝔏 den alten Text hat und dieser in Chronik zitiert wird, wird nicht erwogen. In
ähnlicher Weise werden auch Übereinstimmungen mit dem NT behandelt.

Diese Haltung ist bis heute weit verbreitet und sehr häufig wird darüber
hinaus angenommen, dass der ntl. Text die LXX-Überlieferung beeinflusst
habe. Die folgenden Beispiele zeigen, dass diese Vorannahmen zu revidieren
sind.

6.1 „Die Baal“ in Röm 11,4

Im Röm 11,4 zitiert Paulus aus 1Kön 19,18 die Aussage, dass 7.000 Männer in
Israel übrig geblieben sind, die ihre Knie nicht vor Baal gebeugt haben. Die
Varianten des Römerbrieftextes gegenüber dem von Rahlfs als ursprünglich
angesehenen LXX-Text (im Prinzip nach Codex Vaticanus) und die Übereinstimmungen mit dem lukianischen Text werden folgendermaßen erklärt:

> 18₂₄ יענה επακουση ⑮] + σημερον 𝔏: aus v. 30.
>
> 19₁₀. ₁₄ ואותר και υπολελειμμαι ⑮] και υπελειφθην 𝔏:
> aus dem Zitat Röm. 11₃, wo jedoch καγω υπελειφθην statt
> και υπελειφθην εγω.
>
> 19₁₄ הרסו καθειλαν (oder -λον) ⑮] κατεσκαψαν 𝔏: Ni-
> vellierung mit v. 10 und Röm. 11₃. Auch das vorherge-
> hende την διαθηκην σου ändert 𝔏 nach v. 10 in σε, ebenso
> jedoch A und B (aber B hat την διαθηκην σου neben σε).
>
> 19₁₈ כרעו ωκλασαν γονυ ⑮] εκαμψαν γονυ 𝔏 121 244
> 247: aus Röm. 11₄.

Auch hier ist selbstverständlich der lukianische Text immer sekundär („aus
[…] Röm.“ oder „Nivellierung mit […] Röm.“). Diese von Rahlfs angenom-
menen Fälle scheinen zugleich die Belege für sekundäre Beeinflussung des
LXX-Textes durch das NT zu vermehren, was jedoch zu einem Zirkelschluss
in der Forschung führt.

---

34   Rahlfs, Lucians Rezension, 250.

Nun gibt es aber in Röm 11,4 eine auffallende Übereinstimmung mit dem lukianischen Text, die Rahlfs merkwürdiger Weise nicht erwähnt. Es ist dies das einzige Vorkommen des Gottes Baal im NT. Merkwürdigerweise ist der Name des Gottes Baal mit dem femininen Artikel versehen: „7.000 Männer beugten ihre Knie nicht τῇ Βααλ".

Röm 11,4	1Kön/3Kgt 19, 18 Antioch. Text (Madrid)	1Kön/3Kgt 19, 18 (Rahlfs)
[4] ἀλλὰ τί λέγει αὐτῷ ὁ χρηματισμός; κατέλιπον ἐμαυτῷ ἑπτακισχιλίους ἄνδρας, οἵτινες οὐκ ἔκαμψαν γόνυ τῇ Βάαλ.	[18] καὶ καταλείψω ἐξ Ισραηλ ἑπτὰ χιλιάδας ἀνδρῶν πάντα τὰ γόνατα ἃ οὐκ ἔκαμψαν γόνυ τῇ Βααλ, καὶ πᾶν στόμα ὃ οὐ προσεκύνησεν αὐτῷ αὐτῷ] αὐτῇ 127	[18] καὶ καταλείψεις ἐν Ισραηλ ἑπτὰ χιλιάδας ἀνδρῶν πάντα γόνατα ἃ οὐκ ὤκλασαν γόνυ τῷ Βααλ καὶ πᾶν στόμα ὃ οὐ προσεκύνησεν αὐτῷ

„Die Baal" ist eine Besonderheit der alten LXX. Das Phänomen findet sich ab Ri 2,13 häufig in den Geschichtsbüchern, aber auch an anderen Stellen, insbesondere im Jeremiabuch. Baal ist zweifellos ein männlicher Gott. Wie kommt es zum weiblichen Artikel bei Baal? Die wahrscheinlichste Erklärung des femininen Artikels ist, dass es sich hier um eine Ersatzlesung handelt. So wie auch im Hebräischen teilweise der Baalname vermieden und durch בשׁת/boschät, Schande, ersetzt wurde – siehe etwa die Änderung des Namens des Sohnes Sauls von Ischbaal zu Ischboschät – so hat man offensichtlich auch im Griechischen den Baalsnamen durch αἰσχύνη ersetzt. Es handelt sich praktisch um eine Analogie zu Ketib und Qere im Griechischen: Der weibliche Artikel, der nicht zum Baalsnamen passt, signalisiert, dass hier etwas anderes zu lesen ist, als dasteht, nämlich αἰσχύνη statt Baal.[35] Dass dem so ist, wird durch 1Kön 19,18 bestätigt: Dort ist dann tatsächlich αἰσχύνη an Stelle des Baalnamens in den Text eingedrungen. Diese interessante Lesepraxis wurde später wieder aufgegeben. In den kaige-Texten findet sich wieder „der" Baal. So in den Belegen des Richterbuches, wo der A-Text den weiblichen Artikel hat, während der B-Text den männlichen Artikel verwendet (Ri 2,13, 10,6.10 u.ö). Eben diese Veränderung zeigt sich auch in 1Kön 19,18, interessanterweise außerhalb der kaige-Abschnitte. Das bedeutet übrigens, dass offensichtlich

---

35   Siehe dazu die Notiz zu Ri 2,13, in W. Kraus/M. Karrer, Septuaginta-Deutsch, Stuttgart 2009, sowie S. Kreuzer, Eine Schrift, zwei Fassungen: Das Beispiel des Richterbuches, Bibel und Kirche 56, 2001, 88–91.

auch außerhalb der kaige-Abschnitte eine hebraisierende Bearbeitung erfolgte und dass – jedenfalls an unserer Stelle – der Ant auch hier die alte LXX bewahrt hat.

Auf Grund des häufigen Vorkommens von Baal mit femininem Artikel ist es klar, dass dies die ältere Form ist und dass es unmöglich ist, die vielen Belege dieses Phänomens von Röm 11,4 herzuleiten. Somit haben wir in Röm 11,4 ein Zitat aus dem AT vor uns, der auch an dieser Stelle die ursprüngliche LXX repräsentiert.

Es ist gewiss befremdlich, dass Rahlfs zwar die unmittelbar benachbarten Verben diskutiert, aber nicht „die Baal", die er nicht seinem Erklärungsschema einfügen konnte.

Die wesentliche sachliche Erkenntnis ist aber, dass Übereinstimmungen ntl. Zitate keineswegs leichthin als Einfluss des NT auf die LXX-Überlieferung postuliert werden dürfen, sondern dass das NT in solchen Fällen wahrscheinlich den alten, unrevidierten LXX-Text bezeugt.

6.2 Hebräerbrief und Psalmen-Septuaginta

Im Hebräerbrief gibt es eine Reihe von größeren und kleineren Schriftzitaten, die für unsere Frage der Textgeschichte von Interesse sind.

In Hebr 1,7 wird Ps 103,4 zitiert. „[…] der seine Engel zu Geistern macht und seine Diener [zur] Flamme des Feuers, πυρὸς φλόγα". Diese Lesart stimmt mit einem Teil der lukianischen Textüberlieferung und einem Korrektor im Codex Alexandrinus überein, aber auch mit dem sahidischen und bohairischen Text. Dagegen folgt Rahlfs in der Göttinger Ausgabe wie auch in seiner Handausgabe den großen Codices (B, S, A) und liest πῦρ φλέγον, brennendes Feuer, was der masoretischen Vokalisation von לֹהֵט als Partizip entspricht. Für Rahlfs ist die Lesart von Sa, Bo, L, und Aᶜ natürlich wieder Einfluss des NT: „ex Hebr 1,7". Susan Docherty, die soeben einen Beitrag zu den Zitaten in Hebr 1 publizierte, referiert dazu zunächst die Standardmeinung: „However, these witnesses are few and not particularly valuable and were judged by Rahlfs to be secondary and influenced by the readings in Hebrews. Most other commentators (for example Attridge and Katz) agree." Allerdings fährt sie dann fort: "This view is now open to question however in the light of discovery of support from the form in Hebrews in Papyrus Bodmer XXIV, a Christian but possibly pre-Hexaplaric manuscript."[36] Nun bräuchte es nicht erst den

---

36   S. Docherty, The Text Form of the OT citations in Hebrews chapter 1 and the Implications for the Study of the Septuagint, NTS 55, 2009, 355–365: 359. Zu Papyrus Bodmer XXIV siehe A. Pietersma, Art. Bodmer Papyri, ABD 1, 1992, 766f., demzufolge der Papyrus den griechischen Text von Ps 17,46 bis 117,44 enthält.

Hinweis auf Papyrus Bodmer XXIV, auch die anderen Zeugen sind nicht so
unbedeutend, insbesondere angesichts der breiten geographischen Streuung
vom sahidischen bis zum lukianischen Text, was auf eine relativ alte gemeinsame Grundlage hinweist. M.E. noch gewichtiger sind die Überlegungen im
Sinn der inneren Kritik: Nach den oben an Hand der Geschichtsbücher vorgetragenen Beobachtungen erklärt sich der Text von B, A und S als Anpassung
an das Hebräische, und zwar genauerhin an die masoretische Vokalisation.
Demgegenüber haben der Text der sahidischen Übersetzung und der Ant Anspruch auf Priorität.

Dieses nur kleine Beispiel – dem allerdings andere zur Seite zu stellen wären –
berührt die Frage nach der Charakteristik der Psalmenübersetzung. Diese gilt
generell als weithin eng an das Hebräische angelehnt und der kaige-Rezension
nahe stehend. Jedenfalls gilt diese Charakteristik für den Text der beiden Stan-
dardeditionen. Gilt sie aber auch für die ursprüngliche LXX? Ist der Text, der
sich in Oberägypten (sahidisch!) wie im antiochenischen Kirchengebiet verbreitete und der schon den frühen Korrektoren der großen Codices[37] als wichtig galt, wirklich erst das Ergebnis einer lukianischen Redaktion? (Auch wenn
dieser Text im Lauf der Zeit und seiner weiteren Überlieferung Bearbeitungen
und Veränderungen erfuhr).[38]

6.3 Die christliche Ergänzung zu Psalm 13,3 – nicht im Antiochenischen Text

Am Schluss komme ich auf einen LXX-Text zurück, der eine umfangreiche
christliche Interpolation erfahren hat. Es ist dies die Ergänzung zu Psalm 13,3.
Rahlfs schreibt dazu im Psalmenband der Göttinger Ausgabe:

„Von den christlichen Zusätzen hat sich am längsten der umfangreiche zu
Ps.13,3 erhalten. Paulus zitiert in Rom. 3, 10–18 eine Reihe alt. Stellen zum
Beweise dafür, daß alle Menschen unter der Sünde sind; er beginnt mit einer
zuerst recht freien, dann wörtlichen Wiedergabe von Ps. 13,1–3 und fährt ohne
neue Zitationsformel mit anderen Stellen ähnlichen Inhalts aus dem A.T. fort,

---

37   In den Prolegomena zu Psalmi cum odis, Göttingen 1931, in § 7.8 hält Rahlfs fest, dass er die
     in Richtung des lukianischen Textes gehenden Korrekturen der großen Codices nicht ver-
     merkt: „Wie He sind auch die alten Hss. B S R nach L korrigiert, und zwar S und R durch-
     gehends [...] Ihre Korrekturen führe ich nur da an, wo sie nicht mit L oder L^a, sondern bloß
     mit L^d, L^b, Lp^{au} zusammengehn oder ganz von L abweichen." (69) Separat genannt wird je-
     doch A^c: „Im Unterschiede von B S R ist A nicht nach L korrigiert. Daher wird Ac nie zu L
     gerechnet." (ebd.).

38   Vgl. Rahlfs, ebd.: „Diese vielen Zeugen lehren, daß auch der Lukiantext im Laufe der Zeit
     Veränderungen erlitten hat, und daß wir den später üblichen Text nicht ohne weiteres für den
     ursprünglichen Lukiantext halten dürfen."

nämlich Ps. 5,10; 139,4; 9,28; Is. 59,7.8; Ps. 35,2. Hieraus haben dann die alten Christen ihren Psalter bereichert und alles, was Paulus zu Ps. 13,1–3 hinzufügt, auch im Psalter zu Ps. 13,1–3 (aber nicht zu den wesentlich gleichlautenden Versen Ps. 52,2–4) hinzugefügt. Dieser Zusatz findet sich im unterägypt., oberägypt. und abendländ. Texte; er ist auch von Origenes beibehalten und nur obelisiert, daher auch in der Uulgata [sic!], deren Psalter eine Übersetzung des hexaplarischen LXX-Textes ist (§ 6₆), noch zu finden; nur Lukian hat ihn ganz auszumerzen gewagt, und so findet er sich in dem offiziellen Texte der griech. Kirche nicht, aber die syr. Übersetzung des Lukiantextes ("Sy", s. § 7₆) hat ihn trotzdem beibehalten, vermutlich weil er sehr volkstümlich war."[39]

Auch hier wird wieder ungeprüft die Grundannahme eingetragen, dass der lukianische Text jung und jede seiner Besonderheiten sekundär sei. Dabei entsteht auch der Widerspruch, dass Lukian zwar meistens etwas hinzufügt, hier aber einen sogar sehr verbreiteten Text gestrichen haben soll. Zudem wäre hier der Text nicht wie sonst immer von Rahlfs angenommen (s.o. zu Röm 11,4 und Hebr 1,7), vom NT her, sondern gegen das NT bearbeitet worden. – Einfacher ist die Annahme, dass im lukianischen bzw. Antiochenischen Text – und mit diesem im „offiziellen Texte der griech. Kirche" der alte LXX-Text erhalten geblieben ist.[40]

7. Fazit

Sowohl die Erstellung des heute geläufigen LXX-Textes als auch dessen Interpretation sind von Vorentscheidungen und Bewertungen geprägt, die der kritischen Überprüfung bedürfen.

Konkret bedeutet das, dass – jedenfalls für die LXX – die seit Rahlfs geläufigen Vorentscheidungen zu revidieren sind.

1) Schon die Übereinstimmungen mit Josephus und erst recht die biblischen Texte aus Qumran zeigen, dass mit dem lukianischen bzw. Antiochenischen Text eine gute alte Textform vorliegt, die der ursprünglichen LXX nahe steht. Dabei geht es nicht an, diese Erkenntnis nur auf jene Stellen zu beschränken, zu denen zufällig ein Josephuszitat oder ein Qumranfragment vorliegt.

---

39 Rahlfs, Psalmi cum odis, Göttingen 1931, 66f.

40 Der Zusatz aus dem Römerbrief kam wohl in einem anderen Kirchenbereich in den Psaltertext und fand von dort aus die von Rahlfs beschriebene weite Verbreitung.

2) Die Voraussetzung, dass immer der lukianische Text der jüngste ist und die Charakteristika des Textes aus dieser Perspektive zu bestimmen sind, widerspricht nicht nur den Quellen (siehe s.o.), sondern auch den Beobachtungen am Text. Die Behauptung, dass Lukian inkonsequent und sogar widersprüchlich gearbeitet habe, war eine Hilfsannahme, die aus dem Festhalten an einer unzutreffenden Voraussetzung resultierte.

3) Die hier vorgestellte Analyse führte dagegen zu einer konsistenten Erklärung der Phänomene, und zwar dergestalt, dass die Differenzen auf die Revisionsarbeit der sog. kaige-Gruppe zurückgehen. Die dabei vorgenommenen Änderungen lassen sich aus dem frühjüdischen Schriftverständnis gut erklären. Daraus folgt zugleich, dass der Ant von dieser Revision nicht erfasst wurde, sondern der ursprünglichen LXX sehr nahe steht,[41] und dass damit auch die sprachlichen bzw. übersetzungstechnischen Charakteristika des Ant im Wesentlichen denen der ursprünglichen LXX entsprechen.

4) Dagegen sind die traditionell hoch bewerteten frühen Codices, insbesondere der Codex Vaticanus, jedenfalls in den Geschichtsbüchern, wohl aber auch in anderen Bereichen, etwa in den Prophetenbüchern und den Psalmen, von einer hebraïsierenden Bearbeitung (kaige-Revision) geprägt.

5) Es ist anzunehmen, dass die unter der Voraussetzung einer späten Einordnung und geringen Bewertung des lukianischen Textes erstellten modernen kritischen Editionen der LXX nicht die ursprüngliche LXX erreicht haben, sondern im Bereich der hebraïsierenden Revisionen geblieben sind, wodurch auch ein unzutreffender Eindruck vom Übersetzungsstil der ursprünglichen LXX entstand.

6) Für die Interpretation der Zitate im NT bedeutet das, dass nicht einfach vom Obertext der kritischen Editionen ausgegangen werden kann, sondern dass die Varianten und insbesondere der Ant mit heranzuziehen sind.

7) Abschließend sei festgehalten, dass das hier Gesagte für den Text der LXX (und deren Zitate im NT) gilt. Gewiss ist es sinnvoll, auch für das NT die traditionellen, eingangs zitierten Bewertungen des sog. syrischen Textes neu zu prüfen. Trotzdem sind die beiden Bereiche auseinander zu halten. Die Bewertung des Ant der LXX kann nicht automatisch auf den syrischen Text des NT übertragen werden. Das bedeutet aber auch umgekehrt, dass ein Verbleib bei der traditionellen Bewertung des syrischen Textes im NT die hier vorgetragene Neubewertung des Ant für die LXX nicht in Frage stellen würde.

---

41   Das schließt natürlich nicht aus, dass auch der Antiochenische Text im Zuge der Überlieferung einzelne Veränderungen und Textverderbnisse erlitten hat. Vgl. die Bemerkung von Barthélemy, oben, Fn. 30.

Literatur:

B. Aland, Art. Textgeschichte/Textkritik der Bibel II. Neues Testament, TRE 33, 2002, 155–168.

D. Barthélemy, Les Devanciers d'Aquila, VTS 10, Leiden 1963.

S. P. Brock, The Recensions of the Septuagint Version of 1Samuel (1966), Torino 1996.

A. D. Crown, Samaritan Scribal Habits with Reference to the Masorah and the Dead Sea Scrolls, in: Festschrift für Emanuel Tov, VT.S 94, Leiden 2003, 159–177.

S. Docherty, The Text Form of the OT citations in Hebrews chapter 1 and the Implications for the Study of the Septuagint, NTS 55, 2009, 355–365.

H. Dörrie, Zur Geschichte der Septuaginta im Jahrhundert Konstantins, ZNW 39, 1940, 57–110.

E. J. Epp, The Significance of the Papyri for Determining the Nature of the New Testament Text in the Second Century. A Dynamic View of Textual transmission (1988), in: ders., Perspectives on New Testament Textual Criticism. Collected Essays 1962–2004, NTS 116, 2005, 345–381.

N. Fernandez Marcos, The Septuagint in Context. Introduction to the Greek Version of the Bible, Leiden 2000.

N. Fernández Marcos/J. R. Busto Saiz, El texto antioqueno de la Biblia griega. I. 1–2 Samuel, TECC 50, Madrid 1989; II. 1–2 Reyes, TECC 53, Madrid 1992; III. 1–2 Crónicas, TECC 60, Madrid 1996.

R. Holmes/J. Parsons, Vetus Testamentum Graecum Cum Variis Lectionibus. Vol. 2 Josue–2 Paralipomena, Oxford 1810–1818.

J.-H. Kim, Die hebräischen und griechischen Textformen der Samuel- und Königebücher. Studien zur Textgeschichte ausgehend von 2Sam 15,1–19,9, BZAW 394, Berlin 2009.

W. Kraus/M. Karrer, Septuaginta-Deutsch, Stuttgart 2009.

S. Kreuzer, Eine Schrift, zwei Fassungen: Das Beispiel des Richterbuches, BiKi 56, 2001, 88–91.

S. Kreuzer, Towards the Old Greek. New Criteria for the Evaluation of the Recensions of the Septuagint (especially the Antiochene/Lucianic Text and the Kaige-Recension), SCS 55, Atlanta 2008, 239–253.

W. G. Kümmel, Einleitung in das Neue Testament, Heidelberg [16]1969.

P. A. de Lagarde, Librorum Veteris Testamenti canonicorum pars prior Graece, Göttingen 1983.

A. Mez, Die Bibel des Josephus, untersucht für Buch V bis VII der Archäologie, Basel 1895.

P. J. Parsons, The Script and their Date, in: E. Tov/R. A. Kraft/P. J. Parsons, The Greek Minor Prophets Scroll from Naḥal Ḥever (8 ḤevXIIgr), DJD 8, Oxford 1990.

A. Pietersma, Art. Bodmer Papyri, ABD 1, 1992, 766f.

A. Rahlfs, Lucians Rezension der Königsbücher, Septuagintastudien III, Göttingen 1911 = Nachdruck 1965.

A. Rahlfs, Psalmi cum Odis, Göttingen 1931.

G. Stemberger/C. Dohmen, Hermeneutik der Jüdischen Bibel und des Alten Testaments, Stuttgart 1996.

G. Stemberger, Midrasch: Vom Umgang der Rabbinen mit der Bibel, München 2002.

B. Taylor, The Lucianic manuscripts of 1 Reigns, Vol. 1: Majority Text, HSM 50, Atlanta, GA 1992; Vol. 2: Analysis, HSM 51, Atlanta, GA 1993.

H. St. J. Thackeray, The Greek translators of the four books of Kings, JTS 8, 1907, 262–266.

ders., The Septuagint and Jewish Worship, London 1921, 23–24, 114–115.

E. Tov, Der Text der Hebräischen Bibel. Handbuch der Textkritik, Stuttgart 1997.

J. Wellhausen, Der Text der Bücher Samuelis, Göttingen 1871.

J. Ziegler, Beiträge zur Jeremias Septuaginta, MSU 6, Göttingen 1958.

Die Zeugen des Antiochenischen Textes in 2Sam

MARCUS SIGISMUND

1. Vorbemerkungen

Wohl nicht zuletzt durch die starke Rezeptionswirkung der äußerst verdienten Septuaginta-Ausgaben von Brooke-McLean[1] und Brenton[2], die beide in ihrem Haupttext den Codex Vaticanus (B) diplomatisch wiedergeben, als auch der Göttinger Edition, in der diese Hs. aus textgeschichtlichen Grundannahmen insb. von Rahlfs[3] eine herausragende Rolle spielt, stehen viele textkritische Erwägungen zum griechischen AT unter der Prämisse, dass der Text von B in den meisten Büchern den besten bzw. den ältesten griechischen Text bietet. Dies gilt im besonderen Maße für die Geschichtsbücher im Allgemeinen und für die Samuelbücher im Speziellen.

Dem gegenüber haben mehrere neuere Untersuchungen zu den Samuelbüchern gezeigt, dass die älteste rekonstruierbare Textform dort i.d.R. bei dem sog. Antiochenischen Text (Ant) zu suchen ist.[4] Vor dem Hintergrund

---

1   Hier besonders: A. E. Brooke/N. McLean (Edd.), The Old Testament in Greek. According to the Text of Codex Vaticanus, supplemented from other uncial Manuscripts. With a critical Apparatus containing the Variants of the chief ancient Authorities for the Text of the Septuagint, Cambridge 1906–1940. Siehe hier besonders: Vol. 2. The later historical books. Part I. I and II Samuel, Cambridge 1927.

2   L. C. Brenton (Ed.), The Septuagint with Apokrypha. Greek and English, London ¹1851; ¹⁰2003.

3   Vetus Testamentum Graecum Auctoritate Academiam Scientiarum Gottingensis editum, Göttingen 1931ff; vgl. auch A. Rahlfs/R. Hanhart (Hrsg.), Septuaginta. Id est Vetus Testamentum graece iuxta LXX interpretes ; duo volumina in uno. Editio altera, Stuttgart 2006.

4   S. Kreuzer, Textformen und Bearbeitung. Kriterien zur Frage der ältesten Textgestalt, insbesondere des Septuagintatextes, an Hand von 2Sam 12, in: P. Hugo/A. Schenker (Edd.), Archaeology of the Books of Samuel. The Entangling of the Textual and Literary History, VT.S 132, Leiden/Boston 2010, 91–115, ders., Towards the Old Greek. New Criteria for the Evaluation of the Recensions of the Septuagint (especially the Antiochene/Lucianic Text and the Kaige-Recension), in: Congress Volume Lubljana 2007, SCS 55, Atlanta 2008, 239–253; J.-H. Kim, Die hebräischen und griechischen Textformen der Samuel- und Königebücher. Studien zur Textgeschichte ausgehend von 2Sam 15,1–19,9, BZAW 394, Berlin/New York 2009; ders., Zur Textgeschichte von Sam–Kön anhand 2Sam 15,1–19,9, in: M. Karrer/W.

dieser Prämisse lassen sich die dem Ant oftmals zugeschriebenen Inkonse-
quenzen in der Übersetzung gut als Stilvariation der „Ur-LXX" (OG) erklären.
B erweist sich dann als eine in seiner Redaktion konsequente Angleichung an
den sog. proto-masoretischen Text.

Wenngleich sich die verschiedensten Beobachtungen bei den jeweiligen
Textformen bei einer textgeschichtlichen Priorität des Ant gut erklären lassen,
so erscheinen diese Überlegungen – wie sich bei Diskussionen auf internatio-
nalen Workshops und Tagungen mehrfach gezeigt hat – nicht wenigen Fach-
genossen als allzu theoretisches Konstrukt, dem die späte handschriftliche
Bezeugung des Ant zu widersprechen scheint. In der Tat setzt die handschriftliche Bezeugung im Vergleich zu den großen Codices A B und S mit den Marginalnotizen von 554 (z) im ausgehenden 6. Jh. relativ spät ein. Die für den
Ant der Samuel-Bücher maßgeblichen Hss. (19, 108, 82, 93, 127 bzw. boc₂e₂)
stammen sogar erst dem 9.–14. Jh.! Jedoch greift dieser erste Eindruck auf
Basis der Manuskripte zu kurz. Vielmehr zeigt ein Survey über alle antiochenischen Textzeugen (d.h. Hss., antiken Übersetzungen und Zitaten bei Kirchenvätern) klar auf, dass die antiochenische Textform älter ist als die anderen
bekannten Textformen von 2Sam. Die folgende Aufstellung möchte dies verdeutlichen.

2. Handschriftliche Bezeugung

Griechische Zeugen

19 (b′): Rom, *Biblioteca Vaticana*; *Chis. Gr. 30 (olim R. VI. 38)*; 11.–12. Jh.
     n.Chr.; Pergament; 376 Bl.

82 (o): Paris, *Bibliothèque Nationale*; *Coislin 3*; 12. Jh.; Pergament; 242 Bl.;
     kleinere Beeinflussungen durch LXX rell

93 (e₂): London, *British Museum*; *Royal 1 D. II*; 13. Jh.; Pergament; 216 Bl.;
     nach Unzial-Vorlage

108 (b): Rom, *Biblioteca Vaticana*; *Vat. gr. 330*; 13–14 Jh. n. Chr.; Papier; 513
     Bl.

127 (c₂): Moskau, *Synodal Bibliothek*; *Gr. 31*; 10. Jh.; Pergament; 440 Bl.;
     nach Majuskel-Vorlage.[5]

Kraus/M. Meiser (Hgg.), Die Septuaginta. Texte, Kontexte, Lebenswelten, WUNT 219, Tübingen 2008, 353–368.

5   Die Bedeutung gerade dieser Hs ist zuletzt stark hervorgehoben worden. So urteilt N.
    Fernández Marcos: „die älteste Minuskel der antiochenischen Gruppe und [...] ein sehr sorg-
    fältiger Text, weshalb er besondere Aufmerksamkeit bei der Textrekonstruktion verdient" (N.
    Fernández Marcos, Der antiochenische Text der griechischen Bibel in den Samuel- und Kö-

Lateinische Zeugen

Leider sind für den Bereich der Geschichtsbücher kaum fortlaufende Vetus Latina-Texte erhalten. Die erhaltenen Bruchstücke gehen aber fast immer mit Lesarten des Ant zusammen und sind dann wichtige Zeugen für den protolukianischen Status einer Variante. Einen fortlaufenden Text von 2Sam bieten lediglich:[6]

L_{115} (L^b): Neapel, Biblioteca Nazionale; lat. 1, Palimpsestus Vindobonensis; Unziale – 5. Jh. Afrika, um 700 palimpsestiert; Edition: B. Fischer, „Palimpsestus Vindobonensis", in: Ders., Beiträge zur Geschichte der lateinischen Bibeltexte [AGLB 12], Freiburg 1986, 308–381.

L_{116} (L^q): Berlin, Preussische Staatsbibliothek, Th. lat. fol. 465 und Quedlinburg, Archiv der Oberpfarre St. Servatii; Unziale – 4. oder 5. Jh.; Edition: H. Degering – A Boeckler, Die Quedlinburger Italafragmente, 2 Bde., Berlin 1932; I. Levin, The Quedlinburg Itala [literae textuales], Leiden 1985.

Alle weiteren Zeugen (L_{91-95}) sind Marginalnotizen in spanischen Bibelhandschriften. Diese sind mustergültig ediert in: Morano Rodríguez, Glosas marginales de Vetus Latina en las Biblias Vulgatas españolas. 1–2 Samuel [TECC 48], Madrid 1989, 3–51. Die Hss. im Einzelnen:[7]

L_{91}: León, Biblioteca de la Real Colegiata de San Isidoro 2; Codex Gothicus Legionensis; 960 n. Chr.

L_{92}: León, Biblioteca de la Real Colegiata de San Isidoro 1. 3; 1162 n. Chr. (eine Abschrift vom Ms. 91).

---

nigsbüchern, in: S. Kreuzer/J. Lesch (Hrsg.), Im Brennpunkt: Die Septuaginta. Studien zur Entstehung und Bedeutung der Griechischen Bibel. Bd. 2, BWANT 161, Stuttgart 2004, 177–213: 182; vgl. auch Kim, Textformen, 49: „Nach meiner Untersuchung im Bezug auf das bewegliche ν weist die Handschrift darauf hin, dass sie die direkt von einer Majuskelhandschrift abgeschriebene älteste Texttradition des Ant widerspiegelt, in der das bewegliche ν noch nicht nach der byzantinischen Schulregel bearbeitet wurde."

6   Ebenfalls als Zeuge in Erwägung zu ziehen ist L_{117} (Wien, Österreichische Nationalbibl. lat. 15479). Jedoch bedarf der Text dieses Manuskriptes, der signifikante Unterschiede zur restlichen Überlieferung aufweist, noch nähere Untersuchungen, deren separate Publikation sich in Vorbereitung befindet.

7   Daneben existieren weitere Glossen, die offenkundig zu einer gemeinsamen Traditionslinie gehören, und 1927 durch Donatien De Bruyne (D. de Bruyne, Fragments d'anciennes versions latins tirés d'un glossaire biblique, in: Archivum Latinitatis Medii Aevi 3 (Paris 1927), 113-120) ediert wurden. Auch sie scheinen der antiochenischen Textform zu folgen. Ebenso wie für L_{117} ist eine Untersuchung dieser Texte in Vorbereitung.

L$_{93}$(L^v): Rom, Biblioteca Vaticana; lat. 4859; 1522 n. Chr. (eine Abschrift vom
  Ms. 91).
L$_{94}$: Escorial, Biblioteca de San Lorenzo; 54. V. 35.; 1478 n. Chr. (eine Ab-
  schrift der Glossen aus einer verlorenen Bibel in einer Vulga-
  ta-Inkunabel [sog. Valvanera, wahrscheinlich 10. Jh.]).
L$_{95}$: Madrid, Academia de la Historia; Aemil. 2–3; 12. Jh.

Hebräische Zeugen

Im Rahmen der (proto-)masoretischen Bibelüberlieferungen lässt sich nur sehr
schwer ein klares Urteil bezüglich ihrer textgeschichtlichen Stellung zum Antiochenischen Text fällen. MT stellt anscheinend eine Größe für sich dar. Jedoch sind zuweilen Varianten und Lesarten aufweisbar, die mit der LXX parallel gehen und auch von Ant geboten werden. In einigen signifikanten Fällen
geht die Lesart von MT sogar mit Ant gegen kaige.[8]
  Viele Parallelen zum Ant zeigen aber Fragmente aus Qumran. Dies ist besonders auffällig in Abschnitten von 2Sam, in denen die Qumranfragmente mit
Ant sowohl gegen MT als auch kaige gehen. Im Zusammenhang mit 2Sam ist
zu verweisen auf:[9]

4QSam^a (4Q51): Papyrus (einschließlich zweier Lederflecke); 50–25 v. Chr.;
  Edition: DJD XVII (Oxford 2005), 1–216.
4QSam^c (4Q53): Leder(-Rolle); 100–75 v.Chr.; Edition: DJD XVII (Oxford
  2005), 247–267.

3. Bezeugung bei antiken Autoren

Josephus

Flavius Josephus benutzte bei seiner Abfassung der *Antiquitates* eine griechische Texttradition, die sowohl mit 4QSam^{ac} als auch mit dem Ant eine enge
Beziehung hat. In der Rekonstruktion von OG kommt Josephus daher eine
entscheidende Rolle zu. Denn wo Ant mit 4QSam^{ac} und Jos übereinstimmt,
liegt definitiv eine Lesart des 1. Jh. v. und n.Chr. vor, die ebenso deutlich älter
ist als der protomasoretische Text, auf den KR rekurriert. Die entsprechenden

---

8   Vgl. hierzu Kim, Textformen, 376–379.
9   Der für die Rekonstruktion des Old Greek ebenfalls sehr wichtige Text 4QSam^b (d.i. 4Q52;
     Edition: F. M. Cross u.a., Qumran Cave 4.XII: 1–2Samuel, DJD 17, Oxford 2005, 219–246;
     zur Textform ebd. bes. 221–224) umfasst nur Abschnitte aus 1Sam.

Textpassagen finden sich durch Fernández Marcos in seiner Ant-Ausgabe kollationierte, als maßgebliche Ausgabe muss nach wie vor gelten: Benedict Niese, Flavii Josephi Opera, 7 Bde., Berlin 1885–1895.

Kirchenväter

Die antiochenischen Lesarten finden sich im Apparat der Ant-Edition von Marcos.

Theodoret von Cyrus (Theod), ca. 393–457 n.Chr.: *Quaestiones in libros Regnorum et Paralipomenon*. Edition: N. Fernández Marcos und J. R. Busto Saiz, Theodoreti Cyrensis Quaestiones in Reges et Paralipomena [TECC 32], Madrid 1984.

Asterius der Homilet (AstHom), späte 4./frühes 5. Jh. n.Chr., oft fälschlich mit dem Lukianschüler Asterius von Kappadozien (Ast; ca. 270– nach 341) identifiziert.[10] Edition: M. Richard, Asterii Sophistae commentariorum in psalmos quae supersunt, accedunt aliquot homiliae anonymae [SO.S XVI], Oslo 1956; Kinzig, Wolfram, Asterius. Psalmenhomilien[BGrL 56/57], 2 Bde., Stuttgart 2002.

[Eustathius von Antiochien (Eust), erste Hälfte 4. Jh. n.Chr.: frg. 139. Edition: Declerck, José H., Eustathii Antiocheni, Patri Nicaeni, Opera quae supersunt omnia, Turnhout – Leuven 2002, 197. Ant ist hier aber identisch mit LXX^{rell}][11].

Johannes Chrysostomos (Chrys), 349–407 n.Chr.: Sermon über Anna (PG 54, 631–676), drei Homilien über David und Saul (PG 54, 670–708).

Diodor von Tarsus (Diod), erste Viertel 4. Jh.– ca. 392/394, Zitate in Katenen und seinem Psalmenkommentar. Edition: R. Devreesse, Les anciens commentateurs grecs de l'Octateuque es des Rois (Fragments tires des chaines) [ST 201], Rom 1959, 159–167; M. Olivier, Diodori Tarensis Commentarii in Psalmos I. Commentarii in Psalmos I–II. [CCSG 6], Turnhout – Lovaina 1980.

---

10   Vgl. hierzu: W. Kinzig, In Search of Asterius, Göttingen 1990; M. Vinzent, Asterius von Kappadokien. Die theologischen Fragmente, SVigChr 20, Leiden u. a., 1993, 7–9.

11   Da Eust vor allem in seiner Schrift *de engastrimytho* einen antiochenischen Bibeltext bietet und damit in 1Sam einen Hauptzeugen darstellt, darf aber davon ausgegangen werden, dass er auch hier eine Ant-Vorlage verwendete. Der Sachverhalt wird hier durch die Einklammerung kenntlich gemacht. Edition: J. H. Declerck, Eustathii Antiocheni, Patri Nicaeni, Opera quae supersunt omnia, Turnhout/Leuven 2002, 3–60; M. Simonetti, Origine, Eustazio, Greorio di Nissa, La maga di Endor, Florenz 1989; E. Klostermann, Origines, Eusthathius und Gregor von Nyssa über die Hexe von Endor, Bonn 1912; S. Eustathii Antiocheni episcopi et confessoris opera omnia, ed. J.-P. Migne, PG 18, Paris 1857, 613–794.

Theodor von Mopsuestia (ThMop), ca. 350– vor 428 n.Chr.: wichtig sind Zitate in Katenen und der Psalmenkommentar sowie der Kommentar
zum Dodekapropheton des Schülers des Diodor von Tarsus Edition:
R. Devreesse, Les anciens commentateurs grecs de l'Octateuque es
des Rois (Fragments tires des chaines) [ST 201], Rom 1959, 176–
177; R. Devresse, Le Commentaire de Théodore de Mopsueste sur les
Psaumes (L–LXXX) [ST 92], Rom 1939; Van Rompay L., Théodore
de Mopsueste. Fragments syriaques du Commentaire des Psaumes, 2
vol. [CSCO 436/436], (syr. Text mit frz. Übersetzung), Leuven 1982;
H.N. Sprenger, Theodori Mopsuesteni Commentarius in XII
Prophetas, Wiesbaden 1977.

Severus von Antiochien (Sev), gest. 538. Edition der Fragmente in: R. Devreesse, Les anciens commentateurs grecs de l'Octateuque es des
Rois (Fragments tires des chaines) [ST 201], Rom 1959, 186–201.

4. Ant-Bezeugung durch Handschriften mit Mischtext

M (Codex Coislianus): Paris, Bibliothèque Nationale; Coislin 1; 7. Jh. n.Chr.;
Pergament; 227 Bl.; zahlreiche hexaplarische Randnotizen.

V (Codex Venetus; Rahlfs N): Rom, Biblioteca Vaticana; Vat. gr. 2106; 8. Jh.;
Pergament; 132 Bl.; Die Textform steht nahe zu Ant, zeigt jedoch
vielfach Einschüsse von LXX^{rell}.

29 (b$_2$): Venedig, Biblioteca Naz. Marciana; Gr. 2; 10./11. Jh. n.Chr. (Bl. 1–
199, Oktateuch und Samuelbücher) und 14. Jh. n.Chr. (Bl. 200-227,
Makk); Pergament und Papier; 227 Bl.; Texttyp: gemischt zwischen
dem Ant (via MV?) und der kaige.

56 (i): Paris, Bibliothèque Nationale; Grec. 3; 1093 n.Chr.; Pergament; 360
Bl.; Texttyp: gemischt zwischen kaige und Ant.

92 (m): Paris, Bibliothèque Nationale; Grec. 8; 10. Jh. n.Chr.; Pergament; 188
Bl.; Text gemischt zwischen kaige und Ant.

120 (q): Venedig, Biblioteca Naz. Marciana; Gr. 4; 11. Jh. n.Chr.; Pergament;
402 Bl.; Texttyp zwischen kaige und Ant.

158 (g): Basel, Öffentliche Universitäts-Bibliothek; B. VI. 22; 13. Jh. n.Chr.;
Pergament; 262 Bl.; enthält Zitate von Theod. *quaest.* Der Text stellt
eine Mischform zwischen kaige und Ant dar.

243 (j): Paris, Bibliothèque Nationale; Coislin 8; 10. Jh. n.Chr.; Pergament;
280 Bl.; enthält in Sam–Kön Katenen mit hexaplarischen Randnotizen, der Text selbst ist eine Mischung aus kaige und Ant.

245 (v): Rom, Biblioteca Vaticana; Vat. gr. 334; 12. Jh. n.Chr.; Pergament; 246 Bl.; Text der KR mit Beeinflussung durch Codd. M V, teilweise ausschließliche Übereinstimmungen mit Ant.

314 (w): Athen, National-Bibliothek ('Εθνικὴ Βιβλιοθήκη τῆς 'Ελλάδος); 44; 13. Jh. n.Chr.; Pergament; 325 Bl.; Mischtext aus kaige und Ant, die Übereinstimmungen mit dem Ant gehen u.U. auf Codd. MV zurück.

372 (u): Escorial, Real Biblioteca; R-II-2; 12. Jh. n.Chr.; Pergament; 86 Bl.; der Text entspricht weitestgehend KR, wurde aber von der Texttradition des Ant bzw. der Codd. MV beeinflusst.

489 (f): München, K. Hof- und Staatsbibliothek; Gr. 454; 10. Jh. n.Chr.; Pergament; 282 Bl.; gemischter Texttyp zwischen kaige und Ant.

509 (a$_2$): Petersburg, Kaiserliche öffentliche Bibliothek; 62; 9./10. Jh. n.Chr.; Pergament; 146 Bl.; der Text geht i.d.R. mit Cod. B, beinhaltet aber auch einige Ant Lesarten.

554 (z): Paris, Bibliothèque Nationale; Grec. 133; 14. Jh. n.Chr.; Papier; 258 Bl.; im Bereich 2Sam führt die Hs. in margine Antiochenische Lesarten (in 1Sam dagegen hexaplar. Randnotizen).

700 (r): Rom, Biblioteca Vaticana; Vat. gr. 2115; 10./11. Jh. n.Chr.; Pergament; d.i. Ms. Basil. 154 Bl. 27–69; der Text ist kaige, aber mit Ant Einsprengseln; in 2Kön antiochenisch!

707 (a): Sinai, Katharinenkloster; Cod. gr. 1 mit Petersburg, Kaiserliche öffentliche Bibliothek, Graec. 260 (Gen 47,13–48,17)); 10./11. Jh. n.Chr.; Pergament; 241 Bl; in 2Sam hexaplarischer Text mit Antiochenischen Lesarten wie in den Hss. MV.

5. Sonstige Bezeugung

Die armenische Version (Arm)

Die armenische Version wurde im 5. Jh. n. Chr. von Mesrop und Sahak (5. Jh.) übersetzt. In B-M wurde die Ausgabe von Zorab kollationiert: H. Y. Zorab, Astuacašunč metean hin ew nor ktakaranac` (Die heilige Schrift des A. und N.T.), Venedig, 1805.[12] In 2Sam stimmt die armenische Version häufig mit dem Ant überein, die vielen KR-Lesarten gehen wohl auf hexaplarische Beeinflussung zurück.[13]

---

12 Ergänzungen folgten für das erste Samuelbuch durch die Edition von B. Johnson, Die armenische Bibelübersetzung als hexaplarischer Zeuge im 1. Samuelbuch. (Lund, 1968). Eine entsprechende Arbeit für 2Sam liegt nicht vor.

13 Vgl. Kim, Textformen, 63.

Die koptische Version (Co)

Die sahidische Übersetzung entstand ca. im 3. Jh. n.Chr. Edition: J. Drescher, The Coptic (Sahidic) Version of Kingdoms I–II (Samuel I–II). Bd. 1 (Textausgabe); Bd. 2 (die englische Übersetzung), Louvain, 1970. Es handelt sich um einen Mischtext, der zuweilen Ant-Lesarten bietet.

Die äthiopische Version (Aeth)

Die altäthiopische Bibelübersetzung entstand wahrscheinlich in der Zeit um 500 n. Chr., liegt aber nur in jüngeren Hss. (wenige vor dem 16. Jh., hauptsächlich ab dem 17. Jh.) vor. Edition: Biblia Veteris Testamenti Aethiopica. Leipzig, 1853–1894. Vol. II, 1–2, Libri Regum (1861, 1871). Es handelt sich um einen Mischtext, der zuweilen Antiochenische Lesarten bietet.

Die syrische Version (Sy)

Zu unterscheiden sind die Peschitta (Pesh), die vom Hebräischen her übersetzt wurde, und die Syro-Hexapla (Sy[h]), die von der Septuaginta her übersetzt wurde. Beide Rezensionen unterstützen Ant. Die Syro-Hexapla wurde dem Kolophonen der erhaltenen Hss. zufolge durch Bischof Paul von Tella-dhe-Mauzelath (Constantine) im Jahr 616/617 angefertigt. Der Peschitta-Text wurde um 705 von Jakob von Edessa revidiert.

Die LXX-Edition von B-M nahm die älteren Editionen dieser Texte auf. Sie sind ediert in B-M unter Siglum S-ap-Barh (Fragmente in Bar Hebraeus); S[m] (Fragmente aus dem von Andreas Masius (1514-1573) benutzten Codex) sowie S[j]. Die Angaben von B-M sind durch die Neuedition des Peschitta-Institutes in Leiden (bzw. mittels des Datenbestandes von CAL) zu verifizieren.

6. Tabellarische Übersicht der Ant-Zeugen im Vergleich zu großen Codices

Bei Hss., deren Datierung nur im Umbruch zweier Jh. angegeben werden kann, wird das spätere Jh. notiert.

Jh.	große bzw. wichtige Codices	Codices mit Mischtext	Ant-Zeugen
1. Jh. v.Chr.			4QSam$^{a\,c}$
1. Jh. n.Chr.			Jos
2. Jh. n.Chr.			
3. Jh. n.Chr.			
4. Jh. n.Chr.	B (älteste Textzeuge für KR)		Ast Chrys Diod Eust
5. Jh. n.Chr.	A^{14}		L$_{115}$ L$_{116}$ Arm Theod ThMop
6. Jh. n.Chr.			Sev
7. Jh. n.Chr.		M	Sy^{h}
8. Jh. n.Chr.		V	Pesh
9. Jh. n.Chr.			L$_{91}$
10. Jh. n.Chr.		92 243 489 509	127
11. Jh. n.Chr.		29 120 700 707	
12. Jh. n.Chr.		245 372	19 82 L$_{92}$ L$_{95}$
13. Jh. n.Chr.		158 314	93 108
14. Jh. n.Chr.			554^{marg}
15. Jh. n.Chr.			L$_{94}$
16. Jh. n.Chr.			L$_{93}$

Die Übersicht verdeutlicht anschaulich, dass antiochenische Lesarten – abgesehen von einer zufälligen Lücke im 2./3. Jh. – durchgehend zu belegen sind und offenkundig ihre Wurzeln im Bibeltext des ersten Jh. n.Chr. haben. Sie stehen damit OG chronologisch näher als Lesarten anderer Rezensionen. Der Wert der antiochenischen Lesarten sollte daher stärker berücksichtigt werden.

Die folgende Graphik möchte diesen Sachverhalt nochmals verdeutlichen. Volllinien zeigen stemmatologische oder zu postulierende direkte Texteinflüs-

---

14 Der Codex Alexandrinus (A) gilt traditionell als guter Zeuge für den O′-Text, jedoch wäre zu überlegen, ob alle diesbezüglichen Lesarten hexaplarisch zu deuten sind. Alternativ wäre zu erwägen, ob nicht vielmehr viele Lesarten direkt auf OG zurückgehen. Ein Zusammentreffen von Ant und A könnten dann ein sicheres Indiz für das Vorliegen einer OG-Lesart sein.

se auf, die aufgrund von Lesarten anzunehmen sind; gestrichelte Linien zeigen Einflüsse, die aufgrund eines Schüler-Lehrer-Verhältnisses naheliegen; gestrichelte Pfeillinien stehen für allgemeine Texteinflüsse, die stemmatologisch nicht sicher qualifiziert werden können. H_0 ist der hebr. Urtext, H_{1-2} sind hebr. Textformen. Zu den Siglen der Hss. und Kirchenväter s.o.

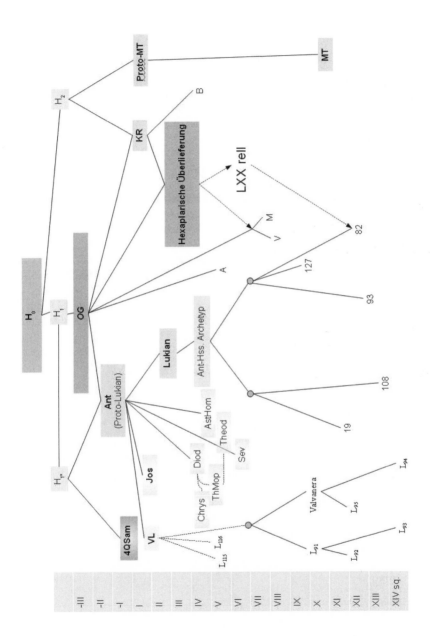

Literatur:

Sir L. C. Brenton (Ed.), The Septuagint with Apokrypha. Greek and English, London [1]1851; [10]2003.

A. E. Brooke/N. McLean (Edd.), The Old Testament in Greek. According to the Text of Codex Vaticanus, supplemented from other uncial Manuscripts. With a critical Apparatus containing the Variants of the chief ancient Authorities for the Text of the Septuagint, Cambridge 1906–1940. Siehe hier besonders: Vol. 2. The later historical books. Part I. I and II Samuel, Cambridge 1927.

F. M. Cross u.a., Qumran Cave 4.XII: 1–2 Samuel, DJD 17, Oxford 2005.

J. H. Declerck, Eustaathii Antiocheni, Patri Nicaeni, Opera quae supersunt omnia, Turnhout/Leuven 2002.

N. Fernández Marcos, Der antiochenische Text der griechischen Bibel in den Samuel- und Königsbüchern, in: S. Kreuzer/J. Lesch (Hrsg.), Im Brennpunkt: Die Septuaginta. Studien zur Entstehung und Bedeutung der Griechischen Bibel. Bd. 2, BWANT 161, Stuttgart 2004, 177–213.

J.-H. Kim, Die hebräischen und griechischen Textformen der Samuel- und Königebücher. Studien zur Textgeschichte ausgehend von 2Sam 15,1–19,9, BZAW 394, Berlin/New York 2009.

J.-H. Kim, Zur Textgeschichte von Sam–Kön anhand 2Sam 15,1–19,9, in: M. Karrer/W. Kraus/M. Meiser (Hgg.), Die Septuaginta. Texte, Kontexte, Lebenswelten, WUNT 219, Tübingen 2008, 353–368.

W. Kinzig, In Search of Asterius, Göttingen 1990; M. Vinzent, Asterius von Kappadokien. Die theologischen Fragmente, SVigChr 20, Leiden u. a., 1993.

E. Klostermann, Origines, Eusthathius und Gregor von Nyssa über die Hexe von Endor, Bonn 1912.

S. Kreuzer, Textformen und Bearbeitung. Kriterien zur Frage der ältesten Textgestalt, insbesondere des Septuagintatextes, an Hand von 2Sam 12, in: P. Hugo, A. Schenker (Edd.), Archaeology of the Books of Samuel. The Entangling of the Textual and Literary History, VT.S 132, Leiden/Boston 2010, 91–115.

S. Kreuzer, Towards the Old Greek. New Criteria for the Evaluation of the Recensions of the Septuagint (especially the Antiochene/Lucianic Text and the Kaige-Recension), in: Congress Volume Lubljana 2007, SCS 55, Atlanta 2008.

M. Simonetti, Origine, Eustazio, Greorio di Nissa, La maga di Endor, Florenz 1989.

Zwischen Kreti und Plethi

Textkritische Erwägungen zu den griechischen Versionen von 2Sam 20,23–26 und Rekonstruktion der „Old Greek"

MARCUS SIGISMUND

1. Einleitung und forschungsgeschichtlicher Hintergrund

Die Textgeschichte der Septuaginta ist anerkanntermaßen ausgesprochen komplex. Neben der Frage, ob es denn nun *eine* LXX gegeben hat (oder ob mit mehreren Übersetzungen zu rechnen ist)[1] – und im Grunde mit dieser Frage verwoben – steht das Phänomen mehrerer, sich z.T. stark unterscheidender, oft aber auch überraschend kohärenter Rezensionen bzw. Revisionen.

Im Bereich der Geschichtsbücher, insb. 1–4Kgt, scheint das Problem der Revisionen besonders akut. Gleichwohl bietet sich hier die Möglichkeit, durch den Abgleich der unterschiedlichsten sprachlichen Traditionen und der griechischen Revisionen insofern einen textgeschichtlichen Eckstein zu setzen, als die älteste, heute zumeist als „Old Greek" (OG) bezeichnete griechische Übersetzung – quasi die Urseptuaginta – rekonstruierbar scheint. Ob dies immer den Blick auf die insgesamt älteste erreichbare Textform ermöglicht, sei freilich dahingestellt.[2] Die Analyse der jeweiligen Übersetzungsprinzipien zeigt jedenfalls auf, was typisch für die jeweilige Revision ist, und was auf OG zurückgehen muss. Dies soll im Folgenden an einen kleinen Abschnitt aus dem

---

1   Vgl. hierzu mit Blick auf die Forschungsgeschichte E. Tov, Der Text der Hebräischen Bibel. Handbuch der Textkritik, Stuttgart u.a. 1997, 114.150–153; M. Tilly, Einführung in die Septuaginta, Darmstadt 2005, 62–64. Vgl. zu den neuzeitlichen Ansätzen zur Entstehung der Septuaginta auch ausführlich: N. Fernández Marcos, The Septuagint in Context. Introduction to the Greek Version of the Bible, Leiden u.a. 2000, 53–66; F. Siegert, Zwischen Hebräischer Bibel und Altem Testament. Eine Einführung in die Septuaginta, Münsteraner Judaistische Studien 9, Münster 2001, 23–54.

2   Vgl. hierzu die These von Adrian Schenker (insb. vertreten in: A. Schenker, Älteste Textgeschichte der Königsbücher. Die hebräische Vorlage der ursprünglichen Septuaginta als älteste Textform der Königsbücher, OBO 199, Fribourg/Göttingen 2004) und die Replik von Michael Pietsch (M. Pietsch, Von Königen und Königtümern. Eine Untersuchung zur Textgeschichte der Königsbücher, in: ZAW 119, 2007, 39–58).

zweiten Samuelbuch demonstriert werden. In den Blick genommen wird die sog. Beamtenliste 2Sam 20,23–26.

Wesentlich für die Rekonstruktion von OG sind im vorliegenden Abschnitt die sog. kaige-Revision (KR) und der Antiochenische Text (Ant). Da sowohl Forschungsgeschichte als auch die spezifischen Eigenarten der beiden Revisionen in vielen Untersuchungen zur Thematik und in den einschlägigen Einleitungen zur LXX gut dokumentiert sind,[3] sei nur an einige wenige Punkte erinnert:

Die erste formale Beschreibung der kaige-Revision nahm Henry St. Jones Thackeray 1907 vor.[4] Als markanteste Kennzeichen machte er u.a. die Vermeidung des Präsens historicum aus, ferner die Übersetzung von אִישׁ mit ἀνήρ, שׁוֹפָר mit κερατίνη, גַּם mit καὶ γε und אָנֹכִי mit ἐγώ εἰμι.[5] Alles in allem kann man erkennen, dass KR besonderen Wert darauf legt, hebräische Sprachphänomene auch im griechischen Bibeltext erkennbar zu machen.[6]

Als Ergebnis seiner Untersuchungen unterteilte Thackeray 1–4Kgt in mehrere Abschnitte, die cum grano salis[7] bis heute anerkannt werden:

α   1Sam
ββ 2Sam 1,1–11,1(9,13)
βγ 2Sam (10,1) 11,2–1Kön 2,11
γγ 1Kön 2,12–21,43
γδ 1Kön 22,1–2Kön 25,30

Forschungsgeschichtlich maßgeblich wurde die Bestätigung und Vertiefung von Thackerys Beobachtungen durch Dominique Barthélemy,[8] auf den auch

---

3   Vgl. Tilly, Einführung, 83f. (zu KR). 92–96 (zu Ant); Fernández Marcos, Context, 142-154 (KR). 223–238 (Ant); zu Ant vgl. insb. J.-H. Kim, Die hebräischen und griechischen Textformen der Samuel- und Königebücher. Studien zur Textgeschichte ausgehend von 2Sam 15,1–19,9, BWAW 394, Berlin/New York 2009, 4–32.

4   H. St. J. Thackeray, The Greek translators of the Four Books of Kings, in: JTS 8, 1907, 262–266; H. St. J. Thackeray, The Septuagint and Jewish Worship, London 1921, 114f.

5   Vgl. ebd.

6   Darüber hinaus sind gewisse Gemeinsamkeiten mit der späteren Überarbeitung Aquilas nicht zu übersehen. Vgl. Tilly, Einführung, 84.

7   Modifizierung erhielt die Abgrenzung erst durch J. D. Shenkel (J. D. Shenkel, Chronology and Recensional Development in the Greek Text of Kings, HSM 2, Cambridge, MA. 1968.), der 1968 die Charakteristika des kaige-Textes auch schon in 2Sam 10 feststellte, wodurch der Anfang des βγ-Abschnittes entsprechend nach vorne korrigiert werden musste. Diese Abgrenzung ist weithin anerkannt geblieben. Interessanterweise orientieren sich die Herausgeber von NETS wieder an der älteren Abgrenzung Thackerays (vgl. A. Pietersma/B. G. Wright (Edd.), A New English Translation of the Septuagint, Oxford 2007, 271).

8   D. Barthélemy, Les Devanciers d'Aquila, VT.S 10, Leiden 1963.

die Bezeichnung „kaige"-Abschnitt zurückzuführen ist. Als problematisch erweist sich aber nach wie vor die Datierung dieser Revision. Während Barthélemy die kaige-Revision in die Mitte des 1. Jh. n.Chr. einordnete, wird sie in der neueren Forschung – nicht zuletzt auf Grund des paläographischen Befundes der 12-Propheten-Rolle aus Naḥal Ḥever[9] in Korrelation zu den Samueltexten aus Qumran – bereits in das 1. Jh. v.Chr. eingeordnet. Handschriftlich findet sich der Text der kaige-Revision am besten im Codex Vaticanus enthalten, auch wenn man diesen Text nicht pauschal mit der kaige-Rezension gleichsetzen darf.[10]

Der Antiochenische (lukianische[11]) Text wird dagegen in mehreren Hss. fassbar, die bereits Mitte des 19. Jh. durch Antonio M. Ceriani als zusammengehörige Gruppe erkannt, und im weiteren Verlauf der Forschungsgeschichte durch Frederik Field, Julius Wellhausen und Paul de Lagarde als eigenständige Rezension profiliert wurden. Es handelt sich um die Hss. 19, 82, 93 und 108, denen in neuerer Zeit die Mss. 127 und 700 beigestellt werden konnten.[12]

Auffällig ist bei der Antiochenischen Textform die augenscheinliche Nähe zu entsprechenden Textpartien bei Josephus, wie Adam Mez[13] bereits 1895 feststellen konnte, und zum hebräischen Text, wie er in Qumran vorliegt.[14] Seit

---

9   Edition: E. Tov/R. A. Kraft (Edd.), The Greek Minor Prophets Scroll from Naḥal Ḥever (8ḤevXIIgr), DJD 8, Oxford 1990, cor. repr. 1995.

10   Vgl. S. Kreuzer, Textformen und Bearbeitung. Kriterien zur Frage der ältesten Textgestalt, insbesondere des Septuagintatextes, an Hand von 2Sam 12, in: P. Hugo/A. Schenker (Edd.), Archaeology of the Books of Samuel. The Entangling of the Textual and Literary History, VT.S 132, Leiden/Boston 2010, 91–115; vgl. auch H. Dörrie, Zur Geschichte der Septuaginta im Jahrhundert Konstantins, in: ZNW 39, 1940, 57–110. Im Kontext des Codex Vaticanus ist als weiterer forschungsgeschichtlicher Meilenstein A. Rahlfs (A. Rahlfs, Studien zu den Königsbüchern, Septuagintastudien 1, Göttingen 1904; ebd., Lucians Rezension der Königsbücher, Septuagintastudien 3, Göttingen 1911; Nachdruck der Septuagintastudien 1–2, Göttingen 1965) zu erwähnen. Seine Untersuchung führte Rahlfs dazu, dass er in seiner Handausgabe im Wesentlichen den Codex Vaticanus zu Grund legte, während er den Text der anderen Codices niedriger einstufte und insbesondere den lukianischen Text als sekundäre Bearbeitung betrachtete. Dieses Dictum wirkt bis heute nach.

11   Die Bezeichnung als lukianischer Text geht auf die Äußerungen von Hieronymus (in der praef. zur Chronik) zurück, der den im Kirchengebiet von Antiochien verbreiteten Text mit Lukian in Verbindung brachte. Vgl. hierzu Kreuzer, Textformen, 93 Anm. 9. Da Hieronymus aber von einem Texttyp und nicht von einer Rezension durch Lukian zu sprechen scheint, ist die Bezeichnung lukianischer Text eher unglücklich und zunehmend außer Gebrauch, zumal sich die Textform schon vor Lukian nachweisen lässt.

12   Vgl. hierzu ausführlich M. Sigismund, Die Zeugen des AntiochenischenTextes in 2Sam (im vorliegenden Band).

13   A. Mez, Die Bibel des Josephus, untersucht für Buch V bis VII der Archäologie, Basel 1895.

14   Seit 1950 bekannt, ediert in: F. M. Cross/D. W. Parry/R. J. Saley/E. Ulrich (Edd.), Qumran Cave 4 XII, 1–2 Samuel, DJD 17, Oxford 2005.

einiger Zeit liegt der Ant in einer kritischen Textausgabe durch die Arbeit von Natalio Fernandez Marcos und J. Ramon Busto Saiz vor.[15]

Im Gegensatz zur kaige-Revision tat sich die Forschung schwer damit, klare und markante Kennzeichen der antiochenischen Übersetzung herauszuarbeiten. Als hermeneutisches Grundproblem erwies (und erweist) sich die pauschale Annahme Rahlfs, der Ant sei vergleichsweise jung und die Abweichungen zum kaige-Text resultierten aus der Bearbeitung des Lukian (und wären somit um 300 n.Chr. zu datieren). Interessanterweise hat auch heute noch die allgemein akzeptierte Tatsache, dass im Ant mehrere Bearbeitungsstufen vorliegen, unter diesem Dictum zu leiden. Wenngleich daher eine Beschreibung der Charakteristika des Ant in den Untersuchungen etwa von Sebastian P. Brock zu 1Sam[16] oder Joseph Ziegler[17] zum Jeremiatext vorliegt, so führte die Grundannahme der jüngeren Revision zur pejorativen Annahme, dass Konsequenz nicht die Stärke dieser vermeintlich späten Revision sei.[18] Jedoch lassen sich folgende Charakteristika festhalten: a) Ant erscheint im Vergleich zur restlichen LXX-Überlieferung i.d.R sprachlich gefälliger im Sinne griechischer Grammatik und Stilistik;[19] b) Ant bietet oft zusätzlich einen Artikel; c) Ant bietet häufig zusätzlich Eigennamen oder Pronomina, welche das Geschehen verständlicher machen; d) Ant vermeidet weitestgehend Semitismen; e) Ant vermeidet – so zumindest die forschungsgeschichtliche Theorie – seltene und als altertümlich empfundene Wörter oder Formen (was angesichts der offenen Datierung eo ipso ein wenig problematisch scheint) und ersetzt sie durch umgangssprachliche oder attische Begriffe oder Formenbildungen; f) Ant setzt oft einfache Verben, wo in der übrigen Überlieferung verbale Komposita tradiert werden, und vice versa (der Tausch von Simplex und Kompositum ist auffällig, schwankt aber in der Tendenz von Buch zu Buch).[20]

---

15 N. Fernández Marcos/J. R. Busto Saiz, El texto antiqueno de la Biblia griega, I, 1–2 Samuel TECC 50, Madrid 1989; II, 1–2 Reyes, TECC 53, Madrid 1992; III, 1–2 Crónicas, TECC 60, Madrid 1996.

16 S. P. Brock, The Recensions of the Septuagint Version of 1 Samuel, Turin 1996 (zugl. Diss. Oxford 1966).

17 J. Ziegler, Beiträge zur Jeremias-Septuaginta, MSU 6, Göttingen 1958.

18 So Ziegler, Beiträge, 162, ähnlich Rahlfs, Lucians Rezension, 293. Vgl. noch Tilly, Einführung, 96: „Ihr [d.i. Ant, Ergänzung Sigismund] Hauptcharakterzug ist das Fehlen eines erkennbaren Prinzips."

19 Nach konservativer Forschungsansicht zur Datierung glättet also Ant anscheinend ihre griechische Vorlage an den Stellen, an denen die Regeln griechischer Grammatik und Stilistik keine wörtliche Wiedergabe des hebräischen Textes zulassen. Auch die weiteren Punkte werden traditionell als Ergänzung/Erweiterung oder als Glättung interpretiert.

20 Vgl. hierzu auch die Auflistung der Merkmale bei Tilly, Einführung, 95f.; Fernández Marcos, Context, 230f., vor allem aber die Kapitel zur Antiochenischen/Lukianischen Rezension in

Eine Erklärung für die uneinheitliche Charakteristik bei Ant – aber auch die Hauptschwierigkeit – liegt, wie bereits erwähnt, darin, dass in Ant wahrscheinlich mehrere redaktionelle Schichten verwoben sind. Zwar darf man sicherlich annehmen, dass Teile der Rezension auf die Zeit Lukians (also um 300 n.Chr.) zurückzuführen sind.[21] Jedoch ist eine ältere, also protolukianische Schicht aufgrund der Übereinstimmungen mit Parallelstellen bei Josephus, im Qumrantext von Samuel und der altlateinischen Überlieferung gut bezeugt. Während Barthélemy in dieser Schicht die (freilich leicht verdorbene) Urseptuaginta ausmachen wollte,[22] gehen die meisten Autoren von einer Rezension aus, die relativ früh, evtl. parallel zu KR, entstanden ist.[23] Die Frage nach der Unterscheidung des protolukianischen Textes von der späten Revision des Lukian gilt demzufolge als einer der Schwierigsten der aktuellen Septuaginta-Forschung.[24]

2. Ziel und methodische Vorgehensweise des Beitrages

Das Anliegen der vorliegenden kleinen Untersuchung ist im Vergleich zur letzten Frage weitaus bescheidener. Ziel der vorliegenden Untersuchung ist die textkritische und textgeschichtliche Bewertung des Ant in Gegenüberstellung zur kaige-Rezension. Ein Hauptaugenmerk liegt dabei auf den Übersetzungsprinzipien der jeweiligen griechischen Versionen. Zudem soll der Versuch einer Rekonstruktion von OG gewagt werden.

Die Untersuchung beschränkt sich auf die Perikope 2Sam 20,23–26, da sich bei dieser in sich geschlossenen Erzähleinheit mehrere auf Übersetzungsprinzipien beruhende Unterschiede zwischen den griechischen Versionen verdeutlichen lassen. Zudem bildet die Analyse dieser Stelle einen Vergleichspunkt zur Untersuchung des größeren Abschnittes 2Sam 12–14, wie er derzeit im Rahmen des DFG-Projektes „Antiochenischer Text"[25] an der Kirchlichen

---

den Einleitungen der Göttinger Edition, insb. bei den prophetischen und weisheitlichen Büchern, die diesbzgl. am besten ausgewertet scheinen.

21 Vgl. S. Kreuzer, Towards the Old Greek. New Criteria for the Evaluation of the Recensions of the Septuagint (especially the Antiochene/Lucianic Text and the Kaige-Recension), in: Congress Volume Ljublana 2007, SCS 55, Atlanta 2008, 239–253: 241.

22 Barthélemy, Devanciers, 127: "C'est essentiellement la Septante ancienne, plus ou moins abâtardie et corrompue."

23 Vgl. Kreuzer, Textformen, 98, mit Verweis auf Fernández Marcos, Context, 232–236, und K. H. Jobes/M. Silva, Invitation to the Septuagint, Grand Rapids 2000, 54f.

24 Vgl. Kreuzer, Criteria, 245f., weitere gleichlautende Urteile siehe ebd.

25 Leitung: Prof. Dr. S. Kreuzer.

Hochschule Wuppertal durchgeführt wird. Folgende hermeneutische Grundannahmen bilden die Basis:

1. Es gab eine ursprüngliche griechische Version (OG), von der alle weiteren LXX-Textformen – hier vor allem LXX^B (die kaige-Rezension nach Codex Vaticanus) und LXX^{Ant} – abhängen, und an der sich die sogenannten jüngeren Übersetzer mittel- oder unmittelbar orientierten.[26]

2. Da die traditionelle Vorentscheidung mit Lukian/Ant als jüngstem Text das Gesamt der Beobachtungen nicht befriedigend lösen kann, muss man sich hiervon frei machen und das Verhältnis der Texte unvoreingenommen analysieren. Daher erscheint auch eine zeitneutrale statistisch-deskriptive Erfassung der Rezensions-Charakteristika wenig hilfreich.[27]

3. Gleicht man LXX^B und LXX^{Ant} mit 4QSam[28] und den erhaltenen Resten der Vetus Latina (VL) ab, so erweisen sich viele textliche Beobachtungen bei LXX^{Ant} als protolukianisch, da sie mit 4QSam und VL konform gehen, also nicht erst auf Lukian zurückgehen können.

4. Die Abweichungen bei LXX^B erklären sich aus dem Bestreben nach Angleichung an den (proto-)masoretischen Text (MT).

5. Da KR sekundär angleicht, hat die Rekonstruktion von OG primär vom protolukianischen Text auszugehen.

6. OG interpretierte seine hebr. Vorlage nach der hebr. Grammatik und übersetzte den Text korrekt ins Griechische.

7. Lässt sich aus Ant ein Text rekonstruieren, der zu Nr. 6 passt, so entspricht Ant OG.

In der folgenden Analyse werden für die Synopse und für die Auswertung zugrundegelegt: Codex Vaticanus nach der Edition von Brooke und McLean[29] (B-M), Ant nach der Edition von Fernández Marcos und Busto Saiz,[30] MT nach BHS,[31] 4QSam^a nach DJD[32]. Die Varianten des Antiochenischen Textes sind vollständig nach der madrilenischen Edition erfasst, die LXX-Varianten

---

26 Angesichts der großen Übereinstimmung der griechischen Versionen trotz vieler kleiner Abweichungen im Detail steht diese Grundannahme außer Frage.

27 Vgl. hierzu auch ausführlich Kreuzer, Textformen, 99; Kreuzer, Criteria, 246.

28 Zum Verhältnis des Antiochenischen Textes zu 4QSam^a vgl. nun auch grundsätzlich: R. J. Saley, Proto-Lucian and 4QSam^a, in: BIOSCS 41, 2008, 34–45.

29 A. E. Brooke/N. McLean (Edd.), The Old Testament in Greek According to the Text of Codex Vaticanus. Supplemented from the Uncial Manuscripts with a Critical Apparatus containing the Variants of the Chief Ancient Authorities for the Text of the Septuagint, vol. II: The Historical Books, Part I: I and II Samuel, Cambridge 1927.

30 Fernández Marcos/Busto Saiz, El texto antioqueno.

31 W. Rudolph/K. Elliger (Ed.), Biblia Hebraica Stuttgartensia, Stuttgart ^{4}1990.

32 F. M. Cross/D. W. Parry/R. J. Saley/E. Ulrich (Edd.), Qumran Cave 4 XII, 1–2 Samuel, DJD 7, Oxford 2005.

nur insoweit, wie sie für die Diskussion fruchtbringend sind. Grundlage für die Aufnahme der Septuaginta-Varianten sowie für die Lesarten der sog. jüngeren gr.-jüd. Übersetzungen (Aquila, Symmachus, Theodotion) bildet B-M. Der mit den Varianten korrelierende Leittext wird folglich durch den Codex Vaticanus (LXX[B]) vorgegeben. Ergänzt wurde der LXX-Apparat durch korrespondierende syrische Lesarten, die der CAL-database[33] zu entnehmen sind. Die Unterschiede des KR-Textes des Codex Vaticanus zur gängigen Edition von Rahlfs-Hanhart (R-H)[34] werden in einem eigenen Apparat aufgelistet. Für die Varianten des hebr. Text wurden über den Apparat der BHS hinaus die Edition von Kennikott[35] und die Samuel-Edition von Kittel[36] herangezogen. Alle weiteren Quelleneditionen werden z.St. zitiert.

3. Textkritische Analyse von 2Sam 20,23–26 und Rekonstruktion des OG

Vers 23:

MT	4QSam[a]	LXX[B]	Ant
ויואב אל[c]	ו). יואב על[c]	καὶ[a] Ἰωὰβ πρὸς[c]	Ὁ δὲ[a] Ἰωὰβ ἦν[b] ἐπὶ[c]
כל־הצבא	כול הצבא	πάσῃ τῇ δυνάμει[d]	πάσης τῆς στρατιᾶς[d]
ישראל[e]		Ἰσραήλ[e]	Ἰσραήλ,[e]
ובניה	ובניה	καὶ Βαναίας	καὶ Βαναίας
בן־יהוידע[f]	בן יהוידע	υἱὸς Ἀχειλούθ[f]	υἱὸς Ἰωαδδαὶ[f]
על־(הכרי)[k]	על הכרתי[g]	ἐπὶ τοῦ [g]Χελεθθεὶ	ἐπὶ τοῦ [g]πλινθίου
[הכרתי][q]			
ועל־הפלתי[g]:	ועל הפלתי[g]:	καὶ ἐπὶ τοῦ Φελεθθεί[g]	καὶ ἐπὶ τοὺς δυνάστας.[g]

Varianten:

LXX: καὶ 1° BA 55 247 501 554[(mg)]] ο δε MV 554[(txt)] rel
ιωαβ] pr ην 247: ⟨βαναιας 236.242⟩: +ην 554[(mg)] Arm[(vid)] Sa Sy[j]
προς BA 55 247 501] επι MV rel Arm Sa Aeth

---

33 The Comprehensive Aramaic Lexicon. http://cal1.cn.huc.edu/ (Abruf: 4.11.2009).

34 R. Hanhart (Ed.), Septuaginta. Id est Vetus Testamentum graece iuxta LXX interpretes edidit Alfred Rahlfs, editio altera, Stuttgart 2006.

35 B. Kennicott (Ed.), Vetus testamentum Hebraicum, cum variis lectionibus, 2 vol., Oxford 1776–1780.

36 R. Kittel (Hg.), Liber Samuelis, BH, fasc. 5, editio tertia decima, Stuttgart 1937 (repr. 1962).

παση τη δυναμει] πασης της στρατηγιας 554^(mg) om παση Sa^l 37: om τη
M 158 247
ισραηλ] pr *filiorum* Sa^l: και βαναιας υιος ιωδαε επι παση τη δυναμει
106*: om MV 29 52 56 92 106^a? 107 120 121 130 134 158
243 245 314 370 372 489 554^(txt) 707 | hab και 2° - (25)
γραμματευς VL^v38
βαναιας] βανεας 52 501: βαιναιας 158: *Abneas* VL^(2) | ‹om υιος
αχειλουθ 71›
αχειλουθ B 55* 247 501] *Achilu* Aeth: ‹ιωδδαε 74›: ιουδαε 245:
 յովիդէայ (*ywvideay*) Arm: ιωδας 29: ιωδαε AMV 55^b rel Sa
VL^(2): *Ioab* VL^(1)
επι 1° - φελεθθει] *desuper lateris (-res* VL^(2)) *et in ponentibus* VL
χελεθθει B Aeth] χορεθθει 501: χερεθι 52 Arm: χαιρεσθι 158:
πλινθιου 554^(mg) Theod: χερεθθει AMV 554^(txt) rel Sa | om και
3° - φελεθθει 55* 501
επι του 2°] ο A | om επι 2° 55^b 121 Arm
του φελεθθει] ունելէթայս (*wpeletays*) Arm: τους δυναστας 554^(mg)
φελεθθει] φελεθι 52: φελελεθθι 119

R-H: Ἀχειλούθ] Ιωδαε
         Χελεθθεὶ] Χερεθθι
         Φελεθθεὶ] Φελεθθι

Ant: Βαναιας] Βαιναιας 82: Βανεας 19 108^39
         Ιωαδδαι] Ιωαδα 82 : Ιωαδαι 127: Ιωδ 93
         πλινθιου] πληνθιου 82 93 : πλεινθειου 127
         δυναστας] δυνατους Theod

sog. jüngere, gr.-jüd. Übersetzungen: επι 1° - φελεθθι] alle nach Hs. 243:
θ´ επι του πληνθιου και επι τους δυνατους
α´ επι του χερηθι και επι του φεληθι
σ´ επι των χερηθαιων και επι τωμ φεληθαιων

---

37 D.i. O. von Lemm, Sahidische Bibelfragmente III. Bulletin de l'Acad.Imp. des. Sciences de
    St. Pétersbourg 1906, entn. aus B-M ad loc.
38 D.i. Vetus Latina nach Vercellone, Carolus, Variae Lectiones Vulgatae Latinae Bibliorum
    Editionis, Tom. II, Roma 1864, entn. aus B-M ad loc.
39 Hiervon anscheinend abhängig die Lesart *Baneus* in L₉₁.₉₄.₉₅.

Textkritische Analyse:

a   Da Personennamen im Hebräischen per se determiniert sind, übersetzt
Ant hier konsequent mit dem Artikel (und darüberhinaus im griechischen Sinne stilistisch schöner). Jedoch deutet vieles darauf hin, dass
Ant hier identisch mit OG ist, denn neben den Mss. M und V bezeugt
auch die Mehrheit der Hss. diese Lesart. KR, wie sie hier in den pro-
minenten Mss. B A usw. überliefert ist, zeigt in der Übersetzung, was
an Lexemen im MT sichtbar ist - kein Artikel, aber ein „und". Dass
beide Versionen parallel umliefen, sieht man an Ms. 554, wo wir και
in margine und ο δε im Text finden.

b   Die Ergänzung des Verbes ην ist im Griechischen nicht grammatikalisch zwangsläufig,[40] erscheint aber doch sprachlich gefälliger.[41] Neben den antiochenischen Hss. wird das Verb zudem durch 554[marg] sowie durch die sahidische und die armenischen Übersetzungen, ferner
durch die Peshitta-Revision des Jakob von Edessa bezeugt. Dagegen
gibt KR konsequent den Wortlaut des MT wieder, in dem kein Verb
sichtbar ist.

c   Wie der folgende Vers 20,24 zeigt, ist επι normalerweise auch für KR
die adäquate Übersetzung für עַל. Die Differenz der griechischen Versionen muss auf die jeweilige hebr. Vorlage zurückgehen,[42] wie sie
sich im MT und 4QSam[a] spiegeln (אֶל vs. עַל). Ant geht hier mit
4QSam[a] Tg Pesh und Vg (ferner mit Arm Sa Aeth) sowie mit den
jüngeren griechischen Übersetzungen gegen LXX[B O'] konform, welche sich offenkundig dem MT angleichen wollen.[43] Auch M V und
rell bezeugen hier επι. Angesichts einer derart breiten Bezeugung über
die Versionen und Hss. hinweg kann kein Zweifel daran bestehen,

---

40 Vgl. so aber Kim, Textformen, 204: „Hier [V. 16,2; Erg. Sigismund] ergänzt der Ant einen
hebr. Nominalsatz mit dem Prädikat (ειμι) Diese Ergänzung stellt nur eine innergriechische
Hinzufügung dar, auch wenn ein Prädikat in solch einem Fall im Griechischen eigentlich
nicht nötig ist. In unserem Textbereich taucht die Ergänzung des Prädikats überwiegend im
Ant auf." Kim verweist in diesem Kontext auf *KG* II, §354.

41 Der reine Nominalsatz wurde in klassischer Zeit als Ellipse empfunden. Eine kopulalose
Aufzählung müsste hier als gewollte Kürze interpretiert werden, wie sie auch in amtlichen
Tabellen, Listen und ptol. Papyri in ihrem Bemühen um Breviloquenz bezeugt ist (vgl.
Schwyzer, Gram., 2.1.2, 623f.; Mayser, Gram., II 3, 16–19). Herodot etwa verwendet die Ellipse fast ausschließlich in Beschreibungen und Reden (Mayser, ebd.). Konsequenterweise
läge dann in der kopulalosen Version der ältere Text vor, der noch den Charakter der ursprünglichen amtl. Liste trüge. Dieser Text wäre dann in einer späteren Stufe (Lukian im eigentlichen Sinne) sprachlich verbessert worden.

42 Dieser Eindruck ergibt sich auch an vergleichbaren Stellen. Siehe hierzu Kim, Textformen,
259–262.

43 Da dies eine explizite Tendenz von O' ist, haben wir hier ein klares Indiz für die Annahme,
auch KR gleiche prinzipiell an den MT an.

dass KR hier keinesfalls die zu bevorzugende lectio difficilior bietet, sondern als Zeuge für den MT zu gelten hat. Der Kasus der folgenden Phrase ist der jeweiligen Präposition geschuldet.

d

Die unterschiedliche Übersetzung von צבא in KR und Ant gehört zu den typischen Merkmalen der kaige-Abschnitte.[44] Während die nicht-kaige-Abschnitte wie auch durchgehend Ant die Wiedergabe mit der Wurzel στρατ- erstellen, findet sich in der KR צבא konsequent mit δύναμις wiedergegeben.[45] Die Wiedergabe mit der Wurzel στρατ- entspricht daher OG. Auch hier zeigt die Hs. 554, dass sie beide Traditionen kennt.

e

ישראל ist sicherlich sekundär, wird aber von beiden griechischen Traditionen bezeugt und gehörte daher sicherlich zum Wortbestand des OG. Freilich ist diese Stelle über unsere engere Fragestellung heraus sehr interessant, da nicht nur 4QSam[a], sondern auch viele weitere hebr. Mss. und die gr. Mss. M V u.a. „Israel" auslassen. Angesichts der hebr. Hss. ohne Israel ist es fraglich, ob die Zufügung ישראל als Korrektur nach 2Sam 8,16 verstanden werden muss,[46] oder als Indiz gewertet werden darf, dass OG hier Rückwirkungen auf den Text des MT hatte. Die Omission in zahlreichen griechischen Hss. ließe sich dann als Korrektur zu der kürzeren Form hin aufgrund entsprechender hebr. Vorlagen erklären.

f

Ant geht hier (von phonologischen Variationen abgesehen) mit MT und 4QSam[a] konform. Die Lesart wird zudem (auch hier mit phonologischen Varianten) durch A M V und der Vetus Latina (zudem Arm) bezeugt. Die Lesart von B ist jedoch nicht singulär, auch 55* 247 501 und Aeth bezeugen (nochmals: mit leichten phonologischen Variationen) diesen Namen. Angesichts der handschriftlichen Bezeugung ist ein Versehen des Ant auszuschließen.[47] Auch die Überlegung, das Patronym des Herolds Josaphat (V. 24) sei hier übernommen, da er in 2Sam 8,16 unmittelbar auf Joab folge[48] kann aus gleichem Grunde nur dann zutreffen, wenn A hier von Ant beeinflusst

---

44 Vgl. hierzu ausführlich Kim, Textformen, 286–287.

45 Der Grund liegt wohl darin, dass KR צבא auch dann konkordant mit δύναμις übersetzen möchte, wenn sich das Wort nicht auf Gott bezieht. Vgl. Kim, Textformen, 268 mit Verweis auf S. Oloffson, The Kaige Group and the Septuagint Book of Psalms, in: B. A. Taylor (Ed.), IX Congress of the International Organization for Septuagint and Cognate Studies. Cambridge 1995, SBL.SCS 45, Atlanta 1997, 190–230: 207.

46 So P. K. McCarter, II Samuel. A new translation with introduction and commentary, The Anchor Bible 9, New York u.a. ²1984, 433.

47 Vgl. so aber H. J. Stoebe, Das zweite Buch Samuelis, KAT 8/2, Gütersloh 1994, 447.

48 Vgl. hierzu McCarter, IISam, 433.

sein sollte. Dass es grundsätzlich Anpassungsbemühungen gegeben hat, sieht man an L$_{91-95}$, wo *Ioab* tradiert wird. Gerade angesichts der Vielfalt ist hervorzuheben, dass Ant mit der in sich kohärenten hebr. Tradition konform geht. OG ist somit am ehesten hier zu vermuten.

g Bei den Kreti und Plethi handelt es sich höchstwahrscheinlich um Söldnertruppen.[49] Daher ist die Übersetzung des Ant nachvollziehbar, die offenkundig auf Waffengattungen anspielt. Denn in der Antike waren oft bestimmte Ethnien bzw. Söldner aus betreffenden Völkern für bestimmte militärische Gattungen berühmt. Tg nimmt ebenfalls eine Interpretation dieser Gruppen als Bogenschützen und Schleuderer vor.[50] Der Begriff πλινθίον (Ant) ersetzte laut dem Grammatiker Moeris in hellenistischer Zeit das attische πλαίσιον,[51] womit im militärischen Kontext eine taktische Einheit bezeichnet wurde.[52] Die Übersetzung ist eindeutig protolukianisch, da VL wörtlich übersetzt: *lateres et in potentibus*.[53] Wie in der KR finden wir bei Aquila und Symmachus die Ethnien genannt. Lediglich θ´ bietet hier laut Field und B-M die gleich Übersetzung, die auch Theodoret bezeugt.[54]

Auffällig ist, dass Ant in der Parallele 2Sam 8,18[55] sowie in 2Sam15,18 analog zu KR (wenngleich mit leichten, aber gut zu erklärenden phonologischen Abweichungen) von den Kretern und Plethern spricht.[56] Insofern liegt hier eine lectio difficilior vor, die schwerlich anders zu erklären ist, als durch OG.

---

49 Vgl. 2Kön 11,4.19. Zum geschichtlichen Hintergrund vgl. M. Delcor, Les Kérethim et les Crétois, in: VT 28, 1978, 409–422. Ob angesichts der Tg-Übersetzung hiermit eine Art „royal bodyguard" (so McCarter, IISam, 265, u.a. mit Verweis auf vorliegenden Vers) angenommen werden darf, ist diskutabel.

50 Vgl. Tg: על קשתיא ועל קלעיא - Bogenschützen und Schleuderer.

51 S. Moeris Attic., Lexicon Atticum, p. 207, Z. 8: πλαίσιον Ἀττικοί, πλινθίον Ἕλληνες.

52 Vgl. etwa Thuc. VI 67; VII 78; Xen. an. I 8,9 und weitere Belege bei Passow, Wörterbuch, s.v.

53 Auch Pesh macht aus den Eigennamen normale Nomen, die mehr oder minder gut in den militärischen Kontext passen. Ob VL hier den gr. Ausgangsbegriff konsequent schlicht möglichst wörtlich übersetzt oder um den militärischen Gebrauch weiß, ist unklar.

54 Wobei fraglich ist, ob in Hs. 243 nicht versehentlich eine Lesart des Theodoret unter dem Siglum des Theodotion aufgenommen wurde. Schon Field (Hexapla, I, 578) glaubt, Theodoret verweise auf eine entsprechende Lesart Theodotions in Quaest. in 2Reg: „Πλινθίον οἶμαι καλεῖσθαι, ὃ παρὰ τοῖς ἔξωθεν συγγραφεῦσι πλαίσιον ὀνομάζεται. Εἶδος τοῦτο στρατιωτικῆς παρατάξεως, τετράωωνον ἐχούσης τὸ σχῆμα." (Theodoret, Quaest. in 2Reg, Interr. XL (=PG 80, 443). Wahrscheinlicher ist in diesem Fall aber – da Theodotion an dieser Stelle nicht erwähnt wird – ein genuin theodoretischer Sprachgebrauch.

55 Wie übrigens auch VL.

56 Vgl. zu 2Sam 15,18 ausführlich Kim, Textformen, 137f.

Rekonstruktion OG:

Ὁ δὲ Ἰωὰβ ἦν ἐπὶ πάσης τῆς στρατιᾶς Ἰσραήλ, καὶ Βαναίας υἱὸς Ἰωαδδαὶ ἐπὶ τοῦ πλινθίου καὶ ἐπὶ τοὺς δυνάστας·

Vers 24:

MT	4QSam[a]	LXX[B]	Ant
ואדרם[a]	ואדרם[a]	καὶ Ἀδωνειράμ[a]	καὶ Ἰεζεδρὰν[a]
על־המס[b]	על המס[b]	ἐπὶ [b]τοῦ φόρου[b]	ἐπὶ [b]τῶν φόρων[b],
ויהושפט[c]	ושפן[c]	καὶ Ἰωσαφὰθ[c]	καὶ Σαφὰν[c]
בן־אחילוד[d]	בן אחילוד[d]	υἱὸς Αχειλουθ[d]	υἱὸς Ἀχιθαλαα[d]
המזכיר[e]:	המזכיר[e]:	ἀναμιμνήσκων[f]	ὑπομιμνήσκων·[f]

Varianten:

LXX: αδωνειραμ] αδονιραμ 52 247: αδωνιραν 119: *Adonilam* Sa: αδονιδαμ
501: αδωμραμ 56[a?](vid): αδωραμ 56*(vid) 92 106 107 120
130 134 245 314 370 372 489 554*(txt) 554(mg) 707
Jos(vid): ‹αδωμαρ 246›: ܐܪܡܕܪܝܐ (*'yz'dr'm*) Sy[j mg](vid):
Iezadras VL[(2)]: *Zidras* VL[(1)] : ܐܪܝܢܘܕܐ (*'dwnyr'm*) CAL
επι του φορου] *super gula* VL[(1)]: *super pergula* VL[(2)] | των φορων
554(mg) Arm(vid) Jos
ιωσαφαθ B 247 707] ιωσαφτ 158: ιωασαφατ 55: σαφαν VL[(1)]: ܣܦܢ
(*š'pt*) Sy[j]: *Safam* VL[(2)]: ιωσαφατ AMV rel Arm Sa Aeth | ‹om
υιος αχειλουθ 71›: ܝܘܫܦܛ (*ywšpt*) CAL
αχειλουθ] *Achiloth* Arm-ed: ‹αχιλλουθ 74›: αχιλιουθ 245 707:
αχιλουδ 119 121: ‹χιλουθ 64 vid›: *Achithala* VL:
ܐܚܝܬܠܐܝܠ (*'xyt'l''l*) Sy[j] : ܐܚܝܠܘܕ (*'xylwd*) CAL
αναμιμνησκων] hab επι των υπομνηματων Jos-ed: *in memoria* VL[(1)]:
memoriales VL[(2)]: om V

R-H: Ἀδωνειρὰμ] Αδωνιραμ
          Ἰωσαφὰθ] Ιωσαφατ
          Αχειλούθ] Αχιλουθ

Ant: των φορων] φορων 127*
          Αχιθαλαα] αχειθαλαα 82 93 127

sog. jüngere gr.-jüd. Übers.:
Ἰωσαφὰθ] ιωαδ M (ohne Zuweisung)
Αχειλούθ] αχιθαλαμ M (ohne Zuweisung)

a

Die griechischen Hss. B A M V sowie Teile der syrischen Überlieferung lesen אדונירם und werden durch die graezisierende Namensform Ἀδώραμον bei Jos (AJ VII 293) gestützt. Die antiochenische Lesart Ιεζεδραν als Angleichung an die Mehrheitslesart Ιεδδουραν aus 8,10 zu verstehen,[57] erscheint problematisch, da VL (gegen Vg: *Aduram*) Ant zu stützen scheint, indem sie *Zedras* (mit der Alternativlesart *Iezadras* bzw. *Iezradas*: L₉₅)[58] überliefert (vgl. auch die Form *'yz'dr'm* bei Sy^j). Von den hebr. Hss. liest cod. Kennic. 150 ואדונירם (*et Adoniram*) und damit die Mehrheitslesart LXX.[59] Stoebe überlegt, ob es sich um eine Nebenform zur MT-Lesart אדרם handeln könnte.[60] LXX-D erwägt in der Anm. z.St. eine Angleichung an 1Kön 12,18.[61] Wahrscheinlicher scheint mir aber eher, dass Ant eine Alternativlesart bietet, die auf eine abweichende hebr. Vorlage zurückgeht. Bzgl. dieser Vorlage ließe sich sowohl eine bewusste Alternativlesart annehmen, als auch eine Verschreibung von אדונירם: denkbar wäre ein unglücklich geschriebenes א, welches als עי gelesen wurde.[62] Der Wechsel von Mem und Nun lässt sich häufig beobachten. Da dieser Wechsel vor der Übersetzung stattgefunden hätte, müsste bei Annahme einer Verschreibung Ant OG entsprechen.

Auffällig ist hier, dass Ant gegen 4QSam^a und Jos liest, und die Hs. 554, die in margine i.d.R. den Ant bietet, wenn im Haupttext KR zu lesen ist, αδωραμ bezeugt, was in 554 anscheinend auch die erste Schreiberhand des Haupttextes geboten hat. Dieses Auseinandergehen wäre ein Indiz gegen Ιεζεδραν als Bestandteil von OG und dafür, dass eine charakteristische Lesart vorliegt, die ausschließlich Ant und die abhängige VL (zudem Sy^j) charakterisiert.

Wenn man Adrian Schenker Recht gibt – nämlich in der Grundannahme, dass der am weitesten vom protomasoretischen Text entfernte griechische Text OG entspricht –, bietet Ant hier jedenfalls OG. MT hat den älteren hebr., Ant den älteren gr. Text bewahrt.

b

Beide griechischen Traditionen bieten die Übersetzung „Steuer(n)". Während KR den Sg. und damit den Numerus des MT verwendet, bietet Ant (wie auch 554^marg) den Plural. Josephus (AJ VII 293) und

---

57 Vgl. so McCarter, IISam, 433.

58 Vgl. hierzu Rodrigues, Glosas, XXVIII.

59 Des Weiteren fällt die recht häufige Plene-Schreibweise (אדורם) auf. Kennicott verzeichnet diesbzgl. immerhin 12 Mss. sowie zwei weitere Hss., die in erster Hand plene schrieben.

60 Stoebe, 2Sam, z. St.

61 So übrigens schon Kittel, BHS, z. St.

62 Wahrscheinlicher wäre freilich, wenn ein zu kurz geratenes ו als י und dann א als עי gelesen worden wäre. In diesem Fall ließe sich aber das erste καὶ nicht erklären.

Arm verwenden ebenfalls den Plural und teilen mit Ant die Interpretation als Steuer. Dieser Numerus findet sich freilich auch im Tg z.St., wo im Übrigen ebenfalls die Interpretation von מס als „Steuer" vorausgesetzt scheint.[63] Ant geht hier also durchaus mit einer hebr./aram. Tradition parallel,[64] die im Gr., wie etwa bei Jos, ihr Pendant gefunden hat. KR ist am besten durch Angleichung an MT zu erklären. Daher bezeugt Ant hier OG.

c   Ant liest hier[65] mit 4QSam[a] und VL gegen MT LXX[B O'] und Vg. Der Unterschied im Griechischen basiert auf zwei unterschiedlichen hebr. Ausgangslesarten, wie sie sich nicht nur im MT und 4QSam[a], sondern anscheinend auch in der syr. Tradition (Sy[j] vs. CAL) spiegeln (daher liegt hier ein anderer Fall als in V. 24[a] vor). Da KR prinzipiell an MT angleicht, und eine klare Kohärenz zwischen den Hauptzeugen der protolukianischen Tradition herrscht, entspricht Ant hier OG. Möglicherweise liegt in ושפן eine bewusste oder auf Verschreibung zurückgehende Kurzform von ויהושפט vor. U.U. ist in MT/KR aber auch eine Beeinflussung durch 1Kön 4,3 anzunehmen. KR ist jedenfalls als Angleichung an MT zu interpretieren.

d   Die phonologogische Varianz der jeweiligen Namensformen zeigt sich im obigen Apparat. VL bezeugt *Achithala* und damit eine Ant sehr nahestehende Variante. Der Name ist daher trotz der Differenz zu 4QSam[a] protolukianischer Bestandteil des Ant. Postulieren ließe sich eine Beeinflussung durch 1Kön 4,3, jedoch scheint hier – wie in V. 24[a] – eine abweichende hebr. Vorlage grundsätzlich möglich, da sich in der defektiven Schreibweise die unterschiedliche Wortform durch Vertauschung von ל und ד (אחילד > אחידל) erklären ließe. In diesem Falle ließe sich das doppelte Alpha bei Ἀχιθαλαα gut dadurch erklären, dass das folgende He nicht als Artikel zu מזכיר sondern als auslautendes ה von אחידל gelesen wurde. Die Transkription von ד zu θ ist unüblich, aber bei der Umsetzung gr. Lehnwörter ins Hebr. zu beobachten (z.B. פראדורן für παράθυρον).[66] Die von der Hs. M für eine leider nicht näher bezeichnete jüngere Übersetzung bezeugte

---

63   ואדורם ממנא על מסקי מסין ויהושפט בר אחילוד ממנא על דכרניא:

     מס kann im Aramäischen theoretisch auch Fronarbeit bedeuten. Jedoch ist die Übersetzung mit „Steuern" angesichts der Zeitumstände weitaus wahrscheinlicher. Vgl. hierzu E. van Staalduin-Sulman, The Targum of Samuel, Studies in the Aramaic Interpretation of Scripture 1, Leiden u.a. 2002, 614.

64   VL: *super gula*, evtl. besser *gulta* (cf. Gloss. med. et Inf. Lat. s.v.). Arm: Tributorum!

65   Anders in 2Sam 8,16, wo Ant den Namen Iosaphat überliefert.

66   Vgl. hierzu ausführlich S. Krauss, Griechische und lateinische Lehnwörter im Talmud, Midrasch und Targum, Bd. 1, Berlin 1898 (Repr. Hildesheim u.a. 1987), 38f.

Lesart αχιθαλαμ ist ein weiteres Indiz für diese Annahme, da hier offenkundig versucht wurde, dem im Griechischen unmöglichen doppelten αα-Schluss einen semitischen Klang zu geben. Wie in der Variante V. 24ᶜ spiegeln MT/KR, hier in Übereinstimmung mit 4QSamᵃ, die ältere hebr. Textversion, Ant – da nicht anders zu erklären – OG. Syʲ ('xyt'l''l) zeigt sich in seinem Bemühen als Angleichung an LXX als treuer Zeuge der nicht an MT angepassten Form.

e.f Auffällig ist bei beiden Traditionen die Übersetzung von המזכיר ohne Artikel. Denn da beide Traditionen auf ihre je eigene Art den hebr. Text möglichst genau wiedergeben wollen, wäre ein Artikel zu erwarten gewesen. McCarter möchte dies aus der Angleichung an 2Sam 8,16 heraus erklären, wo מזכיר ohne Artikel zu finden ist.

Tatsache ist: המזכיר kommt abgesehen von der vorliegenden Stelle nur sechs Mal im AT vor. Drei mal wird ein Nomen übersetzt, drei mal das Partizip Präsens Aktiv (ppa):

1Kön 4,3: ὑπομιμνῄσκων ppa (R-H, B und Ant)
2Kön 18,18: ὁ ἀναμιμνῄσκων ppa (R-H, B und Ant)
2Kön 18,37: ὁ ἀναμιμνῄσκων ppa (R-H, B und Ant)
2Chr 34,8: τὸν ὑπομνηματογράφον Nomen
Jes 36,3: ὁ ὑπομνηματογράφος Nomen
Jes 36,22: ὁ ὑπομνηματογράφος Nomen

Auffällig ist zunächst, dass Ant in den ppa-Fällen, die uns hier interessieren, vollkommen konform zur restlichen LXX-Überlieferung steht. Allerdings stehen diese Fälle auch außerhalb des Bereiches, für den KR vorliegt (für die sog. βγ- und γδ-Abschnitte [d.h. 2Sam 10-1Kön 2,11 und 1Kön 22,1–2Kön 25,30]). Daher ist die Abweichung im Praefix mit höchster Wahrscheinlichkeit auf KR zurückzuführen, wohingegen Ant vermutlich OG bewahrt hat. Desweiteren scheint eine Übersetzung mit Artikel nicht zwingend, wie 1Kön 4,3 belegt. Insofern spiegelt die artikellose Form im vorliegenden Vers OG.

Der Unterschied in der Vorsilbe ist nicht wesentlich. Da aber auch Josephus ὑπομιμνῄσκων belegt und ἀναμιμνῄσκων laut Field Oʹ entspricht, ist das Präfix ὑπο- sicherlich die ursprüngliche Form, die durch Oʹ verdrängt wurde.

Rekonstruktion OG:

καὶ Ἰεζεδρὰν ἐπὶ τῶν φόρων, καὶ Σαφὰν υἱὸς Ἀχιθαλαα ὑπομιμνῄσκων·

Vers 25:

MT	4QSam[a]	LXX[B]	Ant
[k](וישׁיא) [[a]וישׁוא]	[a]וושׁושׁא	καὶ Ἰησοῦς[a]	καὶ Σουσὰ[a]
ספר	סופר	ὁ γραμματεύς[b]	γραμματεύς[b]
וצדוק	וצדוק	καὶ Σαδὼκ[c]	καὶ Σαδδοὺκ[c]
ואביתר	ואביתר	καὶ Ἀβιαθὰρ	καὶ Ἀβιαθὰρ
כהנים:	כוהנים:	ἱερεῖς	ἱερεῖς

Varianten:
LXX: ιησους B 501 Sa] *Iusus* Aeth: ισους A: ισωνας 247(vid): σουσα MV rell
    VL Jos(vid): ܫܘܥ (*šwš'*) Sy[j]: *Suda* Arm -codd: *Sudae* Arm -ed :
    ܫܪܝ (*šry'*) CAL
    o BA 247 501] om MV rel
    γραμματευς] γραμματεις V[a?]: ‹πραγματευς 74›
    σαδωκ] σαδοκ 501: σαδωχ M 121 158
    και 3°] om ‹44›
    ιερεις] pr οι 55 245 501: ‹om 44›

R-H: Ἰησοῦς] Σουσα
      ὁ γραμματεύς] γραμματεύς

Ant: Σαδδουκ] Σαδουκ Theod
      Αβιαθαρ] Αμιαθαρ 108

sog. jüngere gr.-jüd. Übers.:
Ἰησοῦς] ισυοας M

[a]   Die Hss. A und B bieten hier mit ihren von der Hauptlesart abweichenden Lesarten (ισους bzw. ιησους) lediglich vordergründig die
lectio difficilior, da auch Sa und 501, ferner Aeth, M (als Bestandteil
der jüngeren Übersetzer) und 247 eine derartige Lesart zu kennen
scheinen, wobei der Name bei letzteren stark korrumpiert oder der lo-
kalen Phonologie angepasst wurde. Vg (*Sia*) folgt dem Ketib, Tg dem
Qere. Ant geht hier Konform mit 4QSam[a], VL (*Susa*) sowie Jos AJ
VII 293 (Σουσὰν) und Sy[j] (*šwš'*). Daher ist Σουσα sicher
protolukianisch.
    Interessanterweise findet sich die gleiche auffällige Lesart auch in
der Parallelstelle 1Chr 18,16. Auch hier bietet MT das Ketib וישׁא

und das Qere וישׁוא, und auch hier liest B ιησους, A folgt hier aber der Mehrheitslesart σουσα.

Alles in allem geht Ant hier mit der Mehrheit der gr. Hss. und der hebr. Tradition zusammen. Die abweichende Lesart ι(η)σους ist schwer zu erklären, aber sicherlich nicht auf OG zurückzuführen. Denkbar ist, in der hebr. Vorlage von KR (die Vorlage, nach der angeglichen wurde) eine Verschreibung der Qere-Lesart hin zu ישׁוע anzunehmen. ו wurde zu י, das auslautende א ggf. zu ע, was aber der Gräzisierung des Namens zum Opfer gefallen wäre. B hätte dann den Namen von seiner hebr. Vorlage, das καὶ von OG übernommen.

b　Die artikellose Form bezeugen MT und die Mehrheit der LXX-Hss. (u.a. MV), B und A fügen den Artikel ὁ hinzu. Die Artikelose Form findet sich in Ant auch in 2Sam 8,17, an gleicher Stelle mit Artikel – allerdings mit dem Namen Ἀσά – bei B und R-H. B/R-H lassen aber in 1Chr 18,16 wie Ant den Artikel weg. Die artikellose Form entspricht dem Hebräischen. Da im zweiten Teil des Verses in beiden Traditionen kein Artikel überliefert wird, ist die Zufügung in KR im ersten Teil des Verses wahrscheinlich sekundär u.U. als Angleichung an 2Sam 8,17 zu erklären.

c　Die unterschiedliche Schreibweise ist aufgrund von geographischen Unterschieden und chronologischen Wandlungen in der Phonologie zu erklären. Diese Differenzen zeigen sich auch an den Parallelstellen. Anzumerken ist in diesem Kontext, dass Ant צדוק von vereinzelten Schreibfehlern in einzelnen Hss. abgesehen konsequent Σαδδούκ transkribiert, während Σαδώκ die bevorzugte Transkription der KR darstellt.[67] Eine klare Entscheidung in Bezug auf die Schreibweise des Namens in OG ist nicht möglich. Da aber bei griechischen Lehnwörtern ו i.d.R. mit ου transkribiert wurde,[68] folgen wir bei der Rekonstruktion dieser Schreibweise.

Rekonstruktion OG:
καὶ Σουσὰ γραμματεύς καὶ Σαδδοὺκ καὶ Ἀβιαθὰρ ἱερεῖς

67　Vgl. hierzu die Aufstellung bei Kim, Textgeschichte, 159–160, insb. 160.
68　Vgl. Krauss, Lehnwörter I, 24.

Vers 26:

MT	4QSam[a]	LXX[B]	Ant
וגם עירא[b]	וגם עירא[b]	καί γε[a] Εἴρας[b]	καί[a] Ἰωδάε[b]
היארי	היארי[c]	ὁ Ἰαρεὶν[c]	ὁ Ἰεθὲρ[c]
היה כהן	היה כהן	ἦν ἱερεὺς	ἦν ἱερεὺς
לדוד:[d]	לדוד:[d]	τοῦ[d] Δαυείδ	τῷ[d] Δαυίδ.

Varianten:

LXX: γε ειρας] γηρας 247: *Gairas* Aeth: γειρας ιωδαε 158 | om γε 56 245
        707 Sy[j] Theod
        ειρας] ιωδαε 55[b] 56 245 707 Sy[j] Theod: ιωαδαε 19: + ιωδαε M | om ο
        ιαρειν Aeth
        ο] και 489
        ιαρειν] ιαριμ V 56 119: *Iarimn* Arm: ιαρει 55 121: ιαειρει A: ιεθερ
        M(mg) 554[a?] (ܝܬܪ) Sy[j] (pr *filius*) CAL Theod | om ην 56
        Aeth
        ιερευς] pr ο 370: ‹ιερεις 44: ιερεως 246›
        του BA 55* 92 247 314 489] τω MV 55[b?] rell Aeth Theod
        δαυειδ] +τρια ετη 19

R-H: Εἴρας] Ιρας
        Ἰαρεὶν] Ιαριν
        Δαυείδ] Δαυιδ

Ant: Δαυιδ] τρια ετη add 19

sog. jüngere gr.-jüd. Übers.:
καὶ – Δαυιδ] σ΄ ειρας δε ο ειαριτης ην ιερευς τω δᾱδ και ιωδαε ο ιεθερ ην ιερευς
τω δᾱδ 243

[a]   Die Wiedergabe von גם durch καί γε ist ein charakteristisches Kenn-
        zeichen der kaige-Rezension.
[b]   Nach McCarter soll Ant hier die hebr. Lesart יהידא voraussetzen.[69] In
        der Tat könnte man hier theoretisch eine Verschreibung (ידא statt
        ירא) annehmen. Da aber auch Symmachus diese Namensversion bie-
        tet, wäre die Verschreibung dann eher auf Seite des MT zu vermuten.
        Hinzu tritt die Lesart des um Angleichung an die LXX bemühten Sy[j].
        Daher entspricht die Lesart des Ant dem OG, KR vertritt in den erhal-

---

69   Vgl. McCarter, IISam, 433.

tenen Zeugen einen einflussreichen, aber sekundär nach MT korrigierten Text.[70]

c Während bei dem Namen Ιαριν eine große Variantenvielfalt zu bemerken ist, wird der Name Ιεθερ quantitativ seltener, dafür aber ohne Variation und damit stabiler überliefert. Auffällig ist, dass er bei M anscheinend als bewusste alternative Lesart in margine aufgenommen, und in 554 durch einen Korrektor in den Text eingeführt wurde, obgleich Ant sonst dort i.d.R. in margine verzeichnet wird.

d Sowohl die Konstruktion von KR als auch von Ant ist grammatikalisch zulässig. Ant folgt hier seiner grundsätzlichen Tendenz, ל mit dem Dativ wiederzugeben.[71] Die Parallele bei Symmachus, der den vorangehenden Text modifiziert bietet, deutet auf den Dativ als Bestandteil von OG.

Möglicherweise hat die kaige-Rezension hier aus theologischen Gründen eine redaktionelle Änderung vorgenommen, denn der Dativ könnte von einem unvoreingenommenen Leser auch dahingehend gedeutet werden, dass der Priester für David (im Sinne eines Davidkultes) zuständig sei. Der Genitiv ist in dieser Beziehung unverfänglicher.

Rekonstruktion OG:
καὶ Ἰωδάε ὁ Ἰεθὲρ ἦν ἱερεὺς τῷ Δαυίδ.

4. Ergebnis

Eine genaue textkritische Untersuchung des kurzen Abschnittes 2Sam 20,23–26 bestätigt viele Beobachtungen vorangegangener Wuppertaler Forschungsarbeiten und verifiziert deren Schlussfolgerungen:

So wird man auf jeden Fall festhalten dürfen, dass die Hs. 554 (z)[72] in ihrem Spiel von txt und marg offenkundig eine Art kritische Edition auf Basis

---

70 Das Schlusssigma erklärt sich aus der Hellenisierung des semitischen Personennamens. vgl. hierzu BDR §53.

71 Steht ל mit einem Substantiv so verwendet Ant neben der Wiedergabe mit dem Dativ auch gerne εἰς. Andere Varianten erklären sich durchgängig syntaktisch oder textkritisch Vgl. hierzu Kim, Textformen, 163.

72 Es handelt sich hierbei um die Hs. Paris, Bibl. Nat. Grec. 133 (Hurault.-Reg. DCXCV, 753, 2433). Sie stammt aus dem 14. (Lietzmann: 16.) Jh.; Beschreibstoff: Papier (Bombycin); 258 Blatt; 25x17 (Lietzmann: 16,5) cm. Inhalt: Cat. in Reg. I–IV (ab 1a); Par. I-II mit Scholien aus Theodor. (ab 183a), aber unvollständig. Vgl. hierzu H. Lietzmann, Catenen. Teilungen über ihre Geschichte und handschriftliche Überlieferung, Freiburg u.a. 1897, s. Ms.

von KR und Ant vornimmt, und dabei als Zeuge für die beiden Traditionen zu werten ist.[73] Dabei liegt die Vorliebe – soweit es der Apparat von B-M erkennen lässt – anscheinend bei KR im Text und Ant in margine.

Vers	Abweichung	txt	marg	weder KR noch Ant
23	Και/ο δε	Ant	KR	
	+ην	KR	Ant	
	Δυναμει/στρατηγιας	KR	Ant	
		KR	Ant	
	Χελεθθει/πλινθιου		Ant	χερεθθει AMV 554[(txt)]
	Φελεθθει/δυναστας	KR	Ant	
24	Αδωνειραμ/ιεζεδραν	KR		αδωραμ 554*[(txt)] 554[(mg)]
	Φορου/φορων	KR	Ant	
26	Ιαρειν/ιεθερ	KR		ιεθερ 554[a]

Vor diesem Hintergrund wäre eine Spezialuntersuchung zur Hs. 554 als Zeuge sowohl antiker Textkritik als auch als Zeuge zweier griechischer Traditionen sicherlich wünschenswert.

Ebenfalls wünschenswert ist vor dem Hintergrund vorliegender Analyse eine stärkere textkritische Beachtung von Sy[j],[74] der vor allem bei Eigennamen (aber auch darüber hinaus) erstaunlich viele Übereinstimmung mit Ant zeigt.[75] Jedenfalls muss man annehmen, dass an allen Stellen, wo Sy[j] vom hexaplarischen Text und KR abweicht, Jakob entweder Ant bezeugt oder eine von Hexapla und KR unberührte Tradition überliefert, die dann direkt als Gegenstück zu Ant für die Rekonstruktion von OG heranzuziehen wäre.

Vor allem aber lässt sich festhalten, dass sich die unterschiedlichen Beobachtungen am Ant, insb. in Gegenüberstellung zu KR, sehr gut erklären lassen, wenn man Ant als eine dem OG nahestehende Textform anerkennt, und KR als Revision versteht, die bewusst OG an MT angleichen möchte.

---

73 Die Bedeutung der Hs. Z/554 als Zeuge für Ant hebt mit Hinblick auf sein Untersuchungssujet bereits Kim, Textgeschichte, 47 und 406 hervor.

74 Für1Sam–1Kön 2,11 wäre als Hs. zu untersuchen: London, *British Museum*; *Add.* 14.429; datiert auf das Jahr 719 n. Chr.

75 Vgl. hierzu die Untersuchung von R. J. Saley, The Samuel Manuscript of Jacob of Edessa. A study in its underlying textual traditions, Monographs of the Peshitta Institut Leiden 9, Leiden u.a. 1998. Der Text ist ediert in: A. Salvesen, The books of Samuel in the Syriac version of Jacob of Edessa, Monographs of the Peshitta Institut Leiden 9, Leiden u.a. 1999.

So lassen sich (siehe oben, Grundannahme 3) mehrere Übereinstimmungen des Ant mit VL und 4QSam^a aufweisen, die eindeutig die chronologische Verortung des Ant in eine Zeit vor Lukian belegen (vgl. insb. V. 23^g; 24$^{c.d}$; 25^a). Weitere Details deuten auf eine Angleichung seitens KR an MT (u.a. 23$^{a.b}$; 24$^{b.c}$ (siehe oben Grundannahme 4)). Vor diesem Hintergrund entsteht sogar zuweilen der Eindruck, als ob KR bewusst von der Übersetzung des Ant abweicht, um eine konkurrierende Übertragung (eine Art „Konkurrenzübersetzung") bieten zu können. Freilich ist bei alledem zu berücksichtigen, dass die hebräischen Vorlagen von KR und Ant nicht identisch sind, sondern divergieren können.[76]

Zusammenfassend lässt sich festhalten, dass Ant keinesfalls eine inkonsequente späte Rezension darstellt, sondern eine sprachlich gute (siehe z.B. V. 23^b) und textlich getreue Übersetzung des ihr vorliegenden hebräischen Bibeltextes ist (siehe insb. V. 23^a). Da sich KR als spätere, an MT angleichende Rezension gut erklären lässt, stellt Ant die älteste erreichbare griechische Textform dar, die vielleicht nicht ganz identisch mit der „Ur-LXX" ist, ihr aber schon aus chronologischen Erwägungen heraus sehr nahekommt. Inwieweit dieser Text die älteste erreichbare Textform überhaupt darstellt, wird sich erst nach einer Rekonstruktion der hebräischen Textgeschichte sagen lassen. Dies kann aber nicht mehr Aufgabe des vorliegenden Beitrages sein.

---

76 Siehe hierzu auch M. Sigismund, Die Zeugen des Antiochenischen Textes in 2Sam (im vorliegenden Band).

Literatur:

D. Barthélemy, Les Devanciers d'Aquila, VT.S 10, Leiden 1963.

F. Blass/A. Debrunner/F. Rehkopf, Grammatik des neutestamentlichen Griechischen, Göttingen [18]2001.

S. P. Brock, The Recensions of the Septuagint Version of 1 Samuel, Turin 1996 (zugl. Diss. Oxford 1966).

A. E. Brooke/N. McLean (Edd.), The Old Testament in Greek According to the Text of Codex Vaticanus. Supplemented from the Uncial Manuscripts with a Critical Apparatus containing the Variants of the Chief Ancient Authorities for the Text of the Septuagint, vol. II: The Historical Books, Part I: I and II Samuel, Cambridge 1927.

F. M. Cross/D. W. Parry/R. J. Saley/E. Ulrich (Edd.), Qumran Cave 4 XII, 1–2 Samuel, DJD 7, Oxford 2005.

M. Delcor, Les Kérethim et les Crétois, in: VT 28, 1978.

H. Dörrie, Zur Geschichte der Septuaginta im Jahrhundert Konstantins, in: ZNW 39, 1940, 57–110.

C. F. DuCange, Glossarium mediae et infimae latinitatis, Graz 1954 (Unveränd. Nachdr. d. Ausg. von 1883–1887).

N. Fernández Marcos, The Septuagint in Context. Introduction to the Greek Version of the Bible, Leiden u.a. 2000.

N. Fernández Marcos/J. R. Busto Saiz, El texto antioqueno de la Biblia griega, I, 1–2 Samuel TECC 50, Madrid 1989; II, 1–2 Reyes, TECC 53, Madrid 1992; III, 1–2 Crónicas, TECC 60, Madrid 1996.

F. Field, Origenis Hexaplorum quae supersunt; sive veterum interpretum graecorum in totum vetus testamentum fragmenta, Bd.1, Oxford 1867.

R. Hanhart (Ed.), Septuaginta. Id est Vetus Testamentum graece iuxta LXX interpretes edidit Alfred Rahlfs, editio altera, Stuttgart 2006.

R. Holmes/J. Parsons (Edd.), Vetus Testamentum Graecum cum variis lectionibus, tom. I, vol. 2, Jos–2Chronicles, Oxford 1810.

K. H. Jobes/M. Silva, Invitation to the Septuagint, Grand Rapids 2000.

B. Kennicott (Ed.), Vetus testamentum Hebraicum, cum variis lectionibus, 2 vol., Oxford 1776–1780.

S. Krauss, Griechische und lateinische Lehnwörter im Talmud, Midrasch und Targum, Bd. 1, Berlin 1898 (Repr. Hildesheim u.a. 1987).

J.-H. Kim, Die hebräischen und griechischen Textformen der Samuel- und Königebücher. Studien zur Textgeschichte ausgehend von 2Sam 15,1–19,9, BWAW 394, Berlin/New York 2009.

R. Kittel (Ed.), Liber Samuelis, BH, fasc. 5, editio tertia decima, Stuttgart 1937 (repr. 1962).

S. Kreuzer, Textformen und Bearbeitung. Kriterien zur Frage der ältesten Textgestalt, insbesondere des Septuagintatextes, an Hand von 2Sam 12, in: P. Hugo/A. Schenker (Edd.), Archaeology of the Books of Samuel. The

Entangling of the Textual and Literary History, VT.S 132, Leiden/Boston 2010, 91–115.

S. Kreuzer, Towards the Old Greek. New Criteria for the Evaluation of the Recensions of the Septuagint (especially the Antiochene/Lucianic Text and the Kaige-Recension), in: Congress Volume Ljublana 2007, SCS 55, Atlanta 2008, 239–253.

O. von Lemm, Sahidische Bibelfragmente III. Bulletin de l'Acad.Imp. des. Sciences de St. Pétersbourg 1906, entn. aus B-M ad loc.

H. Lietzmann, Catenen. Teilungen über ihre Geschichte und handschriftliche Überlieferung, Freiburg u.a. 1897.

E. Mayser, Grammatik der griechischen Papyri aus der Ptolemäerzeit. Bd. I, Berlin 1923; Bd. II, 1–3, Berlin 1926–34; Bd. I, 2, Berlin 1938; Bd. I, 3, Berlin 1936.

P. K. McCarter, II Samuel. A new translation with introduction and commentary, The Anchor Bible 9, New York u.a. [2]1984.

T. N. D. Mettinger, Solomonic State Officials. A Study of the Civil Government Officials of the Israelite Monarchy, Lund 1971.

A. Mez, Die Bibel des Josephus, untersucht für Buch V bis VII der Archäologie, Basel 1895.

C. Morano Rodríguez (Ed.), Glosas marginales de vetus latina en las biblias vulgatas españolas. 1–2 Samuel, TECC 48, Madrid 1989.

S. Oloffson, The Kaige Group and the Septuagint Book of Psalms, in: B. A. Taylor (Ed.), IX Congress of the International Organization for Septuagint and Cognate Studies. Cambridge 1995, SBL.SCS 45, Atlanta 1997, 190–230.

F. Passow, Handwörterbuch der griechischen Sprache. Neu bearbeitet und zeitgemäß umgestaltet von Dr. Val. Chr. Fr. Rost, Dr. Fr. Palm, Dr. O. Kreussler, Prof. K. Keil, Dir. Ferd. Peter und Dr. G. E. Benseler, Darmstadt 2008 (reprogr. Nachdr. der 5., überarb. Aufl.: I, 1/2: 1841/1847; II, 1/2: 1852/1857).

A. Pietersma/B. G. Wright (Edd.), A New English Translation of the Septuagint, Oxford 2007.

M. Pietsch, Von Königen und Königtümern. Eine Untersuchung zur Textgeschichte der Königsbücher, in: ZAW 119, 2007, 39–58.

A. Rahlfs, Studien zu den Königsbüchern, Septuagintastudien 1, Göttingen 1904.

A. Rahlfs, Lucians Rezension der Königsbücher, Septuagintastudien 3, Göttingen 1911; Nachdruck der Septuagintastudien 1–2, Göttingen 1965.

W. Rudolph/K. Elliger (Edd.), Biblia Hebraica Stuttgartensia, Stuttgart [4]1990.

R. J. Saley, Proto-Lucian and 4QSam[a], in: BIOSCS 41, 2008, 34–45.

R. J. Saley, The Samuel Manuscript of Jacob of Edessa. A study in its underlying textual traditions, Monographs of the Peshitta Institut Leiden 9, Leiden u.a. 1998.

A. Salvesen, The books of Samuel in the Syriac version of Jacob of Edessa, Monographs of the Peshitta Institut Leiden 9, Leiden u.a. 1999.

A. Schenker, Älteste Textgeschichte der Königsbücher. Die hebräische Vorlage der ursprünglichen Septuaginta als älteste Textform der Königsbücher, OBO 199, Fribourg/Göttingen 2004.

E. Schwyzer, Griechische Grammatik. Bd. I: Allgemeiner Teil, Lautlehre, Wortbildung, Flexion, München [6]1990; Bd. II: Syntax und syntaktische Stilistik, München [5]1988; Bd. III: Register, München [3]2001.

J. D. Shenkel, Chronology and Recensional Development in the Greek Text of Kings, HSM 2, Cambridge, MA, 1968.

F. Siegert, Zwischen Hebräischer Bibel und Altem Testament. Eine Einführung in die Septuaginta, Münsteraner Judaistische Studien 9, Münster 2001.

M. Sigismund, Die Zeugen des Antiochenischen Textes in 2Sam (im vorliegenden Band).

E. van Staalduin-Sulman, The Targum of Samuel, Studies in the Aramaic Interpretation of Scripture 1, Leiden u.a. 2002.

H. J. Stoebe, Das zweite Buch Samuelis, KAT 8/2, Gütersloh 1994.

H. St. J. Thackeray, The Greek translators of the Four Books of Kings, in: JTS 8, 1907, 262–266.

H. St. J. Thackeray, The Septuagint and Jewish Worship, London 1921, 114f.

M. Tilly, Einführung in die Septuaginta, Darmstadt 2005.

E. Tov, Der Text der Hebräischen Bibel. Handbuch der Textkritik, Stuttgart u.a. 1997.

E. Tov/R. A. Kraft (Edd.), The Greek Minor Prophets Scroll from Naḥal Ḥever (8ḤevXIIgr), DJD 8, Oxford 1990, cor. repr. 1995.

C. Vercellone, Variae Lectiones Vulgatae Latinae Bibliorum Editionis, vol. 2, Roma 1864.

J. Ziegler, Beiträge zur Jeremias-Septuaginta, MSU 6, Göttingen 1958.

II. Die Markierung von Zitaten in den Handschriften

Die Diplé: Einführung

ULRICH SCHMID

In den ntl. Teilen der großen Bibelcodices des 4. und 5. Jahrhunderts finden sich atl. Zitate mittels Zeichen am Rand markiert. Dabei kann die Form dieser Zeichen und die Dichte, mit der sie vorkommen, variieren. Dennoch handelt es sich um ein Phänomen, das den Codices Sinaiticus (4. Jh.), Vaticanus (4. Jh.), Alexandrinus (5. Jh.) und Ephraemi rescriptus (5. Jh.) gemeinsam ist. In den beiden Hss. des 4. Jahrhunderts hat dieses Zeichen konstant eine Erscheinungsweise, und zwar das der Diplé in der Form eines spitzen Winkels >, der zur Textspalte weist. In unseren Untersuchungen verwenden wir die Bezeichnung Diplé für diese Zitatmarkierungen, auch wenn deren graphische Gestalt selbst in den beiden Hss. des 5. Jahrhunderts zum Teil deutlich abweicht.

Nähert man sich diesem Phänomen aus der Sicht der antiken Philologie, so stellt es sich vereinfacht ausgedrückt so dar. Die antike Philologie kennt verschiedene Zeichen, die am Rand von literarischen Texten angebracht sind und zusätzliche über den bloßen Textgehalt hinausgehende Angebote zur Sinnerschließung machen. Diese Zeichen begegnen in Beschreibungen antiker philologischer Arbeit und damit in literarisierter Form, ebenso wie an den Rändern von konkreten Überlieferungsträgern und damit als Artefakte. Für beide Bereiche gilt, dass die Überlieferungslage lückenhaft ist und systematisierende Bezugnahmen der beiden Quellengruppen aufeinander schwierig sind.[1] So beschränken sich literarische Beschreibungen der Zeichen und ihres Gebrauchs in der Regel auf bestimmte kontingente Textgruppen und Träger, z.B. Aristarchs Gebrauch von Zeichen bei der Homerexegese,[2] und sind nicht ohne weiteres auf andere Bereiche übertragbar. Wenn sich andererseits solche Zeichen in Hss. finden, fehlt oft der weitere Kontext, etwa weil der Papyrus fragmentarisch ist und nur einzelne Zeichen aufweist oder weil die Zeichen auf

---

1 Eine Analyse der Überlieferung auf der Basis von annähernd 300 Hss. zwischen dem 3. Jh. v. Chr. und dem 3. Jh. n. Chr. unternimmt K. McNamee, Marginalia and Commentaries in Greek Literary Papyri (PhD), Durham 1977.

2 Vgl. dazu R. Pfeiffer, Geschichte der Klassischen Philologie. Von den Anfängen bis zum Ende des Hellenismus, München ²1978, 258–285.

Begleithandschriften verweisen, die nicht erhalten sind. So kommt es dazu, dass McNamee in einem Überblick über die Vorkommen von Diplé in den von ihr untersuchten Hss. einräumt: "In most papyri, however, the use of the diple is not readily explicable."[3]

Nähert man sich den Zitatmarkierungen unserer Bibelcodices phänomeno-logisch, dann zeigt sich, dass es offenkundig verschiedene Formen in Hss. gibt, um auf Zitate aufmerksam zu machen. Patrick McGurk[4] hat Beispiele aus grie-chischen und lateinischen, heidnischen und christlichen Texten gesammelt und unter den frühen griechisch-heidnischen Hss. zwei Formen der Zitat-markierung beschrieben. Zum einen gibt es die Ausrückung des Zitats um ein bis zwei Buchstabenbreiten in den linken Rand.[5] Häufiger scheint jedoch die Auszeichnung der Zitate mittels Diplé. Von besonderem Interesse ist hier der Berliner Papyrus P. Berol. 9782[6] aus dem 2. Jh. n. Chr., der einen anonymen Kommentar zu Platons Theaitet im Rollenformat überliefert. Dort finden sich wiederholt Zitate aus dem platonischen Text mit Diplé markiert, wobei nicht nur der Anfang oder Anfang und Ende des Zitats, sondern auch mehrere Zeilen eines Zitats am Stück ausgezeichnet werden. Ein Beispiel aus der 19. Kolumne findet sich bei Seider abgebildet; dort zählen wir nicht weniger als 10 Zeilen, die am Stück als Zitat markiert sind.[7]

Das älteste christliche Zeugnis für ein durch Diplé ausgezeichnetes Zitat findet sich wohl in P.Oxy 3.405 (Camb. MS Add. 4413). Bei diesem Text han-delt es sich um ein Fragment einer Rolle mit Text aus Irenäus, adversus Haereses 3.9.3, das um 200 n. Chr. datiert wird.[8] Dort finden sich fünf (?) Zei-len, in denen Mt 3,15–16 zitiert wird, mit Diplé ausgezeichnet. Belege für markierte atl. Zitate konnte ich in den bekannten ntl. Papyri nicht finden. So scheinen unsere großen Bibelcodices des 4. und 5. Jahrhunderts die ältesten Belege für eine derartige Praxis zu sein. Allerdings ist die Praxis nicht auf jene Hss. beschränkt, wie die Listen bei McGurk zeigen. Auch weitere ntl. Hss. des 5. Jahrhunderts weisen Zitatmarkierungen auf, wie etwa die beiden Bilinguen Codices Bezae Cantabrigiensis (GA 05) und Claromontanus (GA 06). Im ers-

---

3   McNamee, Marginalia, 108. Eine Liste von Hss. mit Diplé findet sich auch bei E. G. Turner, Greek Papyri. An Introduction, Oxford 1968, 117–118. Auch bei Turner steht die Darstellung im Zeichen antiker Philologie.

4   P. McGurk, Citation Marks in Early Latin Manuscripts (with a list of citation marks in manu-scripts earlier than A.D. 800 in English and Irish libraries), Scriptorium 15, 1961, 3–13 (re-printed in ebd., Gospel Books and Early Latin Manuscripts, Ashgate Variorum, 1998).

5   So etwa in den Londoner Papyri British Library Papyrus 178 und 180.

6   H. Diels/W. Schubart (Hgg.), Anonymer Kommentar zu Platons Theaitet, Berlin 1905; vgl. auch R. Seider, Paläographie der griechischen Papyri, Bd. 2, Stuttgart 1970, nr. 40 und Tafel XX.

7   Paläographie II, 112–3 und Tafel XX.

8   B. P. Grenfell/A. S. Hunt (Edd.), Oxyrhynchus Papyri IV, London 1904, 264.

ten Fall finden sich atl. Zitate gelegentlich um zwei Buchstaben eingerückt, und zwar sowohl in der griechischen wie in der lateinischen Spalte. Im Codex Claromontanus werden derartige Zitate mit einer gewissen Regelmäßigkeit ebenfalls in beiden Spalten eingerückt. Im Gegensatz zum Ausrücken der Zitate, das in griechischen Hss. nicht- und vorchristlicher Provenienz belegt ist, scheint es sich beim Einrücken der Zitate um ein Phänomen zu handeln, das hauptsächlich in lateinischen Hss. zu finden ist.[9]

Viel breiter bezeugt ist jedoch die Praxis in griechischen Hss. des NT, atl. Zitate durch Diplé-Markierungen am Rand hervorzuheben. Dies gilt insbesondere für Evangelienhandschriften wie 07 021 031 036 037 045 0211, aber auch Paulushandschriften wie die Bilingue 012 sind auf diese Weise ausgezeichnet, wobei sogleich hinzuzufügen ist, dass diese Beobachtungen nur auf der Basis von Stichproben zusammengestellt sind. Ebenfalls ist damit nicht ausgesagt, dass die genannten Hss. wie auch immer systematisch oder vollständig mit Diplé versehen wurden. Der im frühen 7. Jahrhundert schreibende Bischof Isidor von Sevilla notiert in seinen Etymologiae (I 21,13).[10] "Diple >. Hanc scriptores nostri adponunt in libris ecclesiasticorum virorum ad separanda vel ad demonstranda testimonia sanctarum Scripturarum." Damit wird für den lateinischen Bereich ein Quasi-Standardgebrauch der Diplé zur Identifizierung von Bibelzitaten durch die Schreiber der entsprechenden Hss. festgestellt. Daneben sind jedoch auch Fehlanzeigen zu vermelden, wie z.B. im griechischen Bereich 032 (5./6. Jh.). Insgesamt betrachtet rechtfertigt jedoch die Anwesenheit von Zitatauszeichnungen mittels Diplé in unseren ältesten Hss. (01 02 03 04) die systematische Beschäftigung mit diesem Phänomen, wie sie für diese Objekte im Folgenden unternommen werden soll.

Vorab ist noch ein Problem mit den Zitatauszeichnungen anzusprechen, das sie mit allen Randangaben in anderen Hss. teilen, und zwar die Frage, in

---

9 McGurk, "Citation Marks" [1961], 6: "The projecting of texts into the margin, a habit which, like all other citation indications, was derived from Greek manuscripts, is found but rarely in Latin manuscripts. […] The insetting of citations, by the width of one to four letters, is both common and ancient among the early Latin manuscripts." Für das Einrücken von Zitaten nennt McGurk einen nicht-christlichen griechischen Beleg, und zwar den Berliner Papyrus P. Berol. 9908. Dabei handelt es sich um ein Tragödienfragment, das entweder einem Werk des Sophokles oder des Euripides zugeordnet wird. Darin sind die zu sprechenden Rollentexte durch die vorangestellten Namen, z.B. "Achilles" und "Odysseus", voneinander unterschieden und die Einsätze des Chores durch Einrücken markiert. Inwiefern es sich dabei um einen griechischen Vorläufer jener Praxis handelt, die wir in lateinischen und griechisch-lateinischen Bibelhandschriften beim Einrücken von atl. Zitaten finden, müsste durch weitere Belege erhärtet werden.

10 Der lateinische Text nach der Edition von W.M. Lindsay, Oxford 1911 ist unter der url http://penelope.uchicago.edu/Thayer/E/Roman/Texts/Isidore/home.html zugänglich. Das Zitat oben stammt daraus (Oktober 2009).

welchem, insbesondere chronologischen, Zusammenhang die Randangaben
zum Haupttext stehen. McNamee versucht in ihrer Analyse der Marginalia
immer wieder die Frage zu klären, durch wen die Randangaben angebracht
wurden, etwa durch den Schreiber selbst oder durch eine andere Hand, die
dann auch unter Rubriken wie "Diorthotes" oder "Annotator" zusammengefasst werden können.[11] In allen diesen Fällen ist jedoch mehr oder weniger
stillschweigend vorausgesetzt, dass es sich um zeitnah hinzugefügte Marginalien
handelt, die entweder schon zur ursprünglichen Produktionseinheit gehörten oder doch durch die ersten Nutzer angebracht wurden. Für die von uns untersuchten Hss. verschärft sich dieses Problem insofern als wir es lediglich mit
Zeichen zu tun haben, die aus höchstens zwei Strichen, häufig jedoch nur aus
einem bestehen. Damit fehlen wesentliche Elemente für die Analyse und Datierung der Hände wie Buchstabenformen und wir sind nahezu vollständig auf
die Beobachtungen zur Strichstärke und zur Farbe der Tinte angewiesen. Zu
Hilfe kommt uns jedoch ein zusätzliches Phänomen des Codex Sinaiticus, und
zwar das der Quellenangaben, die sich gelegentlich am Rand neben atl. Zitaten
finden. Mit ihrer Hilfe lässt es sich recht wahrscheinlich machen, dass die
Zitatauszeichnungen in dieser Hs. zur ursprünglichen Produktionseinheit gehörten, also im Skriptorium angebracht wurden. Darum beginnen wir unsere
Analysen mit Codex Sinaiticus, betrachten dann in chronologischer Abfolge
die dem Codices Vaticanus, Alexandrinus und Ephraemi rescriptus.

---

11   In den tabellarischen Auswertungen zu den besprochenen Hss. (Marginalia, 404–443) finden
      sich entsprechende Spalten.

Literatur:

H. Diels/W. Schubart (Hgg.), Anonymer Kommentar zu Platons Theaitet, Berlin 1905.

B. P. Grenfell/A. S. Hunt (Edd.), Oxyrhynchus Papyri IV, London 1904.

K. McNamee, Marginalia and Commentaries in Greek Literary Papyri (PhD), Durham 1977.

P. McGurk, Citation Marks in Early Latin Manuscripts (with a list of citation marks in manuscripts earlier than A.D. 800 in English and Irish libraries), Scriptorium 15, 1961 (reprinted in ebd., Gospel Books and Early Latin Manuscripts, Ashgate Variorum, 1998).

R. Pfeiffer, Geschichte der Klassischen Philologie. Von den Anfängen bis zum Ende des Hellenismus, München ²1978.

R. Seider, Paläographie der griechischen Papyri, Bd. 2, Stuttgart 1970.

E. G. Turner, Greek Papyri. An Introduction, Oxford 1968.

Diplés und Quellenangaben im Codex Sinaiticus

ULRICH SCHMID

1. Einführende und methodische Vorbemerkungen

Codex Sinaiticus ist ein buchtechnisches Unikat in einem umfassenderen Sinne als jede andere erhaltene Bibelhandschrift des ersten Jahrtausends. Das Format (vier Spalten), die außergewöhnliche Qualität des Pergaments und die Vielzahl der Korrekturen sind ohne Parallele. Hinzu kommt, dass die Hs. einer Zeit (Mitte des 4. Jahrhunderts) entstammt, in der der biblische Kanon allgemein als zum Abschluss gebracht gilt. Dabei betrachten manche Forscher die erste Hälfte des 4. Jahrhunderts als die entscheidende Periode in der Kanonsgeschichte, deren Abschluss sich sogar bis ins 5. Jahrhundert erstrecken soll.[1] Eine Hs. aus der Mitte des 4. Jahrhunderts, die AT und NT sowie zwei weitere Schriften der sog. Apostolischen Väter in einer physischen Einheit versammelt, ist daher eher als eine Sammelhandschrift zu begreifen, die den Inhalt einer Bibliothek überliefert, als dass sie die Abschrift eines einzelnen Buches darstellt. Eine jüngst veröffentlichte Studie von Dirk Jongkind beschreibt mit vielen Beobachtungen die buchtechnischen Herausforderungen, die mit der Herstellung des Codex Sinaiticus verbunden waren. Die digitale Neuausgabe der Hs. mit Transkript und detaillierten technischen und konservatorischen Beschreibungen wird die Sonderstellung und den experimentellen Charakter der Hs. weiter erschließen helfen. Möglicherweise sind auch die Zitatmarkierungen und Quellenangaben bei einigen atl. Zitaten innerhalb dieser buchtechnischen Sonderstellung zu sehen. Dabei wird diese Sonderstellung nicht nur unter dem Aspekt des Neuen und Zukunftsweisenden, sondern auch unter der Rubrik fehlgeleiteter Versuche, ja sogar des Scheiterns zu betrachten sein.

Wenden wir uns nun den Zitatauszeichnungen und Quellenangaben zu und der Resonanz, die sie in der Forschung gefunden haben. Dabei ist es ange-

---

1 Jüngst hat David L. Dungan die Konstantinische Wende als den entscheidenden Auftakt zur formellen Kanonisierung der christlichen Heiligen Schriften beschrieben; vgl. dazu D. L. Dungan, Constantine's Bible. Politics and the Making of the New Testament, London 2006.

bracht die beiden Phänomene zusammen zu betrachten, da sie – wenn überhaupt – auch zusammen beschrieben werden.

2. Die Phänomene

Diplés zur Markierung von atl. Zitaten[2] finden sich im Codex Sinaiticus in fünf ntl. Schriften: Mt, Lk, Röm, Act, 1Petr. In Mt, Röm, Act und 1Petr finden sich zur Mehrzahl – aber nicht zu allen – dieser ausgezeichneten Zitate auch Quellenangaben, mit denen das atl. Buch genannt wird, aus dem das Zitat stammt, bzw. aus Sicht des Auszeichnenden zu stammen behauptet wird. Ein schönes Beispiel für die zuletzt gemachte Einschränkung findet sich am Rand von Mt 2, 5.

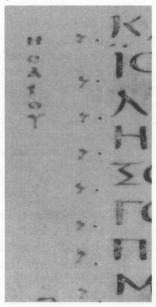

Hier sind insgesamt acht Zeilen, die den Textbestand von Mt 2,6 umfassen, am Rand mit Diplés markiert. Daneben steht ησαιου = "des Jesaja". Das Zitat selbst stammt jedoch aus Micha 5,1 und ist bei Jesaja nicht zu finden. Der Auszeichner hat sich hier also geirrt und eine falsche Quellenangabe notiert. Dennoch ist unter phänomenologischen Gesichtspunkten schön zu sehen, dass die Zeichen selbst in zwei Strichen, erst von links oben nach rechts unten und dann wieder zurück nach links unten ausgeführt sind. An den Enden der Striche weisen sie häufig Häkchen auf, was durch den Ansatz des Schreibgeräts und dem Schwung der Schreibbewegung geschuldet ist. Strichstärke und die Farbe der Tinte legen es nahe, dass die Zeichen und die sechs Majuskelbuchstaben des Prophetennamens zum selben Arbeitsgang gehören.

---

2 Gelegentlich finden sich auch einzelne Diplés als Verweiszeichen, um Korrekturen am Rand mit dem entsprechenden Wort des Textes zu verbinden, vgl. dazu etwa die Korrektur zu Eph 2,10 (αυτου am Rand wird an θυ im Text durch Diplé angebunden; es handelt sich hierbei um eine Korrektur des Skriptoriums S1). In Hebr finden sich Diplés auch als Zeilenfüller am Ende von Zeilen, ohne dass die Position dieser Zeichen mit atl. Zitaten in Verbindung gebracht werden kann, vgl. dazu etwa die zweite Hälfte von Hebr 7 (Lage 85, Blatt 6v, die Kolumnen 3 und 4).

Es erscheint darum auch uns folgerichtig, dass Tischendorf in seinem Commentarius zu dieser Stelle schreibt: "B adnotavit ησαιου positque >> signa."[3] B ist nach dem Urteil Tischendorfs ein *vir doctus*, der am Anfang von Mt häufige Korrekturen vorgenommen hat, sonst jedoch, soweit ich sehe nicht in Erscheinung tritt und auch nicht mit einem der Schreiber des Codex identifiziert wird. Nach Tischendorf verhält es sich so mit allen Quellenangaben/Diplé-Kombinationen in Mt. Bevor wir Tischendorfs Analysen weiter verfolgen, soll zuerst einmal das Material systematisch erfasst werden.

Tabellarische Zusammenstellung des Materials:

Nr	Stelle	Vorlage	Ausgezeichnete Zeilen	Quellenangabe
1	Mt 1,23	Jes 7,14	6	ησαιου
2	Mt 2,6	Mi 5,1	8	ησαιου
3	Mt 2,15	Hos 11,1 Num 23,22; 24,8	3	εν αριθμοις
4	Mt 2,18	Jer 38,15	8	-
5	Mt 2,23	Ri 13,5 (?)	2	-
6	Mt 3,3	Jes 40,3	6	-
7	Mt 4,4	Dtn 8,3	8	-
8	Mt 4,7	Dtn 6,16	2	-
9	Mt 4,10	Dtn 6,13; 10,20	5	-
10	Mt 4,15	Jes 8,23	6	-
11	Mt 4,16	Jes 9,1	7	-
12	Mt 21,5	Sach 9,9; Jes 62,11	6	-
13	Mt 21,16	Ps 8,3	3	-
14	Mt 27,9	Ex 9,12; Jer 18,2; Sach 11,13	6	-
15	Mt 27,10	Ex 9,12; Jer 18,2	3	-
16	Lk 20,42f	Ps 109,1	3	-

3　　Novum Testamentum Sinaiticum, Leipzig 1863, Prolegomena cum Commentario, XLII, sub I*.

Nr	Stelle	Vorlage	Ausgezeichnete Zeilen	Quellenangabe
17	Röm 3,4	Ps 50,6	5	εν ψαλμω N
18	Röm 3,10–18	Ps 13,2; 52,3		ψαλμω ΙΓ κ(αι) NB
19	Röm 4,3	Gen 15,6	4	γενεσεως
20	Röm 4,7–8	Ps 31,1–2	8	ψαλμω ΛΑ
21	Röm 4,17	Gen 17,5	3	γενεσεως
22	Röm 4,18	Gen 15,5	2	γενεσεως
23	Röm 8,36	Ps 43,23	5	-
24	Act 1,20	Ps 68,26	8	-
25	Act 2,17–2(1) homoiot	Joel 3,1–5	32	-
26	Act 2,25–28	Ps 15,8–11	23	-
27	Act 2,34–35	Ps 109,1	6	ψαλμω ΡΘ
28	Act 3,22	Dtn 18,15–16	7	δευτ
29	Act 3,23	Lev 23,29	5	-
30	Act 3,25	Gen 22,18; 26,4	4	δευτερ
31	Act 4,25–26	Ps 2,1–2	9	ψαλμ B
32	Act 7,42–43	Amos 5,25–26	14	-
33	Act 7,49–50	Jes 66,1–2	12	ησαιας
34	Act 8,32–33	Jes 53,7–8	19	-
35	Act 13,33	Ps 2,7	2	ψαλμω B
36	Act 13,34	Jes 55,3	2	-

Nr	Stelle	Vorlage	Ausgezeichnete Zeilen	Quellenangabe
37	Act 13,35	Ps 15,10	3	ψαλμω
38	Act 13,41	Hab 1,5	-----	ιωηλ
39	Act 15,16–18	Amos 9,11–12	17	αμως
40	Act 26,23	(ων τε οι προφηται ελαλησαν μελλοντων γινεσθαι και Μωυσης) ει παθητος ο χριστος	2	-
41	1Petr 2,22	Jes 53,9	3	ησαιας
42	1Petr 3,10	Ps 33,13	7	ψαλ ΛΓ

Die in der Reihenfolge des Codex nächste Schrift mit Quellenangaben ist Röm und die erste derartige Stelle begegnet am Rand zu Röm 3,5. Tischendorf bemerkt dazu: "Ad hunc versum A adnotavit εν ψαλμω ν, additis ad sequentia signis"[4]. Hier soll also Hand A und nicht mehr Hand B (*vir doctus*) die Quellenangabe angebracht haben. Bemerkenswert ist weiter, dass der direkte Zusammenhang zwischen der Quellenangabe und den Diplés, den Tischendorf noch zu den Marginalien in Mt angenommen hatte, aufgegeben ist. Es könnten hier also zwei verschiedene Hände im Spiel sein, eine Hand, die die Zeichen, und eine andere, die die Quellenangabe angebracht hätte. Die erste Quellenangabe in Act kommentiert Tischendorf folgendermaßen: "Praeterea ad h.v. adscriptum est minutissimis formis ψαλμω ρθ."[5] Einer Hand schreibt er diese Quellenangabe nicht zu. Und diese Fehlanzeige ist auch für alle weiteren Quellenangaben in Act zu vermelden, denn Tischendorf identifiziert nicht eine der insgesamt neun Quellenangaben, die sich in Act finden. Umso erstaunlicher ist dann die Beobachtung, dass er die beiden Quellenangaben, die sich in 1Petr finden, ohne einen Ausdruck des Zweifels wieder der Hand A zuweist[6], wobei er zu den Diplés keine Angaben macht. Abschließend sei noch erwähnt, dass Tischendorf zur einzigen ausgezeichneten Stelle im Lk (20,42) schreibt: "A

---

4 A.a.O., LX, sub LXII*.
5 A.a.O., LXVII–LXVIII, sub CI.
6 A.a.O., LXXII, sub CXXI: "In margine A ησαιας adscripsit. […] In margine A ψαλ λγ adscripsit."

signa >> adposuit"[7], und das obwohl ein Quellenangabe fehlt, die eine Zuschreibung sicherlich gewisser hätte machen können. Insgesamt können wir
festhalten, dass Tischendorf mit mindestens zwei Händen rechnet, die Quellenangaben und Diplés angebracht haben, wobei es darüber hinaus eine ganze
Anzahl dieser Phänomene gibt, für die Tischendorf keine Zuschreibung wagt.
Hand B ist nur für die Marginalien in Mt verantwortlich, alle anderen identifizierten Zitatauszeichnungen gehen auf das Konto von Hand A, die zugleich
eine der Schreiberhände von Codex Sinaiticus ist. Damit rechnet Tischendorf
zumindest einen Teil dieser Phänomene zur ursprünglichen Produktionseinheit
der Hs.

Wir übergehen die komplizierte und überholte Identifizierung der frühen
Korrekturhände, wie sie Kirsopp Lake in seiner Ausgabe des Codex unternommen hat und kommen zur heute im Wesentlichen anerkannten Einteilung
der Hände durch Herbert Milne und Theodore Skeat.[8] Nach Milne-Skeat muss
die Aktivität der Hand B (*vir doctus*) von Tischendorf als ein Projekt von
Schreiber A betrachtet werden, der sein eigenes Werk auf den ersten zwei
Blättern mit großem Aufwand korrigierte, mit den Eusebschen Kanonziffern
und *paragraphi* versah, dann jedoch diese Tätigkeit einstellte.[9] Demnach wären die Quellenangaben und Diplés in Mt ebenfalls von Schreiber A angebracht, wobei unklar bleibt, wer genau für die späteren Diplés in Mt und die in
Lk verantwortlich ist. Indirekt liefern Milne-Skeat dann wieder eine Zuschreibung der Zitatauszeichnungen in Act, indem sie dieses Phänomen mit den
Capitula zusammenbringen, die von Schreiber A im ersten Teil von Act angebracht wurden. An etwa derselben Stelle würden beide Aktivitäten nicht mehr
weitergeführt, was dafür spräche, dass wieder ein Projekt von Schreiber A
nicht durchgezogen wurde.[10] Damit wäre auch nach dieser Analyse die Mehrzahl der auffindbaren Zitatauszeichnungen das Werk eines der Schreiber und
damit Teil der ursprünglichen Produktionseinheit.

Aufgrund meiner eigenen Beobachtungen erscheinen mir insbesondere die
Zitatauszeichnungen im Röm klar von der Hand zu stammen, die auch die laufenden Überschriften oben an den Blättern mit Röm angebracht hat. Nach Milne-Skeat war das Schreiber D; also sind ihm auch diese Marginalien zuzuweisen. Das ist deutlich zu erkennen an den charakteristischen Formen von M und
Ω in den dreimaligen Vorkommen von ψαλμω. Davon unterscheiden sich deutlich die Vorkommen von ψαλμ(ω) in Act. Weiter ist davon auszugehen, dass
die Quellenangaben in Act und 1Petr von derselben Hand stammen und in ei-

---

7   Tischendorf, a.a.O., LIV, sub XXXXIIII.
8   H. J. M. Milne/T. C. Skeat, Scribes and Correctors of the Codex Sinaiticus, London 1938.
9   A.a.O., 37–39.
10 A.a.O., 38.

nem separaten Arbeitsschritt angebracht wurden. Dafür spricht zum einen die sehr ähnliche Ausführungen von ησαιας (Nr. 33 und 41). Des Weiteren sind die einheitlichen Strichstärken auch der Diplés auffällig, die sich deutlich von Strichstärke und Tintenfarbe des Haupttextes abheben, ebenso wie der Umstand, dass die Mehrzahl der in beiden Schriften vorkommenden Quellenangaben zusätzlich mit einem übergeschriebenen Zeichen (^) markiert sind (Nr. 28, 30, 33, 38, 39, 41, 42). Mit diesem Zeichen wiederum markiert Schreiber A häufig seine Korrekturen, so dass diese Zuschreibung an Plausibilität gewinnt. Schließlich ist auch auf den Gebrauch des *paragraphus* in beiden Schriften zu verweisen.[11] Mit Ausnahme des ersten Zitates (Act 1,20) wurden alle ausgezeichneten zitathaltigen Abschnitte durch *paragraphus* eingeleitet. Das gilt sogar für das Zitat aus Hab 1,5, das nicht durch Diplés, jedoch mit der falschen Quellenangabe ιωηλ ausgezeichnet ist. Und das gilt auch für das Pseudozitat Nr. 40 in Act 26,23, wo zwei Zeilen mit Diplé und vorangestelltem *paragraphus* markiert sind. Diese Auszeichnung fällt nicht nur durch fehlenden atl. Bezug aus dem Rahmen. Sie hebt sich auch graphisch durch Strichstärke und Tintenfarbe von den anderen Auszeichnungen in Act ab und ähnelt stark dem Duktus des Haupttextes. Es erscheint mir darum wahrscheinlich, dass der *paragraphus* und die beiden Diplés hier während des Abschreibevorgangs angebracht wurden und nicht anschließend mit einem feineren Schreibgerät und anderer Tinte, wie die anderen Auszeichnungen in Act. Auslöser für diese Pseudozitat-Auszeichnung war sehr wahrscheinlich die voraufgehende Phrase ων τε οι προφηται ελαλησαν μελλοντων γινεσθαι και Μωυσης. Kommen wir nun zurück zu den Zitatauszeichnungen des selbständigen Arbeitsschrittes. Bei diesen werden nicht nur die zitathaltigen Abschnitte durch *paragraphus* eingeleitet, sondern zumeist auch der folgende Abschnitt paragraphiert, so dass graphisch der Eindruck entsteht, das markierte Zitat, sei durch ein- und ausleitende *paragraphi* gleichsam zusätzlich markiert. Demgegenüber finden sich in Act nur noch wenige vereinzelte *paragraphi,* eine vergleichbare *paragraphus*-Dichte findet sich an keiner anderen Stelle. 1 Petr vervollständigt dieses Bild, da sich in den fünf Kapiteln dieser Schrift nur zwei

---

11 Der *paragraphus* ist ein horizontaler Strich, der über dem ersten Buchstaben einer Zeile angebracht ist und als Gliederungshilfe dient. Ein weiteres und im NT-Teil des Sinaiticus viel häufiger vorkommendes Gliederungsmerkmal ist die Ausrückung des ersten Buchstabens in den linken Rand (*Ektesis*). Die Ektesis wurde von den Schreibern selbst beim Abschreiben angebracht – entweder nach eigenem Gutdünken oder aus der Vorlage übernommen. Im Unterschied dazu kann der *paragraphus* auch in einem separaten Arbeitsgang, nachdem der Text bereits abgeschrieben vorlag, angebracht worden sein. Darum ist dieses Graphem als Vergleichspunkt zu den Zitatmarkierungen interessant. Zu diesen Gliederungsmerkmalen hat D. Jongkind (Scribal Habits of Codex Sinaiticus, Texts and Studies. Third Series. Vol. 5, Piscataway 2007, hier: 95–109) Untersuchungen angestellt. Leider erhebt er das Material nicht durchgängig in Unterscheidung zwischen Ektesis und *paragraphus*.

paragraphi finden – beide Male leiten sie markierte Zitate ein, ohne dass der Text selbst eine solche Gliederung inhaltlich nahelegt. Es entsteht der Eindruck, dass der Einsatz von *paragraphi* und die Markierung von Zitaten durch Diplé in diesen beiden Schriften in einem Zusammenhang stehen. Das Fehlen der *paragraphi* bei den markierten Zitaten in Röm ist ein weiteres Indiz für die unterschiedliche Herkunft der Zitatmarkierungen. Zusammenfassend lässt sich folgern, dass die Zitatauszeichnungen im Röm (Schreiber D) und in Act und 1Petr (Schreiber A) Teil der ursprünglichen Produktionseinheit waren.

Unsicher bin ich bei der Zuschreibung der Zitatauszeichnungen in Mt und Lk. Die Hauptschwierigkeit dabei ist, dass die drei Quellenangaben in vertikaler Buchstabenfolge geschrieben sind, so dass das Vergleichsmaterial in normalem horizontalen Duktus nur eingeschränkt weiter hilft. Der Zusammenhang von *paragraphi* und Zitatmarkierungen stellt sich in Mt ebenfalls anders dar, als wir es bei Act/1Petr beobachtet haben. Milne-Skeat und davor schon Tischendorf hatten ja ihrerseits beobachtet, dass am Anfang von Mt ein ambitioniertes Nachbearbeitungsprojekt stattgefunden hat, bei dem *paragraphi*, Akzente und Korrekturen nachgetragen wurden. In diesen Zusammenhang wurden von den genannten Forschern auch die Zitatmarkierungen eingeordnet. Auch wenn hier ein Zusammenhang bestehen könnte, so ist doch deutlich, dass die einzelnen Phänomene unterschiedlich lange durchgehalten und an verschiedenen Stellen aufgegeben wurden. Die Diplés enden mit Mt 4,16, während die *paragraphi* bis in den Anfang von Mt 7 reichen.[12] Auffällig ist auch, dass *paragraphi* und Zitatmarkierungen bei den ersten fünf Zitaten überhaupt nicht korrelieren.[13] Mit anderen Worten: alle markierten und mit Quellenangaben versehenen Zitate in den ersten beiden Kapiteln von Mt haben keine Verbindung zu den in großer Zahl angebrachten *paragraphi* in diesen beiden Kapiteln. Von Mt 3 an ändert sich das Bild. Die Zitate Nr. 6–11 sind durch *paragraphi* gerahmt, ganz ähnlich, wie wir es in Act und 1 Petr finden. Ab Mt 21,5 – inklusive das einsame markierte Zitat in Lk 20,42f – finden wir dann keine *paragraphi* mehr in Verbindung mit den markierten Zitaten. Wenn wir nun nach dem Vorbild von Milne-Skeat, die Aktivitäten am Anfang von Mt als Projekt von Schreiber A auffassen, dann scheint bei ihm ein Sinneswandel eingetreten zu sein, jedenfalls wenn wir den Zusammenhang zwischen *paragraphi* und Zitatauszeichnungen beachten. Wie dem auch sei, sicher scheint aber, dass die drei Quellenangaben, die sich allesamt in Mt 1–2 finden, von derselben Hand stammen. Weiterhin wurden die beiden Diplés zu Nr. 5 sehr wahrscheinlich von anderer Hand oder jedenfalls nicht im selben Arbeits-

---

12 Keine der Antithesen wurde als Zitat markiert.

13 Drei Zeilen Abstand zwischen *paragraphus* und Diplé finden sich bei den Zitaten Nr. 1 und 2; zehn Zeilen und mehr bei den Zitaten Nr. 3 bis 5.

gang eingetragen, in dem die anderen Markierungen (Nr. 2–6) auf dieser Seite angebracht wurden. Die Strichstärke ist feiner und die Tinte heller. Beides passt sehr gut zu der eine Zeile darüber notierten Korrektur υπο (anstelle von διά των προφητων, wie die erste Hand in Mt 2,23 schreibt). Das würde bedeuten, dass Diplés auch während eines Korrekturgangs angebracht (nachgetragen) wurden. Es gibt aber auch hier keinen Grund anzunehmen, die Zitatauszeichnungen im Mt gehörten nicht zur ursprünglichen Produktionseinheit.

Schließlich ist noch zu vermelden, dass Dirk Jongkind zum Phänomen der Zitatauszeichnungen keine Angaben macht. Das neue Transkript des Codex Sinaiticus, das online präsentiert wird, gibt für die Zitatauszeichnungen keine Identifikationen. Es ist aber anzunehmen, dass sie auch dort implizit zur ursprünglichen Produktionseinheit gerechnet werden. Damit können wir festhalten, dass die Quellenangaben und die Diplés aller Wahrscheinlichkeit nach im Skriptorium entstanden sind und von mindestens zwei Händen ausgeführt wurden. Aufgrund von Beobachtungen zur Strichstärke und Farbe der Tinte ist davon auszugehen, dass die Zitatauszeichnungen mit einer Ausnahme (Act 26,23) nicht während des Abschreibens selber erfolgten, sondern als separate Arbeitsgänge ins Werk gesetzt wurden. Damit sollte offenkundig ein Mehrwert erzielt werden, der sich von der Sache her zwar erschließt, nicht jedoch von seiner konkreten Gestalt, denn diese Markierungen sind unvollständig und die Zitatzuschreibungen erscheinen unsystematisch und teilweise fehlerhaft.

3. Erklärungsversuche

Wenn wir die Verteilung der Zitatauszeichnungen in den Blick nehmen, dann fällt zunächst auf, dass wir, in allen Schriften – mit Ausnahme von 1Petr – mehr durch Diplés ausgezeichnete Stellen finden als mit Quellenangaben versehene. Weiterhin ist zu bemerken, dass in Mt, Röm und 1Petr der Beginn der Diplé-Auszeichnung und der Beginn der Quellenangaben zusammenfallen, während in Act drei Zitate nur durch Diplés markiert sind, darunter so lange Zitate wie Joel 3,1–5 und Ps 15,8–11, bevor das erste Zitat mit einer Quellenangabe kombiniert wird.

Die Frage, was denn die Zitatmarkierungen ausgelöst haben könnte, lässt sich für Mt relativ einfach beantworten, jedenfalls, wenn wir den Anfang betrachten. Alle Reflexionszitate von Mt 1–2 sind ausgezeichnet. Diese Zitate waren im Text selbst jeweils mit einer solemnen Einleitungsformel markiert, so dass an diesen Stellen ein relativ mechanischer Auslöser (Zitateinleitung) angenommen werden kann. Interessant ist, dass das letzte Reflexionszitat (Mt 2,23) in einem separaten Arbeitsgang ausgezeichnet wurde. Ein mechanischer

Auslöser lässt sich auch für die markierten Zitate in Mt 3–4 annehmen, da alle mit Diplé versehenen Zitate auch durch eine Einleitungsformel (mindestens γεγραπται) gekennzeichnet sind. Beachtenswert dabei ist allerdings, dass eine völlig mechanische Auszeichnung nicht stattgefunden hat, denn das Schriftzitat, das der πειραζων im Munde führt (Mt 4,6) ist nicht ausgezeichnet. Offenkundig gilt der Versucher nicht als ein vertrauenswürdiger Schriftgebraucher. Unter den ersten sechs Zitaten in Mt finden sich zwei, bei denen die Quellenangaben im Evangelientext selbst geboten werden (Mt 2,18: δια Ιερεμιου του προφητου und 3,3: δια Ησαιου του προφητου). In beiden Fällen fehlen die Quellenangaben am Rand. Es liegt nahe, auf diesem Hintergrund die Ergänzungen der ersten drei Zitate mit Quellenangaben als sachlich analoge Ergänzungen zur Vervollständigung derartigen Angaben zu betrachten. Nach Mt 3 wurden das Projekt der Ergänzung von Quellenangaben für den Rest des Evangeliums und nach Mt 4 das der Zitatmarkierungen für eine gewisse Zeit aufgegeben, denn keines der mit deutlichen Einleitungsformeln markierten Jesaja-Zitate (Mt 8,17; 12,18–21; 13,14–15; 15,7–9) ist ausgezeichnet. Weshalb dann relativ unvermittelt Mt 21,5.16 ausgezeichnet ist, 21,13.42 jedoch nicht, entzieht sich meiner Kenntnis, ebenso wie die vereinzelten Zitate in Mt 27,9 und Lk 20,42. Letzteres kann auch nicht durch eine der Parallelen ausgelöst worden sein, da weder Mt 22,44 noch Mk 12,36 in Codex Sinaiticus ausgezeichnet sind. Auffällig ist weiter, dass von den drei mit Quellenangaben versehenen Zitaten in Mt eines falsch zugeordnet wird und ein weiteres erklärungsbedürftig ist. Das Zitat aus Micha 5,1 (Mt 2,6) wird Jesaja zugeschrieben. Eine mögliche Erklärung könnte sein, dass Jesaja ohnehin die meisten Prophetenzitate im NT vereinigt und direkt davor auch wirklich Jesaja (7,14 in Mt 1,23) zitiert wurde. Kurioserweise findet sich dieselbe Fehlzuschreibung auch in einer altlateinischen Hs. Erklärungsbedürftig ist die Quellenangabe zu Mt 2,15, wo der Randapparat von NA-27 Hos 11,1 als Quelle angibt und nur unterstützend Num 23,33; 24,8 notiert. Zu letzterer Stelle bemerkt Origenes:[14]

> *Post haec scriptum est adhuc de Christo quia: Deus deduxit eum ex Aegypto, quod in eo completum videtur, ubi post mortem Herodis revocatur de Aegypto, et designat evangelium dicens: ex Aegypto vocavi filium meum. Qui sermo quibusdam ex hoc loco assumptus videtur et evangeliis insertus, aliis autem de Osee propheta.*

Offensichtlich teilt der Zitatauszeichner des Codex Sinaiticus die hier von Origenes überlieferte Tradition, der Herleitung dieses Zitates in Mt 2,15.

Betrachten wir weiter die Zitate im Röm, so fällt auf, dass die ersten beiden mit Einleitungsformeln versehenen Zitate (Röm 1,17; 2,24) nicht markiert sind. In Röm 3–4 sind jedoch alle derartigen Zitate nicht nur mit Diplés, sondern auch mit Quellenangaben versehen. Das darauf folgende nächste Zitat mit

---

14   In Numeros Homilia XVII 6 (GCS 30, 165).

Einleitungsformel (8,36) ist ebenfalls mit Diplé markiert, es fehlt aber die Quellenangabe. Von dieser Stelle an finden sich keine weiteren Markierungen mehr im Röm. Warum das so ist, lässt sich nur vermuten. Möglicherweise wurde es dem Auszeichner zu unübersichtlich oder aufwendig, die vielen Passagen in Röm 9–11 zu markieren. Jedoch wurde das Projekt auch in dem vergleichsweise übersichtlichen 1Kor nicht wieder aufgenommen. Bemerkenswert ist, dass alle Quellenangaben zutreffend sind. Das gilt auch für die Psalmenzählungen! Auf der anderen Seite handelt es sich nur um Angaben aus zwei Büchern, Genesis und Psalmen.

In Act sind von Anfang an alle Zitate, die mit Einleitungsformeln versehen sind, auch markiert, und zwar *cum grano salis* bis Kapitel 15.[15] Danach folgen nur noch zwei eingeleitete Schriftzitate (Act 23,5; 28,26f), die jedoch nicht markiert sind. Bemerkenswert ist weiter, dass die ersten drei nicht mit Quellenangaben am Rand ausgezeichneten Zitate diese Informationen im Act-Text selbst mitführen.[16] Für die Angabe καθως γεγραπται εν βιβλω των προφητων (Act 7,42) könnte man diese Deutung ebenfalls wagen, wenn wir unterstellen, dass mit der pluralischen Formulierung das Dodekapropheton evoziert wird. Wenn wir allerdings den analogen Fall Act 13,40f betrachten, dann finden wir hier dennoch eine Quellenangabe am Rand, die sich zudem als falsch erweist. Auch in Act 15,16 findet sich eine Quellenangabe, obwohl dort durch die solemne Einleitungsformel (και τουτω συμφωνουσιν οι λογοι των προφητων καθως γεγραπται) auf die Propheten im Plural verwiesen wird.

In 1Petr sind die ersten eingeleiteten Schriftzitate (1Petr 1,16[.24]; 2,6) nicht markiert. Das erste markierte Zitat (2,22) hingegen hat keine Einleitungsformel. Beim letzten markierten Zitat (3,10–12), das auch mit einer Einleitungsformel versehen ist, sind nur noch die Zeilen bis zum Ende von 3,10 markiert.

Insgesamt lässt sich festhalten, dass sich die Auszeichnungen im Codex Sinaiticus ganz überwiegend bei Zitaten finden, die durch Einleitungsformeln im Text selbst markiert sind. In keinem Fall wurde eine der Schriften, in denen sich Zitatauszeichnungen finden, konsequent durchgearbeitet und vollständig ausgezeichnet. Am komplettesten erscheint die Auszeichnung in Act. Dort fehlen nur die beiden letzten mit Zitierformel eingeleiteten Zitate. In Act finden sich auch die meisten Quellenangaben, und zwar aus insgesamt fünf atl. Texten (Dtn, Psalmen, Jesaja, Joel und Amos) bzw. aus Pentateuch, Psalmen, Jesaja und Dodekapropheton. Auch die Quellenangaben in den anderen Schriften weisen nicht über diesen Textbereich hinaus. Die größten Schwierigkeiten

---

15 Ausgenommen sind die Passagen der Stephanusrede, die Gottesrede oder Mosesprüche zitieren (Act 7,3–40). Dort finden sich jedoch auch keine expliziten Hinweise auf Schriftzitate (γεγραπται oder ähnliches).

16 1,20: γεγραπται γαρ εν βιβλω ψαλμων; 2,16: δια του προφητου Ιωηλ; 2,25: Δαυιδ γαρ λεγει.

bestanden offenkundig bei der Identifizierung der Zitate aus dem
Dodekapropheton, wo es zweimal zu Fehlleistungen gekommen ist (in Mt 2,6
wird Micha 5,1 als Jesaja identifiziert, in Act 13,41 wird Hab 1,5 als Joel identifiziert). Demgegenüber sind die Zitate aus dem Pentateuch und insbesondere
aus dem Psalmen sehr präzise identifiziert. Für Mt und Act lassen sich die
Quellenangaben am Rand jedenfalls zu Beginn als Ergänzungen der im Text
der beiden Schriften anfangs häufig vorkommenden präzisen Einleitungsformeln, die selbst schon atl. Bücher identifizieren, begreifen. In beiden Fällen
wurde dieses Projekt jedoch nicht konsequent durchgeführt. Diese Beobachtung gilt auch im Blick auf die ntl. Teilcorpora. Es hat den Anschein, als ob
das Zitatauszeichnungsprojekt beim jeweils ersten Buch der Evangeliensammlung (Mt), der Paulusbriefe (Röm) und der Apostolossammlung (Act)
begonnen und auch jeweils bald wieder aufgegeben wurde. Diese Beobachtung
deckt sich mit anderen. Der Codex wurde offenkundig arbeitsteilig erstellt.
Mindestens drei Schreiber haben sich in die Arbeit geteilt und gelegentlich
wird sogar erkennbar, dass Berechnungen über die Verteilung des Textes einzelner Bücher auf Lagen und paralleles Arbeiten an verschiedenen Büchern
organisiert wurde.[17] Weiter haben die Schreiber an verschiedenen Stellen der
Hs. Elemente zunächst liegen lassen und später selbst nachgearbeitet oder von
ihrem Kollegen nachtragen lassen. Und immer wieder zeigt sich, dass auch das
Endprodukt selbst unvollständig blieb. Das gilt sogar für die Ausstattung mit
Subskriptionen; es fehlt z.B. die Subskription zu Mt. Häufiger noch fehlen
"running titles", die dem Leser auf jeder aufgeschlagenen Doppelseite signali-
sieren, in welcher Schrift er oder sie sich gerade befindet. "Running titles"
fehlen z.B. bei den Psalmen und bei sieben Schriften des Dodekapropheton.
Nur über dem Buch des Propheten Sacharja finden sich "running titles"; diese
sind jedoch falsch, da sie auf Haggai verweisen. Derartige Beigaben sind inhaltlich keineswegs anspruchsvoll. Vorlagen braucht es dafür keine, lediglich
die Titel der Schriften, ein klares Konzept und eine konsequente Ausführung.
Alles Weitere sollte sich dann folgerichtig ergeben. Dennoch scheint es, beim
Schreiberteam mindestens an der Durchführung, vielleicht auch schon am
Konzept Mängel gegeben zu haben. Wenn wir zu komplexeren Nacharbeiten
kommen, die mit großer Wahrscheinlichkeit auf Vorlagen beruhen, dann zeigt
sich ein ähnliches Bild.[18] Beispielsweise wurden die Eusebschen Kanonzahlen
in den Evangelien gleichfalls unvollständig angebracht, denn es fehlen in Lk
alle Einträge nach der Nr. 106. Weiterhin fehlen die Kanontafeln und Eusebs

---

17 Vgl. dazu Jongkind, Scribal Habits, 39–44.
18 Vgl. zum Folgenden A.a.O., 109–127.

Brief an Carpian,[19] wodurch die Nutzung der Zahlen zum Zwecke des Nach-schlagens entscheidend beeinträchtigt ist. In drei Büchern (Eccl, Cant, Act) finden sich Sektionszahlen am Rand, in keinem Fall jedoch bis zum Ende der Schrift durchgeführt. In Act finden sich 27 Kephalaia, das sind kurze Inhalts-angaben von Textabschnitten, die am oberen Rand der jeweiligen Seiten no-tiert sind. Die Kephalaia reichen bis ins vorletzte Kapitel von Act,[20] allerdings wurden keine graphischen Bezüge zum Text von Act hergestellt, so dass ein Leser vielfach raten muss, wo genau der entsprechende Abschnitt beginnt. Alle diese Beobachtungen deuten darauf hin, dass an vielen Stellen eine Benutzer-oberfläche eingerichtet werden sollte, die es den Lesern ermöglicht, sich zu orientieren und weitere Informationen zu erhalten. Ein Teil dieser Zusätze stammt aus Vorlagen, wie z.B. die Eusebschen Kanonzahlen, manches wird sich das Skriptorium selbst erdacht haben, wie möglicherweise die "running titles". Jedenfalls sind solche mitlaufenden Titelinformationen für einen Codex dieses Umfangs eine wirklich sinnvolle Ergänzung. In dieses Bemühen zur Leserlenkung und Texterschließung werden auch die Zitatauszeichnungen einzuordnen sein. Die Ambition ist deutlich zu spüren, da die Auszeichnungs-hände immer wieder neu angesetzt haben. Und es muss eine von mehreren Schreibern geteilte Ambition gewesen sein. Dennoch bleibt das Resultat dieses Bemühens wie vieles andere in dieser Hs. ein Fragment, so dass wir auch kaum herleiten können, ob diese Beigaben im Skriptorium selbst ersonnen oder durch eine der benutzten Vorlagenhandschriften inspiriert wurde.

4. Weiterführende Überlegungen

Wie wir schon festgestellt haben, ist das System der Zitatauszeichnungen mit-tels Diplé in der antiken Literatur und in christlichen Hss. nicht ungewöhnlich. Darum ließen sich für diesen Teil der Zitatauszeichnungen Vorlagen ohne wei-teres annehmen. Im Blick auf die Quellenangaben liegt der Fall weniger ein-deutig. Soweit ich sehe sind solche Quellenangaben nicht so weit verbreitet, wie die Diplés. In einer gotischen Paulushandschrift[21] aus dem Anfang des 6. Jahrhunderts findet sich am linken Rand von Eph 4,8 eine Diplé und am rech-ten Rand der Vermerk "psalmo" und am Rand von 1Kor 14,21 "esaias". Der

---

19 Zum Problem einer fehlenden Lage, die das entsprechende Material enthielt vgl. Jongkind, Scribal Habits, 32–33.

20 Das letzte Kephalaion lautet: τα περι του πλουν του παυλου ανερχομενου εις ρωμην.

21 Codex Ambrosianus A, fol. 70r, 116r (ed. J. de Vries, Wulfilae Codices Ambrosiani rescripti, Turin 1936); vgl. dazu auch W. Streitberg, Die gotische Bibel, Heidelberg 1919, 2. rev. Auf-lage, 269 und 341.

Vermerk ist in einer für Glossen gebrauchten Schrift geschrieben.[22] P. McGurk[23] nennt zwei lateinische Hss. aus dem 6. Jahrhundert, in denen solche Quellenangaben vereinzelt erscheinen: Cambridge, Corpus Christi 286 ("in exodo") und London, British Library Harl. 1775 ("in isaia scribtum", "in psalmo CXVIII"). Aus späterer Zeit (9. Jh.) können wir M 021 nennen, in welcher regelmäßig derartige Quellenangaben am Rand erscheinen.[24] Darüber hinaus bewahrt die ntl. Textüberlieferung zusätzliche Quellenangaben zu einigen zitateinleitenden Formeln, die ursprünglich ohne eine solche Quellenangabe waren. Dazu gehören ganz prominent die ersten Zitate aus Mt, und zwar meist in frühen Versionen (1,22: neben D it sy^s und sahidische Hss.; 2,5: altlateinische Hss. a; 2,15: sy^s). Es liegt darum nicht fern, zwischen den erweiterten Zitateinleitungsformeln und den Quellenangaben am Rand der ersten Zitate im Mt des Codex Sinaiticus einen Zusammenhang herzustellen. Aus rein logistischen Gründen werden wir uns als Vorlagen für die genannten alten Versionen griechische Hss. vorstellen dürfen, die mit solchen Quellenangaben am Rand ausgestattet waren. Insbesondere die Reflexionszitate in Mt 1–2 legen eine solche Behandlung nahe, wie es das Beispiel des Codex Sinaiticus zeigt. Es wäre in diesem Zusammenhang sogar zu überlegen, ob nicht die viel diskutierte Lesart Mk 1,2 εν τω Ησαια τω προφητη[25] eine sekundäre Form der ursprünglichen Lesart εν τοις προφηταις darstellt, die nach genau dem selben Mechanismus erklärbar ist: ein ursprünglich nicht identifiziertes Zitat wird am Rand mit einer Quellenangabe versehen, die dann von einem Abschreiber in den Haupttext übernommen wurde. In den modernen Ausgaben wird zwar die Lesart εν τω Ησαια τω προφητη als ursprünglich angenommen und mit dem Argument verteidigt, diese Identifikation sei teilweise falsch, da zunächst Mal 3,1 zitiert werde, und deshalb sekundär zum unverfänglicheren εν τοις προφηταις korrigiert (Prinzip der lectio difficilior). Das Beispiel des Codex Sinaiticus und der frühen Versionen erlaubt, diese Argumentation komplett umzudrehen. Ein anderes Zitat aus einer Schrift des Dodekapropheton am Anfang von Mt (Mi 5,1 in Mt 2,5–6) wird fälschlicherweise Jesaja zugesprochen, und in einer altlateinischen Hs. sogar als Textlesart geboten. Darum sollte die

---

22   Vgl. dazu allgemein Carla Falluomini, Kodikologische Bemerkungen über die Handschriften der Goten, Scriptorium 60, 2006, 3–37.

23   P. McGurk, Citation Marks in Early Latin Manuscripts (with a list of citation marks in manuscripts earlier than A.D. 800 in English and Irish libraries), Scriptorium 15, 1961 (reprinted in ebd., Gospel Books and Early Latin Manuscripts, Ashgate Variorum, 1998), 9.

24   Z.B. Mt 1,22 (Jesaja); 2,6 (Micha); 2,18 (Jeremia); 4,4.7 (2x Deuteronomium); 4,6 (Psalm 90). Hier scheint das Prinzip angewandt, für alle mit Einleitungsformel, aber ohne Quellenangabe im Haupttext, markierten Zitate die Quellenangaben am Rand nachzutragen.

25   Vgl. dazu W. C. Kannaday, Apologetic Discourse and the Scribal Tradition. Evidence of the Influence of Apologetic Interests on the Text of the Canonical Gospels, SBL Text-Critical Studies 5, 2004, 65–68.

Identifikation des Zitates mit Jesaja in Mk 1,2 auch als sekundäres Phänomen ohne Probleme erklärbar sein, zumal dann, wenn wir feststellen können, dass das Jesajabuch in Mk 1,3 sogar wirklich zitiert wird. Einen Beleg für die sekundäre Identifikation des Zitates Mk 1,2–3 mit Jesaja findet sich in M 021. Diese Hs. liest den Mehrheitstext εν τοις προφηταις. Am linken Rand der Textspalte finden sich sechs Zeilen mit Diplé markiert, und zwar nur bis Ende Mk 1,2 ([...] οδον σου εμπροσθεν σου); am rechten Rand steht ησαιου. Mit anderen Worten: Die Passage, die unbestreitbar aus dem Jesajabuch (40,3) stammt wird nicht ausgezeichnet, sondern nur das Mischzitat aus Mal 3,1 und Ex 23,20. Und genau dieses ausgezeichnete Textstück wird mit der Quellenangabe "aus Jesaja" versehen. Es gibt also nicht nur eine alte Tradition (Textlesarten der Codices Sinaiticus und Vaticanus), die dieses Zitat am Anfang von Mk der Quelle Jesaja zuschreibt. Es gibt darüber hinaus auch einen Beleg dafür, dass diese Identifikation sekundär in einer Hs. am Rand vorgenommen wurde. Dieser Beleg ist zwar spät, aber dennoch instruktiv, weil die Quellenangaben in M 021 in der Regel korrekt sind. Neben Mt 2,6 (Micha) und 2,18 (Jeremia) finden sich weitere richtige Quellenangaben von im Text von M 021 nicht identifizierten Zitaten zu Mt 13,35 (Ps 78); 21,4 (Sacharja); Mk 12,29 (Deuteronomium); Mk 14,28 (Sacharja, verschrieben: ζαριου). Eine genauere Analyse der Marginalien von M 021, als sie im Rahmen der hier vorgelegten Untersuchungen zum Codex Sinaiticus erfolgen kann, erlaubt vielleicht ein Urteil darüber, ob es sich hier um Angaben handelt, die eventuell sogar aus einer Vorlage übernommen wurden oder für diese Hs. speziell angefertigt wurden. In jedem Fall erscheint die Tradition, die hinter diesen Quellenangaben steht, gut recherchiert. Es steht darum nichts der Annahme im Weg, dass nicht nur gut recherchierte Quellenangaben schon viel früher am Rand von Mk 1,2 die Quelle "Jesaja" angebracht haben und so zur Aufnahme dieser Quellenangabe in den Haupttext beigetragen haben.

Literatur:

D. L. Dungan, Constantine's Bible. Politics and the Making of the New Testament, London 2006.

C. Falluomini, Kodikologische Bemerkungen über die Handschriften der Goten, Scriptorium 60, 2006, 3–37.

D. Jongkind, Scribal Habits of Codex Sinaiticus, Texts and Studies. Third Series. Vol. 5, Piscataway 2007.

W. C. Kannaday, Apologetic Discourse and the Scribal Tradition. Evidence of the Influence of Apologetic Interests on the Text of the Canonical Gospels, SBL Text-Critical Studies 5, 2004, 65–68.

P. McGurk, Citation Marks in Early Latin Manuscripts (with a list of citation marks in manuscripts earlier than A.D. 800 in English and Irish libraries), Scriptorium 15, 1961 (reprinted in ebd., Gospel Books and Early Latin Manuscripts, Ashgate Variorum, 1998).

H. J. M. Milne/T. C. Skeat, Scribes and Correctors of the Codex Sinaiticus, London 1938.

W. Streitberg, Die gotische Bibel. 2. rev. Auflage, Heidelberg 1919.

L. F. K. Tischendorf, Novum Testamentum Sinaiticum sive Novum Testamentum, cum epistula Barnabae et fragmentis Pastoris ex Codice Sinaitico auspiciis Alexandri Ii. omnium Russiarum imperatoris ex tenebris protracto orbique litterarum tradito accurate descripsit A. F. C. T., Leipzig 1863.

J. de Vries, Wulfilae Codices Ambrosiani rescripti, Turin 1936.

Diplés im Codex Vaticanus

ULRICH SCHMID

1. Einführende und methodische Vorbemerkungen

Die Beschäftigung mit Codex Vaticanus leidet ein zwei Problemen, die eine Untersuchung nach den Diplés schwierig gestalten. Zum einen gibt es zwar inzwischen zwei Faksimile-Ausgaben der Hs., jedoch keine modernen Digitalaufnahmen wie etwa für den Codex Sinaiticus. Damit sind die Möglichkeiten für Detailbeobachtungen durch Vergrößerungen von Ausschnitten relativ eingeschränkt. Zum anderen wurde der verblassende Text der Hs. in späterer Zeit nachgezogen, so dass auch dadurch manche Details nicht mehr sicher zugeordnet werden können. Dieses zweite Problem lässt uns im Blick auf die Frage nach den Diplés mit einem lachenden und einem weinenden Auge zurück. Das lachende Auge ergibt sich aus der Tatsache, dass soweit ich beobachtet habe, die Diplés nicht nachgezogen wurden; mit anderen Worten: es gibt freie Sicht auf diese Zeichen. Zugleich lassen sie sich damit auch eindeutig früh, d.h. vor die Textauffrischung datieren. Das weinende Auge rührt daher, dass die Zeichen z.T. erheblich verblasst sind, so dass sie oft nur mühevoll zu entziffern und daher auch nicht sicher einzelnen Schreiberhänden zuzuweisen sind. Der allgemeine Eindruck vom Verblassungsgrad der Tintenfarbe ist jedoch so, dass die Diplés den Buchstaben, die als Korrekturmaßnahme nicht aufgefrischt wurden, ähneln, so dass der Annahme nichts im Wege steht, dass die Zeichen aus der ersten Produktionsphase der Hs.stammten. Da die Form der Zeichen kaum variiert, finden sich auch mit Ausnahme von zwei Zeichen zu Joh 7,42 kaum Anhaltspunkte, unterschiedliche Hände für das Anbringen der Zeichen verantwortlich zu machen. Ich werde darum im Folgenden davon ausgehen, dass die überwiegende Mehrzahl der Diplés zur ursprünglichen Produktionseinheit gerechnet werden können.[1] Verschaffen wir uns zunächst einen Überblick.

---

[1]   Peter M. Head hat am 22.11.2009 auf dem Annual Meeting der Society of Biblical Literature in New Orleans seine Analyse der Marginalien in Codex Vaticanus vorgetragen. Darin rech-

2. Das Material

Nr	NT		AT	Zeilen
	Mt	1,23–24	Jes 7,14	7
		2,6	Mi 5,1	6–7
		2,15	Hos 11,1; Num 24,8	3
		2,18	Jer 38,15	7
		3,3	Jes 40,30	7
		4,4	Dtn 8,3	6
		4,6	Ps 90,11	7
		4,10	Dtn 6,13;10,20	5
		4,15	Jes 8,23	4
		4,16	Jes 9,1	6
		8,17	Jes 53,4	4
		11,10	Ex 20,20; Mal 3,1	6
		12,18	Jes 42,1	7
		12,19	Jes 42,2	4
		12,20	Jes 42,3	5
		12,21	Jes 42,4	2
		13,14	Jes 6,9	4
18		13,15	Jes 6,10	10
		13,35	Ps 77,2	5
		15,4	Dtn 5,16; Lev 20,9	5
		15,8	Jes 29,13	4
		15,9	Jes 29,13	3
		19,18	Ex 20,13–16 par	4

---

net er die Diplés zu den ältesten derartigen Phänomenen, die direkt zum ursprünglichen Bestand der Hs. gehören.

Nr	NT		AT	Zeilen
		19,19	Lev 19,18	4
25		21,5	Jes 62,11	5
		21,16	Ps 8,3	3
		21,42	Ps 117,22–23	7
		22,32	Ex 3,6	3
		22,37	Dtn 6,5; Jos 22,5	5
30		22,39	Lev 19,18	3
		22,44	Ps 109,1	5
		27,9	Sach 11,13; Ex 9,12; Jer 18,2	5
		27,10	Ex 9,12; Jer 18,2	3
	Mk	10,19	Ex 20,13–16 par	1
		12,26	Ex 3,6	3
36		12,29	Dtn 6,4	2
		12,30	Dtn 6,5	6
	Mk	12,31	Lev 19,18	2
		12,36	Ps 109,1	5
	Lk	2,23	Ex 13,12	4
		3,4	Jes 40,3	5
		3,5	Jes 40,4	6
43		3,6	Jes 40,5	2
		4,4	Dtn 8,3	3
		4,10	Ps 90,11	4
		4,11	Ps 90,12	3
		4,12	Dtn 6,16	3
		4,18	Jes 61,1	9
		4,19	Jes 61,2	1

Nr	NT		AT	Zeilen
50		10,27	Lev 19,18; Dtn 6,5	7
		18,20	Ex 20,12–16 par	5
		19,46	Jes 56,7; Jer 7,11	2
		20,17	Ps 117,22	4
54		20,37	Ex 3,6	3
	Lk	20,42	Ps 109,1	2
		20,43	Ps 109,1	3
	Joh	1,23	Jes 40,3	2
		2,17	Ps 68,10	2
		6,45	Jes 54,13	2
60		7,42	ουχ η γραφη ειπεν οτι εκ του σπερματος Δαυιδ και απο Βηθλεεμ της κωμης οπου ην Δαυιδ ερχεται ο χριστος Micha 5,1?	2[2]
		12,15	Sach 9,9	4 Nachzieher?
		12,38	Jes 53,1	4
		12,40	Jes 6,10	7
		13,18	Ps 40,10	3
		19,24	Ps 21,19	4
		19,36	Ex 12,10.46; Ps 33,21	2
		19,37	Sach 12,10	3
	Act	1,20	Ps 68,26; 108,8	5
		2,17	Joel 3,1	11
		2,18	Joel 3,2	5
71		2,19	Joel 3,3	4

---

2   Es besteht die Möglichkeit, dass die beiden Zeichen von einer anderen Hand angebracht wurden, da sie in der Größe und Farbe von den anderen abweichen.

Nr	NT		AT	Zeilen
		2,20	Joel 3,4	4
	Act	2,21	Joel 3,5	3
		2,25	Ps 15,8	5
		2,26	Ps 15,9	5
		2,27	Ps 15,10	4
		2,28	Ps 15,11	4
		2,34	Ps 109,1	3
		2,35	Ps 109,1	2
80		3,22	Dtn 18,15–16	7
		3,23	Lev 23,29	5
		3,25	Gen 22,18; 26,4	4
		4,25	Ps 2,1	3
		4,26	Ps 2,2	5
		7,3	Gen 12,1	4
		7,6	Gen 15,13	6
		7,7	Gen 15,14	2
		7,27	Ex 2,14	2
89		7,28	Ex 2,14	1
		7,32	Ex 3,6	5
	Act	7,33	Ex 3,5	4
		7,34	Ex 3,7–10	8
		7,40	Ex 32,1.23	7
		7,42	Am 5,25	4
		7,43	Am 5,26–27	7
		7,49	Jes 66,1	8
		7,50	Jes 66,2	2
98		8,32	Jes 53,7	6

Nr	NT		AT	Zeilen
		8,33	Jes 53,8	5
		13,33	Ps 2,7	2
		13,35	Ps 15,10	2
		13,41	Hab 1,5	8
		15,16	Am 9,11; Jer 12,15; Jes 45,21	7
		15,17	Am 9,12	7
		15,18	Jes 45,21	1
		17,28	Arat	2
107		23,5	Ex 22,27	3
		28,26	Jes 6,9	9
		28,27	Jes 6,10	11
	Jak	2,23	Gen 15,16	4
		4,6	Prov 3,34	4
	1 Petr	1,16	Lev 11,14	2
		2,6	Jes 28,16	5
		2,7	Ps 117,22	5
115		3,10	Ps 33,13–14	7
		3,11	Ps 33,15	4
		3,12	Ps 33,16	5
	2 Petr	1,17	ο υιος μου ο αγαπητος μου ουτος εστιν·εις ον εγω· ευδοκησα	3
	Jud	14–15	ιδου ηλθεν κυριος εν αγιαις μυριασιν αυτου ποιησαι κρισιν κατα παντων και ελεγξαι πασαν ψυχην περι παντων των εργων ασεβειας αυτων ων ησεβησαν	5
	Röm	1,17	Hab 2,4	2

Nr	NT		AT	Zeilen
121		3,4	Ps 50,6	4
		3,10	Koh 7,20	3
		3,11	Ps 13,2; 52,3	2
		3,12	Ps 13,3; 52,4	3
		3,13	Ps 13,3 (Ps 5,10; 139,4)	5
		3,14	Ps 13,3 (Ps 9,28)	2
		3,15	Ps 13,3 (Jes 59,7)	2
		3,16	Ps 13,3 (Jes 59,7)	2
		3,17	Ps 13,3 (Jes 59,8)	2
130	Röm	3,18	Ps 13,3 (Ps 35,2)	2
		4,3	Gen 15,16	3
		4,7	Ps 31,1	4
		4,8	Ps 31,2	2
		4,17	Gen 17,5	2
		4,18	Gen 15,5	2
		8,36	Ps 43,23	5
		9,9	Gen 18,10.14	3
		9,13	Mal 1,2	4
139		9,17	Ex 9,16	6
		9,25	Hos 2,25	5
		9,26	Hos 2,1	4
		9,27	Jes 10,22	4
		9,28	Jes 10,23	3
		9,29	Jes 1,9	6
145		9,33	Jes 28,16; 8,14	7
		10,6	Dtn 9,4; 30,12	3
		10,15	Jes 52,7	3 Kolumnen-

Nr	NT		AT	Zeilen wechsel
	Röm	10,16	Jes 53,1	3
		10,18	Ps 18,5	5
		10,19	Dtn 32,21	4
		10,20	Jes 65,1	5
		10,21	Jes 65,2	3
		11,3	3Kön 19,10.14	6
		11,4	3Kön 19,18	5
		11,8	Dtn 29,3; Jes 29,10	6
156		11,9	Ps 68,23	5
		11,10	Ps 68,24	5
		11,26	Jes 59,20	4
		11,27	Jes 27,9	3
160		12,19	Dtn 32,35	3
		14,11	Jes 49,18; 45,23	6
		15,3	Ps 68,10	4
		15,9	Ps 17,50	1 Einleitungs-formel!
	Röm	15,10	Dtn 32,43	1
165		15,11	Ps 116,1	1
		15,12	Jes 11,20	1
		15,21	Jes 52,15	1.u. letzte
	1Kor	1,19	Jes 29,14	4
		2,9	Jes 64,3 (?)	2
		3,19	Hiob 5,13	3
		3,20	Ps 93,11	4
		9,9	Dtn 25,4	2

Nr	NT		AT	Zeilen
173		10,7	Ex 32,6	3
		10,26	Ps 23,1	3
	2Kor	4,13	Ps 115,1	2
		6,2	Jes 49,8	4
		6,16	Ez 37,27; Lev 26,11–12	1 Einleitungs-formel
		6,17	Ez 20,34; Jes 52,11	-
		6,18	2Kön 7,8.14	1 letzte Zeile = inclusio mit 6,16
180	2Kor	8,15	Ex 16,18	4
		9,9	Ps 111,9	5
	Gal	3,10	Dtn 27,26	6
		4,27	Jes 54,1	7
		4,30	Gen 21,10	4
		5,14	Lev 19,18	3
	Eph	4,8	Ps 67,19	1.u. letzte
		6,2	Ex 20,12	4
		6,3	Ex 20,12; Dtn 5,16	2
189	Hebr	1,5	Ps 2,7; 2 Kön 7,14	8
		1,6	Dtn 32,43; Ps 96,7	Zeilen 1+2
		1,10	Ps 101,26	1. Zeile
		1,13	Ps 109,1	1. Zeile
		2,6	Ps 8,5	1. Zeile
		2,8	Ps 8,7	Letzte Zeile
		2,12	Ps 21,23	1.u. letzte
		2,13	Jes 8,18	Letzte Zeile
197		3,7	Ps 94,7	1. Zeile

Nr	NT		AT	Zeilen
	Hebr	3,11	Ps 94,11	Letzte Zeile
		4,3	Ps 94,11	1.u.4. Zeile
		4,7	Ps 94,7–8	1.u. letzte
		8,8	Jer 38,31	6
		8,9	Jer 38,32	11
		8,10	Jer 38,33	10
		8,11	Jer 38,34	8
205		8,12	Jer 38,34	3

Einige Phänomene fallen unmittelbar ins Auge:

1) Die Verteilung der Markierungen
Mit mehr als 200 ausgezeichneten Zitaten erscheint der Codex als flächende-
ckend ausgezeichnet. In allen erhaltenen Büchern der Hs., die eingeleitete Zitate aufweisen, wurde auch die Mehrzahl davon mit Diplé markiert. In einigen
Büchern ist die "Trefferzahl" so hoch, dass wir davon ausgehen müssen, der
Auszeichner war von Anfang bis Ende konzentriert bei der Sache. Von eindeutig markierten Zitaten fehlen in Mt lediglich 4,7; 21,13 und 26,31, im Röm
fehlen 2,24; 9,15; 10,5.7–8.11 und in 2Kor fehlt keines. In Act findet sich nur
ein mit Einleitungsformel markiertes Zitat, das nicht am Rand ausgezeichnet
wurde: 13,47: ουτως γαρ εντεταλται ημιν ο κυριος· τεθεικα σε εις φως εθνων...
(Jes 49,6). Das lässt speziell für Act dann im Umkehrschluss die Vermutung
aufkommen, dass nicht ausgezeichnete Zitate auch nicht wirklich bemerkt
wurden. Im Falle von Act könnte sich daraus auch eine andere Gewichtung bei
der textkritischen Urteilsbildung ableiten lassen. Beispielsweise erscheint die
folgende Argumentation zu 7,18: ἄχρι οὗ ἀνέστη βασιλεὺς ἕτερος [ἐπ'
Αἴγυπτον] ὃς οὐκ ᾔδει τὸν Ἰωσήφ von Metzger in einem anderen Licht: „On
the one hand, if the shorter reading be regarded as original, it is easy to see
how Ex 1.8 in the Septuagint (ἀνέστη δὲ βασιλεὺς ἕτερος ἐπ' Αἴγυπτον ὃς οὐκ
ᾔδει τὸν Ιωσηφ) would have influenced the scribes to insert the phrase, ἐπ'
Αἴγυπτον."[3] Der Person, die die atl. Zitate im Codex Vaticanus am Rand markierte, ist Act 7,18 nicht als zitathaltig aufgefallen, denn es finden sich an dieser Stelle keine Diplés. Das Gleiche gilt übrigens auch für die Codices

---

3   B. M. Metzger, A Textual Commentary on the Greek New Testament, Stuttgart [2]1994, 302.

Sinaiticus und Alexandrinus. Auch dort findet sich dieses Textstück nicht markiert. Es scheint demzufolge selbst beim Lesen und Auszeichnen des Textes nicht so einfach gewesen zu sein, dieses Zitat zu bemerken. Wie sollte es dann Schreibern (Mehrzahl!) beim Abschreiben gleichsam natürlicherweise in die Feder geflossen sein?

Auch Lk (es fehlen 7,27; 20,28; 22,37) und Joh (es fehlen 6,31; 10,34; 15,25) erscheinen relativ konzentriert ausgezeichnet. Darum ist es besonders auffällig, dass Mk in 10,19 die erste Diplé-Markierungen aufweist und dann nur noch in Kapitel 12 einigermaßen aufmerksam ausgezeichnet wurde. Mit anderen Worten: die Mehrzahl der mit Einleitungsformeln versehenen Zitate ist nicht ausgezeichnet. Darunter fallen so solemne Zitate wie Mk 1,2–3; 7,6–7 und 12,10–11. Nähern wir uns den Zitaten der synoptischen Überlieferung thematisch, dann fällt auf, dass die Schriftbezüge in den Streitgesprächen über die Ehescheidung (Mk 10,5–8 und Mt 19,4–5) und die Sadduzäerfrage (Mk 12,19; Mt 22,24; Lk 20,28) an allen Stellen nicht ausgezeichnet sind. Auffällig ist weiterhin, dass das Schriftzitat in der Erzählung von der Tempelreinigung (Jes 56,7) an zwei Stellen (Mk 11,17 und Mt 21,13) nicht ausgezeichnet ist, während sich Diplés bei der lukanischen Parallele (Lk 19,46) finden.

2) "Summarische" Markierungen

Auffällig ist die "summarische" Auszeichnung einer Reihe von Zitaten im Hebr, die nach dem ersten markierten Zitat des Hebr beginnt. Zunächst beobachten wir das normale Verfahren, dass alle Zeilen eines Zitates ausgezeichnet sind. Im Fall von Hebr 1,5 sind es zwei Zitate (Ps 2,7 und 2Kön 7,14), die mit χαι παλιν verbunden sind und insgesamt sechs Zeilen beanspruchen, die auch alle markiert sind. Doch dann werden auch die nächsten beiden Zeilen bis […] εις την (1,6) markiert, die nicht zitathaltig sind, jedoch nicht die übrigen vier Zeilen mit der zweiten Hälfte von 1,6 und dem Zitat aus Dtn 32,43/Ps 96,7. Die nächste Markierung findet sich erst wieder zu 1,10, wo die Zeile markiert ist, die χαι συ χατ αρχας enthält. Die darauf folgende Diplé markiert 1,13: προς τινα δε των. Von da an finden wir bis Hebr 4,7 nur noch einzelne Zeilen markiert. Dabei handelt es sich in der Regel um Neueinsätze von Zitaten, gelegentlich auch Anfang und Ende von zusammenhängenden Stücken. Nach einer längeren Diplé-freien Passage, in der eine Reihe von Zitaten (5,5–6.14; 7,17.21) unmarkiert bleibt, setzen die Zeichen bei dem langen Jeremiazitat in 8,8ff wieder ein, nun allerdings indem Zeile für Zeile (mit insgesamt 38 Zeilen am Stück) ausgezeichnet wird. Innerhalb von 9,14 bricht dann der originale Textbestand des Codex ab, so dass wir den weiteren Verlauf der Auszeichnungspraxis nicht mehr verfolgen können. Der Teil von Hebr jedoch, den wir überblicken, lässt verschiedene Vermutungen zu. Zum einen ist unbestreitbar, dass die normale Praxis der Zitatauszeichnung, die darin besteht, jede zitathaltige Zeile zu markieren, zeitweilig aufgegeben wurde, und zwar genau an der Stelle innerhalb einer langen Zitatkatene (1,5–13), an der ein Zwischentext eingeschoben wird (1,6a). Dieser Zwischentext, der selber nicht zitathaltig ist, wird ausgezeichnet und dann bricht diese Tätigkeit ab. Erschien es der Person insgesamt zu aufwendig oder unpraktisch, ganze Kolumnen der Hs. zu markieren? Oder wurde beim Auszeichnen realisiert, dass es hier Unterbrechungen durch Zwischentexte gibt? Möglicherweise wurden dann für die weiteren Textabschnitte, die zur Auszeichnung anstehen könnten, im Vorgriff erst einmal der Anfang und das Ende bestimmt und markiert, ohne dass die dazwischen liegenden Zeilen gleich mit ausgezeichnet wurden.

Dieses Verfahren, das sich im Hebr auffällig häufig findet ist nicht ohne Vorläufer in anderen Schriften. Ein vergleichbarer Fall findet sich auch in der langen Zitatkatene 2Kor 6,16–18, wo nur die erste und die letzte Zeile ausgezeichnet sind. Haben hier Unsicherheiten bei der präzisen Bestimmung der Zitate eine Rolle gespielt?

3) Diplés bei Zitaten, die nicht aus dem AT stammen.
In einem Fall handelt es sich um ein Zitat einer "heidnischen" Autorität (Act 17,28). Die Formel, die das Zitat einleitet (ως και τινες των καθ υμας ποιητων ειρηκασιν) in Verbindung mit dem Erzählzusammenhang verweist eindeutig auf eine dichterische Quelle und damit auf den Kontext des griechischen Bildungskanons. Im zweiten Fall (2Petr 1,17) findet sich keine wirkliche Einleitungsformel. Als einziger formaler Bezug auf einen Akt des Schreibens oder Sprechens fungiert die τιμη και δοξη φωνης, was nicht besonders ausgeprägt erscheint. Auf der anderen Seite nimmt diese Passage ja direkt Bezug auf die Himmelsstimme vom Berg der Verklärung (Mt 17,5 parr), als deren Zeuge der "Autor" von 2Petr hier fungiert. Diese Himmelsstimme wiederum ist ein Echo der Himmelsstimme, die bei der Taufe Jesu laut wurde (Mt 3,17 parr). Und spätestens im Kontext der Taufe Jesu ist der atl. Bezug deutlich herauszuhören, die Bezugnahme nämlich auf den Königspsalm 2, wo der Kyrios einen königlichen Menschen als υιος μου anspricht (Ps 2,7). In einem Teil der ntl. Textüberlieferung der Tauferzählung wird durch die Formulierung εγω σημερον γεγεννηκα σε der Bezug zu Ps 2,7 glasklar hergestellt (vgl. Lk 3,22 D it Justin u.a.). Lässt sich über diese Zwischenstufen der atl. Hintergrund der Passage 2Petr 1,17 also zuverlässig bestimmen, dann könnte damit ein Motiv für die Diplés an dieser Stelle gefunden werden. Eigentümlich bleibt dagegen allerdings die Beobachtung, dass keine der Stellen in den synoptischen Evangelien, weder der Tauferzählung noch der Verklärungsgeschichte, im Codex Vaticanus mit Diplés ausgezeichnet sind. Wenn wir nun unterstellen – was keineswegs sicher ist, dass die Zitatauszeichnungen im Codex Vaticanus von ein und derselben Hand stammen, dann ist dieser Sachverhalt auffällig. Auch

die Vermutung, der Auszeichner könnte Ps 2 nicht gekannt haben und deshalb die Himmelsstimmen in den synoptischen Evangelien übersehen haben, die noch dazu ohne Zitateinleitung ergehen, überzeugt nicht, da die eindeutigen Zitate aus Ps 2 in Act 4,25–26 sehr wohl markiert sind. Und es bleibt immer noch die Markierung der Himmelsstimme in 2Petr 1,17, die – wenn sie als Reminiszenz an Ps 2,7 zu verstehen ist – als solche ja vom Auszeichner erkannt wurde. Möglicherweise ist aber diese Bezugnahme hier gar nicht intendiert. Vielleicht geht es hier gar nicht darum, ein atl. Zitat zu markieren, sondern ein "neutestamentliches". Das Zitatbewusstsein, wenn man es so nennen soll, das sich hier äußert, scheint die Literarisierung und Schriftwerdung der Evangelienüberlieferung selbst vorauszusetzen und anzumerken. Angezeigt wird hier eine ntl. Referenz auf eine andere ntl. Stelle. Und das Medium, das diese Referenz markiert ist kein anderes als das Medium, das auch die atl. Zitate hervorhebt: die Diplé.

Die dritte Stelle, die in diesem Zusammenhang auffällig ist, betrifft fünf markierte Zeilen in Jud 14–15, wo ein freies Zitat aus dem Henochbuch vorliegt.[4] Die Markierung endet mit der Zeile, an deren Schluss ων ησεβησαν zu lesen ist, was zu einigen Fragen Anlass gibt. Warum endet die Markierung gerade an dieser Stelle und nicht am Ende der syntaktischen Einheit, die bis αμαρτωλοι ασεβεις reicht? War der Auszeichner seiner Sache unsicher geworden und hat er das "Zitat", weil er vielleicht überhaupt keine Quelle hatte, einfach abgebrochen? Oder hat er, gerade weil er eine Quelle hatte, die er auch nachgeschlagen hat, hier bewusst das Ende des Zitates gesehen und folgerichtig markiert? Aufgrund der uns überkommenen divergierenden Textfassungen des apokryphen Henochbuches (äthiopisch, aramäisch, griechisch) fällt es schwer, hier zu einer sicheren Einschätzung zu kommen. Bei der Betrachtung ist jedenfalls zu unterscheiden, welche Fassung der Autor von Jud vermutlich vorliegen (oder im Kopf) hatte und was einem späteren Zitatauszeichner als mögliche Quelle zur Überprüfung vorgelegen haben könnte. Während es für den ersten Fall gute Gründe gibt eine aramäische Fassung anzunehmen,[5] wird für den zweiten Fall eher eine griechische Fassung in Frage kommen. Es ist aber auch ohne Weiteres denkbar, dass der Auszeichner ohne eine Kontrolle schlicht beobachtete, dass hier ein eingeleitetes Zitat vorliegt, dessen Einleitung eine atl. Person nennt und auf ein Buch, das dessen Namen trägt, verweist.

---

4 Zum Henoch-Zitat vgl. E. Mazich, "The Lord will come with His Holy Myriads". An Investigation of the Linguistic Source of the Citation of 1 Enoch 1,9 in Jude 14b–15, ZNW 94, 2003, 276–281 und T. Wassermann, The Epistle of Jude. Its Text and Transmission, Coniectanea Biblica NT series 43, Stockholm 2006, 298–307.

5 So Mazich und Wassermann.

3. Fazit

In aller Vorläufigkeit können wir folgende Beobachtungen notieren: Die Auszeichnungen der Zitate mit Diplés im Codex Vaticanus wurde sehr umfangreich und über den gesamten Textbestand vorgenommen. Mit einer möglichen
Ausnahme stammen die Zeichen von einer Hand. Als auslösendes Moment
dürfen wir die Zitateinleitungsformel betrachten. Dafür spricht insbesondere
das mit Diplé versehene Zitat einer heidnischen Autorität in Act 17,28. Bemerkenswert erscheint, dass die Zitate in aller Regel von der ersten Zeile mit
atl. Text an bis zur letzten durchgängig markiert sind. Als Ausnahmen finden
sich die genannten Passagen in Hebr und 2Kor. Der Auszeichner hat sich nur
ganz selten vertan, was für die jeweiligen Zitatabschlüsse nicht immer selbstverständlich ist. Während eine Einleitungsformel den Startpunkt markiert, gibt
es eine formale Ausleitung von Zitaten nicht. Dazu kommt, dass der Codex
Vaticanus sehr platzsparend geschrieben wurde, d.h. textgliedernde Merkmale
in Form von größeren Spatien oder freibleibenden Zeilenenden finden sich
kaum. Dadurch musste wirklich auf Sinn gelesen und markiert werden. Es ist
dabei auch nicht auszuschließen, dass die eine oder andere Verifikation am
Quellentext vorgenommen wurde.

Literatur:

E. Mazich, "The Lord will come with His Holy Myriads". An Investigation of the Linguistic Source of the Citation of 1 Enoch 1,9 in Jude 14b–15, ZNW 94, 2003, 276–281.

B. M. Metzger, A Textual Commentary on the Greek New Testament, Stuttgart [2]1994.

T. Wassermann, The Epistle of Jude. Its Text and Transmission, Coniectanea Biblica NT series 43, Stockholm 2006, 298–307.

Formen und Verwendung der Diplé
im Codex Alexandrinus

MARCUS SIGISMUND

1. Einführende und methodische Vorbemerkungen

Ebenso wie die anderen großen, im vorliegenden Beitrag besprochen Bibelhandschriften weist der Codex Alexandrinus eine nicht geringe Zahl an Randmarkierungen der unterschiedlichsten Art auf. Neben den Nummern der
Eusebianischen Kanontafel ist z.b. auf die Randmarkierungen „+"[1] und „7"[2]
zu verweisen, deren Existenz bereits durch die ältere Forschung festgehalten
wurde (freilich ohne eine überzeugende Deutung präsentieren zu können).[3]
Auch die im vorliegenden Beitrag im Fokus der Betrachtung stehende Auszeichnung der atl. Zitate im NT durch das sogenannte Diplé wurde früh wahrgenommen.[4] Eine genaue Untersuchung dieser Zitatauszeichnungen und der
damit verbundenen Zitate blieb beim Alexandrinus aber genauso desiderat wie
bei allen anderen Unzialen.

Im Gegensatz zu anderen großen Unzialen, den Codices Vaticanus (B) und
Sinaiticus (ℵ), ist dem Codex Alexandrinus (A) die ihm aufgrund seines Alters

---

1   Siehe Ms. A zu Act 3,1; 4,4; 8,26; 10,1; 17,21; Jak 1,1; 4,1; 1Petr 1,1; 1Joh 1,1.

2   Das an die Zahl Sieben erinnernde Zeichen erscheint mehrfach in den Evangelien des Mt und
     Mk, sowie in 2Kor 1,1; Gal 1,1; Eph 1,1; Kol 1,1; 1Thess 1,1; 2Thess 1,1; Hebr 1,1; 2,10;
     3,6; 4,13; 9,23; 1Tim 1,1; 2Tim1,1.12; 4,5; Tit 3,9; Apk 2,7; 13,4. Es handelt sich anschei-
     nend um das von Isidor (orig. I 21,9) als *positura* bezeichnete Zeichen, mit dem das Ende
     von Abschnitten markiert wird. Da das Zeichen im Codex A aber nicht konsequent bei alle
     biblischen Büchern zur Markierung verwendet wird, wird es zeitlich nach dem Kontext der
     Produktion eingetragen worden sein.

3   Vgl. zu diesen Markierungen B. H. Cowper, Novum Testamentum Graece ex antiquissimo
     codice Alexandrino a C.G. Woide olim descriptum, London 1860, XXXIIf; G. Goswell, Ear-
     ly Readers of the Gospels: The Kephalaia and Titloi of Codex Alexandrinus, JGRChJ 6,
     2009, 134–174, hier: 142.

4   Vgl. etwas C. R. Gregory, Textkritik des Neuen Testamentes. Bd. I, Leipzig 1900, 30: „die
     alttestamentlichen Anführungen werden durch das Zeichen > am Rande hervorgehoben";
     Cowper, Novum Testamentum, VIII: „Quotations from the Old Testament are generally
     indicated by angular marks in the margin."

und seiner Textform zweifelsohne zustehende wissenschaftliche Aufmerksamkeit bislang verwehrt geblieben. Während für die Hss. B und ℵ moderne Faksimile-Ausgaben zur Verfügung stehen, muss die folgende paläographische Untersuchung notgedrungen mit den äußerst verdienstvollen, aber dem heutigen technischen Stand in keiner Weise mehr entsprechenden älteren Faksimile-Ausgaben[5] des Codex Alexandrinus sowie der elektronischen Version des Faksimiles, wie sie durch das *Center for the Study of New Testament Manuscripts* (CSNTM)[6] bereitgestellt wird, arbeiten. Genauere Untersuchungen lässt der schlechte Zustand dieses wichtigen kulturellen Erbes zur Zeit nicht zu, und es bleibt zu hoffen, dass dem Codex bald nicht nur eine tiefgreifende Restaurierung zugute kommt, sondern dass er in diesem Zuge ähnlich kompetent elektronisch neu erfasst wird, wie dies mit dem Codex Sinaiticus geschehen ist.

Vor dem Hintergrund dieser Tatsache ist vorab explizit anzumerken, dass die paläographische Betrachtung der Zitatauszeichnungen im Codex Alexandrinus vorsichtig-konservativ erfolgt; d.h. nur eindeutig erkennbare Auszeichnungen werden aufgenommen und für die weitere Analyse berücksichtigt. Da mehrere Auszeichnungen zwar eindeutig, aber nur sehr schwach zu erkennen sind, lässt sich unschwer vermuten, dass es noch mehr Auszeichnungen gibt, die aber mithilfe der gegenwärtigen Faksimileausgaben nicht gefunden werden können.

Ausdrücklich sei hier auch angemerkt, dass im Rahmen der vorliegenden Untersuchung ausschließlich graphemische Auszeichnungen aufgenommen werden können. Denkbar ist auch eine Auszeichnung von Zitaten durch Wechsel der Tinte bzw. der Tintenfarbe. Da die bisherigen Faksimileausgaben derartige Farbwechsel aber nicht erkennen lassen, bzw. ohnehin ohne eine genaue Analyse der jeweiligen Tinte und ihrer Zusammensetzung spekulativ bleiben müsste, sei dieses spannende Untersuchungsfeld späteren Arbeiten vorbehalten. Eine neue, elektronische Faksimilierung des Codex A scheint also alleine schon vor diesem Hintergrund sehr erfolgversprechend und wünschenswert.

---

5   E. M. Thompson (Ed.), Facsimile of the Codex Alexandrinus, 4 vols. (NT = vol. IV), London, 1879–1883; F. G. Kenyon (Ed.), The Codex Alexandrinus (Royal MS. 1 D V–VIII) in Reduced Photographic Facsimile, Vol. V: New Testament and Clementine Epistles. with Introduction by F. G. Kenyon, London 1909. Als recht hilfreich erweist sich freilich das elektronische Faksimile des ntl. Teils der Thompson-Edition, wie sie vom Center for the Study of New Testament Manuscripts (www.csntm.org; Abruf: 7.10.2009) bereitgestellt wird. Die Umzeichnungen erfolgten auf Basis dieser Edition.

6   http://www.csntm.org/Manuscript/View/GA_02 (Abruf: 14.10.2009).

2. Die verschiedenen Dipléformen in A

Da das Diplé im vorliegenden Kontext zur Markierung atl. Zitate im NT dient, mag es wenig überraschen, dass sich die Verwendung dieses Zeichens ausschließlich auf den ntl. Teil des Codex beschränkt. Vor dem Hintergrund, dass das Diplé in paganen Zeugnissen aber auch in anderer Funktion als zur Kennzeichnung von Zitaten eingesetzt wird (s. dazu: Ulrich Schmid im Beitrag „Die Diplé: Einführung"), sei dies jedoch als eine erste Beobachtung betonend festgehalten.

2.1 Graphische Typisierung

Eine formale Betrachtung des Diplés in A zeigt auf, dass die graphische Form dieses Zeichens innerhalb des ntl. Bereiches des Codex Alexandrinus nicht einheitlich ist, sondern schwankt.[7] Insgesamt lassen sich fünf graphische Grundtypen von Zitat-Auszeichnungen ausmachen (im Folgenden durchnummeriert in der Abfolge ihres ersten sicheren Erscheinens im Ms. A):

Typ 1:[8]

---

7   1–2Clem bleiben hier ausgeschlossen, zeigen aber durchgehend Diplés des Typengruppe 1.

8   Links: erstes Auftreten auf fol. 27r; rechts der gleiche Typ, bedeutend besser erkennbar, auf fol. 91r.

Typ 2:[9]

Typ 3:[10]

Typ 4:[11]

---

9   Fol. 37r
10   Fol. 38r.
11   Fol. 38r.

Typ 5:[12]

Zu den Grundtypen 1 und 2 lassen sich graphische Variationen ausmachen, die sich formal in folgende Untertypen klassifizieren lassen.

Untertypen zu 1:

1b = überdurchschnittlich sauber ausgeführte Diplés vom Typ 1 (möglicherweise mit sauberer, wohl frischer Feder ausgeführt)

1c = wie Typ 1, aber etwas größer; die Feder scheint etwas dicker zu sein als in 1b

1d = wie Typ 1, aber runder in der Spitze (hebt sich im Duktus von Rest der Typengruppe 1 deutlich ab); verschreibt Diplé gerne zu einer S-Form

(hier fol. 112r rechts)[13].

---

12 Fol. 80v.

13 Eine valide Datierung dieser Form ist ohne neuere codicologische und paläographische Untersuchungen kaum möglich, jedoch ist diese Form möglicherweise spät zu datieren, da P. McGurk (Citation Marks in Early Latin Manuscripts, Sciptorium 15, 1961, 3-13) auf derarti-

1e = Diplé, dessen Form an ein missratenes Epsilon erinnert, was aber offenkundig Folge einer Verschreibung im Auszeichnungsfluss ist (vgl. z.B.
fol. 84r):

Untertypen zu 2:
2b = wie Typ 2, aber sauberer in der Ausführung; die Spitze geht gleichmäßi-
ger und mit mehr Drang nach rechts vorne und hat nicht eine so starke
senkrechte Tendenz wie 2.

2.2 Versuch einer Zuweisung zu Auszeichnungshänden

Die vorangehende Typisierung orientiert sich zunächst lediglich an die graphischen Formen des Diplés. Dass unterschiedliche Formen keineswegs auf unterschiedliche Auszeichner hindeuten müssen, belegen Auszeichnungspassa-
gen, in denen die Form des Diplés variiert, obgleich alle Indizien für die Auszeichnung durch eine Hand sprechen. Ein typisches Beispiel hierfür findet sich
auf fol. 92r (Abb. rechts): hier fängt der Auszeichner zunächst „sauber" mit
einem klassischen, schulmäßigen Diplé an, rutscht dann aber augenscheinlich
in seine normale Schrift.

---

ge Diplés in Mss. des 10. Jh. und 12. Jh. verweisen kann (ebd., 4: „corrupt diple, looking like
an s or minuscule r, is most common in later Greek works: e.g. a 12th century Gospel Book,
Cambridge, University Library, Nn. II. 36, and two 10th century Gospel Books, Paris Gr.48,
and Vat. Gr. 220"). Auch bei den Zitatmarkierungen lateinischer Handschriften lässt sich beobachten, dass es sich bei den „korrupten" Diplés um eine spätere Entwicklungsstufe handelt
(vgl. McGurk, ibid., 7). Vgl. so auch W.M. Lindsay, Collectanea varia, Palaeographia Latina
II, 1923, 5-20, hier: 19.

Dieses Beispiel, das sich durch viele Weitere ergänzen ließe, ist ausgesprochen lehrreich für die Entstehungsgeschichte des Codex Alexandrinus und für die Beschäftigung mit Hss. allgemein.

Allgemein ist dieses Beispiel ein schöner Beleg dafür, dass wir trotz aller Freude an der genauen Fixierung von Händen das menschliche Moment nicht außer Acht lassen dürfen, und möglicherweise oft weniger Hände in einer Hs. vorliegen haben, als man unter der Annahme von mittelalterlichen Profikopisten anzunehmen bereit ist.

Bezüglich des Codex Alexandrinus deutet die nachlässige Verzeichnung von Auszeichnungsmarkierungen darauf hin, dass es sich wohl eher nicht um einen offiziellen Eintrag in einem Vorzeigecodex, sondern um eine Notiz für den privaten Gebrauch einer Person oder kleinen Gruppe handelte. Die inhaltliche Betrachtung (s.u.) wird diesen Eindruck bestätigen.

Im Hinblick auf die Entstehungsgeschichte des Codex Alexandrinus lässt sich überdies festhalten, dass die Auszeichnung definitiv nicht im Zuge der Abschrift erfolgte. Zum einen fehlen deutliche Kohärenzen zu den Schreiberhänden und deren Wechsel (d.h. die Art der Auszeichnung wechselt nicht mit der Hand des Schreibers). Zum anderen sind die Tinte und die verwendete Feder selbst in der Ansicht des Faksimiles deutlich anders als die des Haupttextes. Ein prägnantes Beispiel liefert fol. 103v, linke Spalte:

Kehren wir zur Ausgangsfrage, ob sich verschiedene Auszeichnungshände ausmachen lassen, zurück, so ist der Diplé-Typ 5 sicherlich gänzlich auszuklammern, da mehr als fraglich ist, ob Typ 5 wirklich als Zitatmarkierung gewertet werden kann. Lediglich auf fol. 80v (Joh 19,36f.) lässt sich die Markierung problemlos (u.a. wegen einer existierenden Zitateinleitungsformel) als Zitatauszeichnung interpretieren. An anderen Stellen wird dieser Punkt aber anscheinend zur allgemeinen Markierung von Versen verwendet (d.h., ohne dass ein Zitat vorliegt). Die Intention dieser Auszeichnung muss spekulativ bleiben, es ist aber augenfällig, dass die markierten Verse einen guten Ansatzpunkt für eine Predigt abgäben.[14]

Typ 4 wäre nur auf fol. 38r vertreten, so dass naheliegt, hierin einen aufgrund von Materialermüdung der Feder verschmierten Typ 1 zu erblicken.

Von den übrigen graphischen Typen scheinen die Typen 1, 2 und 3 doch derart deutlich in ihrer jeweiligen Form und ihrem spezifischen Schriftzug, dass von unterschiedlichen Händen ausgegangen werden darf. Gerade die verschriebenen Diplés sind deutliche Indizien für die divergierende Schriftführung bei der Zeichnung des Diplés.

Daher sind die Untertypen möglicherweise lediglich als Verschreibungen der jeweiligen Hände zu interpretieren. Die Haupttypen weisen dagegen auf eigenständige Hände hin:

Auszeichner 1: klassisches Diplé
Auszeichner 2: Pfeilchen nach rechts
Auszeichner 3: Pfeilchen nach rechts, wobei der Strich über den Hacken hinaus reicht.

Ob man weitere Auszeichnungshände annehmen möchte, hängt von der Interpretation der Differenzen in den Typengruppen 1 und 2 ab. Unter Umständen – hier können nur eine Untersuchung des Originalcodex bzw. neuere Ablichtungen Aufschluss bringen – liegen mit 1 bis 1e sowie 2 und 2b weitere Auszeichnungshände vor, so dass man von bis zu 8 Zitatauszeichnern ausgehen müsste. Insbesondere die zuweilen, aber nicht durchgehend nachlässige Art, das Diplé graphemisch in Richtung auf ein Epsilon (Typ 1e) oder ein S (Typ 1d) zu verzeichnen, könnten ein Ansatzpunkt sein, zumindest diese beiden Subtypen als eigene Hände zu akzeptieren.

Aufgrund der obigen Untersuchung können aber – bis neue paläographische und codicologische Untersuchungen weitere Indizien beizubringen vermögen – mit Sicherheit nur drei Zitatauszeichner identifiziert werden.

---

14   Vgl. etwa wie Markierungen im Lukas-Evangelium auf fol. 50v und 51r.

3. Auszeichnungspraxis/Verteilung der Auszeichnung

In der Auszeichnungspraxis lässt sich keinerlei Systematik oder inhaltliches Profil feststellen. Auch verrät die Verteilung der Auszeichnung in der Hs. keine erkennbare Kohärenz. Lediglich eine gewisse Häufung an Auszeichnungen lässt sich an einigen Abschnitten ausmachen.[15]

fol.	Buch	Typ	Zitat	Vorlage
26r	Mt			
26v	Mt			
27r	Mt	Typ 1	Mt 26,31	Sach 13,7
27v	Mt			
28r	Mt			
28v	Mt			
29r	Mt			
29v	Mt			
30r	Mk			
30v	Mk			
31r	Mk			
31v	Mk			
32r	Mk			
32v	Mk			
33r	Mk			
33v	Mk			
34r	Mk			
34v	Mk			
35r	Mk			
35v	Mk			
36r	Mk			

---

15 In Hinblick auf zukünftige Untersuchungen, die möglicherweise neue Indizien für weitere Auszeichnungshände bieten, wird im Verlauf der weiteren Analyse an der graphischen Typisierung festgehalten. Eine Zusammenfassung der Typen zu den postulierten drei Auszeichnern, die der Autor des vorliegenden Beitrages probeweise vorgenommen hat, ergab keinerlei inhaltliche Abweichung zu den hier vorgelegten Ergebnissen.

36v	Mk			
37r	Mk	Typ 2	Mk 10,7–8	Gen 2,24
37v	Mk			
38r	Mk	Typ 3	Mk 11,9–10	Psalme
38r	Mk	Typ 4	Mk 11,17	Jes oder Jer
38v	Mk	Typ 2	Mk 12,10	Ps 117,22
39r	Mk	Typ 2	Mk 12,29–30	Dtn 6,4f/Jos 22,5
39r	Mk	Typ 2 (ergänzt in letzter Zitat-Zeile durch Typ 1b?)	Mk 12,36	Ps 109,1
39v	Mk			
40r	Mk			
40v	Mk			
41r	Mk			
41v	Mk			
42r	Mk			
42v	Mk			
43r	Lk			
43v	Lk			
44r	Lk			
44v	Lk			
45r	Lk			
45v	Lk	Typ 1b	Lk 2,23	Ex 13,12
46r	Lk	Typ 1b	Lk 23,4–6	Jes 40,3–5
46v	Lk			
47r	Lk	Typ unklar	Lk 4,10–11	Ps 90,11–12
47r	Lk	Typ 1b	Lk 4,18–19	Jes 61,1–2
47v	Lk			
48r	Lk			
48v	Lk			
49r	Lk			
49v	Lk			
50r	Lk	Typ 1	Lk 7,27	Mal 3,1/Ex 23,20

50v	Lk	zwei Stellen durch Punkte markiert, aber kein Zitat		
51r	Lk	Stelle mögl. durch fetten Punkt markiert, aber kein Zitat (außer Querverweis zu Mt)		
51v	Lk			
52r	Lk			
52v	Lk			
53r	Lk			
53v	Lk	Typ 1	Lk 10,27	Lev 19,18
54r	Lk			
54v	Lk			
55r	Lk			
55v	Lk			
56r	Lk			
56v	Lk			
57r	Lk			
57v	Lk			
58r	Lk			
58v	Lk			
59r	Lk			
59v	Lk			
60r	Lk			
60v	Lk			
61r	Lk			
61v	Lk	Typ 1 (ganz schwach)	Lk 20,17	Ps 117,22
62r	Lk			
62v	Lk			
63r	Lk			
63v	Lk			
64r	Lk			
64v	Lk			
65r	Lk			

65v	Lk			
66r	Joh			
66v	Joh			
67r	Joh			
67v	Joh	zweimal fetter Punkt; bei den prominenten Stellen (Joh 3,3 und Joh 3,19) handelt es sich um kein Zitat. Die Stellen würden sich aber gut für eine Predigt eignen.		
68r	Joh			
68v	Joh			
69r	Joh			
69v	Joh			
70r	Joh			
70v	Joh			
71r–72v desunt				
73r	Joh			
73v	Joh			
74r	Joh			
74v	Joh			
75r	Joh			
75v	Joh			
76r	Joh	Typ 3	Joh 12,38	Mischzitat
76v	Joh	Typ 1c	Joh 13,18	Ps 40,10
77r	Joh			
77v	Joh			
78r	Joh			
78v	Joh			
79r	Joh			
79v	Joh			
80r	Joh			
80v	Joh	Typ 5	Joh 19,36–37	Ex 10,10/40 o. Ps33,21/Sach 12,10

81r	Joh			
81v	Joh			
82r	Act	Typ 1b	Act 1,20	Ps 68,20/108,8
82v	Act	Typ 2b	Act 2,17–21	Joel 3,1–5
83r	Act	Typ 2b	Act 2,26–28	Ps 15,9–11
83r	Act	Typ 2b	Act 2,34–35	Ps 109,1
83v	Act	Typ 2b	Act 3,22	Dtn 18,15
83v	Act	Typ 2b	Act 3,25	Gen 22,18/26,4
84r	Act	Typ 1e	Act 4,25–26	Ps 2,1–2
84v	Act			
85r	Act			
85v	Act			
86r	Act	Typ 1	Act 7,37	Dtn 18,15
86v	Act	Typ 1	Act 7,42–43	Amos 5,25–27
86v	Act	Typ 1	Act 7,49–51a	Jes 66,1–2
87r	Act	Typ 1	Act 8,32–33	Jes 53,3f
87v	Act			
88r	Act			
88v	Act			
89r	Act			
89v	Act			
90r	Act			
90v	Act	Typ 1	Act 13,22	?
91r	Act	Typ 1	Act 13,35	Ps 15,10
91r	Act	Typ 1	Act 13,41	Hab 1,5
91r	Act	Typ 1	Act 13,47	Jes 49,6
91v	Act			
92r	Act	Typ 1/1e	Act 15,16–17	diverse, will aber wohl auf Amos deuten
92v	Act			
93r	Act			
93v	Act			
94r	Act			

94v	Act			
95r	Act			
95v	Act			
96r	Act			
96v	Act			
97r	Act			
97v	Act			
98r	Act			
98v	Act			
99r	Act			
99v	Act			
100r	Act			
100v	Act			
101r	Act			
101v	Act	Typ 1	Act 28,26–27	Jes 6,9–10
102r	Jak			
102v	Jak			
103r	Jak	Typ unklar (am ehesten 1)	Jak 2,23	Gen 15,6
103v	Jak	Typ 1 (schwache Tinte)	Jak 4,6	Prov 3,34
104r	Jak/1Petr			
104v	1Petr	Typ 1	1Petr 1,6	Lev 11,44
104v	1Petr	Typ1	1Petr 2,6–7	Jes 28,16/Ps 117,22
105r	1Petr	Typ 1	1Petr 3,10–12	Ps 33,13–17
105v	1Petr			
106r	1–2Petr			
106v	2Petr			
107r	2Petr			
107v	2Petr/1Joh			
108r	1Joh			
108v	1Joh			
109r	1Joh			

109v	1–2Joh			
110r	3Joh/Jud			
110v	Jud			
111r	Röm	Typ 1 (recht klein)	Röm 1,2–3	Hab 2,4
111v	Röm			
112r	Röm	Typ 1d	Röm 3,4	Ps 50,6
112r	Röm	Typ 1d	Röm 3,13–18	Mischzitat
112v	Röm	Typ 1	Röm 4,17	Gen 17,5
112v	Röm	Typ 1	Röm 4,18	Gen 15,5
113r	Röm			
113v	Röm			
114r	Röm			
114v	Röm	Typ 1/1e	Röm 8,36	Ps 43,23
114v	Röm	Typ 1	Röm 9,9	Gen 18,10
115r	Röm	Typ 1d	Röm 9,17	Ex 9,16
115r	Röm	Typ 1d	Röm 9,25	Hos 2,25
115r	Röm	Typ 1	Röm 9,29	Jes 1,9
115v	Röm	Typ 1d	Röm 10,15–16	Jes 52,7u.a.
115v	Röm	Typ 1d	Röm 10, 18–20	Mischzitat
115v	Röm	Typ 1d	Röm 11,3	3Kön 19,10.14
116r	Röm			
116v	Röm	Typ 1	Röm 12,19	Dtn 32,35/Prov 25,22
117r	Röm	Typ 1	Röm 15,3	Ps 68,10
117r	Röm	Typ 1	Röm 15,9–12	Mischzitat
117v	Röm	Typ 1	Fortführung V. 12	
118r	Röm			
118v	1Kor			
119r	1Kor			
119v	1Kor	Typ 1	1Kor 3,19–20	Job 5,13/Ps 93,11
120r	1Kor			
120v	1Kor			
121r	1Kor			

121v	1Kor	Typ 1	1Kor 9,9–10	Dtn 25,4/Jes 28,24
121v	1Kor	Typ 1d	1Kor 10,7	Ex 32,6
122r	1Kor			
122v	1Kor			
123r	1Kor			
123v	1Kor			
124r	1Kor			
124v	1Kor			
125r	1Kor			
125v	1–2Kor			
126r	2Kor			
126v	2Kor			
127r	2Kor			
127v	2Kor/Gal			
128r	Gal			
128v	Gal	Typ 1/1e	Gal 3,8	Gen 12,3
128v	Gal	Typ 1	Gal 3,10–11	Dtn 27,26
128v	Gal	Typ 1/1e	Gal 3,13	Dtn 27,26
129r	Gal	Typ 1	Gal 4,22	?
129r	Gal	Typ 1	Gal 4,27	Jes 54,1
129v	Gal	Typ 1	Gal 4,30	Gen 21,10
130r	Gal/Eph			
130v	Eph			
131r	Eph			
131v	Eph	Typ 1	Eph 4,8	Ps 67,19
132r	Eph	Typ 1	Eph 5,31	Gen 2,24
132v	Eph			
133r	Phil			
133v	Phil			
134r	Phil			
134v	Phil/Kol			
135r	Kol			

135v	Kol			
136r	Kol			
136v	1Thess			
137r	1Thess			
137v	1Thess			
138r	1–2Thess			
138v	2Thess			
139r	2Thess/Hebr	Typ 1/1e	Hebr 1,5	Ps 2,7/2Kön 7,11
139v	Hebr	Typ 1	Hebr 1,6	Mischzitat
139v	Hebr	Typ 1	Hebr 1,7–13	Mischzitat
139v	Hebr	Typ 1	Hebr 2,6–8	n.n.
139v	Hebr	Typ 1	Hebr 2,12	Ps 21,23
140r	Hebr	Typ 1d	Hebr 3,12	kein Zitat
140r	Hebr	Typ 1/1d	Hebr 4,4–5	Gen 2,2/Ps 94,11
140v	Hebr	Typ 1	Hebr 5,5–6	Ps 2,7/109,4
141r	Hebr			
141v	Hebr	Typ 1	Hebr 7,21	Ps 109,4
141v	Hebr	Typ 1	Hebr 8,5	Ex 25,40
141v	Hebr	Typ 1 mit starkem Hang zu 4	Hebr 8,8–12	Jes 38
141r b	Hebr			
141v b	Hebr	Typ 1e	Hebr 10,5–7	Ps 39,7–8
141vb		Typ 1d	Hebr 10,16–17	Jer 38,33–34
142r	Hebr	Typ 1	Hebr 10,30–31	Dtn 32,3–4/Ps 135,14
142v	Hebr			
143r	Hebr			
143v	Hebr	Typ 1	Hebr 13,6	Ps 117,6
144r	Hebr/1Tim			
144v	1Tim			
145r	1Tim			
145v	1Tim	Typ 1	1Tim 5,18	Dtn 25,4/Jes 28,24
146r	1–2Tim			
146v	2Tim			

147r	2Tim			
147v	2Tim			
148r	Tit			
148v	Tit			
149r	Phlm			
149v	frei			
150r	Apk			
150v	Apk			
151r	Apk			
151v	Apk			
152r	Apk			
152v	Apk			
153r	Apk			
153v	Apk			
154r	Apk			
154v	Apk			
155r	Apk			
155v	Apk			
156r	Apk			
156v	Apk			
157r	Apk			
157v	Apk			
158r	Apk			
158v	Apk			

In der Summe finden sich im Codex Alexandrinus 140 Verse als Zitat ausgezeichnet. Die folgende Graphik verdeutlicht die Verteilung der markierten ntl. Verse auf die jeweiligen biblischen Bücher:

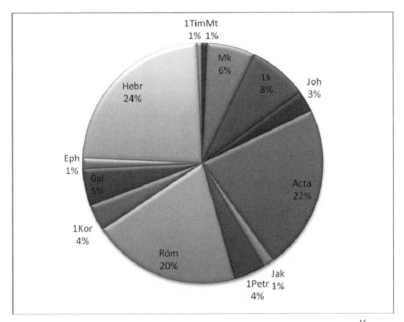

Graphik 1: Verteilung der Zitate in den biblischen Büchern von Codex A[16]

Berücksichtigt man in der Auswertung das Verhältnis der ausgezeichneten Zitatverse zur Gesamtverszahl der jeweiligen ntl. Bücher,[17] so ergibt sich folgendes, nur leicht divergierendes Bild.

---

16 Die Anordnung der Bücher erfolgt im Uhrzeigersinn in der durch A vorgegebenen Reihenfolge. Grundlage der Auswertung von Graphik 1 ist die Anzahl der als Zitat markierten ntl. Verse.

17 Gesamtverszahl gezählt nach KJB. Freilich kreiert – was an dieser Stelle ausdrücklich angemerkt sei – eine derartige Auswertung biblischer Hss. eine statistische Wirklichkeit, die der handschriftlichen Realität nur bedingt gerecht wird. Strenggenommen müssten für eine valide Statistik die Versabgrenzung und Versanzahl des zu betrachtenden Manuskripts zugrundegelegt werden. Des Weiteren wäre statistisch zu erwägen, ob in Büchern, in denen folios fehlen, lediglich die Zahl der existierenden Verse gezählt werden dürfen. Da entsprechende Vorarbeiten fehlen, muss obige Auswertung die Annahme voraussetzen, dass die Auszeichnung in den fehlenden folios proportional zu den bestehenden war. Auf Basis des derzeitigen Forschungstandes kann die statistische Betrachtung von biblischen Codices daher nur ein richtungsweisendes Hilfsmittel sein und sollte nach Möglichkeit nicht als alleinige Begründung für weiterführende Schlussfolgerungen herangezogen werden.

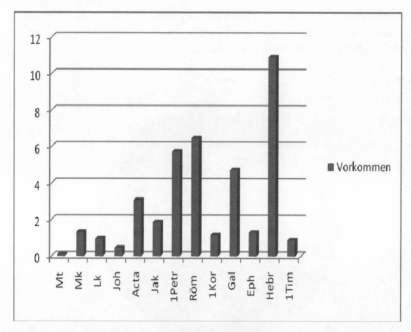

Graphik 2: Verteilung der Zitate in den biblischen Büchern von Codex A unter Berücksichtigung der Gesamtverszahlen (abs. Zahlen).[18]

---

18 Die Anordnung der Bücher erfolgt im Uhrzeigersinn in der durch A vorgegebenen Reihenfolge. Grundlage der Auswertung von Graphik 2 ist die Anzahl der als Zitat markierten ntl. Verse in Korrelation zur Gesamtverszahl des jeweiligen ntl. Buches.

In Prozentzahlen:

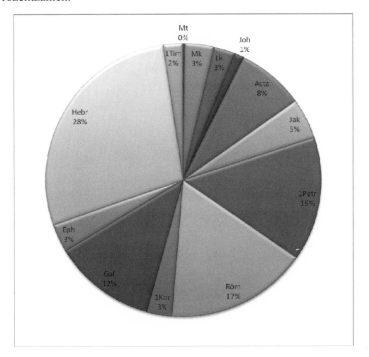

Graphik 3: Verteilung der Zitate in den biblischen Büchern von Codex A unter Berücksichtigung der Gesamtverszahlen (in Prozent).[19]

Auffällig ist in der Auswertung 2 und 3 der extrem hohe Anteil an Zitaten im 1Petr. Der bereits in unkorrelierten Zahlen (Graphik 1) erkennbare hohe Anteil an Zitaten bei Gal und Röm bestätigt sich in den Auswertungen 2 und 3 ebenso wie der bei Hebr. Prozentual gesehen verliert Act ein wenig, wenn man die Anzahl der ausgezeichneten Verse mit der Gesamtverszahl korreliert, jedoch ist die vergleichsweise hohe Anzahl an Zitaten immer noch deutlich.

Auffällig ist auf den ersten Blick die geringe Zahl an Zitatauszeichnungen in den Evangelien. Jedoch ist die Zahl der Zitate in den Briefen naturgemäß ungleich höher und daher die Wahrscheinlichkeit, dass Textstellen ausgezeichnet werden, a priori größer.

---

19   Die Anordnung der Bücher erfolgt im Uhrzeigersinn in der durch A vorgegebenen Reihenfolge. Grundlage der Auswertung von Graphik 2 ist die Anzahl der als Zitat markierten ntl. Verse in Korrelation zur Gesamtverszahl des jeweiligen ntl. Buches.

Erkennbar wird in einer statistischen Auswertung auch eine gewisse Vorliebe für bestimmte biblische Bücher als Zitatvorlage.

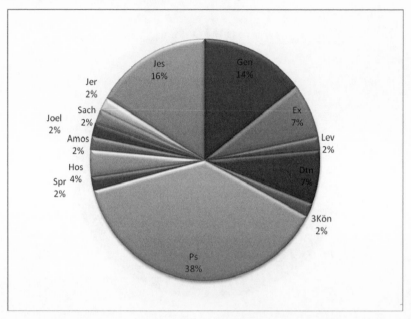

Graphik 4: Verteilung Zitatvorlagen nach biblischen Büchern[20]

Deutlich erkennbar ist die starke Vorliebe, Zitate aus den Psalmen auszuzeichnen. Würde man all jene ausgezeichneten Zitate einrechnen, deren Referenz nicht ganz deutlich ist, da mehrere atl. Verse als Vorlage in Frage kommen, so wäre der Wert sogar noch höher, da in fast allen derartigen Fällen ein oder mehrere Psalmverse in Erwägung zu ziehen sind.

---

20   Anordnung der atl. Bücher im Uhrzeigersinn nach LXX.D. Grundlage der Auswertung von Graphik 5 ist die Anzahl der Zitateinheiten (also u.U. mehrere Verse), deren Referenzierung im NT unstrittig ist. Auf eine versgenaue Auswertung wurde verzichtet, da die Auszeichnung im Codex Alexandrinus offenkundig nicht die genaue Abgrenzung der atl. Vorlage im ntl. Text dient (s.u.). Nicht berücksichtigt werden ntl. Referenzen, für die mehrere atl. Vorlagen in Frage kommen. Ebenso unberücksichtigt bleiben Mischzitate, da hier aus praktischen Erwägungen unklar bleiben muss, ob der Auszeichner wirklich auf spezifische Teile des Mischzitates und deren Vorlage eingehen möchte.

Der Beliebtheit der Psalmen folgen der Prophet Jesaja und Genesis. Auffällig ist das im Bezug auf Gen vergleichsweise unterproportionelle Auszeichnen der übrigen Pentateuchbücher, insb. des Deuteronomiums, von dem sich 33 Zitate im NT zitiert finden.[21]

Inhaltliche Vorlieben oder eine thematische Gemeinsamkeit der Zitatvorlagen lassen sich ebenso wenig erkennen wie zuvor bei den ausgezeichneten Zitaten.

Eine mögliche Hilfe bei der Auswahl der auszuzeichnenden ntl. Textstellen stellt möglicherweise die sogenannte Zitateinleitung („wie es geschrieben steht" u.ä.) dar. Von den 83 im Codex Alexandrinus ausgezeichneten Zitaten bzw. Zitatblöcken (d.h. Mischzitate oder Zitate, die mehrere Verse umfassen) lassen sich 74 Stellen aufgrund einer solchen Einleitung auch ohne tiefergehenden Kenntnisse des AT als Referenz auf atl. Vorlagen erkennen. Lediglich neun Stellen besitzen keine explizite Einleitung. Stellt man ferner in Rechnung, dass von diesen neun Stellen zwei auf den Schöpfungsbericht (konkret auf das Verlassen der Eltern durch den Mann, um mit einer Frau zusammen zu sein) zielen, und zwei Weitere auf das erste Gebot bzw. das Sch^{e}ma referenzieren – also auf absolut elementare AT-Texte –, so ist die Zahl der nicht unmittelbar erkennbaren AT-Referenzen mit fünf Stellen relativ klein. In diesem Kontext fällt auf, dass 1Petr mit zwei unmarkierten Zitaten (von drei ausgezeichneten Stellen) überproportional vertreten ist, zumal die beiden unmarkierten Zitate (Lev 11,44; Ps 33,13–17) nicht unbedingt zu den grundlegenden AT-Versen zählen.

Zusammenfassend deuten alle Indizien darauf hin, dass der Codex Alexandrinus nicht planmäßig ausgezeichnet wurde. Hierfür sprechen alleine schon die merkwürdige Clusterbildung und die unregelmäßige Verteilung der unterschiedlichen Diplétypen im Codex. Stattdessen wird anscheinend von den drei sicher nachweisbaren Auszeichnern ad hoc und nach eigener Bibelkenntnis und nach eigenem Bedürfnis ausgezeichnet.[22] Da die Psalmen durch die Liturgie extrem stark bekannt sind, werden die Zitate ungleich häufiger erkannt.

Denkbar ist, dass die ntl. Textpassagen zum praktischen Nutzen, etwa für eine bestimmte Funktion in Katechese oder Predigt ausgezeichnet wurden. Die Psalmen sind bekannt und eignen sich bei diversen anzunehmenden Hörern gut

---

21   Wert der Datenbank des DFG-Projektes „Der Text der Septuaginta im frühen Christentum und ihre Rezeption in der Apokalypse", Abruf: 19.10.2009.

22   Vor diesem Hintergrund wäre eine paläographische Datierung der Diplémarkierungen ausgesprochen wünschenswert.

als atl. Querverweis. Das gleiche gilt für Genesis und seinerzeit wahrscheinlich auch Jesaja.

4. Prägnante Beispiele

4.1 Die normale Auszeichnungspraxis

Die Auszeichnung der Zitate erfolgt zeilenweise. In der Regel werden alle Zeilen des Zitates fortlaufend markiert. Ist dies nicht der Fall, so ist die Begründung durchgehend in einem ausgerückten Buchstaben oder einem anderen Zeichen, welches den Schriftraum blockiert, zu finden.

Ein Schema, nachdem die Einleitungsformel mit ausgezeichnet wurde oder nicht, lässt sich nicht erkennen. Der subjektive Eindruck ist aber der, dass die Fokussierung auf dem Zitat lag, da die Einleitungsformel in der Regel dann mit ausgezeichnet ist, wenn sie sich in der gleichen Zeile wie das Zitat befindet.[23]

Obgleich das komplette NT des Codex Alexandrinus von einer, maximal von zwei Händen geschrieben wurde, ist die Abhebung von Versen und Sinneinheiten recht uneinheitlich (und wohl ein Indiz für mehrere, entsprechende Vorlagen).

In einigen Passagen ist das Ende eines Zitates deutlich durch einen Absatz hervorgehoben. In diesen Fällen endet die Auszeichnung auch dort. Zuweilen folgt dem Zitat, wenn es den Versabschluss bildet, ein Spatium von etwa drei Buchstaben, bevor der Folgevers in der gleichen Zeile angeschlossen wird. Ein augenscheinliches System ist nicht zu erkennen. Z.B. endet das durch Diplé markierte Zitat Hebr 8,5 (= Ex 25,40) mit einem Absatz. Die unmittelbar vorangehende Auszeichnung von Hebr 7,21 (= Ps 109,4) markiert dagegen einen Vers, an dem sich der Folgevers ohne Spatium direkt angefügt findet. Da sich sehr viele Beispiele für diese (in doppelter Hinsicht) inkonsequente Vorgehensweise aufzeigen lassen, ist es offenkundig, dass die graphische Oberfläche des Textes keinen entscheidenden Einfluss auf die Auszeichnung des Zitates hat.

Wie schon in den vorangegangenen Abschnitten der vorliegenden Untersuchung drängt sich der Eindruck auf, dass Auszeichnungen auf die nicht näher zu bestimmende Motivation der jeweiligen Auszeichner zurückgehen. Mehr als bei anderen Codices (vgl. etwas B und ℵ) muss die Betrachtung der

---

23   Typische Beispiele hierfür sind: fol. 27r: Mt 26, 31; fol. 38r: Mk 11,17; fol. 128v: Gal 3,10; fol. 129r: Gal 4,22.

Zitatauszeichnung und des damit verbundenen Zitates von einzelnen, isoliert zu betrachtenden Stellen ausgehen.

4.2 Fallbeispiele

Im Folgenden seien einige illustrierende Beispiele für durch ein Diplé ausgezeichnete Zitate erörtert.

Fall 1: Eph 4,8 (= Ps 67,19); fol. 131v

Das erste Fallbeispiel gehört zu den Zitaten, die bereits in der graphischen Textoberfläche des Codex Alexandrinus sichtbar werden. Da diese Hs. selbst kein klares Profil im graphischen Umgang mit Zitaten besitzt, darf diese Hervorhebung mit einer tendenziell höheren Wahrscheinlichkeit der Vorlage des Kopisten zugeschrieben werden

Der vorangehende Text verläuft fließend bis einschließlich der beiden ersten Worte von Eph 4,8, bei denen es sich um die Zitateinleitungsformel διὸ λέγει handelt. Die Zeile wird dann aber mit einem breiten Spatium gefüllt, so dass ein deutlicher Absatz entsteht. Das Zitat selbst findet sich zudem hervorgehoben durch das Ausstellen und Hervorheben des ersten Buchstabens des Zitates (ἀναβὰς εἰς ὕψος ἠχμαλώτευσας αἰχμαλωσίαν, ἔδωκεν δόματα τοῖς ἀνθρώποις). Interessanterweise erfolgt keine adäquate Abgrenzung des Zitates nach hinten: der Folgevers schließt ohne Absatz unmittelbar in der gleichen Zeile an.

Fall 2: Act 13,22 (= Königserhebungen Sauls und Davids); fol. 90v

Die Auszeichnung von Act 13,22 ist ein schöner Beleg dafür, dass das Ziel der Auszeichner nicht in der präzisen Abgrenzung des Zitates bestand. Vielmehr belegt dieses Beispiel, dass das primäre Interesse im schlichten Verweis auf eine atl. Referenz bestand.

Die Markierung der Textpassage umfasst drei Diplés bzw. drei fortlaufende Zeilen). Ausgezeichnet ist der Text: μαρτυ]ρήσας· εὗρον Δαυὶδ τὸν τοῦ Ἰεσσαί, ἄνδρα κατὰ τὴν καρδίαν μου, ὃς ποιήσει πάντα τὰ θελήματά μου. Es handelt sich offenkundig nicht um ein Zitat im modernen, operationalisierten Sinne. Wohl aber ist der Bezug auf die atl. Darstellung der Erhebung Sauls bzw. Davids zum König durch den Kontext in Act 13 deutlich genug zu erkennen.[24]

Möglicherweise hat die Phrase καὶ εἶπεν μαρτυρήσας, dazu geführt, dass diese Referenz erkannt wurde. Es handelt sich jedoch hierbei jedoch nicht um

---

24   Konkret verweist NA[27] auf 1Sam 13,13; 15,23; 16,1.12f; Ps 89,21.

eine gängige Einleitungsformel,[25] so dass eine mechanische Auszeichnung des Zitates auch dann zu hinterfragen wäre, wenn sich eine solche in Teilen des Codex nachweisen ließe. Die Phrase dürfte daher eher als unterstützendes und weniger als auslösendes Moment im Erkennen der atl. Referenz zu bewerten sein.

Fall 3: Röm 3,13–18 (= Mischzitat); fol. 112r
Auffällig ist, dass in dieser bekannten Passage, die mehrere atl. Stellen referenziert, nur ein sehr geringer Teil ausgezeichnet ist. Das mag ein wenig damit zusammenhängen, dass der inhaltliche Zusammenhalt durch die Verteilung auf zwei Spalten eines folios graphisch auseinandergebrochen ist (d.h., dass das Zitat sich auf die linke Spalte unten und die rechte Spalte oben verteilt). Ausgezeichnet ist von diesem großen Zitatblock lediglich Vers 13: τάφος ἀνεῳγμένος ὁ λάρυξ αὐτῶν, ταῖς γλώσσαις αὐτῶν ἐδολιοῦσαν, ἰὸς ἀσπίδων ὑπὸ τὰ χείλη αὐτῶν· Die Auszeichnung erfolgt durch Diplé. In der Textoberfläche ist das τ von τάφος ausgestellt, aber nicht als Auszeichnungsbuchstabe hervorgehoben. Das ausgezeichnete Zitat endet auf halber Zeile mit großem Spatium und Absatz.

Offenkundig war der Auszeichner nicht an der Markierung des ganzen Zitatblockes interessiert. Da die Psalmentexte – und damit weitere Vorlagen dieses Zitatblockes – liturgisch bedingt bekannt gewesen sind, ist anzunehmen, dass die Auszeichnung nicht aufgrund von Unkenntnis unterblieb oder auf Nachlässigkeit zurückzuführen ist, sondern dass vice versa die Auszeichnung des einen Verses sehr bewusst erfolgte. Die spezifische Funktion dieser Auszeichnung lässt sich nicht bestimmen.

Fall 4: Röm 10,18–20 (= Mischzitat); fol. 115v
Röm 10 enthält eine größere Anzahl von Zitaten. Hs. A zeichnet neben Röm 10,18–20 lediglich Röm 10,15–16 aus. Die Diplé-Auszeichnung ist in Fall 4 nicht ganz klar. Möglicherweise unterbricht sie für einige Zeilen, aber deutlich ist hier der Beschreibstoff mangelhaft bzw. beschädigt. Eine Differenzierung von Zitat- und Einleitungstexten lässt sich schon alleine aufgrund dieser Beschädigungen nicht nachweisen, ist aber sehr unwahrscheinlich, da in der Zeile, in der „Isaia" zu Beginn von Vers 20 ausgestellt und hervorgehoben wird, ein Diplé offensichtlich fehlt.

Deutlich aus dem Schriftspiegel ausgestellt und als Auszeichnungsbuchstabe hervorgehoben ist der erste Buchstabe des Zitatblockes, der somit in einer eigenen Zeile (ohne vorangehenden Absatz) beginnt: εἰς πᾶσαν τὴν γῆν ἐξῆλθεν ὁ φθόγγος αὐτῶν καὶ εἰς τὰ πέρατα τῆς οἰκουμένης τὰ ῥήματα αὐτῶν. ἀλλὰ λέγω, μὴ Ἰσραὴλ οὐκ ἔγνω; πρῶτος Μωσῆς λέγει· ἐγὼ παραζηλώσω

---

25 Die Phrase εἶπεν μαρτυρήσας ist vielmehr singulär.

αὐτοὺς ἐπ' οὐκ ἔθνει, ἐπ' ἔθνει ἀσυνέτῳ παροργιῶ ὑμᾶς. Ἡσαΐας δὲ ἀποτολμᾷ καὶ λέγει· εὑρέθην τοῖς ἐμὲ μὴ ζητοῦσιν, ἐμφανὴς ἐγενόμην τοῖς ἐμὲ μὴ ἐπερωτῶσιν. Nach dem letzten Wort von Vers 20 folgt nach nur kurzem Spatium (1 lit.) der Folgevers in gleicher Zeile. Interessanterweise wird der Folgevers nicht mit Diplé markiert, obwohl es sich um ein Zitat von Jes 65,2 handelt. Dies ist doppelt auffällig: zum einen setzt dieser Vers das vorangehende Zitat unmittelbar fort, zum anderen ist die Einleitung von Vers 20 (Ἡσαΐας δὲ ἀποτολμᾷ καὶ λέγει) durch den Beginn von Vers 21 (πρὸς δὲ τὸν Ἰσραὴλ λέγει) deutlich aufgenommen. Die atl. Referenz ist daher augenscheinlich.

Mit Fall 4 liegt somit ein weiteres Beispiel vor, dass Zitate in A nicht mechanisch ausgezeichnet werden, sondern vice versa muss die Auszeichnung durch eine – nicht näher zu bestimmende Funktion – motiviert sein.

Fall 5: Joh 12,38–40 (= Mischzitat); fol. 76r
Auch dieses Beispiel dokumentiert, dass es primär um die Referenz und keinesfalls um die exakte Abtrennung des Zitates geht. Insgesamt elf Zeilen werden durch pfeilchenartige Diplés markiert. Der Zitatblock selbst weist mehrere Spatien auf, vor dem Zitatblock ist ein durch kleines Spatium hervorgerufener Absatz. Die Auszeichnung beginnt erst nach der Zitateinleitung von Vers 38 (ἵνα ὁ λόγος Ἡσαΐου τοῦ προφήτου πληρωθῇ ὃν εἶπεν) in neuer Zeile, das Kyrie ist aber weder ausgestellt noch hervorgehoben. Die Auszeichnung endet in der Zeile des Versendes von Vers 40. Es folgen ein Spatium von etwa drei Buchstaben und unmittelbar der Folgevers in gleicher Zeile.

Interessant ist dieses Beispiel deshalb, weil Vers 39 kein Zitat ist. Er bietet jedoch den Übergang von Vers 38 zu 40 und enthält zugleich die Einleitungsformel zu Vers 40. Da die Einleitungsformel in Hs. A normalerweise nicht ausgezeichnet wird, handelt es sich bei vorliegender Stelle um einen Beleg dafür, dass der Auszeichner eine Textpassage so, wie sie ihn interessierte, markierte, ohne auf Zitatgrenzen zu achten.

Fall 6: Joh 19,36.37 (= Ex 12,10 oder 46 oder Ps 33,21 sowie Sach 12,10); fol. 80v
Fall 6 dokumentiert eine Stelle, in der die Aufmerksamkeit des Lesers nicht durch ein Diplé, sondern durch einen dicken Punkt auf das Zitat gelenkt wird.

Die ausgezeichneten Zeilen eröffnen die Seite. Durch die Markierung wird der Blick auf die kompletten Verse 36 und 37 gelenkt. Diese Verse enthalten zwei Schriftworte, die durch Einleitungsformeln (ἵνα ἡ γραφὴ πληρωθῇ bzw. καὶ πάλιν ἑτέρα γραφὴ λέγει) als atl. Referenzen klar zu erkennen sind. Das Zitatende ist mit dem natürlichen Zeilenende identisch.

Die Auszeichnung erfolgt durch zwei dicke Punkte, die zwei Zeilen markieren. Das eigentliche Zitat in Vers 37 ist nicht direkt in der Zeile ausgezeichnet. Jedoch würde eine Markierung hier auch mit dem Lesezeichen am Ort kollidieren. Fall 6 ist daher ein Beleg dafür, dass zumindest ein Teil der Auszeichnung nach Fertigstellung aller anderen Einträge der ursprünglichen Produktionseinheit erfolgte.

5. Schlussfolgerungen

Ob der Codex Alexandrinus für biblische Studien oder für andere Zwecke genutzt wurde, und wie intensiv die Nutzung des Codex nach seiner Herstellung war, lässt sich aufgrund des jetzigen Wissenstandes nicht sagen. Es ist jedoch evident, dass mindestens drei Personen im ntl. Teil graphische Zeugnisse hinterlassen haben, durch die sie ihr Interesse an atl. Referenzen dokumentieren. Die Beschäftigung mit den atl. Referenzen folgt keinem erkennbaren Schema, harmoniert aber mit der auch anderweitig erkennbaren und liturgisch bzw. theologisch gut erklärbaren Vorliebe der Spätantike und des frühen Mittelalters für Psalmen und Pentateuch. Die fehlende Konsequenz und Schematik in der Auszeichnung ist deutliches Indiz dafür, dass im Codex Alexandrinus nicht der Versuch einer durchgehenden Annotation unternommen wurde (im Gegensatz etwa zu Codices wie 012), sondern die unterschiedlichen Auszeichner punktuell vorgingen. Dies geschah nach Abschluss der ursprünglichen Buchproduktion. Insofern eröffnen die Markierungen der Zitate durch das Diplé einen unmittelbaren Blick in die spätantike/frühmittelalterliche theologische Arbeit. Die enge Verknüpfung von Text- und Theologiegeschichte wird daher im Codex Alexandrinus so deutlich wie in kaum einem anderen biblischen Codex.

Literatur:

B. H. Cowper, Novum Testamentum Graece ex antiquissimo codice Alexandrino a C.G. Woide olim descriptum, London 1860.

G. Goswell, Early Readers of the Gospels: The Kephalaia and Titloi of Codex Alexandrinus, JGRChJ 6, 2009, 134–174.

C. R. Gregory, Textkritik des Neuen Testamentes. Bd. I, Leipzig 1900.

P. McGurk, Citation Marks in Early Latin Manuscripts, Sciptorium 15, 1961, 3–13

F. G. Kenyon (Ed.), The Codex Alexandrinus (Royal MS. 1 D V–VIII) in Reduced Photographic Facsimile, Vol. V: New Testament and Clementine Epistles. With an Introduction by F. G. Kenyon, London 1909.

W.M. Lindsay, Collectanea varia, Palaeographia Latina II, 1923, 5–20.

E. M. Thompson (Ed.), Facsimile of the Codex Alexandrinus, 4 vols. (NT = vol. IV), London, 1879–1883.

Diplés im Codex Ephraemi rescriptus – eine Problemanzeige

Ulrich Schmid

Codex Ephraemi rescriptus ist ein Palimpsest, das von Tischendorf im Jahr 1843 ediert wurde. Im Gegensatz zum Pseudo-Faksimile des Codex Vaticanus, ebenfalls von Tischendorf im Jahre 1868 herausgegeben, wo die Diplés am Rand getreulich wiedergegeben sind, sucht man derartiges in der Ausgabe des Ephraemi vergeblich. In den Prolegomena zu der in Paris aufbewahrten Hs. (§ 8, S. 10) jedoch vermerkt Tischendorf, dass die Zitatmarkierungen, wie sie im Codex Alexandrinus häufig sind, auch in der vorliegenden Hs. nicht selten zu finden sind. Dabei seien die Formen jedoch unterschiedlich, zum einen die klassische Diplé > im Codex Alexandrinus, zum anderen ein links geneigtes inverses N (entfernte Ähnlichkeit mit einem kyrillischen и) in der Pariser Hs. Im Folgenden nennt Tischendorf mehrere Stellen aus Act und Hebr an denen solche Diplé-Markierungen zu finden seien. Ich habe mich mit den im Institut für neutestamentliche Textforschung (Münster) vorgehaltenen fotografischen Reproduktionen des Codex Ephraemi beschäftigt, die in Schwarz-Weiß gehalten sind und wohl unter UV-Licht aufgenommen wurden. Leider ist die Qualität trotzdem nicht so gut, dass es zu mehr als einer Problemanzeige taugt.

Die erste auffällige Beobachtung war, dass es nicht nur das von Tischendorf beschriebene inverse N (и) als Zeichen gibt, sondern auch die bekannte Diplé >. Der Unterschied zwischen beiden Zeichenformen ist geringer, als es mit den gedruckten Buchstaben erscheinen mag, denn das inverse N (и) ist im Grunde genommen eine Diplé mit einem weiteren Strich. Im Folgenden unterscheide ich zwischen den beiden Zeichen. Die zweite Beobachtung war, dass es im Umfeld der von Tischendorf genannten Stellen noch weitere ausgezeichnete Passagen gibt, die er nicht genannt hat. Die Auflistung enthält alle Stellen, die Tischendorf in seinen Prolegomena genannt hat und meine Beobachtungen dazu, wobei ich zwischen den beiden Zeichenformen unterscheide. Weiterhin finden sich auch weitere von mir identifizierte Stellen (eingerückt). Tischendorf hat nach Folionummern und Zeilenzahl identifiziert. Dies habe ich in Bibelstellen übertragen.

Folio	Zeile	Bibelstelle	>	и
		Act 13,25	1 (2)	1 (2)
140v	nicht	verifizierbar		
169v	6–8	Act 7,32	1	1
	9–13	Act 7,33–34	5	1
	21–22	Act 7,37	1	1
	28–30	Act 7,40	2	1
	36–39	Act 7,42–43	2	2
169r	9–11	Act 7,49–50	3	
182r	20–24	Act 8,32–33		1
100r	18–21	Act 13,41		3
	38–39	Act 13,47		1
48r	6–11	Act 15,16–18	2	2
99v	32–34	Gal 4,27	2	1
37v	10–17	Hebr 2,8–9	-	-
	21–22	Hebr 2,12		2
37r	10–17	Hebr 3,7–11	5	3
116v	33–34	Hebr 7,21	1	-1
136v	4–8	Hebr 10,5–7	5	
	24–25	Hebr 10,15–16	2	
146v	6–8	2Kor 9,9	2	1
89v	29–31	Jak 2,23	?	?
127r	1–4	Röm 10,15–16	2	-2
	35–36	Röm 11,26–27	2	?

Es sei noch besonders darauf hingewiesen, dass die von mir zusätzlich gelisteten Passagen keine Vollständigkeit beanspruchen, sondern nur auf wenigen

Stichproben beruhen. Dennoch lässt sich zeigen, dass die Zitatauszeichnungen auch in dieser Vollbibel des 5. Jahrhunderts zum Bestand der Hs. gehörten. Leider ist unsicher, ob ursprünglich oder sekundär, ob von einer oder von mehreren Händen. Tischendorf jedenfalls lässt nicht erkennen, dass hier mehrere oder spätere Hände im Spiel sein könnten. Die Phänomene bedürfen einer genauen Analyse anhand des Originals und/oder neuer digitaler Aufnahmen der Hs. Überhaupt steht es an, dass dieser Hs. aus Paris neue Aufmerksamkeit gewidmet wird.

Die Diplé als Zitatmarkierung in den „großen" Unzialcodices – Versuch eines Fazits

MARCUS SIGISMUND

Sowohl in den Ausführungen der Einleitung zur Diplé als auch in den einzelnen Beiträgen zu dieser Zitatmarkierung in den sog. großen Unzialhandschriften – also den Codices Sinaiticus, Vaticanus, Alexandrinus und Ephraemi rescriptus – dürfte deutlich geworden sein, dass hier ein überaus ertragreiches Feld für weitere Forschungsarbeit offen liegt. Der Versuch eines ersten Fazits kann nur provisorischen Charakter haben, zumal die vorliegenden Analysen keineswegs empirisch repräsentativ für die gesamte handschriftliche Überlieferung sein müssen.

Verzichten wir darauf, Detailbeobachtungen zu den einzelnen Hss. zu wiederholen, und halten die Aspekte fest, die für die weitere Beschäftigung mit atl. Zitaten im NT und ihre paläographische Auszeichnung übergreifend relevant sind:

1. Die Analyse ergab codexübergreifend, dass Zitat-Einleitungsformeln (also Phrasen wie γεγραπται, καθως γεγραπται εν βιβλω των προφητων usw.) Auslöser oder zumindest unterstützende Motivation für die Auszeichnung von Zitaten sind. Abgesehen von dem reinen empirischen Befund, dass in allen Codices mehrheitlich formelhaft-eingeleitete Zitate ausgezeichnet werden, spricht insbesondere das im Codex Vaticanus mit Diplé versehene Zitat von „Dichtern" in Act 17,28 (mit Einleitung ειρηκασιν) für eine derartige Auszeichnungspraxis. Die Einleitungsformeln umfassen Verben des Schreibens, Redens, Bezeugens etc. (vgl. Act 13,22).

2. Differenziert zu beantworten ist die Frage, wann die Zitate ausgezeichnet wurden, ob noch im Herstellungsprozess des Codex oder erst später durch einzelne Nutzer. Theologiegeschichtlich besitzt sie in doppelter Richtung Bedeutung. Denn wenn sich erweist, dass eine Hs. im laufenden Produktionsprozess mit Zitatmarkierungen versehen wurde, lässt sich dies dahingehend deuten, dass die bewusste Wahrnehmung eines ntl. Textes als Zitat des AT von

Anfang an intendiert und demnach möglicherweise allgemeiner Usus war. Umgekehrt ergibt sich eine aktive Auseinandersetzung des späteren Codexnutzers mit den atl. Zitaten, falls die Auszeichnung in einer Hs. erst durch den Nutzer erfolgte. Wir verlieren eine Kenntnis des Skriptoriums, gewinnen dafür Kenntnis der Benutzer.

Die untersuchten Codices bieten bzgl. dieses Aspektes ein unterschiedliches Bild. Die (mit Ausnahme von Passagen in Hebr und 2Kor) flächendeckende Auszeichnung des Codex Vaticanus, die zudem wahrscheinlich von einer einheitlichen Hand erfolgte, sowie die Merkmale dieser Hand deuten auf eine Zitatmarkierung noch im Produktionsprozess hin.

Beim Codex Sinaiticus erfolgen Auszeichnungen nur teilweise. Ausgehend von der zu beobachtenden arbeitsteiligen Erstellung des Codex ist denkbar, dass die Zitatauszeichnung beim jeweils ersten Buch der Evangeliensammlung (Mt), der Paulusbriefe (Röm) und der Apostolos-Sammlung (Act) begonnen, dann aber jeweils bald wieder aufgegeben wurde. Allerdings überrascht, dass mit Ausnahme der Apostelgeschichte keine ntl. Schrift, in der sich Zitatauszeichnungen finden, konsequent durchgearbeitet und vollständig ausgezeichnet wurde. Die Bearbeitung durch einen Nutzer mit einem spezifischen, wenngleich nicht mehr genau zu erkennenden Interesse scheint daher gleichfalls möglich. So oder so beweisen die expliziten Zitatzuweisungen im Codex Sinaiticus ein vitales Interesse an den Referenzierungen von AT und NT.

Den Codex Alexandrinus kennzeichnet die höchst uneinheitliche Auszeichnung durch mehrere Hände. Die fehlende Konsequenz und Schematik der Auszeichnung erweist, dass die Auszeichner zu unterschiedlichen Zeiten und jeweils punktuell tätig waren. Ihre Tätigkeit begann wahrscheinlich erst nach Abschluss der ursprünglichen Buchproduktion, zog sich zumindest nach dieser noch länger hin.

Der Codex Ephraemi führt uns nochmals in ein paläographisches Dilemma. Er enthält zwei Zitatauszeichnungs-Formen (и und >). Wären sie von einer Hand, könnte dies für eine Auszeichnung im Produktionsprozess sprechen. Das gleichmäßige Vorkommen beider Auszeichnungsformen in allen ntl. Büchern könnte aber auch als Indiz für zwei Hände gewertet werden, die nacheinander arbeiteten. In diesem Fall wäre eine Auszeichnung durch die jeweiligen Nutzer wahrscheinlicher.

Es bleiben also Unklarheiten. Doch zeichnet sich eine Linie deutlich ab: Die Auszeichnungen beginnen in einzelnen Skriptorien des 4. Jh. und werden durch spätere Nutzer fortgeführt. Skriptorium wie spätere Nutzer arbeiten dabei nur im Ausnahmefall konsequent. In den meisten Fällen nehmen sie punktuelle Auszeichnungen vor. Die Kriterien der Auswahl lassen sich im derzeitigen Stand oft nicht sicher deuten. Das übergreifende Interesse aber ist eindeutig; Skriptorien wie Nutzer nehmen die Schriftreferenzen im NT wahr und widmen ihnen als Schriftreferenzen explizit Aufmerksamkeit.

3. Die Aufmerksamkeit für die Schriftreferenzen bedeutet nicht, dass die Auszeichner den zitierten Text in der LXX unmittelbar verglichen. Vielmehr folgen die Auszeichnungen durch die Diplé weithin – wie notiert – zunächst den Zitatformeln („es ist geschrieben" etc.) und erweisen Fälle wie Alexandrinus Act 13,22, dass die Auszeichnung keine präzise Verifizierung verlangt (es handelt sich dort nicht um das Zitat einer einzelnen Stelle im modernen, operationalisierten Sinne; zu überlegen wäre freilich, ob der für diese Markierung verantwortliche Auszeichner nicht schlichtweg ein von der heutigen Definition abweichendes Zitatverständnis besaß).

Interessanterweise markieren die Diplés die Länge des Zitats trotzdem in sehr vielen Fällen bis zum Zitatende korrekt, so dass eine aktuelle Kenntnis des Zitatumfangs vorliegen muss oder Vorlagen auf den Zitatumfang hinwiesen. Gleichwohl werden die Zitate nicht mit den zitierten Texten der LXX abgeglichen (fast in jedem Zitat finden sich Varianten gegenüber der LXX-Fassung, und das im selben Codex). Zudem gelingen die an etlichen Stellen beigefügten Schriftangaben in den Marginalien unterschiedlich. Der Sinaiticus etwa lässt erkennen, dass die Zitate von Pentateuch und Psalmen präzise identifiziert wurden, wohingegen andere Bereiche (namentlich Dodekapropheton) zuweilen eine falsche Referenz erhalten. Diese Beobachtung korreliert mit der Auszeichnungspraxis des Codex Alexandrinus, in dem wir verstärkt Zitate aus den Psalmen oder der Genesis (neben Jes) ausgezeichnet finden. Offenkundig war die Herkunft von Zitaten aus den atl. Textbereichen unterschiedlich vertraut. Die Auszeichner kannten Psalmen, Ausschnitte der Genesis und der anderen Pentateuchbücher sowie unter den Propheten Jes in der Regel mit genaueren Herkunftsangaben als andere Teile der Schrift.

4. Der eigentümliche Charakter der Auszeichnungen zeigt gelegentlich weitere textgeschichtliche Folgen. Denn Marginalien können sekundär in den Text einwachsen – und mit ihnen gelegentlich eine präzisierende, aber auch eine falsche Herkunftsangabe (s. die Textgeschichte von Mk 1,2 und Mt 2,5–6). Mit derartigen Textverderbnissen ist möglicherweise häufiger zu rechnen, als bislang angenommen. Insofern verdient die Beschäftigung mit den Zitatauszeichnungen keineswegs nur paläographisches, text- und theologiegeschichtliches Interesse, sondern auch eine verstärkte Berücksichtigung in der Textkritik/Textherstellung.

Aus diesen Beobachtungen ergeben sich zwei Aufgaben für die weitere Forschung. Zum einen sollten fortan die Randmarkierungen (und speziell die

Zitatmarkierungen) stärker in den paläographischen Fokus gerückt werden. Digitale Neufaksimilierungen der wichtigsten biblischen Hss. analog zum Sinaiticus-Projekt (s.o.) wären hierfür ausgesprochen hilfreich und sind daher seitens der biblischen Forschungsfächer dringend zu wünschen.

Zum anderen sollte der vorliegende Versuch einer Beschreibung der Auszeichnungspraxis durch die Analyse weiterer Hss. auf eine quantitativ-empirisch breitere Basis gestellt werden. Zu beobachten sind ebenso die Lücken in der Auszeichnung (032 im 5./6. Jh.) wie die Verdichtungen in jüngeren Hss. (s. für Paulus 012, für die Evangelien 07 021 031 usw.). Eine Untersuchung der Hss. darauf, wie viele Hände an der Auszeichnung beteiligt waren und wie sie jeweils zu datieren sind, würde ein gutes Bild ermöglichen, wie, in welchem Umfang zu welchen Zeiten atl. Zitate im NT wahrgenommen wurden. Durch die Schwerpunkte der Markierungen ließen sich Interessen der jeweiligen Epoche an bestimmten biblischen Bücher (und ggf. sogar speziellen Themen) erkennen.

Nehmen wir noch die frühen Gliederungsmerkmale in den Codices hinzu, die nicht Gegenstand unserer Untersuchung sind, tut sich durch die Untersuchung der Marginalien und Sonderzeichen in Hss. mit den heutigen technischen Möglichkeiten ein breites und faszinierendes Forschungsfeld auf, das die Bibelwissenschaft zu bereichern verspricht.

III. Der Aufbau von „Tools" zur Textgeschichte der Zitate

Old Testament Quotations in the New Testament and the Textual History of the Bible – the Wuppertal Research project

MARTIN KARRER – ULRICH SCHMID

The authors of the early Christian writings that later became the New Testament often quoted from the Jewish scriptures. In most cases they used Greek *Vorlagen*. These *Vorlagen* offered textual forms near to the Septuagint and its revisions down to the so-called younger translations (Aquila, Symmachus, Theodotion). The New Testament is therefore a witness to textual forms of the Septuagint and its early revisions. In 2007 a research project started in Wuppertal in order to study the textual history of these quotations. This paper presents an outline of the project and a summary of the main observations up to the present. Since this research is still very much in progress, we anticipate more detailed results and more nuanced analysis in the future.

1. The turn of research in the late 20th century: Acknowledging the complex textual history of the Septuagint in the time before the New Testament writings

The text of the Septuagint was not consolidated in New Testament times, and old fragments and scrolls are rare (despite the findings of Qumran and Naḥal Ḥever). None of the Septuagint manuscripts used by the New Testament authors is preserved. In contrast, the manuscript evidence becomes more abundant from the 4th c. CE onwards, but then turns into a part of the tradition of the Christian Greek Bible. It may therefore legitimately be asked to what extent the Septuagint tradition remained intact under the Christian cloak.

The problem becomes crucial if New Testament quotations differ from the reconstructed Old Greek (the oldest attainable version of the Septuagint) and yet have parallels in manuscripts of the Septuagint.

In these cases, the majority of research on the Septuagint assumed for a long time that variant readings were introduced through the influence of the Christians responsible for its transmission. The longer text of Ps 13:3 in most Septuagint manuscripts presents a famous example. Alfred Rahlfs noticed this difference from the shorter Hebrew psalm (Ps 14 MT) and the parallel in Romans 3:10–18. He concluded that lines 3–10 of Ps 13:3 LXX were a Christian addition caused by the reception of Romans 3.[1]

This explanation presumed a textual preference in Christian tradition for the New Testament over the Septuagint version of such parallel passages. The history of the canon, however, did not fit this implication,[2] and important scholars – Swete and the protagonists of New Testament textual criticism – were more cautious.[3] However, the hypothesis stood firm untill the discoveries of manuscripts from the Dead Sea.

These manuscripts and further editions of important papyri from the great collections brought to light what is nowadays perceived as a variety of textual versions used in early Judaism. The kaige-revision (a textual group with readings close to the proto-masoretic text and starting in the 1st century BC) was identified.[4] Parts of (Proto-)Theodotion, Symmachus und Aquila proved to be textual developments rather than new translations; sections of these texts

---

1   A. Rahlfs, Septuagintastudien I-III. Heft 2: Der Text des Septuaginta-Psalters, nebst einem Anhang, Griechische Psalterfragmente aus Oberägypten nach Abschriften von W. E. Crum, Göttingen 1965, 105(3)-360(256), bes. 227.325.327; A. Rahlfs, Psalmi cum odis, Septuaginta – auctoritate Academiae Scientiarum Gottingensis, 10, Göttingen 1931 (³1979), 30f. Rahlfs writes in the critical edition ad locum: "ex Rom. 3,13-18, ubi Paulus haec uerba [...] cum Ps. 13,3 iunxit" (1931, 96).

2   The Septuagint/Old Testament had great importance from the earliest times of Christianity whereas the New Testament canon emerged gradually.

3   H. B. Swete, Introduction to the Old Testament in Greek, Cambridge 1902, 252 wrote: Whether the long form "was brought into the text [...] from the Epistle, or was already in the Greek Psalm as known to St. Paul, cannot perhaps now be ascertained. But it doubtless had its origin in the Rabbinical practice of stringing together passages excerpted from various [scriptural] books [...] and it may have existed under this form in a collection of testimonia used by the Apostle [...]." For the New Testament perspective see § 4.1.

4   D. Barthélemy, Les devanciers d'Aquila. Première publication intégrale du texte des Fragments du Dodécaprophéton, trouvés dans le désert de Juda, précédée d'une étude sur les traductions et recensions grecques de la Bible réalisées au premier siècle de notre ère sous l'influence du Rabbinat palestinien, VT.S 10, Leiden 1963. Sometimes it is very difficult to differentiate between the Old Greek and younger texts (kaige or so called younger translations); see P. J. Gentry, Old Greek and Later Revisors: Can we Always Distinguish Them?, in: A. Voitila/J. Jokuranta, Scripture in Transition. Essays on Septuagint, Hebrew Bible, and Dead Sea Scrolls, FS R. Sollamo, JSJ.Suppl. 126, Leiden 2008, 301-327 (especially concerning Job and Lamentations).

existed at the end of the 1st century CE and could have been used by New Testament authors besides the Old Greek.[5]

In 1978, Robert Kraft argued against the interdependence of New Testament and Septuagint transmission.[6] Jewish textual forms proved to be remarkably intact in their Christian reception. Three years later, Robert Hanhart – the editor of the Septuaginta Gottingensis – stated that the New Testament quotations use extant Jewish readings even if they differ from the Old Greek.[7] Consequently Kraft[8] and Hanhart raised doubts about the Christian provenance even of the mentioned "Zusatz" (addition) in Ps 13:3 LXX (par. Romans 3:13–18).[9]

Today the phenomenon of a vivid and dynamic development of textual forms from the 2nd century BCE on to the first centuries of the Christian era is widely acknowledged.[10] Philo is a witness to alternative Septuagint-readings.[11] The B-text of the historical books in Rahlfs' critical edition of the Septuagint (revised by R. Hanhart) is recognized to a greater extent as kaige-text, and a

---

5   Cf. E. Ulrich, The Dead Sea Scrolls and the Origins of the Bible, Studies in the Dead Sea Scrolls and Related Literature, Grand Rapids 1999, esp. 211-213.

6   He alerted scholars to the "possibility that, just as an Origen or a Jerome attempted to bring the Greek or Latin materials into closer conformity to the then available Hebrew/Aramaic text, so a similar motivation to excise any suspiciously blatant >Christian glosses< might have been in operation in some Christian circles. Perhaps we should not expect to find much evidence of characteristically Christian phraseology in extant copies of Greek Jewish scriptures." R. Kraft, Christian Transmission of Greek Jewish Scriptures. A Methodological Probe, in: E. de Boccard, Paganisme, Judaisme, Christianisme: Influences et affrontements dans le monde antique, Ouvrage publié avec le concours de l'Université des Sciences Humaines de Strasbourg, Paris 1978, 207–226: 208 = http://ccat.sas.upenn.edu/gopher/other/ journals/ kraftpub/Transmission%20of%20Gk-Jewish%20Scriptures (used 2009/08/1).

7   Hanhart wrote „dass die neutestamentlichen Schriften in ihren alttestamentlichen Zitaten, auch dort, wo sie vom alten LXX-Text abweichen, auf vorgegebener jüdischer Überlieferung beruhen." The deviant readings of Septuagint texts in the New Testament are – if we follow that change of paradigm – normally not to be explained by redaction of the early Christian authors and their textual transmission: see R. Hanhart, Das Neue Testament und die griechische Überlieferung des Judentums, in: F. Paschke u.a. (Ed.), Überlieferungs-geschichtliche Untersuchungen, TU 125, Berlin 1981, 293–303: 296.

8   Kraft, op.cit., 220–222.

9   Hanhart wrote: that text „trägt in keinem Wort christliches Gepräge, so daß [...] urchristliche bzw. paulinische Herkunft fraglich bleibt." R. Hanhart, Die Bedeutung der Septuaginta in neutestamentlicher Zeit, ZThK 81, 1984, 395–416: 411.

10   Cf. H.–J. Fabry, Die griechischen Handschriften vom Toten Meer, in ders./Offerhaus (Edd.), Im Brennpunkt: die Septuaginta. Studien zur Entstehung und Bedeutung der Griechischen Bibel, BWANT 153, Stuttgart u.a. 2001, 131–154:153.

11   Cf. F. Siegert, »Expliquer l'écriture par elle-même«. Origine et vicissitude d'une maxime »Protestante«, Etudes Theologiques et Religieuses 71, 1996, 230f.

new evaluation has commenced of the so-called Antiochean (or Lucianic) text of the Septuagint.[12]

After all, it is wrong to compare the New Testament quotations solely with the reconstructed Old Greek (as is normally done in commentaries). Researchers must respect the textual variety of transmission in New Testament times.

2. The Wuppertal project

2.1 Background and Current Situation

Since Kraft and Hanhart (1978/1981) the challenge has been laid down, although it took nearly three decades until the Deutsche Forschungs-gemeinschaft funded the research project called „Der Text der Septuaginta im frühen Christentum" (The text of the Septuagint in early Christianity). The project was located in Wuppertal where it could join forces with a project on the Antiochean text of the Septuagint, directed by Siegfried Kreuzer. Work is projected to continue until the end of 2010.

The participants[13] have developed an electronic database tool, starting from the so called full Bible codices (Sinaiticus, Vaticanus, Alexandrinus and the extant part of Codex Ephraemi rescriptus),[14] and evaluate the quotations

---

12   See N. Fernández Marcos, Einführung in den antiochenischen Text der griechischen Bibel in den Samuel- und Königsbüchern (1–4 Kön LXX), in: S. Kreuzer/J.P. Lesch (Edd.), Im Brennpunkt: Die Septuaginta. Studien zur Entstehung und Bedeutung der Griechischen Bibel 2, BWANT 161, Stuttgart u.a. 2004, 177–213 and other contributions.

13   The team includes scholars (Martin Karrer, Ulrich Schmid, Marcus Sigismund, Michael Labahn) and student assistants (Michael Kuppler, Darius Müller, Kerstin Riegel).

14   The series of great codices was larger. Euseb (v. Const. IV, 36 f.; cf. III, 1) tells of 50 codices ordered by Constantine. It is doubtful whether all these codices were full bibles (discussion in J. Schäfer, Die 50 Bibelhandschriften des Eusebius für Kaiser Konstantin. Der Katholik 4 F., XI, 1913, 90–104; C. Wendel, Der Bibel-Auftrag Kaiser Konstantins, ZfB LVI, 1939, 165–175; Th. C. Skeat The Codex Sinaiticus, the Codex Vaticanus and Constantine, Journal of Theological Studies 50, 1999, 583–625 = J. K. Elliott [Ed.], The Collected Biblical Writings of T.C. Skeat, NT.S 113, Leiden – Boston 2004, 193–240, esp. 215–220; M. Frenschkowski, Die Geschichte der Bibliothek von Caesarea, in: Th. J. Kraus/T. Nicklas (Edd.), New Testament Manuscripts: Their Texts and Their World, Texts and Editions for New Testament Study 2, Leiden etc. 2006, 53–104: esp. 91–93). But the series extended until the Venetus in the 8th cent. Nonetheless all the other examples are lost. The Venetus is the only codex where at least the canones Evang. are preserved besides the Septuagint (the Gospels and other New Testament writings are lost in the Venetus; A. Rahlfs/D. Fraenkel, Septuaginta: Vetus Testamentum Graecum. Suppl.: Verzeichnis der griechischen Handschriften des Alten Testaments, Bd. I,1: Die Überlieferung bis zum VIII. Jahrhundert, Göttingen 2004, 372–373).

according to two principal questions: a. To what extent did the Christian handling of the Jewish scriptures shape the Septuagint tradition textually? b. Vice versa, to what extent did the Septuagint transmission influence the New Testament textual tradition?

Some studies have already been published or are in preparation.[15] The database tool will be made public in spring 2010 (open access) and has been devised to be extended and augmented in the following years.

2.2 Cooperation and perspectives

Editions of the New Testament and the Septuagint have a long history in Germany. Collaboration with the centres in Münster (Institut für neutestamentliche Textforschung) and Göttingen ("Septuaginta-Unternehmen der Akademie der Wissenschaften in Göttingen") was therefore appropriate and pursued accordingly.

The "Institut für neutestamentliche Textforschung Münster" has already pioneered the use of electronic tools to collect and present their data, which facilitates cooperation between the projects. It is planned to link the Wuppertal database tool (quotations in the New Testament) with the New Testament transcripts on the Münster web site (http://nttranscripts.uni-muenster.de/ AnaServer?NTtranscripts+0+start.anv); the preparation for this has started.

The critical text and the manuscripts of the Septuagint are not accessible in electronic form. For that reason, the connection with the "Septuaginta-Unternehmen der Akademie der Wissenschaften in Göttingen" (G. Kratz, B. Neuschäfer and others) is helpful but less advanced. An electronic platform connecting all the centres of textual studies remains an urgent *desideratum*.

---

15   Cf. M. Karrer/U. Schmid/M. Sigismund: Das lukanische Doppelwerk als Zeuge für den LXX-Text des Jesaja-Buches, in: H. Ausloos u.a. (Ed.), Florilegium Lovaniense. FS Florentino García Martínez, BEThL 224, Leuven u.a. 2008, 253–274; M. Labahn, Ausharren im Leben, um vom Baum des Lebens zu essen und ewig zu leben. Zur Textform und Auslegung der Paradiesgeschichte der Genesis in der Apokalypse des Johannes und deren Textgeschichte, loc cit., 291–316; M. Labahn, Die Septuaginta und die Johannesapokalypse, in: Jörg Frey/James A. Kelhoffer/Franz Tóth (Edd.), Die Johannesapokalypse: Kontexte und Konzepte/The Revelation of John: Contexts and Concepts, WUNT, Tübingen 2009 (in press); S. Kreuzer, Towards the Old Greek. New Criteria for the Evaluation of the Recensions of the Septuagint (especially the Antiochene/Lucianic Text and the Kaige-Recension), in: M. K. H. Peters, XIII Congress of the International Organization for the Septuagint and Cognate Studies, SCS 55, Atlanta 2008, 239–253 and the other contributions listed above in M. Karrer/S. Kreuzer, Von der Septuaginta zum Neuen Testament – Einleitung.

The Antiochean text of the Septuagint is under investigation in Spain and other places. Connection with this research is prompted by the project on the Antiochean text of S. Kreuzer in Wuppertal.

The newly established "Wuppertal Institut für Septuaginta und biblische Textforschung" will maintain the emerging quotation database with the hope of attracting international interest. The intention is to enable third parties to fill in gaps in the data collected in Wuppertal. A start has been made: a young South African scholar (Ronald van der Bergh) will enter the text of the extravagant Codex D into the database. Gert Steyn (South Africa) plans a corresponding non-electronic tool. The increase in material will broaden the possibilities of analysis.[16]

3. The electronic database

3.1 The structure of the database

The structure of the database		
One data set consists of		
One NT quotation (base: GNT/Nestle-Aland, numbered and translated)	and	One or more OT source texts (base: Rahlfs/Hanhart, numbered and translated)
Variant readings of MSS		
S/א	The lines allow the comparison LXX-NT-texts	S/א
B		B
A		A
Additional manuscripts, versions etc.		Additional manuscripts, versions etc.

The structure of the database is shown in the table. Some explanations may be added:
– The Greek words of the base texts are automatically numbered. The variants from the manuscripts can thus be directly linked to the appropriate numbers in the base texts. The words have even numbers, while the spaces between the words carry odd numbers. The projects on textual history in Birmingham and

---

16   E.g., Barnabas is part of the Codex Sinaiticus and should be added to the database. M. M. J. Menken (Tilburg University, NL) has announced his interest in the evaluation of the quotations there.

Münster employ the same basic technique, so the emerging international databases will be compatible.

– The main part of the database is formed by the above-mentioned full Bible codices (S/‭א‬, A, B and – less well preserved – C).[17] In these, the quoted passages and the quotations have been written within the same scriptoria and sometimes even by the same scribes. Their transmission can therefore be studied in one physical entity. Moreover the texts have been corrected later on (most famously in Sinaiticus), giving additional information concerning textual developments throughout the centuries.

– The Masoretic Text and a small selection of other manuscripts are added. The database provides lines for more entries (Greek manuscripts, Hebrew fragments from Qumran, papyri, Philo, so called younger Greek translations, versions etc.). But it needs more years, new editions (in the case of the Hexapla) and international collaboration to master the huge amount of material.

3.2 An example: Mt 1:23 and Is 7:14 in Sinaiticus and Vaticanus

The first dataset relates to Mt 1:23. The screenshot 1 (see the appendix of this paper) shows an entry for the Codex Sinaiticus: Scribe A (the first hand, 4th century) deviates concerning the 28th word (in the numbered critical base text).

The text of scribe A is unreadable (even in the digital edition of Sinaiticus). The αὐτοῦ shown in the table is actually the work of a corrector of the scriptorium called S1. But whatever the first hand proffered, it stood alone in the textual transmission of our verse. All of the other extant witnesses until the 4th century (papyri, B) and the first corrector of Sinaiticus support αὐτοῦ. It will be possible to compare these other witnesses by linking to the New Testament Transcripts when the database tool is completed.

Screenshot 2 presents the material of the New Testament (upper block) synoptically together with the evidence from the Septuagint, in this case Isaiah 7:14 (lower block). We call this way of presenting the data "EasyView". There an existing αὐτοῦ in Isaiah 7:14 is detected. The question arises: Did the Sinaiticus corrector make the correction as an adjustment to the Septuagint? The data from the electronic tool show that this is improbable:

S continues the text of Is 7:14 with the verbal form καλέσει, Mt 1:23 by the alternative καλέσουσιν. Both forms render ‭וקרא‬ (a Hebrew 3rd person

---

17   The additional writings integrated in these codices (Barn and Herm in Sinaiticus, 1 and 2 Clem in A) show the complex canonical process. The quotations of these writings can be integrated into the tool later on.

singular perfect qal) as shown by 1QIsaᵃ against the MT (קראת, second person singular perfect qal)[18]. But the translation of the Hebrew form differs (Septuagint singular, New Testament plural, both in the sense of "one will name"), yet the difference did not influence the correcting process: Neither S1 nor any of the later correctors unifies Septuagint and New Testament in that regard. They all allow the difference to stand. This indicates that the wording of the New Testament text was controlled by another New Testament manuscript of Matthew and not by the Isaiah-folio of the Codex Sinaiticus.

Codex Vaticanus corroborates our analysis. There Is 7:14 has καλέσεις, Mt 1:23 καλέσουσιν, and neither the scribe nor a corrector co-ordinate the alternatives. Moreover 7:14 B reads (ἐν γαστρὶ) λήμψεται instead of (ἐν γαστρὶ) ἕξει Mt 1:23, and again no corrector intervenes. To the contrary, the only extant correction augments the number of variants. A corrector working between the 7ᵗʰ and 10ᵗʰ century prefers the atticistic Greek form λήψεται (λήμψεται is Hellenistic). Manifestly the Septuagint and New Testament texts are to be seen separately even when both texts are written in the same scriptorium and incorporated into one physical entity, one codex.

3.3 Additional observations concerning Mt 1:23 and Is 7:14

Our example offers two additional challenges:
1. D and some other witnesses write καλέσεις in Mt 1:23 sounding like Is 7:14 MT/B. As a result the apparatus of Nestle-Aland[27] points to influence from the Septuagint. However, the role of stylistic interests in the textual transmission must be taken into account once more: τέξεται υἱόν καὶ καλέσεις in 1:23 corresponds to τέξεται δὲ υἱόν καὶ καλέσεις in 1:21. Both times Joseph is ordered to give a name to the child of Mary. Hence the witnesses with καλέσεις in 1:23 are probably more influenced by that parallel than by the quoted Septuagint text.

The complexity of the relationship between versions of the source text and the quotation requires the addition of the main witnesses of the Hebrew text (Qumran manuscripts) and more witnesses of the New Testament (D and other majuscules) to the database as soon as possible.
2. ἐν γαστρὶ ἕξει has been reconstructed by Ziegler as the most ancient version of LXX Isaiah. Most of the LXX manuscripts have a different reading despite the fact that this version is quoted in Mt 1:23. Our most ancient witnesses indeed read the future form of ἔχειν (Sinaiticus, Alexandrinus and their allies),

---

18   Cf. M. Menken, Matthew's Bible, BEThL 173, Leuven 2004, 117–131.

but the vast majority of the Hexaplaric and Lucianic texts and the catena groups offer ἐν γαστρὶ λή(μ)ψεται.

Both expressions emphasize different aspects of the Hebrew הרה in combination with ילד: to be pregnant = ἐν γαστρὶ ἔχειν and to become pregnant = ἐν γαστρὶ λαμβάνειν (Gen 16:11; Judges 13:5.7; Is 7:14; 8:3; 26:17). If Is 7:14 is taken out of the picture, we find two distinct patterns of evidence. On the one hand, the birth oracles in Gen and Judges use the verbal form of ἔχειν; on the other hand, two Isaiah passages employ the verbal form of λαμβάνειν. In deciding on the most ancient LXX version of Is 7:14 one has to weigh the possibilities

(a) An originally consistent Isaiah translation (λαμβάνειν) has been adapted to the customary form of birth oracles (ἔχειν)[19] against

(b) Standard birth oracle usage (ἔχειν) has been abandoned to make for a consistent Isaiah usage (λαμβάνειν).

In case (a) Ziegler's reconstruction of Is 7:14 must be disputed. But another point is even more important: whatever decision is made, the development of the Is-text is to be understood within the Septuagint textual tradition proper, and the most widely disseminated Christian version of LXX Isaiah 7:14 keeps ἐν γαστρὶ λή(μ)ψεται in direct conflict with the prominent New Testament version of ἐν γαστρὶ ἕξει (Mt 1:23). Assimilation of the two versions is not an issue in the majority of the later LXX manuscripts.

3.4 Expanded functions for the database

The database may be enlarged in future years, as noted above, which will allow the full potential of the electronic medium to become visible. It is planned to introduce an expanded search function allowing queries across the entire body of evidence, e.g. show all the NT citations from the book of Isaiah with the variants from the 8th to 10th centuries, or show all the corrections to the passages from the Dodekapropheton in LXX and NT manuscripts. Searches like these can only be done by means of a database, and we expect more and better results with more and more data entered.

---

19   Cf. M. Menken, ibid.

4. Reconsidering the theoretical framework for reconstructing the Septuagint and the New Testament

4.1 Editors of the Greek Bible and the Old Testament Quotations in the New Testament: Conflicting Attitudes and Rules of Thumb

Many examples from the database underline the observation illustrated by the first dataset (Mt 2:13/Is 7:14): direct relationships between the transmission of the New Testament and the Septuagint are rarer than is often assumed (cf. the examples in the other papers of the present volume).[20]

This observation not only contradicts the preference of Rahlfs – who suspected that the New Testament had a strong influence upon the text of the Septuagint (cf. § 1) – but also opposite views held by editors of the Greek New Testament. Bruce M. Metzger asserted: "Frequently Old Testament quotations are enlarged from the Old Testament context, or are made to conform more closely to the Septuagint wording".[21]

Even without a closer examination of the evidence both perspectives seem to conflict. It is hard to imagine how both trends can be observed simultaneously without further qualification. Nevertheless, Kurt and Barbara Aland designed "the commonly accepted rule of thumb that variants agreeing with parallel passages or with the Septuagint in Old Testament quotations are secondary" as no. 11 of their "Twelve Basic Rules for Textual Criticism".[22]

The Alands righty warned against a "mechanical" application of such "rules of thumb". And yet, the editors of the New Testament and the Septuagint often preferred the differing textual forms. All these cases must be discussed anew, especially in cases where more conflicting generally accepted rules of thumb are operative.

---

20 Additonal examples in M. Karrer/M. Sigismund/U. Schmid, Das lukanische Doppelwerk (note 15).

21 B. M. Metzger, The Text of the New Testament. Its Transmission, Corruption, and Restoration, 3rd ed., New York/Oxford 1992, 197–198.

22 K. Aland/B. Aland, The Text of the New Testament, 2nd ed., Grand Rapids/Leiden 1989, 281.

4.2 Test cases: LXX Ps 39:7/Hebr 10:5 and Is 40:4; 45:23/ Lk 3:5; Rom 14:11

Hebr 10:5/LXX Ps 39:7		
MT Ps 40:7	LXX Ps 39:7 main mss. (B,S,A,R, pap. Bodmer 24) = Hebr 10,5	LXX Ps 39:7 Rahlfs (so called younger translations, La^G Ga)
אָזְנַיִם כָּרִיתָ לִּי	σῶμα δὲ κατηρτίσω μοι	ὠτία δὲ κατηρτίσω μοι

A classic example of suspicion of the textual tradition of the Septuagint is Rahlfs' reconstruction of Ps 39:7 in the critical edition of 1931. He proposed ὠτία δὲ κατηρτίσω μοι against all the Greek manuscripts of the Septuagint, following instead the younger translations, since the alternative σῶμα agreed with Hebr 10:5.[23]

'Ωτία, to be sure, is a perfect rendering of the Hebrew אזנים from Ps 40:7. But Rahlfs could adduce no single Greek manuscript of Ps 39:7 that would read ὠτία. Instead, even the excellent papyrus Bodmer (LXX ms. 2110), which was not known to Rahlfs, supports σῶμα.

Usually such a constellation of witnesses calls for the reading σῶμα to be adopted as the original reading of the LXX, with ὠτία as a secondary adaptation to the Hebrew. Additionally, whereas σῶμα can be explained as an old free translation (a "totum pro parte" in Greek rhetoric), ὠτία fits the kaige-tendency.

In other words, Rahlfs' distrust of the Christian influence on the LXX tradition made him resort to conjectural emendation rather than accepting the reading of the Greek textual tradition for his reconstruction of the original version of the Septuagint of Ps 39:7. This prejudice even overruled the conflicting evidence from a comparison with the Masoretic text. Consequently the debate was re-opened in the last years. Rahlfs' decision must be viewed with some scepticism.[24]

---

23 Rahlfs, Psalmi cum Odis, 143 ad loc.

24 Cf. Ch. –B. Amphoux/G. Dorival, "Des oreilles, tu m´as creusées" ou "un corps, tu m´as ajusté"? À propos du Psaume 39 (40 TM), 7, in: M. Casevitz, Philologia. Mélanges offerts à Michel Casevitz, Lyon 2006, 315–327: arguing for ὠτία and M. Karrer, LXX Ps 39:7–10 in Hebrews 10:5–7, in: D. J. Human/G. J. Steyn (Edd.), Reception of the Psalms, Edinburgh u.a. (in print): arguing for σῶμα.

Rahlfs and Ziegler: changes in editions of LXX Isaiah		
	Rahlfs	Ziegler	New Testament quotation
Is 40:4 (MT לִבְקְעָה = πεδία)	ἡ τραχεῖα εἰς πεδία (S*, Lucianic mss. etc.)	ἡ τραχεῖα εἰς ὁδοὺς λείας (Sᶜ A etc.)	Lk 3:5 αἱ τραχεῖαι εἰς ὁδοὺς λείας (ℵ, B, A)
Is 45:23 (S*, Lucianic mss. etc. ὀμεῖται = MT תִּשָּׁבַע)	καὶ ἐξομολογήσεται (Sᶜ A etc.) πᾶσα γλῶσσα τῷ θεῷ	καὶ ἐξομολογήσεται (Sᶜ A etc.) πᾶσα γλῶσσα τῷ θεῷ	Rom 14:11 καὶ πᾶσα γλῶσσα ἐξομολογήσεται (𝔓⁴⁶ ℵ, B, A) τῷ θεῷ

Rahlfs' prejudices exemplified from Ps 39:7 are also operative in the reconstruction of Is 40:4 in his „Handausgabe" (pocket edition). S* (scribe B) and Lucianic mss agree with MT in opposition to Sᶜ, A etc. and the New Testament quotation (Lk 3:5 main witnesses, in Sinaiticus scribe D). Again he decided in favour of the reading that agrees with MT.[25] and disagrees with the version found in Lk 3:5.

In Is 45:23 Rahlfs was confronted with the same constellation of evidence: ἐξομολογήσεται (Sᶜ A etc) agrees with the quotation in Rom 14:11. The alternative ὀμεῖται is present in S* and the Lucianic mss and agrees with the MT. In this case, however, Rahlfs decided against ὀμεῖται (see the table above) and in favour of the reading that agrees with Rom 14:11.

Ziegler noticed the inconsistency in Rahlfs' edition and corrected the text (see the table above). In the introduction to his edition of LXX Isaiah he formulated the determining factor: the weight of the manuscripts alone is decisive when parallels with a New Testament quotation clash with a (possibly secondary) parallel with the (proto-)Masoretic text. In our case the quoted ὁδοὺς λείας (the New Testament variant) is preferable.[26] This decision could

---

25 Rahlfs, Septuaginta 1935 (Handausgabe), II 619 and 629 ad locum.

26 In Ziegler's words: „In den beiden Stellen 40,4 und 45,23 stimmt die alexandrinische Überlieferung mit den Zitaten im NT überein. Man könnte vermuten, daß von hier aus die Hss. beeinflußt wären. Jedoch bürgt die Vorzüglichkeit der alexandrinischen Gruppe für die Ursprünglichkeit dieser Lesarten" (in the introduction to his edition of LXX Isaiah, Göttingen 1939, 25).

lead to another rule of thumb: variants agreeing with the MT against good manuscripts and the New Testament quotations are secondary.

Thus decisions based on prejudice are already diminishing. Other crucial parts of the theoretical framework too need to be reconsidered. Rahlfs and Ziegler thought of the Lucianic text as a young recension. Today many scholars concede a proto-Lucianic strand underlying the recension. Therefore the variants πεδία/ὁδοὺς λείας and ὁμεῖται/ἐξομολογήσεται may have competed in New Testament times. A single reconstructed version of the Old Greek does not present the full potential of the textual tradition available in the times of the NT authors.

4.3 The consequence: Acknowledging the complex textual history

The issues addressed in this paragraph show the complexities that need to be addressed when it comes to integrating all the dimensions of the textual history: the substantial independence of NT and LXX transmission, the influences nonetheless between quoted and quoting texts, and the possibility of rival textual forms existing at the same time. Considerable research is necessary to identify prejudices, identify and balance conflicting rules of thumb, and integrate the evidence within a compelling theoretical framework addressing the textual history of the entire Greek Bible of both Testaments. In the following paragraphs we start from the full Bible codices, introducing some of their basic characteristics and proceed to identify and discuss aspects of our findings that merit further attention.

5. Characteristics of the full Bible codices

5.1 The relevance of the codices

As has already been indicated, the fourth-century three and four column complete Bibles, Codices Vaticanus and Sinaiticus, plus the two from the 5th century (Codices Alexandrinus and Ephraemi rescriptus) form the primary point of departure for our research. These codices are not only counted among the most ambitious book productions in history before the invention of printing: they are moreover the first examples of books that comprise both parts of the Christian Bible, i.e. the LXX (= Christian Old Testament) and the NT in one physical entity. As such, these manuscripts are of unique value for studying the interaction (or lack thereof) between a New Testament citation and its LXX source text. Many corrections from the scriptorium and subsequent generations, especially in Codex Sinaiticus, provide additional information for assessing the ongoing interaction between LXX and NT throughout the centuries. As a consequence, we are especially interested in features accompanying the citations in these manuscripts which are clearly secondary, i.e. citation markers and corrections. In what follows, we will first look at the diplai and the introduction of prophets' names into New Testament citation formulae. Secondly, we will look at the famous quotation of Ps 13 in Romans 3 from the perspective of the activity of correctors. Both these examples draw on the brilliant new images of Codex Sinaiticus available on the internet at http://www.codexsinaiticus.org/.

5.2 Quotation markers: Diplai and names

The citation markers in the New Testament sections of the great codices catch the attention of every reader. As an example, we look at the second page of the New Testament part of Codex Sinaiticus, displaying Mt 2:6–3:7 (see screenshot 3). There are passages highlighted by markers in the margin. Such a mark is called a diplê (the term refers to the two = δυό strokes normally forming the sign; the plural is diplai) and show the awareness of the scriptorium that these are citations.

At the passage Mt 2:6 we count eight markers alongside eight lines of text, and at Mt 2:15 we count three diplai alongside three lines of text. In both instances all the lines that contain the respective Septuagint text are marked. Hence there can be little doubt that the diplai function as citation markers.

Such citation markers are present not only in Codex Sinaiticus, but in the other complete Bible codices from the fourth/fifth centuries, i.e. Codex Vaticanus, Codex Alexandrinus and Codex Ephraemi rescriptus. Even more interesting, we can find those markers only in the New Testament parts of the said manuscripts. In other words, the diplê seems to be a one way ticket from the New Testament to the Septuagint source, but not back again.

In two cases on the second page of the New Testament in Codex Sinaiticus we find not only the markers, but also letters: the manuscript provides additional information identifying specific books of the Septuagint as sources for the citations (see screenshot 4). At 2:15 we read ἐν ἀριθμοῖς (in the book of Numbers) and at 2:6 ἠσαΐου (in the book of Isaiah).

The same system is to be found on the first page of the NT in Codex Sinaiticus (see screenshot 5). The ink has faded considerably, but the citation markers against Mt 1:23 and the additional indicator of the prophetic source are readable (ἠσαΐου).

The text of Mt 1:22 reads: "[...] that what was spoken by the Lord through the prophet might be fulfilled [...]", and Mt 2:5: "[...] for thus it is written through the prophet [...]" In both cases the "prophet" has not been given a name. But the text of 1:22 was developed, as stated by B.M. Metzger: "Before τοῦ προφήτου a variety of witnesses [...] insert ἠσαΐου. The name is clearly a scribal explanation, for if it had been present originally there is no adequate reason that would account for its absence from the mass of Greek witnesses."[27]

It is worthy of note that the prophet's name in Codex Sinaiticus occurs in the margin of 1:22. Could the copyists that inserted the name into the running text of Matthew's Gospel have been inspired by such a note in the margin of their exemplar?

The same applies even more pointedly to Mt 2:5. Here B.M. Metzger remarks: „Not content with merely the mention of τοῦ προφήτου several witnesses [...] add Μιχαίου, and ‚it‘ reads per Esaiam prophetam dicentem [...]"[28] Surprisingly, א shows ἠσαΐου in the margin. The reference to Isaiah is evidently wrong, yet the same faulty attribution is found in an Old Latin manuscript of Matthew's Gospel. Although it is pure guesswork to speculate on the reason why the faulty attribution in the margin has not been corrected, it is nevertheless noteworthy that it has been left to stand. Since Sinaiticus contained all the relevant texts to check this attribution, we can at least conclude that in this case no signs of a real verification of its alleged source can be detected. This ties in well with the relative independence of LXX-"Vorlage" and NT-"quotation" in the correction process of the manuscript, as will become apparent in the next paragraph. At first sight Mt 2:15 again offers a problematic identification: the scriptorium provides a reference to Numbers whereas the quotation matches better Hosea 11:1. Origen, however, notes that some prefer to derive this quotation from Num 24:8.[29]

The examples presented reveal a trend to specify unspecified sources. Unnamed prophets receive names even if they are wrong. It would not be wise to suggest that the Latin manuscript has been copied from א Mt 2:5s., but a good case can be made that the Isaiah attribution in the Latin manuscript is derived from a marginal attribution like the one here in Codex Sinaiticus. Generally, Codex Sinaiticus serves as a perfect illustration that marginal attributions of Septuagint quotations existed and therefore could have served as inspiration for including such attributions into the running text of the New

---

27 See screenshot 5.

28 See screenshot 5.

29 In Numeros Homilia XVII.6 (GCS 30, 165); see below chapter II. 2: "Diplés und Quellen-angaben im Codex Sinaiticus"

Testament. The citation markers in Codex Sinaiticus elucidate New Testament
textual variation and developments.

5.3 Correctors: the example of Rom 3:12–18/LXX Ps 13:3

In this famous passage of Romans, Paul vividly declares that all humans fall
short of being acceptable before God. He proves this by his extensive
quotation of scripture. The first part of 3:10–18 is reasonably close to LXX Ps
13:3 (14:3 Hebrew Text). The Hebrew text, however, does not contain most of
what is cited in Rom 3:13–18.

This lack is compensated by a notable sample of Septuagint mss, of which
Codex Sinaiticus and Codex Vaticanus are among the oldest witnesses. These
witnesses show a long text analogous to that in Paul. A. Pietersma translates
Ps 13:3 line 3–10 in ℵ (first hand): "Their throat is an opened grave; with
their tongues they would deceive. Venom of vipers is under their lips, whose
mouth is full of cursing and bitterness. Their feet are swift to shed blood; ruin
and misery are in their ways, and a way of peace they did not know. There is
no fear of God before their eyes."[30]

A century later, Codex Alexandrinus sides with the Hebrew version
leaving out the additional lines in Ps 13:3 LXX. Rahlfs acknowledged that the
longer version of Septuagint Ps 13:3 is present in the most ancient Septuagint
witnesses, but nevertheless concluded this to be a Christian interpolation. This
interpolation, according to Rahlfs, is derived from Romans 3:13–18 and has
been inserted into Ps 13:3 by Christian copyists of the Septuagint.[31]

The matter is complex as is shown by the textual development in ℵ Rom
3:10–18 and Ps 13:3. The diplai in Rom 3 accord with the long text (see
screenshot 6); they are distributed over two columns marking 26 lines of text.
In addition, the scriptorium notes the scriptural source texts in the margin of v.
10: the 13th and 52nd Psalms.

Remarkably enough, the ancient readers knew of the parallels between Ps
13 (short text) and Ps 52 LXX (respectively Ps 14 and Ps 53 Hebrew text).

---

30   http://www.codex-sinaiticus.net/de/manuscript.aspx?book=26&chapter=13&lid=de&side=
     r&zoomSlider=0 (used 2010/01/01). In contrast, A. Pietersma´s translation in A New
     Translation of the Septuagint, (Ed.) by the International Organization for Septuagint and
     Cognate Studies, Oxford 2007, 552–553 prefers the short text. A detailed comparison of the
     Greek text in LXX and Paul is given in M. Karrer/U. Schmid/M. Sigismund:
     Textgeschichtliche Beobachtungen zu den Zusätzen in den Septuaginta-Psalmen (the article
     will be published in: W. Kraus/M. Karrer/M. Meiser (Ed.), Die Septuaginta – Texte,
     Theologien und Einflüsse, WUNT, Tübingen 2010).
31   Cf. above, note 1.

These psalms are doublets with virtually identical texts except for the so called addition. The lines from τάφος ἀνεῳγμένος onwards are only found in Ps 13. Yet again no correction is detectable that seeks to differentiate the two Psalm sources with regard to their differing amounts of parallel text when compared with the passage in Romans 3.

Instead of that, we find a correction in LXX Ps 13:3. Corrector „ca", active some time between the 5th and 7th centuries, marks the difference to the short text (a total of ten lines) with bracket shaped signs at the beginning and end of every single line (see screenshot 7). These deletion marks identify the passage as not belonging to the text of Ps 13. Whatever the source for this identification was – most likely another Psalms manuscript with the shorter version[32] –, it effectively overruled the correspondence with the Pauline passage in Rom 3. In this regard it is also worth pointing out that corrector "ca" was active in both parts of Codex Sinaiticus (LXX and NT). He (or she) also heavily corrected Paul's letter to the Romans; there are even "ca"-corrections in Rom 3.[33] Hence "ca" knew the Pauline version of Ps 13:3 as well. Yet the corrections in the LXX and the NT are made independently: ca does not alter the marginal attributions at Rom 3:10.

The consequence is as follows: the corrector used further manuscripts of the LXX and the NT. His or her interest was agreement with the best available text of the biblical books (in his or her opinion). This purpose was best served by these additional high-quality manuscripts. In sharp contrast, the internal equivalence of LXX (quoted texts) and NT (quotations) was not an issue. The corrector simply ignored it.

As a result, the work of the corrector corresponds to our main observation: the transmission of the New Testament and the Septuagint is less interdependent than is often expected.

5.4 Correctors: the example of John 2:17/Ps 68:10

There is more evidence, not only in Codex Sinaiticus but also in Vaticanus, that correctors of the Septuagint books weakened a correspondence between the source and the respective New Testament citations. Significantly, they did so in spite of the fact that the two competing versions are found within one and the same physical entity. Thus in John 2:17 we find a citation from Ps 68:10

---

32 In the time of the corrector, the Lucianic text of the Psalms was dominant. That textual form is a witness to the short text of Ps 13:3. Therefore the corrector may have used an exemplar of the Lucianic text.

33 See the Sinaiticus e-facsimile of Rom 3:5,19,28,30,31 in http://www.codexsinaiticus.org/en/manuscript.aspx?book=37&chapter=3&lid=de&side=r&verse=13&zoomSlider=0.

(see screenshot 8). The Johannine version exhibits the reading καταφάγεται (future middle), whereas the reconstructed text of the LXX reads the aorist κατέφαγεν. Rahlfs noted in the critical apparatus of the Psalter that S (ℵ) and B also read καταφάγεται. In both manuscripts, however, that reading is later corrected to conform to the standard reading κατέφαγεν.

The correction is made by corrector "C" of Codex Vaticanus, who was also responsible for retracing the fading text of the main hands some time between the 7th and 10th centuries. In Codex Sinaiticus, the corrections was again made by "ca". In both cases the correctors remove the textual correspondence between a New Testament citation and its LXX source in the same physical entity.

This underscores our observation that the Septuagint version remains a text in its own right until late antiquity (and the early middle ages). Even in clearly Christian settings it is transmitted and corrected with remarkable independence from the New Testament versions of the same text.

5.5 Concluding reflection

To be sure, all this – the diplai, the cross-reference in the NT margin and the work of the correctors – does not prove that the longer version of Ps 13:3 could not have been a Christian interpolation. But the burden of proof is shifting. We are lacking empirical data for the Christian insertion of the so-called addition whereas we have proof of the Christian removal of the "interpolation". One may object that this is indicative only of one specific place and time and may not apply to earlier periods. Nevertheless, long cherished prejudices are about to change. The "Christian" shaping of the textual tradition of the Septuagint can no longer be conceived of as a self-evident, let alone pervasive, phenomenon. The arguments must be reviewed in every single case.

A feasible explanation might be to assume an early development of the LXX text. The Hebrew version of the psalm (Ps 14) does not exhibit any additions. Therefore, the short version of LXX Ps 13 is likely to be nearer to the original translation, and should be considered as the Old Greek. Yet the expansion of the psalm may have happened before Paul. That would not least explain the retention of Ps 13 and Ps 52 in the Greek Psalter; these psalms do not look so much like doublets if Ps 13 had a longer text.

The discussion must go on.[34] For the moment it is feasible to conclude that the longer text of Ps 13 is a secondary expansion while at the same time doubting that this expansion must be credited to Christian copyists with a

---

34 See the literature listed in M. Karrer/U. Schmid/M. Sigismund: Textgeschichtliche Beobachtungen zu den Zusätzen in den Septuaginta-Psalmen (see note 30).

knowledge of Paul. In any case, the scribal peculiarities in the great biblical codices have the specific characteristic of becoming windows into the multi-faceted history of the Greek versions of the Hebrew Scriptures.

6. Greek style and idiom as reflected in the quotations

The Wuppertal database shows many differences between Septuagint and New Testament manuscripts referring to stylistic developments in the Greek language. Some of these differences touch on questions of editorial policy. Others provide information about cultural history and lead indirectly to editorial questions.

6.1 Morphological variants and editorial policies

Ps 15:8 (Rahlfs)	LXX main manuscripts	Act 2:25 (Nestle-Aland[27])	NT main manuscripts
8 προωρώμην τὸν κύριον ἐνώπιόν μου διὰ παντός [...]	προορώμην A B S U προωρώμην L′ Bᶜ	25 προορώμην τὸν κύριον ἐνώπιόν μου διὰ παντός [...]	προορώμην ℵ A B* 04 05 08 18* 33 προωρώμην B² 18ᶜ 424 1739

Many differences between Septuagint and New Testament quotations concern matters of style. The temporal augments of composite verbs are thus sometimes lost in Koinê Greek, whereas revisions reintroduce the augments according to classical Greek.

E.g., "I (David) saw the Lord before me" (Ps 15:8/Act 2:25) may be written in the classical form προωρώμην or in the Koinê form προορώμην.[35] Sinaiticus, Alexandrinus and Vaticanus (first hand) all agree in the choice of the Koinê form in Ps 15:8 and Act 2:25. The stylistic preferences of the editors differ, however: The New Testament edition goes along with the main manuscripts and prints the Koinê form. Rahlfs, on the contrary, favours the classical form against the great uncials.

---

35 Cf. F. Blass/A. Debrunner, Grammatik des neutestamentlichen Griechisch. Bearbeitet von F. Rehkopf, Göttingen ¹⁵1979, § 66 with note 4 and 67 note 3; R. Helbing, Grammatik der Septuaginta. Laut- und Wortlehre, 1907 = Göttingen 1979, 73.

From the perspective of the New Testament, the classical form looks innovative; it is introduced into the tradition by a corrector of B and minuscules. Most of the Lucianic manuscripts of the Psalm are similarly recent. Most strikingly, a corrector of B[36], as in Acts 2:25, even alters the Psalm to conform to the classical form. The stylistic development appears to correlate to the history of the Greek language which influences manuscripts of both the New Testament and the Septuagint; by contrast, the influence of the New Testament on the Septuagint text seems a less compelling explanation.

The example is tiny, yet the underlying problem is of some relevance: our editions suggest that there is a difference between the Septuagint and the New Testament. But the real difference does not lie in the main manuscripts, which agree on the Koinê form. It lies in the stylistic choice of the editors. The Wuppertal database brings to light this modern problem – and inspires an editorial dream that, on matters of style, the critical editions of the Septuagint and New Testament should work together in the future in order to avoid deceptive differences.

6.2 Idioms, cultural history and the reconstruction of texts

Ps 15:10 (Rahlfs)	LXX main manuscripts	Act 2:27 (Nestle-Aland[27])	NT main manuscripts
10 ὅτι οὐκ ἐγκαταλείψεις τὴν ψυχήν μου εἰς ᾅδην [...]	ᾅδην B R Sᶜᵃ (τὸν ᾅδην S*) ᾅδου A Lucianic manuscripts are divided between ᾅδην and ᾅδου Ga et alii Latini "in inferno"	27 ὅτι οὐκ ἐγκαταλείψεις τὴν ψυχήν μου εἰς ᾅδην [...]	ᾅδην ℵ A B 04 05 1739 ᾅδου 08 (6th cent.) 18 33 424 Vulgata "in inferno"

A second stylistic problem follows in Ps 15:10. An impressive array of manuscripts there supports εἰς ᾅδην, "into the underworld", as found in the modern text of both Septuagint and New Testament. Yet other important

---

36 The evidence (ω) is too small to identify the hand decisively, but it may be the same corrector as in Act. The correction of the Psalm is not noted in Rahlfs, Psalmi cum Odis, 98 ad loc.

manuscripts differ, e.g. A reads ᾅδου in LXX against ᾅδην NT (without correction in NT or LXX, again indicating the relative independence of LXX and NT transmission).

Indeed, the variant εἰς ᾅδου abbreviates the old Greek idiom "into the house of Hades".[37] Moreover, that idiom dominates the old Septuagint translations (the Pentateuch[38] etc.). It is also found in the Psalms, e.g., Ps 54:16 according to all main manuscripts (cf. Ps 30:18 and 113:25 according to the best manuscripts[39]). The accusative εἰς ᾅδην on the other hand is used only in later books of the Septuagint[40] and eliminates the evocation of the God Hades in favour of the association "underworld".[41]

Therefore εἰς ᾅδου could be preferred as the Old Greek of Ps 15:10. Conversely, in Acts 2:27 the reading εἰς ᾅδην is clearly supported by the best and most ancient witnesses. Only later in the course of the tradition does the reading εἰς ᾅδου appear. This fits with a revival of classical idiom in late antiquity (analogous to the morphological innovation).

The evidence suggests the following textual development for the expression εἰς ᾅδου/ᾅδην:

εἰς ᾅδου		
/	\	
Many manuscripts hand down the old reading (εἰς ᾅδου) in Ps 15:10	Other manuscripts of the Psalter alter the idiom into εἰς ᾅδην roughly between 100 BCE and 100 CE	
	/	\
	εἰς ᾅδην is cited in Act 2:27	sometimes an article is added: e.g., in S (εἰς τὸν ᾅδην)

---

37 εἰς οἶκον ᾅδου = "into the house of Hades" is found in Homer. Even the abbreviated expression εἰς ᾅδου carries the reminiscence of the deity "Hades". In the 5/4th centuries BCE this expression was used by Pherekydes (FHG vol. 1, 70–99; vol. 4, Fr. 66 and 78) and Demosthenes (Or. 13). In the 3d century, it became available to the LXX translators. It was used by them without hesitation as a translation for שְׁאוֹל with preposition or he locale, often in combination with ירד (Gen 37:35; 42:38; 44,29; 44,31; Num 16:30.33; 1Sam 2:6; 1Kön 2:6.9.35; Tob 3:10; Ps 30:18; 54:16; 113:25; Ode 3:6; Amos 9:2; Jes 14:11.15.19; Bar 3:11.19; Ez 31:15.16.17; 32:27).

38 From Gen 37:35 up to Num 16:30.33.

39 Only U is listed with εἰς τὸν ᾅδην in Ps 30:18; only a few Lucianic manuscripts show ᾅδην in Ps 113:25.

40 Tob 13:2; Iob 7:9; 17:16; 3Makk 5:42.

41 Support for this analysis comes from Aquila, Symmachus and Theodotion in the book of Isaiah. All three read εἰς ᾅδην instead of εἰς βάθος (LXX) at Is 7:11. Moreover, in Is 14:11 and 14:15 Symmachus is reported as reading εἰς ᾅδην instead of εἰς ᾅδου (= LXX).

| A classicistic revival in late antiquity (or conscious adaptation to what is perceived as the reading of the LXX) favours εἰς ᾅδου (08 Act 2:27 belongs into the 6th cent.). | |

This analysis takes linguistic progress in Hellenistic times into account. The NT quotation becomes relevant in that it allows a compelling correlation of LXX (older strand) and NT (younger text) with cultural and historical developments. There is a clear benefit for critical editions of the LXX to use the quotations in support of this differentiation; it is difficult to maintain εἰς ᾅδην (Rahlfs text). Even if one refrains from correcting the text of Ps 15:10, the early Christian quotation must be considered in the reconstruction of the Old Greek and the textual history of the Septuagint.

7. Quotations and the development of textual forms in the Greek transmission of the Jewish scriptures

The NT quotations open a window not only on the textual history of the Septuagint as far as the Old Greek is concerned, but also on alternative textual forms, revisions, and so called younger translations. The following examples show potential applications of this.

7.1 The Antiochean Text of the Septuagint and the New Testament: Romans 11:4; 2 Cor 6:16

One of the textual forms of the Septuagint, the Antiochean text, was for a long time considered to be a late revision (end of the 3rd century CE).[42] But the revision used an old base text, which has become increasingly visible in recent years.[43] In Wuppertal, Siegfried Kreuzer has paid special attention to this textual form. Connections between New Testament quotations and the Antiochean Text indeed exist and merit special attention concerning the early date of this textual form:

---

42 See e.g. Rahlfs, Psalmi cum Odis, 60.

43 The Antiochean text of the Septuagint has been well reconstructed for the historical books: see N. Fernández Marcos/J. R. Busto Sáiz, El texto antioqueno de la Biblia griega I–III, TECC 50/53/60, Madrid 1989/1992/1996.

Rom 11:4 and LXX 3 Kingdoms 19:18 Rahlfs and Antiochean text		
Rom 11:4 critical text according to $\mathfrak{P}^{46}$ ℵA B	LXX 3 Kingdoms 19:18 Rahlfs	LXX 3 Kingdoms 19:18 Antiochean text
ἀλλὰ τί λέγει αὐτῷ ὁ χρηματισμός; κατέλιπον ἐμαυτῷ ἑπτακισχιλίους ἄνδρας, οἵτινες <u>οὐκ ἔκαμψαν γόνυ τῇ Βάαλ</u> variants: $\mathfrak{P}^{46}$ 02 κατέλειπον (stylisitic alteration) 02 τονυ instead of γόνυ (slip of the pen)	καὶ καταλείψεις ἐν Ισραηλ ἑπτὰ χιλιάδας ἀνδρῶν πάντα γόνατα ἃ οὐκ ὤκλασαν γόνυ τῷ Βααλ	καὶ καταλείψων ἐξ Ἰσραὴλ ἑπτὰ χιλιάδας ἀνδρῶν, πάντα τὰ γόνατα ἃ <u>οὐκ ἔκαμψαν γόνυ τῇ Βάαλ</u>

Paul uses a *Vorlage* of the Antiochean type in Romans 11:4 by understanding Baal as feminine (evoking αἰσχύνη, shame). Rahlfs´ edition of the Septuagint adapts the Greek form to the Hebrew masculine (the ancient God Baal) against Paul. Yet, the masculine is found particularly in kaige-texts (as in the kaige-sections of the historical books in codex B).[44] Hence Rahlfs may rely on a comparatively young text.

A second observation underlines a tendency already noted: A and B both have the masculine in the Septuagint (in Sinaiticus, 3 Kingdoms is lost), yet the feminine in the New Testament. Neither a scribe nor a corrector adjusts the quotation or the quoted text.

This leads to two observations. Firstly, the Antiochean text of Kingdoms was available in New Testament times and used by Paul regardless of the emergence of the kaige text. The Antiochean text seems to be nearer to the Old Greek than the Rahlfs text.[45] Secondly, the major scriptoria in the 4th and 5th centuries were not interested in bringing LXX and NT textual versions into correspondence with one another; the great codices can therefore be used as solid witnesses in both areas, Septuagint and New Testament.

---

44   The recently discovered folios of Sinaiticus witness to the same kaige-phenomenon in Judges 10:6: see Martin Karrer, The New Leaves of Sinaiticus Judges, to be published in W. Kraus/M. Karrer/M. Meiser (Hrsg.), Die Septuaginta – Texte, Theologien und Einflüsse, WUNT, Tübingen 2010.

45   See S. Kreuzer, Die Bedeutung des antiochenischen Textes der Septuaginta für das Neue Testament § 6.1, in the present volume.

2 Cor 6:16 and Ez 37:27 Ziegler; Rahlfs (main manuscripts A B; missing in S) M; p^{967} and Antiochean text[46]					
2 Cor 6:16 critical text according to $\mathfrak{P}^{46}$ ℵ B (text missing in A)	MT Ez 37:27	LXX Ez 37:27 Ziegler (cf. A)	LXX Ez 37:27 Rahlfs-Hanhart (cf. B)	p^{967}	LXX 3 King-doms 19:18 Antio-chene text
καὶ ἔσομαι **αὐτῶν** θεός, καὶ αὐτοὶ ἔσονταί **μου** (D F G etc.**μοι**) λαός	וְהָיִיתִי לָהֶם לֵאלֹהִים וְהֵמָּה יִהְיוּ־לִי לְעָם	καὶ ἔσομαι **αὐτοῖς** (A B) θεός καὶ αὐτοὶ ἔσονταί **μοι** (following A) λαός And I will be God to them, and they shall be people for me (correspon-ding to the grammar of MT)	καὶ ἔσομαι **αὐτοῖς** θεός καὶ αὐτοί **μου** ἔσονται (variant and word order following B) λαός	καὶ ἔσομαι **αὐτῶν** θεός, καὶ αὐτοὶ ἔσονταί **μοι** λαός	καὶ ἔσομαι **αὐτῶν** θεός, καὶ αὐτοὶ ἔσονταί **μου** λαός And I will be their God, and they shall be my people (free translati on)

Another example of the influence of the Antiochean text is found in 2 Cor 6:16. Here, Paul cites Ez 37:27 in 2 Cor 6:16 with the two variants αὐτῶν and μου against the critical text. Both variants agree exactly with the Antiochean text. Moreover, the manuscripts show a development of the text of the Septuagint in the centuries after Paul. Papyrus 967 (first half of the 3rd cent.) and Codex Vaticanus occupy a middle place between Antiochean and Ziegler-

---

46   p^{967} is collated in an appendix to Ziegler´s edition (for Ez 37:27 see J. Ziegler, Ezechiel. Mit einem Nachtrag von D. Fraenkel. Septuaginta – auctoritate Academiae Scientiarum Gottingensis 16.1, Göttingen ³2006, 344).

Alexandrinus-text; p[967] supports αὐτῶν and B supports μου in the Antiochean text (the latter with a different word order). A century later, Codex Alexandrinus maintains both of the variants, αὐτοῖς and μοι, against the Antiochean tradition. Remarkably, the readings and word order of A concur with the Masoretic Text.

The array of witnesses therefore allows the following hypothesis:

- A proto-Antiochean form of the text was current in New Testament times and was used by Paul.
- At about the same time a reworking of the Septuagint text was begun by adapting the text more strictly to the protomasoretic text. Phases of the reworking can be identified in p[967] and B.
- Finally, Codex Alexandrinus follows the reworked text completely.

If this line of reasoning is correct, by following A the critical edition of LXX Ez has paradoxically chosen a younger form of the text. The correction of the critical text (Ziegler) should be borne in mind. Even if we hesitate to amend Ziegler, another result is certain: the proto-Antiochean text of Ez (or at least part of it[47]) was current in the first century. The Antiochean text undoubtedly presents an old textual form, not only in the Historical books.

Most of the Ez quotations in the New Testament are not significant, as there is no difference in these verses between the Antiochean and main reconstructed text of the LXX. On the other hand, an initial check of the Jeremiah quotations in the New Testament shows that none of the New Testament Jeremiah variants corresponds significantly to the Antiochean text. Not even Hebrews 8:8–12, the longest quotation overall in the New Testament, shows evidence of Antiochean peculiarities. This means that we must examine every quotation and every book of the Septuagint on its own. Perhaps the Antiochean text was widespread only for some books of the Septuagint.[48]

---

47 A complete verification is impossible since we have few early quotations.

48 A comprehensive analysis is still awaited. The Psalm quotations in Hebrews could be of special interest for further research: Πυρός φλόγα in Hebr 1:7 is reminiscent of some Antiochean manuscripts of LXX Ps 103:4; ἑλίξεις in 1:12 matches the Antiochean text of LXX Ps 101:27 etc. Other manuscripts support these readings (see Bo Sa and cf. A^c in LXX Ps 103:4; A B and others in LXX Ps 101:27). The New Testament author seems to use a textual form of his times, which has affinities to the (later) Antiochean text. Nevertheless Rahlfs proposes New Testament influence in these cases (in A. Rahlfs (ed.), Septuaginta: Vetus Testamentum graecum: Psalmi cum Odis, Göttingen 1931, 246.255 and 258 ad loc). But more recent research has put forward a good opposing case: cf. U. Rüsen-Weinhold, Der Septuagintapsalter im Neuen Testament, Eine textgeschichtliche Untersuchung, Neukirchen-Vluyn 2004; and esp. S.E. Docherty, The Text Form of the OT Citations in Hebrews Chapter 1 and the Implications for the Study of the Septuagint, NTS 55, 2009, 355–365. Cf. some variants in Hebr 3:7–11/LXX Ps 94:7–11 too (discussion in G. J. Steyn, A Quest for the Assumed Septuagint Vorlage of the Explicit Quotations in Hebrews, Göttingen 2010 ad loc.).

7.2 A relict of "kaige": Act 2:18

The main overall characteristic of the above-mentioned kaige revision (or better kaige-tendency) was a closer approximation of the Greek tradition to the phonetic, graphic and syntactic appearance of the Hebrew (proto-Masoretic) text. One of the special features was the stereotypical rendering of the Hebrew וגם with καίγε. In the New Testament we encounter this feature in the long citation from the book of Joel in Acts 2. We read καίγε (Acts 2:18) instead of the standard Greek translation with simple καί as in Joel 2:29 LXX (MT Joel 3:2). This is presumably a glimpse of the „kaige"-tendency.[49]

Acts 2:18	Joel 3:2	LXX variants S,A,B
καί γε ἐπὶ τοὺς δούλους μου καὶ ἐπὶ τὰς δούλας μου ἐν ταῖς ἡμέραις ἐκείναις ἐκχεῶ ἀπὸ τοῦ πνεύματός μου, [καὶ προφητεύσουσιν.]	καὶ ἐπὶ τοὺς δούλους καὶ ἐπὶ τὰς δούλας ἐν ταῖς ἡμέραις ἐκείναις ἐκχεῶ ἀπὸ τοῦ πνεύματός μου	καί] + γε A καί] καιγε S δούλους S*] + μου A,B δούλας S*,B] + μου A

7.3 LXX-Quotations in the New Testament and in Philo

Some of Philo's citations exhibit parallel readings with citations that are found in Hebrews, as for example Heb 4:4 and 13:5b. Especially important is the close agreement between Philo, conf. 166 and Heb 13:5b, the exact wording of which is notoriously difficult to pin down in the LXX (Dtn 31:6.8 etc.). The Wuppertal project is therefore involved in entering citations from Philo too into the database for comparative studies.

Parallel Greek versions in Philo and Hebrews		
LXX	Philo	Heb
Gen 2:2 καὶ συνετέλεσεν ὁ θεὸς ἐν τῇ ἡμέρᾳ τῇ	post. 64 δηλώσει δὲ καὶ αὐτὸς ἐν τῷ τῆς	Heb 4:4 εἴρηκεν γάρ που περὶ τῆς

---

49   Cf. G. J. Steyn, Septuagint Quotations in the Context of the Petrine and Pauline Speeches of the Acta Apostolorum, CET 12, Kampen 1995, 72–98; M. Karrer, Die Entstehungsgeschichte der Septuaginta und das Problem ihrer maßgeblichen Textgestalt, in: ders./W. Kraus/M. Meiser (Edd.), Die Septuaginta – Texte, Kontexte, Lebenswelten, WUNT I 219, Tübingen 2008, 40–62, esp. 44f.

ἕκτῃ τὰ ἔργα αὐτοῦ, ἃ ἐποίησεν, καὶ κατέπαυσεν τῇ ἡμέρᾳ τῇ ἑβδόμῃ ἀπὸ πάντων τῶν ἔργων αὐτοῦ, ὧν ἐποίησεν.	κοσμοποιίας ἐπιλόγῳ φάσκων· "καὶ κατέπαυσεν <u>ὁ θεὸς ἐν τῇ ἡμέρᾳ τῇ ἑβδόμῃ ἀπὸ πάντων τῶν ἔργων αὐτοῦ ὧν ἐποίησε</u>[...]"	ἑβδόμης οὕτως· καὶ κατέπαυσεν <u>ὁ θεὸς ἐν τῇ ἡμέρᾳ τῇ ἑβδόμῃ ἀπὸ πάντων τῶν ἔργων αὐτοῦ</u>
Dtn 31:6.8 ἀνδρίζου καὶ ἴσχυε, μὴ φοβοῦ μηδὲ δειλία μηδὲ πτοηθῇς ἀπὸ προσώπου αὐτῶν, ὅτι κύριος ὁ θεός σου ὁ προπορευόμενος μεθ' ὑμῶν ἐν ὑμῖν οὐ μή σε ἀνῇ οὔτε μή σε ἐγκαταλίπῃ. 8 καὶ κύριος ὁ συμπορευόμενος μετὰ σοῦ οὐκ ἀνήσει σε οὐδὲ μὴ ἐγκαταλίπῃ σε· μὴ φοβοῦ μηδὲ δειλία. Gen 28:15 καὶ ἰδοὺ ἐγὼ μετὰ σοῦ διαφυλάσσων σε ἐν τῇ ὁδῷ πάσῃ, οὗ ἐὰν πορευθῇς, καὶ ἀποστρέψω σε εἰς τὴν γῆν ταύτην, ὅτι οὐ μή σε ἐγκαταλίπω ἕως τοῦ ποιῆσαί με πάντα, ὅσα ἐλάλησά σοι. Jos 1:5 οὐκ ἀντιστήσεται ἄνθρωπος κατενώπιον ὑμῶν πάσας τὰς ἡμέρας τῆς ζωῆς σου, καὶ ὥσπερ ἤμην μετὰ Μωυσῆ, οὕτως ἔσομαι καὶ μετὰ σοῦ καὶ οὐκ ἐγκαταλείψω σε οὐδὲ ὑπερόψομαί σε.	conf. 166 διόπερ λόγιον τοῦ ἵλεω θεοῦ μεστὸν ἡμερότητος ἐλπίδας χρηστὰς ὑπογράφον τοῖς παιδείας ἐρασταῖς ἀνήρηται τοιόνδε· "οὐ μή σε <u>ἀνῶ</u>, <u>οὐδ' οὐ μή σε ἐγκαταλίπω</u>".	Hebr 13:5b αὐτὸς γὰρ εἴρηκεν· οὐ μή σε <u>ἀνῶ οὐδ' οὐ μή σε ἐγκαταλίπω</u>,

7.4 New Testament quotations and so called young translations

As noted, forerunners of the three young translations (Aquila, Symmachus, Theodotion) came into existence in the first century of the Christian era. Hence it comes as no surprise to find some of that material already in the New Testament.

Dtn 32:35 MT	LXX Dtn 32:35/Od 2:35	Symmachus = Sy^h	Röm 12:19 = Hebr 10:30
לִי נָקָם וְשִׁלֵּם (fragliche Punktierung)	ἐν ἡμέρᾳ ἐκδικήσεως ἀνταποδώσω	(reconstruction by Latin:) mihi ultio et retribuam	ἐμοὶ ἐκδίκησις ἐγὼ ἀνταποδώσω

The reception of the Song of Moses offers a good example. Paul (Rom 12:19) and Heb 10:30 cite Dtn 32:35 in a version that is otherwise known under the name of Symmachus ἐμοὶ ἐκδίκησις, ἐγὼ ἀνταποδώσω ("mihi ultio et retribuam"[50]).

7.5 Quotations and variants of different origin: Heb 8:8–12 as a test case

The longest quotation in the New Testament confronts us with a rather complex textual situation: The citation in Heb 8:8–12 appears basically to be close to the Old Greek of Jer 38:31–34 (LXX). There are, however, variants in the New Testament and LXX versions that merit a more detailed discussion than can be offered here. We therefore concentrate on a small sample of readings which provide an overview of the possible affiliations of these variants with versions of the Greek text of Jer current in the 1st century.

One such reading can be paralleled with the more recent textual developments in Jer. In Heb 8:8 the quotation uses συντελέσω ἐπὶ [...] διαθήκην καινήν rather than the uncontested διαθήσομαι [...] διαθήκην καινήν of Jer 38:31 LXX. The lexical alternative stresses the anticipated perfection of the completed new covenant. Strikingly, the same verb is used in the Greek translation of Jer 38:31 associated with Symmachus (and Syh). Symmachus is indeed interested in stressing this particular notion with regard to a future covenant that God is committed to make with Israel. This may be gathered

---

50 Cf. W. Baars, New Syro-Hexaplaric Texts, Diss. Leiden 1968, 95.144.148.

from his version of Is 61:8, where he replaces another διαθήσομαι with his favourite συντελέσω. The author of Hebrews on the other hand employs the compound συντελέω only here, whereas he usually resorts to the simple τελειόω in order to express perfect accomplishment (see Heb 2:10, 9:9; 10:1). Hence the choice of words in the Hebrews citation at that point is most naturally associated with a revision of the passage already in existence in the late 1ˢᵗ cent. intending a particular notion of the expected future covenant between God and the people of Israel.

However, the text has not been revised as a consequence of this. Important parts of the Old Greek are preserved. E.g., a reading in Heb 8:11 parallels the most ancient version of the Septuagint of Jer 38:34: The Hebrew lexeme רע is only rarely rendered by πολίτης in the Septuagint, the most common translation being πλήσιον. According to Ziegler, there are only three such renderings in Proverbs and one uncontested in Jer 36:23.[51] Based on these observations, Ziegler reconstructs πολίτης as the original reading of the Septuagint in Jer 38:34 and judges πλήσιον to be a "späterer Ersatz für πολίτης"[52]. At Jer 38:34, however, the vast majority of Greek manuscripts, with the exception of Codices Sinaiticus and Vaticanus,[53] read πλήσιον and not πολίτης. Heb 8:11, which also reads πολίτην,[54] becomes an additional witness to the most ancient version of Jer 38:34 at this particular point.[55]

In contrast, it is worth noting that some later New Testament witnesses at this point seem to have come under the influence of the dominant Jer-reading πλήσιον; Cyril of Alexandria, P and some minuscules read πλήσιον. A stylistic development coincides with the usage of the LXX. New Testament transmission is not completely free from LXX influence.

Our final example touches on the rendering of יהוה נאם (which occurs three times in the Hebrew Jeremiah passage). Ziegler reconstructed φησὶ κύριος as equivalent in LXX Jer 38:31.32.33 and opposed the LXX text to the Hebrews citation, where we read λέγει κύριος three times (Heb 8:8.9.10). The readings are uncontested in the New Testament textual tradition, whereas the first φησὶ κύριος in LXX Jer is only attested by B-106' and C', thus encountering strong opposition from Codex Alexandrinus and the Lucianic

---

51   J. Ziegler, Ieremias – Baruch, Threni, Epistula Ieremiae, Septuaginta – auctoritate Academiae Scientiarum Gottingensis, 15, Göttingen 1957, 45.

52   Ibid.

53   Codex Alexandrinus reads ἀδελφόν.

54   This reading is virtually uncontested, because all the ancient manuscripts (p⁴⁶ אA B etc.) and the Byzantine majority agree here.

55   Instances like these are usually overlooked by those who routinely suspect the influence of the New Testament version upon the textual tradition of the Septuagint.

recension. These witnesses read λέγει κύριος in 38:31. In the other occurrences, however, φησὶ κύριος is virtually uncontested.

At first sight this looks like a minor difference, since it has no bearing on the interpretation of the passages. The transition from φησὶ to λέγει κύριος could be viewed as a later stylistic change. The two renderings of נאם יהוה, however, constitute a major part of the evidence collected by Thackeray[56] and Tov[57] in order to support the view that there were two versions of the Greek book of Jeremiah, either translated independently (Thackeray) or following a revision (Tov).

In any case, there appears to be a discrepancy in the Greek vocabulary used to render the same Hebrew lexemes between the first part of the book of Jeremiah (1–28) and the second (29–52 and Bar 1:1–3:8). E. Tov called the two parts Jer a' and Jer b'. In his view Jer b' was a revision of Jer a' and both parts now coexist in the manuscript tradition of Jeremiah (LXX) as a combined version. In other words: Jer a' only extends until Jer 28. From then onwards Jer b' replaces the second part of Jer a', which is lost to us in its original form but only available through the revised version of Jer b' (Jer 29–52). A prominent example of the shift in vocabulary between the two parts is λέγει κύριος (predominently confined to Jer a') versus φησὶ κύριος (predominantly confined to Jer b').[58] If we adopt this model, an intriguing possibility arises with regard to the citation from Heb 8:8–10 which three times has λέγει κύριος, considered to be characteristic of Jer a'. Since the cited passage comes from the second part of Jeremiah, we could even venture to suggest that the Hebrews citation may ultimately hark back to a version that is in parts closer to the lost second part of Jer a' than any other witness known to us today. Hence this New Testament citation may provide an even older version of the old revised translation upon which our extant textual tradition is based.

We note, however, the disagreement in research concerning the textual history of Jer.[59] The primary interest of the Wuppertal project is to collect the relevant data. The interpretation must be subject to ongoing research. The above analysis is therefore open to revision.

---

56   H. St. J. Thackaray, The Greek Translators of Jeremiah, JThS 4, 1903, 245–266.

57   E. Tov, The Septuagint Translation of Jeremiah and Baruch. A Discussion of an Early Revision of the LXX of Jeremiah 29–52 and Baruch 1:1–3:18, HSM 8, Ann Arbor 1976.

58   Tov, Septuagint Translation, 69–70.161.

59   H.-J. Stipp, Das masoretische und alexandrinische Sondergut des Jeremiabuches, Freiburg 1994, 17–27.

8. Conclusions

The Wuppertal research project, the database tool for the quotations and the evaluation of different paradigms have led to valuable results. All the data confirms "cum grano salis" the break of research introduced by Kraft and Hanhart[60] in showing that:

-   The New Testament authors integrate quoted texts into the context of their writings, occasionally adapting motifs and syntax (especially at the beginning and the end of the quotations). Yet they usually follow extant textual forms for the heart of the quotations.
-   Early Christian transmission faithfully preserves the forms of the quoted texts (LXX) as well as the quotations (NT). A detailed examination reveals less interdependence of LXX and NT transmission than has often been assumed (see § 4.1).

New Testament quotations have therefore gained an importance for the textual criticism of the Old Testament. The database (see § 3) helps to reconstruct the textual history of the Greek Bible by collecting and presenting the various versions of the quotations and their respective source texts. The analysis of the full Bible codices deepens our knowledge of ancient scriptoria, their quotation markers and correctors. Corrections to the present critical edition of the Septuagint are suggested in more than one case. Stylistic decisions, the value and grouping of manuscripts, the assessment of the Antiochean text and other issues must be thoroughly reviewed and adjusted accordingly (see §§ 4.2–7.1).

Moreover, the citations (and corrections) in the manuscript tradition provide a rich picture of the different textual forms of the Greek OT in use at the time of the New Testament and in the course of the ongoing textual tradition. Particular characteristics of the text go back – sometimes surprisingly – to the earliest times of the Greek OT. Others indicate later textual developments (kaige, Symmachus etc.). Others even point to the cultural shaping and metamorphosis of Greek religious idioms. A quotation may even interweave old and new elements (see §§ 7.2–7.5).

These quotations thus open a window for fascinating views into the ancient world, the peculiarities of its textual transmission and at the same time its cultural and theological dynamics.

---

60   See § 1 with notes 6 and 7.

Literatur:

K. Aland/B. Aland, The Text of the New Testament, 2nd ed., Grand Rapids/Leiden 1989.

Ch.-B. Amphoux/G. Dorival, "Des oreilles, tu m´as creusées" ou "un corps, tu m´as ajusté"? À propos du Psaume 39 (40 TM), 7, in: M. Casevitz (Ed.), Philologia. Mélanges offerts à Michel Casevitz, Lyon 2006, 315–327.

W. Baars, New Syro-Hexaplaric Texts, Diss. Leiden 1968.

J. Baiter/H. Sauppe, Oratores Attici, Zürich 1850, repr. Hildesheim 1967, 251–257.

D. Barthélemy, Les devanciers d'Aquila. Première publication intégrale du texte des Fragments du Dodécaprophéton, trouvés dans le désert de Juda, précédée d'une étude sur les traductions et recensions grecques de la Bible réalisées au premier siècle de notre ère sous l'influence du Rabbinat palestinien, VT.S 10, Leiden 1963.

F. Blass/A. Debrunner, Grammatik des neutestamentlichen Griechisch. Bearbeitet von F. Rehkopf, Göttingen ^{15}1979.

H.-J. Fabry, Die griechischen Handschriften vom Toten Meer, in: ders./U. Offerhaus (Edd.), Im Brennpunkt: die Septuaginta. Studien zur Entstehung und Bedeutung der Griechischen Bibel, BWANT 153, Stuttgart u.a. 2001, 131–154.

N. Fernández Marcos, Einführung in den antiochenischen Text der griechischen Bibel in den Samuel- und Königsbüchern (1–4 Kön LXX), in: S. Kreuzer/J. P. Lesch (Edd.), Im Brennpunkt: Die Septuaginta. Studien zur Entstehung und Bedeutung der Griechischen Bibel 2, BWANT 161, Stuttgart u.a. 2004, 177–213.

N. Fernández Marcos/J. R. Busto Sáiz, El texto antioqueno de la Biblia griega I – III, TECC 50/53 / 60, Madrid 1989/1992/1996.

P. J. Gentry, Old Greek and Later Revisors: Can we Always Distinguish Them?, in: A. Voitila/J. Jokuranta (Edd.), Scripture in Transition. Essays on Septuagint, Hebrew Bible, and Dead Sea Scrolls, FS R. Sollamo, JSJ.Suppl. 126, Leiden 2008, 301–327

R. Hanhart, Das Neue Testament und die griechische Überlieferung des Judentums, in: F. Paschke u.a. (Ed.), Überlieferungsgeschichtliche Untersuchungen, TU 125, Berlin 1981, 293–303.

R. Hanhart, Die Bedeutung der Septuaginta in neutestamentlicher Zeit, ZThK 81, 1984, 395–416.

R. Helbing, Grammatik der Septuaginta. Laut- und Wortlehre, 1907 = Göttingen 1979.

M. Karrer, Der Brief an die Hebräer Kapitel 5:11–13:25, ÖTK 20,2, Gütersloh 2008, 112–119.

M. Karrer, Die Entstehungsgeschichte der Septuaginta und das Problem ihrer maßgeblichen Textgestalt, in: ders./W. Kraus/M. Meiser (Edd.), Die

Septuaginta – Texte, Kontexte, Lebenswelten, WUNT I 219, Tübingen 2008, 40–62.

M. Karrer, LXX Ps 39:7–10 in Hebrews 10:5–7, in: D. J. Human/G. J. Steyn (Edd.), Reception of the Psalms, Edinburgh u.a. (in press).

M. Karrer/W. Kraus/M. Meiser: Die Septuaginta – Texte, Kontexte, Lebenswelten, WUNT 219, Tübingen 2008 (a congress volume which will be followed by a second volume in WUNT 2010).

M. Karrer/U. Schmid/M. Sigismund: Das lukanische Doppelwerk als Zeuge für den LXX-Text des Jesaja-Buches, in: H. Ausloos u.a. (Ed.), Florilegium Lovaniense. FS Florentino García Martínez, BEThL 224, Leuven u.a. 2008, 253–274.

M. Karrer The New Leaves of Sinaiticus Judges, to be published in: W. Kraus/M. Karrer/M. Meiser (Edd.), Die Septuaginta – Texte, Theologien und Einflüsse, WUNT, Tübingen 2010.

R. Kraft, Christian Transmission of Greek Jewish Scriptures. A Methodological Probe, in: E. de Boccard, Paganisme, Judaisme, Christianisme: Influences et affrontements dans le monde antique, Ouvrage publie avec le concours de l'Universite des Sciences Humaines de Strasbourg, Paris 1978, 207–226 = http://ccat.sas.upenn.edu/gopher/other/ journals/kraftpub/Transmission%20of%20Gk-Jewish%20Scriptures (used 2009/08/1).

S. Kreuzer, Towards the Old Greek. New Criteria for the Evaluation of the Recensions of the Septuagint (especially the Antiochene/Lucianic Text and the Kaige-Recension), in: M. K. H. Peters, XIII Congress of the International Organization for the Septuagint and Cognate Studies, SCS 55, Atlanta 2008, 239–253.

M. Labahn, Ausharren im Leben, um vom Baum des Lebens zu essen und ewig zu leben. Zur Textform und Auslegung der Paradiesgeschichte der Genesis in der Apokalypse des Johannes und deren Textgeschichte, in: H. Ausloos u.a. (Ed.), Florilegium Lovaniense. FS Florentino García Martínez, BEThL 224, Leuven u.a. 2008, 291–316.

M. Labahn, Die Septuaginta und die Johannesapokalypse, in: Jörg Frey/James A. Kelhoffer/Franz Tóth (Edd.), Die Johannesapokalypse: Kontexte und Konzepte/The Revelation of John: Contexts and Concepts, WUNT, Tübingen 2009 (in press).

M. Menken, Matthew's Bible, BEThL 173, Leuven 2004.

B. M. Metzger, The Text of the New Testament. Its Transmission, Corruption, and Restoration, 3rd ed., New York/Oxford 1992.

K. Müller (Ed.), Fragmenta historicorum Graecorum, Bd. 1, Paris 1841; Bd. 4, Paris 1851.

A. Rahlfs/D. Fraenkel, Septuaginta: Vetus Testamentum Graecum. Suppl.: Verzeichnis der griechischen Handschriften des Alten Testaments, Bd.

1,1: Die Überlieferung bis zum VIII. Jahrhundert, Göttingen 2004, 372–373.

A. Rahlfs (Ed.), Psalmi cum odis, Septuaginta – auctoritate Academiae Scientiarum Gottingensis, 10, Göttingen 1931 (³1979).

A. Rahlfs, Septuagintastudien I–III. Heft 2: Der Text des Septuaginta-Psalters, nebst einem Anhang, Griechische Psalterfragmente aus Oberägypten nach Abschriften von W. E. Crum, Göttingen 1965.

J. Schäfer, Die 50 Bibelhandschriften des Eusebius für Kaiser Konstantin. Der Katholik 4 F., XI, 1913, 90–104.

F. Siegert, »Expliquer l'écriture par elle-même«. Origine et vicissitude d'une maxime »Protestante«, Etudes Theologiques et Religieuses 71, 1996.

Th. C. Skeat The Codex Sinaiticus, the Codex Vaticanus and Constantine, Journal of Theological Studies ns 50, 1999, 583–625 = J. K. Elliott (Ed.), The Collected Biblical Writings of T.C. Skeat, NT.S 113, Leiden/Boston 2004, 193–240.

H.–J. Stipp, Das masoretische und alexandrinische Sondergut des Jeremiabuches, Freiburg 1994

H. B. Swete, Introduction to the Old Testament in Greek, Cambridge 1902.

H. St. J. Thackeray, The Greek Translators of Jeremiah, Journal of Theological Studies os 4, 1903, 245–266.

The International Organization for Septuagint and Cognate Studies (Ed.), A New Translation of the Septuagint, Oxford 2007.

E. Tov, The Septuagint Translation of Jeremiah and Baruch. A Discussion of an Early Revision of the LXX of Jeremiah 29-52 and Baruch 1:1–3:18, HSM 8, Ann Arbor 1976.

E. Ulrich, The Dead Sea Scrolls and the Origins of the Bible, Studies in the Dead Sea Scrolls and Related Literature, Grand Rapids 1999.

C. Wendel, Der Bibel-Auftrag Kaiser Konstantins, ZfB LVI, 1939, 165–175.

J. Ziegler (Ed.), Ezechiel. Mit einem Nachtrag von D. Fraenkel. Septuaginta – auctoritate Academiae Scientiarum Gottingensis 16.1, Göttingen ³2006.

J. Ziegler (Ed.), Ieremias – Baruch, Threni, Epistula Ieremiae, Septuaginta – auctoritate Academiae Scientiarum Gottingensis, 15, Göttingen 1957.

Screenshots

Screenshot 1

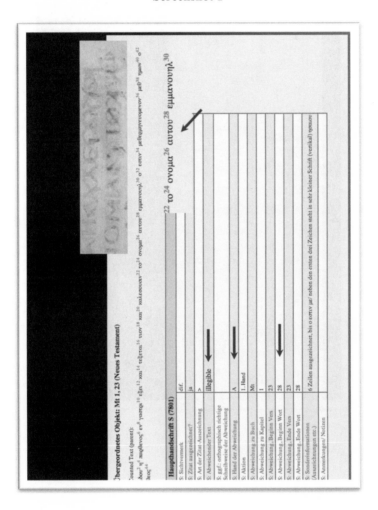

Screenshot 2

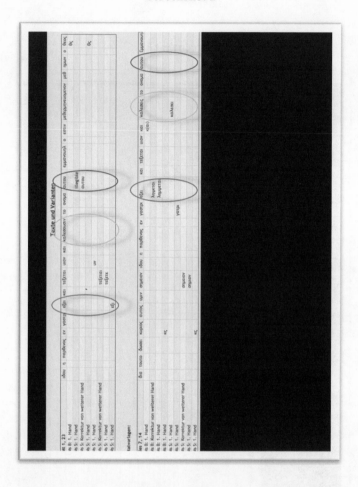

Screenshot 3

Screenshot 4

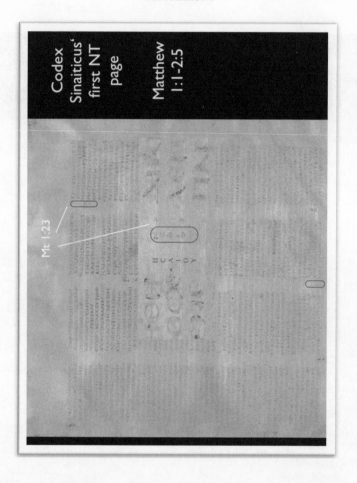

Screenshot 5

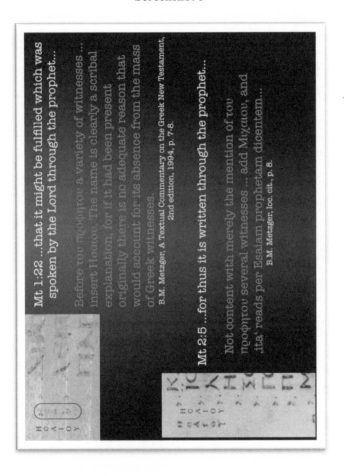

Screenshot 6

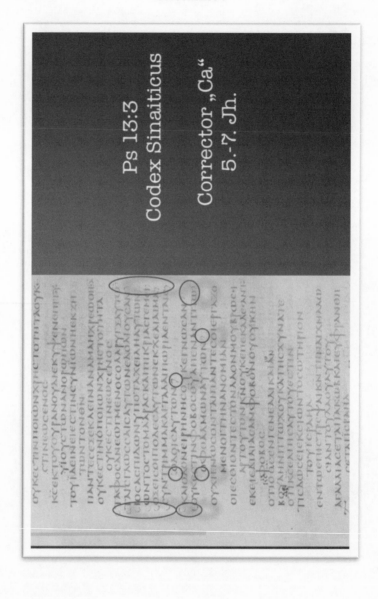

Screenshot 7

Screenshot 8

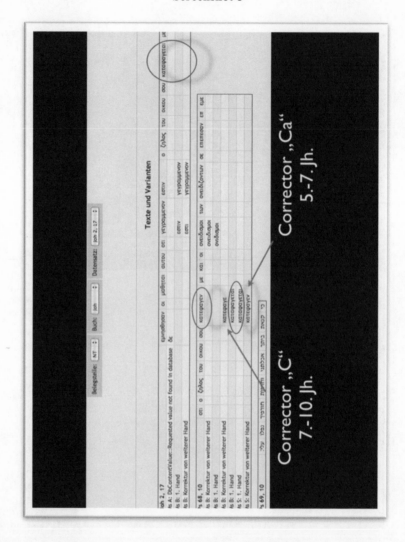

Septuagintazitate reloaded

Anmerkungen zum Aufbau einer Datenbank und niederschwelliger Applikationen zur Erfassung und Auswertung der Septuagintazitate im Neuen Testament

MARCUS SIGISMUND – JENS ULRICH THOMAS

1. Ziel des Beitrages

Der vorliegende Beitrag möchte einen ersten Einblick in die elektronischen Komponenten geben, die im Zusammenhang der Datenbank des DFG-Projektes „Der Text der Septuaginta im frühen Christentum und ihre Rezeption in der Apokalypse" entstanden sind. Der Aufsatz will folglich ausdrücklich keine Benutzeranleitung (also kein Manual) zu den einzelnen Datenbank-Komponenten sein oder inhaltliche Konventionen des Projektes beschreiben.[1] Hierfür sei auf entsprechende Ausführungen in den elektronischen Manuals der jeweiligen Datenbank-Komponenten verwiesen.[2] Ebenso wenig möchte sich der Beitrag als technische Dokumentation im Sinne von ISO/IEC 26514: 2008 oder ISO/IEC 18019: 2004 verstanden wissen.[3]

---

1   Ebenso ist es nicht Ziel des vorliegenden Beitrages, die Möglichkeiten und Grenzen elektronisch unterstützter Bibelforschung aufzuzeigen. Pars pro toto sei hier verwiesen auf die diesbzgl. Arbeiten von: J. J. Alviar, Recent advances in computational linguistics and their application to biblical studies, NTS 54, 2008, 139–159; W. T. van Peursen, Computer-assisted analysis of parallel texts in the Bible. The case of 2 Kings xviii-xix and its parallels in Isaiah and Chronicles, VT 57, 2007, 45–72; E. Talstra, The computer and biblical research: are there perspectives beyond the imitation of classical instruments?, in: Text, translation, and tradition. Studies on the Peshitta and its use in the Syriac tradition presented to Konrad D. Jenner on the occasion of his sixty-fifth birthday (2006), Leiden 2006, 189–203; G. Mink, Towards Computer Assisted Textual Research, Bericht der Hermann Kunst-Stiftung zur Förderung der neutestamentlichen Textforschung für die Jahre 1985–1987, Münster 1988, 63–70.

2   Siehe hierzu die diesbzgl. Verweise in den Abschnitten zu den einzelnen Applikationen.

3   Zur technischen Dokumentation siehe unten jeweils zu den einzelnen Datenbankkomponenten bzw. Applikationen. Grundsätzlich wurde die API-Dokumentation gewählt. Eine gute Einführung zu dieser Dokumentationstechnik bietet eine diesbzgl. an der FU Berlin gehaltene Vorlesung von Lutz Prechelt: http://www.inf.fu-berlin.de/inst/ag-se/teaching/V-SWT-2003/25_Dokumentation.pdf (Abruf: 2.1.2010).

2. Projekthintergrund der Datenbank

Das datentechnische Grobziel des genannten DFG-Projektes war es, eine elektronische Vergleichsmöglichkeit für neutestamentliche Zitattexte und ihrer alttestamentlicher Zitatvorlagen auf Basis biblischer Manuskripte (zunächst konkret der „großen" Unzialhss. Codex Vaticanus, Alexandrinus und Sinaiticus) zu schaffen. Dabei zeigten bereits erste Versuche in der Projektvorbereitung auf, dass dieses Ziel mit den gängigen Office-Lösungen[4] nicht zu erreichen war, da sich bei diesen zum einen aufgrund der Komplexität der Datenstruktur zu viele Beschränkungen für eine effektive Datenbankstruktur ergaben,[5] und zum anderen das Anforderungsprofil einer dezentral arbeitende Workgroup (wie sie im Projektteam gegeben und auch für die weitere Arbeit intendiert ist) nicht im gewünschten Maße unterstützt wurde.

Aufgrund der ersten Versuche ergab sich folgendes Anforderungsprofil:

1. Die Datenbank und ihre Applikationen müssen von allen Projektmitgliedern dezentral, d.h. an ihrem jeweiligen Arbeitsplatz, online verfügbar zu sein.

2. Die Datenbank und ihre Applikationen müssen plattformunabhängig, d.h. unter den gängigen Betriebssystemen MS Windows, Mac OS-X sowie Linux benutzbar sein.

3. Die Datenbank darf keinerlei technisches Spezialwissen voraussetzen und sollte möglichst einfach zu bedienen sein.

4. Da die Entwicklung der Datenbank und ihre Applikationen parallel zur inhaltlichen Erforschung der Zitations-Phänomene erfolgt, müssen sie möglichst modular und flexibel gestaltet werden, um Änderungen und Erweiterungen, die durch die zeitgleichen Untersuchungen nötig werden, nicht nur inhaltlich sondern auch strukturell aufnehmen zu können.

Die Trennung von Datenbank und Applikationen ergab sich nicht zuletzt aus der Überlegung, die Versionierung der Applikationen unabhängig von den inhaltlichen und strukturellen Erweiterungen der Datenbank gestalten zu können. Beispielsweise würde es die Ausgabeergebnisse einer Abfrage verfälschen, wenn eine Handschrift nur teilweise erfasst, in der Applikation aber bereits abrufbar wäre. Die Trennung ermöglicht es dem Projektteam (das über den Fortgang naturgemäß informiert ist), bereits Probe-Abfragen in unvollständige Datenpakete vornehmen zu können; in den Applikationen (die offen

---

4   Wie etwa tabellarische Lösungen in MS Exel oder OpenOfficeCalc oder SQL-Datenbanken nur eingeschränkt unterstützende, proprietäre Datenbankmanagementsysteme wie MS Access.

5   Alleine schon die Quantität der erfassten Daten spricht gegen eine konventionelle tabellarische Aufnahme. Zum Stand der gegenwärtigen Version (12/2009) wären für die Erfassung aller Daten 64 Spalten einer traditionellen Exel-Tabelle nötig.

genutzt werden können) werden dagegen nur abgeschlossene Eingabeprojekte sichtbar.

Dieses Anforderungsprofil wurde zu Projektbeginn in ein Lastenheft umgesetzt, welches mit Fortgang des Projektes stetig aktualisiert wurde.

Summierend ergab sich somit als Aufgabe, eine serverbasierte, plattformunabhängige Datenbank und zugehörige Applikationen zu entwickeln, die keinerlei technische Spezialkenntnisse voraussetzen, und daher den Workflow der Eingabe (in die Datenbank) bzw. des Abrufens (in den Applikationen) möglichst „gesteuert" vorgibt.

3. Technische Angaben

3.1 Hardware

3.1.1 Serverseitig

Um eine möglichst komplikationslose Entwicklung und Dateneingabe mit höchstmöglicher Performance zu gewährleisten, erfolgte die Entwicklung der Datenbankkomponenten auf einem reinen Entwicklungsserver. Dieser besitzt folgende Konfiguration:

Server: IBM eServer xSeries X326
  2-Sockel Opteron 2,2 GHz mit 4 GB ECC-RAM
  2 x 73 GB SCSI im RAID 1
Server-Standort: Rechenzentrum in Düsseldorf, Anbindung mit 100 MBit
Betriebssystem: Linux, Debian/Etch, Kernel 2.6.26,
  mit OpenVZ Virtualisierung.

Grundsätzlich wurde während der gesamten Entwicklung aber darauf geachtet, die Grundanforderungen so gering wie möglich zu halten. Theoretisch könnten die Datenbankkomponenten von einem handelsüblichen PC der gegenwärtigen Generation aus betrieben werden. Aspekte wie etwa der der Datensicherheit und Serververfügbarkeit legen aber eine Konfiguration identisch oder ähnlich der des Entwicklungsservers nahe.

Die gegenwärtige Zielplanung sieht vor, die jeweils aktuellen produktiven Versionen sämtlicher Komponenten ab 8/2010 auf ein hochverfügbares Produktivsystem zu migrieren, um sowohl dem Endnutzer als auch den Fachkollegen, die sich zusätzlich zum bestehenden Projektteam[6] für die weitere Eingabe von Daten aus ihrem jeweiligen Forschungsschwerpunkt freundlicherweise zur Verfügung stellen, eine möglichst gute Performance zu bieten und die Wahrscheinlichkeit von Datenverlusten noch weiter zu minimieren. Darüber hinaus wird so die experimentelle Weiterentwicklung einzelner Komponenten erleichtert. Mittelfristig ist auch eine Spiegelung der Datenbank seitens weiterer Hosts geplant.

3.1.2 Userseitig

Ausgehend von den in 3.1.1 erwähnten Grundsätzen sind die userseitigen Anforderungen minimal. Einzige zwingende Hardware-Voraussetzung ist ein Internetanschluss. DSL 1000 (1 Mbit/s) oder höher ist zu empfehlen.

3.2 Software

3.2.1 Serverseitig

Alle Datenbank-Komponenten sind als Web-Applikationen implementiert, damit ein uneingeschränkter Zugriff ohne den Einsatz von spezieller Client-Software möglich ist. Der eigentliche Datenbank-Kern (im Folgenden kurz: *DaBa*), nämlich die SQL-Datenbank und das zugehörige *Backend* zur Dateneingabe (s.u. Kap. 4), wurde komplett in *PHP* entwickelt und nutzt keine speziellen Technologien. Die für den Endnutzer kreierte Applikation *EasyView* hingegen ist komplett in *Python* geschrieben und setzt teilweise auf AJAX-Technologie[7], um die Interaktion mit der Software schneller und für den Anwender logischer zu gestalten. Das Aussehen der Web-Applikationen wird durch handgeschriebenes HTML in Verbindung mit CSS-Vorlagen festgelegt.

Als relationales Datenbank-System kommt eine *Postgres*-Datenbank (aktuell in der Version 8.1) zum Einsatz.

---

6   Die aktuelle personelle Zusammensetzung des Projektteams lässt sich abrufen unter: http://www.kiho-wuppertal-bethel.de/institut_fuer_septuaginta_und_biblische_textforschung/ team (Abruf: 16.12.2009).

7   Zur AJAX-Technologie vgl. ausführlich: R. Steyer, AJAX mit Java-Servlets und JSP, open source library, München u.a. 2006. Eine gute Übersicht vermittelt J.J. Garrett, Ajax. A New Approach to Web Applications, auf: http://www.adaptivepath.com/ ideas/ essays/archives/000385.php (Abruf: 16.12.2009).

3.2.2 Userseitig

Alle Datenbank-Komponenten arbeiten plattformunabhängig und sind unter den Betriebssystemen Windows XP, Windows Vista, Windows 7.0, Linux (Kernel 2.6.26)[8] und Mac OS-X (10.5.8, d.i. Leopard) erfolgreich eingesetzt worden.
Voraussetzung ist lediglich ein aktueller Webbrowser, wie IE 6, Firexox 3, Safari 4 oder höher. Javascript muss als Teil des Browsers installiert und aktiviert sein (was i.d.R. bei allen aktuellen Browsern automatisch der Fall ist). Zwingend notwendig ist das Vorhalten eines umfassenden, die biblischen Sprachen berücksichtigenden Unicode-Fonts.[9]

3.3 Rechte

Das Copyright der Datenbank (*DaBa*) und der Applikationen *EasyView* sowie *Complexity* liegt bei den Programmierern. Das Copyright der durch die Datenbank verwalteten Daten liegt beim Institut für Septuaginta und biblische Textforschung der Kirchlichen Hochschule Wuppertal/Bethel.
Die genauer rechtlichen Bedingungen finden sich jeweils im root-Verzeichnis der Datenbank und der Applikationen in der Datei COPYING niedergelegt.[10] Auskünfte hierzu erteilt auch das Institut.

4. Die Basis: SQL-Datenbank mit Eingabe-Backend (*DaBa*)

Die Anforderung an die Datenbank intendierte von Anfang an die Möglichkeit der ständigen Erweiterung der Datenbank-Struktur.[11] Genuines Ziel der Datenbank ist die nachhaltige Erweiterung zum einen durch Aufnahme weiterer Handschriften (bzw. ihrer Lesarten) oder inhaltlicher Aspekte (beispielsweise der Integration von Randmarkierungen), ohne den bestehenden Datenbestand verändern zu müssen oder durch Eingriff in die Struktur gar zu gefährden.
Dieses Ziel wird erreicht durch eine stringente Modularisierung. Auf die starre Struktur einer klassischen, relationalen Datenbank wird somit bewusst verzichtet. Stattdessen werden die Datensätze - vereinfacht formuliert - als Objekt in einer Baumstruktur eingebunden, durch diese Struktur zueinander in

---

8   Mindestanforderung ist ein Kernel der Serie 2.6.
9   Hierzu zählen u.a. die Unicode Fonts der SBL, der APA oder des Titus-Projektes.
10   Grundlage ist die Creative Commons-Lizens by-nc-sa in der Version 3.0 (s. hierzu: http://creativecommons.org/licenses/by-nc-sa/3.0/de/ (Abruf: 2.1.2010).
11   Die Datenbankstruktur selbst wird mittels *phppgadmin*, Version 4.0.1 administriert.

Relation gesetzt und (als Kombination von Daten [*values*] und Struktur) in einer SQL-Datenbank gespeichert.

Diese strukturelle Grundidee wird im Detail folgendermaßen umgesetzt: Im Gegensatz zu einem normalen relationalen Datenbank-System, in dem die Informationen in relativ fest vorgegebenen Tabellen verteilt werden, wird in *DaBa* ein dynamischer und flexibler Weg gewählt, der eine zusammengehörige Informationsmenge (z.b. ein Zitat in Verbindung mit einem Autor, einer Datierung und einer Quellenangabe) zu einem Objekt zusammenfasst. Dieses Objekt bekommt eine eindeutige Sequenznummer, durch die es später identifiziert werden kann, sowie eine (variable) Anzahl von Attribut- und Wert-Kombinationen. Dazu wird zunächst eine Liste mit allen denkbaren Attribut-Namen erstellt, aus der dann später die Objekte zusammen gesetzt werden. Gleichzeitig werden zu den Attributen noch weiter Spezifikationen angegeben. Dazu gehört beispielsweise, ob es sich um einen Text oder eine Zahl handelt, oder es wird direkt eine fest vorgegebene Liste von Auswahlmöglichkeiten hinterlegt. Dadurch kann später bei der Zuweisung der Attribute auf eine vorgegebene Auswahlliste zugegriffen werden.

Wird nun ein neues Objekt in der Datenbank angelegt, so wird zunächst eine fortlaufende Sequenznummer vergeben und eine Objekt-Klasse (ein sog. *Schema*) ausgewählt. Diese Objekt-Klasse definiert im Weiteren, welche Attribute in diesem Objekt vorhanden sind. Objekt-Klassen stellen also abstrakte Listen von Attribut-Namen dar und definieren somit genau, welche Informationen zu den jeweiligen Objekten gehören sollen. Ein neu erstelltes Objekt enthält daher eine theoretisch beliebige, in der vorliegenden Datenbank zwischen 5 und 15 Einträgen lange Liste an Attribut-Namen, aber noch keine Werte zu den einzelnen Attributen. Diese werden dann im nächsten Schritt, der in der Regel aber direkt im Anschluss erfolgt, hinzugefügt. Dabei werden die weiteren Spezifikationen der Attribute zur Hilfe genommen und die Eingabe kann direkt verifiziert werden, bzw. es werden direkt Auswahllisten angeboten, aus denen die Daten eingebende Person mithilfe des *Backends* (s.u.) einen bestimmten Wert auswählen kann.

Es müssen nicht unbedingt alle Attribute ausgefüllt (mit Werten versehen) werden. Leere oder auch wieder gelöschte Attribute bleiben als leere Attribute in der Datenbank und werden bei der Bearbeitung der Objekte immer mit angezeigt.

Der eindeutige Vorteil dieses Strukturprinzips zeigt sich insb. bei einer inhaltlichen Erweiterung der Datenbank. Denn unabhängig von der Art der Erweiterung (sei es weitere Detail-Aspekte bei den Handschriften, sei es weitere sprachliche Versionen usw.) reicht es aus, neue Attribut-Namen zu definieren und diese zu einer entsprechenden Objekt-Klasse zusammenzufassen. Sobald diese Definition eingegeben ist, befindet sich das Datenbanksystem in der

Lage, neue Objekte mit diesen neuen Eigenschaften aufzunehmen. Dadurch wird eine nachhaltige Erweiterbarkeit der Datenbank erreicht, ohne dass Änderungen an der Software selbst vorgenommen werden müssen.

Die Abhängigkeiten und die Relationen zwischen den einzelnen Objekten werden in einer separaten Tabelle beschrieben, in der zu jeder Objekt-Sequenznummer kein, ein oder mehrere andere Objekt-Sequenznummern zugewiesen werden, die das Eltern-Objekt darstellen. Dadurch erreichen wir eine baumartige Anordnung der Objekte. Objekte, die kein Eltern-Objekt besitzen, stellen die Wurzel-Objekte dar. Mit Hilfe dieser einfachen Verkettung lässt sich der Baum immer zur Wurzel hin eindeutig durchsuchen, aber auch umgekehrt können zu jedem Objekt alle Kind-Objekte gefunden werden.

Eine weitere Liste definiert alle gültigen Kombinationen von Objekt-Klassen im Baum. Dadurch können Objekte nur in sinnvolle Eltern-Kind-Beziehungen im Baum angeordnet werden. Strukturell unsinnige Eingaben werden so unmöglich.

In der Praxis führt die beschriebene Modularisierung und Objektorientierung zu einer großen Zahl von Objektgruppen und Tabellen. Zur Zeit (12/2009) umfasst die Datenbank 12 aktive (und zwei inaktive, für zukünftige Aufgaben vorbereitete) Tabellen. Durch ihre Querreferenzierung entsteht daher de facto eine eher buschartige Struktur.

Durch das Abbilden („mappen") dieser baum- bzw. buschartigen Datenstruktur auf ein relationales Datenbanksystem entsteht die Notwendigkeit des Einsatzes einer Abstraktionsschicht, da der konventionelle SQL-Zugriff zu komplex würde. Zu der eigentlichen Datenbank (die Inhalte und Struktur enthält) wurde daher das bereits oben angesprochene *Backend* entwickelt, das diese Aufgabe übernimmt und eine vereinfachte Eingabe, Manipulation und Abfrage der Daten erlaubt. Zugleich stellt das *Backend* die Wahrung der Daten-Konsistenz sicher (vergleichbar mit der referentiellen Integrität herkömmlicher SQL-Datenbanken). Dieses *Backend* ist wie alle hier vorgestellten elektronischen Komponenten webbasiert und plattformunabhängig, jedoch mit Hinblick auf die Datensicherheit ausschließlich dem Projektteam zugänglich.

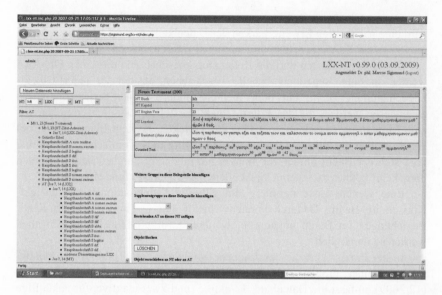

Screenshot: Ansicht des Datenbank-Backends

Die technische Dokumentation von *DaBa* erfolgt nach dem Prinzip der *in-code documentation* mittels des Dokumentation-Generators *Doxygen*.[12] Die jeweils aktuelle Version der technischen Dokumentation ist im root-Verzeichnis der Datenbank unter *lxx-nt/doku/* abgelegt.

5. Die Applikation: *EasyView*

Die Webapplikation *EasyView* wurde gezielt entwickelt, um eine niederschwellige Nutzungsmöglichkeit des Kerndatenbestandes zu gewährleisten. Die Applikation ermöglicht es, einzelne Zitat- und die zugehörigen Zitatvorlagentexte in ihrer Ausgangssprache auf Basis des kritisch-edierten Textes zu vergleichen, weitere Sprachversionen (z.B. die syr. Peschitta oder die lateinische Vulgata) hinzuzuziehen, und die abweichenden Lesarten einzelner Handschriften (z.Zt. der Codices B S A) zu berücksichtigen.

---

12   Offizielle Projektwebsite: http://www.stack.nl/~dimitri/doxygen/ (Abruf: 16.12.2009).

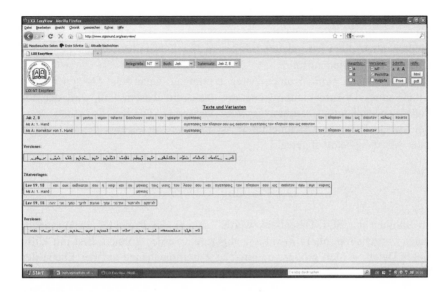

Screenshot: Ansicht von *EasyView*

Die Benutzung der Webapplikation ergibt sich weitestgehend intuitiv. Da die Optik sich in Abhängigkeit vom verwendeten Browser jeweils leicht anpasst, wird die Nutzung nach dem Prinzip „look and feel" erleichtert. Insofern verschiedene Schriftgrößen gewählt werden können und alle Auswahlfelder mittels der Tastatur ansprechbar sind, konnte dem Aspekt der *Barrierefreiheit* im Rahmen der vorgegebenen inhaltlichen Grenzen weitestgehend Rechnung getragen werden.[13]

Optisch orientiert sich *EasyView* in Farbgebung und Aufteilung der Oberfläche bewusst an *NTTranscripts* des Münsteraner Institutes für ntl. Textforschung[14], da eine weitergehende Kooperation zwischen den Projekten geplant ist und a priori alle Aspekte, die dem „look and feel"-Konzept bzw. der Idee des niederschwelligen Zuganges entgegenlaufen könnten, vermieden werden sollten.

Die Applikation *EasyView* ist unter der URL: *http://www.kiho-wuppertal-bethel.de/institut_fuer_septuaginta_und_biblische_textforschung/datenbank*

---

13 Dabei orientierte sich das Programmierteam an den durch die Richtlinie WCAG2 vorgegeben, mit den Verordnungen der BITV kompatiblen Prinzipien. Die aktuellen Richtlinien und weitere Informationen zum Themenfeld barrierefreies Internet sind abrufbar unter: http://www.barrierefreies-webdesign.de/index.php (Abruf: 2.1.2010).

14 http://nttranscripts.uni-muenster.de/AnaServer?NTtranscripts+0+start.anv (Abruf: 16.12.2009).

frei und ohne Registrierung zugänglich. Ebendort findet sich auch ein elektronisches Manual, dass nicht nur in die Benutzung der Applikation einführt, sondern auch die verwendeten Editionen und Faksimileausgaben der biblischen Handschriften aufführt.

Wie bei den *DaBa*-Komponenten erfolgt die technische Dokumentation mittels eines Dokumentation-Generatos (s.o.). In diesem Fall wird der auf *Python* spezialisierte Generator *Epydoc*[15] verwendet. Die jeweils aktuelle Version der technischen Dokumentation ist im root-Verzeichnis der Datenbank unter *easyview/doku/* abgelegt.

6. Die Planung: *Complexity*

Im Rahmen der SQL-Datenbank werden seitens des Projektes weitaus mehr Daten vorgehalten, als in *EasyView* abgerufen werden können. Erst mit Hilfe dieser Daten werden größere empirische Zusammenhänge auf der Ebene der Handschriften erkennbar. Über die traditionelle Textarbeit, die durch *EasyView* unterstützt wird, ist der eigentliche Wert der SQL-Datenbank daher weniger in der Verwaltung der Texte bzw. Abweichungen (und ihrer qualitativen Auswertung) zu sehen, sondern in der Ermöglichung quantitativer Analysen. Die quantitative Auswertung wird durch die objektrelationale Struktur ermöglicht und ist projektintern bereits durch entsprechende SQL-Abfragen der Datenbank oder komplexere Skriptabfragen möglich. Sie setzen jedoch umfangreiche Kenntnisse der Datenbankstruktur und der SQL voraus. Zudem birgt ein derartiger direkter Zugriff auf den Datenbestand immer auch die Möglichkeit von Manipulation und Datenverlust.

Um den Zugriff zu erleichtern und die Gefahr des Datenverlustes auszuschließen befindet sich eine weitere Applikation in der Entwicklung, die komplexe, quantitative Abfragen erlaubt. Es wäre z.B. folgende Analyseaufgabe denkbar:

query: *„suche mir alle Belegstellen im NT, in der die Abweichung xy in Handschriften des 5. Jh. vorkommt, und der betreffende Vers durch ein Diplé als Zitat markiert ist“*.

Eine klassische Anfrage mittels SQL bzw. mittels eines Skriptes würde ca. 40-50 Python-Zeilen umfassen. In der geplanten Applikation könnte diese Abfrage folgendermaßen aussehen:

---

15   Offizielle Projektwebsite: http://epydoc.sourceforge.net/ (Abruf: 16.12.2009).

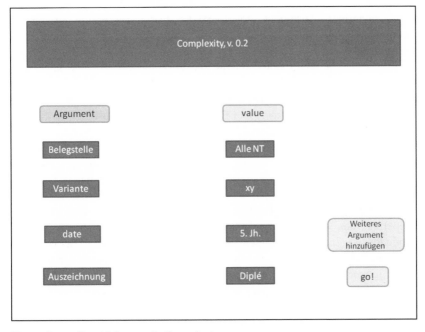

Versuchsstudie: Abfrage mit *Complexity*

Um nicht zulässige Abfragen zu unterbinden, arbeitet die Versuchsstudie ausschließlich mit Pull-Down-Menues. Beispielsweise lässt sich unter einem „Argument" „Handschriften" im Bereich „value" eine beliebige Auswahl von Codices vorgeben, die abzufragen sind. Da eine theoretisch beliebige Zahl an „Argumenten" und zugehörigen „values" zu einer Abfrage verbunden werden können, bleibt die Möglichkeit hochkomplexer Abfragen trotz der Reglementierung der Eingabe erhalten. Die Integration von Operatoren wie z.B. „und", „und nicht", „oder" ist für Version 0.3 der Versuchsstudie in Planung. Auf diese Weise wird eine Abfrage des gesamten Datenbankbestandes ohne detaillierte SQL-Kenntnisse möglich. Zudem wird so der Schutz der Integrität der Datenbank, die bei direktem SQL-Zugriff immer gefährdet ist, umfassend ermöglicht.

7. Die Zukunft: rein objektbasierte Datenbankstrukturen

Im Unterschied zur relationalen Datenbank, welche die enthaltenen Werte in einer tabellarischen Struktur verwaltet und sie durch diese Struktur in Relation zueinander stellt, werden in einer objektbasierten Datenbank Objekte aus zusammengehörigen Attributen modelliert. Beispielsweise würde ein Objekt „Auto" durch die Attribute Marke, Farbe, Motorklasse, PS, Gewicht usw. beschrieben.

Während relationale Datenbanken mit Verknüpfung arbeiten, kann man sich ein objektorientierte Datenbank als eine Art Baumstruktur vorstellen, in der Eigenschaften durch alle Ebenen weitergereicht werden. Durch die Referenz von Mutterobjekt (*parent*) und Folgeobjekte (*child*) entsteht eine eindeutige Datenkette von Einzelobjekten.

Das Prinzip der objektbasierten Datenablage lässt sich gut an einem vergleichbaren Prinzip der Internetadressen, der sog. *URL* verdeutlichen. Nehmen wir als Beispiel die *URL* http://www.kiho-wuppertal-bethel.de. Diese *URL* ist - wie der sog. *distinguished name* einer objektbasierten Datenbank- von hinten nach vorne zu lesen. In Deutschland („de") existiert ein Objekt „kiho-wuppertal", das wiederum als ein mögliches *child* mit dem Objekt „www" verbunden ist. In der Zusammensetzung der Objekte ist die URL (in einer Datenbank analog der *distinguished name*) einzigartig – wodurch der Internet-Nutzer immer auf die Homepage der Kirchlichen Hochschule gelangt bzw. in einer objektbasierten Datenbank die Einzelobjekte in einer singulären Verbindung zueinander gesetzt werden.

Ein klassischer Anwendungsfall dieses Prinzip stellen die *Nativen XML-Datenbanken* dar. Gerade dort zeigen sich Vorteile und Probleme dieses Vorgehens. Der Vorteil liegt unbestreitbar darin, dass sich auch große disparate Datenmengen sehr variabel managen und vergleichsweise einfach einem Endnutzer zugänglich machen lassen. Als Problem ist demgegenüber aber festzuhalten, dass zum gegebenen Zeitpunkt im Bereich der Geistes- und Sprachwissenschaften viele *XML-Dialekte* existieren, die jeweils eine Vielzahl von Möglichkeiten bieten, aber zueinander nicht voll kompatibel sind. Auch ist bezüglich der Performance eine geringere Leistungsfähigkeit der Applikationen nach wie vor zu beobachten.[16]

Der eigentliche Nachteil ist jedoch praktischer Natur. Während ein klassisches Datenbank-Frontend die Dateneingabe vergleichsweise einfach in ein klares Schema binden kann (z.B. über Pulldown-Menues), ist die Eingabe von XML-Datensätze i.d.R. in letzter Konsequenz an entsprechende Kenntnisse dieser Sprache gebunden.[17] Zudem ist die Aufnahme derart strukturierter Da-

---

16 Der Grund hierfür ist freilich darin zu suchen, dass der verstärkte Einsatz elektronischer Mittel in den Geisteswissenschaften zwar vielfach gefordert, aber eher selten finanziell oder institutionell gefördert wird, was sich im Vergleich zu Software betriebswirtschaftlich interessanter Fächer zwangsläufig in einer geringeren Leistungsfähigkeit oder einer langsameren Entwicklung auswirken muss.

17 Freilich wäre ein analoges Frontend auch für eine objektbasierte Datenbank denkbar. Jedoch liegt der große Vorteil beispielsweise einer *XML-Datenbank* darin, extrem viele Informatio-

ten (also jeweils der kompletten Objektkette), sofern sie nicht automatisch erfolgen kann (sog. *parsen*), bislang recht arbeits- und damit personalintensiv. Jedoch haben die ersten elektronischen Projekte, die dieses Prinzip zugrundelegen, gezeigt, dass sich dieser Aufwand für die weitere wissenschaftliche Auswertung als sehr fruchtbar erweist.

---

nen zu einem *distinguished name* zusammenzufügen. Inwieweit dies über Pulldown–Menues o.ä. sinnvoller als durch eine freie Eingabe zu lösen ist, wäre eigens zu diskutieren. Erste Experimente des Entwicklerteams der Projektdatenbank deuten darauf hin, dass eine grundsätzlich freie, aber durch Tools oder vorgegebene Schablonen unterstützte Eingabe möglich und sinnvoll ist.

Literatur:

J. J. Alviar, Recent advances in computational linguistics and their application to biblical studies, NTS 54, 2008, 139-159.

J.J. Garrett, Ajax. A New Approach to Web Applications, auf: http://www.adaptivepath.com/ideas/essays/archives/000385.php   (Abruf: 16.12.2009).

G. Mink, Towards Computer Assisted Textual Research, Bericht der Hermann Kunst-Stiftung zur Förderung der neutestamentlichen Textforschung für die Jahre 1985-1987, Münster 1988, 63-70.

W. T. van Peursen, Computer-assisted analysis of parallel texts in the Bible. The case of 2 Kings xviii-xix and its parallels in Isaiah and Chronicles, VT 57, 2007, 45 - 72.

L. Prechelt, Software-Dokumentation, auf: http://www.inf.fu-berlin.de/inst/ag-se/teaching/V-SWT-2003/25_Dokumentation.pdf (Abruf: 2.1.2010).

E. Talstra, The computer and biblical research: are there perspectives beyond the imitation of classical instruments?, in: W. Th. van Peursen 7 R . B. ter Haar Romeney (Edd.), Text, translation, and tradition. Studies on the Pe-shitta and its use in the Syriac tradition presented to Kon-rad D. Jenner on the occasion of his sixty-fifth birthday (2006), Leiden 2006, 189-203.

Weitere Links:

Creative Commons: http://creativecommons.org/ (Abruf: 2.1.2010)

Doxygen: http://www.stack.nl/~dimitri/doxygen/ (Abruf: 16.12.2009)

Epydoc: http://epydoc.sourceforge.net/ (Abruf: 16.12.2009)

New Testament Transcripts Prototype: http://nttranscripts.uni-muenster.de/ AnaServer?NTtranscripts+0+start.anv (Abruf: 16.12.2009)

Institut für Septuaginta und biblische Textforschung Wuppertal/ Bethel: http://www.kiho-wuppertal-bethel.de/ institut_fuer_septuaginta_und_biblische_textforschung/ (Abruf: 16.12.2009)

EasyView: http://www.kiho-wuppertal-bethel.de /institut_fuer_septuaginta_und_biblische_textforschung/datenbank (Abruf: 16.12.2009)

Comparing Manuscripts with Manuscripts

Thoughts on the Compilation of a Synopsis of Textual Variants in the Old Testament Quotations in the New Testament

GERT J. STEYN

1. Introduction

Comparative investigations have become an integral part of scientific research in many disciplines. It is customary today to conduct responsible research in a manner that includes the processes of collecting data, comparing the data, analysing, assessing and evaluating such data, describing differences and drawing verifiable conclusions. Controlling steps are being built into the process as test procedures, so that the differences and changes between that set and another may be observed. Such comparative investigations seem to be much more common in the natural sciences than in the social sciences, in chemistry than in theology, in physics than in biblical sciences. A lot of this probably has to do with the nature of the particular science. It is easier to observe changes and differences when comparing physical matter with itself than to agree on different interpretations and understandings of a distance and ancient abstract text, as often happens in theological studies.

In the biblical sciences, however, comparative studies can also play as important a role as they do in the natural sciences. It is in the collection of textual variants, comparisons of such variants with each other, the analysis and evaluation of these variants in terms of their chronological, geographical and theological contexts that differences can be observed and described and that scientifically verifiable conclusions can be formulated. This is particularly true of the reconstruction of biblical texts through text critical procedures.[1] "Compar-

---

1   The task of textual criticism has been well-documented and debated in secondary literature. A traditional viewpoint is represented by E. Lohse: "Die Aufgabe der ntlichen Textkritik besteht darin, die handschriftliche Überlieferung kritisch zu prüfen und Varianten gegeneinander abzuwägen, um den verlorenen Urtext wiederherzustellen" (E. Lohse, Entstehung des Neuen Testaments, Stuttgart ²1975, 145). The same applies to the traditional viewpoint in OT scholarship represented by scholars such as F. Deist: "[...] textual criticism means 'first, the evaluation of the accuracy of transmitted texts on the basis of other copies of them and, sec-

ing manuscripts with manuscripts" (or rather textual variants with each other) is an important principle in textual investigations. If this approach is scientifically verifiable and accepted as a valid approach in understanding the development of the biblical text, then approaches that merely compare reconstructed eclectic *text editions* with each other when investigating Old Testament (OT) quotations in the New Testament (NT) are a scientific flaw in a majority of studies in biblical scholarship. Very few studies of the NT quotations are *not* guilty of this practice. If attention *is* paid to textual variants at all, then it pertains usually only to either those of the OT or those of the NT, but it very seldom compares the variant readings from both canons with each other.[2] It is the purpose of this study and its proposed project to address this scientific flaw.

2. Origen's Hexapla as a first LXX Synopsis

One of the first important events in the history of comparative Biblical scholarship during the Christian era is probably the Hexapla of Origen (ca. 185 – 253/254 C.E.). Jellicoe aptly summarises Origen's objective in his Hexapla when he writes: "The primary object of the Hexapla was the establishment of a correct text, which Origen recognized as essential both for exegesis and apologetic, in part in his struggle with Gnosticism, and not least as a trustworthy armoury in his controversy with the Jews".[3] Origen's intention was to compare the text of the known LXX of his day with those of the recensions of Aquila, Theodotion and Symmachus. It contained six columns, of which the first was a transcription of the Hebrew text, the second a transliteration of the Hebrew into Greek letters, the third contained the text of Aquila, the fourth the text of Symmachus, the fifth probably "his own critical reconstruction of the 'standard' Greek text with reference to the Hebrew",[4] and the sixth column contained the text of Theodotion. According to Fernández Marcos the "mass of

---

ond, the possible restoration of assumed "original manuscripts" on this same basis'." (F. Deist, Towards the Text of the Old Testament. Translated by W. K. Winckler, Pretoria ²1981, 11).

2   So, for instance, R. Liebers, "Wie geschrieben steht." Studien zu einer besonderen Art frühchristlichen Schriftbezuges, Berlin 1993; R. T. McLay, who discusses how one should compare "*the* NT to *the* OG (i.e. Old Greek, *GJS*) and MT," or talking about "The impact of *the* LXX on *the* NT" (my emphasis, *GJS*) (R. T. McLay, The Use of the Septuagint in New Testament Research, Grand Rapids 2003, 24, 133, 137).

3   S. Jellicoe, The Septuagint and Modern Study, Winona Lake 1989, 101.

4   Jellicoe, Septuagint, 101.

Hexaplaric production must be dated between 235 and 245".[5] Origen's Hexapla was a text-critical work. He applied known critical signs that were used by Aristarchus when he edited the Homeric poems[6] to mark additions between the texts with asterisks and omissions with obeluses.

This work of Origen stands as early proof of the need of a comparative tool in the study of differences between textual traditions. It is also a rare proof that this need for a comparative tool in order to investigate the OT quotations in the NT was hardly ever addressed in a serious manner during the history of biblical scholarship. This might have to do with the marginalization of the LXX as a canon in its own right for many years and the prominence that the Hebrew text had over the centuries to come – at least in the Western church. However, the text-critical difficulties of variant readings between different textual traditions has surfaced strongly from time to time, not least after the printing press was adopted and Desiderius Erasmus was confronted with the challenge of printing one standard text.

3. The Text-Critical Apparatus as a Synoptic Tool

Text-critical apparatuses soon became the standard "synopses" where variant readings were listed and compared alongside each other. But these apparatuses were mainly restricted to the *corpus* of the OT on the one hand or the NT on the other hand, when it came to studies on OT quotations in the NT. Comparisons of differences between the readings of a quotation in the NT and its OT counterpart simply listed the reading of the eclectic text in a printed edition of the OT. In the same way the eclectic text of the NT would be listed in the apparatuses of the Hebrew and Greek OTs. At the heart of this matter is probably an underlying concept of the "canon"[7] – hence the comparison of "the" OT text with "the" NT text in studies that compared NT quotations with their OT intertexts. And so these arose an anomaly in biblical scholarship. Although careful attention was paid within either "the" OT or "the" NT canons to the

---

5   N. Fernández Marcos, The Septuagint in Context. Introduction to the Greek Version of the Bible, Leiden 2000, 209. R.T. McLay dates it between ca. 230–240 C.E. (Use of the Septuagint, 124).

6   H. B. Swete, Introduction to the Old Testament in Greek, Cambridge 1914, 69–70; Fernández Marcos, Septuagint, 210.

7   Cf. D. L. Stamps: "It is anachronistic to speak of the OT when referring to the perspective of the NT writers since the differentiation between old and new had not yet occurred" (D. L. Stamps, The Use of the Old Testament in the New Testament as a Rhetorical Device. A Methodological Proposal, in S. E. Porter (Ed.), Hearing the Old Testament in the New Testament, Grand Rapids 2006, 9–37, pp.10–11).

respective text critical apparatuses, those places where explicit quotations occurred in the NT simply listed the *eclectic* reading of the OT text in the critical
apparatus and not the *variant readings* of that OT text. The same applied to the
OT critical apparatus when it listed the NT quotation – only the reading of the
NT *eclectic* text is presented and not the range of NT *variant readings* of that
text.

Textual fluidity in early Christianity was more common than previously
suspected in scholarship, "so that a citation not accurately dependent on the
'standard' LXX may have been dependent on a non-standard Greek textual
tradition".[8] Stendahl's work on the OT in Matthew's Gospel[9] made it clear that
the gap between OT quotations in the Synoptic Gospels and the LXX is dimi-
nished by noting the manuscript variation in the LXX. He noted, furthermore
that "variations from the LXX in the formula quotations are of various kinds,
and are unlikely to be explained by adherence to a single text".[10]

4. A Brief Survey of Some Existing Synopses the Last Fifty Years and their Weaknesses

Starting merely as a list of identified quoted passages, Synopses of the quotations of the OT in the NT show some development during the last fifty years.
From the comparison of *translations* with each other, through the comparison
of *eclectic texts*, awareness towards the comparison of *manuscripts with manuscripts* became evident over the course of time. The following are represen-
tative examples of the stages of development in this regard.

a. *Comparing translations:* The worst kind of Synopsis that intended to com-
    pare NT quotations with their possible OT loci was one that merely com-
    pared two existing translations with each other. A classic example is that
    compiled by *Robert G. Bratcher*.[11] It follows the order of the NT books
    and provides an English translation of the NT text, presented in one col-
    umn, and in a parallel column an English translation of the "Old Testa-
    ment". It does differentiate, however, at some places between the transla-
    tion of the LXX – for which Bratcher utilised the fourth edition of Alfred
    Rahlfs (1950) – and that of the MT. The criterion, however, is that "[…]

---

8   E. B. Powery, Jesus Reads Scripture. The Function of Jesus' Use of Scripture in the Synoptic
    Gospels, Leiden 2003, 15.

9   K. Stendahl, The School of St. Matthew and its Use of the Old Testament, Lund [2]1968.

10 Cf. D. S. New, Old Testament Quotations in the Synoptic Gospels, and the Two-Document
    Hypothesis, Atlanta 1993, 27.

11 R. G. Bratcher (Ed.), Old Testament Quotations in the New Testament, Helps for Translators,
    Stuttgart 1961.

the Septuagint (LXX) version of the OT is cited only in those cases where it differs from the MT and it seems clear that the NT citation follows the LXX and not the MT of the Old Testament".[12] This type of Synopsis is virtually worthless as a scientific tool for the comparison of the readings between the different texts. It simply provides a list of possible identified quotations for translators. The editor thus intended this Synopsis "to assist translators in the preservation of the right relationships between such quotations and their Old Testament sources"[13] and hoped that it "will prove practical to the translator in checking the OT source of the NT quotation".[14] Although Bratcher as editor of this Synopsis expressed awareness of the complex nature in which NT writers "handled the Old Testament", he sidesteps the issue by stating: "it is really not the translator's task to unravel".[15] But how do you translate responsibly and how can you identify and compare deliberate hermeneutical differences between texts in a scientific responsible manner by merely looking at a list of quotations in translations from printed text editions?

b. *Comparing eclectic and reconstructed text editions with each other:* An improvement on the previous model was found in the compilation of the Synopsis of *Gleason L. Archer and Gregory Chirichigno.*[16] Following the order of the OT books, it goes back to the *source languages* and compares *eclectic text editions* with each other. One column presents the text of the quotation according to the Masoretic Text. A second column presents the Greek parallel to the Hebrew in the reading of the LXX. This is the eclectic printed text edition of Alfred Rahlfs which depends basically on only three uncials, namely Vaticanus, Sinaiticus and Alexandrinus.[17] A third column provides the text of the quotation as it is to be found in the Greek NT. This is the text in general use at the time of the printing of the Synopsis, namely Nestle-Aland's 26th eclectic printed edition. The Synopsis is thus oudated, based as it is on the outdated reconstructed texts of the text editions themselves! The fourth and final column provides a brief commentary on the differences between the (reconstructed and eclectic) texts of the previous three columns. Variant readings in the text traditions of

---

12   R. G. Bratcher, OT Quotations, viii.

13   Ibid., vii.

14   Ibid., viii.

15   Ibid., vii.

16   G. L. Archer/G. Chirichigno, Old Testament Quotations in the New Testament, Chicago 1983.

17   R. T. McLay is correct in this regard when stating: "The most important issue in Septuagint research, then, is the ongoing need for critical editions for all the books of the LXX" (Use of the Septuagint, 13).

each of the first three columns were not taken into account. It provides a narrow and one-sided comparison, simply ignoring all the other possibilities regarding similarities and differences that are available in alternative variant text traditions.

c. *Another variation of comparing eclectic and reconstructed text editions with each other* can be found in the three-volume "Vetus Testamentum in Novo" series of *Hans Hübner*.[18] It continues the trend to compare eclectic text editions, but with two differences: (i) It follows the order of the NT books, not the OT, and (ii) instead of describing and commenting on the differences between the columns of the NT, LXX and MT, it merely underlines the words and phrases that differ. Disappointingly again, it is little more than a list of quotations presented in parallel columns containing eclectic texts. It is of little use for scientific studies that want to compare those texts with the purpose of determining hermeneutical differences and textual tendencies. The editions that were used soon became outdated – a natural consequence of synopses that compare the readings of existing printed editions with each other.

d. *A NT Synopsis of variant readings and manuscripts:* Certainly an important move in the right direction is to be found in the work of *R.J. Swanson*.[19] It might be argued, however, that this is just another format of presenting the NT critical apparatus. Although it only deals with the NT text without comparing the OT text, it at least moves away from one reconstructed eclectic text. Something similar to Swanson's work is needed if we are to compare OT variant readings with the variant readings of the NT quotations.

5. The Need for a New Kind of Synopsis

A new kind of Synopsis is needed, especially for everyday use by students and clergy working in this field. Comparative biblical scholarship needs a *scholarly* tool which can be used to compare and assess the variant readings in the text(s) of a NT quotation on the one hand, and the variant readings of its OT

---

18 H. Hübner, Vetus Testamentum in Novo, Bd. 1/1: Evangelia synoptica et Acta Apostolorum, Göttingen 2004; Bd. 1/2: Evangelium secundum Iohannem, Göttingen 2003; Bd. 2: Corpus Paulinum, Göttingen 1997; Bd. 3: Epistula ad Hebraeos, Epistulae Johannis, Epistulae Catholicae, Apocalypsis, Göttingen 2007.

19 R. J. Swanson (Ed.), New Testament Greek Manuscripts: Variant readings arranged in horizontal lines against Codex Vaticanus, Sheffield 1995-2005. (Volumes appeared on the following books: Matthew [1995], Mark [1995], Luke [1995], John [1995], Acts [1998], Galatians [2000], Romans [2001], 1 Corinthians [2003] and 2 Corinthians [2005]).

intertexts on the other. The solution to such a need lies in the combination of the strong points of previous synopses, including the critical apparatus of existing text editions. A number of aspects should therefore be considered.

5.1 Theoretical Basis

It is clear therefore that a new kind of Synopsis is needed for the comparison of NT quotations with their OT forms. This study proposes to address the general weakness of previous Synopses by suggesting that a responsible scientific comparison between quotations in the NT and their OT forms can only be made when the variant readings of both testaments are compared. Thus manuscripts should be compared and not modern printed editions.[20] Given the complicated history of "the" LXX[21] text and its relation with the Hebrew textual traditions – including that of the Dead Sea scrolls – it soon becomes impossible to make any responsible remarks about the NT author's hermeneutical activity and theological intention[22] unless the range of different OT and NT textual traditions is studied.[23] Several factors demand a careful comparison of variant readings when one is studying the NT quotations: (a) The fact that the majority of NT quotations are closer to LXX textual traditions than to Hebrew textual traditions; (b) deviating readings between some of these OT texts and their quotations in the NT were sometimes brought into conformity with each other between the copyists of particularly the LXX and NT[24] begs for caution; (c) the fluidity of texts during their written and oral transmission, as the result of redactional, scribal and even liturgical influences, also demands great caution in textual comparisons between the quotations in the NT and their OT counterparts; (d) the fact that different versions of the NT text and different LXX versions were in circulation; and (e) the particular reading of a printed

---

20 "Die Textkritik hat damit zu rechnen, daß die Abschreiber sowohl absichtliche Änderungen vorgenommen als auch versehentliche Fehler begangen haben können" (E. Lohse, Entstehung, 146).

21 Cf. G. J. Steyn, Which 'LXX' are we talking about in New Testament scholarship? Two examples from Hebrews, in M. Karrer/W. Kraus (Edd.), Die Septuaginta – Texte, Kontexte, Lebenswelten, WUNT 219, Tübingen 2008, 297–307.

22 "The Church's use of the Old Testament is dominated above all by a concern with scriptural proof relating to both Christ and the Church" (H. von Campenhausen, The Formation of the Christian Bible, Philadelphia 1977, 65).

23 D.L. Stamps asks: "[…] what textual tradition the NT writers used when citing the sacred Scriptures"? (Use of the OT in the NT, 12).

24 D. Peterson, What Text Can New Testament Textual Criticism Ultimately Reach?, in B. Aland/J. Delobel (Edd.), New Testament Textual Criticism, Exegesis and Church History. A Discussion of Methods, Kampen 1994, 136–52, 146.

eclectic text might not necessarily be the one that was used by the other, should also alert scholars in their comparative studies on the text of the OT quotations in the NT.

5.2 Format

It is, however, one thing to point out the flaws and weaknesses of previous approaches, and quite another to do better oneself! The underlying philosophy of comparing manuscripts with manuscripts seems theoretically to be an acceptable method, but how should this be done practically in such an ideal Synopsis? It is suggested that the following nine points should be kept in mind when designing a new kind of Synopsis of the quotations of the NT.

i.   The work should be intended to be a *reference work*. It should not be the place to discuss and evaluate the data, but merely to it.

ii.   Given the extent of the work, the number of NT quotations and the number of available variant readings, it would make sense to consider the compilation of this work initially in *four volumes*: Vol. I: the Synoptic Gospels and Acts; Vol. II: the Pauline and Deutero-Pauline literature; Vol. III: the Johannine literature; and Vol. IV: Hebrews and the General Epistles.

iii.   When dealing with quotations in the NT, it makes sense to follow the *order of the NT books* and their quotations for the sake of convenient reference and comparison, rather than the OT order.

iv.   The *text critical apparatuses* of the latest eclectic editions[25] might form the point of departure and the basis of the comparison of variant readings. These ought to be supplemented, at least in the case of the LXX where volumes are either incomplete or dated – such as in the case of the Psalms-volume. Furthermore, the text-critical evidence from the Dead Sea scrolls has not yet sufficiently been taken into account in editions of the LXX and during the process of synoptic comparisons with the OT quotations in the NT.

v.   Merely to present all the variant readings in two sets (NT and LXX) might not be a user friendly reference tool. The eclectic and reconstructed texts of the MT, LXX and NT could still be used in a valuable manner as a base text, against which the variant readings of each might be compared. These are after all the standard hand editions used by scholars globally – although the comparison should not stop here!

---

25   Thus, Nestle-Aland 27th ed. in the case of the NT text and the Göttingen editions of the LXX where they are available.

vi.   Not everything can be done at once, though. That will take decades –
        given the text critical work that still needs to be done by the Göttingen
        Septuaginta Unternehmen. The best strategy for starting such a project
        on the quotations in the NT should thus be to break it down into *differ-
        ent phases*. The first logical phase would be to collect the data from the
        Greek texts and to compare the NT textual variants with variants from,
        firstly, the LXX textual traditions. The next logical phase would be to
        collect all the *Hebrew* textual variants and to compare those textual tra-
        ditions with both the NT and the LXX variants. Consecutive phases
        should add the Syriac, Coptic and Latin traditions. The proposed Syn-
        opsis intends to cover initially the first two phases.

vii.   Instead of working with a format of a *set number of columns* for all the
        quotations as previous Synopses did, the proposed format for a Synopsis
        of Textual Variants should work with the NT quotations as independent
        units on their own. The number of columns should be *flexible* in each of
        these units (quotations) and will be determined by the minimum number
        of important witnesses necessary for a meaningful comparison of the
        available variant readings.

viii.   It would sometimes be impractical, even impossible, to list all available
        manuscripts at a quotation unit. However, the *most important and oldest
        variants* should at least be included.

ix.   It has already been stated that such a tool would refrain from discus-
        sions that evaluate the differences and similarities, basically for practic-
        al reasons of space. It is not intended to be a textual commentary, but a
        Synoptic tool. However, in order to compensate for this, the researcher
        might be referred to such discussions in the form of *a brief list of core
        literature* relating to discussions on the relevant quotation. This litera-
        ture might be presented in a chronological manner.

6. Conceptualisation: Hebrews 1 as an Example

Based on the criteria mentioned above, we can now proceed to an example of
such a Synopsis. Given this author's recent work on the *Textvorlage* of the
quotations in Hebrews,[26] it makes sense to start with this book and to test the
above-mentioned remarks on the basis of Hebrews 1. Only the first phase is
presented in the example, namely only a comparison of the Greek witnesses.

---

26   See G. J. Steyn, A Quest for the Assumed LXX Vorlage of the Explicit Quotations in He-
     brews, FRLANT, Göttingen 2010 - forthcoming.

Quotations are listed consecutively according to their occurrences in the NT. The synopsis of each quotation consists of four sections, or rows, in those cases where variant readings are available. Section one contains the eclectic printed text editions which are still being utilised here as a "base text". Section two distinguishes itself from previous Synopses by now presenting an additional list of the variant readings beneath each column of the editions printed in section one. Every variant reading with its supporting witnesses is divided by a line beneath the appropriate column in this section. The third section attempts to formulate the current state of affairs in a single line or two. It is intended as *a quick reference guide for scholars to orientate themselves* on the situation with a cryptic evaluative comment and not intended as a textual commentary. In the fourth and last section a brief list of core literature on that particular quotation is provided in order to assist and direct the exegete to the debate and interpretation of this quotation in the secondary literature.

A Synopsis of Textual Variants on the Old Testament (LXX) Quotations in the New Testament
Volume IV – Hebrews and the General Epistles

Heb 1:5   **Ps 2:7 LXX**
No variants – exact agreement amongst all NT and LXX textual witnesses

Heb 1:5   **2 Kgdms 7:14 LXX**
No variants – exact agreement amongst all NT and LXX textual witnesses

Heb 1:6	**Ode 2:43 LXX-A**	**Deut 32:43 LXX**
καὶ προσκυνησάτωσαν αὐτῷ πάντες <u>ἄγγελοι</u> θεοῦ	καὶ προσκυνησάτωσαν αὐτῷ πάντες <u>οἱ ἄγγελοι</u> θεοῦ, εὐφράνθητε	καὶ προσκυνησάτωσαν αὐτῷ πάντες <u>υἱοὶ</u> θεοῦ, εὐφράνθητε
<u>ἄγγελοι</u> *(all mss) txt*	<u>οἱ ἄγγελοι</u> *(all mss) txt*	<u>υἱοὶ</u> *(all mss) txt*

Comment: The NT author probably follows another *Vorlage* than that of LXX Deut 32 – one which is also attested by LXX Ode 2 as contained in Codex A.

Literature: G.J. Steyn, "Deuteronomy in Hebrews," in S. Moyise & M.J.J. Menken (ed.), *Deuteronomy in the New Testament* (London: T & T Clark, 2007) 152–68; M. Karrer, "The Epistle to the Hebrews and the Septuagint," in W. Kraus & R.G. Wooden (eds), *Septuagint Research. Issues and Challenges in the Study of the Greek Jewish Scriptures* (SBL 53; Atlanta: Society of Biblical Literature, 2006) 335–53; R.T. McLay, "Biblical Texts and the Scriptures for the New Testament Church," in S.E. Porter (ed.), *Hearing the Old Testament in the New Testament* (Grand Rapids: Eerdmans, 2006) 38 – 58; R.T. McLay, *The Use of the Septuagint in New Testament Research* (Grand Rapids: Eerdmans, 2003) 107–14; G.J. Steyn, "A Quest for the *Vorlage* of the Song of Moses (Dt 32) Quotations in Hebrews," *Neot* 34/2 (2000) 263–72.

Heb 1:7	Ps 103:4 [PBod XXIV]	Ps 103:4 LXX
ὁ ποιῶν τοὺς ἀγγέλους	ο ποιω[ν τους αγγελλους	ὁ ποιῶν τοὺς ἀγγέλους
αὐτοῦ πνεύματα καὶ τοὺς	αυτου π̅ν̅α̅ : και τους	αὐτοῦ πνεύματα καὶ τοὺς
λειτουργοὺς αὐτοῦ πυρὸς	λειτουργους αυτου πυρος	λειτουργοὺς αὐτοῦ πῦρ
φλόγα,	φλογα	φλέγον
πνεῦμα D 326. 2464 pc syᵖ		πνεύματα *(all mss) txt*
πυρὸς φλόγα *(all mss) txt*	πυρος φλογα Bo Sa *L*ᵇ	πῦρ φλέγον *txt.*
		Aᶜ(φλέγα!)

Comment: The NT author probably follows a *Vorlage* that already read πυρὸς φλόγα as attested by the 2ⁿᵈ cent. C.E. Pap. Bod. XXIV.

Literature: H.W. Attridge, "The Psalms in Hebrews," in S. Moyise & M.J.J. Menken (eds), *The Psalms in the New Testament* (London: T & T Clark, 2004) 197–212; U. Rüsen-Weinhold, *Der Septuagintapsalter im Neuen Testament. Eine textgeschichtliche Untersuchung* (Neukirchen: Neukirchener Verlag, 2004) 179; F. Schröger, *Der Verfasser des Hebräerbriefes als Schriftausleger* (Biblische Untersuchungen 4; Regensburg: Verlag Friedrich Pustet, 1968) 57–8; E. Ahlborn, "Die Septuagintavorlage des Hebraerbriefes" (Unpublished doctoral dissertation; Göttingen: Georg-August-Universität, 1966) 111; S. Kistemaker, *The Psalm Citations in the Epistle to the Hebrews* (Amsterdam: Wed. G. van Soest N.V., 1961) 23; P. Katz, " Ἐν πυρὶ φλογός," *ZNW* 46 (1955) 133–8.

Heb 1:8-9	Ps 44:7-8 [PBod XXIV]	Ps 44:7-8
ὁ θρόνος σου ὁ θεὸς εἰς τὸν	ο θρονος σου ο θ̅[ς̅ εις τον	ὁ θρόνος σου ὁ θεὸς εἰς τὸν
αἰῶνα τοῦ αἰῶνος, καὶ ἡ	αιωνα : του αιωνος :	αἰῶνα τοῦ αἰῶνος,
ῥάβδος τῆς εὐθύτητος	ραβδος ευθητητος η	ῥάβδος εὐθύτητος ἡ
ῥάβδος τῆς βασιλείας σοῦ.	ραβδος της βασιλεια σου.	ῥάβδος τῆς βασιλείας σοῦ.
ἠγάπησας δικαιοσύνην καὶ	ηγαπησας δ[ικαιοσυνην και	ἠγάπησας δικαιοσύνην καὶ
ἐμίσησας ἀνομίαν·	εμεισησας ανομιαν :	ἐμίσησας ἀνομίαν·
διὰ τοῦτο ἔχρισέν σε ὁ θεὸς	δια τ[ουτο εχρεισεν σε ο θ̅ς̅	διὰ τοῦτο ἔχρισέν σε ὁ θεὸς

ὁ θεός σου ἔλαιον	ο θ̅ς̅ σου ελαιον	ὁ θεός σου ἔλαιον
ἀγαλλιάσεως παρὰ τοὺς	αγαλλιασεω[ς παρα τους	ἀγαλλιάσεως παρὰ τοὺς
μετόχους σου.	μετοχους σου :	μετόχους σου.

Om τοῦ αἰῶνος B 33 t vg^ms	*Ins* τοῦ αἰῶνος *(all mss)* txt
Ins καί (before 1st ῥάβδος) txt. *Om* καί D² Ψ E K L P 056. 075. 0142. 0151. 6. 81. 104. 326. 1175. 1834. 0278. 1881. 𝔐 f t vg^cl sy Ju Or Eus Ath GrNy Chr Thret	*Om* καί (before 1st ῥάβδος) *(all mss)* txt
σου txt. αὐτοῦ 𝔓^46 ℵ B	σου *(all mss)* txt
ἀνομίαν txt. ἀδικίαν ℵ A 33^vid pc; Or Eus (*DemEv*) Ath	ἀνομίαν txt. ἀδικίαν 2013' A

Comment: The NT author probably inserted καί ἡ before the 1st ῥάβδος as well as τῆς before εὐθύτητος. He follows his *Vorlage* by reading ἀνομίαν (and not ἀδικίαν) and probably substituted τῆς βασιλείας σου for τῆς βασιλείας αὐτοῦ as attested by 𝔓^46 ℵ B.

Literature: G.J. Steyn, "The *Vorlage* of Ps 45:6–7 (44:7–8) in Heb 1:8–9." *HTS Theol Studies* 60/3 (2004) 1085–103; G. Reim, "Vom Hebräerbrief zum Johannesevangelium, anhand der Psalmzitate," *BZ* 44 (2000) 92–9; C. Smits, *Oud-Testamentische Citaten in het Nieuwe Testament. Deel IV: De Brief aan de Hebreeën* ('s-Hertogenbosch: Malmberg, 1963) 557; S. Kistemaker, *Psalm Citations*, 24.

Heb 1:10-12	Ps 101:26-28 [PBod XXIV]	Ps 101:26-28
σὺ κατ' ἀρχάς, κύριε, τὴν γῆν ἐθεμελίωσας, καὶ ἔργα τῶν χειρῶν σού εἰσιν οἱ οὐρανοί· αὐτοὶ ἀπολοῦνται, σὺ δὲ διαμένεις, καὶ πάντες ὡς ἱμάτιον παλαιωθήσονται, καὶ ὡσεὶ περιβόλαιον ἑλίξεις αὐτούς, ὡς ἱμάτιον καὶ ἀλλαγήσονται· σὺ δὲ ὁ αὐτὸς εἶ καὶ τὰ ἔτη σου οὐκ ἐκλείψουσιν.	κατ αρχας κ̅ε̅ την γην συ εθε]μελιωσας : και εργα των χειρων εισι]ν οι ουρανοι : αυτοι απολουνται συ δε δι]αμενεις : και παντες ως ϊματιον παλαι]ωθησονται : ωσει περιβολεο^αι αλλαξεις αυ]τους και αλλαγησονται : συ δε ο αυτος] ει και τα ετη σου ουκ εκλιψουσιν	κατ' ἀρχάς σύ, κύριε, τὴν γῆν ἐθεμελίωσας, καὶ ἔργα τῶν χειρῶν σού εἰσιν οἱ οὐρανοί· αὐτοὶ ἀπολοῦνται, συ δὲ διαμένεις, καὶ πάντες ὡς ἱμάτιον παλαιωθήσονται, καὶ ὡσεὶ περιβόλαιον ἀλλαξεις αὐτούς, καὶ ἀλλαγήσονται· σὺ δὲ ὁ αὐτὸς εἶ καὶ τὰ ἔτη σου οὐκ ἐκλείψουσιν.

ἐλίξεις $\mathfrak{P}^{46}$ A B *txt.*	ἀλλάξεις *txt.* ἐλίξεις B'
ἀλλάξεις א* D* t vg^{cl.ww} ;	R(*ellixis*) L'' (He εἰληξῆς)
Ath	A'' (1219 ἰλιξις, 55
	εἰλειξεις): cf. Hebr. 1:12;
	Isa 34:4

Comment: The NT author probably substituted ἐλίξεις for ἀλλάξεις. (This is a typical example of NT copyists who changed it to ἀλλάξεις due to their knowledge of the LXX reading and LXX copyists who changed it due to their knowledge of the NT reading). **Literature**: U. Rüsen-Weinhold, *Septuagintapsalter*, 182; G.H. Guthrie, "Hebrews," in G.K. Beale & D.A. Carson (eds), *Commentary on the New Testament Use of the Old Testament* (Grand Rapids: Baker Academic, 2007) 919–95, on p.940; G. Brunert, *Psalm 102 im Kontext des Vierten Psalmenbuches* (SBB 30; Stuttgart: Katholisches Bibelwerk, 1996); H.J.B. Combrink, "Some thoughts on the Old Testament citations in the Epistle to the Hebrews" (*Ad Hebraeos: Essays on the Epistle to the Hebrews), Neot* 5 (1971) 22–36, on p.28; S. Kistemaker, *Psalm Citations*, 26; E. Ahlborn, *Septuaginta-Vorlage*, 115; F. Schröger, *Verfasser*, 66; B.W. Bacon, "Heb 1,10–12 and the Septuagint Rendering of Ps 102,23," *ZNW* 3 (1902) 280–5.

7. Conclusion

It has been argued that comparative biblical scholarship is at a crossroads regarding the comparison of OT quotations in the NT. Manuscripts should be compared with manuscripts and variants with variants – not eclectic, reconstructed printed text editions with each other. A new scholarly tool is needed to address this issue. However, this is an ambitious task for one researcher, or even one institution, to undertake. A team of experts is needed to assist in the compilation of this tool. The ideal would be to have four main editors for each of the intended volumes who could each coordinate the efforts of a team of participants. International cooperation and bi-annual progress assessment would greatly benefit the quality, pace and verification of the accuracy of such a project. Until then, comparative studies on the texts of the quotations from the OT in the NT remains on an inadequate footing.

Literature:

G. L. Archer/G. Chirichigno, Old Testament Quotations in the New Testament, Chicago 1983.

R. G. Bratcher (Ed.), Old Testament Quotations in the New Testament, Helps for Translators, Stuttgart 1961.

H. von Campenhausen, The Formation of the Christian Bible, Philadelphia 1977.

F. Deist, Towards the Text of the Old Testament. Translated by W. K. Winckler, Pretoria [2]1981.

N. Fernández Marcos, The Septuagint in Context. Introduction to the Greek Version of the Bible, Leiden 2000.

H. Hübner, Vetus Testamentum in Novo, Bd. 1/1: Evangelia synoptica et Acta Apostolorum, Göttingen 2004; Bd. 1/2: Evangelium secundum Iohannem, Göttingen 2003; Bd. 2: Corpus Paulinum, Göttingen 1997; Bd. 3: Epistula ad Hebraeos, Epistulae Johannis, Epistulae Catholicae, Apocalypsis, Göttingen 2007.

S. Jellicoe, The Septuagint and Modern Study, Winona Lake 1989.

R. Liebers, "Wie geschrieben steht." Studien zu einer besonderen Art frühchristlichen Schriftbezuges, Berlin 1993.

E. Lohse, Entstehung des Neuen Testaments, Stuttgart [2]1975.

R. T. McLay, The Use of the Septuagint in New Testament Research, Grand Rapids 2003.

D. S. New, Old Testament Quotations in the Synoptic Gospels, and the Two-Document Hypothesis, Atlanta 1993.

D. Peterson, What Text Can New Testament Textual Criticism Ultimately Reach!, in: B. Aland/J. Delobel (Edd.), New Testament Textual Criticism, Exegesis and Church History. A Discussion of Methods, Kampen 1994, 136–52

E. B. Powery, Jesus Reads Scripture. The Function of Jesus' Use of Scripture in the Synoptic Gospels, Leiden 2003.

D. L. Stamps The Use of the Old Testament in the New Testament as a Rhetorical Device. A Methodological Proposal, in: S. E. Porter (Ed.), Hearing the Old Testament in the New Testament, Grand Rapids 2006, 9–37.

K. Stendahl, The School of St. Matthew and its Use of the Old Testament, Lund [2]1968.

G. J. Steyn, A Quest for the Assumed LXX Vorlage of the Explicit Quotations in Hebrews, FRLANT, Göttingen 2010 - forthcoming.

G. J. Steyn, Which 'LXX' are we talking about in New Testament scholarship? Two examples from Hebrews, in: M. Karrer/W. Kraus (Edd.), Die Septuaginta – Texte, Kontexte, Lebenswelten, WUNT 219, Tübingen 2008, 297–307.

R. J. Swanson (Ed.), New Testament Greek Manuscripts: Variant readings arranged in horizontal lines against Codex Vaticanus, Sheffield 1995–2005.

H. B. Swete, Introduction to the Old Testament in Greek, Cambridge [2]1914.

IV. Septuaginta und neutestamentliche
Schriftzitate – exemplarische Studien

Alttestamentliche Zitate im 1. Petrusbrief

JOSTEIN ÅDNA

Der erste Petrusbrief enthält eine recht hohe Anzahl von atl. Zitaten. Weil Zitate und Anspielungen nicht eindeutig zu unterscheiden sind, herrscht allerdings kein Konsens über deren genaue Anzahl. Unumstritten gelten die sieben Stellen 1Petr 1,16; 1,24–25; 2,6; 2,7; 3,10–12; 4,18 und 5,5 als Zitate. M.E sind ferner auch 1Petr 2,3; 2,22 sowie 3,14–15 als Schriftzitate zu zählen.[1]

Von diesen zehn Zitaten werde ich in diesem Aufsatz vier im Hinblick auf den Umgang des Briefautors mit den jeweiligen Vorlagetexten exemplarisch untersuchen. Weil zu den katholischen Briefen die Editio critica maior des Novum Testamentum Graecum bereits vorliegt und somit für diese Schriften ausführliche textgeschichtliche Informationen zugänglich sind, ist der erste Petrusbrief für eine detaillierte Untersuchung, die die in der Hss.-Überlieferung vorkommenden Variationen berücksichtigt, bestens geeignet.[2] Die im 1Petr vorkommenden Zitate verteilen sich auf Leviticus, Jesaja, Psalmen und Proverbien. Von diesen Schriften liegen aus der Göttinger Septuaginta gute kritische Textausgaben zu Leviticus und Jesaja vor, die ebenso eine detaillierte Erhebung der Varianten in der Textüberlieferung ermöglichen.[3] Den Psalmen gilt der allererste Göttinger Band aus dem Jahr 1931,[4] während es für

---

1   K. H. Jobes, The Septuagint Textual Tradition in 1 Peter, in: W. Kraus/R. Glenn Wooden (Edd.), Septuagint Research. Issues and Challenges in the Study of the Greek Jewish Scriptures, SBL SCSt 53, Atlanta 2006, 311–333: 314 rechnet mit 14 Zitaten, indem sie über die oben angeführten hinaus noch 1Petr 2,8; 2,12; 2,24 und 4,8 mitzählt. Für weitere, noch höhere Zahlenanschläge s. die Verweise in a.a.O., 312 Anm. 3.

2   B. Aland/K. Aland/G. Mink/K. Wachtel (Edd.), Novum Testamentum Graecum. Editio critica maior, Bd. 4: Die katholischen Briefe, T. 1: Text sowie T. 2: Begleitende Materialien, Stuttgart 1997ff. Beide Teile zu den Petrusbriefen sind erschienen als 2. Lfg. im Jahre 2000: Teil 1, Text, der die Seiten XIII–XIV, 21*–24*, 103–261 umfasst, und Teil 2, Begleitende Materialien, der die Seiten B41–B90 umfasst. Neben der Editio critica maior habe ich natürlich auch die Nestle-Aland-Ausgabe benutzt: E. Nestle/K. Aland, Novum Testamentum Graece, 27. rev. Aufl., 8. korrigierter u. um die Papyri 99–116 erw. Druck, Stuttgart 2001.

3   Die Göttinger Texteditionen von Septuaginta. Vetus Testamentum Graecum auctoritate Academiae Scientiarum Gottengensis werden seit 1931 vom Verlag Vandenhoeck & Ruprecht herausgegeben. Bei den oben genannten Bänden geht es um J. W. Wevers, Leviticus, Septuaginta 2/2, Göttingen 1986 sowie J. Ziegler, Isaias, Septuaginta 14, Göttingen ³1983.

4   A. Rahlfs, Psalmi cum Odis, Septuaginta 10, Göttingen ³1979.

Proverbien noch keinen Göttinger Band gibt und wir deshalb in Bezug darauf uns noch mit der Handausgabe von Alfred Rahlfs begnügen müssen.[5] Auch weil das ausführlichste Psalmenzitat des Briefes, Ps 33,13–17 LXX in 1Petr 3,10–12, auf der dem vorliegendem Beitrag zugrundeliegenden Tagung durch einen Vortrag Patrick T. Egans mustergültig abgedeckt wurde,[6] habe ich mich entschieden, meine Untersuchung auf das eine Leviticuszitat in 1Petr 1,16 sowie drei der Jesajazitate – 1Petr 1,24–25; 2,6.22 – zu beschränken.[7]

Ausgehend von dem in unseren kritischen Textausgaben vorliegenden Wortlaut scheinen diese vier Stellen ein variierendes Maß an Übereinstimmung zwischen ursprünglichem Text und zitierter Wiedergabe aufzuweisen. 1Petr 1,16 ist zwar eindeutig als ein Zitat aus Leviticus erkennbar, aber diese Stelle scheint zwischen Lev 19,2 und 11,44f. zu oszillieren, und die Schwankung entspricht weitgehend den Abweichungen der Septuaginta (LXX) gegenüber dem masoretischen Text (MT). In 1Petr 1,24–25a wird Jes 40,6b–8 zitiert. In diesem Fall ist die LXX-Fassung, an die sich der 1. Petrusbrief anschließt, kürzer als der MT. Auch beim Zitat von Jes 28,16 folgt der petrinische Text in 1Petr 2,6 der LXX bei deren auffälligen Abweichung vom MT am Ende des Verses. Im ersten Teil weicht 1Petr 2,6 jedoch in mehrfacher Hinsicht von der LXX ab und steht bei diesen Variationen zum Teil der masoretischen Fassung näher. Die letzte zu untersuchende Stelle, 1Petr 2,22, ist ein Zitat aus Jes 53,9, bei der eine sehr weitgehende Übereinstimmung zwischen dem MT, der LXX und dem Text des 1. Petrusbriefes vorliegt. Wir wollen zwar anhand des textgeschichtlichen Befundes den von den Textausgaben gebotenen Text kritisch prüfen und vielleicht wird sich dadurch ein etwas anderes Bild der jeweiligen Konstellationen zwischen den drei in der Betrachtung stehenden Fassungen ergeben. Nichtsdestoweniger scheint es mir zweckmäßig, bei der Textstelle einzusetzen, die aufgrund des Textes der benutzten Textausgaben die geringsten Variationen zwischen dem MT, der LXX und der petrinischen Wiedergabe aufweist, und danach Schritt um Schritt auf die immer mehr auseinander fallenden Fälle zuzugehen, um letztlich bei jener Textstelle anzukommen, die von den größten Unterschieden der drei Fassungen gekennzeichnet ist. Ich werde

---

5   A. Rahlfs, Septuaginta. Id est Vetus Testamentum graece iuxta LXX interpretes, 2 Vol., Stuttgart 1935 (Editio minor. Duo volumina in uno, 1979). Inzwischen liegt eine durchgesehene Neuauflage durch R. Hanhart vor: Septuaginta. Id est Vetus Testamentum graece iuxta LXX interpretes, Duo volumina in uno. Editio altera quam recognovit et emendavit R. Hanhart, Stuttgart 2006.

6   Dieser Beitrag erscheint im Sammelband zur Wuppertaler-Septuaginta-Tagung 2010.

7   Neben den Textausgaben verfügen wir nun in der Supplementum-Reihe der Göttinger Septuaginta über ein weiteres sehr informatives Hilfsmittel: A. Rahlfs, Verzeichnis der griechischen Handschriften des Alten Testaments, Bd. 1/1: Die Überlieferung bis zum VIII. Jahrhundert, bearb. v. Detlef Fraenkel, Septuaginta Vetus Testamentum Graecum auctoritate Academiae Scientiarum Gottingensis editum. Supplementum 1/1, Göttingen 2004.

demnach die Zitate in der Reihenfolge 1Petr 2,22; 1,24–25a; 1,16; 2,6 behandeln.

1. Das Zitat von Jes 53,9 in 1Petr 2,22

Die griechische Fassung des Jesajabuches ist in den fünf Unzialhandschriften Codizes Sinaiticus (4. Jh.), Vaticanus (4. Jh.), Alexandrinus (5. Jh.), Marchalianus (6./7. Jh.) und Venetus (8. Jh.) vollständig überliefert.[8] Die Übersicht im Verzeichnis von Rahlfs/Fraenkel (vgl. Anm. 6) über das handschriftliche Material bis zum 8. Jahrhundert zur Jesaja-Septuaginta enthält über die vollständigen Majuskeln hinaus 26 weitere Eintragungen, bei denen es sich meistens um winzig kleine Papyrusfragmente handelt.[9] Natürlich hat Joseph Ziegler in seiner 1939 erstmals erschienenen Textausgabe nur jene darunter berücksichtigen können, die damals bekannt waren. Es scheinen sieben davon aufgenommen zu sein.[10] Leider sind weder Jes 53,9 noch die anderen im 1. Petrusbrief zitierten Stellen aus Jesaja in den von Rahlfs/Fraenkel verzeichneten Handschriftfragmenten enthalten.

Der gemeinsam von Ziegler und Rahlfs/Hanhart gebotene Text von Jes 53,9b lautet ὅτι ἀνομίαν οὐκ ἐποίησεν, οὐδὲ εὑρέθη δόλος ἐν τῷ στόματι αὐτοῦ, („denn er hat keine Gesetzlosigkeit getan, und *es wurde* kein Trug in seinem Mund *gefunden*“) und stellt eine wörtliche Übersetzung des masoretischen Textes על לא חמס עשה ולא מרמה בפיו dar.[11]

Die m.E. als Zitat zu geltende Aufnahme dieser Stelle in 1Petr 2,22 hat den Wortlaut ὃς ἁμαρτίαν οὐκ ἐποίησεν οὐδὲ εὑρέθη δόλος ἐν τῷ στόματι αὐτοῦ

---

8 Ziegler, Isaias, 7 und Rahlfs/Fraenkel, Verzeichnis 1/1, 486. Ziegler gibt 6. Jh. an als Datierung des Codex Marchalianus (Q). Für eine ausführliche Besprechung dieser Handschrift vgl. Rahlfs/Fraenkel, a.a.O., 346–350, betreffs der Datierung s. 347. Die Angabe „6./7. Jh." folgt Rahlfs/Fraenkel.

9 Rahlfs/Fraenkel, a.a.O., 485f. Einen etwas größeren Umfang hat nur der Chester Beatty Papyrus VII aus dem 3. Jh. (Siegel 965), vgl. dazu a.a.O., 95–97.

10 Sie sind in der Übersicht der Minuskelhandschriften aufgelistet, vgl. Ziegler, Isaias, 7–12, s. 10f.: Die Papyri mit den Siegeln 902, 904, 915, 948, 958 und 965 sowie die Pergamenthandschrift 918. Die wichtige Handschrift 965 war Ziegler durch G. Kenyon, The Chester Beatty Biblical Papyri. Fasc. VI, London 1937, 1–26 zugänglich.

11 Die deutsche Wiedergabe von Jes 53,9b LXX ist der kürzlich erschienenen deutschen Septuagintaübersetzung entnommen: W. Kraus/M. Karrer (Edd.), Septuaginta Deutsch. Das griechische Alte Testament in deutscher Übersetzung, Stuttgart 2009. Zur Benutzung von Kursiv vgl. a.a.O., XXI: „*Kursiver Text:* Septuaginta und masoretischer Text weichen voneinander ab, sei es im Wortlaut, sei es durch Überschüsse im griechischen gegenüber dem masoretischen Text." In diesem Fall stellt das Verb εὑρέθη (Aorist Passiv) ein Überschuss gegenüber dem ohne Verb formulierten Satz von Jes 53,9bβ dar. In diesem Aufsatz werden Zitate nach Septuaginta Deutsch als solche kenntlich gemacht.

(„der keine Sünde getan hat und in dessen Mund sich kein Betrug fand").[12] NA[27] führt überhaupt keine textkritischen Angaben zu diesem Vers an, und auch die Editio critica maior weist keine ins Gewicht fallenden alternativen Lesarten auf. Der Abschnitt 1Petr 2,21–25 stellt vom Umfang her die textlich ausführlichste Rezeption von Jes 53 im ganzen Neuen Testament dar mit einer Reihe von deutlichen Anspielungen auf das vierte Lied vom Knecht des Herrn.[13] Ebenso wie die beiden nachfolgenden Verse 23 und 24 ist V. 22 als ein Relativsatz formuliert, in dem sich das Pronomen ὅς auf Χριστός in V. 21 zurück bezieht, von dem es heißt, er habe für die Briefadressaten gelitten, damit sie seinen Fußstapfen nachfolgen sollen.

Der Vergleich zwischen Jes 53,9b LXX und 1Petr 2,22 zeigt, dass der ὅτι-Satz des Vorlagetextes zu einem Relativsatz umgestaltet worden ist. Diese Änderung ist eindeutig durch die kontextuelle Einfügung veranlasst. Auffälliger ist das geänderte Objekt in dem ersten Satz. In der LXX erscheint ἀνομία als Entsprechung zu einer Reihe von verschiedenen hebräischen Vokabeln, unter denen חמס zwar nicht die häufigste, aber jedoch mehrfach bezeugt ist (vgl. Ez 7,23; 8,17; 28,16; Zeph 1,9 [A]). Während ἀνομία in Jes 53,8 (als Wiedergabe von פשע) sowie V. 9 im LXX-Text fest verankert zu sein scheint, schwankt die Überlieferung in den Versen 5 (zweimal) und 12 (einmal) zwischen ἀνομία und ἁμαρτία. Die Textüberlieferung des 1. Petrusbriefes führt jedoch ausnahmslos ἁμαρτίαν als Objekt in 1Petr 2,22 an. Vom LXX-Befund her erscheint es als wenig wahrscheinlich, dass der Briefautor eine Vorlage zitiert, in der Jes 53,9bα ὅτι ἁμαρτίαν οὐκ ἐποίησεν lautete.[14] Vielmehr ist ἁμαρτία als sowieso häufige Vokabel in Jes 53 (s. V. 4.6.10.11.12 und ferner die oben erwähnten schwankenden Fälle in V. 5 und 12) in die Zitatwiedergabe eingedrungen, weil sie sowohl semantisch als auch kontextuell (vgl. V. 24) passender erschien. Im 1. Petrusbrief gibt es insgesamt sechs Belege von ἁμαρτία[15] und überhaupt keinen von ἀνομία.

---

12 Deutsche Übersetzung der Lutherbibel. Ich benutze die revidierte Fassung von 1984 in der 1999 in der neuen Rechtschreibung erschienenen Ausgabe. In diesem Aufsatz werden Zitate nach der Lutherbibel als solche kenntlich gemacht.

13 Jobes, Septuagint, 324f. rechnet auch V. 24 als ein von Elementen aus Jes 53,4.5.12b zusammengesetztes Zitat.

14 Ziegler, Isaias, 322 führt im Apparat nur Eusebius, *DE* sowie ein Lemma bei Cyrillus Alexandrinus als Zeugen der alternativen Lesart ἁμαρτίαν an.

15 Neben 2,22 und 2,24 (*bis*) 3,18; 4,1.8. Nur in 4,1 erscheint ἁμαρτία im Singular, sonst im Plural wie eben auch in Jes 53 LXX vorherrschend.

2. Das Zitat von Jes 40,6b–8 in 1Petr 1,24–25a

Jes 40,6b–8: „(6b) Alles Fleisch ist Gras, und alle seine Güte ist wie eine Blume auf dem Felde. (7) Das Gras verdorrt, die Blume verwelkt; denn des HERRN Odem bläst darein. Ja, Gras ist das Volk. (8) Das Gras verdorrt, die Blume verwelkt, aber das Wort unseres Gottes bleibt ewiglich." (Lutherbibel)

Beim Vergleich des MT, hier auf Deutsch wiedergegeben, und der LXX in Jes 40,6b–8 springt das Fehlen von V. 7aβ.b.8a im griechischen Text sofort ins Auge:

Jes 40,6b–8 LXX:
(6b) Πᾶσα σὰρξ χόρτος, καὶ πᾶσα δόξα ἀνθρώπου ὡς ἄνθος χόρτου. (7) ἐξηράνθη ὁ χόρτος, καὶ τὸ ἄνθος ἐξέπεσε, (8) τὸ δὲ ῥῆμα τοῦ θεοῦ ἡμῶν μένει εἰς τὸν αἰῶνα.[16]

„(6b) Alles Fleisch ist Gras, und alle *Herrlichkeit des Menschen* ist wie eine Blüte *des Grases*; (7) das Gras verdorrt, und die Blüte fällt ab, (8) aber das Wort unseres Gottes bleibt in Ewigkeit." (Septuaginta Deutsch)

Der kürzere LXX-Text ist höchstwahrscheinlich dadurch zustande gekommen, dass das Auge des Übersetzers im Text gesprungen ist, weil der hebräische Text in V. 7aα und V. 8a wörtlich identisch ist (יבש חציר נבל ציץ), und ist folglich als eine durch Homoioteleuton verursachte Auslassung zu beurteilen.[17] Zwei weitere, kleine inhaltliche Unterschiede zwischen den beiden Fassungen sind, erstens, in V. 6bβ die Rede von „Blume des Feldes" (ציץ השדה) im MT gegenüber „Blume des Grases" in der LXX und, zweitens, die Aussage, die Blume verwelke (MT, V. 7aα, wiederholt in V. 8a) beziehungsweise falle ab (LXX, V. 7).

Sowohl in Bezug auf die Auslassung von V. 7aβ.b.8a wie auch hinsichtlich der beiden anderen Abweichungen folgt das Zitat in 1Petr 1,24–25a der LXX-Fassung und stellt somit deutlich eine grundlegende Abhängigkeit von der LXX heraus. Über diese anscheinend vereinenden Übereinstimmungen hinaus bestehen jedoch auch einige Differenzen zwischen dem LXX-Text und dem Zitat im 1. Petrusbrief, wie aus dem von NA[27] und der Editio critica maior des Novum Testamentum Graecum gebotenen Text hervorgeht:

1Petr 1,24–25a:
(24) διότι πᾶσα σὰρξ ὡς χόρτος καὶ πᾶσα δόξα αὐτῆς ὡς ἄνθος χόρτου. ἐξηράνθη ὁ χόρτος καὶ τὸ ἄνθος ἐξέπεσεν, (25a) τὸ δὲ ῥῆμα κυρίου μένει εἰς τὸν αἰῶνα.

---

16 Der oben wiedergegebene Wortlaut von Jes 40,6b–8 ist mit Ausnahme des Kodex Venetus von allen Unzialhandschriften bezeugt.

17 Die in der LXX fehlende Textpassage ist von Symmachus und Theodotion aufgenommen. Also war sie zur Zeit dieser Übersetzungen ein fester Bestandteil des hebräischen Textes: ὅτι πνεῦμα κυρίου ἔπνευσεν εἰς αὐτόν, ἀληθῶς χόρτος ὁ λαός, ἐξηράνθη ὁ χόρτος ἐξέπεσε τὸ ἄνθος (vgl. Ziegler, Isaias, 267).

„(24) Denn alles Fleisch ist wie Gras und alle seine Herrlichkeit wie des Grases Blume. Das Gras ist verdorrt und die Blume abgefallen; (25a) aber des Herrn Wort bleibt in Ewigkeit." (Lutherbibel)

Es sind folgende Differenzen zwischen den jeweiligen Fassungen der von uns benutzten Textausgaben zu verzeichnen: 1) 1Petr 1,24 fügt die Vergleichspartikel ὡς zwischen σάρξ und χόρτος ein; 2) ferner ersetzt er im Syntagma πᾶσα δόξα ἀνθρώπου („alle Herrlichkeit des Menschen") das letzte Element, ἀνθρώπου, durch das auf πᾶσα σάρξ zurückverweisende Possessivpronomen αὐτῆς; 3) in V. 25 ersetzt der petrinische Text „das Wort *unseres Gottes*" durch „das Wort *des Herrn*". Anders als bei 1Petr 2,22 weist in diesem Fall die Textüberlieferung viele Variationen auf. Wenn wir von der einleitenden Kausalkonjunktion διότι absehen, verzeichnet die Editio critica maior differierende Lesarten an acht Stellen im Zitat, von denen vier auch in NA[27] aufgenommen sind. Einige fallen wenig ins Gewicht, wie etwa die Einfügung des Artikels ἡ vor δόξα im Kodex Sinaiticus oder die Vereinfachung des Doppelausdrucks ἄνθος χόρτου entweder zu ἄνθος im 𝔓[72] oder zu χόρτος in den Minuskeln 326 und 1837. Gerade bei den drei Differenzen zwischen 1Petr 1,24–25a und Jes 40,6b–8 LXX nach dem in den Textausgaben jeweils rekonstruierten ursprünglichen Wortlaut treten jedoch Varianten auf, die durchaus zu beachten sind, zumal die Textüberlieferung der LXX ihrerseits entsprechende Variationen aufweist.[18]

Bei der ersten angeführten Differenz steht eine beträchtliche Anzahl von Textzeugen, die keine Vergleichspartikel ὡς aufweisen,[19] der von 𝔓[72] sowie den Codizes Vaticanus (B 03) und Ephraemi Syri rescriptus (C 04) angeführten Mehrzahl der Hss. mit ὡς gegenüber. Das Vorhandensein der Vergleichspartikel lässt sich plausibel als eine vom Briefautor vorgenommene Einfügung erklären, die den Zweck hat, ausdrücklich herauszustellen, dass alles Fleisch mit Gras nicht identisch, sondern vergleichbar ist, zumal „ὡς is typical in 1 Peter for introducing metaphor even where a quotation is not involved".[20] Das Vorhandensein der Vergleichspartikel in Jes 40,6 in zwei späten Minuskeln (36 aus dem 11. Jh. sowie 46 aus dem 14. Jh.), in der Catenenuntergruppe *cII* sowie in der bohairischen und syropalästinischen Übersetzung ist vermutlich auf eine parallele Klarstellung des metaphorischen Charakters oder gar auf

---

18 Einige davon werde ich unten anführen. Ich entnehme sie dem Apparat bei Ziegler, Isaias, 267.

19 Der Apparat der Editio critica maior listet 35 griechische Majuskeln und Minuskeln auf, zu denen u.a. ℵ², A, 33 und 1739 gehören.

20 Jobes, Septuagint, 317.

Beeinflussung durch den ntl. Text zurückzuführen und nicht als Indiz eines frühen LXX-Vorlagetexts mit ὡς zu werten.[21]

Im Fall der dritten Differenz ist zwar die Lesart τὸ δὲ ῥῆμα τοῦ θεοῦ (ohne ἡμῶν!) für 1Petr 1,25 von zwei Minuskeln (254, 1524), dem Kirchenvater Didymus Alexandrinus und der syrischen Peschitta bezeugt, aber sie kommt keineswegs gegen die vom 𝔓[72], allen vorhandenen Majuskeln sowie der großen Mehrzahl der Minuskeln vertretene Lesart τὸ δὲ ῥῆμα κυρίου auf. Weil die lukianische Rezension, gefolgt von der koptischen und syropalästinischen Übersetzung und vier Kirchenvätern, ebenso die Lesart τὸ δὲ ῥῆμα κυρίου bietet, ist nicht von vorneherein auszuschließen, dass die petrinische Fassung auf einem Vorlagetext beruht. Allerdings lässt sich die Lesart von 1Petr 1,25a auch ohne die Annahme eines entsprechenden Vorlagetextes durch und durch plausibel erklären. Denn vermutlich hat der Briefautor aufgrund kontextuell-inhaltlicher Überlegungen τοῦ θεοῦ ἡμῶν durch κυρίου ausgewechselt (vgl. 1Petr 1,25b und 2,3).[22] Karen H. Jobes beurteilt diese Lesart als „almost certainly a deliberate change introduced by the author of 1 Peter", mit deren Hilfe er das ewige, dem Propheten Jesaja bekannte Wort Gottes als „equivalent with the gospel of Christ" identifiziert.[23]

Was zuletzt die zweite oben angeführte Differenz zwischen der LXX-Fassung und der Wiedergabe des Zitats in 1Petr 1,24–25a betrifft, darf trotz der Bezeugung von πᾶσα δόξα αὐτῆς bei Origenes und Kyprian die Lesart πᾶσα δόξα ἀνθρώπου als gesichert für Jes 40,6 LXX gelten. Dasselbe kann keineswegs für die von NA[27] und der Editio critica maior bevorzugte Lesart behauptet werden. Zwar kann sie beim ersten Blick den Eindruck erwecken, hier liege eine Variante vor, die den griechischen Text näher an die hebräische Vorlage rückt, weil die Anwendung des Possessivpronomens mit Rückverweis auf

---

21 So auch Jobes, ebd. Dagegen vermutet J. R. Michaels, 1 Peter, WBC 49, Waco 1988, 77 Benutzung einer alternativen LXX-Hs., die ὡς enthalten hat.

22 Michaels, 1 Peter, 78f. stellt folgende interessante Überlegungen zu diesem Unterschied in 1Petr 1,25a an: „There is no way to tell whether the substitution of κυρίου for the τοῦ θεοῦ ἡμῶν of the best LXX manuscripts (the most significant departure from the LXX in this quotation) is a deliberate editorial change or (like the other small deviations) simply of working with different LXX manuscripts. Still a third possibility is that Peter is influenced by his memory of the Isaiah passage as a whole, in which 'Lord' alternates with 'God' or 'our God' (cf. especially Isa 40:3, where the two stand in parallelism). Whatever the explanation, κυρίου lends itself to the author's purposes by making room for an application of the phrase to Christ."

23 Jobes, Septuagint., 318. Sie fährt fort: „In the six other places where 1 Peter uses κύριος to refer to deity, three are clearly references to Jesus Christ (1:3, 2:3, 3:15), and two are somewhat ambiguous (2:13, 3:12[2x])."

πᾶσα σάρξ hier dem MT zu entsprechen scheint (כל חסדו).[24] Allerdings ist δόξα keine zu erwartende Wiedergabe von חסד, und die Benutzung dieser Vokabel in 1Petr 1,24 ist deutlich eine Übernahme aus der LXX-Fassung.[25] Also verrät der Briefautor auch an diesem Punkt seine Kenntnis des LXX-Textes. Es gibt mehrere alternative Lesarten, die vereinzelt auftreten, und zwar δόξα αὐτοῦ (א*, 629), Streichung des Possessivpronomens (323) sowie δόξα σαρκός (altlateinisch bezeugt). Zahlenmäßig führend ist jedoch die mit Jes 40,6 LXX gemeinsame Lesart πᾶσα δόξα ἀνθρώπου, vertreten von zwei Majuskeln (P 025, Ψ 044) und vielen Minuskeln, die den byzantinischen Text stellen. Karen H. Jobes plädiert für die Ursprünglichkeit dieser mit der LXX-Fassung übereinstimmenden Lesart und verweist dabei auf eine von Robert Kraft auf einer Tagung im September 2002 vorgetragene Theorie, wie aus ἀνθρώπου durch Missverständnis oder Korruption die von 𝔓[72], א[2], A, B, C und einer Reihe von Minuskeln gebotene Lesart αὐτῆς entstanden sein mag:

> „[A] very feasible explanation, offered by Robert Kraft, is that the scribal abbreviation of ἀνθρώπου, ΑΝΟΥ, was corrupted to ΑΥΤΟΥ (αὐτοῦ), which was then changed to ΑΥΤΗΣ (αὐτῆς) to achieve grammatical agreement with σάρξ. In fact, the original hand of Sinaiticus does attest the reading αὐτοῦ in 1:24 and the second corrector writes αὐτῆς, thus providing manuscript evidence of this very sequence of scribal activity. Since the habit of such abbreviation is limited to scribes of the Christian era, 1 Pet 1:24 would have originally read ἀνθρώπου, contra NA[27].“[26]

3. Das Zitat aus Leviticus in 1Petr 1,16

Im Textabschnitt 1,13–21 werden die Briefempfänger zu einem uneingeschränkten Hoffen auf die ihnen in Jesus Christus zuteil gewordene Gnade und zu einem heiligen Lebenswandel gerufen. Die Heiligkeit der Lebensführung soll der Heiligkeit des sie berufenen Gottes entsprechen: „Wie der, der euch berufen hat, heilig ist, sollt auch ihr heilig sein in eurem ganzen Wandel" (V.

---

24 J. H. Elliott, 1 Peter. A New Translation with Introduction and Commentary, AncB 37B, New York u.a. 2000, 16 zählt 1Petr 1,24 zu den wenigen Fällen, in denen „the citation is closer to the Hebrew text than the LXX". Michaels, a.a.O., 77 hält es für wahrscheinlich, dass „the substitution of αὐτῆς for ἀνθρώπου in agreement with the Hebrew […] probably (is) to be attributed not to Peter's editorial activity but simply to his use of a LXX manuscript tradition different at small points from that reflected in modern critical editions".

25 Mit einem Verweis auf die Lesart δόξα in der LXX sowie in 1Petr 1,24 schlägt der Apparat der Biblia Hebraica Stuttgartensis (BHS) הדרו als eine alternative Lesart vor (vgl. Jes 2,10.19.21; 53,2; Ez 27,10, wo הדר in der LXX durch δόξα wiedergegeben ist). Mit πᾶν τὸ ἔλεος αὐτῆς an dieser Stelle bezeugen Aquila, Symmachus und Theodotion כל חסדו als Lesart ihrer Vorlage (vgl. Ziegler, Isaias, 267).

26 Jobes, Septuagint, 318.

15 nach der Lutherbibel). Diese Ermahnung untermauert der Briefautor gleich im Anschluss mit einem Schriftzitat, durch eine Einleitungsformel ausdrücklich als solches gekennzeichnet:

1Petr 1,16:

διότι γέγραπται ἅγιοι ἔσεσθε, ὅτι ἐγὼ ἅγιος

„Denn es steht geschrieben: ‚Ihr sollt heilig sein, denn ich bin heilig‘.“ (Lutherbibel)

In der Editio critica maior des Novum Testamentum Graecum „weicht der Text an sieben Stellen von dem der 27. Auflage des Nestle-Aland bzw. der 4. Auflage des Greek New Testament ab“,[27] und zwei dieser Stellen begegnen in diesem Vers. Zwei Worte sind gestrichen worden, die in NA[27] in eckigen Klammern[28] stehen: διότι γέγραπται [ὅτι] ἅγιοι ἔσεσθε, ὅτι ἐγὼ ἅγιός [εἰμι]. Inwiefern das unmittelbar auf die Zitationsformel folgende ὅτι zum ursprünglichen Text gehört, können wir in unserem Zusammenhang auf sich beruhen lassen, denn als ὅτι *recitativum* gehört diese Konjunktion nicht direkt zum Zitat, mit dem wir uns beschäftigen. Ob der die Ermahnung begründende Nominalsatz mit oder ohne Kopula formuliert ist, mag dagegen in Bezug auf die genaue Bestimmung der Quelle des Zitats von Interesse sein. Wie das gegenüber NA[27] geänderte Urteil darüber in der Editio critica maior zeigt, fällt hier eine eindeutige textkritische Entscheidung sehr schwer. Die Lesart ohne Kopula wird lediglich von Sinaiticus, Vaticanus, der ersten Hand des Alexandrinus sowie der Minuskel 1735 (10. Jh.) und Clemens Alexandrinus vertreten. Die große Mehrzahl der Textzeugen, angeführt von $\mathfrak{P}^{72}$ und Codex Ephraemi Syri rescriptus, formulieren mit Kopula.[29] Weitere textliche Variationen betreffen das Verb im ersten Teil des Zitats sowie die den zweiten Teil einleitende Konjunktion. Die Lesart ἅγιοι ἔσεσθε hat eine solide Basis bei den ältesten und gewichtigsten Textzeugen (u.a. $\mathfrak{P}^{72}$, ℵ, A, B, C, 33, 81) und wird auch noch von beinahe 50 weiteren Minuskeln bezeugt. Die in der Mehrzahl der Hss. auftretende Variante, statt ἔσεσθε hier eine Imperativform von γίνεσθαι zu lesen, entweder vom Aoriststamm gebildet, γένεσθε, oder vom Präsensstamm, γίνεσθε, ist eindeutig als sekundär zu beurteilen. Als begründende Konjunktion bieten $\mathfrak{P}^{72}$, ℵ sowie acht Minuskeln διότι statt ὅτι, während ein Teil der altla-

---

27   Novum Testamentum Graecum. Editio Critica Maior, Bd. 4: Die katholischen Briefe, T. 1: Text, 2. Lfg.: Die Petrusbriefe, Stuttgart 2000, 21*.

28   Vgl. NA[27], 7*: „Eckige Klammern im Text zeigen an, daß der eingeklammerte Abschnitt textkritisch nach dem heutigen Erkenntnisstand nicht gänzlich gesichert werden konnte.“

29   Die Editio critica maior gibt wieder jener Variante den Vorzug, die bereits in der 25. Auflage von Nestles Handausgabe für ursprünglich gehalten wurde. Weitere Varianten (z.B. καγω αγιος ειμι, εγω αγιος ειμι λεγει κυριος und καγω αγιος λεγει κυριος ειμι) bezeugen zwar die fluktuierende Textüberlieferung an dieser Stelle, kommen jedoch als ursprünglicher Text nicht in Betracht.

teinischen Überlieferung und die syrische Peschitta möglicherweise eine Lesart mit der komparativen Konjunktion καθώς als verbindendes Glied bezeugen
und somit eine vergleichende Komponente in die Begründung einführen. Den
1. Petrusbrief zeichnet ein gewisser Vorzug für διότι aus (vgl. die Einfüh-
rungsformeln von Schriftzitaten am Anfang von V. 16 sowie in 1,24 und 2,6),
und vielleicht ist diese Kausalkonjunktion aufgrund dieser Vorkommnisse im
unmittelbaren Kontext bei einigen Schreibern in das Zitat eingedrungen, zumal
sie bloß als eine kleine Erweiterung von ὅτι erscheint.[30]

Als Vorlagen des Zitats kommen Lev 11,44f. und 19,2 in Frage. Von den
insgesamt neun Papyri und Fragmenten mit griechischem Leviticustext scheint
nur der 𝔓[830] eine dieser beiden Stellen zu enthalten.[31] Dafür sind jeweils 19,2
in allen sechs von Wevers kollationierten Unzialhandschriften und 11,44f. in
fünf davon vorhanden[32] sowie beide Stellen darüber hinaus in vielen Minuskeln enthalten.

Lev 11,44a.45b LXX:
(44a) ὅτι ἐγώ εἰμι κύριος ὁ θεὸς ὑμῶν καὶ ἁγιασθήσεσθε καὶ ἅγιοι ἔσεσθε, ὅτι ἅγιός
εἰμι ἐγὼ κύριος ὁ θεὸς ὑμῶν.
(45b) καὶ ἔσεσθε ἅγιοι, ὅτι ἅγιός εἰμι ἐγὼ κύριος.

„(44a) Denn ich bin der Herr, euer Gott, und ihr sollt euch heiligen lassen und heilig sein; denn ich bin heilig, *der Herr, euer Gott* … (45b) und ihr sollt heilig sein
denn ich bin heilig, *der Herr*.“ (Septuaginta Deutsch)

Lev 19,2αβ.b LXX:
Ἅγιοι ἔσεσθε, ὅτι ἐγὼ ἅγιος, κύριος ὁ θεὸς ὑμῶν.

„Ihr sollt heilig sein, denn ich bin heilig, der Herr, euer Gott.“ (Septuaginta
Deutsch)

Nach Ausweis des Apparats treten zwar zu manchen Einzelheiten dieser Stellen in den Minuskeln, Versionen und bei den Kirchenvätern kleine Variationen

---

30 An allen drei Stellen ist die Überlieferung uneinheitlich; es treten διό und ὅτι als Alternativen
    zu διότι auf, aber διότι darf in allen Fällen als ursprünglich gelten. In 1,24 zeichnet sich aller-
    dings 𝔓[72] durch ὅτι als Alternative zu διότι aus, und in 1,16 hat ℵ διό statt διότι. Also fallen
    gerade diese beiden Zeugen von διότι anstelle von ὅτι in dem Leviticuszitat in 1,16 im Ver-
    gleich zu anderen Hss. durch ein uneinheitliches Verfahren in der Wiedergabe von und Un-
    terscheidung zwischen drei Konjunktionen auf.
31 Dieser der Schøyen Collection gehörende Papyrus 830 aus dem 2. Jh. n.Chr. umfasst der
    Übersicht in Rahlfs/Fraenkel, Verzeichnis I/1, 474 zufolge die Textabschnitte Lev 10,15–
    13,6; 23,20–30 und 25,30–40 in lückenhaftem Zustand. Leider fehlt gerade dieser Papyrus
    unter den Papyri und Fragmenten, die von Wevers in der Göttinger Textausgabe aufgenom-
    men worden sind (s. Leviticus, 13f.), und darum habe ich nicht in Erfahrung bringen können,
    ob die Verse Lev 11,44f. darin vorhanden sind.
32 Vgl. Wevers, Leviticus, 7f. Codex Venetus (V) setzt erst in Lev 13,59 ein. Als siebte
    Leviticusmajuskel führen Rahlfs/Fraenkel, ebd. auch Codex Sinaiticus auf, der Lev 20,27–
    22,30 enthält.

auf,[33] aber der von Wevers gedruckte Text ist in Lev 19,2aβ.b von allen Unzialhandschriften abgedeckt, und auch in 11,44a.45b wird er bis auf ein paar geringe Abweichungen in den Majuskeln F und G[34] ebenso von ihnen getragen. Während der somit rekonstruierte griechische Ursprungstext in Lev 19,2 dem MT, קדשים תהיו כי קדוש אני יהוה אלהיכם, genau entspricht, weisen Lev 11,44a und 11,45b LXX jeweils am Ende Erweiterungen auf. Bis einschließlich ὅτι ἅγιός εἰμι ἐγώ folgen sie Lev 11,44a.45b MT (V. 44a: כי אני והייתם קדשים כי קדוש אני; V. 45b: כי קדוש אני יהוה אלהיכם והתקדשתם והייתם קדשים כי קדוש אני). Wie bereits durch kursive Schrift in der oben gebotenen Übersetzung kenntlich gemacht (vgl. Anm. 10), stellen jeweils κύριος ὁ θεὸς ὑμῶν in V. 44a und κύριος in V. 45b Hinzufügungen zum MT dar.

Nach dieser Untersuchung des textgeschichtlichen Befundes müssen wir jetzt fragen, welche Leviticusstelle als Quelle des Zitats in 1Petr 1,16 zu gelten hat. Die Variante mit Kopula, ὅτι ἐγὼ ἅγιός εἰμι, steht Lev 11,44a und 45b, die beide εἰμί enthalten, näher als Lev 19,2, wo die Kopula fehlt. Mit dem Verzicht auf die in den griechischen Leviticusstellen sich anschließende formelhafte Apposition, κύριος ὁ θεὸς ὑμῶν (Lev 11,45b nur κύριος), steht 1Petr 1,16 in der Tat der masoretischen Fassung von Lev 11,44aβ.45bβ (כי קדוש אני) am allernächsten, denn anders als in Lev 19,2b (כי קדוש אני יהוה אלהיכם) endet der hebräische Text wie das Zitat in 1Petr 1,16 ohne Hinzufügung der Apposition, „JHWH, euer Gott". Leviticus weist auch weitere, ähnlich lautende Stellen auf, z.B. 20,7 und 20,26a, die die hier bezeugte Variationsbreite der formelhaften Wendungen bekräftigt. In Lev 20,7 lässt die LXX eines der beiden Verben in der ersten Vershälfte aus und fügt in der zweiten Vershälfte ἅγιος ein; in V. 26a ergänzt die LXX die Selbstbezeichnungsformel Gottes am Ende mit der Hinzufügung ὁ θεὸς ὑμῶν.[35] Angesichts dieses Befundes ist es auf textgeschichtlich-sprachlicher Grundlage nicht möglich, eine einzige Stelle als *die* Quelle oder Vorlage des Zitats in 1Petr 1,16 zu bestimmen.

Es stellt sich dann die Frage, inwiefern wir anhand theologisch-inhaltlicher Überlegungen zu erkennen vermögen, ob eine besondere Stelle in Leviticus dem Zitat Pate gestanden hat. Reinhard Feldmeier stellt von der Erkenntnis der

---

33 Dazu gehören Parallelen zu Lesarten, die im Zitat in 1Petr 1,16 auftreten und oben besprochen worden sind, wie etwa in Lev 19,2 γίνεσθε statt ἔσεσθε in der Minuskel 552 und καθώς statt ὅτι in der Minuskel 619.

34 Beispiele: G lässt am Anfang von V. 44 die Kopula aus und formuliert ὅτι ἐγὼ κύριος ὁ θεὸς ὑμῶν; F streicht die Kopula im zweiten ὅτι-Satz und stellt die Wortreihenfolge um: ὅτι ἐγὼ ἅγιος κύριος ὁ θεὸς ὑμῶν.

35 Lev 20,7 MT: „Darum heiligt euch (והתקדשתם) und seid heilig; denn ich bin der HERR, euer Gott" (Lutherbibel). Lev 20,7 LXX: „Und ihr sollt heilig sein; denn ich, der Herr, euer Gott, *bin heilig*" (Septuaginta Deutsch). Lev 20,26a MT: „Darum sollt ihr mir heilig sein; denn ich, der HERR, bin heilig" (Lutherbibel). Lev 20,26a LXX: „Und ihr sollt für mich heilig sein, denn ich bin heilig, der Herr, *euer Gott*" (Septuaginta Deutsch).

tiefen Verwurzelung des Briefes im Diasporajudentum[36] her solche Überlegungen an, indem er ausführt: „Die Deutung der Gebote als Heiligung in Entsprechung zu Gottes Heiligkeit, wie sie sich in Lev 11 und dann programmatisch in Lev 19,2 findet, spielte im hellenisierten Diasporajudentum gerade als theologische Begründung für dessen Lebensweise in einer heidnischen Umgebung eine zentrale Rolle."[37] Obgleich Lev 11 sich mit der Unterscheidung von *kultisch* reinen und unreinen Tieren beschäftigt und in diesem Zusammenhang zur Heiligung als Vermeiden von Verunreinigung durch unreine Tiere ermahnt, mag trotzdem Lev 11,44f. die Quelle für 1Petr 1,16 sein, insofern bei der Heiligkeitsermahnung auf das theologische Erbe aus dem Diasporajudentum rekurriert wird. „Der 1Petr zeigt […] seine Nähe zu den Traditionen des Diasporajudentums, indem er sich als einzige ntl. Schrift explizit auf Lev 11 bzw. 19 bezieht und die Entsprechung zur Heiligkeit Gottes als eigentliches Motiv für den Lebenswandel der ‚erwählten Fremden der Zerstreuung' benennt."[38] Wenn es aber zur inhaltlichen Entfaltung der Heiligung bzw. des geheiligten Wandels kommt, spielt jedoch bestimmt Lev 19, an dessen Anfang der Ruf in V. 2aβ.b steht,[39] die entscheidende Rolle, denn in diesem Kapitel handelt es von den *ethischen* Implikationen der Heiligkeit,[40] die im Frühchristentum eine weit reichende Rezeption fanden.

Abschließend stellen wir fest, dass gerade bei einer Stelle, die durch die Zitationsformel διότι γέγραπται explizit als Zitat erkenntlich gemacht ist, der Briefautor seine Quelle nicht eindeutig erkennbar macht, sondern in seiner Aufnahme des das Leviticusbuch durchziehenden Rufs an das Gottesvolk zu gottgemäßer Heiligkeit etwa wie die Stellen Lev 20,7.26a (siehe oben) zwischen Lev 11,44f. und Lev 19,2 oszilliert.

---

36 R. Feldmeier, Der erste Brief des Petrus, ThHK 15/1, Leipzig 2005, 18f.

37 A.a.O., 71.

38 Ebd.

39 Lev 19,1f.: „Und der HERR redete mit Mose und sprach: Rede mit der ganzen Gemeinde der Israeliten und sprich zu ihnen: ‚Ihr sollt heilig sein, denn ich bin heilig, der HERR, euer Gott'" (Lutherbibel).

40 Die Forschung hat die Kapitel 17–26 als einen eigenen, gerade unter dem Stichwort ‚Heiligkeit' stehenden Textkomplex erkannt und diesen *Heiligkeitsgesetz* genannt. Gerade Lev 19,2 haftet so etwas wie der Charakter eines Kernsatzes an, der zum richtigen, gottgemäßen Verhalten motivieren soll.

4. Das Zitat von Jes 28,16 in 1Petr 2,6

Jes 28,16 MT:

לכן כה אמר אדני יהוה הנני יסד בציון אבן אבן בחן פנת יקרת מוסד מוסד
המאמין לא יחיש

„Darum spricht Gott der HERR: Siehe, ich lege in Zion einen Grundstein, einen
bewährten Stein, einen kostbaren Eckstein, der fest gegründet ist. Wer glaubt, der
flieht nicht." (Lutherbibel)

Jes 28,16 LXX:

διὰ τοῦτο οὕτως λέγει κύριος Ἰδοὺ ἐγὼ ἐμβαλῶ εἰς τὰ θεμέλια Σιων λίθον πολυτελῆ
ἐκλεκτὸν ἀκρογωνιαῖον ἔντιμον εἰς τὰ θεμέλια αὐτῆς, καὶ ὁ πιστεύων ἐπ' αὐτῷ οὐ μὴ
καταισχυνθῇ.[41]

„Darum sagt [+] der Herr so: Siehe, ich *werde* in *die Fundamente* Sions einen *kostbaren*, ausgewählten Stein einsetzen, einen wertvollen Eckstein *in ihre* Fundamente [+], und wer *auf ihn* vertraut, wird nicht *zuschanden werden*." (Septuaginta
Deutsch)[42]

Der MT scheint im Blick auf das redende Subjekt einen Widerspruch zu enthalten. Die Einführungsformel, die Form der Partikel הני (d.i. הנני) sowie die
Fortführung des Spruchs in V. 17 setzen die erste Person Singular voraus, aber
das Prädikat in V. 16aβ ist von den Masoreten in der dritten Person Singular
punktiert (*yissad*). Die Bestätigung, dass dies eine Fehlschreibung bzw. -
vokalisierung war – nicht nur von der ersten Person Singular Futur ἐμβαλῶ der
LXX nahe gelegt, sondern noch mehr durch die Wiedergabe von יסד als Partizip, θεμελιῶν, bei Aquila, Symmachus und Theodotion – hat in unserer Zeit die
berühmte protomasoretische Jesajarolle von Qumran, 1QIsa^b, die hier יוסד
liest (Qal Partizip) und somit die Punktierung *yōsēd* statt der Form der
Masoreten, *yissad* (Piel Perfektum 3. Singular), gesichert.[43] Während die drei
späteren griechischen Versionen eine wörtliche Übertragung der hebräischen
Vorlage הנני י[ו]סד ('Ἰδοὺ ἐγὼ θεμελιῶν) bieten, verfährt der LXX-Übersetzer
idiomatisch freier und lässt den semantischen Inhalt der Wurzel *ysd* lediglich
in einem doppelten präpositionalen Ausdruck zum Vorschein kommen, den er
dem Verb ἐμβάλλειν anhängt, das er in diesen Satz als dessen Prädikat ein-

---

41 Text nach Ziegler, Isaias, 218. Aus den Apparatangaben beschränke ich mich hier auf die
    Beobachtung, dass der Kodex Vaticanus (B), der zusammen mit Kodex Venetus (V) in Jesaja
    die hexaplarische Rezension bezeugt, ein doppeltes κύριος enthält (so auch V), den Präsens-
    stamm des Verbs ἐμβάλλω hat und ἐπ' αὐτοῦ auslässt (so auch V). Sowohl durch die Einfü-
    gung als auch die Auslassung rücken B und V dem masoretischen Text näher.

42 Zur Benutzung von [+] vgl. Septuaginta Deutsch, XXI: „Ein *hochgestelltes* + signalisiert, dass
    der masoretische Text an der mit [+] beginnenden Stelle erkennbar mehr Text als die Septua-
    ginta bietet."

43 Auch 1QIsa^a bietet ein Partizip, allerdings in Piel (מיסד).

242   Jostein Ådna

führt: Ἰδοὺ ἐγὼ ἐμβαλῶ εἰς τὰ θεμέλια Σιων [...] εἰς τὰ θεμέλια αὐτῆς. Die dem Objekt des Satzes, dem Stein (אבן/λίθος), in V. 16bα beigefügten Bestimmungen אבן בחן פנת יקרת מוסד מוסד, sind in der LXX in der Gestalt von vier attributiven Adjektiven, πολυτελής, ἐκλεκτός, ἀκρογωνιαῖος[44] sowie ἔντιμος, aufgenommen worden. Während die beiden letzten Attribute ἀκρογωνιαῖος und ἔντιμος deutlich die Konstruktusverbindung פנת יקרת vertreten, hätte man durchaus eine andere Wiedergabe von בחן (אבן) als (λίθος) πολυτελής erwartet wie z.b. den von Aquila, Symmachus und Theodotion gebotenen (λίθος) δόκιμος. Das zweite Attribut der LXX-Fassung, ἐκλεκτός, hat überhaupt keine direkte Entsprechung im MT. Die Wiedergabe, „einen kostbaren, ausgewählten Stein", ist jedoch vermutlich auf derselben Ebene wie die oben besprochene idiomatisch zum Ausdruck gebrachte Beziehung zwischen dem Stein und den Fundamenten einzuordnen, weil ein Stein, der hinsichtlich seiner Tauglichkeit als (wertvoller) Eckstein geprüft worden ist, in der Tat ein kostbarer, sorgfältig ausgewählter Stein unter einer großen Menge von potentiellen Exemplaren darstellt. Folglich scheinen wir die beträchtlichen Variationen zwischen dem MT und der LXX-Fassung in V. 16a.bα erklären zu können, ohne eine abweichende Vorlage der LXX annehmen zu müssen. Im letzten Teil des Verses, 16bβ, weichen die beiden allerdings so stark voneinander ab, dass hier der Sinn davon betroffen wird. Erstens fügt die LXX dem substantivierten Partizip המאמין/ὁ πιστεύων die präpositionale Bestimmung ἐπ' αὐτῷ bei und macht dadurch den Stein zum Gegenstand des Glaubens.[45] Zweitens hat die LXX anstelle von לא יחיש οὐ μὴ καταισχυνθῇ als Text. Wie auch immer יחיש zu verstehen sein mag, „[s]trictly speaking kataischynthē is not a possible meaning" dafür, und diese Textwiedergabe der LXX „changes the

---

44   Zu ἀκρογωνιαῖος als Adjektiv vgl. Elliott, 1 Peter, 425: „This term is actually an adjective marking *lithon* as a special stone set at the extreme (*akro-*) corner (*gōnias*) of a building. It is attested only in the Bible, appearing only in Isa 28:16; 1 Pet 2:6; and Eph 2:20 (cf. *Barn.* 6:2)."

45   Die Formulierung ohne ein spezifisches Objekt ist bestimmt ursprünglich, vgl. Jes 7,9, wo die LXX dem MT folgt und das Verb ‚glauben' absolut verwendet. Das Fehlen von ἐπ' αὐτῷ im Kodex Vaticanus einerseits sowie das Vorhandensein dieses Elements nicht nur in 1Petr 2,6, sondern auch in den Zitaten von Jes 28,16 in Röm 9,33 und 10,11 andererseits hat eine Diskussion darüber ausgelöst, inwiefern wir es hier mit einer sekundären christlichen Interpolation des LXX-Textes zu tun haben (so z.B. L. Goppelt, Der erste Petrusbrief, KEK 12/1, Göttingen 1978, 148 Anm. 50). Unabhängig davon, ob ἐπ' αὐτῷ ein fester Bestandteil der griechischen Übersetzung von Anfang an war oder nicht, ist es auf jeden Fall äußerst wahrscheinlich, dass diese Variante bereits im 1. Jahrhundert bekannt war und vorchristlichen Ursprungs ist. Vgl. D. A. Oss, The Interpretation of the 'Stone' Passages by Peter and Paul. A Comparative Study, JETS 32, 1989, 181–200: 186 Anm. 16; Michaels, 1 Peter, 104 und Jobes, Septuagint, 320.

result of faith from the idea of stability in life to that of the avoidance of shame".[46]

1Petr 2,6:

διότι περιέχει ἐν γραφῇ ἰδοὺ τίθημι ἐν Σιὼν λίθον ἀκρογωνιαῖον ἐκλεκτὸν ἔντιμον καὶ ὁ πιστεύων ἐπ' αὐτῷ οὐ μὴ καταισχυνθῇ.

„Darum steht in der Schrift: ‚Siehe, ich lege in Zion einen auserwählten, kostbaren Eckstein; und wer an ihn glaubt, der soll nicht zuschanden werden'." (Lutherbibel)

Der Apparat in der Editio critica maior weist zwar in der Textüberlieferung diverse Variationen zu Einzelheiten dieses Verses auf, aber höchstens zu der Reihenfolge der drei Adjektive ἀκρογωνιαῖον, ἐκλεκτόν und ἔντιμον kann berechtigter Zweifel gegen die Ursprünglichkeit des hier gebotenen Wortlautes erhoben werden.[47]

Auffallend beim Zitat in 1Petr 2,6 ist seine genaue Übereinstimmung mit der LXX-Fassung des Spruches gerade in jenem Teil, in dem der LXX-Text sehr stark von Jes 28,16bβ abweicht (καὶ ὁ πιστεύων ἐπ' αὐτῷ οὐ μὴ καταισχυνθῇ), verbunden mit beträchtlichen Abweichungen von der LXX im ersten Teil des Spruches, wo die Differenzen der LXX gegenüber dem MT eine viel bescheidenere Einwirkung auf den Inhalt haben. Die Übernahme der LXX-Fassung von Jes 28,16bβ ist auch noch zweimal im Römerbrief bezeugt (9,33; 10,11).[48] Die Personifizierung der Metapher „Stein", die ihr durch die ausdrückliche Herausstellung als Glaubensobjekt – bewirkt durch die Ergänzung ἐπ' αὐτῷ – verliehen wird, passt den ntl. Autoren natürlich ausgezeichnet, weil sie Christus als den „Stein" und das Objekt des Glaubens identifizieren, der den Gläubigen vor aller Scham schützt. Ferner ist zu bedenken, dass die von Petrus aufgenommene Fassung von Jes 28,16 so auch noch mit einer in seinem „Lieblingspsalm"[49] vorkommenden Formulierung übereinstimmt (Ps 33,6 LXX).[50] Die Unterschiede zwischen der LXX und 1Petr 2,6 im ersten Teil

---

46 Oss, Interpretation, 187.

47 Die von B und C samt zwölf Minuskeln alternative Reihenfolge der Adjektive, ἐκλεκτὸν ἀκρογωνιαῖον ἔντιμον, fand noch in der 25. Auflage von Nestle den Vorzug. Der Apparat führt vier weitere alternative Lesarten zu dieser Stelle an, die jeweils nur von einer, zwei oder drei Minuskeln bezeugt werden.

48 Die einzigen Unterschiede bestehen darin, dass bei Paulus die Negierung durch οὐ + Futur ausgedrückt wird und dass in Röm 10,11 πᾶς am Anfang hinzugefügt ist: (πᾶς) ὁ πιστεύων ἐπ' αὐτῷ οὐ μὴ καταισχυνθήσεται.

49 Psalm 34 (33 LXX) stellt sich u.a. durch das zweifache Zitieren (in 2,3 und 3,10–12) heraus als ein offensichtlich sehr bedeutsamer Text für den Briefautor. Vgl. E. H. Hauge, Turn Away From Evil and Do Good! Reading 1 Peter in Light of Psalm 34 (PhD Diss.), Oslo, 2008.

50 Ps 33,6 LXX: προσέλθατε πρὸς αὐτὸν καὶ φωτίσθητε, καὶ τὰ πρόσωπα ὑμῶν οὐ μὴ καταισχυνθῇ. („Kommt zu ihm und werdet erleuchtet, und eure Angesichter sollen keinesfalls zuschanden werden" [Septuaginta Deutsch].) Diese Vermutung erhärtet sich durch die Be-

des Zitats sind von J. Ramsey Michaels präzise zusammengestellt geworden: „Peter's citation of Isa 28:16 differs from the LXX at several points: the use of τίθημι instead of ἐγὼ ἐμβαλῶ, and of ἐν Σιών instead of εἰς τὰ θεμέλια Σιών; and the omission of πολυτελῆ and the redundant εἰς τὰ θεμέλια αὐτῆς."[51] Tatsächlich bewirken diese Abweichungen, dass das Zitat in 1Petr 2,6 an die masoretische Fassung von Jes 28,16aβ.bα näher heranrückt.[52] Dies ist am augenscheinlichsten in der schlichten Wiedergabe von בציון durch ἐν Σιών sowie in der Vermeidung der verdoppelten Präpositionskonstruktionen εἰς τὰ θεμέλια Σιών und εἰς τὰ θεμέλια αὐτῆς der LXX.[53] Die Beurteilung der attributiven Adjektive, die den in Zion niedergelegten Stein charakterisieren, ist jedoch schwieriger. Die Benutzung von ἐκλεκτός muss zwar durch die LXX beeinflusst sein, aber die abweichende Reihenfolge der drei Adjektive fällt jedoch sehr auf. John H. Elliott hat vermutlich Recht, wenn er meint, der Autor habe unter Rücksichtnahme auf den Kontext deren Reihenfolge angepasst. Das Zitat vorausgreifend, habe Petrus bereits in 2,4 vom lebendigen Stein gesprochen, der in Gottes Augen auserwählt und kostbar sei ([...] λίθον ζῶντα [...] παρὰ δὲ θεῷ ἐκλεκτὸν ἔντιμον): „The combination and sequence of *eklekton* and *entimon* in v 4 [...] thus is identical to that in v 6 [...], and it is these latter two adjectives rather than *akrogōniaios* (omitted in v 4[...]) that form the basis of the author's comments in v 4 and vv 7–8."[54] Schließlich ist der Gebrauch hier von τιθέναι als Prädikat einzigartig im Vergleich zur LXX sowie den späteren griechischen Übersetzungen,[55] aber er hat immerhin eine Parallele in Röm 9,33.[56] Karen H. Jobes stellt folgende bedenkenswerte Überlegungen zu dieser Besonderheit der neutestamentlichen Fassungen an:

> „The author of 1 Peter probably uses the present tense [τίθημι] rather than the future [wie die LXX: ἐμβαλῶ] because he interprets the stone to be Jesus Christ who had already been 'placed in Zion.' Interestingly, there are no variant readings of

---

obachtung, dass der Beginn dieses Verses den Übergang vom Zitat aus Ps 33,9 LXX in 1Petr 2,3 zur nachfolgenden Texteinheit 2,4–10 beeinflusst haben mag, vgl. πρὸς ὃν προσερχόμενοι am Anfang von V. 4. Zur Einschätzung möglicher Beeinflussung durch Ps 33,6 LXX in 1Petr 2,4.6 vgl. Michaels, 1 Peter, 98 und 104.

51 Michaels, a.a.O., 103. Vgl. auch noch Elliott, 1 Peter, 424.

52 Vgl. Elliott, 1 Peter, 16.

53 Jobes, Septuagint, 322 stellt fest, „the omission of εἰς τὰ θεμέλια Σιων also happens to agree with the MT, 1QIsᵃ, and *Targum Isaiah*. This probably indicates that 1 Peter is following a Greek text of Isa 28:16 that also omitted the words."

54 Elliott, 1 Peter, 425f.

55 Editio critica maior verzeichnet keine einzige Abweichung von τίθημι als Lesart in 1Petr 2,6!

56 In Röm 9,33 haben wir es mit einem Mischzitat aus Jes 28,16 und 8,14 zu tun. Für die Einschätzung der traditionsgeschichtlichen Beziehung der gemeinsamen Schriftbezüge des 1. Petrusbriefes und des Paulus muss natürlich die Anspielung auf denselben Vers in 1Petr 2,8 berücksichtigt werden.

1 Pet 2:6 that 'correct' this text to the verb ἐμβαλῶ of OG [= Old Greek] Isa 28:16, nor does τίθημι find its way into the manuscripts of OG Isa 28:16. This lack of attestation of either verb in the manuscripts of both books may be considered as evidence that 1 Peter's use of the verb does not derive from a different Greek text of Isa 28."[57]

Eine vollständige Analyse, die den Besonderheiten des Zitats in 1Petr 2,6, die zum Teil der paulinischen Wiedergabe desselben Schriftwortes aus Jes 28,16 entsprechen, auf den Grund zu gehen vermag, muss den ganzen Abschnitt 1Petr 2,4–10 mit einbeziehen. Eine solche Untersuchung kann hier leider nicht geleistet werden. Ich begnüge mich darum zum Abschluss mit einer schlichten Beobachtung, die in eine These mündet: In V. 7 zitiert der Briefautor aus der Heiligen Schrift (Ps 117,22 LXX) und in V. 8 bringt er eine Anspielung auf Jes 8,14. Die beiden Zitate und die Anspielung verbindet eine christologische Steinmetaphorik. V. 9–10 enthalten eine Menge weiterer Anspielungen und Echos aus dem AT, die eine ekklesiologische Anwendung finden. Bei den hier begegnenden christologischen und ekklesiologischen Ausführungen scheinen Zitation und Explikation der Schrift nahtlos in einander zu greifen.

5. Fazit

In diesem Aufsatz habe ich vier ausgewählte atl. Zitate im 1. Petrusbrief untersucht. Die Anzahl der Stellen ist zu gering, um aus der Untersuchung weit reichende Schlüsse ziehen zu können. Allerdings scheinen einige Tendenzen zum Vorschein zu kommen, wie der Briefautor mit den von ihm aufgenommenen Quellentexten umgeht.

Nur beim Zitat aus Jes 40,6b–8 in 1Petr 1,24–25a habe ich ausreichende Gründe dafür gefunden, eine größere Nähe zwischen dem LXX-Vorlagetext und der Wiedergabe im 1. Petrusbrief zu erwägen, als es die kritischen Textausgaben nahe legen. Einerseits stellt sich die von NA[27] und der Editio critica maior in den Apparat verwiesene und mit der LXX übereinstimmende Lesart πᾶσα δόξα ἀνθρώπου als möglich ursprünglicher Wortlaut des petrinischen Textes dar, und andererseits mag der Briefautor die Formulierung τὸ δὲ ῥῆμα κυρίου in seinem Vorlagetext vorgefunden haben.[58] Die untersuchten Stellen belegen jedoch, dass der Briefautor in seinem Umgang mit den von ihm aufgenommenen Zitaten davor nicht zurückschreckt, kleine Eingriffe in deren Wortlaut vorzunehmen. Zum einen geht es dabei um recht harmlose sprachlich-

---

57 Jobes, Septuagint, 321f.

58 Auch bei der Auslassung von εἰς τὰ θεμέλια Σιων aus Jes 28,16 LXX in der Aufnahme dieses Verses in 1Petr 2,6 kann erwogen werden, inwiefern der Briefautor hier einen Vorlagetext ohne diese Präpositionskonstruktion benutzt haben mag (vgl. Anm. 53).

kontextuelle Anpassungen an den neuen Kontext, wie z.B. die Umstellung des ὅτι-Satzes aus Jes 53,9b zu einem Relativsatz in 1Petr 2,22, in dem das Pronomen ὅς die Konjunktion ὅτι ersetzt. Zum zweiten haben wir es mit Eingriffen zu tun, die deutlicher inhaltlich-theologischer Art sind. Hierzu zählen die Ersetzung von ἀνομίαν durch ἁμαρτίαν im eben besprochenen Zitat aus Jes 53,9 in 1Petr 2,22 sowie die Einfügung der Vergleichspartikel ὡς im Zitat aus Jes 40,6 in 1Petr 1,24. Während diese beiden Fälle Beispiele von sehr bescheidenen Eingriffen sind, die durchaus auch noch einen Halt in den Vorlagetexten haben – in Jes 53 wechselt ἀνομία mit ἁμαρτία, und auch in Jes 40,6 geht es offensichtlich um einen Vergleich zwischen allem Fleisch und dem Gras, keine Gleichsetzung der beiden –, haben wir es in der Wiedergabe des Zitats aus Jes 28,16 in 1Petr 2,6 mit inhaltlichen Änderungen zu tun, die kühner sind und von größerer Freiheit im Umgang mit Schriftzitaten zeugen. Hier geht es einerseits um die von vier auf drei reduzierten attributiven Adjektive, die den Stein charakterisieren, und deren geänderte Reihenfolge[59] und andererseits um die Benutzung von τιθέναι als Prädikat. Es gibt kein Indiz, dass die alternative Reihenfolge der Adjektive durch einen entsprechenden Vorlagetext verursacht sein mag; vielmehr scheinen wir es hier mit einer vom Briefautor bewusst vorgenommenen Änderung zu tun zu haben, die den Kontext berücksichtigt (vgl. den Abschnitt 1Petr 2,4–10 einleitenden Vers 4). Beim Prädikat haben wir es mit der einzigartigen Konstellation zu tun, dass die in 1Petr 2,6 erscheinende Vokabel τίθημι zwar auch in der Zitatwiedergabe von Jes 28,16 in Röm 9,33 begegnet, aber nirgendwo im Handschriftenbestand des griechischen AT als Prädikat dieses Jesajaverses erscheint. Die Parallele bei Paulus deutet darauf hin, dass uns hier eine frühchristliche christologische Rezeption von Jes 28,16 begegnet, die der Autor des 1. Petrusbriefes kennt und der er sich bei seinem Zitieren dieses Verses anschließt.[60]

Nur zwei der atl. Zitate im 1. Petrusbrief werden durch explizite Zitationsformeln eingeleitet. Es sind die Zitate in 1Petr 1,16 und 2,6. Beide Stellen sind hier untersucht worden, und wir haben dabei festgestellt, dass gerade in diesen beiden Fällen die Wiedergabe der jeweiligen Schriftstellen, gemessen am atl. Vorlagetext, am freiheitlichsten erscheint. Die kontextuell und inhaltlich-theologisch motivierten Änderungen im Zitat von Jes 28,16 in 1Petr 2,6 sind oben bereits zusammengefasst worden. In 1Petr 1,16 ist die zitierte Stelle nicht einmal eindeutig zu vermitteln, da sie zwischen Lev 11,44f. und Lev 19,2

---

59 Es gibt jedoch gewichtige Textzeugen, die dieselbe Reihenfolge der drei übernommenen Adjektive wie im LXX-Text aufweisen (vgl. Anm. 47).

60 Die Zugehörigkeit vom Präpositionsausdruck ἐπ' αὐτῷ zur vorchristlichen griechischen Fassung von Jes 28,16, bei dem der Stein, von dem der Vers handelt, zum Gegenstand des Glaubens wird, kam offensichtlich dieser christologischen Rezeption entgegen (vgl. Anm. 45).

oszilliert. Diese Züge der von Zitationsformeln eingeführten Zitate belegen, dass der Autor des 1. Petrusbriefes keine prinzipielle Scheu gegen Eingriffe in den Wortlaut der von ihm aufgenommenen Schriftstellen hegt.[61] Allerdings halten sich diese Eingriffe in Grenzen und sind keineswegs als willkürlich oder gar als manipulierend und verfälschend zu bezeichnen. Eine präzisere Erfassung dessen, wie der Briefautor mit dem AT umgeht und Zitate daraus sowie Anspielungen darauf in seine eigene Argumentation einbindet, kann erst durch eine gründlichere Untersuchung vom 1. Petrusbrief gewonnen werden, die alle darin vorkommenden Zitate und möglichst viele der Anspielungen mit einschließt.

---

61 Von daher gibt es vom Befund her keinen Grund, bei den am Anfang des Fazitabschnitts besprochenen Fällen von in Frage kommender genauer Befolgung des Vorlagetextes in 1Petr 1,24–25a sowie in 2,6 (mit der Auslassung von εἰς τὰ θεμέλια Σιων) die vorgefundene Wiedergabe zwingend auf einen wortwörtlich identischen Vorlagetext zurückzuführen. Das Maß der geduldeten Anpassung von Zitaten ist nachweislich so groß, dass die hier vorliegenden Abweichungen vom ursprünglichen LXX-Text durchaus der Hand des Briefautors zugetraut werden können.

248 Jostein Ådna

Literatur:

B. Aland/K. Aland/G. Mink/K. Wachtel (Edd.), Novum Testamentum Graecum. Editio critica maior, Bd. 4: Die katholischen Briefe, T. 1: Text sowie T. 2: Begleitende Materialien, Stuttgart 1997; Bd. 5: Die katholischen Briefe, T. 1: Text, 2. Lfg.: Die Petrusbriefe, Stuttgart 2000.

K. Elliger/W. Rudolph (Edd.), Biblia Hebraica Stuttgartensia, Stuttgart 1967/1977.

J. H. Elliott, 1 Peter. A New Translation with Introduction and Commentary, AncB 37B, New York u.a. 2000.

R. Feldmeier, Der erste Brief des Petrus, ThHK 15/1, Leipzig 2005.

L. Goppelt, Der erste Petrusbrief, KEK 12/1, Göttingen 1978.

R. Hanhart, Septuaginta. Id est Vetus Testamentum graece iuxta LXX interpretes, Duo volumina in uno. Editio altera quam recognovit et emendavit R. Hanhart, Stuttgart 2006.

E. H. Hauge, Turn Away From Evil and Do Good! Reading 1 Peter in Light of Psalm 34 (PhD Diss.), Oslo, 2008.

K. H. Jobes, The Septuagint Textual Tradition in 1 Peter, in: W. Kraus/R. G. Wooden (Edd.), Septuagint Research. Issues and Challenges in the Study of the Greek Jewish Scriptures, SBL SCSt 53, Atlanta 2006, 311–333.

W. Kraus/M. Karrer (Edd.), Septuaginta Deutsch. Das griechische Alte Testament in deutscher Übersetzung, Stuttgart 2009.

J. R. Michaels, 1 Peter, WBC 49, Waco 1988.

E. Nestle/K. Aland, Novum Testamentum Graece, 27. rev. Aufl., 8. korrigierter u. um die Papyri 99–116 erw. Druck, Stuttgart 2001.

D. A. Oss, The Interpretation of the 'Stone' Passages by Peter and Paul. A Comparative Study, JETS 32, 1989, 181–200.

A. Rahlfs, Psalmi cum Odis, Septuaginta 10, Göttingen [3]1979.

A. Rahlfs, Septuaginta. Id est Vetus Testamentum graece iuxta LXX interpretes, 2 Vol., Stuttgart 1935 (Editio minor. Duo volumina in uno, 1979).

A. Rahlfs, Verzeichnis der griechischen Handschriften des Alten Testaments, Bd. 1/1: Die Überlieferung bis zum VIII. Jahrhundert, bearb. v. Detlef Fraenkel, Septuaginta Vetus Testamentum Graecum auctoritate Academiae Scientiarum Gottingensis editum. Supplementum 1/1, Göttingen 2004.

J. W. Wevers, Leviticus, Septuaginta 2/2, Göttingen 1986.

J. Ziegler, Isaias, Septuaginta 14, Göttingen [3]1983.

Die alttestamentlichen Zitate der syrischen Peschitta im Hebräerbrief Kap. 1–3

MARTIN HEIDE

Das Forschungsprojekt „Der Text der Septuaginta im frühen Christentum und ihre Rezeption in der Apokalypse" an der Kirchlichen Hochschule Wuppertal/ Bethel hat zum Ziel, die Zitate der LXX innerhalb der großen griechischen Unzialen zu untersuchen: Inwiefern haben die ntl. Schreiber beim Kopieren der Hss. den Text, der im NT an einer spezifischen Stelle aus dem Alten Testament zitiert wird und oft vom Wortlaut des hebräischen bzw. griechischen (LXX) Textes abweicht, getreu *sui generis* wiedergegeben? Und inwieweit wurden diese Zitate durch das bereits in derselben Handschrift beigebundene griechische AT beeinflusst? Und gibt es auch Fälle, in denen das NT auf das AT einwirkte? Um diese und weitere Fragen beantworten zu können, entstand eine SQL-Datenbank, in der zunächst sämtliche atl. Zitate im NT und die entsprechenden Quelltexte des AT erfaßt wurden. Um parallel zu diesen Untersuchungen ein Vergleichsmoment außerhalb der griechischen Überlieferung zu schaffen, wurde die syrische Peschitta in diese Untersuchungen miteinbezogen. Auch hier lautet also die Frage: Inwiefern haben die ntl. Schreiber beim Kopieren der syrischen Hss. den Text, der im griechischen NT an einer spezifischen Stelle aus dem AT zitiert wird und oft vom Wortlaut der alttestamentlichen Peschitta abweicht, getreu *sui generis* wiedergegeben – wobei dies hier bedeutet: getreu aus dem griechischen Original übersetzt bzw. aus einer bereits bestehenden syrischen Vorlage abgeschrieben? Und inwieweit wurden diese Zitate durch das bereits bekannte syrische AT beeinflußt, usw.

Diese Fragestellungen gewinnen dadurch an Komplexität, dass es sich bei der Peschitta um eine Übersetzung in das Syrische handelt, das zwar eine naturgemäße Affinität zum Hebräischen, nicht aber zum Griechischen hat:

> „Das syrische AT schließt sich dem hebräischen Urtext oft zu nahe an, und grade wegen der engen Verwandtschaft der Sprachen können wir manchmal

nicht erkennen, ob die wörtliche Wiedergabe noch dem wahren syrischen Sprachgebrauch gemäss oder wirklich ein Hebraismus ist."[1]

Mit diesen Worten hat einer der großen Gelehrten des Syrischen, Theodor Nöldeke, im Vorwort zu seiner „Kurzgefaßten syrischen Grammatik" eine wesentliche Eigenart des syrischen AT treffend charakterisiert. Die Übersetzung der atl. Peschitta wurde spätestens um 200 n. Chr. abgeschlossen,[2] während die Entstehung der ntl. Peschitta in das frühe 5. Jh. n. Chr. zu datieren ist. Bevor die ntl. Peschitta entstand, war im syrischen Sprachraum der altsyrische Text oder die *vetus syra* verbreitet, in den Evangelien repräsentiert durch zwei Textzeugen (Curetonianus und Sinaiticus, sy[c] und sy[s]).[3] Auffallend ist nun, dass sich die *vetus syra* bei den atl. Zitaten im NT noch relativ eng am Wortlaut des syrischen AT orientiert, während sich die ntl. Peschitta bereits stärker dem griechischen Wortlaut verpflichtet zeigt.[4] Von der Apostelgeschichte und den Briefen sind keine altsyrischen Handschriften erhalten. Der Text der *vetus syra* zu diesen Schriften ist vor allem durch die beiden Kirchenväter Aphrahat († nach 345) und Ephraem (ca. 306–373) bezeugt.[5] Nach dem derzeitigen Kenntnisstand muss davon ausgegangen werden, dass die Revision des altsyrischen Textes zur Peschitta hin in der Apostelgeschichte und in den Briefen weniger durchgreifend war als in den Evangelien.[6] Was also die Zitate des AT in der Peschitta angeht, so dürften sich diese in den Briefen noch stärker an das AT anlehnen als in den Evangelien.

Im Folgenden werden dazu die atl. Zitate des Hebräerbriefs Kap. 1–3 vorgestellt. Der Hebräerbrief erscheint für eine solche Untersuchung aufgrund

---

1   T. Nöldeke, Kurzgefaßte syrische Grammatik. Nachdruck der 2. Aufl., bearbeitet von A. Schall, Darmstadt 1977, XIII-XIV.

2   M. P. Weitzman, The Syriac Version of the Old Testament. An Introduction, Cambridge 1999, 252–253.258.

3   K. u. B. Aland, Der Text des Neuen Testaments, Stuttgart ²1989, 199–203.

4   J. Joosten hat bereits exemplarisch am Matthäusevangelium demonstriert, wie sehr das syrische Alte Testament auf den Text der Zitate im Matthäusevangelium einwirkte: J. Joosten, The Old Testament Quotations in the Old Syriac and Peshitta Gospels, Textus 15, 1990, 55–76. Auch S. P. Brock hat auf die Eigenart der *vetus syra* hingewiesen, bei atl. Zitaten mehr der Quelle als dem Ziel zu folgen: S. P. Brock, Limitations of Syriac in Representing Greek, in: B. M. Metzger, The Early Versions of the New Testament, Oxford 1977, 83–98: 96–97.

5   Untersuchungen der ntl. Zitate in der altsyrischen Literatur haben ergeben, „daß es im syrischen Sprachraum vor der Peschitta einen *einheitlichen* von syp [Peschitta] verschiedenen Paulustext gegeben hat." J. Kerschensteiner, Der altsyrische Paulustext, CSCO 315, Subsidia 37, Louvain 1970, 159–160.

6   „It may be assumed that what is said of the Peshitta gospels applies *grosso modo* to the Peshitta in the Acts and Epistles, although there the revision of the lost Old Syriac was perhaps rather less thorough than in the Gospels." Brock, Limitations of Syriac (s. Anm. 4), 85.

seiner zahlreichen atl. Zitate besonders reizvoll. Inzwischen liegt nicht nur für das syrische AT, sondern auch für den syrischen Hebräerbrief eine kritische Ausgabe vor. Zudem bieten die Peschitta-Handschriften der paulinischen Briefe nur geringfügige Abweichungen untereinander.[7]

Zu Beginn eines jeden Zitats werden jeweils hebräischer Text, LXX und atl. Peschitta in der linken Spalte dargestellt, der Text des griechischen NT und der ntl. Peschitta in der rechten Spalte. Die Zitatquellen folgen für das Hebräische der Ausgabe *Biblia Hebraica Stuttgartensia*,[8] für die LXX der Ausgabe Rahlfs-Hanhart[9] und für das Syrische der Leidener Ausgabe *The Old Testament in Syriac: Peshiṭta Version*.[10] Die Zitate im griechischen NT basieren auf der Ausgabe Nestle-Aland,[11] die im syrischen NT folgen für den Basistext der Peschitta-Ausgabe der British and Foreign Bible Society.[12] Ggf. werden Varianten der atl. Peschitta anhand der Leidener Ausgabe diskutiert. Auf Lesarten der *vetus syra* sowie auf solche innerhalb der atl. Peschitta-Überlieferung wird anhand der Ausgabe *Das Neue Testament in syrischer Überlieferung* II.3[13] eingegangen. Auch die weitere Entwicklung der syrischen Zitate, vor allem in Richtung der Harklensis,[14] wird anhand dieser Ausgabe verfolgt. Die Erwähnung hebräischer, syrischer bzw. griechischer Textzeugen folgt dem jeweiligen Fußnotenapparat dieser Ausgaben. Mit dem Kürzel „syr" werden die betreffenden Bibelstellen als zur syrischen Überlieferung gehörig gekennzeichnet.

Bei dieser Untersuchung wird davon ausgegangen (was sich auch bei den einzelnen Zitaten direkt am Text beobachten lässt), dass der Text des syrischen

---

7   B. Aland/A. Juckel, Das Neue Testament in syrischer Überlieferung. 2: Die paulinischen Briefe. Teil 1: Römer- und 1. Korintherbrief, ANTF 14, Berlin 1991, 48; ebd., Das Neue Testament in syrischer Überlieferung. 2: Die paulinischen Briefe, Teil 3: 1./2. Thessalonicherbriefe, 1./2. Timotheusbriefe; Titusbrief, Philemonbrief und Hebräerbrief, ANTF 32, Berlin/New York 2002, 24–25.

8   Biblia Hebraica Stuttgartensia, K. Elliger/W. Rudolph/A Schenker (Edd.), Stuttgart ⁵1997.

9   Rahlfs-Hanhart, Septuaginta. Editio altera, Stuttgart 2006.

10 Die folgenden Bände der Reihe The Old Testament in Syriac. According to the Peshitta Version wurden konsultiert: D. J. Lane, Leviticus – Numbers – Deuteronomy – Joshua, OT-Sy 1/2, Leiden 1991; S. P. Brock, Isaiah, OTSy 3/1, Leiden ²1993; D. M. Walter, The Book of Psalms, OTSy 2/3, Leiden 1980; H. Schneider u.a., Canticles or Odes – Prayer of Manasseh – Apocryphal Psalms – Psalms of Solomon – Tobit – 1(3) Esdras, OTSy 4/6, Leiden 1972.

11 Nestle-Aland, Novum Testamentum Graece, Stuttgart ²⁷1993.

12 Syriac NT and Psalms, B.F.B.S. (Ed.), Nachdruck der *United Bible Societies*, Stuttgart 1986.

13 Vgl. Anm. 7.

14 Weitere Revisionen der Peschitta sind die um 507/8 enstandene Philoxeniana, die leider nur noch in einzelnen Zitaten erhalten ist, und die 616 von Thomas von Harqel erstellte Revision der Philoxeniana, die sogenannte Harklensis. Bei dieser Revision orientierte sich Thomas sehr eng an den im 6. – 7. Jh. umlaufenden griechischen Handschriften.

AT im Wesentlichen eine getreue Wiedergabe des hebräischen Textes darstellt und nur in sehr geringem Ausmaß von der LXX oder den Targumim beeinflusst wurde.[15] Zu dieser frühen Zeit kann allerdings noch nicht von einem vokalisierten Text, d.h. vom masoretischen Text des AT, wie er in den heutigen Editionen vorliegt, als Vorlage für die Peschitta ausgegangen werden.[16]

1. Hebr 1,5 kombiniert die Zitate Ps 2,7 und 2Sam 7,14 (vgl. auch 1Chr 17,13), eine ähnlich aus Qumran bekannte Verskombination (4Q 174 [4QFlor]):

אֲסַפְּרָה אֶל חֹק יְהוָה אָמַר אֵלַי בְּנִי אַתָּה אֲנִי הַיּוֹם יְלִדְתִּיךָ׃	Ps 2,7/Hebr 1,5
διαγγέλλων τὸ πρόσταγμα κυρίου Κύριος εἶπεν πρός με· υἱός μου εἶ σύ, ἐγὼ σήμερον γεγέννηκά σε.	Τίνι γὰρ εἶπέν ποτε τῶν ἀγγέλων· υἱός μου εἶ σύ, ἐγὼ σήμερον γεγέννηκά σε.
ܬܢܐܘܗܝ ܠܟ ܡܪܝܐ ܕܒܪܝ ܐܢܬ ܘܐܢܐ ܝܘܡܢܐ ܝܠܕܬܟ.	ܐܠܟܐ ܓܝܪ ܡܢ ܡܠܐܟܐ ܡܬܘܡ ܐܡܪ ܐܠܟܐ ܐܢܬ ܒܪܝ ܘܐܢܐ ܝܘܡܢܐ ܝܠܕܬܟ.

Die „double duty"-Funktion des Tetragrammatons in Ps 2,7 (indem יהוה das *nomen rectum* der Constructus-Verbindung חֹק יְהוָה bildet und gleichzeitig das Subjekt des Verbs אָמַר) wird in der LXX durch κυρίου Κύριος aufgelöst. In syrPs2,7 wird der „Beschluss" oder „Vertrag" (ܩܝܡܐ) dagegen durch ein Suffix näher bestimmt (ܩܝܡܝ „mein Beschluss"),[17] und ܡܪܝܐ „Herr" dient allein als Subjekt des nachfolgenden Satzes.

Der Rest von syrP s 2,7 entspricht bis auf die eingefügte Konjunktion dem hebräischen Text: „Der Herr sprach zu mir: ‚Du bist mein Sohn, und ich habe dich heute gezeugt.'" Während im hebräischen Psalter die *stichoi* eines Verses oft asyndetisch aufeinander folgen, tendiert die syrische Übersetzung generell

---

15 Vgl. L. Haefeli, Die Peschitta des Alten Testaments. Mit Rücksicht auf ihre textkritische Bearbeitung und Herausgabe, Alttestamentliche Abhandlungen 11/1, Münster 1927, 7; vgl. auch Weitzman, The Syriac Version of the Old Testament (s. Anm. 2); und, besonders im Hinblick auf die zahlreichen Psalmenzitate in Hebr 1–3: I. Carbajosa, The Character of the Syriac Version of Psalms. A Study of Psalms 90–150 in the Peshitta, Leiden 2008.

16 Vgl. z.B. die Belege „for a non-MT consonantal Vorlage," die A. Gelston gesammelt hat (A. Gelston, The Peshiṭta of the Twelve Prophets, Oxford 1987, 125–130).

17 D.h. hier wohl: der Beschluss zu meinen Gunsten (*Genitivus objectivus*).

dazu, diese durch die Konjunktion ◌ zu verbinden.[18] Diese Eigenart wurde bei den zahlreichen Psalmenzitaten des Hebräerbriefes oft vom Alten ins Neue Testament übernommen (vgl. syrHebr 1,6.8; 2.8.12; 3,8.11). So bezeugen der syrische Kirchenvater Aphrahat sowie einige Peschitta-Handschriften in syrHebr 1,5 noch die atl. Form ܐܢܐܘ „und ich" aus syrPs 2,7. In den meisten Peschitta-Hss., in der späteren Harklensis und bei weiteren syrischen Autoren fiel die Konjunktion vor ܐܢܐ in Anpassung an den griechischen Text aus, was sich rückwirkend sogar in einer syrischen Psalter-Hs des 12. Jh. niederschlug. Erst in einer späten nestorianischen Quelle zu Hebr 1,5 erscheint ܐܢܐܘ wieder. Ähnlich verhält es sich bei dem gleichen Zitat in Hebr 5,5; dort bieten nur noch zwei Peschitta-Handschriften die atl. Variante ܐܢܐܘ.

SyrHebr 1,5 ist bis auf die eben erwähnte Konjunktion mit syrPs 2,7 gleichlautend. Die Einleitungsformel aus syrPs 2,7 (ܠܝ ܐܡܪ ܡܪܝܐ „der Herr sprach zu mir") war dabei genauso wie in Hebr 1,5 entbehrlich, da sie unter die allgemeine Einleitung des Verses fällt (Τίνι γὰρ εἶπέν ποτε τῶν ἀγγέλων). SyrHebr 1,5 hat jedoch die Einleitungsformel durch Einfügung von ܐܠܗܐ an das Zitat angepasst, so dass syrHebr 1,5 dem Sinn des Zitates syrPs 2,7 sehr nahekommt: „Denn zu welchem der Engel hat *Gott* jemals gesagt: Du bist mein Sohn, heute habe ich dich gezeugt." In der späteren Harklensis (H4) wurde ܐܠܗܐ dann unter Angleichung an den griechischen Text wieder entfernt.

Der übrige Teil von syrHebr 1,5, bestehend aus dem Zitat 2Sam 7,14, gibt syr2Sam 7,14 vollständig wieder und zeigt keine Abweichung vom griechischen Text. Jedoch dient die dem Syrer eigene Einleitungsformel mit der expliziten Erwähnung des Subjekts (ܐܠܗܐ) auch hier als Verständnishilfe für das in 2Sam 7,14 implizit vorliegende Subjekt:

אֲנִי אֶהְיֶה־לּוֹ לְאָב וְהוּא יִהְיֶה־לִּי לְבֵן	2Sam 7,14/Hebr 1,5
ἐγὼ ἔσομαι αὐτῷ εἰς πατέρα καὶ αὐτὸς ἔσται μοι εἰς υἱόν.	καὶ πάλιν· ἐγὼ ἔσομαι αὐτῷ εἰς πατέρα, καὶ αὐτὸς ἔσται μοι εἰς υἱόν;
ܐܢܐ ܐܗܘܐ ܠܗ ܠܐܒܐ ܘܗܘ ܢܗܘܐ ܠܝ ܠܒܪܐ	ܘܬܘܒ ܕܐܢܐ ܐܗܘܐ ܠܗ ܐܠܗܐ ܘܗܘ ܢܗܘܐ ܠܝ ܠܒܪܐ.

---

18   Carbajosa, Syriac Version of Psalms, 38.

2. Hebr 1,6 bietet ein Zitat, dessen Quelle sich nicht eindeutig identifizieren lässt:

הִשְׁתַּחֲווּ־לוֹ כָּל־אֱלֹהִים:	Ps 97,7/Hebr 1,6
προσκυνήσατε αὐτῷ πάντες οἱ ἄγγελοι αὐτοῦ.	ὅταν δὲ πάλιν εἰσαγάγῃ τὸν πρωτότοκον εἰς τὴν οἰκουμένην, λέγει· καὶ προσκυνησάτωσαν αὐτῷ πάντες ἄγγελοι θεοῦ.
ܣܓܘܕܘ ܠܗ ܟܠܗܘܢ ܡܠܐܟ̈ܘܗܝ.	ܐܡܪ ܕܝܢ ܐܡܬܝ ܬܘܒ ܕܡܥܠ ܒܘܟܪܐ ܠܥܠܡܐ ܐܡܪ ܕܠܗ ܢܣܓܕܘܢ ܟܠܗܘܢ ܡܠܐܟ̈ܘܗܝ ܕܐܠܗܐ.

הִשְׁתַּחֲווּ, das sowohl als 3.Pl. Perfekt als auch als Pl. Imperativ gedeutet werden kann, wurde von der LXX und der Peschitta als Imperativ übersetzt. Die Peschitta folgt in der Regel dem Hebräischen, stimmt aber in syrPs 97,7 mit der LXX gegen den hebräischen Text überein (vgl. ἄγγελοι αὐτοῦ – ܡܠܐܟ̈ܘܗܝ "seine Engel" gegen אֱלֹהִים): „alle seine Engel sollen ihn anbeten". Andererseits wird auch im syrischen AT אֱלֹהִים bei entsprechendem Kontext durch ܡܠܐܟ̈ܐ „Engel" wiedergegeben,[19] sodass die Abhängigkeit der Stelle syrPs 97,7 von Ps 96,7[LXX] nicht erwiesen werden kann.[20] SyrHebr 1,6 ist bis auf die fehlende Konjunktion zu Beginn des Verses (καὶ) eine wörtliche Wiedergabe des griechischen Textes Hebr 1,6. Aufgrund des sehr kurzen Textes ist es kaum möglich, zu beurteilen, ob syrPs 97,7 ursprünglich hier als Vorlage diente oder nicht. Statt des Imperativs hat syrHebr 1,6 die 3. Pers. Pl. Imperfekt; die Satzstellung ist leicht verändert, und ܡܠܐܟ̈ܘܗܝ „seine Engel" wurde neutestamentlich entsprechend dem Griechischen mit ܡܠܐܟ̈ܐ ܕܐܠܗܐ „Engel Gottes" wiedergegeben.

Wird dagegen Deut 32,43 als ursprüngliche Zitatadresse nach dem Text in 4QDeut[q] bzw. nach der LXX zugrundegelegt, ergibt sich für den hebräischen und griechischen Text ein anderes Bild. Die LXX bietet in Deut 32,43 bzw. in den parallel zur LXX überlieferten liturgischen Psalmen (Odae 2,43) genauso wie in Hebr 1,6 den Imperativ der 3. Pers. Pl. (προσκυνησάτωσαν), der hier als Übersetzung der hebräischen Form והשתחוו gedient haben kann. 4QDeut[q]

---

19   Vgl. Ps 8,8; 138,1; Hiob 1,6; 2,1; 38,7.
20   Carbajosa, Syriac Version of Psalms, 239.

sowie beide griechische Traditionen haben die in Ps 97,7 fehlende Konjunktion zu Beginn des Satzes, und Odae 2,43 bietet sogar fast gleichlautend οἱ
ἄγγελοι θεοῦ für ntl. ἄγγελοι θεοῦ. Daher könnte Hebr 1,6 dieser Zitatquelle
entnommen sein.[21] Jedoch fehlt der aus 4QDeut^q 32,43[22] bzw. Odae 2,43 bekannte Zusatz in syrDeut 32,43; die syrische Version orientiert sich hier eng
am hebräischen Text. Spätestens ab dem 8./9. Jh. wurden die Odae zwar auch
in Syrisch überliefert, jedoch entspricht syrOdae 2,43 zunächst genau dem aus
den früheren syrischen Hss. bekannten Text syrDeut 32,43.

(4QDeut^q) והשתחוו לו כל אלהים	Deut 32,43/Hebr 1,6
καὶ προσκυνησάτωσαν αὐτῷ πάντες υἱοὶ θεοῦ. (Deut 32, 43^{LXX})	ὅταν δὲ πάλιν εἰσαγάγῃ τὸν πρωτότοκον εἰς τὴν οἰκουμένην, λέγει· καὶ προσκυνησάτωσαν αὐτῷ πάντες ἄγγελοι θεοῦ.
καὶ προσκυνησάτωσαν αὐτῷ πάντες οἱ ἄγγελοι θεοῦ. (Odae 2, 43)	ὅταν δὲ πάλιν εἰσαγάγῃ τὸν πρωτότοκον εἰς τὴν οἰκουμένην, λέγει· καὶ προσκυνησάτωσαν αὐτῷ πάντες ἄγγελοι θεοῦ.

21 Die früheste Bezeugung der Odae mit ihrem ältesten Textzeugen, dem Codex Alexandrinus,
    fällt in das 5. Jh. n. Chr., sodass umgekehrt auch eine Beeinflussung der Odae durch den
    Hebräerbrief denkbar ist; vgl. auch S. E. Docherty, The Use of the Old Testament in
    Hebrews. A Case Study in Early Jewish Bible Interpretation, WUNT II 260, Tübingen 2009,
    133. Das Lied Mose selbst wird bereits bei Philo und im 2. Makkabäerbuch erwähnt. Es kann
    jedoch nicht eindeutig festgestellt werden, ob es dort schon in der aus der LXX^A bekannten
    Form vorlag; vgl. S. Kistemaker, The Psalm Citations in the Epistle to the Hebrews, Amster-
    dam 1961, 20–21. Ein Zitat von Deut 32,43 in der genauen Form Hebr 1,6 findet sich bei
    dem Kirchenvater Justin (Dialog 130,1).

22 Zum genauen Wortlaut in 4QDeut^q vgl. A. van der Kooij, The Ending of the Song of Moses.
    On the Pre-Masoretic Version of Deut 32:43, in: F. García Martínez/A. Hilhorst u.a. (Edd.),
    Studies in Deuteronomium in Honour of C. J. Labuschagne, Leiden 1994, 93–100. Zum ge-
    nauen Wortlaut der LXX vgl. M. Karrer, The Epistle to the Hebrews and the Septuagint, in:
    W. Kraus/R.G. Wooden (Edd.), Septuagint Research. Issues and Challenges in the Study of
    the Greek Jewish Scriptures, SCSt 53, Atlanta 2006, 336–353:351–353; sowie G.J. Steyn,
    Which "LXX" are we talking about in New Testament Scholarship? Two Examples from
    Hebrews, in: M. Karrer/W. Kraus, Die Septuaginta – Texte, Kontexte, Lebenswelten, Tübin-
    gen 2008, 697–707:702–704. Zu weiteren Details der verschiedenen hebräischen Textzeugen
    und Lesarten vgl. Biblia Hebraica Quinta. Faszikel 5: Deuteronomy, Stuttgart 2007, 152*–
    153*.

(syrOdae 2, 43; cf. Syrohexapla)	ܐܘܦ ܕܝܢ ܐܡܬܝ ܕܡܥܠ ܠܒܘܟܪܐ ܠܥܠܡܐ ܐܡܪ
ܘܢܣܓܕܘܢ ܠܗ ܟܠܗܘܢ ܒܢܘܗܝ ܕܐܠܗܐ.	ܕܠܗ ܢܣܓܕܘܢ ܟܠܗܘܢ ܡܠܐܟܐ ܕܐܠܗܐ.

Erst mit dem 12. Jh. taucht in einer Hs der syrischen Odae der auch aus der LXX bekannte Zusatz auf, allerdings als Import aus der Syrohexapla und in entsprechendem von der LXX bekanntem Kontext: „und alle Söhne Gottes sollen ihn anbeten.“[23] Damit dürfte sicher sein, dass syrHebr 1,6 außer dem griechischen Text von Hebr 1,6 keine Vorlage benutzte. Jedoch fehlt in syrHebr 1,6 die Konjunktion καὶ bzw. ܘ zu Beginn des zitierten Satzes, die erst in einem späteren syrischen Werk und in der Harklensis in Anpassung an den griechischen Text auftritt. *In margine* zweier Harklensis-Hss. wird außerdem als Quelle dieses Zitats auf Deut 32,43 verwiesen, was hier nur für die LXX bzw. von ihr abhängige syrische Hss. zutrifft (s.o.).

3. Hebr 1,7 führt ein Zitat aus Ps 104,4 (103,4 LXX) an:

עֹשֶׂה מַלְאָכָיו רוּחוֹת מְשָׁרְתָיו אֵשׁ לֹהֵט׃	Ps 104,4/Hebr 1,7
ὁ ποιῶν τοὺς ἀγγέλους αὐτοῦ πνεύματα καὶ τοὺς λειτουργοὺς αὐτοῦ πῦρ φλέγον.	καὶ πρὸς μὲν τοὺς ἀγγέλους λέγει· ὁ ποιῶν τοὺς ἀγγέλους αὐτοῦ πνεύματα καὶ τοὺς λειτουργοὺς αὐτοῦ πυρὸς φλόγα.
ܥܒܕ ܡܠܐܟܘܗܝ ܪܘܚܐ ܘܡܫܡܫܢܘܗܝ ܢܘܪܐ ܝܩܕܐ.	ܥܠ ܡܠܐܟܐ ܕܝܢ ܗܟܢܐ ܐܡܪ ܕܥܒܕ ܡܠܐܟܘܗܝ ܪܘܚܐ ܘܡܫܡܫܢܘܗܝ ܢܘܪܐ ܝܩܕܐ.

SyrHebr 1,7 ist eine direkte Übernahme aus syrPs 104,4: „der seine Engel zu Wind macht, und seine Diener zu flammendem Feuer.“[24] Dabei kommt die

23 Vgl. Schneider, Canticles or Odes zu Dt XXXII 43. Für noch spätere Texte mit den Odae vgl. W. Baars, New Syro-Hexaplaric Texts, Leiden 1968, 12. 16. 28–29. 90.

24 Zur Struktur des hebräischen Satzes, der aus einem Verb mit kausativer Bedeutung (hier עָשָׂה) und zwei Objekten besteht, (1) von denen das zweite Objekt das angibt, was aus dem ersten Objekt generiert wird („etwas zu etwas machen“), vgl. P. Joüon/T. Muraoka, A

Lesart „Wind" (ܪܘܚܐ) der meisten Peschitta-Hss. im Gegensatz zum Plural in Hebr 1,7 bzw. in der LXX (πνεύματα) und im masoretischen Text (רוּחוֹת) auch im Codex D (πνεῦμα) und einigen Minuskeln vor (326. 2464 *pc*). Erst in in einigen Hss. der späteren Harklensis wird dieser Teil von Hebr 1,7 hyperkorrekt an das Griechische angepasst (ܥܒܕ ܠ̇ܡܠܐܟܘ̈ܗܝ, ܪܘܚܐ).[25] Das hebräische אֵשׁ לֹהֵט „flammendes Feuer" wurde direkt in syrPs 104,4 und syrHebr 1,7 übernommen (ܢܘܪ ܝܩܕܐ),[26] hier in Übereinstimmung mit der LXX (πῦρ φλέγον), aber gegen den griechischen Text von Hebr 1,7 (πυρὸς φλόγα „Flamme des Feuers").[27]

SyrHebr 1,7 erweist sich nicht zuletzt dadurch vollständig von syrPs 104,4 abhängig, dass zwei Ausdrücke (ܪܘܚܐ und ܝܩܕܐ ܢܘܪ) im *status absolutus* stehen. Der hier in Anlehnung an das Hebräische verwendete *status absolutus* kommt nur in sehr frühen syrischen Quellen vor und wurde später größtenteils durch die Verwendung des *status emphaticus* abgelöst.[28]

Grammar of Biblical Hebrew, Subsidia Biblica 27, Rom [2]2008, § 125w. (2) Umgekehrt kann aber auch das zweite Objekt die *materia ex qua* angeben, wie in Gen 2,7; Ex 27,23; 37,3, so dass das „machen" in Ps 104 den Sinn von „bekleiden; umgeben" bekommt: „der seine Engel aus Winden bekleidet, seine Diener aus flammendem Feuer." (3) Nicht zuletzt scheint aber die kontextuale Interpretation von Ps 104 zu verlangen „der Winde zu seinen Boten macht, flammendes Feuer zu seinem Diener." Targumim, altrabbinische Interpretationen, LXX, Peschitta, Vulgata und auch Hebr 1,7 folgten jedoch der Interpretation (1); vgl. H. L. Strack/P. Billerbeck, Kommentar zum Neuen Testament aus Talmud und Midrasch III, München 1922, 678.

25   Fast gleichlautend mit der Harklensis erscheint der Vers in der Syrohexapla (R. J. V. Hiebert, The „Syrohexaplaric" Psalter, Atlanta 1989, 131).

26   Bedingt durch das übliche feminine Genus von אֵשׁ liest die Psalmenrolle 11QPs[a] hier אֵשׁ לוהטת (P. Flint, The Dead Sea Psalms Scrolls and the Book of Psalms. StTDJ 17, Leiden 1997, 97) und scheint daher direkte Vorlage von ܝܩܕܐ ܢܘܪ gewesen zu sein. In beiden Sprachen ist das Genus von „Feuer" in der Regel feminin; Ausnahmen sind im Hebräischen (F. Brown/S.R. Driver/C.A. Briggs, A Hebrew and English Lexicon of the Old Testament, Oxford 1951, 77) häufiger zu beobachten als im Syrischen (C. Brockelmann, Lexicon Syriacum, Halle an der Saale [2]1928, 421; T. Nöldeke, Kurzgefaßte syrische Grammatik, 56). Eine direkte Abhängigkeit kann hier also nicht erwiesen werden.

27   Die ntl. Lesart πυρὸς φλόγα ist auch im Papyrus Bodmer XXIV (3./4. Jh.; vgl. R. Kasser/M. Testuz, Papyrus Bodmer XXIV, Bibliotheca Bodmeriana, Genf 1967, 204), sowie aus einer (wohl vom Neuen ins Alte Testament eingedrungenen) Korrektur in LXX[A] (πυρος φλεγα) bezeugt. Sie ist auch aus einigen Hss. der „lukianischen" Rezension bzw. einigen koptischen Textzeugen bekannt, vgl. A. Rahlfs (Ed.), Psalmi cum Odis (Septuaginta:Vetus Testamentum graecum, Band X), Göttingen [2]1967, 258. Vgl. auch ähnliche Formulierungen in Apg 7,30; 2 Thess 1,8; Apk 1,4; 2,18; 19,12.

28   Nöldeke, Kurzgefaßte syrische Grammatik, § 202 A. I.

4. Nachdem der vorhergehende Vers einen Psalm zitierte, der den Engeln galt, wird in Hebr 1,8 ein weiteres Psalmzitat (Ps 45) direkt auf den Sohn bezogen:

כִּסְאֲךָ אֱלֹהִים עוֹלָם וָעֶד שֵׁבֶט מִישֹׁר שֵׁבֶט מַלְכוּתֶךָ׃	Ps 45,7/Hebr 1,8
ὁ θρόνος σου ὁ θεός εἰς τὸν αἰῶνα τοῦ αἰῶνος ῥάβδος εὐθύτητος ἡ ῥάβδος τῆς βασιλείας σου.	πρὸς δὲ τὸν υἱόν· ὁ θρόνος σου ὁ θεὸς εἰς τὸν αἰῶνα τοῦ αἰῶνος, καὶ ἡ ῥάβδος τῆς εὐθύτητος ῥάβδος τῆς βασιλείας σου.
ܟܘܪܣܝܗ ܕܐܠܗܐ ܠܥܠܡ ܥܠܡܝܢ. ܫܒܛܐ ܦܫܝܛܐ ܫܒܛܐ ܕܡܠܟܘܬܟ.	ܥܰܠ ܒܪܳܐ ܕܶܝܢ ܐܶܡܰܪ ܕܟ݂ܽܘܪܣܝܳܟ݂ ܕܺܝܠܳܟ݂ ܐܰܠܳܗܳܐ ܠܥܳܠܰܡ ܥܳܠܡܺܝܢ ܫܰܒܛܳܐ ܦܫܺܝܛܳܐ ܫܰܒܛܳܐ ܕܡܰܠܟܽܘܬ݂ܳܟ݂.

Die ältesten Peschitta-Hss. bieten in syrPs 45,7 die Lesart „der Thron Gottes [ܟܘܪܣܝܗ ܕܐܠܗܐ] besteht auf immer und ewig", die aber ab dem 8. Jh. in den syrischen Hss. unter Anpassung an den hebräischen Text (כִּסְאֲךָ אֱלֹהִים), sehr wahrscheinlich mittels der Syrohexapla (ܟܘܪܣܝܟ ܐܠܗܐ)[29] in die gängige Lesart „dein Thron, oh Gott [ܟܘܪܣܝܟ ܐܠܗܐ] besteht auf immer und ewig" revidiert wurde.[30] SyrHebr 1,8 gleicht bis auf das hyperkorrekt zum suffigierten Personalpronomen betont nachgestellte Possessivpronomen ܕܺܝܠܳܟ݂, das wohl einer genaueren Wiedergabe des Griechischen dienen sollte (ὁ θρόνος σου), dem Text der späteren syrischen atl. Hss. Die beiden *stichoi* (Ps 45,7a–b) sind im Hebräischen, in der Peschitta, Vulgata und LXX (Ps 44,7) nicht durch eine Konjunktion verbunden. Eine solche Konjunktion wird erst in Hebr 1,8 eingefügt (καὶ), fehlt aber in Übereinstimmung mit dem AT auch in syrHebr 1,8, in der späteren griechischen (D^2 Ψ 0278 1881 Byz) und in einem Teil der lateinischen Überlieferung. Auch die Vertauschung der Determinierung des zweiten mit dem ersten ῥάβδος, die sich in Hebr 1,8 gegenüber der LXX vorfindet, ließ die syrische Überlieferung unbeeinflußt.[31] Außerdem wurde שֵׁבֶט מִישֹׁר „aufrechtes Szepter" mit ܫܰܒܛܳܐ ܦܫܺܝܛܳܐ „gerades Szepter" übersetzt und auch so ins NT übernommen.[32] Erst zwei spätere Autoren und die

29 Hiebert, The „Syrohexaplaric" Psalter, 66.

30 Zu den Möglichkeiten, ὁ θρόνος σου ὁ θεὸς zu deuten, vgl. D. Wallace, Greek Grammar Beyond the Basics, Grand Rapids 1996, 59.

31 Zu den griechischen Lesarten vgl. J. C. McCullough, The Old Testament Quotations in Hebrews, NTS 26, 1979–1980, 363–379: 369.

32 ῥάβδος εὐθύτητος entspricht, wenn auch grammatisch anders konstruiert, sinngemäß genau

Harklensis haben ῥάβδος εὐθύτητος hyperkorrekt mit ܟ̈ܐܢܘܬܐ ܕܫܒܛܐ „Szepter der Aufrichtigkeit" wiedergegeben.
Die ntl. Variante ῥάβδος τῆς βασιλείας <u>αὐτοῦ</u> (𝔓⁴⁶ ℵ B) hat sich indes in keinem Stadium der syrischen Überlieferung erkennbar ausgewirkt; alle bekannten syrischen ntl. Hss. und Autoren lesen hier ܫܒܛܐ ܦܫܝܛܐ ܫܒܛܐ ܕܡܠܟܘܬܟ „ein gerades Szepter ist das Szepter *deines* Reiches".

5. In Hebr 1,9 wird dieses Psalmzitat (Ps 45) weitergeführt:

אָהַבְתָּ צֶּדֶק וַתִּשְׂנָא רֶשַׁע עַל־כֵּן מְשָׁחֲךָ אֱלֹהִים אֱלֹהֶיךָ שֶׁמֶן שָׂשׂוֹן מֵחֲבֵרֶיךָ׃	Ps 45,8/Hebr 1,9
ἠγάπησας δικαιοσύνην καὶ ἐμίσησας ἀνομίαν διὰ τοῦτο ἔχρισέν σε ὁ θεός σου ἔλαιον ἀγαλλιάσεως παρὰ τοὺς μετόχους σου.	ἠγάπησας δικαιοσύνην καὶ ἐμίσησας ἀνομίαν· διὰ τοῦτο ἔχρισέν σε ὁ θεός σου ἔλαιον ἀγαλλιάσεως παρὰ τοὺς μετόχους σου.
ܪܚܡܬ ܕܝܢ ܟܐܢܘܬܐ ܘܣܢܝܬ ܥܘܠܐ ܡܛܠ ܗܢܐ ܡܫܚܟ ܐܠܗܐ ܐܠܗܟ ܡܫܚܐ ܕܚܕܘܬܐ ܝܬܝܪ ܡܢ ܚܒܪ̈ܝܟ.	ܪܚܡܬ ܟܐܢܘܬܐ ܘܣܢܝܬ ܥܘܠܐ ܡܛܠ ܗܢܐ ܡܫܚܟ ܐܠܗܐ ܐܠܗܟ ܡܫܚܐ ܕܚܕܘܬܐ ܝܬܝܪ ܡܢ ܚܒܪ̈ܝܟ.

SyrHebr 1,9 entspricht syrPs 45,8 („du hast Gerechtigkeit geliebt und Gesetzlosigkeit gehasst, darum hat Gott, dein Gott, dich mit Freudenöl gesalbt, mehr als deine Gefährten"), bis auf eine geringfügige Änderung: Die dem Hebräischen lautlich nähere Wiedergabe von צֶדֶק durch ܟܐܢܘܬܐ „Gerechtigkeit" wurde in syrHebr 1,9 in ܙܕܝܩܘܬܐ geändert, das zusammen mit der Form ܙܕܝܩ im Römer- und Hebräerbrief der üblichen Wiedergabe von δικαιοσύνη diente. In den meisten späteren Textzeugen (Zitate syrischer Autoren zwischen Peschitta und Harklensis; Harklensis) erscheint es aber wieder als ܟܐܢܘܬܐ. Andererseits wurde das unmittelbar dem hebräischen מֵחֲבֵרֶיךָ entliehene ܡܢ ܚܒܪ̈ܝܟ „als deine Gefährten" in der Harklensis in ܡܢ ܡܫܘܬܦ̈ܝܟ „als deine Genossen" geändert, eine dem griechischen παρὰ τοὺς μετόχους σου noch etwas genauer entsprechende Formulierung.

---

dem hebräischen bzw. syrischen Text (*Genitivus qualitativus*); W. Bauer, Griechisches Wörterbuch zu den Schriften des Neuen Testaments und der frühchristlichen Literatur, hrsg. von K. und B. Aland, Berlin ⁶1988, 650.

6. Hebr 1,10 unterstreicht dieses Thema, die Erhabenheit des Sohnes über die Engel, mit einem weiteren Psalmzitat:

לְפָנִים הָאָרֶץ יָסַדְתָּ וּמַעֲשֵׂה יָדֶיךָ שָׁמָיִם:	Ps 102,26/Hebr 1,10
κατ᾽ ἀρχὰς σύ κύριε τὴν γῆν ἐθεμελίωσας καὶ ἔργα τῶν χειρῶν σού εἰσιν οἱ οὐρανοί.	καί· σὺ κατ᾽ ἀρχάς, κύριε, τὴν γῆν ἐθεμελίωσας, καὶ ἔργα τῶν χειρῶν σού εἰσιν οἱ οὐρανοί.
ܡܢ ܠܩܘܕܡܝܢ ܐܢܬ ܣܡܬ ܫܬܐܣܘܗܝ ܕܐܪܥܐ ܘܥܒܕ ܐܝܕܝܟ ܐܢܘܢ ܫܡܝܐ.	ܘܬܘܒ ܐܦ ܐܢܬ ܡܢ ܒܪܝܫܝܬ ܣܡܬ ܫܬܐܣܘܗܝ ܕܐܪܥܐ ܘܥܒܕܐ ܕܐܝܕܝܟ ܐܢܘܢ ܫܡܝܐ.

SyrHebr 1,10 übersetzt diesen Vers mit „Und wiederum: ‚Du hast im Anfang die Fundamente der Erde gelegt, und die Himmel sind das Werk deiner Hände.‘" Bereits zu Beginn des Verses wird die dem griechischen Text von Hebr 1,10 eigene Voranstellung des Personalpronomens (σὺ) direkt übernommen (ܐܢܬ), während syrPs 102,26 hier noch, im Gegensatz zur LXX (add. σύ κύριε), dem Hebräischen folgte. Nur bei zwei späteren syrischen Autoren ist das ebenfalls von der LXX nach Hebr 1,10 übernommene κύριε noch bemerkbar (...ܘܐܦ ܐܢܬ ܡܪܝܐ ܡܢ), und in der Harklensis wird dann das griechische καί σὺ κατ᾽ ἀρχάς, κύριε hyperkorrekt unter Ausscheidung von ܬܘܒ „wiederum" mit ܘܐܢܬ ܡܢ ܪܝܫܐ ܡܪܝܐ übersetzt.

Bemerkenswert ist die Wiedergabe der Peschitta von κατ᾽ ἀρχάς mit ܒܪܝܫܝܬ, das auf die gleichlautende Übersetzung von Gen 1,1 bzw. den Anfang der Schöpfung hinweist (בְּרֵאשִׁית „im Anfang"); vgl. auch ܒܪܝܫܝܬ in Joh 1,1 ntl. τὴν γῆν ἐθεμελίωσας „du hast die Erde gegründet" wird amplifizierend umschrieben mit ܣܡܬ ܫܬܐܣܘܗܝ ܕܐܪܥܐ „du hast die Fundamente der Erde gelegt." Insgesamt richtet sich der erste Versabschnitt mehr nach dem griechischen Text des NT als nach der atl. Peschitta, die, sich eng am Hebräischen orientierend, לְפָנִים הָאָרֶץ יָסַדְתָּ mit ܡܢ ܠܩܘܕܡܝܢ ܐܢܬ ܣܡܬ „du hast vormals die Erde gegründet [od. zubereitet]" übersetzte. Indes ist ein restlicher Einfluss der atl. Peschitta doch zu bemerken (zweiter *stichos* ܘܥܒܕ ܐܝܕܝܟ ܫܡܝܐ), indem mit ܥܒܕ ܐܝܕܝܟ „das Werk deiner Hände" syrPs 102,26 und syrHebr 1,10 den Singular bevorzugen: ܥܒܕ ܐܝܕܝܟ ist eine wörtliche Übersetzung von מַעֲשֵׂה יָדֶיךָ (Ps 102,26). Erst die Harklensis löst die noch am Hebräischen haftende Constructus-Verbindung ܥܒܕ ܐܝܕܝܟ auf, passt den Numerus an das Griechische an und liest ܥܒܕܐ ܕܐܝܕܝܟ „die Werke deiner

Hände." Der Plural מַעֲשֵׂי ist aus den Qumran-Hss. 11QPs[a] und 4QPs[a] bekannt sowie aus einigen masoretischen Hss., wurde in die LXX und die Targumim übernommen und gelangte von der LXX ins NT.[33]

7. Hebr 1,11 schließt sich daran, bis auf διαμένεις (Präsenz) statt διαμενεῖς (Futur) gleichlautend mit der LXX (Ps 101,27), an:

הֵמָּה יֹאבֵדוּ וְאַתָּה תַעֲמֹד וְכֻלָּם כַּבֶּגֶד יִבְלוּ	Ps 102,27a/Hebr 1,11
αὐτοὶ ἀπολοῦνται, σὺ δὲ διαμενεῖς, καὶ πάντες ὡς ἱμάτιον παλαιωθήσονται,	αὐτοὶ ἀπολοῦνται, σὺ δὲ διαμένεις, καὶ πάντες ὡς ἱμάτιον παλαιωθήσονται,
ܗܢܘܢ ܢܐܒܕܘܢ ܘܐܢܬ ܩܐܡ ܐܢܬ܂ ܘܟܠܗܘܢ ܐܝܟ ܢܚܬܐ ܢܒܠܘܢ.	ܗܢܘܢ ܢܥܒܪܘܢ ܘܐܢܬ ܩܐܡ ܐܢܬ܂ ܘܟܠܗܘܢ ܐܝܟ ܢܚܬܐ ܢܒܠܘܢ.

Die Peschitta gibt Hebr 1,11 wieder mit „sie werden vorübergehen, du aber bleibst; und sie alle werden wie ein Gewand verschleißen." Der ursprüngliche Text יֹאבֵדוּ „sie gehen zugrunde/zerfallen" wurde in der LXX (und schließlich in Hebr 1,11) wörtlich mit ἀπολοῦνται wiedergegeben, in syrPs 102,27a aber mit ܢܥܒܪܘܢ ܗܢܘܢ „sie gehen vorüber", im Sinne von „sie vergehen."[34]

---

33 Als Nomen, das ursprünglich auf eine Wurzel III w/y zurückgeht, erscheint jedoch gelegentlich die Schreibung מַעֲשֵׂי auch für den Singular (vgl. W. Gesenius, Hebräische Grammatik. Völlig umgearbeitet von E. Kautzsch, Leipzig [28]1909, § 93ss), sodass sogar מַעֲשֵׂי יָדֶיךָ als „Werk deiner Hände" hätte gelesen werden können. Zu den Lesarten der Qumran-Hss. vgl. Flint, The Dead Sea Psalms Scrolls and the Book of Psalms, 96.

34 Carbajosa, Syriac Version of Psalms, 178, sieht in der syrischen Übersetzung eine Fehllesung der Form יֹאבֵדוּ zu יַעֲברוּ; beide Formen „sound similar and have final consonants (daleth and resh) that are very similar graphically." Es ist aber doch sehr unwahrscheinlich, dass eine solche doppelte Fehllesung stattfand, ohne irgendwelche anderen Spuren in den hebräischen oder syrischen Hss. zu hinterlassen. Die Ursache für die syrische Form scheint vielmehr im Versuch des Übersetzers zu liegen, die semantischen Gegensätze יֹאבֵדוּ – תַעֲמֹד „sie gehen zugrunde/irren umher" – „du bestehst" in eine adäquate syrische Sequenz zu übertragen. Die hebräische Wurzel עמד gibt der Syrer durch ܩܘܡ „andauern, bestehen" wieder, zu der ܥܒܪ „vorübergehen/vergehen" einen guten Kontrast im Sinne des Kontextes bildet. Das Partizip dieser Wurzel wird auch in 1Kor 7,31; Jak 1,10; 2Petr 3,10; 1Joh 2,17 im Sinne von „vergehen/zunichte werden" verwendet. Besonders eindrucksvoll ist der Kontrast „bleiben – vergehen" mit den beiden Partizipien ܩܘܡ und ܥܒܪ in syrHebr 7,24: ܡܛܠ ܕܩܐܡ ܗܘ ܠܥܠܡ ܠܐ ܥܒܪܐ ܟܗܢܘܬܗ „weil er in Ewigkeit bleibt, vergeht sein Priestertum nicht."

SyrHebr 1,11 folgt dieser Deutung. Dabei wurde aber das syrische Partizip, das hauptsächlich zum Ausdruck des Präsenz verwendet wird, nicht übernommen, sondern von der gleichen syrischen Wurzel *ʻbr* das Imperfekt gebildet, das üblicherweise der Wiedergabe des Futurs (in Anlehnung an ἀπολοῦνται) dient: ܢܥܒܪܘܢ „sie werden vergehen.“ Eine spätere Quelle (Jakob von Sarug) scheint aber wieder ܥܒܪܝܢ zu lesen. Die Harklensis passt sich hier nur scheinbar an das Hebräische an, indem sie ܢܥܒܪܘܢ durch ܐܒܕܝܢ (vgl. יֹאבֵדוּ) „sie gehen zugrunde/zerfallen“ ersetzte und dabei die beiden Sprachen gemeinsame semitische Wurzel *ʼbd* verwendete. Indes dürfte der Bedeutungswandel auf dem Einfluß des Griechischen (ἀπολοῦνται) beruhen, da *ἀπόλλυμι* im NT oft durch ܐܒܕ wiedergegeben wird; vgl. Mt 8,25; 9,17; Röm 2,12 etc.

Der letzte Teil des Satzes, ܘܟܠܗܘܢ ܐܝܟ ܢܚܬܐ ܢܒܠܘܢ, lautet in syrPs 102,27a ܘܟܠܗܘܢ ܐܝܟ ܠܒܘܫܐ ܒܠܝܢ „und sie verschleißen alle wie ein Kleid.“ In syrHebr 1,11 wurde das auf der Deutung des hebräischen Imperfekts (יִבְלוּ) aufbauende Partizip (ܒܠܝܢ Ps 102,27a) verworfen; das syrische Imperfekt ܢܒܠܘܢ dient nun der Übersetzung von παλαιωθήσονται. Dabei wurde die Bedeutung von יִבְלוּ „sie verschleißen; nutzen sich ab“ unter Beibehaltung der beiden Sprachen gemeinsamen Wurzel **bly* über syrPs 101,27 in syrHebr 1,11 übernommen (was auch generell der Bedeutung von παλαιωθήσονται „sie werden veralten“ entspricht). Der Mittelsatz (ܘܐܢܬ ܩܐܡ ܐܢܬ, „du aber bleibst“, Wiedergabe von וְאַתָּה תַעֲמֹד), wurde unverändert beibehalten, obwohl die LXX, und in Folge auch einige der jüngeren ntl. Hss. (von den Unzialen nur eine späte Korrektur, D^2, sowie 0243), diese Aussage futurisch wiedergaben (σὺ δὲ διαμενεῖς). Die Harklensis hat auch diesen Satz mit ܐܢܬ ܕܝܢ ܡܩܘܐ ܐܢܬ „du aber bleibst“ noch genauer als das ܘܐܢܬ ܩܐܡ ܐܢܬ der atl. und ntl. Peschitta an den griechischen Text angepasst.

8. Hebr 1,12 schließt das Argument aus Psalm 102 ab:

כַּלְּבוּשׁ תַּחֲלִיפֵם וְיַחֲלֹפוּ׃ וְאַתָּה־הוּא וּשְׁנוֹתֶיךָ לֹא יִתָּמּוּ׃	Ps 102,27b–28/Hebr 1,12
καὶ ὡσεὶ περιβόλαιον ἀλλάξεις αὐτούς καὶ ἀλλαγήσονται. σὺ δὲ ὁ αὐτὸς εἶ καὶ τὰ ἔτη σου οὐκ ἐκλείψουσιν.	καὶ ὡσεὶ περιβόλαιον ἑλίξεις αὐτούς, ὡς ἱμάτιον καὶ ἀλλαγήσονται· σὺ δὲ ὁ αὐτὸς εἶ καὶ τὰ ἔτη σου οὐκ ἐκλείψουσιν.
ܘܐܝܟ ܡܪܛܘܛܐ ܬܚܠܦܝܢܘܢ. ܘܐܢܬ ܐܝܟ ܕܐܝܬܝܟ ܐܢܬ	ܘܐܝܟ ܬܟܣܝܬܐ ܬܥܘܦ ܐܢܘܢ. ܗܢܘܢ ܢܫܬܚܠܦܘܢ ܘܐܢܬ ܐܝܟ

| ‎ܘܚܕܝ ܠܐ ܬܫܬܚܝ. | ‎ܕܐܝܟܢ̈ܐ ܠܐ ܐܢܬ ܗܝ ܩܫܝܫܐ ܠܐ ‎ܢܫܬܚܠܦ. |

Die erste Vershälfte von syrHebr 1,12 unterscheidet sich wesentlich von syrPs 102,27b–28, der sich zunächst syndetisch an den vorhergehenden Vers, genauso wie die LXX (καὶ ὡσεὶ περιβόλαιον) und die Psalmenrolle 11QPs[a] (וכלבוש),[35] mit ‎ܘܐܝܟ ܡܬܚܦܝܢ‎ anschließt. Die Peschitta lässt das Suffix am Verb תַּחֲלִיפֵם unberücksichtigt und gibt תַּחֲלִיפֵם וְיַחֲלֹפוּ „wirst du sie wechseln, und sie verschwinden" mit der Partizipialform ‎ܡܫܬܚܠܦܝܢ‎ wieder: „und wie ein Gewand verwandeln sie sich [od. werden sie gewechselt]." Dabei wird die beiden Sprachen gemeinsame Wurzel *ḥlf* benutzt, die im Hebräischen den Sinn „vorbeigehen, -gleiten; vorüberziehen; verschwinden" (Qal) bzw. „wechseln, auswechseln" (Hiphil) hat,[36] im Syrischen jedoch „sich wandeln" bzw. „verwandelt [od. gewechselt] werden" (Ethpaal). Die letztere Form taucht dann auch in syrHebr 1,12 im Imperfekt auf (‎ܢܬܚܠܦܘܢ‎).

Im ersten Teil von syrHebr 1,12 scheint im Wesentlichen eine Neuübersetzung vorzuliegen, die sich bis auf die im Syrischen fehlenden Worte ὡς ἱμάτιον καὶ am Text des NT orientiert und einen zusätzlichen Kontrast durch ‎ܗܢܘܢ‎ hineinbringt: „und wie einen Mantel wirst du sie zusammen falten. *Sie* werden verwandelt werden, *du* aber bleibst." Die spätere Harklensis korrigiert den asyndetischen Anschluss anhand des Griechischen und liest statt ‎ܗܢܘܢ‎ ‎ܢܬܚܠܦܘܢ‎ „*sie* werden verwandelt werden" ‎ܘܡܫܬܚܠܦܝܢ‎ „und sie werden verwandelt werden."

Der ntl. Einschub ὡς ἱμάτιον fehlt in der gesamten atl. Überlieferung, in syrHebr 1,12 (wo auch die nachfolgende Konjunktion entbehrlich wurde) und in den späteren griechischen Hss., könnte aber in anderen vorchristlichen Überlieferungen existiert haben[37] und von daher in die ältesten ntl. Hss. (𝔓[46] א A B D*) gekommen sein.

---

35 Vgl. Anm. 37.

36 תַּחֲלִיפֵם וְיַחֲלֹפוּ bilden mit mit den verschiedenen Bedeutungen derselben Wurzel *ḥlf* im Qal ("verschwinden") und Hiphil ("[aus]wechseln") ein Wortspiel; W. Gesenius, Hebräisches und Aramäisches Handwörterbuch über das Alte Testament, hrsg. von R. Meyer und H. Donner, Berlin [18]1987, 357–358.

37 Entgegen der Behauptung von S. E. Docherty, The Text Form of the OT Citations in Hebrews Chapter 1 and the Implications for the Study of the Septuagint, NTS 55, 2009, 355–365: 362; ebd., The Use of the Old Testament, 137, hat die Psalmenrolle 11QPs[a] *nicht* einen Zusatz, der dem ntl. ὡς ἱμάτιον (vgl. LXX Ps 101,27a) in Hebr 1,12 entspräche. Vielmehr liest 11QPs[a] in Ps 102,27 anstelle des masoretischen כלבוש תחליפם ויחלפו „wie ein Gewand wirst du sie wechseln und sie verschwinden" den geringfügig anderslautenden Text וכלבוש תחליפם ויחלפו „*und* wie ein Gewand wirst du sie wechseln und sie verschwin-

Mit der Formulierung ܘܐܢ̄ܬ ܐܝܟ ܕܐܝܬܝܟ ܐܢ̄ܬ „und du bist wie du“ explizieren syrPs 102,28 und syrHebr 1,12 den hebräischen Nominalsatz וְאַתָּה־הוּא, was der Harklensis wiederum zu ungriechisch war, die syrHebr 1,6 gemäß σὺ δὲ ὁ αὐτὸς zu ܕܝܢ ܗܘ ܒܗ ܗܘ ܐܝܬܝܟ „aber derselbe bist du“ korrigierte.

Auch der restliche Teil von Ps 102,28 („und deine Jahre enden nicht“) wurde in syrHebr 1,12 vermittelst syrPs102,28 übernommen, wobei die gleiche syrische Wurzel, in Ps 102,28 das hebräische Imperfekt יִתָּמּוּ durch das Partizip ܫܠ̈ܡܢ wiedergebend, in Hebr 1,12 im Imperfekt erscheint (ܢܫܠ̈ܡܢ).

9. Mit Hebr 1,13 gipfelt die gesamte Argumentation des ersten Kapitels in einer rhetorischen Frage, aufbauend auf Psalm 110,1:

נְאֻם יְהוָה לַאדֹנִי שֵׁב לִימִינִי עַד־אָשִׁית אֹיְבֶיךָ הֲדֹם לְרַגְלֶיךָ׃	Ps 110,1/Hebr 1,13
Εἶπεν ὁ κύριος τῷ κυρίῳ μου· κάθου ἐκ δεξιῶν μου, ἕως ἂν θῶ τοὺς ἐχθρούς σου ὑποπόδιον τῶν ποδῶν σου.	πρὸς τίνα δὲ τῶν ἀγγέλων εἴρηκέν ποτε· κάθου ἐκ δεξιῶν μου, ἕως ἂν θῶ τοὺς ἐχθρούς σου ὑποπόδιον τῶν ποδῶν σου;
ܐܡܪ ܡܪܝܐ ܠܡܪܝ، ܕܬܒ ܠܟ ܡܢ ܝܡܝܢܝ ܥܕܡܐ ܕܐܣܝܡ ܒܥܠܕܒܒܝܟ ܟܘܒܫܐ ܠܪ̈ܓܠܝܟ.	ܠܡܢ ܕܝܢ ܡܢ ܡܠܐܟܐ ܡܡܬܘܡ ܐܡܪ ܕܬܒ ܡܢ ܝܡܝܢܝ ܥܕܡܐ ܕܐܣܝܡ ܒܥܠܕܒܒܝܟ ܟܘܒܫܐ ܬܚܝܬ ܪ̈ܓܠܝܟ.

SyrHebr 1,13 „setze dich zu meiner Rechten, bis ich deine Feinde lege zum Schemel unter deine Füße“ weicht in einigen wenigen Punkten von syrPs 110,1 ab. Die Partikel ܠܟ (*Dativus ethicus*), im Kontext syrPs 110,1 ܬܒ ܠܟ ܡܢ ܝܡܝܢܝ „setze *dich* zu meiner Rechten“ als verdeutlichende Übersetzung von שֵׁב לִימִינִי „sitze zu meiner Rechten“ gedacht, fehlt in syrHebr 1,13, taucht aber in einem späten syrischen Kommentar wieder auf. SyrHebr 1,13 übersetzt ὑποπόδιον τῶν ποδῶν σου hyperkorrekt mit ܟܘܒܫܐ ܬܚܝܬ ܪ̈ܓܠܝܟ „Schemel *unter* deine Füße“ (vgl. dagegen לְרַגְלֶיךָ bzw. ܠܪ̈ܓܠܝܟ „für deine

den“ (s.o.) und stimmt darin mit der LXX und syrPs 102,27 überein. Vgl. P. Flint, Variant Readings of the Dead Sea Psalms Scrolls against the Masoretic Text and the Septuagint Psalter, in: A. Aejmelaeus/U. Quast, Der Septuaginta-Psalter und seine Tochterübersetzungen, Göttingen 2000, 337–365:351; ebd., The Dead Sea Psalms Scrolls and the Book of Psalms, 96.

Füße“).[38] Die Übersetzung mit ܟܘܒܫܐ ܬܚܝܬ ܪ̈ܓܠܝܟ scheint auch nach dem 9. Jh. auf einige Handschriften des syrischen Psalters eingewirkt zu haben, die ihren Text an syrHebr 1,13 anpassten.

10. Hebr 2,6 ist in eine Beweisführung eingebettet, die Jesus als Menschensohn vorstellt:[39]

מָה־אֱנוֹשׁ כִּי־תִזְכְּרֶנּוּ וּבֶן־אָדָם כִּי תִפְקְדֶנּוּ׃	Ps 8,5/Hebr 2,6
τί ἐστιν ἄνθρωπος ὅτι μιμνῄσκῃ αὐτοῦ ἢ υἱὸς ἀνθρώπου ὅτι ἐπισκέπτῃ αὐτόν;	τί ἐστιν ἄνθρωπος ὅτι μιμνῄσκῃ αὐτοῦ, ἢ υἱὸς ἀνθρώπου ὅτι ἐπισκέπτῃ αὐτόν;
ܡܢܘ ܒܪܢܫܐ ܕܐܬܕܟܪܬܝܗܝ ܘܒܪܢܫܐ ܕܦܩܕܬܝܗܝ.	ܡܢܘ ܒܪܢܫܐ ܕܥܗܕܬܝܗܝ ܐܘ ܒܪܗ ܕܐܢܫܐ ܕܣܥܪܬܝܗܝ

Die LXX übersetzte den hebräischen Text sehr wortgetreu; ihr Wortlaut diente als unmittelbare Vorlage von Hebr 2,6. Der sich sehr eng am Hebräischen orientierende Text syrPs 8,5 wurde nur zum Teil in syrHebr 2,6 übernommen: „was ist der Mensch, dass du seiner gedenkst, und der Menschensohn, dass du nach ihm schaust.“ SyrPs 8,5 verwendete die beiden Sprachen gemeinsame semitische Wurzel *ḏkr*, die im Hebräischen (*zkr*) und Aramäisch-Syrischen (*dkr*) die Bedeutung „sich erinnern” hat (vgl. תִזְכְּרֶנּוּ und ܐܬܕܟܪܬܝܗܝ), und die Wurzel *pqd*, deren Bedeutungsfeld im Syrischen zumindest teilweise mit „besuchen; mustern” beiden Sprachen gemeinsam ist (vgl. תִפְקְדֶנּוּ und ܦܩܕܬܝܗܝ). Das syrische ܐܬܕܟܪܬܝܗܝ hätte in syrHebr 2,6 auch der Wiedergabe des griechischen μιμνῄσκῃ αὐτοῦ, bzw. ܦܩܕܬܝܗܝ zur Übersetzung von ἐπισκέπτῃ αὐτόν dienen können. Es bestand also für den Übersetzer von syrHebr 2,6 keine Notwendigkeit, den Text von ܐܬܕܟܪܬܝܗܝ „du hast seiner gedacht“ durch sein Synonym ܥܗܕܬܝܗܝ zu ersetzen. Die zweite Verbalform

38 Was hier wohl kaum auf die *vetus syra*, sondern entweder auf direkten griechischen Einfluss zurückzuführen ist (Vorsilbe ὑπο in ὑποπόδιον), auf ähnliche Formulierungen wie ὑποκάτω τῶν ποδῶν σου in Mt 22,24, Mk 12,36 und Lk 20,43 (wird in allen drei Fällen in der Peschitta mit ܬܚܝܬ ܪ̈ܓܠܝܟ wiedergegeben), oder auf ähnliche syrische Formulierungen wie besonders in Ps 8,7 und Hebr 2,8 (s. Nr. 12); vgl. dagegen ܠܪ̈ܓܠܝܟ in Apg 2,35. M. P. Weitzman, The Syriac Version of the Old Testament, 143; C. Peters, Pešitta-Psalter und Psalmentargum, Le Muséon 52, 1939, 275–296.

39 Zu weiteren Einzelheiten des Zitats Ps 8 in Hebr 2 vgl. G. Steyn, Some Observations about the Vorlage of Ps 8,5–7 in Heb 2,6–8, Verbum et Ecclesia 24/2, 2003, 493–514.

in syrHebr 2,6, ܣܥܪܬܝܗܝ „du hast ihn besucht/nach ihm geschaut“, entspricht allerdings in ihrem Bedeutungsfeld genauer dem *ἐπισκέπτῃ αὐτόν* von Hebr 2,6. Die Struktur von syrPs 8,5 ist in syrHebr 2,8 noch erkennbar. In der späteren syrischen Überlieferung (Zitate bei verschiedenen Autoren) findet man teils wieder das atl. ܐܬܕܟܪܬܝܗܝ, teils auch ܦܩܕܬܝܗܝ.

11. Dieser Gedankengang wird in Hebr 2,7 fortgesetzt …

וַתְּחַסְּרֵהוּ מְּעַט מֵאֱלֹהִים וְכָבוֹד וְהָדָר תְּעַטְּרֵהוּ׃ תַּמְשִׁילֵהוּ בְּמַעֲשֵׂי יָדֶיךָ	Ps 8,6/Hebr 2,7
ἠλάττωσας αὐτὸν βραχύ τι παρ᾽ ἀγγέλους δόξῃ καὶ τιμῇ ἐστεφάνωσας αὐτόν, καὶ κατέστησας αὐτὸν ἐπὶ τὰ ἔργα τῶν χειρῶν σου	ἠλάττωσας αὐτὸν βραχύ τι παρ᾽ ἀγγέλους, δόξῃ καὶ τιμῇ ἐστεφάνωσας αὐτόν, [καὶ κατέστησας αὐτὸν ἐπὶ τὰ ἔργα τῶν χειρῶν σου]
ܒܨܪܬܝܗܝ ܩܠܝܠ ܡܢ ܡܠܐܟܐ ܒܐܝܩܪܐ ܘܒܫܘܒܚܐ ܐܟܠܠܬܝܗܝ ܘܐܫܠܛܬܝܗܝ ܒܥܒܕܐ ܕܐܝܕܝܟ.	ܐܒܨܪܬܝܗܝ ܩܠܝܠ ܡܢ ܡܠܐܟܐ ܬܫܒܘܚܬܐ ܘܐܝܩܪܐ ܣܡܬ ܒܪܫܗ ܘܐܫܠܛܬܝܗܝ ܒܥܒܕܐ ܕܐܝܕܝܟ.

Auffällig ist zunächst, dass sowohl die LXX als auch die atl. Peschitta die Konjunktionen des hebräischen Textes nicht wörtlich wiedergaben. Der erste Versteil, der sich durch Gebrauch der *wayyiqtol*-Form eng an den vorhergehenden Vers anschließt (וַתְּחַסְּרֵהוּ),[40] wird jeweils unverbunden wiedergegeben (*ἠλάττωσας* bzw. ܒܨܪܬܝܗܝ), ebenso der zweite (וְכָבוֹד), mit *w*- angereihte Versteil (*δόξῃ* bzw. ܒܐܝܩܪܐ). Diese andersartige Verknüpfung der einzelnen Satzteile wurde dann auch in das griechische (*ἠλάττωσας ... δόξῃ*) bzw. syrische NT übernommen (ܐܒܨܪܬܝܗܝ ... ܬܫܒܘܚܬܐ). Dagegen schließt sich der letzte, in den frühen Hss. des Hebräerbriefs nicht mehr zitierte Versteil, in Ps 8,6 asyndetisch an den vorhergehenden Satz an (תַּמְשִׁילֵהוּ), in der LXX (*καὶ κατέστησας*) und in syrPs 8,6 (ܘܐܫܠܛܬܝܗܝ) jedoch syndetisch.

Die Ursache dieser Verschiedenheiten dürften in der spezifischen Art und Weise liegen, mit der das Hebräische die Frage in Ps 8,5 expliziert (מָה־אֱנוֹשׁ כִּי־תִזְכְּרֶנּוּ וּבֶן־אָדָם כִּי תִפְקְדֶנּוּ׃). Das hebräische *wayyiqtol* wird in Ps 8,6

40 Vgl. F. E. König, Historisch-kritisches Lehrgebäude der hebräischen Sprache, Bd 3: Zweite Hälfte, 2. Teil, Leipzig 1897, § 366f; ebd., Die Psalmen, Gütersloh 1927, 151.

explanativ verwendet, sodass der Gedanke der zeitlichen Abfolge zurücktritt.[41]
In Ps 8,6 wird dabei nicht die Antwort gegeben, sondern die Weiterführung der
Frage expliziert nur das, was der eigentliche Fragesatz Ps 8,5 provozierte:
„Was ist der Mensch, dass du seiner gedenkst, und des Menschen Sohn dass du
auf ihn achthast – indem (...וַתְּחַסְּרֵהוּ) du ihn ein wenig an den אֱלֹהִים fehlen
ließest, aber (...וְכָבוֹד) mit Ehre und Herrlichkeit gekrönt hast?" Mit Ps 8,7
beginnt das Hebräische einen neuen Gedanken (das *dominium terrae* des Menschen) und leitet diesen Satz asyndetisch ein (...תַּמְשִׁילֵהוּ). LXX und
Peschitta verfügen jedoch nicht über dieses Stilmittel (*wayyiqtol*) und haben
daher Ps 8,6 asyndetisch und damit syntaktisch (aber nicht semantisch) unabhängig vom vorhergehenden Vers konstruiert.[42]

Wie syrHebr 2,6, so ist auch in syrHebr 2,7 das Zitat Ps 8,6 vom griechischen Text aus revidiert worden: „du hast ihn ein wenig niedriger gemacht als
die Engel, Ehre und Herrlichkeit hast du auf sein Haupt gesetzt und hast ihn
zum Herrscher eingesetzt über das Werk deiner Hände." So entspricht ܟܝ ܚܣܪܝܗܝ „du hast ihn fehlen lassen/geringer gemacht" (syrPs 8,6)
dem gleichbedeutenden וַתְּחַסְּרֵהוּ, während syrHebr 2,7 ἠλάττωσας αὐτόν mit
ܐܡܟܬܝܗܝ „du hast ihn erniedrigt" wiedergibt. Der LXX, Peschitta und den
Targumim gemeinsam ist die Wiedergabe von אֱלֹהִים mit „Engel", bzw. in der
alt- und neutestamentlichen Peschitta mit ܡܠܐܟ̈ܐ; vgl. Nr. 2 (Hebr 1,6).

SyrPs 8,6 ܐܠܒܫܬܝܗܝ gibt mit „du hast ihn bekleidet" nur ungefähr das
der hebräischen Verbalform תְּעַטְּרֵהוּ zugrundeliegende Bedeutungsfeld „hast
du ihn gekrönt [od. bekränzt]" wieder, während syrHebr 2,7 ἐστεφάνωσας
αὐτόν verdeutlichend umschreibt mit ܣܡܬ ܥܠ ܪܝܫܗ „hast du auf sein Haupt
gesetzt." Einzig der von א A C D* P Ψ, einigen späteren Unzialen und Minuskeln von der LXX übernommene Zusatz (καὶ κατέστησας αὐτὸν ἐπὶ τὰ ἔργα
τῶν χειρῶν σου),[43] der auch in syrHebr 2,7 überliefert wurde (ܘܐܩܝܡܬܝܗܝ
ܥܠ ܥܒ̈ܕܐ ܕܐܝ̈ܕܝܟ „und hast ihn zum Herrscher gesetzt über das Werk deiner
Hände"), ist gleichlautend mit syrPs 8,7 und direkt von diesem abhängig. Das
zeigt der gemeinsam überlieferte Singular ܥܒܕܐ „Werk", und die, entgegen
der schwachen Wiedergabe der LXX (κατέστησας αὐτόν „du hast ihn eingesetzt") sich am hebräischen תַּמְשִׁילֵהוּ orientierende Form ܐܩܝܡܬܝܗܝ „du

---

41 B. K. Waltke/M. O'Connor, An Introduction to Biblical Hebrew Syntax, Winona Lake 1990,
    559; Joüon/Muraoka, Grammar of Biblical Hebrew, § 118j.

42 Sonst würde freilich der Fragecharakter verloren gehen, und wir würden einen Satz erhalten,
    der etwa lauten könnte: „Was ist der Mensch, dass du seiner gedenkst, und des Menschen
    Sohn, dass du auf ihn achthast, und du hast ihn ein wenig unter die אֱלֹהִים erniedrigt und mit
    Ehre und Herrlichkeit gekrönt."

43 Dieser Versteil dürfte vom Autor des Hebräerbriefs bewusst ausgelassen worden sein; vgl.
    Steyn, Some Observations about die Vorlage of Ps 8,5–7 in Heb 2,6–8 (s. Anm. 39), 506.

hast ihn zum Herrscher eingesetzt.“ Beide Formen wurden später in der Harklensis samt ihrem Kontext konsequent an das Griechische angepasst: ܘܐܫܠܛܬܗ̇ ܥܠ ܟܠܗܘܢ ܥܒܕܐ ܕܐܝܕܝܟ.

Der Singular ܥܒܕܐ dürfte dabei wieder auf der Ambivalenz der hebräischen Form מעשי beruhen, die meistens den Plural, gelegentlich aber auch den Singular bezeichnen kann.[44] Auffällig ist in syrHebr 2,7, dass die Harklensis die oben erwähnte Form ܐܡܟܟܬܗ̇ „du hast ihn erniedrigt“ zur alttestamentlichen Form zurückrevidiert (ܒܨܪܬܗ̇, „du hast ihn geringer gemacht“). Diese Form muss aber nicht notwendigerweise auf direkten atl. Einfluss zurückgehen, sondern ist bereits bei einem Autor bezeugt, der zeitlich zwischen Peschitta und Harklensis anzusiedeln ist, und stellt möglicherweise auch eine in der *vetus syra* übliche Variante dar.

12. … und in Hebr 2,8 zum Abschluss gebracht:

כֹּל שַׁתָּה תַחַת־רַגְלָיו׃	Ps 8,7/Hebr 2,8
πάντα ὑπέταξας ὑποκάτω τῶν ποδῶν αὐτοῦ.	πάντα ὑπέταξας ὑποκάτω τῶν ποδῶν αὐτοῦ.
ܘܟܠ ܣܡܬ ܬܚܝܬ ܪ̈ܓܠܘܗܝ.	ܘܟܠ ܡܕܡ ܫܥܒܕܬ ܬܚܝܬ ܪ̈ܓܠܘܗܝ.

SyrPs 8,7, bis auf die eingefügte Konjunktion eine wörtliche Übersetzung des Hebräischen („und alles hast du unter seine Füße gestellt“), hat in syrHebr 2,8 eine geringe Anpassung an den griechischen Text erfahren. Das Verb ܣܡܬ (syrPs 8,7) entspricht in seiner Bedeutung noch weitgehend der hebräischen Form שַׁתָּה („setzen, stellen, legen“) während ܫܥܒܕܬ „du hast unterworfen“ od. „versklavt“ dem griechischen ὑπέταξας entspricht, aber in seiner Ausdruckskraft noch darüber hinausgeht. Dieses Verb wird auch in einem weiteren Zitat von Ps 8,7 in 1Kor 15,27 verwendet: ܟܠ ܓܝܪ ܫܥܒܕ ܬܚܝܬ ܪ̈ܓܠܘܗܝ. SyrHebr 2,8 wird bei einem späteren syrischen Autor (zeitlich zwischen Peschitta und Harklensis) in seiner atl. Gestalt gemäß syrPs 8,7 zitiert.

13. Hebr 2,12 widmet sich unter Heranführung von Psalm 22,23 dem Thema „Der Sohn und die Söhne:“

44 Vgl. Anm. 33 zu Nr. 6 (Hebr 1,10). Hier wird auffälligerweise im Syrischen der Singular anstelle des hebräischen Plurals verwendet. Im syrischen Psalter wird der hebräische Singular ähnlich wie in der LXX häufig mit dem Plural wiedergegeben (vgl. Haefeli, Die Peschitta des Alten Testaments, 37; P. J. Williams, Some Problems in Determining the *Vorlage* of Early Syriac Versions of the NT, NTS 47, 2001, 537–543:538–539).

אֲסַפְּרָה שִׁמְךָ לְאֶחָי בְּתוֹךְ קָהָל אֲהַלְלֶךָּ:	Ps 22,23 – Hebr 2,12
διηγήσομαι τὸ ὄνομά σου τοῖς ἀδελφοῖς μου ἐν μέσῳ ἐκκλησίας ὑμνήσω σε.	ἀπαγγελῶ τὸ ὄνομά σου τοῖς ἀδελφοῖς μου, ἐν μέσῳ ἐκκλησίας ὑμνήσω σε.
ܘܕܐܝܟ ܐܫܬܥܐ ܠܐܚ̈ܝ ܘܗܕܐ ܩܗܠܐ ܐܫܒܚܟ.	ܕܐ ܐܡܪ ܐ̇ܢܐ ܐܫܬܥܐ ܫܡܟ ܠܐܚ̈ܝ ܘܒܓܘ ܩܗܠܐ ܐܫܒܚܟ.

Mit „ich will deinen Namen meinen Brüdern verkündigen und inmitten der Gemeinde will ich dir lobsingen" folgt syrPs 22,23 bis auf die Konjunktion (ܘܕܐܝܟ), die dann auch in syrHebr 2,12 auftaucht, dem Hebräischen. Mit dem syrischen Verb ܫܥܐ im Pael („verkündigen, ankündigen") wird die hebräische Form אֲסַפְּרָה (Piel) treffend wiedergegeben. Die uns bekannte LXX (διηγήσομαι „erzählen, berichten") hat hier entweder im protomasoretischen Text אספרה als Qal interpretiert, oder eine andere Deutungsmöglichkeit des Piel bevorzugt (vgl. Ps 77,4.6). Die syrische Deutung von אספרה, ܐܫܬܥܐ, passte zwar auch zu ἀπαγγελῶ „verkündigen" (Hebr 2,12),[45] wurde aber in der späteren Harklensis mit ܐܘܕܥ noch „genauer" an das Griechische angepasst. Allerdings musste ܩܗܠܐ „Gemeinde", im AT oft Wiedergabe von קָהָל bzw. im NT von συναγωγή, durch das im NT üblicherweise als Übersetzung von ἐκκλησία verwendete ܥܕܬܐ ersetzt werden. Nur bei einem späteren syrischen Autor ist noch die alte Form ܩܗܠܐ belegt.

14. Hebr 2,13 fährt mit einem Zitat aus dem Propheten Jesaja (8,17–18) fort:

וְקִוֵּיתִי־לוֹ: הִנֵּה אָנֹכִי וְהַיְלָדִים אֲשֶׁר נָתַן־לִי יְהוָה	Jes 8,17–18/Hebr 2,13

45 Zum schwierig zu erklärenden Wandel von διηγήσομαι (Ps 21,23 LXX) zu ἀπαγγελῶ (Hebr 2,12) vgl. McCullough, The Old Testament Quotations in Hebrews, 367–368. In der LXX wurde auch ἀπαγγελῶ zur Wiedergabe der Wurzel ספר verwendet (Ps 77,4–6); von daher ist es sehr wahrscheinlich, dass der Autor des Hebräerbriefs eine Version der LXX kannte, in der auch אספרה aus Ps 22,23 durch ἀπαγγελῶ wiedergegeben wurde.

καὶ πεποιθὼς ἔσομαι ἐπ' αὐτῷ· ἰδοὺ ἐγὼ καὶ τὰ παιδία ἅ μοι ἔδωκεν ὁ θεός.	καὶ πάλιν· ἐγὼ ἔσομαι πεποιθὼς ἐπ' αὐτῷ, καὶ πάλιν· ἰδοὺ ἐγὼ καὶ τὰ παιδία ἅ μοι ἔδωκεν ὁ θεός.
ܘܐܣܟܐ ܠܗ ܗܐ ܐܢܐ ܘܒܢܝܐ ܕܝܗܒ ܠܝ ܡܪܝܐ.	ܘܬܘܒ ܐܢܐ ܐܗܘܐ ܬܟܝܠ ܥܠܘܗܝ، ܘܬܘܒ ܗܐ ܐܢܐ ܘܒܢܝ̈ܐ ܕܝܗܒ ܠܝ ܐܠܗܐ.

Das erste Zitatfragment (וְקִוֵּיתִי־לוֹ Jes 8,17) wird in syrJes 8,17 mit ܘܐܣܟܐ ܠܗ „und ich will auf ihn harren" wörtlich übersetzt. Die LXX bevorzugt hier eine deutende Übersetzung des Verbs (πεποιθὼς ἔσομαι), was auch genauso in Hebr 2,13 übernommen wurde. SyrHebr 2,13 ist eine genaue Übersetzung des Griechischen. Als Quelle des ersten Zitatteils syrHebr 2,13 könnte auch Jes 12,2 in Frage kommen, jedoch ist eine direkte Abhängigkeit von syrJes 12,2 angesichts des kurzen Zitatteils und nur geringer Übereinstimmung (ܐܬܬܟܠ ܐܢܐ) kaum denkbar:

הִנֵּה אֵל יְשׁוּעָתִי אֶבְטַח	Jes 12,2/Hebr 2,13
ἰδοὺ ὁ θεός μου σωτήρ μου κύριος, πεποιθὼς ἔσομαι ἐπ' αὐτῷ	ἐγὼ ἔσομαι πεποιθὼς ἐπ' αὐτῷ
ܗܐ ܟܠ ܐܠܗܐ ܦܪܘܩܝ ܐܬܬܟܠ ܐܢܐ ܘܠܐ ܐܙܘܥ.	ܐܢܐ ܐܗܘܐ ܬܟܝܠ ܥܠܘܗܝ،

Der zweite Halbvers syrHebr 2,13, der mit „und wiederum" das Zitat aus Jes 8,18 „siehe, ich und die Kinder […]" anführt, verrät seine Abhängigkeit von syrJes 8,18, indem er bis auf die notwendige Änderung von ܡܪܝܐ „Herr" (יְהוָה) zu ܐܠܗܐ „Gott" (θεός) mit diesem übereinstimmt: „siehe, ich und die Kinder, die Gott mir gegeben hat." Schon die Hss. der LXX haben das Tetragrammaton durch θεός wiedergegeben, und einige hebräische Textzeugen lesen in Jes 8,18 tatsächlich אֱלֹהִים. In den *Demonstrationes* des Aphrahat, die noch vor der Peschitta entstanden sind, entspricht sogar in einem Zitat von Hebr 2,13 auch dieser Teil dem Text nach syrJes 8,18, d.h. Aphrahat liest ܡܪܝܐ. Auch zwei späte syrische Autoren bieten in Hebr 2,13 wieder die Lesart des Aphrahat.

15. Im Verlauf der Gegenüberstellung von Mose und Jesus (Hebr 3,1–6) wird in Hebr 3,5 auch Num 12,7 zitiert. Dieses Zitat ist jedoch nicht mit einer Ein-

leitung versehen und nur indirekt in den Gedankengang eingebaut. Es hätte daher auch als Zitat übersehen werden können.

לֹא־כֵן עַבְדִּי מֹשֶׁה בְּכָל־בֵּיתִי נֶאֱמָן הוּא:	Num 12,7/Hebr 3,5
οὐχ οὕτως ὁ θεράπων μου Μωυσῆς ἐν ὅλῳ τῷ οἴκῳ μου πιστός ἐστιν	καὶ Μωϋσῆς μὲν πιστὸς ἐν ὅλῳ τῷ οἴκῳ αὐτοῦ ὡς θεράπων εἰς μαρτύριον τῶν λαληθησομένων
ܠܐ ܗܘܐ ܗܟܢܐ ܥܒܕܝ, ܡܘܫܐ ܐܝܟ ܕܒܟܠܗ ܒܝܬܝ, ܡܗܝܡܢ ܗܘ.	ܘܡܘܫܐ ܕܝܢ ܡܗܝܡܢ ܗܘܐ ܒܟܠܗ ܒܝܬܗ ܐܝܟ ܥܒܕܐ ܠܣܗܕܘܬܐ ܕܐܝܠܝܢ ܕܥܬܝܕܢ ܗܘܝ, ܕܢܬܡܠܠ.

Auch hier ist die starke Abhängigkeit der atl. Peschitta vom hebräischen Text offensichtlich; vgl. בְּכָל־בֵּיתִי נֶאֱמָן הוּא mit ܒܟܠܗ ܒܝܬܗ, ܡܗܝܡܢ ܗܘܐ. SyrHebr 3,5 orientiert sich jedoch am griechischen Text,[46] und ein direkter Einfluss von syrNum 12,7 ist nicht erkennbar.

16. Hebr 3,7 leitet den großen paränetischen Abschnitt Hebr 3,7–4,13 ein, der sich besonders an Ps 95 (Ps 94[LXX]) orientiert:

הַיּוֹם אִם־בְּקֹלוֹ תִשְׁמָעוּ:	Ps 95,7/Hebr 3,7
σήμερον ἐὰν τῆς φωνῆς αὐτοῦ ἀκούσητε,	Διό, καθὼς λέγει τὸ πνεῦμα τὸ ἅγιον· σήμερον ἐὰν τῆς φωνῆς αὐτοῦ ἀκούσητε,
ܘܝܘܡܢܐ ܐܢ ܒܩܠܗ ܬܫܡܥܘܢ.	ܕܟܬܝܒ ܕܐܡܪ ܪܘܚܐ ܕܩܘܕܫܐ ܕܝܘܡܢܐ ܐܢ ܒܩܠܗ ܬܫܡܥܘܢ.

Sowohl die griechische als auch die syrische Überlieferung bieten zu Ps 95,7 bzw. Hebr 3,7 den gleichen Wortlaut bei jeweils wörtlicher Wiedergabe des Hebräischen. Im Hebräischen ist אִם hier von einer konditionellen zu einer

---

46 Zu weiteren spätantiken Zitaten von Num 12,7 vgl. G. Steyn, Torah Quotations common to Philo, Hebrews, Clemens Romanus and Justin Martyr. What is the common denominator?, in: C. Breytenbach/J. C. Thom/J. Punt (Edd.), The New Testament Interpreted. Essays in Honour of Bernard C. Lategan, NT.S 124, Leiden 2006, 135–151.

Wunschpartikel übergegangen: „Heute, wenn ihr doch auf seine Stimme hören wolltet!"[47] Das syrische ܐܢ entspricht zwar etymologisch אִם, doch dürfte es kaum אִם in seinem vollen Umfang entsprechen und daher auch keinen Wunschcharakter haben.[48] Griechisches ἐάν mit Aorist hat auf jeden Fall konditionalen Charakter.

17. Hebr 3,8 führt dieses Zitat weiter, wobei die LXX und das griechische NT völlig übereinstimmen.

אַל־תַּקְשׁוּ לְבַבְכֶם כִּמְרִיבָה כְּיוֹם מַסָּה בַּמִּדְבָּר:	Ps 95,8/Hebr 3,8
μὴ σκληρύνητε τὰς καρδίας ὑμῶν ὡς ἐν τῷ παραπικρασμῷ κατὰ τὴν ἡμέραν τοῦ πειρασμοῦ ἐν τῇ ἐρήμῳ,	μὴ σκληρύνητε τὰς καρδίας ὑμῶν ὡς ἐν τῷ παραπικρασμῷ κατὰ τὴν ἡμέραν τοῦ πειρασμοῦ ἐν τῇ ἐρήμῳ,
ܠܐ ܬܩܫܘܢ ܠܒܘܬܟܘܢ ܐܝܟ ܕܒܠܘܚܡܐ ܘܐܝܟ ܝܘܡܐ ܕܢܣܝܘܢܐ ܒܡܕܒܪܐ.	ܠܐ ܬܩܫܘܢ ܠܒܘܬܟܘܢ ܐܝܟ ܕܒܠܘܚܡܐ ܘܐܝܟ ܝܘܡܐ ܕܢܣܝܘܢܐ ܒܡܕܒܪܐ.

Die syrische Überlieferung weicht von der griechischen ab; syrHebr 3,8 orientiert sich vollständig an syrPs 95,8: „verhärtet eure Herzen nicht um ihn zu versuchen, wie [beim] Aufruhr und wie [am] Tag der Versuchung in der Wüste." LXX und Peschitta beinhalten eine (wenn auch sehr naheliegende; vgl. Ex 17,7) Deutung des hebräischen Textes, indem מְרִיבָה und מַסָּה nicht als Ortsnamen aufgefasst, sondern mit „Erbitterung/Aufruhr" bzw. „Versuchung" übersetzt wurden.[49] Beide Ortsnamen lassen diese Deutung zwar zu, bieten aber keine dafür angemessene Syntax. Der Übersetzer von syrPs 95,8 ergänzt den Imperativ „verhärtet eure Herzen nicht" durch ܠܡܒܣܝܘܬܗ „um ihn zu versuchen." Diese Ergänzung wurde in syrHebr 3,8 aus syrPs95,8 übernommen, aber in der späteren Harklensis (H1), genauso wie die nur im Syrischen

---

47 Gesenius/Kautzsch, Hebräische Grammatik, § 151e; Joüon/Muraoka, Grammar of Biblical Hebrew, § 163c; C. Brockelmann, Hebräische Syntax, Neukirchen 1956, § 170a.

48 Vgl. R. Payne Smith, Thesaurus Syriacus, Bd I, Oxford 1879, 249; Brockelmann, Lexicon Syriacum, 27; Nöldeke, Kurzgefaßte syrische Grammatik, §§ 374–377.

49 Vgl. dazu W. Michaelis, Art. παραπικραίνω κτλ., in: G. Kittel u.a. (Edd.), ThWNT VI, 1959, 125–127:126; S. Lehming, Massa und Meriba, ZAW 73, 1961, 71–77.

anzutreffende, durch die Konjunktion erreichte Satzaufteilung (ܘܐܝܟ), unter Anpassung an den griechischen Text gestrichen. Im Übrigen hält sich die Peschitta eng an das Hebräische; vgl. ܐܝܟ ܡܡܪܡܪܢܘܬܐ ܘܐܝܟ ܝܘܡܐ mit כִּמְרִיבָה כְּיוֹם, „wie in Meriba, wie am Tag", während die LXX variiert: ὡς ἐν τῷ παραπικρασμῷ κατὰ τὴν ἡμέραν.

18. In Hebr 3,9 weichen auch LXX und griechisches NT voneinander ab:

אֲשֶׁר נִסּוּנִי אֲבוֹתֵיכֶם בְּחָנוּנִי גַּם־רָאוּ פָעֳלִי	Ps 95,9/Hebr 3,9
οὗ ἐπείρασαν οἱ πατέρες ὑμῶν ἐδοκίμασαν καὶ εἴδοσαν τὰ ἔργα μου	οὗ ἐπείρασαν οἱ πατέρες ὑμῶν ἐν δοκιμασίᾳ καὶ εἶδον τὰ ἔργα μου
ܕܢܣܝܘܢܝ ܐܒܗ̈ܝܟܘܢ ܘܒܩܘ ܚܙܘ ܥܒ̈ܕܝ.	ܕܢܣܝܘܢܝ ܐܒܗ̈ܝܟܘܢ ܘܒܩܘ ܚܙܘ ܥܒ̈ܕܝ.

Ps 94,9 (LXX) „wo eure Väter [mich] versuchten; sie prüften [mich] und sahen" (ἐδοκίμασαν καὶ εἴδοσαν) wird in Hebr 3,9 zu „wo eure Väter [mich] auf die Probe stellten und sahen" (ἐν δοκιμασίᾳ καὶ εἶδον). Die beiden ersten Personalpronomina fehlen im Griechischen (vgl. נִסּוּנִי אֲבוֹתֵיכֶם בְּחָנוּנִי „eure Väter versuchten *mich*, stellten *mich* auf die Probe").[50] SyrPs 95,9 hielt sich zwar eng an den hebräischen Text, ließ aber das zweite suffigierte Personalpronomen ebenfalls ausfallen, unterteilte den Satz anders (vgl. בְּחָנוּנִי „stellten mich auf die Probe" mit ܘܒܩܘ „und sie stellten auf die Probe") und deutete פעלי genauso wie schon die LXX (τὰ ἔργα) sowie die Targumim und die Vulgata pluralisch (ܥܒ̈ܕܝ), was dann in der griechischen bzw. in der syrischen Tradition in Hebr 3,9 übernommen wurde. Die andere Formulierung von Hebr 3,9 (ἐν δοκιμασίᾳ), die auch aus Ps 94,9^{LXX} des Papyrus Bodmer XXIV bekannt ist,[51] ließ den syrischen Text unbeeinflusst; wieder folgt syrHebr 3,9 mit „wo mich eure Väter versuchten und auf die Probe stellten, und sie sahen meine Werke" genau dem Text nach syrPs 95,9.

Ein späterer syrischer Autor sowie die Harklensis korrigierte in syrHebr 3,9 die unsuffigierte Form und die asyndetische Anordnung der Verben ܘܒܩܘ ܚܙܘ

50 Die byzantinische Überlieferung liest οὗ ἐπείρασάν με οἱ πατέρες ὑμῶν ἐδοκίμασάν με, hat also nicht nur das von den alten Textzeugen gelesene ἐν δοκιμασίᾳ dem Text der LXX angepasst, sondern darüber hinaus die in der LXX bzw. in den frühen Hss. des NT fehlenden Personalpronomina ergänzt.

51 Kasser und Testuz, Papyrus Bodmer XXIV, 190.

„und sie stellten auf die Probe [und] sahen“[52] zu ܢܣܝܘܢܝ ܘܚܙܘ „sie stellten mich auf die Probe und sahen“, so dass damit der Text sogar anscheinend über die atl. Peschitta hinaus an das Hebräische angepasst wurde.

19. Der nächste Vers, Ps 95,10, wird in Hebr 3,10 verdeutlichend zitiert:

אַרְבָּעִים שָׁנָה אָקוּט בְּדוֹר וָאֹמַר עַם תֹּעֵי לֵבָב הֵם וְהֵם לֹא־יָדְעוּ דְרָכָי׃	Ps 95,10/Hebr 3,10
τεσσαράκοντα ἔτη προσώχθισα τῇ γενεᾷ ἐκείνῃ καὶ εἶπα ἀεὶ πλανῶνται τῇ καρδίᾳ καὶ αὐτοὶ οὐκ ἔγνωσαν τὰς ὁδούς μου	τεσσεράκοντα ἔτη· διὸ προσώχθισα τῇ γενεᾷ ταύτῃ καὶ εἶπον· ἀεὶ πλανῶνται τῇ καρδίᾳ, αὐτοὶ δὲ οὐκ ἔγνωσαν τὰς ὁδούς μου
ܐܪܒܥܝܢ ܫܢܝܢ ܡܐܣܬ ܠܝ ܒܕܪܐ ܗܘ. ܘܐܡܪܬ ܕܥܡܐ ܗܘ ܕܛܥܐ ܠܒܗܘܢ ܘܗܢܘܢ ܠܐ ܝܕܥܘ ܐܘܪܚܬܝ.	ܐܪܒܥܝܢ ܫܢܝܢ. ܡܛܠ ܗܢܐ ܡܐܣܬ ܠܝ ܒܕܪܐ ܗܘ ܘܐܡܪܬ ܕܥܡܐ ܗܘ ܕܛܥܐ ܠܒܗܘܢ ܘܗܢܘܢ ܠܐ ܝܕܥܘ ܐܘܪܚܬܝ.

SyrHebr 3,10 folgt syrPs 95,10 wortwörtlich, bis auf den durch διὸ bedingten konjunktionalen Einschub ܡܛܠ ܗܢܐ „deswegen“: „vierzig Jahre. Deswegen ekelte ich mich vor jenem Geschlecht, und ich sprach ‚Es ist ein Volk, das in seinem Herzen irrt; sie aber haben meine Wege nicht erkannt.‘“

Die im Gegensatz zur LXX bzw. zum hebräischen Text in Hebr 3,10 eingeschobene Konjunktion διὸ macht die Aufteilung des Satzes eindeutig („sie sahen meine Werke vierzig Jahre“, nicht „vierzig Jahre empfand ich Ekel vor diesem Geschlecht“, wie im masoretischen Text intendiert)[53] und wurde wohl deswegen auch von syrHebr 3,10 übernommen.[54]

Syrisches ܡܐܣܬ entspricht dem hebräischen אָקוּט „ich empfand Ekel“ od. „Widerwillen.“ Die Peschitta drückt dies in syrPs 95,10 und syrHebr 3,10

52 Asyndetische Verbindungen dieser Art von „rasch aufeinander folgende[n] oder zusammenfallende[n] Handlungen“ wie ܒܩܘ ܚܙܘ sind im Syrischen sehr häufig (Nöldeke, Kurzgefaßte syrische Grammatik § 337); vgl. auch Carbajosa, Syriac Version of Psalms, 203.

53 Die Abfolge von *wayyiqtol* nach *yiqtol* mit Vergangenheitsbedeutung in אַרְבָּעִים שָׁנָה אָקוּט בְּדוֹר וָאֹמַר ist hier nicht explanativ wie in Ps 8,6 (vgl. Nr. 11), sondern gibt die Folge oder Konsequenz an: „vierzig Jahre empfand ich Ekel vor diesem Geschlecht, sodass ich (schließlich) sprach […]“ (Waltke/O’Connor, Biblical Hebrew Syntax, 558).

54 Zur Intention dieser geänderten Verseinteilung vgl. F. F. Bruce, The Epistle to the Hebrews, Grand Rapids 1964, 65.

durch ein Idiom aus (ܒ ܠ ܣܐܪܬܟ „sich vor jmd. ekeln"),[55] das in seiner Aussagekraft noch etwas über אָקוּט בְּ hinauszugehen scheint. In der LXX bzw. ntl. erscheint für אָקוּט בְּ προσώχθισα, das neben „Widerwillen; Ekel empfinden" auch „ergrimmen" bedeuten kann. Bei einem späteren syrischen Autor findet sich diese, auf dem Griechischen basierende Bedeutung (ܪܓܙܬ „ich zürnte"), während die Harklensis ܒ ܠ ܣܐܪܬܟ zu ܓܣ ܠ ܓܝܝܕ „ich verabscheute" revidiert, um sich der Bedeutung von προσώχθισα anzunähern. Die Formulierung אָקוּט בְּדוֹר „ich empfand Ekel vor dem Geschlecht" wird in LXX und syrPs 95,10 durch einen kleinen Zusatz (ἐκείνῃ bzw. ܗܘ) zu einem Begriff verstärkt, der öfters im AT das ungehorsame Gottesvolk bezeichnet: „ich empfand Ekel vor *jenem* Geschlecht."

Im weiteren Verlauf übersetzt die LXX zwar עַם תֹּעֵי לֵבָב הֵם „ein Volk irrenden Herzens sind sie" mit ἀεὶ πλανῶνται τῇ καρδίᾳ „immerzu irren sie in ihrem Herzen" (Lesung von עַם als עַד),[56] was dann auch in Hebr 3,10 übernommen wurde, aber syrPs 95,10 – und in Folge auch syrHebr 3,10 – geben diese Worte mit ܒܠܒܗܘܢ ܗܘ ܕܛܥܐ „es ist ein Volk, das in ihrem Herzen irrt" entsprechend dem Hebräischen wieder, wobei die *constructio ad sensum* des Hebräischen (עַם תֹּעֵי לֵבָב הֵם „ein *Volk* [...] sind *sie*") im Syrischen nicht in der Copula erscheint (ܗܘ ܥܡܐ „ein Volk ist *es*"), wohl aber im zusätzlichen Pluralsuffix (ܒܠܒܗܘܢ ܕܛܥܐ „das in *ihrem* Herzen irrt").

Dieser Ausdruck passte natürlich nicht mehr zum griechischen Text von Hebr 3,10 und wurde dann auch in der späteren syrischen Überlieferung zum Griechischen hin korrigiert.

20. Mit dem Schwur „wenn sie in meine Ruhe eingehen werden!" endet Ps 95 und damit auch dessen Zitat in Hebr 3,11:

אֲשֶׁר־נִשְׁבַּעְתִּי בְאַפִּי אִם־יְבֹאוּן אֶל־מְנוּחָתִי׃	Ps 95,11/Hebr 3,11
ὡς ὤμοσα ἐν τῇ ὀργῇ μου· εἰ εἰσ-ελεύσονται εἰς τὴν κατάπαυσίν μου.	ὡς ὤμοσα ἐν τῇ ὀργῇ μου· εἰ εἰσ-ελεύσονται εἰς τὴν κατάπαυσίν μου.
ܐܝܟ ܕܝܡܝܬ ܒܪܘܓܙܝ ܕܠܐ ܢܥܠܘܢ ܠܢܝܚܬܝ܂	ܘܐܝܟ ܕܝܡܝܬ ܒܪܘܓܙܝ ܕܠܐ ܢܥܠܘܢ ܠܢܝܚܬܝ܂

---

55   Brockelmann, Lexicon Syriacum, 373.

56   Nach dem Variantenapparat der BHS zu Ps 95,10 ist wenigstens eine hebräische Handschrift mit dieser Lesart bekannt.

Sowohl in Ps 95,11 als auch im gleichlautenden Zitat Hebr 3,11 geht die syrische Übersetzung eigene Wege. Zunächst geben sowohl die LXX als auch die Peschitta אֲשֶׁר mit „wie“ wieder (ὡς bzw. ܐܝܟ ܕ), was eine protomasoretische Vorlage in der Form von כאשר vermuten lassen könnte; jedoch lässt sich dies nicht eindeutig feststellen.[57] Schwankungen bezüglich des Gebrauchs der Konjunktion (ܐܝܟ – ܘܐܝܟ) sind sowohl in atl. wie auch in ntl. Hss. zu beobachten. Der dem Hebräischen eigene Schwursatz אִם־יְבֹאוּן אֶל־מְנוּחָתִי wird nicht, wie in der LXX (εἰ εἰσελεύσονται εἰς τὴν κατάπαυσίν μου), wörtlich übersetzt, sondern in vielen Peschitta-Handschriften als Aussagesatz syndetisch mit ܕܠܐ, bei anderen asyndetisch angefügt: ܠܐ ܢܥܠܘܢ ܠܢܝܚܬܝ, und erreichte so auch syrHebr 3,11. Die spätere Harklensis hat der einfachen Verneinungspartikel ܠܐ dann (in Anlehnung an das griechische εἰ) ܐܢ vorgezogen und so versucht, den Schwursatz zu verbessern. SyrHebr 3,11 hat den gesamten Vers wortwörtlich von syrPs 95,11 übernommen: „und wie ich schwur in meinem Zorn: sie werden nicht in meine Ruhe eingehen!“ Ebenso verhält es sich mit den Zitatwiederholungen in Hebr 4,3.5.

21. Hebr 3,15 wiederholt die eindringliche Warnung aus Ps 95,11:

הַיּוֹם אִם־בְּקֹלוֹ תִשְׁמָעוּ׃ אַל־תַּקְשׁוּ לְבַבְכֶם כִּמְרִיבָה	Ps 95,7–8/Hebr 3,15
σήμερον ἐὰν τῆς φωνῆς αὐτοῦ ἀκούσητε μὴ σκληρύνητε τὰς καρδίας ὑμῶν ὡς ἐν τῷ παραπικρασμῷ.	ἐν τῷ λέγεσθαι· σήμερον ἐὰν τῆς φωνῆς αὐτοῦ ἀκούσητε, μὴ σκληρύνητε τὰς καρδίας ὑμῶν ὡς ἐν τῷ παραπικρασμῷ.
ܘܝܘܡܢܐ ܐܢ ܒܩܠܗ ܬܫܡܥܘܢ ܠܐ ܬܩܫܘܢ ܠܒܘܬܟܘܢ ܠܡܪܓܙܘܬܗ.	ܐܟܢܐ ܕܐܡܝܪ܆ ܕܝܘܡܢܐ ܐܢ ܒܗ̇ ܩܠܗ ܬܫܡܥܘܢ ܠܐ ܬܩܫܘܢ ܠܒܘܬܟܘܢ ܠܡܪܓܙܘܬܗ.

Bis auf die geringfügig verdeutlichende Änderung von ܒܩܠܗ „seine Stimme“ zu ܒܗ̇ ܩܠܗ „dieselbe Stimme“ (was in der Harklensis zu ܠܩܠܗ revidiert wurde) entspricht syrHebr 3,15 dem gleichlautenden Zitat in syrHebr 3,7–8, bzw. dem atl. Text in Ps 95,7–8. Ähnlich verhält es sich in Hebr 4,7.

57 Vgl. Carbajosa, Syriac Version of Psalms, 332, Anm. 34.

Schlussfolgerungen

In der atl. Peschitta liegt ein Text vor, der in der Regel den hebräischen Text genauer wiedergibt als die LXX. Der schon lange beobachtete Tatbestand, dass die syrische Überlieferung dazu neigt, bei Zitaten des AT den atl. Peschittatext zugrundezulegen, wird durch diese Untersuchung generell bestätigt. Auch zeigt sich, sofern Zitate syrischer Autoren vorliegen, die älter sind als die Peschitta und auf eine Vorform der Peschitta hinweisen,[58] dass ein noch vor der Peschitta existierender altsyrischer Text (*vetus syra*), der dem Wortlaut der atl. Zitatquelle näher war, in der Peschitta oft eine Annäherung an den griechischen Text erfuhr.[59] Zitate solcher Autoren, die zeitlich nach der Peschitta einzustufen sind, passen den Text oft noch weiter an die zu ihrer Zeit in Umlauf befindlichen griechischen Hss. des NT an. Besonders eindrucksvoll lässt sich dies bei der Harklensis beobachten. Autoren der noch späteren Zeit tendieren allerdings dazu, falls sie aus dem hier vorgestellten Bereich Hebr 1–3 zitieren, die dort eingebetteten atl. Zitate wieder an die Peschitta oder andere frühere syrische Überlieferungen anzugleichen.

Der Umgang der Peschitta mit den Schriftzitaten des AT ist nicht einheitlich; die oben behandelten Stellen können wie folgt eingeteilt werden:

(1) Dem syrischen AT entnommen und mit dem masoretischen Text bzw. der LXX und dem griechischen NT übereinstimmend sind Nr. 1 und 16 (Hebr 1,5; 3,7).

(2) Dem syrischen AT entnommen und geringfügig vom Text des griechischen NT abweichend sind Nr. 3, 17–18, 20 (Hebr 1,7; 3,8–9.11).

(3) Die meisten Zitate sind zwar dem syrischen AT entnommen, erfuhren aber mäßige Korrekturen zum Text des griechischen NT hin, nämlich Nr. 4–5, 7–9, 11, 13–14 und 19 (Hebr 1,8–9.11–13; 2,7.12–13; 3,10).

(4) Einige Zitate wurden zwar ursprünglich dem syrischen AT entnommen, aber der Einfluss des griechischen NT auf den syrischen Text ist stärker: Nr. 6, 10, 12 (Hebr 1,10; 2,6.8).

(5) Nur bei zwei Zitaten lässt sich kein Einfluss des syrischen AT feststellen. Jedoch dürfte dies entweder daran liegen, dass der betreffende

---

58 Vgl. B. M. Metzger, The Early Versions of the New Testament, Oxford 1977, 39.

59 Zu den Evangelien liegt bekanntermaßen die altsyrische Version auch in zwei Handschriften vor. Die atl. Zitate dieser Version zeigen eine größere Nähe zur atl. Peschitta und werden in der ntl. Peschitta in moderatem Umfang, ähnlich den hier vorgestellten Zitaten, an den griechischen Text angepasst. Vgl. J. Joosten, The Old Testament Quotations (s. Anm. 4); ebd., The Old Testament in the New. The Syriac Versions of the New Testament as a Witness to the Text of the Old Testament Peshitta, in: B. ter Haar Romeny (Ed.) The Peshitta. Its Use in Literature and Liturgy, Papers Read at the Third Peshitta Symposium, Leiden 2006, 99–106.

Text im syrischen AT nicht vorhanden, oder dass er im NT nicht als Zitat erkennbar war, nämlich bei Nr. 2 und 15 (Hebr 1,6; 3,5).

Inwieweit bei den Korrekturen zum Griechischen dogmatische Überlegungen eine Rolle spielten, lässt sich an diesen wenigen Zitaten noch nicht ablesen. Jedenfalls ist es auffällig, dass der paränetische Abschnitt Hebr 3,7–11, der sich ursprünglich an das atl. Gottesvolk richtete, im NT fast unverändert vorliegt, während die christologischen Zitate mehr oder weniger mäßigen Anpassungen unterlagen.

Wird die weitere Entwicklung des syrischen ntl. Textes mit einbezogen, so lassen sich drei Traditionsstufen beim Umgang der syrischen Schreiber mit den Zitaten des AT beobachten:

1 Das syrische AT und dessen Bedeutung hat Vorrang vor demselben Zitat in griechischer Gestalt. Diese hohe Achtung vor dem Wortlaut des AT findet sich vor allem in der *vetus syra* und zu einem großen Teil auch noch in der Peschitta.

2 Der griechische Wortlaut des Zitates innerhalb des NT hat Vorrang vor dem Wortlaut der syrischen Zitatquelle. Diese hohe Einschätzung des griechischen Quellentextes findet sich vor allem in der Harklensis, aber zum Teil auch in den bei den syrischen Kirchenvätern bezeugten Varianten, die zeitlich zwischen Peschitta und Harklensis angesiedelt sind und der (leider nicht erhaltenen) Philoxeniana zugeordnet werden.

3 Der Wortlaut der älteren syrischen ntl. Tradition (*vetus syra*, Peschitta) tritt in Konkurrenz zu den zum griechischen Text hin korrigierten Versionen. In den Zitaten der späteren syrischen Literatur erweckt dieser Umgang mit dem Text des syrischen NT oft den Eindruck, der Text nähere sich wieder an den Wortlaut der atl. Peschitta an. Oft handelt es sich jedoch nur um eine in ihrem Ausmaß begrenzte Rückkehr zum Text der altsyrischen Kirche.

Eine Anpassung des syrischen AT an das jeweilige ntl. Zitat findet sich nur sehr selten und in geringem Umfang in späten Handschriften (vgl. Nr.1 bzw. Hebr 1,5).

Literatur

B. Aland/A. Juckel, Das Neue Testament in syrischer Überlieferung. 2: Die paulinischen Briefe, Teil 3: 1./2. Thessalonicherbriefe, 1./2. Timotheusbriefe; Titusbrief, Philemonbrief und Hebräerbrief, ANTF 32, Berlin/New York 2002.

B. Aland/A. Juckel, Das Neue Testament in syrischer Überlieferung. 2: Die paulinischen Briefe. Teil 1: Römer- und 1. Korintherbrief, ANTF 14, Berlin 1991.

K. u. B. Aland, Der Text des Neuen Testaments, Stuttgart ²1989.

H. W. Attridge, A Commentary on the Epistle to the Hebrews, Philadelphia 1989.

W. Baars, New Syro-Hexaplaric Texts, Leiden 1968.

W. E. Barnes, On the Influence of the Septuagint on the Peshitta, JTS 2, 1901, 186–197.

W. Bauer, Griechisches Wörterbuch zu den Schriften des Neuen Testaments und der frühchristlichen Literatur, hrsg. von K. und B. Aland, Berlin ⁶1988.

M. Black, The Syriac Versional Tradition, in: K. Aland (Ed.), Die alten Übersetzungen des Neuen Testaments, die Kirchenväterzitate und Lektionare, ANTF 5, Berlin/New York 1972, 120–159.

M. Black, Hebrews 2:9b in Syriac Tradition, NT 27, 1985, 236–244.

M. Black, Hebräische Syntax, Neukirchen 1956.

S. P. Brock, Isaiah, OTSy 3/1, Leiden ²1993.

S. P. Brock, Limitations of Syriac in Representing Greek, in: B. M. Metzger, The Early Versions of the New Testament, Oxford 1977, 83–98.

C. Brockelmann, Lexicon Syriacum, Halle an der Saale ²1928.

F. Brown/S. R. Driver/C. A. Briggs, A Hebrew and English Lexicon of the Old Testament, Oxford 1951.

F. F. Bruce, The Epistle to the Hebrews, Grand Rapids 1964.

A. H. Cadwallader, The Correction of the Text of Hebrews Towards the LXX, NT 34, 1992, 257–292.

G. B. Caird, The Exegetical Method of the Epistle to the Hebrews, CJT 5.1, 1959, 44–51.

I. Carbajosa, The Character of the Syriac Version of Psalms. A Study of Psalms 90–150 in the Peshitta, Leiden 2008.

S. E. Docherty, The Text Form of the OT Citations in Hebrews Chapter 1 and the Implications for the Study of the Septuagint, NTS 55, 2009, 355–365.

S. E. Docherty, The Use of the Old Testament in Hebrews. A Case Study in Early Jewish Bible Interpretation, WUNT II 260, Tübingen 2009.

K. Elliger/W. Rudolph/A. Schenker (Edd.), Biblia Hebraica Stuttgartensia, Stuttgart ⁵1997.

P. Flint, Variant Readings of the Dead Sea Psalms Scrolls against the Masoretic Text and the Septuagint Psalter, in: A. Aejmelaeus/U. Quast, Der Septuaginta-Psalter und seine Tochterübersetzungen, Göttingen 2000, 337–365.

P. Flint, The Dead Sea Psalms Scrolls and the Book of Psalms. StTDJ 17, Leiden 1997.

A. Gelston, The Peshiṭta of the Twelve Prophets, Oxford 1987.

W. Gesenius, Hebräische Grammatik. Völlig umgearbeitet von E. Kautzsch, Leipzig [28]1909.

W. Gesenius, Hebräisches und Aramäisches Handwörterbuch über das Alte Testament, hrsg. von R. Meyer und H. Donner, Berlin [18]1987.

E. Grässer, An die Hebräer (Hebr 1–6), EKK 17/1, Zürich/Neukirchen 1990.

G. H. Guthrie, Hebrews' Use of the Old Testament. Recent Trends in Research, Currents in Biblical Research 1.2, 2003, 271–294.

L. Haefeli, Die Peschitta des Alten Testaments. Mit Rücksicht auf ihre textkritische Bearbeitung und Herausgabe, Alttestamentliche Abhandlungen 11/1, Münster 1927.

R. J. V. Hiebert, Syriac Biblical Textual History and the Greek Psalter, in: R. J. V. Hiebert/C. E. Cox/P. J. Gentry (Edd.), The Old Greek Psalter. Studies in Honour of Albert Pietersma, JSOTS 332, Sheffield 2001.

R. J. V. Hiebert, The "Syrohexaplaric" Psalter, Atlanta 1989.

G. Howard, Hebrews and the Old Testament Quotations, NT 10, 1968, 203–216.

R. G. Jenkins, The Old Testament Quotations of Philoxenus of Mabbug, CSCO 514, Subsidia 84, Louvain 1989.

J. Joosten, The Old Testament in the New. The Syriac Versions of the New Testament as a Witness to the Text of the Old Testament Peshitta, in: B. ter Haar Romeny (Ed.) The Peschitta. Its Use in Literature and Liturgy, Papers Read at the Third Peshitta Symposium, Leiden 2006, 99–106.

J. Joosten, The Syriac Language of the Peshitta and Old Syriac Versions of Matthew. Syntactic Structure, Inner-Syriac Developments and Translation Technique, Leiden 1996.

J. Joosten, The Old Testament Quotations in the Old Syriac and Peshitta Gospels, Textus 15, 1990, 55–76.

P. Joüon/T. Muraoka, A Grammar of Biblical Hebrew, Subsidia Biblica 27, Rom [2]2008.

M. Karrer, The Epistle to the Hebrews and the Septuagint, in: W. Kraus/R.G. Wooden (Edd.), Septuagint Research. Issues and Challenges in the Study of the Greek Jewish Scriptures, SCSt 53, Atlanta 2006, 336–353.

R. Kasser/M. Testuz, Papyrus Bodmer XXIV, Bibliotheca Bodmeriana, Genf 1967.

J. Kerschensteiner, Der altsyrische Paulustext, CSCO 315, Subsidia 37, Louvain 1970.

S. Kistemaker, The Psalm Citations in the Epistle to the Hebrews, Amsterdam 1961.

F. E. König, Die Psalmen, Gütersloh 1927.

F. E. König, Historisch-kritisches Lehrgebäude der hebräischen Sprache, Bd. 3: Zweite Hälfte, 2. Teil, Leipzig 1897.

A. van der Kooij, The Ending of the Song of Moses. On the Pre-Masoretic Version of Deut 32:43, in: F. García Martínez/A. Hilhorst u.a. (Edd.), Studies in Deuteronomium in Honour of C. J. Labuschagne, Leiden 1994, 93–100.

D. J. Lane, Leviticus – Numbers – Deuteronomy – Joshua, OTSy 1/2, Leiden 1991

S. Lehming, Massa und Meriba, ZAW 73, 1961, 71–77.

J. C. McCullough, The Old Testament Quotations in Hebrews, NTS 26, 1979–1980, 363–379.

B. M. Metzger, The Early Versions of the New Testament, Oxford 1977.

W. Michaelis, Art. παραπικραίνω κτλ., in: G. Kittel u.a. (Edd.), ThWNT VI, 1959, 125–127.

J. Moffat, A Critical and Exegetical Commentary on the Epistle to the Hebrews, Edinburgh 1979.

T. Muraoka, A Greek-English Lexicon of the Septuagint, Louvain 2009.

E. Nestle/K. Aland, Novum Testamentum Graece, Stuttgart [27]1993.

T. Nöldeke, Kurzgefaßte syrische Grammatik. Nachdruck der 2. Aufl., bearbeitet von A. Schall, Darmstadt 1977.

J. Payne Smith, A Compendious Syriac Dictionary, Oxford 1903.

R. Payne Smith, Thesaurus Syriacus, Bd I, Oxford 1879.

C. Peters, Pešitta-Psalter und Psalmentargum, Le Muséon 52, 1939, 275–296.

W. L. Petersen, Problems in the Syriac New Testament and How Syrian Exegetes Solved Them, in: B. ter Haat Romeny (Ed.) The Peshitta. Its Use in Literature and Liturgy. Papers read at the third Peshitta Symposium, Leiden 2006, 53–76.

W. L. Petersen, Psalm 2 in Hebrews, Neotestamentica 37/2, 2003, 262–282.

W. L. Petersen, A Quest for the Vorlage of the Song of Moses (Dt 32) Quotations in Hebrews, Neotestamentica 34/2, 2000, 263–272.

A. Rahlfs (Ed.), Psalmi cum Odis (Septuaginta:Vetus Testamentum graecum, Band X), Göttingen [2]1967.

A. Rahlfs/R. Hanhart, Septuaginta. Editio altera, Stuttgart 2006.

H. Schneider u.a., Canticles or Odes – Prayer of Manasseh – Apocryphal Psalms – Psalms of Solomon – Tobit – 1(3) Esdras, OTSy 4/6, Leiden 1972.

G. J. Steyn, Which "LXX" are we talking about in New Testament Scholarship? Two Examples from Hebrews, in: M. Karrer/W. Kraus, Die Septuaginta – Texte, Kontexte, Lebenswelten, Tübingen 2008, 697–707.

G. J. Steyn, Torah Quotations common to Philo, Hebrews, Clemens Romanus and Justin Martyr. What is the common denominator?, in: C. Breytenbach/J. C. Thom/J. Punt (Edd.), The New Testament Interpreted. Essays in Honour of Bernard C. Lategan, NT.S 124, Leiden 2006, 135–151.

G. J. Steyn, Some Observations about the Vorlage of Ps 8,5–7 in Heb 2,6–8, Verbum et Ecclesia 24/2, 2003, 493–514.

H. L. Strack/P. Billerbeck, Kommentar zum Neuen Testament aus Talmud und Midrasch III, München 1922.

Syriac NT and Psalms, hrsg. von der B.F.B.S., Nachdruck der United Bible Societies, Stuttgart 1986.

K. J. Thomas, The Old Testament Citations in Hebrews, NTS 11, 1964–65, 303–325.

D. Wallace, Greek Grammar Beyond the Basics, Grand Rapids 1996.

D. M. Walter, The Book of Psalms, OTSy 2/3, Leiden 1980.

B. K. Waltke/M. O'Connor, An Introduction to Biblical Hebrew Syntax, Winona Lake 1990.

M. P. Weitzman, The Syriac Version of the Old Testament. An Introduction, Cambridge 1999.

J. W. Wevers (Ed.), Deuteronomium (Septuaginta III.2), Göttingen 1977.

P. J. Williams, An Evaluation of the Use of the Peshitta as a Textual Witness to Romans, TC: A Journal of Biblical Textual Criticism, 2008.

P. J. Williams, Early Syriac Translation Technique and the Textual Criticism of the Greek Gospels, Texts and Studies, Third Series, Vol. 2, Piscataway 2004.

P. J. Williams, Some Problems in Determining the Vorlage of Early Syriac Versions of the NT, NTS 47, 2001, 537–543.

Die Relevanz der Kirchenväterzitate für die Textgeschichte der neutestamentlichen Zitate aus der Septuaginta

MARTIN MEISER

Das Thema hat zwei Ebenen, die textgeschichtliche und die hermeneutische. In diesem Beitrag soll in textgeschichtlicher Perspektive das bekannte und in den kritischen Editionen breit dokumentierte Phänomen der Quereinflüsse an Einzelbeispielen unter Berücksichtigung sowohl der handschriftlichen Überlieferung als auch der expliziten Rezeption und Kommentierung durch altkirchliche Autoren genauer quantifizierend erfasst werden: Lassen sich Regeln benennen, wann mit Quereinflüssen zu rechnen ist oder nicht? Gibt es eine Gesetzmäßigkeit dergestalt, dass eine relative Homogenität des handschriftlich überlieferten Textes auch auf eine relative Homogenität der Textform in den expliziten Rezeptions- und Kommentierungsvorgängen bei altkirchlichen Autoren schließen lässt? Auf hermeneutischer Ebene soll, ausgehend von den expliziten Bemerkungen der altkirchlichen Autoren, der größere Rahmen ihres Rezeptions- und Kommentierungsverhaltens sichtbar gemacht werden.

1. Das zurückhaltende Interesse altkirchlicher Theologen am Problem

Die Divergenz zwischen LXX-Text und ntl. Text war auch den antiken Christentumskritikern bekannt, die deshalb die Evangelisten als Fälscher tadelten[1]; trotzdem gilt: 1. man findet in altkirchlicher Literatur generell nicht viel an theoretischen Äußerungen zu diesem Problem, 2. für die Beurteilung nach Maßstäben heutiger äußerer Textkritik fehlen bekanntlich die Voraus-

---

1 Hieronymus, *ep.* 57,7,1-9,1, CSEL 54, 512-518; Hieronymus, *in Os.* III 11,1, CC.SL 76, 121.

setzungen; 3. wenn, dann wird am ehesten mit der im Text gemeinten Sache argumentiert.

1. Längst nicht alle altkirchlichen Autoren äußern sich zu den genannten Differenzen, auch dann nicht, wenn ihre Kommentare umfangreich ausfallen. Zu den Divergenzen von Mt 26,31 gegenüber Sach 13,7 (dazu s.u.) bemerkt Beda Venerabilis lediglich: *Hoc aliis verbis in Zacharia propheta scriptum est.*[2] Zu Hab 2,4 vermerkt er: *iustificamur iuxta illud prophetae et apostoli: Iustus autem ex fide uiuit.*[3] Diese Zurückhaltung ist in altkirchlicher Hermeneutik bedingt: Die verschiedenen gleichzeitig umlaufenden Textformen lassen sich zumeist ja doch dem christlichen Glaubenssystem bedenkenlos einfügen. Allgemein sind die altkirchlichen Autoren davon überzeugt, dass der ntl. Autor trotz verändertem Wortlaut dem Sinn der atl. Stelle gemäß formuliert habe[4]. Vergleichbar ist die Grundregel für das Übersetzen, die Hieronymus formuliert: Es gilt, nicht Wort für Wort, sondern sinngemäß zu übertragen.[5] Um unterschiedliche Auffassungen als legitim zu markieren, rekurriert Hieronymus gerne auf Röm 14,5 und 1Kor 7,7: „Der eine hält einen Tag für höher als den andern; der andere aber hält alle Tage für gleich"/„der eine so, der andere so".[6] Ein Blick in die Homerscholien zeigt, dass auch dort verschiedene Lesarten unkommentiert nebeneinander gestellt sein können, allerdings spiegelt sich dort weitaus häufiger eine Diskussion wider als das bei altkirchlichen Autoren begegnet, und das ist wieder in hermeneutischen Differenzen begründet: Weder der Homertext galt als unantastbar noch seine kritischen Editoren Zenodot von Ephesos, Aristophanes von Byzanz und Aristarch von Samothrake.

2. Für die Beurteilung nach Maßstäben heutiger äußerer Textkritik, d.h. nach den Maßstäben des Alters und der Verbreitung einer Lesart, fehlen bekanntlich die Voraussetzungen. Die Übersetzungen von Aquila, Symmachus und Theodotion waren altkirchlichen Autoren bekannt; abgesehen davon waren keine einzelnen Codices durch wissenschaftliche Kunstnamen und Kunstzahlen eindeutig identifizierbar. Auch textkritisch problembewusste Gelehrte wie Origenes, Eusebius von Caesarea und Hieronymus konnten

---

2   Beda Venerabilis, *in Mt.*, PL 92, 114 AB.

3   Beda Venerabilis, *in Cant.* V 8,6, CC.SL 119 B, 345.

4   So etwa Eusebius von Caesarea, *in Is.* 41, GCS 57, 330; Hieronymus, *in Mt.*, SC 259, 276; ders., *in Am.*, CC.SL 76, 297; ders., *in Ab.* 1,2,4, CC.SL 76 A, 600; ders., *in Es.* IX 29,13, CC.SL 73, 375; Beda Venerabilis, *retract. in Act.*, CC.SL 121, 121f.

5   Hieronymus, *ep.* 57,5,2, CSEL 54, 508. Zwar äußert Hieronymus in diesen Brief den Vorbehalt, in der Heiligen Schrift sei auch die Reihenfolge der Worte Mysterium, allerdings nimmt er das später zurück (*ep.* 106,55, CSEL 55, 275); praktisch wirkt es sich bei ihm nie aus.

6   Vgl. Hieronymus, *ep.* 119,11, CSEL 55, 468; 125,8 CSEL 56, 126f. u.ö.

deshalb in der Regel nur allgemein auf eine gewisse Anzahl vertrauenswürdiger Hss. verweisen, und unser Bild der Verbreitung bestimmter Textformen im Allgemeinen wie im Speziellen wird nicht zwangsläufig dem Bild entsprechen, das sie überhaupt haben konnten. Es wundert darum nicht, dass bei Hieronymus gelegentlich Lesarten als atl. angeführt werden, die uns hauptsächlich aus dem NT bekannt sind[7], während umgekehrt bei anderen Autoren der atl. Text in die Kommentierung des ntl. Textes einfließt[8]. Doch gerade bei Origenes ist die Textkritik i.w. äußere Textkritik: Wichtiges Kriterium ist ihm die Übereinstimmung mit dem Wortlaut der übrigen Übersetzungen und des hebräischen Textes.[9] Auf dem Gebiet der inneren Textkritik ist vor allem Hieronymus von ferne neuzeitlicher Textkritik vergleichbar: Er benennt neben Gedächtnisfehlern[10] auch Verwechslungen von Buchstaben oder Wörtern oder auch andere Möglichkeiten der Vokalisierung als Ursachen der Textveränderung; seine Entscheidungen für eine bestimmte Lesart sind aber an deren sachlicher Qualität orientiert; ähnliches gilt für das Prädikat ἀκριβεῖς ἀντιγράφοι bei Eusebius von Caesarea.[11] Dahinter steht ein Grundsatz antiker Homer-philologie: Aufgabe antiker Textkritik ist nicht die Herstellung des dem Original am nächsten

---

7   Z.B. Hieronymus, *in Os.* I 2,23, zu Hos 2,25(23): diligam non dilectam (vgl. B-V 407 CoAethp Cyr.p); ders., *in Es.* VIII 27,9, CC.SL 73, 349 (Umstellung aus Röm 11,27; außer Eusebius von Caesarea und Hieronymus begegnet die Umstellung nur in der hexaplarischen Untergruppe oI [= HS 88 + Syh = Paulus von Tella], sowie in 377mg); ders., *in Ier.* II,2 (zu Jer 5,21), CC.SL 74, 59. In der Wiedergabe von Jes 6,9 in den Hss. 393 534 Ath. II 1001 sind die Worte πρὸς τὸν λαὸν τοῦτον nach πορεύθητι aus Apg 28,26 auch in der Überlieferung des griechischen Jesajatextes eingedrungen. Hieronymus kennt das als LXX-Lesart (*in Es.* III 6,9f., CC.SL 73, 91, im Lemma), ohne auf andere heute bekannte Lesarten überhaupt einzugehen. In die Wiedergabe von Jes 59,20 dringt aus Röm 11,26 die Präposition ἐκ statt ἕνεκεν ein, in mehreren Hss., aber auch bei Hieronymus, *in Es.* XVI 59,20, CC.SL 73 A, 687: de Sion, im Lemma, und (689) im Kommentar. Zu Jer 5,21 verweist Hieronymus, *in Ier.* II 2, CC.SL 74, 59, nicht auf Mk 8,18, bietet aber im Lemma eine an eine hinsichtlich der Verwendung der Partizipien sowie der 2. Pl. an Mk 8,18 angenäherte Textform im Lemma: *qui habentes oculos non uidetis et aures et non auditis.*

8   Z.B. Eusebius von Caesarea, *in Psalm.*, PG 23, 740 CD, als er von Ps 68,10 aus auf Joh 2,17 zu sprechen kommt. Den Vorgang kann man auch zur Rezeption von Ps 50,6 in Röm 3,4 beobachten: Bei Origenes, *comm. in Rom.* 2,14, FC 2/1, 316.328; Theodoret, *in Rom.*, PG 82, 77 B ist νικήσῃς ins Lemma eingedrungen.

9   B. Neuschäfer, Origenes als Philologe, Bd. 1: Text, SBA 18/1, Basel 1987, 98.

10   Hieronymus, *in Mi.* II 5,2, CC.SL 76, 482.

11   So etwa Eusebius von Caesarea, *in Psalm.*, PG 23, 901 D. Konkret geht es darum, dass in diesen ἀκριβεῖς ἀντιγράφοι der Fehler vermieden wird, die falsche Zuweisung des Psalmzitates in Mt 13,35 an Jesaja dadurch zu vermeiden, dass man überhaupt nur διὰ τοῦ ποροφήτου schreibt.

kommenden, sondern des sachlich besten Textes. Das ist das Gegenteil dessen, was Johann Albrecht Bengel 1734 formulierte:[12]

> ea (scil. lectio) quae quiddam priscum, grave, breve habet, praeponitur: ea quae maiore perspicuitate et plenitudine blanditur, tanquam consilio introducta, plerumque postponitur"

> „Diejenige, die etwas Schwerfälliges, Kurzes an sich hat, ist als Urtext vorzuziehen; welche aber durch größere Durchsichtigkeit und Fülle des Ausdrucks besticht, ist, da gleichsam durch Überlegung eingeführt, meistens hintanzustellen". (scil. Lesart)

3. Theoretische Äußerungen zum Thema finden sich am ehesten da, wo spezifisch theologische Interessen berührt werden, wo man mit Christentumskritikern fertig werden muss, oder wo aktuelle antijüdische Polemik der Bestätigung der eigenen christlichen Wirklichkeitskonstruktion dienen soll. In all diesen Fällen werden die ansonsten bekannten Phänomene unabsichtlicher Textveränderung, soweit ich sehen kann, nicht in Anschlag gebracht – Hab 2,4 gehört aber wiederum nicht in diese Reihe, denn hier verweist Hieronymus klar auf die Möglichkeit der Verwechslung zwischen ' und 1 als Vorlage für μου bzw. αὐτοῦ.[13] Dieses Beispiel zeigt aber auch, dass altkirchliche Autoren innerhalb der Grenzen, die durch die Kanonizität biblischer Texte gegeben sind, durchaus Wissenschaftler im antiken Sinne waren, wie sie auch nicht eigentlich theologische Wissensgebiete bearbeiteten.[14] Zusätzlich ist ein anderes Realitätsverständnis zu beachten; so galten etwa Jesu substanzhafte Gottessohnschaft und die Jungfrauengeburt altkirchlichen Theologen keinesfalls lediglich als menschliche sprachliche Festlegung eines ansonsten nicht greifbaren Sachverhaltes; Argumente zur Verteidigung christologisch verwertbarer Lesarten bzw. Bezüge wie etwa bei Jes 7,14 und Hos 11,1 sind demnach Argumente, die den Realitätsbezug dieser biblischen Texte ebenso voraussetzen wie neu bekräftigen.

---

12   J. A. Bengel, Novum Testamentum Graecum, Tübingen 1734, 384.

13   Hieronymus, *in Ab.* 1,2,4, CC.SL 76 A, 597.

14   Auch in christlicher Literatur begegnen z.B. Studien zu antiken Ortsnamen (vgl. Eusebius von Caesarea, *Onomasticon*, GCS 11/1; Beda Venerabilis, *Nomina regionum atque locorum de Actibus Apostolorum*, CC.SL 121, 165–178), Weltchroniken (z.B. Julius Africanus, *Chronographiae*, PG 10, 63-94; Eusebius von Caesarea, *Die Chronik*, GCS 20) sowie Studien zum Sprachgebrauch und zu den rhetorischen Figuren in der Bibel, vor allem im AT (Hadrian, *introd.*, PG 98, 1273 A–1312 B).

2. Die altkirchliche Wahrnehmung der neutestamentlichen Autoren

Vor allem im Hinblick auf Hieronymus ist kurz an die altkirchliche Sicht der ntl. Autoren hinsichtlich ihrer geistigen Prägung zu erinnern. Matthäus schrieb sein Evangelium nach altkirchlicher Überzeugung in Hebräisch[15] und war Hebräer von Hebräern,[16] ebenso Paulus (vgl. Phil 3,5), der ja bei Gamaliel Unterricht genommen hatte.[17] Lukas hingegen konnte besser Griechisch als Hebräisch.[18] Bei Hieronymus sind dann jedoch nicht im zeitlichen Nacheinander, sondern im sachlichen Nebeneinander zwei Aussagelinien zu unterscheiden: 1. Die Evangelisten und Apostel hätten sich weder an ihre hebräische Vorlage noch an die LXX gehalten, sondern gleichsam als Hebräer und im Gesetz Unterwiesene den Sinn in ihren eigenen Worten wiedergegeben;[19] die Kategorie „sinngemäße statt wörtlicher Wiedergabe" ist bei Hieronymus auch angewandt in der Beurteilung der LXX.[20] 2. Die Evangelisten und Apostel seien von dem hebräischen Text abhängig und hätten ihn wiedergegeben, nicht die LXX.[21] Einige Stellen aus Matthäus und Johannes sind Hieronymus Beweis für diese generelle These; gegenteilige Befunde nimmt er nicht wahr,[22] und sie werden ihm auch seitens seiner Gegner erstaunlicherweise nicht vorgehalten.[23] Bekanntlich hat Hieronymus im Lauf der Zeit zunehmend kritischer über die LXX geurteilt.

Im folgenden Hauptteil werden die wichtigsten, theologisch interessanten Differenzen zwischen LXX-Text und ntl. Folgetext besprochen, sodann wird das Phänomen der Falschzuweisungen aus altkirchlicher Sicht beleuchtet.

---

15 Hieronymus, *in Os.* III 11,1, CC.SL 76, 121.

16 Eusebius von Caesarea, *d.e.* IX 15,6, GCS 23, 436; Hieronymus, *in Ier.* VI 18,2, CC.SL 74, 306f.

17 Hieronymus, *in Es.* XVI prol., CC.SL 73 A, 641.

18 Hieronymus, *in Is.* 3,6,9, CC.SL 73, 91f.

19 Hieronymus, *in Es.* IX 29,13, CC.SL 73, 375; Hieronymus, *in Ier.* VI 18,2, CC.SL 74, 306f.

20 Hieronymus, *in Es.* VIII 25,8, CC.SL 73, 327: Quid autem uoluerint pro hoc loco Septuaginta dicere: Trade omnia haec gentibus, legenti perspicuum est, quod non scripturae uerba, sed suum sensum posuerint, eo quod omnia mysteria legis et templi transferenda sint ad ecclesias nationum.

21 Hieronymus, *in Es.* III 9,1, CC.SL 73,122.

22 So kommt Hieronymus z.B. nicht darauf zu sprechen, dass Paulus in der Aufnahme von Jes 65,1 in Röm 10,20 der LXX gegen MT folgt (Hieronymus, *in Es.* XVIII, 65,1, CC.SL 73 A, 743).

23 Darauf verweist C. Markschies, Hieronymus und die „Hebraica Veritas", in: M. Hengel/A. M. Schwemer (Hg.), Die Septuaginta zwischen Judentum und Christentum, WUNT 72, Tübingen 1994, 131–181:145.

3. Wichtige Differenzen zwischen Septuaginta und neutestamentlichem Zitat

Geboten werden im Folgenden die verschiedenen Textformen, die Zuordnungen der Väterzitate, sofern erkennbar ist, ob sie als atl. oder ntl. Zitate gemeint sind, sowie explizite Äußerungen altkirchlicher Autoren zu Exegese und Hermeneutik. Aus historischen Gründen muss Jes 7,14 als erstes benannt werden; die nächsten Beispiele dieses Beitrages werden in der Reihenfolge der LXX-Texte angeordnet werden.

3.1 Jes 7,14 und Mt 1,23

Textgeschichtlich ist zu dem berühmtesten Problem von Jes 7,14 nicht viel zu sagen: Jes 7,14 LXX bietet παρθένος/Aquila, Symmachus und Theodotion stattdessen νεᾶνις. Das Problem hat bekanntlich seit dem Märtyrer Justin zum Streit zwischen Juden und Christen geführt[24] und ist in christlicher Literatur am ehesten der Anlass, dass ein altkirchlicher Kommentator, mit oder ohne expliziter antijüdischer Polemik, auf die Unterschiedlichkeit der Textformen zu sprechen kommt. Im Blick auf die verhandelte Sache, die Jungfrauengeburt, ist eine vierfache Strategie der christlichen Apologetik festzustellen: Textgeschichtlich wird die Inspiration der LXX-Übersetzer behauptet[25] und Theodotion und Aquila eine antichristliche Motivation ihrer Übersetzung mit νεᾶνις vorgeworfen[26]; „realgeschichtlich" wird die Deutung der jungen Frau auf die Frau des Ahas und des Kindes auf Ezechias für verfehlt erklärt;[27] philologisch wird geltend gemacht, dass das Wort νεᾶνις eine Frau nach ihrem

---

24 Im dritten und beginnenden vierten Jahrhundert finden sich für die Rezeption von Jes 7,14 in dieser Hinsicht keine Belege; die oa. Verweise auf Jes 7,14 bei Laktanz dienen dem allgemeinen Nachweis der Ankündigung Christi gegen die Juden, aber nicht speziell der textkritischen Diskussion. Bei Ephraem, *comm. in Diatess.* II 8, FC 54/I, 165, herrscht die Meinung, die Juden hätten Jesaja wegen der Weissagung Jes 7,14 getötet (zum Motiv der Tötung Jesajas vgl. Hebr 11,37 sowie das frühjüdische *Martyrium Jesajas*, das als Teil der christlichen *Ascensio Iesaiae* überliefert ist).

25 Irenaeus, *haer.* III 21,2, FC 8/3, 256.

26 Irenaeus, *haer.* III 21,1, FC 8/3, 252–254; Theophylakt, *in Mt.*, PG 123, 160 A; ähnlich Euthymius Zigabenus, *in Mt.*, PG 129, 132 C–133 A.

27 Justin, *dial.* 77,3f., PTS 47, 203; ähnlich Tertullian, *adv. Iud.* 9,1–16, FC 75, 232–242; Eusebius von Caesarea, *d.e.* VII 1,40–50, GCS 23, 305–307. Auch Origenes, *Cels.* I 35, GCS 2, 86f., stellt fest, dass es keinen Zeitgenossen des Ahas gibt, auf den die Prophetie passt. Kyrill von Alexandrien, *in Is.*, PG 70, 204 C–205 A, verweist darauf, dass Ezechias nirgends als „Emmanuel" bezeichnet werde und die Menschen erst, wenn sie älter werden, zwischen Gut und Böse unterscheiden könnten.

Lebensalter bezeichne und ihre Virginität keineswegs ausschließe,[28] ähnlich wie ἀδελφός nicht nur den leiblichen Bruder bezeichnet[29] und sowohl Maria[30] als auch die im Paradies jungfräuliche Eva ebenfalls *mulier* genannt wird;[31] schließlich zielt der Verweis auf die Aussagelogik darauf ab, dass nicht die Geburt durch eine junge Frau, sondern nur die Geburt aus einer Jungfrau als σημεῖον bewertet werden kann.[32] Dieser Zeichen-Charakter des in Jes 7,14 angedeuteten Geschehens mag den altkirchlichen Autoren auch ausreichen als Widerspruch gegen ein Verdikt des Kaisers Julian Apostata, der formuliert hatte: Οὐ γὰρ ἦν παρθένος ἡ γεγαμημένη, καὶ πρὶν ἀποκυῆσαι συγκατακλιθεῖσα τῷ γήμαντι: Die Verheiratete war nicht mehr Jungfrau, und bevor sie gebären konnte, war sie mit dem zusammengesperrt, der sie geheiratet hatte.[33]

Jes 7,14 verdient aber nicht nur wegen dieses bekannten Problems unsere Aufmerksamkeit. Eine Divergenz der Lesarten findet sich auch zu ἕξει wie zu καλέσεις, sowohl in den LXX-Hss. als auch bei den Kirchenvätern.

Statt ἕξει ist bei Aquila und Symmachus συλλαμβάνει übersetzt; auch dringt häufig das an Lk 1,31 (συλλήμψῃ)[34] erinnernde λήψεται ein, in LXX-Hss.[35] wie bei Kirchenvätern,[36] so etwa durchgehend bei Irenaeus und

---

28 Eusebius von Caesarea, *in Is.* 44, GCS 57, 49f.; ders., *d.e.* VII 1,36, GCS 23, 304f.; Kyrill von Alexandrien, *in Is.*, PG 70, 204 B. Als Belege gelten Dtn 22,25–27 für Origenes, *Cels.* I 34, GCS 2, 85f.; Theodoret von Kyros, *in Is.*, SC 276, 288 sowie zusätzlich 3Kgt 1,3f bei Ps.-Basilius, *in Is.* 201, PG 30, 465 CD; Prokop von Gaza, *in Is.*, PG 87/II 1963 C. An beiden Stellen ist aus dem Zusammenhang die Virginität der νεᾶνις ersichtlich. 3Kgt 1,2^Ra mit der Lesart παρθένον νεάνιδα wird nicht aufgegriffen.

29 Hieronymus, *virg. Mar.* 14, PL 23, 183–206, u.v.a.

30 Origenes, *hom. in Lev.* 8,2, GCS 29/1, 395.

31 Belege bei M. Meiser, Galater, NTP 9, Göttingen 2007, 181.

32 Justin, *dial.* 84,1, PTS 47, 215; Irenaeus, *haer.* III 19,3; III 21,6, FC 8/3, 242. 266; Origenes, *Cels.* I 35, GCS 2, 86; Tertullian, *adv. Iud.* 9,7f., FC 75, 234–236; Eusebius von Caesarea, *d.e.* VII 1,30, GCS 23, 303; Ambrosius, *Luc.* II 78, CC.SL 14, 65; Johannes Chrysostomus, *in Is.* VII 5 (sic!), SC 304, 314; Theodoret von Kyros, *in Is.*, SC 276, 288–290; Euthymius Zigabenus, *in Mt.*, PG 129, 133 A.

33 Wiedergabe nach Kyrill von Alexandrien, *Juln.* VIII, PG 76, 901 B.

34 Laut NA[27] steht das Verbum in Lk 1,31 textkritisch unangefochten. Die Lesart συλλαμβάνει in Jes 7,14 ist nach Eusebius von Caesarea, *d.e.* VII 1,32f., GCS 23,304 auch für Aquila und Symmachus bezeugt.

35 O' L'-311-46-233-456 C'' 301 393 403' 449 538.

36 Justin, *dial.* 43,5, PTS 47, 141 u.ö. (dazu s.u.); Cyprian, *testim.* II 9, CC.SL 3, 41; ders., *ep.* 10,4,2, CC.SL 3 B, 51; (Ps.?)-Hippolyt, *pasc.* 46, SC 27, 171; Novatian, *trin.* 9,6; 12,3, CC.SL 4,25. 31; Laktanz, *inst.* IV 12,4; *epit.* 39,3, CSEL 19, 310. 715; Origenes, *hom. in Is.* 2,1, GCS 33, 249f.; ders., *hom. in Ez.* 1,4, GCS 33, 328; ders., *Cels.* I 33, GCS 2,85; ders., *comm. in Mt.* ser. 6, GCS 38,11; Pamphilus, *apol. Orig.* 84, SC 464, 152; Eusebius von Caesarea, *d.e.* VII 1,27.30.32, GCS 23, 303f.; Ps.-Basilius, *in Is.* 201, PG 30, 464 A; Ps.-Basilius, *hom. in sanctam Christi generationem* 3.4, PG 31, 1464 C; 1465 D; Gregor von Nyssa, *de tridui spatio*, GNO 9, 276; Johannes

Tertullian.[37] Wie die Lesarten hierin im Bewusstsein christlicher Autoren unwichtig werden können, zeigt das Beispiel Justins: Er führt beiläufig λήψεται als jüdisch favorisierte Lesart an,[38] obwohl er diese Lesart selbst wiederholt voraussetzt.[39] Nur an zwei Stellen in der ersten Apologie bietet Justin das Verbum ἔχειν,[40] das sich von der Mitte des dritten Jahrhunderts allmählich stärker verbreitet.[41] Aber noch Hieronymus setzt λήψεται als Normal-Lesart des Jesajatextes voraus und begründet das davon abweichende ἕξει bei Matthäus mit dem Gedanken, der Prophet schreibe über Zukünftiges, der Evangelist über Vergangenes: Die Empfängnis liegt ja zum Zeitpunkt der Aussage des Engels bereits in der Vergangenheit.[42]

Noch größer ist freilich die Variationsbreite für die Verbform, welche die Namensgebung betrifft. Jes 7,14 LXX liest in einer Vielzahl der Hss. καλέσεις, Mt 1,23 καλέσουσιν; in die Wiedergabe von Mt 1,23 ist gelegentlich der Sg. aus Jes 7,14 eingeflossen[43]; in umgekehrte Richtung ist allerdings weitaus häufiger korrigiert worden, in LXX-Hss.[44] ebenso wie bei vielen Kirchenvätern,[45] teilweise sogar in den Kommentaren.[46] Daneben begegnet

---

Chrysostomus, *in Is.* VII 4 (sic!), SC 304, 308; Pacianus von Barcelona, *bapt.* 3,1, SC 410, 152; Theodoret von Kyros, *in Is.*, SC 276, 286. Hippolyt, *ref.* V 8,45, GCS 26, 97, bietet die Variante ... ἡ παρθένος ἡ ἐν γαστρὶ ἔχουσα καὶ συλλαμβάνουσα κεὶ τίκτουσα υἱόν ... .

37   Irenaeus, *haer.* III 16,2; 21,4, FC 8/3, 188 (als Matthäuszitat). 262; *haer.* IV 23,1, FC 8/4, 192; Tertullian, *carn.* 17,2; 21,2; 23,1.6, CC.SL 2, 904. 911. 914f.; ders., *adv. Marc.* III 13,4, CC.SL I 524; *adv. Iud.* 9,1, CC.SL 2, 1364.

38   Justin, *dial.* 43,8, PTS 47, 141.

39   Justin, *dial.* 43,5; 66,2; 68,6; 71,3; 83,1, PTS 47, 141. 184. 188. 193. 215.

40   Justin, *1 apol.* 33,1.4, PTS 38, 80.

41   Origenes, *princ.* IV 1,5, GCS 2, 300; ders., *hom. in Ier.* 1,7, SC 232, 210; ders., *Cels.* I 35, GCS 2,86 (daneben verwendet Origenes auch λήψεται, s.o.!); Johannes Chrysostomus, *anom.* 7, SC 396, 152; Kyrill von Alexandrien, *inc. unigen.*, SC 97, 208; Johannes von Damaskus, *hom.* 6,4, SC 80, 54.

42   Hieronymus, *in Mt.*, SC 242, 80.

43   D *pc* bo^mss; Origenes, *hom. in Is.* 2,1, GCS 22, 250 (als Zitat eines anderen gekennzeichnet); Eusebius von Caesarea, *d.e.* VII 1,55, GCS 23, 308.

44   26–106; 90mg; 130 233 393 410c 449' 456 534 764c Bo Syp.

45   Justin, *dial.* 66,2, PTS 47, 184 (anders ders., *dial.* 43,5, PTS 47, 141); Cyprian, *testim.* II 9, CC.SL 3, 41; ders., *ep.* 10,4,2, CC.SL 3 B, 51; (Ps.?)-Hippolyt, *pasc.* 46, SC 27, 171; Origenes, *hom. in Mt.* 1,7, GCS 6, 6; ders., *comm. in Mt.* ser. 6, GCS 38,11; Epiphanius I 42. 143 II 320; Ps.-Basilius, *hom. in sanctam Christi generationem* 4, PG 31, 1465 B; Gregor von Nyssa, *de tridui spatio*, GNO 9, 276; Johannes Chrysostomus, *in Is.*, PG 56, 82; ders., *anom.* 7, SC 396, 152; Kyrill von Alexandrien, *Juln.* VIII, PG 76, 933 B (anders ders., *in Is.* I 5, PG 70, 204 A [im Lemma]; 205 C [im Kommentar]); Kyrill von Alexandrien, *inc. unigen.*, SC 97, 208; Johannes von Damaskus, *hom.* 6,4, SC 80, 54.

noch die Lesart καλέσετε in LXX.Hss.[47] wie bei Kirchenvätern,[48] ferner die Lesart καλέσει,[49] deren Genese Hieronymus so erklärt: קָרָאת sei nicht als 2. Sg. masc., sondern als 3. Sg. fem. verstanden worden.[50] Origenes gibt einen Hinweis darauf, wie es zu der pluralischen Lesart καλέσουσιν kam: Achaz könne ja kaum den vielen Generationen nach ihm erscheinenden Erlöser als Emmanuel bezeichnet haben; von daher erklärt sich der Plural: „man wird ihn nennen". Doch steht, so der Alexandriner, häufig „David" für „Christus"; so sind das angeredete „Haus David" wir, die Kirche; und von daher ist der Singular in Jes 7,14 gerechtfertigt.[51] Anders löst Eusebius von Caesarea dasselbe Problem: Er beachtet, dass Joseph den Namen „Jesus" geben soll, nicht den Namen „Immanuel"; das angeredete „Haus Davids" soll also nicht auf fremde Götter trauen, sondern allein denjenigen als Immanuel bezeichnen, der ihm in den militärischen Bedrängnissen seiner Zeit zur Hilfe kommt, und der dereinst aus der Jungfrau geboren werden wird, aber bereits jetzt schon als „Gott mit uns" beisteht. Nach dieser theologisch steilen Auslegung geht Eusebius zu einer höchst nüchternen Betrachtung über: Für denkbar hält er sogar eine Textverderbnis im Matthäusevangelium durch einige Abschreiber, die den Sinn des Singulars nicht erkannt haben,[52] wie er denn auch καλέσεις als Lesart des Matthäus wiedergibt.[53] Dieser Einspruch des Eusebius ist freilich m.W. folgenlos geblieben; schon Hieronymus erklärt die Differenz zwischen καλέσεις und καλέσουσιν wieder mit seinem Standardsatz von der sinngemäßen, nicht der wörtlichen Wiedergabe.[54]

3.2 Ps 13,3 und Röm 3,13–18

In einem Teil der Hss. zu Ps 13,3[55] wird Röm 3,13–18 hinzugefügt; Anlass war wohl, dass in Röm 3,12 Ps 13,3 zitiert wird: πάντες ἐξέκλιναν ἅμα

---

46 Ps.-Basilius, *in Is.* 215. 226, PG 30, 489 C; 512 C (in der Kommentierung der folgenden Texte, neben καλέσεις im Lemma zu Jes 7,14, *in Is.* 201, PG 30, 464 A); Johannes Chrysostomus, *in Is.* VII 4 (sic!), SC 304, 308.

47 Q^txt L'' cII 301 403 538 Sa.

48 Irenaeus, *haer.* III 21,4, FC 8/3, 262; Tertullian, *adv. Iud.* 9,1, CC.SL 2, 1364; Laktanz, *inst.* IV 12,4; *epit.* 39,3, CSEL 19, 310. 715.

49 S 311–46.

50 Hieronymus, *in Is.* III 7,14, CC.SL 73, 104. Merkwürdig ist die Wiedergabe *carathi*.

51 Origenes, *hom. in Is.* 2,1, GCS 22, 250.

52 Eusebius von Caesarea, *in Is.* 44, GCS 57, 48f.

53 Eusebius von Caesarea, *d.e.* VII 1,55, GCS 23, 308.

54 Hieronymus, *in Is.* III 7,14, CC.SL 73, 104.

55 B''- 2019 U'-1221.

ἠχρειώθησαν· οὐκ ἔστιν [ὁ⁵⁶] ποιῶν χρηστότητα. Hieronymus und Beda
Venerabilis nehmen darauf kritisch Bezug: Die Abschreiber der Psalmen-Hss.
hätten, so Hieronymus, den Charakter des Mischzitates bei Paulus nicht
erkannt.⁵⁷

3.3 Hos 11,1 und Mt 2,15

Hos 11,1 MT	וּמִמִּצְרַיִם קָרָאתִי לִבְנִי
Hos 11,1 LXX	ἐξ Αἰγύπτου μετεκάλεσα τὰ τέκνα αὐτοῦ
Mt 2,15	ἐξ Αἰγύπτου ἐκάλεσα τὸν υἱόν μου = Hos 11,1 Aq⁵⁸

Bekanntlich liegt die Textdifferenz der Stelle in der Schlusswendung
begründet; nur die singularische Lesart von Hos 11,1 MT ermöglicht die
christologische Deutung, und die Differenz zwischen Hos 11,1 LXX und Mt
2,15 führte zur Kritik von Julian Apostata an dem Evangelisten, der die
Leichtgläubigkeit der Gläubigen aus den Heiden verspotten wollte.⁵⁹ Die
Lesart *filium meum* dringt erst in der koptischen, der äthiopischen und
teilweise der armenischen Übersetzung der LXX ein, aber nicht in den
griechischen LXX-Hss.

Hos 11,1 wird bei Justin, Clemens von Alexandrien und Tertullian
offenbar nicht zitiert. Auch Origenes kommt auf die Textdifferenzen nicht zu
sprechen, teilt aber zu Mt 2,15 die Erwägung einiger mit, die Stelle sei aus
Num 24,8 genommen: θεὸς ὡδήγησεν αὐτὸν ἐξ Αἰγύπτου ⁶⁰, wodurch sich der
Singular erklären würde. Den Zusatz des Sinaisyrers zu Mt 2,15, die
Falschzuschreibung ἐκ στόματος Ἡσαΐου, habe ich in der textkritischen
Diskussion bisher nicht wiedergefunden – Theodoret äußert sich zu Hos 11,1
nicht wirklich; man kann nur so viel sagen, dass ein Einfluss von Mt 2,15 bei
ihm nicht sichtbar wird.⁶¹ Dasselbe gilt für die Zwölfprophetenkommentare in

---

56   Der Artikel findet sich in LXX-Hss. zu Ps 13,3 (S–2019 U–1221), umgekehrt kann er in
     Hss. zu Röm 3,12 auch fehlen (A B G ψ 33. 1739. 1881).

57   Hieronymus, *in Es.* XVI prol., CC.SL 73 A, 641f.; Beda Venerabilis, *Act.*, CC.SL 121,
     13. Für Beda Venerabilis, ebd., liegt ein Parallelfall in der falschen Behandlung einer
     Zitatenkombination durch einen unerfahrenen Abschreiber zu Ps 108,8 vor, der
     aufgrund von Apg 1,20 fälschlich die Worte aus Ps 68 (69),26 eingetragen habe. Das ist
     tatsächlich in der Hs. Paris, Bibl. nat., Lat. 11947 der Fall.

58   nach Eusebius von Caesarea, *d.e.* IX 4,1, GCS 23, 412; *ecl. proph.* I 13, PG 22, 1069 D.

59   Hieronymus, *in Os.*, CC.SL 76, 121.

60   Origenes, *Num. hom.* 17,6, GCS 30, 165; vgl. auch PG 12, 581 D.

61   Theodoret von Kyros, *in Os.*, PG 81, 1612 A paraphrasiert nicht Mt 2,15, sondern Hos
     11,1 LXX: αὐτοὺς Αἰγύπτου μετεκάλεσα, (so auch Theophylakt von Achrida, *in Os.*, PG
     126, 758 A, der im Lemma zusätzlich den bekannten LXX-Text bietet).

Lemma und Kommentar bei Kyrill von Alexandrien und Theodor von Mopsuestia; beide Autoren kommen auf Mt 2,15 nicht zu sprechen.[62] So zeigt sich in diesem Fall – ob diese Beobachtung verallgemeinert werden kann, bleibt jedoch abzuwarten–: Da wo der hebräische Text nicht mehr bekannt ist, aber nur er die Möglichkeit einer christologischen Ausdeutung bietet, wird diese nicht unbedingt vorgenommen.[63]

Einige Autoren kommen explizit auf die Textdifferenz zu sprechen. Hieronymus verweist auf die Herkunft des Matthäus aus dem hebräischsprachigen Traditionsbereich – Mt 2,15 wird ja für ihn zu einer der Belegstellen für die in seiner Spätzeit entwickelte These, die Evangelisten und Apostel seien grundsätzlich dem hebräischen Text gefolgt –, Eusebius von Caesarea, der den Charakter der Rückblende nicht wahrnimmt, verweist auf sachliche Spannungen: Nach den Aussagen Hos 10,14 sei es unlogisch, dass den selben Menschen der Tadel in 10,14 und die lobenden Worte im Anschluss zugedacht seien; Israel steht deshalb für Christus.[64] Aquilas Ἐν ὄρθρῳ κατεσιωπήθη βασιλεὺς Ἰσραήλ, ὅτι παῖς Ἰσραηλ, και ἠγάπησα αὐτὸν, καὶ ἀπὸ Αἰγύπτου ἐκάλεσα τὸν υἱόν μου bezieht Eusebius von Caesarea darauf, dass es dem König Herodes dank des Verhaltens der Weisen nicht gelang, der Person Jesu habhaft zu werden.[65] Ohne expliziten Verweis auf die Textdifferenzen führt die sachliche Spannung zu Hos 11,2 (Verweis auf die Anbetung Baals) bei Theophylakt zur Polemik gegen die jüdische Auslegung von Hos 11,1, hier sei das aus Ägypten gerufene Volk Israel gemeint.[66]

---

62 Kyrill von Alexandrien, *in Os.*, PG 71, 261 D – 264 C; Theodor von Mopsuestia, *in Os.*, PG 66, 189 B–D.

63 Ähnlich wird in manchen Jesaja-Kommentaren, die ausschließlich an LXX orientiert sind, in der Kommentierung von Jes 28,11 auf 1Kor 14,21 nicht Bezug genommen. Entscheidend ist hier wohl auch, dass an Jes 28,11 und 1Kor 14,21 kein spezielles theologisches Interesse besteht.

64 Eusebius von Caesarea, *d.e.* IX 4,6-8, GCS 23, 412f.; ähnlich ders., *ecl. proph.* III 11, PG 22, 1137 BC. Dass „Israel" für „Christus" steht, dafür mit anderer Begründung auch Theophylakt von Achrida, *in Os.*, PG 126, 758 B.

65 Eusebius von Caesarea, *ecl. proph.* III 11, PG 22, 1136 D–1137 A.

66 Theophylakt von Achrida, *in Mt.*, PG 123, 168 D–169 A; ähnlich Euthymius Zigabenus, *in Mt.*, PG 129, 152 A; in einer Randglosse zur Stelle – der Verfasser ist unbekannt – begegnet auch hier der Vorwurf der antichristlichen Textverfälschung (PG 129, 152 B).

3.4 Am 5,25–27 und Apg 7,42f.

Von den drei Textdifferenzen lässt sich die erste am besten tabellarisch darstellen:

ἐν τῇ ἐρήμῳ= I
οἶκος Ἰσραήλ = II
τεσσαράκοντα ἔτη = III

Textform	Reihenfolge der Elemente	LXX-Hss. nach J. Ziegler	Kirchenväter
Am 5,25–27			
ἐν τῇ ἐρήμῳ, οἶκος Ἰσραήλ τεσσαράκοντα ἔτη	I – II – III	A	Epiphanius[pt]: II – III[67]
οἶκος Ἰσραήλ τεσσαράκοντα ἔτη ἐν τῇ ἐρήμῳ	II – III – I	C-68 233' Syh	III var. – I: Chrysostomus[68] C - A: Theodoret[69]
ἐν τῇ ἐρήμῳ τεσσαράκοντα ,ἔτη, οἶκος Ἰσραήλ	I – III – II	B (wie MT) – V – 239 – Q-26'-49'-198-407 III	Hieronymus[70]
τεσσαράκοντα ἔτη, οἶκος Ἰσραήλ	III – II	Gö	

---

67 Epiphanius von Salamis, *haer.* 66,71,2, GCS 37, 112.
68 Johannes Chrysostomus, *hom. in Ac.*, PG 60, 137.
69 Theodoret von Kyros, *in Am.*, PG 81, 1692 D.
70 Hieronymus, *in Am.*, CC.SL 76, 296.

Apg 7,42			
ἔτη τεσσαράκοντα ἐν τῇ ἐρήμῳ, οἶκος Ἰσραήλ	III var – I – II		III invar. – I – II: Theodor von Mopsuestia[71] III var – I – II: Anastasius Sinaita[72]
	III – II – I		Epiphanius[pt 73]; Kyrill[74]

Die Divergenz der Reihenfolge dieser einzelnen Wendungen schon in der LXX-Überlieferung setzt sich in der Geschichte der Rezeption der Stelle durch die Kirchenväter bruchlos fort. Apg 7,43 bietet die Reihenfolge der Elemente I – II und stellt innerhalb des Elementes III die Wörter um[75] – in den LXX-Hss. ist diese Umstellung nicht nachweisbar. In Justins Amoszitat entspricht die Reihenfolge der Elemente „in der Wüste" und „Haus Israel" LXX^A sowie Apg 7,43. Epiphanius zitiert einmal die Wortfolge προσηνέγκατέ μοι, οἶκος Ἰσραὴλ, τεσσαράκοντα ἔτη,[76] an anderer Stelle hingegen μὴ τεσσαράκοντα ἔτη θυσίαν προσηνέγκατέ μοι, οἶκος Ἰσραὴλ, ἐν τῇ ἐρήμῳ ;[77] Hieronymus zitiert LXX^B, aufgrund der Nähe zum hebräischen Text;[78] Johannes Chrysostomus bietet in seinen Homilien zur Apostelgeschichte die Wortfolge σφαγὰς καὶ θυσίας προσηνέγκατε, ἔτη τεσσαράκοντα ἐν τῇ ερήμῳ; Kyrill bietet in seinem Amoskommentar als Lemma nochmals eine andere Variante: τεσσαράκοντα ἔτη προσηνέγκατε μοι, οἶκος Ἰσραὴλ, ἐν τῇ ἐρήμῳ; Theodoret verkürzt in der Kommentierung zu τεσσαράκοντα ἔτη κατὰ τὴν ἔρημον;[79] Theodor von Mopsuestia lässt das μοι aus, ergänzt aber wieder οἶκος Ἰσραὴλ, so dass die Reihenfolge nunmehr Apg 7,43 gleicht – er lässt jedoch die Wortfolge

---

71 Theodor von Mopsuestia, *in Ac.*, PG 66, 280 A.
72 Anastasius Sinaita, *disputatio adversus Iudaeos*, PG 89, 1249 A.
73 Epiphanius von Salamis, *haer.* 42,12,3 refut. 18, GCS 31, 167.
74 Kyrill von Alexandrien, *in Am.*, PG 71, 508 D.
75 M. Stowasser, Am 5,25–27; 9,11f. in der Qumranüberlieferung und in der Apostelgeschichte. Text- und traditionsgeschichtliche Überlegungen zu 4Q174 (Florilegium) III 12/CD VII 16/Apg 7,42b–43; 15,16–18, ZNW 92 (2001) 47–63, hier 56, erwägt eine Umstellung schon in der Vorlage.
76 Epiphanius von Salamis, *haer.* 66,71,2, GCS 37, 112.
77 Epiphanius von Salamis, *haer.* 42,12,3 refut. 18, GCS 31, 167.
78 Hieronymus, *in Am.*, CC.SL 76, 296.
79 Kyrill von Alexandrien, *in Am.*, PG 71, 508 D; Theodoret von Kyros, *in Am.*, PG 81, 1692 D.

τεσσαράκοντα ἔτη unverändert; Anastasius bietet die Reihenfolge von Apg 7,43, ebenfalls die dortige Umstellung von ἔτη und τεσσαράκοντα.[80] Inhaltlich gewichtiger sind die beiden anderen Textdifferenzen: Apg 7,43 setzt gegenüber Am 5,26 noch den Vorwurf des προσκυνεῖν hinzu und gibt als Zielort der Verbannung Βαβυλών an, Am 5,27 LXX wie MT und wie CD VII 15.19 Δαμασκός.

Der erstgenannte Zusatz ist, soweit ich bisher überprüft habe, in der Rezeption der Stelle durch die altkirchlichen Theologen erstmals bei Johannes Chrysostomus und bei Anastasius Sinaita in seiner *disputatio adversus Iudaeos* wirksam geworden;[81] in die handschriftliche Überlieferung des LXX-Textes dringt er den Angaben bei Ziegler zufolge nicht ein.

Die zweite Differenz hingegen ist sehr selten auch in der handschriftlichen Überlieferung von Am 5,27 nachweisbar, in einer Marginalie zum Codex Marchalianus (Rom, 6. Jhdt.) sowie in der Minuskel 26 (Rom, 10. Jhdt.). Sie tritt auch manchmal[82] in das Bewusstsein der Ausleger. Kyrill von Alexandria begnügt sich in seinem Amoskommentar mit der aus heutiger Sicht nicht zu verifizierenden Auskunft, Stephanus sei dem hebräischen Text gefolgt, nicht der LXX,[83] während er in seinem fragmentarisch erhaltenen Kommentar zur Apostelgeschichte auf die Nachbarschaft der Moabiter zu Damaskus verweist; nachdem die Adressaten die Schlechtigkeit der Moabiter erfüllt hätten, würde ihnen gesagt, dass sie noch weiter weg verbannt würden, nicht nur nach Damaskus, sondern nach Babylon.[84] Theodoret zufolge will der Prophet seine Zuhörer mit der weitest möglichen Entfernung schrecken und meint mit Damaskus eigentlich Assyrien; Stephanus verlängere die Linie nur folgerichtig.[85] Ähnlich erwägt Ps.-Oecumenius, Babylon bezeichne das äußerste Ende der Region Syrien-Damaskus.[86] Antijüdische Polemik verbleibt

---

80   Johannes Chrysostomus, *hom. in Ac.*, PG 60, 137; (Ps.?)-Theodor von Mopsuestia, *in Ac.*, PG 66, 280 A; Anastasius Sinaita, *disputatio adversus Iudaeos*, PG 89, 1249 A.

81   Johannes Chrysostomus, *hom. in Ac.*, PG 60, 137; Anastasius Sinaita, *disputatio adversus Iudaeos*, PG 89, 1249 A; vgl. Anonymi Auctoris *Theognosiae dissertatio contra Iudaeos* II, CC.SG 14, 23.

82   Ausnahme: Johannes Chrysostomus, *hom. in Ac.*, PG 60, 137. Manche andere Kommentare zur Apostelgeschichte sind nur fragmentarisch erhalten und bieten zu unserer Stelle nichts, z. B. Didymus; Theodor von Mopsuestia; Ammonius von Alexandrien.

83   Kyrill von Alexandrien, *in Am.*, PG 71, 512 C; ähnlich Ps.-Oecumenius, *in Ac.*, PG 118, 148 C.

84   Kyrill von Alexandrien, *in Ac.*, PG 74, 764 C.

85   Theodoret von Kyros, *in Am.*, PG 81, 1693 A; ähnlich (Ps.?)-Theodor von Mopsuestia, *in Am.*, PG 66, 280 C: Stephanus habe nur σαφέστερον ausgedrückt, was in Am 5,27 μηνυομένοι τόποι waren.

86   Ps.-Oecumenius, *in Ac.*, PG 118, 148 C.

hier noch auf der Ebene der Beschreibung der Gegenwart des Propheten. Dasselbe gilt selbst für Hieronymus, der an anderer Stelle gerne antijüdische Polemik aus Textdivergenzen ableitet[87] und die Übersetzer der LXX der Tendenz verdächtigt, das Geheimnis Christi verdunkeln zu wollen:[88] Man solle keineswegs glauben, Stephanus habe sich geirrt. Der nachmalige Märtyrer rechtfertigt seine Interpretation damit, dass auch nach der Meinung des Propheten das Volk Israel stets sich nach den Fleischtöpfen Babylons gesehnt und das vom Himmel gegebene Manna verachtet habe.[89] Beda verlängert diese antijüdische Attacke bis in die Gegenwart: *Propter haec, inquit, sacrilegia uos non in Babylonem tantummodo sed ultra Babyloniam quoque captiui ducemini,* d.h. die Lage des jüdischen Volkes nach 70 n.Chr. wird, wie in altkirchlicher Polemik häufig, als Strafgericht Gottes aufgefasst.[90]

3.5 Mi 5,1 und Mt 2,6

Mi 5,1 LXX : καὶ σύ Βηθλεεμ οἶκος τοῦ Ἐφραθα, ὀλιγοστὸς εἶ τοῦ εἶναι ἐν χιλιάσιν Ιουδα· ἐκ σοῦ μοι ἐξελεύσεται τοῦ εἶναι εἰς ἄρχοντα ἐν τῷ Ισραηλ [...]

Mt 2,6 : καὶ σὺ Βηθλέεμ, γῆ Ἰούδα, οὐδαμῶς ἐλαχίστη εἶ ἐν τοῖς ἡγεμόσιν Ἰούδα· ἐκ σοῦ γὰρ ἐξελεύσεται ἡγούμενος, ὅστις ποιμανεῖ τὸν λαόν μου τὸν Ἰσραηλ.

Beide Textformen unterscheiden sich wie folgt: Mt 2,6 liest γῆ Ἰούδα statt οἶκος τοῦ Ἐφραθα; Mt 2,6 bietet zusätzlich die Verneinung, wie sie gelegent-

---

87 In Jes 52,5 LXX heißt es δι᾽ ὑμᾶς διὰ παντὸς τὸ ὄνομά μου βλασφημεῖται ἐν τοῖς ἔθνεσιν. Daraus, dass in MT der Zusatz der LXX ἐν τοῖς ἔθνεσιν nicht steht, schlägt Hieronymus, der den hebräischen Text bevorzugt, antijüdisches Kapital: Man soll heraushören: der Name Gottes wird den ganzen Tag gelästert in *synagogis uestris, qui diebus ac noctibus blasphemant Saluatorem, et sub nomine, ut saepe dixi, Nazarenorum, ter in die in Christianos congerunt maledicta* (Hieronymus, *in Es.* XIV 52,5, CC.SL 73 A, 578). Hieronymus kann den Vorwurf der Textverfälschung aber auch gegen die nachchristlichen Abschreiber hebräischer Codices richten, wo nur die LXX, aber nicht der Masoretische Text den für den ntl. Autor notwendigen Sinn ergibt, wie zu Gal 3,10.13 festgestellt werden musste (Hieronymus, *in Gal.*, CC.SL 77 A, 83f. 92).

88 Hieronymus, *ep.* 57,7,8, CSEL 54, 515f.; *ep.* 121,2,6, CSEL 56/1, 9. Milder ist das Urteil in *ep.* 106,7,7, CSEL 54, 515: Man soll die Übersetzer nicht tadeln, wenn sie das Geheimnis Christi verdunkelt haben, sondern sich an Jak 3,2 halten: wir verfehlen uns alle mannigfaltig.

89 Hieronymus, *in Am.*, CC.SL 76, 297. Allerdings werdet Hieronymus das auch gegen götzendienerische = häretische Christen, die das anbeten, was sie sich selbst erdacht haben

90 Beda Venerabilis, *expos. in Ac.*, CC.SL 121, 36f.

lich auch in LXX-Hss. Begegnet,[91] ferner ἐλαχίστη statt ὀλιγοστός; Mt 2,6 liest ἡγούμενος statt τοῦ εἶναι εἰς ἄρχοντα; das Pronomen μοι aus Mi 5,1 fehlt in Mt 2,6; umgekehrt ist dort der λαός-Begriff eingetragen.

Wie haben sich die Textformen gegenseitig beeinflusst? Mi 5,1 ist in Gänze nach Mt 2,6 zitiert bei Justin, Irenaeus, Tertullian, Origenes (pt), Pamphilus, Ambrosius,[92] während (Ps.?)-Cyprian und Origenes (pt) sowie Eusebius von Caesarea (pt), Gregor von Nyssa und Kyrill von Alexandrien den Michatext nach der „Originalfassung" zitieren;[93] bei Eusebius von Caesarea begegnet manchmal[94] auch ein Mischzitat, dessen erste Hälfte mit der Anrede „Haus Ephrata" aus Mi 5,1, dessen Fortsetzung οὐδαμῶς ἐλαχίστη aus Mt 2,6 genommen ist. Hieronymus und Kyrill bleiben in Text und Kommentar zu Mi 5,1 ganz bei dem LXX-Text;[95] Theodoret und Theophylakt, der viel aus ihm schöpft, zitieren im Lemma nach der LXX und fügen lediglich die Negation μή hinzu, die im Kommentar dann keine Rolle mehr spielt.[96] Zusammenfassend kann man sagen: Im Falle von Mi 5,1 dominiert gerade in der Frühzeit der ntl. Text; später schwächt sich das Phänomen ab. Wahrscheinlich ist in den Skriptorien dann doch genauer gearbeitet worden. Doch ist hier schon auf Unterschiede in der Rezeption von Mi 5,1 im Vergleich zu Jes 7,14 zu verweisen: Die christliche Textform von Jes 7,14 hält sich wesentlich länger als die von Mi 5,1.

Die Stelle aus dem Michabuch wird wie Jes 7,14 nach Auskunft christlicher Autoren jüdischerseits auf zeitgenössische oder wenigstens vorchristliche Gestalten bezogen, um die christliche Inanspruchnahme dieser Stellen zu falsifizieren. Allerdings gibt es die Deutung auf vorchristliche Gestalten auch bei einem christlichen Exegeten: Mi 5,1 handelt, so (Ps.)-Theodor von Mopsuestia, von dem Davididen Zorobabel, der aus Babylon mit zurückgekehrt ist.[97] Theodoret und andere kennen diese Interpretation nur als zeit-

---

91   L 49' 407 C-239 26'.

92   Justin, *1 apol.* 34,1, PTS 38, 82; ders., *dial.* 78,1, PTS 47, 204 (ohne den Schluss "Israel"); Irenaeus, *epid.* 38, FC 8/1, 77; Tertullian, *adv. Iud.* 13,2, CC.SL 2, 1384; Origenes, *princ.* IV 1,5, GCS 22, 300; Pamphilus, *apol. Orig.* 84, SC 464, 152; Ambrosius, *Luc.* III 35, CC.SL 14, 94.

93   (Ps.?)-Cyprian, *testim.* II 12, CC.SL 3, 44f.; Origenes, *Cels.* I 51, GCS 2, 101f.; ders., *Lev. hom.* 8,4, GCS 29, 400; *hom. in Lc.*, Frgm. 55, GCS 49, 249; Eusebius von Caesarea, *dem.* II 3,148; III 2, 46; VI 13,21; VII 2,1, GCS 23, 87. 103. 266. 328; Gregor von Nyssa, *or.* 3,6, SC 247, 248; Kyrill von Alexandrien, *inc. unigen.*, SC 97, 292.

94   Eusebius von Caesarea, *qu. ev.* 8,4, SC 523, 150.

95   Hieronymus, *in Mi.*, CC.SL 76, 481; Kyrill von Alexandrien, *in Mi.*, PG 71, 712 B – 713 D. Bei Kyrill von Alexandrien gilt das auch in *dial. Trin.* 2, SC 231, 304.

96   Theodoret von Kyros, *in Mi.*, PG 81, 1768 A; Theophylakt von Achrida, *in Mi.*, PG 126, 1132 B.

97   (Ps.?-)Theodor von Mopsuestia, *in Mi.*, PG 66, 372 B.

genössische jüdische Deutung, und sie halten ihr entgegen, dass Zorobabel in Babylon auch geboren sei.[98] Eine andere antijüdische Polemik bietet Hieronymus: Der Evangelist, dessen Wortlaut weder mit dem LXX-Text noch mit dem hebräischen Text übereinstimmt, biete die Fassung dar, wie sie von den jüdischen Schriftgelehrten und Priestern seiner Zeit geboten wurde, um sie der Nachlässigkeit gegenüber dem Wortlaut der Heiligen Schrift zu überführen.[99]

3.6 Hab 2,4b

Zunächst soll nur die zweite Vershälfte mit ihrer divergierenden Verteilung der Personalpronomina dargestellt werden. Bekanntlich lässt sich, wie bereits Hieronymus getan, der Wechsel zwischen μου und αὐτοῦ am einfachsten als Wechsel zwischen ו und י erklären,[100] so dass keine der folgenden Lesarten zwingend erst im griechischen Sprachbereich (und als christliche Lesart) entstanden sein muss.

Hab 2,4 MT: וְצַדִּיק בֶּאֱמוּנָתוֹ יִחְיֶה ;[101] Hab 2,4 Aq;[102] Tertullian pt[103]
Hab 2,4 LXX^A: ὁ δὲ δίκαιός ἐκ πίστεως ζήσεται; A' 49 -407n36-III C-68 AchArm^P; Hebr 10,38 p46 א A H* 33 1739 lat sa boms; (Röm 1,17 C*); Clemens von Alexandrien pt;[104] Eusebius von Caesarea pt ;[105] Theodoret von Kyros, im Lemma.[106]

---

98 Theodoret von Kyros, in Mi., PG 81, 1768 BC; ebenso Theophylakt von Achrida, in Mt., PG 123, 164 B; Euthymius Zigabenus, in Mt., PG 129, 141 C.
99 Hieronymus, in Mi., CC.SL 76, 481.
100 Hieronymus, in Ab. 1,2,4, CC.SL 76 A, 597.
101 Wie in Hab 2,4b MT auch Nahal Hever (8HevXIIgr Kol. VII,30): καὶ δίκαιος ἐν πίστει αὐτοῦ ζήσεται. Vorausgesetzt ist diese Lesart auch in 1QpHab VIII,1.
102 nach Eusebius von Caesarea, d.e. VI 14,8, GCS 23, 269; Hieronymus, in Ab. 1,2,4, CC.SL 76 A, 597.
103 Tertullian, castit. 7,4, CC.SL 2, 1025 (uiuit fide sua); ders., adv. Marc. IV 18,9, CC.SL 1, 591 (iustus ex fide sua uiuit). Mit der Lesart ex fide uiuit in Hab 2,4, die durch den Apostel bestätigt wird, ist nach Tertullian die Einheit des Gottes beider Testamente erwiesen (adv. Marc. V 3,9, CC.SL 1, 670).
104 Clemens von Alexandrien, str. II 8,2, GCS 15, 117.
105 Eusebius von Caesarea, d.e. VI 14,8, GCS 23, 268f.
106 Theodoret von Kyros, in Abac., PG 81, 1819 B; Theophylakt von Achrida, in Abac., PG 126, 853 A – C.

Hab 2,4 LXX[B.S]: ὁ δὲ δίκαιος ἐκ πίστεως ζήσεται; Hebr 10,38 D* pc μ sy (Ps.?)-
Cyprian pt;[107] Origenes pt;[108] Eusebius von Caesarea pt;[109]
Hieronymus;[110] (Ps.?)-Theodor von Mopsuestia[111]

Röm 1,17: ὁ δὲ δίκαιος ἐκ πίστεως ζήσεται; Hebr 10,38 p13; D2 Hc I Y 1881 M
b t z vgmss bo; Origenes pt;[112] Kyrill im Habakuk-
Kommentar.[113]

Ähnlich wie bei Am 5,25 hat auch bei Hab 2,4 der Variantenreichtum in den
verschiedenen handschriftlichen Traditionssträngen seine Parallele in der
Variationsbreite der Textformen bei den Kirchenvätern. Theologisch wird
keine Notwendigkeit einer Entscheidung empfunden.[114] Immerhin weiß
Theophylakt, dass die von ihm verwendete Lesart nicht die einzig mögliche
ist.[115] Doch selbst Hieronymus hat, als er auf die Varianten zu sprechen
kommt, eine ganz andere Frage vor Auge: Paulus hält sich nicht an den
hebräischen Text, als er den Römern schreibt, doch warum? Die Antwort des
Stridoniers: Diese kannten die hebräischen Schriften nicht.[116] Auf Hebr 10,37f.
wird von Hieronymus nicht verwiesen. Anders ist das zuvor bei Eusebius von
Caesarea.

3.7 Hab 2,4 und Hebr 10,38

Zwischen Hebr 10,38 und Hab 2,4 besteht bekanntlich eine Differenz in der
Reihenfolge der Satzteile: Hab 2,3f. LXX liest: „Wenn er sich verzögert, warte
auf ihn, weil der kommende Zeitpunkt (gewiss) kommen wird und (bestimmt)
nicht ausbleibt! Sollte einer sich zurückhalten, hat meine Seele keine Freude
an ihm; der Gerechte aber wird aus dem Glauben an mich leben."[117] Hebr

---

107 (Ps.?)-Cyprian, *testim.* I 5; III 42, CC.SL 3, 10. 134.

108 Origenes, *comm. in Rom.* I 15, FC 2/1, 134.

109 Eusebius von Caesarea, *d.e.* VI 14,1, GCS 23, 267.

110 Hieronymus, *in Ab.* 1,2,4, CC.SL 76 A, 596.

111 (Ps.?)-Theodor von Mopsuestia, *in Abac.*, PG 66, 436 A.

112 Origenes, *comm. in Rom.* I 13, FC 2/1, 124, als Prophetenzitat eingeführt.

113 Kyrill von Alexandrien, *in Abac.* PG 71, 869 D – 872 C im Lemma und Kommentar zu
     Hab 2,4.

114 Auch habe ich noch keine Diskussion der Frage gefunden, ob die Wortgruppe ἐκ πίστεως
     αὐτοῦ zu dem Vorangegangenen oder zu dem Folgenden zu ziehen ist.

115 Theophylakt von Achrida, *in Abac.*, PG 853 B: [...] διὸ καὶ εἴρηται, ὥς τινα (sic!) τῶν
     ἀντιγράφων ἔχει \ Ὁ δὲ δίκαιός μου· τουτέστιν(Ὁ τῇ ἐμῇ χάριτι δίκαιος γεγονώς.

116 Hieronymus, *in Ab.* 1,2,4, CC.SL 76 A, 600.

117 Als Subjekt zu ἐρχόμεως ist der καιρός anzusehen, und V. 4a stellt einen Neueinsatz dar;
     so W. Kraus, Hab 2:3–4 in the Hebrew Tradition and in the Septuagint, with its

10,37f. bietet die letzten beiden Teilsätze in Umstellung: Denn „nur noch eine kleine Weile, so wird kommen, der da kommen soll, und wird nicht lange ausbleiben. Mein Gerechter aber wird aus Glauben leben. Wenn er aber zurückweicht, hat meine Seele kein Gefallen an ihm". Eusebius von Caesarea weiß die Leistung des Auctor ad Hebraeos durchaus zu würdigen: In Hebr 10,37f. sei das, was in Hab 2,3f. undeutlich war, einem klaren Sinn zugeführt worden, denn wie sollte sich der Satzteil ἐὰν ὑποστείληται, οὐκ εὐδοκεῖ ἡ ψυχή μου ἐν αὐτῷ auf den „Kommenden" beziehen? In der Anordnung nach Hebr 10,38 hingegen habe der Satz einen guten Sinn: Derjenige, der mit den Worten ἐὰν ὑποστείληται gekennzeichnet wird, ist der nicht an Jesus Glaubende.[118] Andere Kommentatoren des Hebräerbriefes kommen auf das Problem allerdings nicht zu sprechen.[119]

3.8 Sach 13,7 und Mt 26,31

In der Exegese von Sach 13,7 und Mt 26,31 ist das Bestreben der Einordnung der Differenzen in eine theologische Harmonie höherer Ordnung namhaft zu machen. Bei der Darstellung dessen muss die komplexe textkritische Situation zu der Sacharja-Stelle berücksichtigt werden.

Mt 26,31 bietet als Zitat aus Sacharja 13,7 den Wortlaut πατάξω τὸν ποιμένα, καὶ διασκορπισθήσονται τὰ πρόβατα τῆς ποίμνης. An drei Stellen gibt es Varianten:

1. Das Verbum zu Beginn wird in Sach 13,7 MT und in vielen LXX-Hss.[120] als Imperativ 2. Sg. gelesen und kann als Bitte an Gott gedeutet werden – christliche Autoren greifen die Lesart auf, einige unter ihnen verstehen dies als Bitte an Gott, das heilbringende Leiden Jesu zu ermöglichen.[121] Daneben

---

Reception in the New Testament, in: J. Cook (Ed.), Septuagint and Reception. Essays prepared for the Association for the Study of the Septuagint in South Africa, VT.S 127, Leiden 2009, 101–117:106–110.

118 Eusebius von Caesarea, *d.e.* VI 14,4, GCS 23, 268.

119 Theodoret von Kyros, *in Hebr.*, PG 82, 756 CD; Theophylakt von Achrida, *in Hebr.*, PG 125, 340 BC.

120 J. Ziegler (Ed.), Duodecim prophetae. Vetus Testamentum Graecum Auctoritate Academiae Scientiarum Gottingensis editum 13, Göttingen ³1984, 322: "rel" (Zu den abweichenden Lesarten s.o sowie Anm. 130: V 538 46-86ᶜ etc.).

121 Justin, *dial.* 53,6, PTS 47, 158; Irenaeus, *epid.* 76, FC 8/1, 84; Eusebius von Caesarea, *ecl. proph.* III 27, PG 22, 1153 D ; (Ps.?)-Theodor von Mopsuestia, *in Zach.*, PG 66, 187; Kyrill von Alexandrien, *in Zach.*, PG 72, 236 B (dabei fällt das Stichwort οἰκονομικῶς); Theodoret von Kyros, *in Zach.*, PG 81, 1949 A (er spricht von der

steht der Indikativ 1. Sg. in Mt 26,31 und im sog. Fajjumfragment wie auch in einigen LXX-Hss.[122] sowie bei Hieronymus;[123] schließlich ist der von Ziegler auf der Grundlage von W' B-S* Co(vid.)Aeth favorisierte Haupttext für Sach 13,7 LXX zu nennen, der den Imperativ 2. Pl. πατάξατε liest. Auch diese Lesart findet sich bei Kirchenvätern, als Sacharjazitat ausgewiesen.[124]

2. Von dem Hirten im Singular reden der Masoretische Text, dann die Evangelisten, schließlich Barn 5,12 und einige Kirchenväter (Justin, Euseb, ecl.). Die Lesart dringt dann auch in das Lemma einiger altkirchlicher Sacharja-Kommentare ein.[125] Sach 13,7 LXX (W' B-S* Aeth) spricht von den Hirten im Plural; Ziegler weist noch auf Tertullian (teilweise) sowie auf Gregor von Nazianz.[126]

3. In der Fortsetzung bietet Sach 13,7 LXX^{-A} ἐκοπάσατε, während LXX^A ähnlich wie Mt 26,31 διασκορπισθήσονται liest; wieder zeigt sich, dass die Evangelientexte und teilweise auch Kirchenväterzitate[127] mit der Lesart LXX^A konform gehen. Die Lesart ἀπολεῖται in Barn 5,12 ist m.E. nicht als textkritische Variante zu würdigen, sondern eine tendenzielle Änderung, die den Untergang Jerusalems als Strafe für die Ablehnung Jesu deutet, vielleicht ermöglicht durch Sach 13,6 fine, wo von dem Haus meines Geliebten die Rede ist.

Da wo die Differenz der Texte bedacht wird, werden mechanische Ursachen der Textveränderung nicht benannt. Christentumskritiker werfen, wie schon angedeutet, dem Evangelisten Verfälschung vor: Das, was im Sacharjatext als Bitte des Propheten gilt, habe Matthäus zu einer Aussage Gottes verwandelt.[128] Manche christlichen Exegeten – Euseb von Caesarea wie einige andere nach ihm – beziehen aber nun auch Ps 68 (69),27 LXX in die Betrachtung ein: ὅτι ὅν σὺ ἐπάταξας, αὐτοὶ κατεδίωξαν oder kommen umgekehrt von dieser Psalmstelle aus auf Sach 13,7 zu sprechen[129] Der

---

göttlichen συγχώρησις); Anonymi Auctoris *Theognosiae dissertatio contra Iudaeos* II, CC.SG 14, 23.

122 V 538 46-86^c-711^c 106 233' Arab Arm.

123 Hieronymus, *in Ion.* 2,4, CC.SL 76, 396f.; ders., *comm. in Psalm.*, FC 79, 82.

124 Gregor von Nazianz, *or.* 2,63, SC 247, 176.

125 Theodoret von Kyros, *in Zach.*, PG 81, 1949 A; Kyrill von Alexandrien, *in Psalm.*, PG 69, 1173 A; ders., *in Zach.*, PG 72, 236 B; Theodor von Mopsuestia, *in Zach.*, PG 66, 588 A.

126 Gregor von Nazianz, *or.* 2,63, SC 247, 176.

127 διασκορπισθήσοναται bietet Justin, *dial.* 53,6, PTS 47, 158; διασκορπισθήσεται bieten Kyrill von Alexandrien, *in Zach.*, PG 72, 236 B; Theodoret von Kyros, *in Zach.*, PG 81, 1949 A.

128 Hieronymus, *ep.* 57,7,5, CSEL 54, 514.

129 Eusebius von Caesarea, *in Psalm.*, PG 23, 756 A-C; Ps.-Athanasius, *in Psalm.*, PG 27, 312 B; Hieronymus, *in Mt.*, SC 259, 250; ders., *in Ion.* 2,4, CC.SL 76, 396f., der damit

Einbezug legt sich altkirchlicher Hermeneutik zufolge nahe: 1. Der Singular der Worte Jesu wird erklärt; 2. das Nebeneinander zweier verschiedener Subjekte zu πατάξω wird erklärt: Das „du" in Ps 68,27 ist auf Gott bezogen, das „sie" auf menschliche Widersacher. Beide Faktoren zusammen begünstigen die Deutung der Stelle auf Jesu Passion, in der ja, so Euseb, auch sonst im NT das Nebeneinander der Dahingabe Jesu von göttlichen wie von menschlichen Subjekten ausgesagt wird. Kyrill von Alexandrien wehrt in seinem Psalmenkommentar ausdrücklich dem Gedanken, das Handeln der Menschen, die Jesus zu Tode bringen, sei durch die göttliche Dahingabe gerechtfertigt;[130] in seinem Sacharjakommentar kann er diese theologische Betrachtung über die Passion Jesu vortragen, ohne auf Mt 26,31 überhaupt zu verweisen.[131] Ohne expliziten Einbezug von Ps 68,27 spricht Theodoret von Kyros von der göttlichen Duldung des Passionsgeschehens.[132] Euthymius Zigabenus hält es für eine Eigenart der hebräischen Sprache, denjenigen, der ein Geschehen duldet, als Urheber dieses Geschehens zu bezeichnen, darum, dass er das, was er verhindern konnte, nicht verhindert hat.[133]

Leitend ist letztlich das Ideal der Widerspruchsfreiheit der Heiligen Schrift, und das hat wiederum seine Analogien in dem Bestreben, einen widerspruchsfreien Homertext herzustellen. Ein Beispiel sei mitgeteilt: Im 11. Gesang der Ilias wird die Ankündigung des Zeus, den Troern zum Sieg verhelfen, „von allen Göttern" getadelt. Aristophanes von Byzanz athetiert diese Bemerkung Λ 78-83, denn Zeus wird nicht von allen Göttern getadelt, sondern nur von denen, die – dem Gesamtaufriss des Epos gemäß – auf der Seite der Griechen stehen.[134] Das Prinzip „es schläft die halbe Welt" gab es also schon damals! Natürlich ist Athetese keine christliche Möglichkeit, da die Heilige Schrift prinzipiell als inspiriert gilt – aber dennoch ist auch bei christlichen Exegeten ein Bestreben vorhanden, innerbiblische Widersprüche gedanklich ausgleichen zu können.

– Jon 2,4 wird ja Christus in den Mund gelegt – diesen Gedanken rechtfertigt; kritisch dazu Hieronymus, *in Zach.* III 13,7, CC.SL 76 A, 875.

130 Kyrill von Alexandrien, *in Psalm.*, PG 69, 1173 A.

131 Kyrill von Alexandrien, *in Zach.*, PG 72, 236 B – 240 A.

132 Theodoret von Kyros, *in Zach.*, PG 81, 1949 A; Kyrill von Alexandrien, *in Mt.*, PG 72, 453 B liefert für den Gedanken der *permissio* die biblische Begründung, nämlich Joh 19,11.

133 Euthymius Zigabenus, *in Psalm.*, PG 126, 701 C.

134 H. Erbse (Ed.), Scholia Graeca in Homeria Iliadem (Scholia Vetera) Bd. III, Berlin 1974, 139.

3.9 Jes 28,16; Jes 8,14 und Röm 9,33; 1Petr 2,6

Jes 28,16: ἰδοὺ ἐγὼ ἐμβαλῶ εἰς τὰ θεμέλια Σιὼν λίθον πολυτελῆ ἐκλεκτὸν ἀκρογωνιαῖον, καὶ ὁ πιστεύων ἐπ'αὐτῷ οὐ μὴ καταισχυνθῇ

Jes 8,14: καὶ οὐχ ὡς λίθου προσκόμματι συναντήσεσθε αὐτῷ οὐδὲ ὡς πέτρας πτώματι

Röm 9,33: Ἰδοὺ τίθημι ἐν Σιὼν λίθον προσκόμματος καὶ πέτραν σκανδάλου· καὶ ὁ πιστεύων ἐπ'αὐτῷ οὐ καταισχυνθήσεται.

1Petr 2,6: ἰδοὺ τίθημι ἐν Ξιὼν λίθον ⸀ἀκρογωνιαῖον ἐλεκτὸν ἔντιμον⸲ καὶ ὁ πιστεύων ἐπ' αὐτῷ οὐ μὴ καταισχυνθῇ.

Röm 9,33 ist ein Mischzitat aus Jes 28,16 (Ξιων λίθον) und Jes 8,14 (λίθου προσκόμματι [...] πετρα πτώματι; 1Petr 2,6 gibt mit einer Veränderung Jes 28,16 wieder. Aus Röm 9,33 dringt προσκόμματος statt προσκόμματι auch in die Textüberlieferung von Jes 8,14 ein. Barn 6,2; Irenaeus, Tertullian und (Ps.?)-Cyprian zitieren Jes 28,16 als Prophetenaussage, unbeeinflusst von der Fortsetzung in Röm 9,33.[135] In die handschriftliche Überlieferung von Jes 28,16 ist τίθημι aus Röm 9,33; 1Petr 2,6 offensichtlich nicht eingedrungen, wohl aber in die Wiedergabe bei Euseb von Caesarea.[136]

Origenes vermerkt diese Herkunft der einzelnen Bestandteile und kommentiert: Von beiden Stellen hat Paulus das ihm passend Erscheinende für seine Aussagen herausgenommen und darauf angewandt.[137] Hieronymus kommt in seinem Jesajakommentar auf Röm 9,33 nur in der Auslegung von Jes 8,14, aber nicht in der zu Jes 28,16 zu sprechen,[138] erläutert aber auch da die Textdifferenz nicht näher. Andernorts behilft er sich wieder mit seiner Lieblingsauskunft, dass ja der Sinn ohnehin nicht divergiert.[139] Euseb zitiert Jes 28,16 unter Einfluss des ἔντιμον aus 1Petr 2,6.[140] Kyrill von Alexandrien setzt in Lemma und Kommentar zu Jes 8,14 wie zu Jes 28,16 den jeweiligen LXX-Text voraus; ein Bezug zu Röm 9,33 wird nicht hergestellt.[141] Theodoret bietet im Lemma zu Jes 28,16 ἰδοὺ ἐγὼ ἐμβαλῶ εἰς τὰ θεμέλια Σιὼν λίθον πολυτελῆ und deutet den θεμέλιος (sic!) mit Hilfe von 1Kor 3,11 auf

---

135 Irenaeus, haer. III 21,7, FC 8/3, 266-268; Tertullian, adv. Marc. V 6,10, CC.SL 1, 681; (Ps.?)-Cyprian, testim. II 16, CC.SL 3, 51.

136 Eusebius von Caesarea, in Is. 93, GCS 57, 183: τοῦτον δὲ τὸν λίθον ἐπαγγέλλεται θήσειν εἰς τὰ θεμέλια Ξιών.

137 Origenes, comm. in Rom. 7,19, FC 2/4, 184.

138 Hieronymus, in Es. III 8,14, CC.SL 73, 117.

139 Hieronymus, ep. 57,9,8, CSEL 54, 520.

140 Eusebius von Caesarea, d.e. I 7,14, GCS 23, 37; vgl. auch das Stichwort τίμιον bei Eusebius von Caesarea, in Is. 93, GCS 57, 183.

141 Kyrill von Alexandrien, in Is., PG 70, 232 C – 233 B; 632 C – 633 B.

Christus;[142] zu Jes 8,14b findet sich nichts bei ihm. Die Zurückhaltung in den Tendenzen der Angleichung ist zu notieren; wahrscheinlich hatten die christlichen Autoren eher Interesse an den beiden, auf Christus ausdeutbaren Bildern als solchen.

3.10 Jes 42,1–4 und Mt 12,18–21

Mt 12,18–21 [18] ἰδοὺ ὁ παῖς μου ὃν ᾑρέτισα, ὁ ἀγαπητός μου ʿεἰς ὃνˑ εὐδόκησεν ἡ ψυχή μου· θήσω τὸ πνεῦμά μου ἐπ᾽αὐτόν, καὶ κρίσιν τοῖς ἔθνεσιν ἀπαγγελεῖ. [19] οὐκ ἐρίσει οὐδὲ κραυγάσει, οὐδὲ ἀκούσει τις ἐν ταῖς πλατείαις τὴν φωνὴν αὐτοῦ. [20]□κάλαμον συντετριμμένονˑ οὐ κατεάξει καὶ λίνον τυφόμενον οὐ σβέσει, ἕως ἂν ἐκβάλῃ εἰς νῖκος τὴν κρίσιν. [21] καὶ ᵀ τῷ ὀνόματι αὐτοῦ ἔθνη ἐλπιοῦσιν.

Jes 42,1–4 [1] Ιακωβ ὁ παῖς μου, ἀντιλήμψομαι αὐτοῦ· Ισραηλ ὁ ἐκλεκτός μου, προσεδέξατο αὐτὸν ἡ ψυχή μου· ἔδωκα τὸ πνεῦμά μου ἐπ᾽ αὐτόν, κρίσιν τοῖς ἔθνεσιν ἐξοίσει [2] οὐ κεκράξεται οὐδὲ ἀνήσει, οὐδὲ ἀκουσθήσεται ἔξω ἡ φωνὴ αὐτοῦ [3] κάλαμον τεθλασμένον οὐ συντρίψει καὶ λίνον καπνιζόμενον οὐ σβέσει, ἀλλὰ εἰς ἀλήθειαν ἐξοίσει κρίσιν [4] ἀναλάμψει καὶ οὐ θραυσθήσεται ἕως ἂν θῇ ἐπὶ τῆς γῆς κρίσιν· καὶ ἐπὶ τῷ ὀνόματι αὐτοῦ ἔθνη ἐλπιοῦσιν.

Vor allem zu Beginn des parallelen Abschnittes begegnen zahlreiche Divergenzen. Die wichtigste ist zweifellos, dass Jes 42,1 LXX die Zusätze „Jakob" und „Israel" bietet, im Gegensatz zu Jes 42,1 Aq; Sym; MT und Mt 12,18. Hier bestätigt sich nicht, was oben zu Jes 7,14 bzw. Am 5,25 festgestellt wurde. In den LXX-Hss. findet sich nicht viel an Variationen. Vor κρίσιν von V. 1 wird wie bei Matthäus in der bohairischen Übersetzung ein καὶ gelesen; in V. 2 wird οὐ κραυγάσει in cI an den Anfang gestellt; ἀνήσει wird in der Hs. 534 durch das mt ερίσει ersetzt; nur in der Hs. 46 ersetzt das mt συντετριμμένον das Wort τεθλασμένον, und wiederum die Hs. 534 ersetzt θῇ durch ἐκβάλῃ und fügt aus Mt 12 noch εἰς νῖκος hinzu; sie zeigt auch an anderen Stellen ntl. Einflüsse.[143] Diesem ruhigen Verlauf der Textgeschichte von Jes 42,1–4 nach

---

142 Theodoret von Kyros, in Is., SC 295, 240–242.
143 So bietet sie zu Jes 6,9 die Worte πρὸς τὸν λαὸν τοῦτον nach πορεύθητι (zusammen mit 393 Ath. II 1001; Hieronymus, in Es. III 6,9f., CC.SL 73, 91, im Lemma, kennt das als LXX-Lesart), zu Jes 9,1 (πορευόμενος) das Wort καθήμενος aus Mt 4,16 (zusammen mit A+106 oII 36c cI' 301 407), zu Jes 13,10 φέγγος (Mt 24,29) statt φῶς (zusammen mit 106 oII 147 309-cI 770), zu Jes 40,4 den Plural αἱ τραχεῖαι aus Lk 3,5 (zusammen mit HSS 106 22c-LII-93-86c-456 [...] 538), zu Jes 59,20f. ἐκ aus Röm 11,26 statt ἔνεκεν

den Handschriften steht eine Vielzahl von Mischzitaten bei den Kirchenvätern gegenüber, wobei insgesamt der ntl. Text ein gewisses Übergewicht bekommt; ein Zitat rein nach LXX-Text ist eher die Ausnahme. Die folgende Darbietung ist auf V. 1f. konzentriert.

Justin kann als Aussage des Propheten sowohl Jes 42,1–4 LXX fast in Reinform bieten[144] als auch ein Mischzitat.[145] Tertullian bietet Jes 42,1, gekennzeichnet als Prophetenzitat, nach dem Wortlaut von Mt 12,18[146], und Jes 42,2, gekennzeichnet als Prophetenaussage, als Mischzitat[147] und als Zitat aus Mt 12,19;[148] (Ps.?)-Cyprian und Novatian zitieren Jes 42,2 nach Mt 12,19.[149] Origenes zitiert Jes 42,1a nach LXX, Jes 42,1bβ–4 nach Mt 12,18b–21.[150] Eusebius von Caesarea zitiert Jes 42,1 teils nach LXX-Text,[151] teils nach Mt 2,6,[152] einmal Jes 42,1–4 als Ganzes nach LXX-Text.[153] Epiphanius zitiert Jes 42,1 nach Mt 12,18, aber als Aussage Gott des Vaters;[154] umgekehrt sind keine als Matthäuszitat gekennzeichneten Stellen bei ihm belegt. Kyrill von Alexandrien bietet wie später Prokop von Gaza im Lemma Jes 42,1–4 ohne Beimischung von Matthäus, im Kommentar legt Kyrill nur Jes 42,1 aus, aber nach dessen eigenem Wortlaut.[155] Theodoret verweist auf die Rezeption durch Matthäus, ohne die Textdifferenzen zu benennen.[156] Auch bei Theophylakt von

---

(zusammen mit 22c-93 564* 4078), in Hos 13,14 νίκη (vgl. 1 Kor 15,51 νῖκος) statt δίκη (zusammen mit 22c 130' Arm).

144 Justin, *dial.* 135,2, PTS 47, 303f. Von Mt 12 ist nur das Satzglied ἕως ἂν θῇ ἐπὶ τῆς γῆς κρίσιν in seinem Anfang beeinflusst.

145 Justin, *dial.* 123,8, PTS 47, 283f. Ähnlich Ps.-Cyprian, *mont.* 15, CSEL 3/3, 118f.: Aus Mt 12,18 stammt die Einleitung *ecce* und das *neque contendet*, aus Jes 42,2 die Voranstellung des *non clamabit*.

146 Tertullian, *Prax.* 11,5, CC.SL 2, 1171.

147 Tertullian, *adv. Marc.* III 17,4, CC.SL 1, 531; ders., *adv. Iud.* 9,28, CC.SL 2, 1373, in beiden Fällen: *necque contendit neque clamavit* (aus Mt 12,19) *neque audita est foris uox eius* (aus Jes 42,2).

148 Tertullian, *adv. Marc.* IV 23,8, CC.SL 1, 606: *necque contendet neque clamabit neque uox eius in platea audietur* (aus Jes 42,2).

149 (Ps. ?)-Cyprian, *testim.* II 13, CC.SL 3, 46; Novatian, *trin.* 9,6/48, CC.SL 4, 25.

150 Origenes, *Io.* I 144, PG 14, 64 B.

151 Eusebius von Caesarea, *d.e.* VIII 1,52, GCS 23, 362.

152 Eusebius von Caesarea, *d.e.* III 2,44; IX 13,14, GCS 23, 103. 434.

153 Eusebius von Caesarea, *d.e.* IX 15,1, GCS 23, 435.

154 Epiphanius von Salamis, *haer.* 57,3,5, GCS 31, 347f.; *haer.* 69,50,2; 74,13,2, 77,30,2, GCS 37, 196. 330. 442. Dasselbe gilt für das Zitat von Jes 42,1–4 insgesamt bei Epiphanius, *haer.* 62,6,4, GCS 31, 395.

155 Kyrill von Alexandrien, *in Is.*, PG 70, 849 B – 852 D; Prokop von Gaza, *in Is.*, PG 87 II, 2361 B.

156 Theodoret von Kyros, *in Is.*, SC 295, 432.

Achrida und bei Euthymius Zigabenus werden die Textdifferenzen nicht diskutiert.[157]

Geäußert zu dem Problem haben sich Eusebius von Caesarea und Hieronymus. Beide verweisen auf die Herkunft des Matthäus; darüber hinaus bietet Eusebius das Argument der Realitätsnähe, Hieronymus das Argument des Sprachgebrauchs.

Euseb zielt auf die Übereinstimmung zwischen prophetischer Aussage und Wirklichkeit: Wenn das Gottesgericht den Völkern das Gericht verkündigt und das zerstoßene Rohr nicht zerbricht, sondern diejenigen aufrichtet, die im Herzen betrübt sind, so passt das nicht auf das Volk Israel, sondern nur auf Christus.[158] Hieronymus wird durch die benannte Differenz hinsichtlich der Textbestandteile „Jakob" und „Israel" zu der These geführt, der Prophet spreche an dieser Stelle von Jesus Christus. Denn ein Blick auch auf andere Stellen zeigt: Da wo der Prophet von Israel spricht, sagt er es wörtlich, wo er nicht von Israel, sondern von Christus spricht, lässt er die Namen Jakob und Israel weg.[159] Doch auch unter der Voraussetzung der Lesart „Jakob" und „Israel" ist, so zeigen es die zitierten Auslegungen bei Kyrill von Alexandrien und Prokop von Gaza, eine christologische Deutung möglich, da ja Jesus nach dem Fleisch aus Jakobs Samen, aus Israel stammt.

3.11 Jes 52,7 und Röm 10,15

Jes 52,7: ὡς ὥρα ἐπὶ τῶν ὀρέων, ὡς πόδες εὐαγγελιζομένου ἀκοὴν εἰρήνης, ὡς εὐαγγελιζόμενος ἀγαθά.

Röm 10,15: Ὡς ὡραῖοι οἱ πόδες τῶν εὐαγγελιζομένων [τὰ] ἀγαθά.

In die handschriftliche Überlieferung von Jes 52,7 LXX dringt gelegentlich ὡραῖοι aus Röm 10,15 statt ὥρα ein,[160] wie auch Aquila ὡραιώθησαν und Theodotion εὐπρεπεῖς bezeugen;[161] umgekehrt wird das in Röm 10,15 ursprünglich fehlende Stichwort εἰρήνη in manchen Hss., aber auch in einer Paraphrase bei Euseb von Caesarea, nach Jes 52,7 ergänzt.[162]

---

157 Theophylakt von Achrida, *in Mt.*, PG 123, 265 A; Euthymius Zigabenus, *in Mt.*, PG 129, 373A.

158 Eusebius von Caesarea, *d.e.* IX 15,6, GCS 23, 436f.; ders., *ecl. proph.* IV 20, PG 22, 1225 BC.

159 Hieronymus, *in Es.* XII 42,1, CC.SL 73 A, 479.

160 Q^mg-88 22^c-62-*III*-36-93-86^c-456 403' 407.

161 So jedenfalls Eusebius von Caesarea, *in Is.* II 41, GCS 57, 330.

162 א² D F G Y 33; lat sy; Eusebius von Caesarea, *in Is.* II 41, GCS 57, 330.

Irenaeus und Tertullian bieten als Prophetentext eine Aussage, die zunächst nach dem Vorbild der abkürzenden Version in Röm 10,15 formuliert ist „Wie lieblich sind die Füße der Freudenboten" und erst im zweiten Teil die Zweigliedrigkeit von Jes 52,7 aufnimmt: [der Freudenboten] des Friedens und der Freudenboten des Guten".[163] Der Plural zu Beginn legt sich für beide nahe, weil sie beide, Röm 9,33 gemäß, den Zeugendienst der Apostel durch den Propheten vorhergesagt erkennen. Diese Applikation des ntl. Autors an die eigene Situation ist leitend auch für die Auslegung des Origenes: Er bemerkt, der Prophet hätte das von Gott selbst ausgesagt, der Apostel hingegen habe das „wie einen Vergleich mit einem anderen verstanden und den Propheten so zitiert, als hätte er gesagt ‚Ich werde da sein wie ein Mensch, der als Evangelium den Frieden und das Gute verkündet.' Dies aber tun die Apostel. Darum hat Paulus offenbar angenommen, dies sei von ihnen, das heißt den Aposteln gesagt, im Vergleich mit denen Christus gesagt hatte, er werde da sein und durch die Propheten das Gute als Evangelium verkünden."[164] Bei Hieronymus wird kein Bezug zu Röm 10,15 hergestellt.[165] Auch Kyrill zitiert und kommentiert Jes 52,7 LXX ohne textlichen Anklang an und ohne Erwähnung von Röm 10,15.[166] Theodoret bietet im Lemma einen Mischtext (Ὡς ὡραῖοι οἱ πόδες τῶν εὐαγγελιζομένων ἀκοὴν εἰρήνης) und nimmt allgemein auch auf das Wirken der Apostel Bezug, ohne Röm 10,15 explizit zu erwähnen – man kann aber annehmen, dass ihm der Text vor Augen stand.[167] Die Applikation, wie sie Origenes sieht, bemerkt auch Theodoret, aber das führt nicht bzw. nicht mehr zu Textänderungen.

4. Wie werden Falschzuweisungen beschrieben?

Gelegentlich werden im NT Bibelworte auf einen falschen Verfasser zurückgeführt. In heutiger Forschung vermutet man Gedächtnisfehler oder verweist auf den Umstand, dass die ersten christlichen Gemeinden wohl kaum jeweils über den kompletten Bestand ihrer Bibel in Form von Schriftrollen

---

163 Irenaeus, *epid.* 86, FC 8/1, 88; Tertullian, *adv. Marc.* III 33,1; V 2,5, CC.SL 1, 538. 666.

164 Origenes, *comm. in Rom.* 8,6, FC 2/4, 224. Die Formen, in denen er Jes 52,7 zitieren kann, sind durchaus unterschiedlich, wie in einer – keineswegs vollständigen – Aufstellung festgehalten werden kann: einmal kann der LXX-Text erscheinen (*Io.* I 11, PG 14, 41 C); andernorts (*hom. in Is.* 5,2, GCS 33, 264) bietet er eine Mischform, deren Zweigliedrigkeit Jes 52,7, deren Plural Röm 10,15 entnommen ist: *quam formosi pedes evangelizantium pacem, evanglizantium bona.*

165 Hieronymus, *in Es.* XIV 52,7, CC.SL 73 A, 580f.

166 Kyrill von Alexandrien, *in Is.*, PG 70, 1152 B – 1156 A.

167 Theodoret von Kyros, *in Is.*, SC 315, 136.

verfügten. Altkirchliche Hermeneutik kann es sich nicht immer so einfach machen, denn der Wahrheitsanspruch der Heiligen Schrift hängt auch an der Glaubwürdigkeit und historischen Richtigkeit einzelner Details. Analogien zur paganen Homerphilologie sind ebenso gegeben wie zu manchen Tendenzen der LXX, auch in theologisch belanglosen Detailfragen auf sachliche und historische Stimmigkeit zu achten. Im Folgenden werden Mt 13,35; 27,9; Mk 1,2 behandelt, ebenso Joh 15,25; 1Kor 14,21. Schließlich ist noch auf die bekannten Sonderfälle einzugehen, dass sich die vermeintlichen Schriftzitate Mt 2,23 und 1Kor 2,9 nicht in der Bibel verifizieren lassen

4.1 Mt 13,35

Matthäus deklariert die Worte „Ich will meinen Mund auftun in Gleichnissen und will aussprechen, was verborgen war vom Anfang der Welt an" als Prophetenzitat. Die Stelle stammt aus Ps 77 (78),2, dem siebten Asaphspsalm. Dass Asaph wie David als Prophet galt und dass sich Prophetie auch auf die Aufdeckung des Vergangenen bezieht, ist altkirchlich nicht weiter auffällig.[168] Ein Abschreiber bietet aber eine köstliche Fehlleistung durch die Zuweisung des Wortes an Jesaja. Mit dieser Lesart müssen sich immerhin Euseb und Hieronymus auseinandersetzen, denn Porphyrius dient sie als Beweis für die Unfähigkeit des Evangelisten.[169] Den beiden christlichen Gelehrten zufolge hat im Matthäustext wohl „Asaph" gestanden; in Unkenntnis dieses Namens habe ein späterer Schreiber den bekannten Namen Jesaja eingesetzt.[170] Bei anderen Autoren wird auf die Bezugnahme als solche, aber nicht auf die Falschzuschreibung rekurriert.[171]

4.2 Mt 27,9f.

In Mt 27,9f. heißt es: Da wurde erfüllt, was gesagt ist durch den Propheten Jeremia, der da spricht: „Und sie nahmen/ich nahm die dreißig Silberlinge, den

---

168 Vgl. Hieronymus, *in Mt.*, CC.SL 77, 111. Origenes, *Num. hom.* 13,2, GCS 30, 109, zitiert Ps 77,2 tatsächlich als Wort Davids, vermutlich, weil der gesamte Psalter als Werk Davids gilt.

169 Porphyrius, *Frgm.* 10 Harnack (S. 49), mitgeteilt bei Hieronymus, *in Psalm.* 77, CC.SL 78, 66.

170 Eusebius von Caesarea, *in Psalm.*, PG 23, 901 CD; Hieronymus, *in Mt.*, SC 242, 284.

171 Beda Venerabilis, *in Mt.*, PL 92, 68 C: *Hoc testimonium de septuagesimo psalmo sumptum est* (möglicherweise ist hier ein fehlendes septimo wegen aberratio oculi ausgefallen); Ps.-Athanasius (Hesychius?), *in Psalm.*, PG 27, 349 D.

Preis für den Verkauften, der geschätzt wurde, von den Israeliten, und sie gaben (v.l. ich gab) das Geld für den Töpferacker, wie mir der Herr befohlen hat". Die Zuweisung an Jeremia ist in der handschriftlichen Tradition fast ungebrochen, nur gelegentlich wird Sacharja genannt, einmal muss wieder Jesaja herhalten; andere Hss. und auch einige Übersetzungen verzichten vornehm auf jegliche nähere Angabe.

Irenaeus führt das Zitat völlig fraglos auf Jeremia zurück, ebenso später Hilarius von Poitiers.[172] Origenes weiß, dass das nicht bei Jeremia zu finden ist, weder in den kirchlich verwendeten Schriften noch bei den Werken, die bei den Juden verwendet werden – wenn aber jemand die Stelle kennt, möge er das ihm mitteilen. Origenes vermutet einen Irrtum des Evangelisten. Man müsse aber gegen die These, Matthäus habe aus einer geheimen Jeremia-Schrift geschöpft, keine prinzipiellen Bedenken haben: Auch der Apostel zitiert manchmal aus solchen Schriften; so stamme der Satz „Was kein Auge gesehen und kein Ohr gehört [...] (1Kor 2,9)" aus einer geheimen Prophetie Elias,[173] der Satz „wie Jannes und Jambres Mose widerstanden haben" in 2Tim 3,8 stamme aus der Schrift „Jannes und Jambres".[174] Euseb erwägt einen Leichtsinnsfehler des Evangelisten oder einen Irrtum eines nachlässigen Abschreibers.[175] Auch Hieronymus weiß, dass das Zitat im Jeremia-Text nicht zu finden ist, dass vielmehr Sacharja ein ähnliches Beispiel vorträgt. Er will aber von einem Angehörigen der Nazarenergruppe ein Jeremia-Apokryphon mit diesem Wortlaut erhalten haben – in der Forschung ist man gerade solchen Äußerungen des Hieronymus gegenüber misstrauisch.[176] Hieronymus glaubt aber doch, dass Matthäus aus Sacharja geschöpft und unter Vernachlässigung der Wortfolge sinngemäß zitiert habe.[177] In seinem Kommentar zu Sach 11,12 geht aber Hieronymus nicht auf Mt 27,9f. ein, ebenso wenig Kyrill von Alexandrien und später Theophylakt in seinem Matthäuskommentar auf das Problem zu sprechen kommen. Theodoret von Kyros in seinem Sacharjakommentar vermerkt nur, Sach 11,12 sei keiner Erklärung bedürftig, da es in Mt 27 zur Genüge erklärt werde, ohne auf die problematische Zuweisung im Matthäustext hinzuweisen.[178] Quodvultdeus und Anastasius Sinaita erklären schlichtweg, über den „Verkauf Christi" und die dreißig

---

172 Irenaeus, *epid.* 81, FC 8/1, 86; Hilarius, *in Mt.* 32,6, SC 258, 246.
173 Kritisch dazu Hieronymus, im Zuge seiner Abgrenzung von Origenes und Rufin, *ep.* 106,9,6, CSEL 54, 519f.
174 Origenes, *comm. in Mt.*, ser. 117, GCS 11, 249f.
175 Eusebius von Caesarea, *d.e.* X 4,13, GCS 23, 463.
176 Hieronymus, *in Mt.*, SC 259, 274-276; ähnlich Euthymius Zigabenus, *in Mt.*, PG 129, 708 C.
177 Hieronymus, *in Mt.*, SC 259, 276.
178 Theodoret von Kyros, *in Zach.*, PG 81, 1936 D – 1937 A.

Silberlinge hätten Sacharja und Jeremia geweissagt.[179] Augustin hebt das Ganze in theologische Sphären: Durch alle Propheten spricht ein- und derselbe Heilige Geist, und die Übereinstimmung zwischen den Worten der Propheten sei groß genug, so dass eine Diskussion solcher Falschzuweisungen als absurd zu bezeichnen ist.[180] Der Evangelist Matthäus hatte es daher, so Beda Venerabilis in Kenntnis Augustins, nicht nötig, irgendetwas zu verbessern.[181]

4.3 Mk 1,2

In Mk 1,2 wird das folgende Mischzitat aus Mal 3,1 und Jes 40,3 nur auf Jesaja zurückgeführt. Origenes zitiert das kommentarlos;[182] wiederum Porphyrius hat daraus auf die Unfähigkeit des Evangelisten geschlossen,[183] während Hieronymus sich dieses Fehlers tröstet, als ihm ein eigener Übersetzungsfehler vorgehalten wird.[184] Manche Hss. ersetzen die Ankündigung ἐν τῷ προφήτῃ durch die allgemeine Angabe ἐν τοῖς προφήταις[185], ähnlich teilweise Irenaeus.[186] In der Quaestionenliteratur hat das Problem die Ausleger zweimal beschäftigt: Hesychius von Jerusalem zufolge muss man das als Hyperbaton verstehen, sowie auch in Gen 2 nochmals von der Erschaffung Evas die Rede ist oder in Ps 52,4 vom „Töten der Mauer" die Rede ist, obwohl eine Mauer nicht getötet werden kann.[187] Ambrosiaster zufolge hat Markus berücksichtigt, dass Jesaja den Hauptgedanken, dem Herrn den Weg zu bereiten, als erster formuliert habe, und daher die Worte beider Propheten unter dem Namen des früheren miteinander verbunden.[188] Ähnlich meint Beda Venerabilis in seinem Markuskommentar, der Sinn der Worte Maleachis sei auch schon bei Jesaja zu finden, und wiederholt das Verdikt

179 Quodvultdeus, *liber promissionum* I 37, SC 101, 234; Anastasius Sinaita, *disputatio adversus Iudaeos*, PG 89, 1244 A.

180 Augustin, *cons. ev.* III 30, CSEL 43, 305f.

181 Beda Venerabilis, *in Mt.*, PL 92, 120 D.

182 Origenes, *Cels.* II 4, GCS 2, 131; ders., *comm. in Rom.* I 3, FC 2/1, 88.

183 Porphyrius, *Frgm.* 9 Harnack (S. 48f.); mitgeteilt bei Hieronymus, *in Marc.*, CC.SL 78, 453.

184 Hieronymus, *ep.* 57,9,3, CSEL 54, 519.

185 A W f¹³ u.a.

186 Irenaeus, *haer.* III 10,6; III 16,3, FC 8/3, 94. 190. In *haer.* III 11,8, FC 8/3, 112, bietet er den Verweis auf Jesaja.

187 Hesychius von Jerusalem, *Collectio difficultatum et solutionum* 1, PG 93, 1392 B – 1393 B.

188 Ambrosiaster, *qu. V. et N.T.*, qu. 57, CSEL 50, 103f.

Augustins über die Absurdität solcher Diskussionen.[189] Theophylakt verweist auf das Problem, aber bezieht keine Stellung.[190]

4.4 Joh 10,34 und 1 Kor 14,21

In Joh 10,34 wird Ps 81,6 („Wohl habe ich gesagt: Ihr seid Götter"), in Joh 15,25 wird Ps 34,19 („sie hassen mich ohne Grund") als „im Gesetz geschrieben" eingeführt, in 1Kor 14,21 Jes 28,11.[191] Problematisch ist dies vor allem bei den Stellen aus dem Johannesevangelium, denn das Nichtwissen Jesu widerspricht seiner Gottheit. So ist denn auch Mk 13,32 („von dem Tag aber und der Stunde weiß niemand, auch die Engel im Himmel nicht, auch der Sohn nicht") Gegenstand der Quaestionenliteratur.[192] Zu Joh 10,34 kommt in der Tat Euseb auf das Problem zu sprechen und erklärt: Christus lehrt damit, dass jedes Wort Gottes, nicht nur das durch Mose, sondern auch das durch die Propheten gesprochene als göttliches Gesetz gehorsam zu empfangen sei, so dass auch die Worte von Propheten als „Gesetz" bezeichnet werden können; dasselbe gilt auch von den Worten in den Psalmen.[193] Zu 1Kor 14,21 vermerken mehrere Ausleger, eigentlich stamme das Zitat aus Jesaja, aber der Apostel Paulus nenne das ganze AT „Gesetz".[194]

Man kann zusammenfassen: Die Falschzuschreibungen werden manchmal als der Erklärung bedürftig empfunden, weil sie die Glaubwürdigkeit der ntl. Autoren untergraben könnten, aber man greift mehrheitlich nicht zu der Möglichkeit, die Schrifttexte zu ändern; diesbezügliche Varianten in den Hss. sind selten, und bei den Kommentatoren, die überhaupt darauf eingehen, wird

---

189 Beda Venerabilis, *in Mc.*, CC.SL 120, 439.

190 Theophylakt von Achrida, *in Mc.*, PG 123, 493 D.

191 Beide textlich durchaus divergierenden Stellen haben sich in der handschriftlichen Überlieferung nach Ausweis der kritischen Ausgaben nicht beeinflusst. Auch in den Jesajakommentaren können spezielle Bezüge auf Paulus fehlen, z.B. bei Eusebius von Caesarea, *in Is.* 93, GCS 57 182; Kyrill von Alexandrien, *in Is.*, PG 70, 625 BC (dort wird auf Apg 2 verwiesen). Theodoret von Kyros, *in 1Cor.*, PG 82, 344 A, kommt auf die Textdifferenzen ebenfalls nicht zu sprechen. Hieronymus, *in Es.* IX, CC.SL 73, 360 meint unter Bezugnahme auf διά in Jes 28,11 LXX diff. ב in Jes 28,11 MT, Paulus (ἐϰ [...]) habe sich an den hebräischen Text gehalten.

192 Ps.-Augustinus, *Appendix quaestionum Noui Testamenti* 67, CSEL 50, 460.

193 Eusebius von Caesarea, *in Psalm.*, PG 23, 985 AB. Ähnliche Erklärungen geben Beda Venerabilis, *in Ioh.*, PG 92, 773 D; Euthymius Zigabenus, *in Ioh.*, PG 1337 B.

194 Johannes Chrysostomus, *hom. in 1Cor.*, PG 61, 308; Theodoret von Kyros, *in 1Cor.*, PG 82, 344 A; Ps.-Oecumenius von Trikka, *in 1Cor.*, PG 118, 852 D; Theophylakt, *in 1Cor.*, PG 124, 744 A.

zumeist auf die theologische Einheit des vermeintlichen und des wirklichen Autors verwiesen.

5. Vermeintliche Schriftzitate im Neuen Testament bei den altkirchlichen Autoren

Zu Mt 2,23 wissen die meisten Ausleger, dass man keine konkrete Bezugsstelle angeben kann, wissen sich aber zumeist damit zu helfen, dass Ναζωραῖος als Hinweis auf Jesus als den Heiligen Gottes, den Nasiräer, gelesen werden kann. Die gelegentliche Auskunft bei Ephraem und bei Hieronymus, Mt 2,23 sei dem Propheten Jesaja entnommen, hat, soweit ich bisher sehen kann, keine Parallelen in der Literatur.[195]

Als Stellungnahme des Origenes wird in einer Katene aus dem 11. Jhdt. weitergegeben: Τοῦτο οὐχ εὑρίσκεται λεχθέν. εἰ δὲ ἴσον ἐστὶ τῷ ἡγιασμένῳ πολλοὶ προφῆται εἰρήκασι Χριστὸν ναζωραῖον τουτέσιν ΑΓΙΟΝ. Καὶ γὰρ τοὺς ΗΓΙΑΣΜΕΝΟΥΣ ἔθος τῇ γραφῇ καλεῖν ναζωραίους.[196] Diese Linie wird leitend auch für spätere Kommentatoren wie Hieronymus und Beda Venerabilis[197], und Euseb schließt ohne Bezug auf das Problem der fehlenden Schriftzuordnung eine christologische Reflexion an: Es ist ein Unterschied zwischen denen, die sich erst zu Nazoräern weihen müssen, oder gar, wie der Hohepriester, von anderen erst zum Hohenpriester salben lassen müssen, und Jesus, der κατὰ φύσιν ἔχων τὸ ἅγιον; Jesus habe einer Salbung durch Menschen nicht bedurft und habe Nazarener genannt werden müssen ἐξ ἅπαντος φύσει καὶ ἀλητείᾳ ναζιραῖον ὄντα.[198] Andernorts geht man dem Problem doch in etwas nüchternerer Haltung nach und verweist man auf den Verlust von Büchern, wie in Jer 36 und 2Kön 22 beschrieben,[199] oder auf die Nachlässigkeit der Juden[200] oder auf die die babylonische Gefangenschaft und weitere Unglücksfälle.[201]

---

195 Ephraem, *comm. in Diatess.* III 9, FC 54/I, 188f.; Hieronymus, *apol. c. Rufinum* II 25, SC 303, 172–175. Die Herausgeber des Diatessaronkommentars wie der Apologie verweisen auf Jes 11,1 als mögliche Bezugsquelle, vgl. C. Lange, Ephraem de Syrer, Kommentar zum Diatessaron FC 54/I, Turrnhout 2008, 189, Anm. 202; P. Lardet, St. Jérôme, Apologie contre Rufin. Introduction, texte critique, traduction et index, Paris 1983, 175.
196 Katene Athon. Lawra B 113 = Origenes, *in Mt.*, Frgm. 36, GCS 41, 30.
197 Hieronymus, *in Mt.*, SC 242, 88; Beda Venerabilis, *in Mt.*, PL 92, 45 AB.
198 Eusebius von Caesarea, *d.e.* VII 2,46-51, GCS 23, 336f.
199 Johannes Chrysostomus, *hom. in Mt.*, PG 57, 180f.
200 Theophylakt, *in Mt.*, PG 123, 172 BC.
201 Euthymius Zigabenus *in Mt.*, PG 129, 156 D.

6. Zusammenfassung

Worin besteht nun die Bedeutung der Kirchenväterzitate für die Textgeschichte und die theologische Rezeption der LXX? Am Ende dieses Beitrages mögen einige textgeschichtliche Beobachtungen und hermeneutische Thesen stehen.

1. Die Divergenz der handschriftlichen Texttradition zur LXX spiegelt sich in der Divergenz der Kirchenväterlesarten wider. Umgekehrt garantiert, wie zu Jes 42,1–4 zu beobachten war, eine relative Homogenität in der Hss.-Überlieferung nicht immer dieselbe Homogenität in den Zitaten altkichlicher Autoren.

2. Im freien Fluss der nicht schulmäßig kommentierenden Rezeption sind Quereinflüsse zwischen LXX-Text und ntl. Text häufiger festzustellen als in den späteren großen Kommentaren. Vor allem Jes 7,14 wird hinsichtlich des Verbums καλέω zumeist nach Mt 1,23, d.h. mit Plural zitiert. Es bedarf noch genauerer statistischer Untersuchungen, ob etwa sich in den Lemmata der Kommentare weniger Differenzen zeigen als in den Kommentarteilen oder in anderen Rezeptionsbelegen desselben Autors. Zumindest für die Frühzeit muss man mit einem hohen Maß an Zitaten aus dem Gedächtnis rechnen, solange es noch keine christlichen Skriptorien gab und nichtchristliche Skriptorien nicht ohne weiteres aufgesucht werden konnten.

   a) Bei Quereinflüssen kommt sowohl vor, dass der ntl. Text vom atl. Text beeinflusst wird, als auch die umgekehrte Beeinflussung. Die letztere ist, soweit ich bisher sehen kann, die häufigere. Da, wo zu einem theologisch wichtigen Sachverhalt der ntl. Text vom atl. Prätext abweicht, wird dieser, auch wenn er als atl. Text deklariert wird, auch in den theologisch nebensächlichen Details nach der ntl. Textform zitiert. Das drängt sich zu dem vielfachen Eindringen des Plurals καλέσουσιν aus Mt 1,23 in die Wiedergabe von Jes 7,14 auf.

   b) Diese Quereinflüsse sind nicht systematisch – es besteht kein Druck der Vereinheitlichung. Die Quantität der Quereinflüsse hängt vermutlich weder vom Bekanntheitsgrad der atl. Schrift ab (die beigebrachten Beispiele Jes 7,14; 42,1–4 legen das nicht nahe) noch davon, ob die Abweichung in einem Wort Jesu oder in einem Wort des Apostels oder einer auktorialen Bemerkung des Evangelisten zu finden ist.

   c) Manchmal fließen Seitentexte ein, wie z.B. Lk 1,31 in die Überlieferung von Jes 7,14.

   d) Wo der ntl. Text mit MT gegen LXX zusammengeht, wird nur von wenigen Kommentatoren die Bevorzugung des atl. Textes durch den ntl. Autor namhaft gemacht. Manchmal wird ein Bezug zum NT nicht hergestellt, manchmal erfolgt dieser ohne Rücksicht auf die Textdifferenzen.

e) Aus Gründen antijudaistischer Polemik werden manche Lesarten neu geschaffen, z.b. im Barnabasbrief;[202] sie dominieren in der weiteren Geschichte der Textüberlieferung der LXX doch recht wenig. Es gibt genügend Texte, die sich israelkritisch instrumentalisieren lassen – da muss man nicht noch weitere Texte ändern.

3. Explizite textkritische Äußerungen erfolgen da, wo spezifische, altkirchliche theologische Interessen berührt werden. Was aus neuerer Sicht als Sinnverschiebung gilt, wird in altkirchlicher Theologie längst nicht immer als solche empfunden.

4. Was uns als dogmatische Voreingenommenheit erscheint, ist für die altkirchlichen Theologen allerdings Teil ihrer – wenn auch aus heutiger Sicht konstruierten – Realität. Einzelne Bemerkungen zur Differenz der Lesarten können dem Abgleich zwischen Text und „Realität" dienen, aber auch der antijüdischen Polemik. Fehlzuweisungen ntl. Autoren werden nicht selten mit dem Hinweis auf eine „höhere Einheit" der Heiligen Schrift letztlich für irrelevant erklärt.

5. Von daher darf das Bemühen, altkirchliche Theologen in ihren Grenzen als Wissenschaftler der Antike zu sehen und die Analogien zur antiken Homerphilologie zu erarbeiten, auch vor der Erörterung von Fragen wie Jes 7,14 etc. nicht Halt machen.

---

202 Barn 2,7 zitiert Jer 7,22f. LXX; dass Gott es war, der die Väter aus Ägypten geführt hat, wird im Barnabasbrief jedoch nicht mehr festgehalten, statt dessen steht ἐκπορευομένοις mit den Vätern als Subjekt. So ist an einer Stelle das positive Band der Geschichte Gottes mit seinem Volk zerschnitten. Diese Sonderlesart ist aber in der handschriftlichen Überlieferung des LXX-Textes nicht nachweisbar.

Literatur:

J. A. Bengel (Ed.), Novum Testamentum Graecum, Tübingen 1734.

H. Erbse (Ed.), Scholia Graeca in Homeria Iliadem (Scholia Vetera) Bd. III, Berlin 1974.

W. Kraus, Hab 2:3–4 in the Hebrew Tradition and in the Septuagint, with its Reception in the New Testament, in: J. Cook (Ed.), Septuagint and Reception. Essays prepared for the Association for the Study of the Septuagint in South Africa, VT.S 127, Leiden 2009, 101–117.

C. Lange (Hg.), Ephraem de Syrer, Kommentar zum Diatessaron FC 54/I, Turrnhout 2008.

P. Lardet (Ed.), St. Jérôme, Apologie contre Rufin. Introduction, texte critique, traduction et index, Paris 1983.

C. Markschies, Hieronymus und die „Hebraica Veritas", in: M. Hengel/A. M. Schwemer (Hgg.), Die Septuaginta zwischen Judentum und Christentum, WUNT 72, Tübingen 1994, 131–181.

M. Meiser, Galater, NTP 9, Göttingen 2007.

B. Neuschäfer, Origenes als Philologe, Bd. 1: Text, SBA 18/1, Basel 1987.

M. Stowasser, Am 5,25–27; 9,11f. in der Qumranüberlieferung und in der Apostelgeschichte. Text- und traditionsgeschichtliche Überlegungen zu 4Q174 (Florilegium) III 12/CD VII 16/Apg 7,42b–43; 15,16–18, ZNW 92 (2001) 47–63

J. Ziegler (Ed.), Isaias, Septuaginta. Vetus Testamentum Graecum Auctoritate Academiae Scientiarum Gottingensis editum 14, Göttingen [3]1983.

J. Ziegler (Ed.), Duodecim prophetae. Vetus Testamentum Graecum Auctoritate Academiae Scientiarum Gottingensis editum 13, Göttingen [3]1984.

V. Die Apokalypse des Johannes – textgeschichtliche Probleme und Schriftrezeption

Schreiber und Korrektoren in der Johannes-Apokalypse des Codex Alexandrinus

MARCUS SIGISMUND

1. Ziel der Betrachtung

Die elektronische Veröffentlichung des Codex Sinaiticus[1] im Herbst 2008 hat zu Recht nicht nur in der Fachwelt große Beachtung gefunden. Eindrucksvoll haben die mit der Veröffentlichung verbundenen Analysen dieses Codex bewiesen, dass eine komplette Neuuntersuchung der großen Bibelhandschriften und eine zeitnahe Veröffentlichung auf dem Stand der modernen Technik für viele Fächer (Exegese wie Philologie, Editionswissenschaft wie Medienwissenschaften) von großem Nutzen sind.[2] Nicht zuletzt kommt die Untersuchung des Sinaiticus all jenen zu Gute, die sich mit der Textgeschichte an sich beschäftigen wollen, und daher auf eine valide Einschätzung bezüglich der verschiedenen Hände – also Schreiber und Korrektoren – angewiesen sind.

Leider ist eine Fortsetzung derartiger Untersuchungen an anderen Codices zwar durchaus beabsichtigt, aber keineswegs gesichert. Da eine solche Untersuchung zudem eine gewisse Zeit in Anspruch nimmt, wenn sie denn ordentlich durchgeführt werden will, scheint eine Untersuchung der verschiedenen Hände mittels der klassischen Methode – also vorbereitende Analysen anhand von (elektronischen) Photos und Faksimile-Ausgaben und abschließende Verifizierung diskutabler Aspekte an der Originalhandschrift – zumindest von temporärem Nutzen.

Die folgenden Betrachtungen zu den Händen des Codex Alexandrinus (02) in der Johannes-Apokalypse möchten sich daher als einen ersten, bescheidenen Beitrag hierzu verstanden wissen. Aufgrund der strengen Eingrenzung des Untersuchungssujets erheben die Ausführungen keinerlei Anspruch, die verschiedenen Hände endgültig und vollständig zu beschreiben. Die folgenden Betrachtungen möchten sich jedoch den Schreibern und Korrektoren von 02,

---

1 http://www.codex-sinaiticus.net/de/ (Abruf: 7.10.2009).

2 Pars pro toto sei verwiesen auf die richtungsweisende Monographie von D. Jongkind, Scribal Habits of Codex Sinaiticus, Texts and Studies. Third Series. Vol. 5, Piscataway 2007.

soweit es das bestehende Instrumentarium zulässt, annähern und aufzeigen, dass eine neue, genauere paläographische und codicologische Analyse des Codex Alexandrinus in text- wie kulturgeschichtlicher Hinsicht ertragreich sein könnte. Zudem möchte der vorliegende Beitrag motivieren, sich zukünftig eingehender nicht nur mit den einzelnen Varianten, sondern auch mit den dahinterstehenden Schreibern und Korrektoren auseinanderzusetzen.

2. Ausgangslage

Der Codex Alexandrinus[3] weist nach heutigem Erkenntnisstand deutlich weniger Hände auf als der Codex Sinaiticus. Allerdings muss gleichfalls festgehalten werden, dass die Forschungsgeschichte zu A02, insbesondere was die paläographischen Details betrifft, deutlich dünner ausfällt.[4] Letztendlich fokussiert sich die gesamte Forschung zu den Händen des Codex auf zwei Positio-

---

3   Neben den kritischen Editionen sind bis heute für eine Beschäftigung mit A02 maßgeblich: C. G. Woide (Ed.), NT Graecum e codice ms. alexandrino, London 1786; B. H. Cowper (Ed.) Codex Alexandrinus, Novum Testamentum Graece, London, 1860; E. M. Thompson (Ed.), Facsimile of the Codex Alexandrinus, 4 Bde. (NT = Bd. 4), London, 1879–1883; F. G. Kenyon (Ed.), The Codex Alexandrinus (Royal MS. 1 D V–VIII) in Reduced Photographic Facsimile. Vol. V: New Testament and Clementine Epistles, with Introduction by F. G. Kenyon, London 1909. Als hilfreich erweist sich auch das elektronische Faksimile des ntl. Teils der Thompson-Edition, wie sie vom Center for the Study of New Testament Manuscripts (www.csntm.org; Abruf: 7.10.2009) bereitgestellt wird. Die Umzeichnungen des vorliegenden Beitrages legen das elektronische Faksimile der Thompson-Edition zugrunde.

4   Die Literatur zum Codex Alexandrinus findet sich gesammelt durch J. K. Elliott in: J. K. Elliott, A Bibliography of Greek New Testament Manuscripts. 2nd Ed., Cambridge 2000, 45–47; Supplement I to J. K. Elliott, A Bibliography of Greek New Testament Manuscripts, ed. by J. K. Elliott with Contributions by J. N. Birdsall, in: Novum Testamentum 46, 2004, 376–400: 378. Abgesehen von den Einleitungen der genannten Editionen ist vor allem zu verweisen ist auf: T. C. Skeat, The Codex Sinaiticus and the Codex Alexandrinus, London 1955; H. J. M. Milne/T. C. Skeat, Scribes and Correctors of the Codex Sinaiticus, London 1938; J. Hernández Jr., Scribal Habits and Theological Influences in the Apocalypse. The Singular Readings of Sinaiticus, Alexadrinus and Ephraemi, WUNT II, 218, Tübingen 2006; J. Hernández Jr., The Apokalypse in Codex Alexandrinus. Its Singular Readings and Scribal Habits, in: P. Gray/G. R. O'Day (Edd.), Scripture and Traditions. Essays on Early Judaism and Christianity in Honor of Carl R. Holladay, SNT 129, Leiden Boston 2008, 341–353.

     Vgl. ferner: F. C. Burkitt, Codex Alexandrinus, JThS 11, 1910, 603–606. T. C. Skeat, The Provenance of the Codex Alexandrinus, JThS 6, 1955, 233–235; W. H. P. Hatch, The Principal Uncial Manuscripts of the New Testament, Chicago 1939: Plate XVII–XIX; S. Lake, Family Π and the Codex Alexandrinus, London 1937; T. S. Pattie, Manuscripts of the Bible. Greek Bibles in the British Library, London 1979, insb. 25–31; T. S. Pattie, The Creation of the Great Codices, in: J. L. Sharpe III./K. Van Kampen (Edd.), The Bible as Book. The Manuscript Tradition, London 1998, 61–72.

nen: die von Kenyon, der fünf Schreiber für A02 annimmt,[5] und die von Milne und Skeat,[6] welche von zwei Schreibern für den gesamten Codex ausgehen und hierin offenkundig Thompson, dem Herausgeber der maßgeblichen fotographischen Faksimileedition, folgen.

Methodisch ist anzumerken, dass Kenyon sich in seinem Votum fast ausschließlich auf die Hss. der einzelnen Schreiber selbst bezieht, wohingegen die Untersuchung von Milne und Skeat auch sehr stark auf die Kolophone, auf Kontraktionen (z.B. αι) und auf die Orthographie achtet.

Ungeachtet dieser Vorgehensweisen kommen sowohl Kenyon als auch Milne/Skeat im Bereich des AT zu identischen Ergebnissen. Demnach stammten der Oktateuch, die Propheten, die Makkabäerbücher und der Abschnitt Iob bis Ecclesiasticus von einem mit A (Milne/Skeat) bzw. I (Kenyon) bezeichneten Schreiber, Könige, Chroniken, Esther bis Esdras sowie die Psalmen vom Schreiber B/II.

Unterschiedlich dagegen ist die Zuordnung im ntl. Bereich. Kenyon lässt zu Beginn des NT einen neuen Schreiber einsetzen (III), der Mt, Mk, die Kephalaia zu Lk, sowie den Abschnitt 1Kor 10,8 bis Philemon -einschließlich Hebr vor den Pastoralbriefen- verantwortet. Einen weiteren Schreiber (IV) findet er im Abschnitt Lk bis 1Kor 10,8 (einschließlich der Katholischen Briefe nach Act) vor. Die Apokalypse weist er einem eigenen Schreiber (V) zu.[7]

Milne/Skeat halten einen Schreiber für das gesamte NT für wahrscheinlich, sehen jedoch im Abschnitt Lk bis 1Kor 10,8 kleinere paläographische Abweichungen zum normalen Duktus vom Schreiber (A), weshalb dieser Abschnitt mit A' gekennzeichnet ist. Erst mit den Clemensbriefen sehen sie eine weitere Hand (B) am Werk.

3. Paläographische Kurzbeschreibung von 02

3.1 Kurzbeschreibung der Schreiber-Hände

Fasst man die paläographischen Beobachtungen der bisherigen Forschung zu den Schreibern zusammen, so erhält man folgendes Bild:

---

5   Im Einzelnen vermutet Kenyon zwei Schreiber für den Bereich des AT und drei im Bereich des NT und der Clemensbriefe, die hinter der Apk angehängt sind.

6   Milne/Skeat, Scribes and Correctors, 91.

7   Vgl. Kenyon, Alexandrinus, 9.

Erster Schreiber (A / I):
Schrift: Vergleichsweise großer und weitausgreifender Schriftduktus; starke, solide Hand.[8] Von der Linie weichen ab lediglich: P, Φ, Ψ sowie Y. Y weist runde oder unregelmäßig endende Verdickungen an den oberen Extremitäten auf.
Eigenarten: A beginnt neue Abschnitte häufig in der Zeile, in der er sich gerade befindet. Er lässt dann aber ein wenig Raum frei („short blank interval").[9] Die Graphiken am Ende der bibl. Bücher zeigen ein großes Spektrum an Designs. Der Initialbuchstabe wird normalerweise recht groß geschrieben. Durchschnittliche Kolumnenbreite im Oktateuch laut Kenyon:[10] 3 5/8 oder 3 1/2 inch.

Zweiter Schreiber (B / II):
Schrift: Grundsätzlich ist die Schrift etwas kleiner und kompakter als die von A. Auch die Initialbuchstaben sind etwas kleiner als bei A. Besonders markant ist die Form des Y mit einer weit geöffneten Gabel und viereckigen „Knubbeln" an den Extremitäten. Der Buchstabe wirkt auch insgesamt schwerer als der bei A. Darüber hinaus zieht der Schreiber oft den mittleren Strich des Omega über die Höhe der beiden anderen hinaus.
Eigenarten: B vermeidet es normalerweise, einen neuen Abschnitt in der gleichen Zeile des vorangegangenen Abschnittes beginnen zu lassen, und beginnt eine neue Zeile. Die Graphiken am Ende der biblischen Bücher folgen einem einheitlichen Muster, das sich aus Pfeilspitzen und Spiralen zusammensetzt. Durchschnittliche Kolumnenbreite laut Kenyon:[11] 3 3/8 inch.

Möglicher dritter Schreiber (A'/IV):
Schrift: Im Wesentlichen gilt die Beschreibung von Schreiber A, jedoch scheint der Abschnitt mit einer etwas ruhigeren und leichteren Hand geschrieben. Anscheinend wurde eine andere Tinte als in den dem Schreiber A zugewiesenen Bereichen verwendet (hier: rötlich-braun; flockt nicht wie die Tinte im AT). Der Buchstabe π weist regelmäßig einen nach beiden Seiten merkbar verlängerten Querbalken auf (nur zuweilen bei A zu beobachten).

---

8   Vgl. Kenyon, Alexandrinus, 9: „a strong, solid hand, of square formation".
9   Skeat, Codex Alexandrinus, 38.
10   Kenyon, Alexandrinus, 9.
11   Kenyon, Alexandrinus, 9.

Eigenarten: Die Überschriftsbuchstaben sind vergleichsweise klein. Neue Abschnitte beginnen oft in der Mitte der Zeile.

Die Beschreibung der beiden Schreiber, die Kenyon über Milne/Skeat hinaus postuliert, ist folgende:

Schreiber III Kenyon:
Schrift und Eigenarten ähneln denen von Schreiber A/I. Kenyon ist sich aber sicher, eine weitere Hand vor sich zu haben: Die Schrift sei ein klein wenig größer und kompakter, der Abstand zwischen den Zeilen und zwischen einzelnen Buchstaben geringer als bei A/I. Die Extremitäten des Y sind leicht „knubbelig".

Schreiber V Kenyon:
Die Schrift ist kleiner und dicker, ansonsten der Hand von B/II recht ähnlich. Jedoch weist er nicht deren Eigentümlichkeiten des Y auf. Entgegen B/II fängt V keine neue Zeile bei neuen Abschnitten an. Durchschnittliche Kolumnenbreite: 3 5/8 inch (gegen 3 1/4 inch im vorangegangenen Abschnitt).

3.2 Kurzbeschreibung der Korrektur-Hände

Bezüglich der Korrekturhände ist bislang wenig genuine Forschungsarbeit geleistet worden. Gerade hier wird deutlich, dass es einer neuen codicologischen und paläographischen Untersuchung bedarf. Denn wie bereits Kenyon anmerkte, verändern Rasuren die Oberfläche des Pergaments, so dass die Schrift an diesen Stellen naturgemäß von der auf unrasiertem Untergrund abweichen muss.[12] Hier können nur moderne Analysemethoden über einen Wechsel der Hände Aufschluss geben (z.B. über eine Spektralanalyse der Tinte).

Eine Möglichkeit, die Korrekturhände zu bestimmen, bieten bis dahin nur die Anmerkungen in margine, da dort die Schrift des Schreibers ihrem normalen Duktus folgen kann. Fasst man die Einzelbeobachtungen auf Basis der bestehenden Forschungsliteratur zusammen, so erhält man folgendes Bild.

---

12   Vgl. Kenyon, Alexandrinus, 10.

Korrektor a (prinzipal corrector):
Schrift: Kenyon beschreibt die Hand des Hauptkorrektors als ruhiger und runder als die der Schreiber.[13] Die Hand ist offensichtlich nicht jünger als die der Schreiber.
Eigenarten: a macht die meisten Korrekturen und auch die längsten und wichtigeren.

Wie bereits Kenyon anmerkt, weicht der erste Korrektor im Abschnitt Lk-1Kor 10,8 von der Schrift des Schreibers dieses Abschnittes vor allem in der Form des π ab, da der Querstrich nicht über die Senkrechten hinausgeht. Vgl. die längeren Korrekturen auf fol. 45 und 55. Aus den Ausführungen Kenyons geht aber nicht hervor, ob er a und den ersten Korrektor des genannten Abschnittes als eine Hand zusammenfassen möchte.

Korrektor b:
Schrift: Dünne und grazile Schrift, die Kenyon nicht datiert.
Eigenarten: b macht eher kürzere Notizen.

3.3 Zuweisung der Schreiberhände

Die folgende Tabelle verdeutlicht die Unterschiede in der Zuweisung der Hände:

Bücher	Kenyon	Milne/Skeat
Mt	III	A
Mk	III	A
Lk	IV	A'
Joh	IV	A'
Act	IV	A'
Jak	IV	A'
1Petr	IV	A'
2Petr	IV	A'
1Joh	IV	A'
2Joh	IV	A'
3Joh	IV	A'
Jud	IV	A'
Röm	IV	A'
1Kor bis 1Kor 10,8	IV	A'

---

13 Vgl. Kenyon, Alexandrinus, 10.

1Kor ab 1Kor 10,9	III	A
2Kor	III	A
Gal	III	A
Eph	III	A
Phil	III	A
Kol	III	A
1Thess	III	A
2Thess	III	A
Hebr	III	A
1Tim	III	A
2Tim	III	A
Tit	III	A
Philem	III	A
Apk	V	A
1Clem	II	B
2Clem	II	B

Kenyons Schreiber IV ist folglich identisch mit dem Abschnitt, für den Milne und Skeat einen weiteren Schreiber nicht ausschließen wollen. Da die Ansichten auch bzgl. der Clemensbriefe konform gehen, bleibt als deutlichster Unterschied die Zuweisung der Apk zu einem eigenen Schreiber V, oder zum normalen Schreiber im NT, d.i. A.[14]

4. Der Schreiber der Apokalypse

Diese textgeschichtlich vermeintlich unbedeutende Differenz erhält plötzlich dann große Bedeutung, wenn die alt- und neutestamentliche Textgeschichte eines Codex zu korrelieren versucht wird, wie es im Wuppertaler DFG-Projekt „Der Text der Septuaginta im frühen Christentum und ihre Rezeption in der Apokalypse" geschieht. Denn hätten Milne und Skeat Recht, so hat der Schreiber der Apokalypse einen großen Teil des AT, u.a. die für die Apk so wichtigen Propheten, abgeschrieben. Auffällige Lesarten zwischen den beiden biblischen Teilen des Codex wären daher vor dem Hintergrund des einheitlichen Schreibers zu interpretieren. Ist die Apk aber von einem Schreiber kopiert worden, der ausschließlich dieses eine Buch im Alexandrinus kopierte, so kann man nicht a priori annehmen, dass der atl. Text im Alexandrinus unbedingt der Auslöser für bestimmte Schreibungen war. Sie sind u.U. ganz anders zu erklä-

---

14 Für einen durchgehenden Schreiber in der Apk des 02 votiert mit Bezug auf Milne/Skeat auch Hernández, Apokalypse, 343 und Scribal Habits, 102.

ren. Eine inhaltliche Betrachtung von Zitaten und Anlehnungen mit Bezug auf ihre jeweiligen atl. Vorlagen kann, wenn sie den jeweils vorliegenden Text eines Codex ernst nimmt, daher nicht unabhängig von der Frage des Schreibers gelöst werden. Aufgrund der Bedeutung des Codex Alexandrinus für den Text der Apk[15] ist eine Vergewisserung bzgl. des Schreibers des Textes unumgänglich.[16]

Bei unvoreingenommener Betrachtung des Codex Alexandrinus erscheint die These Kenyons, die Apk von 02 sei von einer eigenständigen Hand geschrieben, nicht abwegig. Zunächst einmal ist auffällig, dass Apk (Beginn: fol. 150r) nicht unmittelbar an Philemon (Ende fol. 149r) anschließt, was bei einer durchgehenden Schreiberhand doch zu vermuten wäre, sondern folio 149v leer bleibt. Desweiteren ist die Spaltenbreite im Bereich der Apk breiter als in den vorangegangenen NT-Abschnitten (3 5/8 inch vs. 3 1/4 inch).

Die Schreiberhand der Apokalypse charakterisiert Kenyon als „smaller and thicker, of the same general character as II, but without the peculiarities of the latter".[17] Da sich Milne/Skeat mit ihrer Zuweisung der Apk zu Schreiber A von dieser Einschätzung klar abheben, gilt es, Kenyons Charakterisierung des Schreibers V zu hinterfragen.

Dies geschieht in einem ersten Schritt am besten durch Vergleich der Apk-Hand mit der der angrenzenden Abschnitte. Dabei sollte nach Ansicht sowohl von Kenyon als auch von Milne/Skeat zwischen dem Ende der Apk und dem Beginn der Clementinen ein Schreiberwechsel feststellbar sein. Dieser Eindruck bestätigt sich auf dem erste Blick: sowohl Schriftspiegel als auch die grundsätzliche Schriftform deuten auf zwei verschiedene Schreiber. Letzteres wird deutlich an einigen „Alltagswörtern":

Apk   Clem

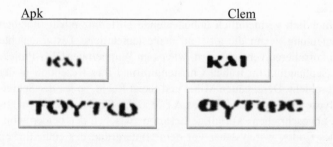

---

15 Vgl. hierzu ausführlich Hernández, Scribal Habits, 22–26 sowie 96–100.

16 Maßgeblich für jegliche textgeschichtliche Arbeit an der Apokalypse sind nach wie vor H. C. Hoskier, Concerning the Text of the Apocalypse, 2 Bde., London 1929; und J. Schmid, Studien zur Geschichte des griechischen Apokalypse-Textes, 2 Bde., München 1956.

17 Kenyon, Alexandrinus, 10.

Entscheidender für die nähere Charakterisierung des Schreibers der Apokalypse ist jedoch die Frage, ob Apk und Philemon von gleicher Hand geschrieben sind. Denn wäre das Neue Testament des Codex Alexandrinus – Milne/Skeat folgend – von einem Schreiber ausgeführt worden, müsste die Schrift in beiden Fällen identisch sein. Der Vergleich der Hauptmerkmale von Hand A stellt sich folgendermaßen dar:

Charakteristik	Philemon	Apk
großer und weitausgreifender Schriftduktus	trifft zu	trifft nicht zu
starke, solide Hand	trifft zu	trifft zu
Y weist runde oder unregelmäßig endende Verdickungen an den oberen Extremitäten auf.	trifft zu	trifft zu

Auf den ersten Blick unterscheidet sich also lediglich der Schriftduktus. Die Frage ist, ob die Betrachtung von Details mehrere Hände nahelegt. Auf Basis der existierenden Faksimiles ist auch bei elektronischer Bearbeitung ein Unterschied kaum auszumachen. Vielmehr scheinen sich beide Schriftproben sehr ähnlich.[18]

Beispiel 1:

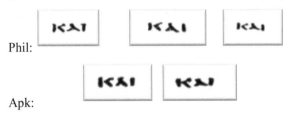

Phil:

Apk:

Beispiel 2:

Philem:

---

18   Umzeichnungsproben (s. dazu Anm. 3) anhand der Schlussseite des Philemon und der ersten Apk-Seite. Die hier dargestellten Charakteristica lassen sich aber durchgehend beobachten.

Apk:

Jedoch lassen sich einige Details durchaus kontrovers diskutieren: So neigt der Schreiber im Bereich Titus/Philemon vielfach dazu, den Abwärtsstrich des unzialen Alphas etwas geschwungener zu ziehen als im Bereich der Apk zu beobachten. Das Delta läuft im Bereich Titus/Philemon etwas runder aus als im Bereich von Apk, wo der Strich eher spitz ausläuft. Markant ist das Epsilon in beiden Bereichen: Der Schreiber der Apokalypse schreibt den oberen Bogen des Epsilons in einem runden Zug, der von Titus/Philemon zeigt eine deutliche Aufwärtsbewegung, die erst bei Erreichen der Oberlinie (oft mit deutlichem Neuansatz oder Stoppen und einem eckigen Richtungswechsel) in eine Rundung übergeht. Generell erscheint das Epsilon im Verhältnis von Breite und Höhe etwas breiter als das der Apokalypse. Der Winkel des Kappa erscheint bei Titus/Philemon im oberen Teil des Buchstabens größer, der obere Strich i.d.R. etwas höher angesetzt. Beim Pi macht der Querstrich im Bereich Titus/Philemon sehr oft einen leichten Bogen nach oben.

Das Rho wirkt bei Titus/Philemon etwas bauchiger als bei Apk, wo der Buchstabe im Bogen spitzer wirkt. Bei ersterem sitzt der Bogen oben auf dem senkrechten Strich und steht oft steht links ein wenig vor. Apk konzentriert sich scheinbar auf den senkrechten Strich, der Bogen wird nicht passgenau damit verbunden. Auffällig sind auch die Extremitäten des Querstrichs beim Theta i.d.R. ist im Bereich der Apk die An- bzw. Absatz bedingte Verdickung links nach oben, rechts nach unten; im Bereich Titus/Philemon gehen beide Verdickungen nach unten.

Viele dieser Differenzen könnten auf unterschiedliche Qualität der Schreibgeräte oder des Beschreibstoffes zurückgehen. Fast alle Unterschiede sind in den bestehenden Faksimiledrucken nicht auszumachen und werden erst bei extremer Vergrößerung und elektronischer Bearbeitung der Photos kenntlich. Vor allem aber lassen sich aufgrund der Ähnlichkeit beider Schriftbereiche zu allen oben aufgeführten Differenzierungspunkten auch Gegenbeispiele bieten, die als Indiz für einen einzelnen Schreiber gewertet werden können.

Die Frage ist daher, wie ich diese minimalen Unterschiede interpretieren möchte. Folgende – ausdrücklich spekulativen – Thesen wären denkbar:

1. Der Schreiber der Apk in 02 ist ein anderer als im restliche NT des Codex. Die Schreibeigenschaften sind sich aber so ähnlich, dass beide Schreiber aus der gleichen Schule stammen müssen. Außerdem müssten beide Schreiber noch so jung gewesen sein, dass sie von der gelernten „Normschrift" nicht zu

einer eigenständigen Schriftcharakteristik hin abgewichen sind. (vgl. etwa die DIN-Schrift junger Techniker)

2. Der gesamte Bereich des NT (exklusive der Clementinen) wurde von ausschließlich einem Schreiber verantwortet. Eine alte Vermutung Woides aufgreifend könnten die minimalen paläographischen Verschiebungen und die freie Seite dadurch erklären werden, dass die Apk nicht im durchlaufenden Produktionsprozess, sondern ein wenig später vom gleichen Schreiber angefügt wurde. Mit dieser Theorie könnten wir die kleineren Unterschiede in der Schrift und im „Satzspiegel" erklären (der Schreiber hat zwischendurch anderes geschrieben, er hat nun anderes Material usw.), und es würde gut zur Tatsache passen, dass die Textform in Apk von 02 eine andere ist als beispielsweise in den Evangelien. Die Indizien drängen folgenden – zugegebenermaßen hypothetischen – Entstehungsverlauf des NT geradezu auf: Die Kopisten von 02 schreiben ihre Vorlage ab, in der aber Apk fehlt (oder mit dessen Qualität man unzufrieden ist). Nach der Organisation einer Apk-Vorlage beendet der Schreiber, der auch den Rest des NTs in 02 verantwortet, den kanonischen Teil des Codex (den Schreiber B/II durch die Clementinen endgültig abschließt).

Letztendlich wird jede Mutmaßung zur Haupthand der Apokalypse spekulativ bleiben, bis eine moderne elektronische Edition nach dem Vorbild des Sinaiticusunternehmens die Möglichkeit schafft, sich der kleinen Unterschiede der Schrift genauer anzunehmen.

5. Die Korrektoren und weiteren Hände

Innerhalb der Apokalypse lassen sich die meisten Korrekturen auf den Schreiber selbst zurückführen, andere stammen von einem Korrektor, der anscheinend noch im Produktionskontext korrigiert hat (s.u.).[19] Weitere Überarbeitungen sind eher selten und werden im Anschluss besprochen.

Korrektor 1: die Schrift des Korrektors 1 ist von der des Schreibers kaum zu
    unterscheiden, und offenkundig aus dem gleichen Skriptorium. Wie der
    Schreiber wäre er dann dem 5. Jh. zuzuordnen. Aufgrund dieser Grund-
    charakteristik liegt es nahe, diesen Korrektor mit dem prinzipal corrector,
    d.i. a (s.o.) zu identifizieren.
Korrektor 2: frühes 6. Jahrhundert (?)

---

19   Dabei fällt die geringe Zahl der Korrekturen sowohl im Vergleich zu anderen Passagen des
    Codex (etwa dem Pentateuch, vgl. dazu Kenyon, Alexandrinus 10; Hernández, Scribal Ha-
    bits, 102), als auch zu anderen Codizes, etwa dem Sinaiticus auf (vgl. dazu Hernández,
    Scribal habits, 102–103).

Korrektor 3 (und 4?): manus recens bzw. recentior. Im Bereich der Apokalypse (wie auch darüber hinaus) versuchen diese beiden Korrektoren die Unziale gut wiederzugeben und kaum zu unterscheiden.[20] Im Zweifelsfall ist daher der Zuweisung Woides zu folgen, der sich – soweit ich sehe – als letzter um eine Differenzierung bemühte. Da keine Korrektur in margine fällt, ist eine genauere Charakterisierung und Datierung nicht möglich. Jedoch ist beiden ein sehr runder Schriftduktus zu Eigen.

Kursive Hände: Auffällig innerhalb der Apk sind das Auftreten von kursiven Eintragungen, die sich sonst nicht im NT des Alexandrinus finden lassen (Apk 21,15 und 22,18). Die beiden Einträge stammen nicht von gleicher Hand. Die von 21,15 ist modern, aber nach Ansicht Cowpers nicht so jung wie die von Apk 22,18, die nach 1633 entstanden sein muss.[21] Paläographisch wäre eine Eintragung vor diesem Zeitpunkt m.E. jedoch durchaus zu erwägen.

Gerade in Bezug auf die Korrekturhände ist eine Untersuchung auf Basis des am Sinaiticus erprobten Instrumentariums sicherlich anzumahnen. Letztendlich hat das resignierende Diktum Swetes zu 02 bis heute Bestand: „The question of the hands in this MS. remains to be worked out, and calls for the knowledge of an expert in palaeography".[22] Angesichts dieser ganz richtigen Aussage soll auf eine eigene Einschätzung bzgl. der jüngeren Korrekturhände verzichtet werden.

6. Korrekturen in der Apk

Das stillschweigende, auf Milne/Skeat aufbauende Postulat der gegenwärtigen Forschung, nach der die Apokalypse im Codex Alexandrinus von einer Hand geschrieben ist, bestätigt sich nach den bisherigen Beobachtungen. Sie lässt sich auch durch eine genauere Betrachtung der Korrekturen profilieren: An insgesamt 39 Stellen lassen sich Korrekturen oder das Überschreiben von

---

20 Wenn wir entsprechende Überlegungen aus dem AT des 02 übertragen, wäre ohnehin zu fragen, ob die Unterschiede ausreichen, zwei jüngere Korrektoren anzunehmen, oder ob man nicht von einer jüngeren Korrekturhand ausgehen sollte. Vgl. A. E. Brooke/N. McLean, The Old Testament in Greek, Bd. 1/1.: Genesis, Cambridge 1906, V; H. B. Swete, An Introduction to the Old Testament in Greek, Cambridge 1900, 126.

21 Zumindest erwähnt Patrick Young diesen Eintrag noch nicht (so Cowper, Alexandrinus, V). Patrick Young, Bibliothekar Karls I. von England gab 1633 die Clemensbriefe heraus und hatte zuvor das NT des Alexandrinus mit älteren Ausgaben (Usher und De Groot) verglichen. Auf ihn geht auch die Nummerierung der Blätter zurück und er schrieb die Kapitel ein.

22 Swete, Introduction, 126.

Buchstaben erkennen.[23] Hiervon gehen 10 Korrekturen eindeutig auf die erste Hand zurück. Hinzu tritt von dieser Hand eine supralineare Zufügung (7,4). Zweimal lässt sich diesem Schreiber das Überschreiben der Buchstaben sicher nachweisen. In zwei weiteren Fällen scheint das Überschreiben mit hoher Wahrscheinlichkeit auf die erste Hand zurückzugehen, jedoch ist aufgrund der oben skizzierten Ähnlichkeit von erster und zweiter Korrekturhand eine sichere Entscheidung in diesen Fällen nicht möglich. In weiteren 8 Fällen wurden die Buchstaben von erster oder zweiter Hand überschrieben, wobei in einem Fall (18,3) das Überschreiben über eine Rasur erfolgte, somit indirekt eine weitere Korrektur bezeugt, ohne das die ursprüngliche Lesart auf Basis der bisherigen Faksimile erkennbar wäre. Ebenso ist eine Zufügung am Zeilenende (13,2) sicherlich einer alten Hand – erste oder zweite Hand – zuzuweisen. Somit gehen 25 nach dem eigentlichen Schreibprozess überarbeitete Stellen, d.s. rund 64%, sicher oder mit einer nicht geringen Wahrscheinlichkeit auf die erste Hand, also dem Schreiber der Apokalypse im Codex Alexandrinus zurück. Freilich wird man diesen hohen Wert ein wenig mindern müssen, da eine zweite, alte Hand in 15,5 sichtbar wird. Einige der nicht eindeutig zuweisbaren Überschreibungen dürften diesem Korrektor zuzuweisen sein. Jedoch bleibt die Zahl der sicher der ersten Hand zuweisbaren Belege auch in diesem Fall recht hoch, und man wird zweifelsohne festhalten dürfen, dass der Großteil der nachträglichen Textredaktionen noch im Kontext der Handschriftenproduktion erfolgte. Die Tatsache zweier Hände im Produktionskontext lässt aber unter paläologischen Gesichtspunkten eine gründliche Untersuchung des Codex Alexandrinus nach dem Vorbild des Codex Sinaiticus dringend vermissen.

Geringer an Zahl sind die Überarbeitungen von jüngerer Hand. Mindestens zwei Korrektoren (recens und recentior) sind vermutlich zu unterscheiden (s.o.). Auch hier wäre eine genauere Analyse der Hs. mit modernster Technik dringend erforderlich. Denn Woide/Cowper verzeichnen an zwei Stellen (4,9.10) ein Überschreiben mit anderer Tinte, einmal (16,13) sprechen sie von Nachziehen mit blässlicher Tinte. Inwieweit diese Aktionen auf die paläographisch nachweisbaren jüngeren Korrekturhände zurückgehen oder auf weitere Korrektoren hindeuten, wäre von einer modernen Untersuchung der Hs. zu klären. Vom Schriftduktus her scheinen die Eintragungen auf die beiden jüngeren Korrektoren zurückzugehen. In insgesamt 10 Fällen stammen die Überschreibungen von einem der beiden jüngeren Hände. Besonders interessant (und in einer Untersuchung des Codex sicherlich genauer zu betrachten) ist das Überschreiben über eine Rasur in 14,2 und eine Stelle in 19,9, wo sowohl

---

23   Inwieweit der ursprüngliche Text schlicht nachgezogen oder ein anderslautender Text eingetragen wurde, ist auf Basis der derzeitigen Editionen und Faksimile nicht zu klären. Einmal
mehr bleibt auf neue Untersuchungen auf Basis des beim Sinaiticus angewandten technischen
Standards zu hoffen.

überschrieben als auch rasiert wurde. Hinzu treten zwei Überschreibungen von manus recens und zwei von manus recentior.

Auf manus recens gehen drei Korrekturen zurück. Da diese Eintragungen nicht im Produktionskontext erfolgten, sind sie von Interesse für die textge-schichtlichen Begleitumstände der Geschichte des Codex Alexandrinus und sollen im Folgenden näher betrachtet werden. Auch sind zwei Eintragung von kursiven Händen näher zu betrachten. Für die Rekonstruktion des ursprüngli-chen Apokalypse-Textes sicherlich unerheblich, sind diese Einträge doch ein wichtiges Zeugnis für die Geschichte des Textes. Die strikte Konzentration der bisherigen Forschung auf die Rekonstruktion des Urtextes, und die damit ver-bundene Ausklammerung jüngerer Korrekturhände in den Codices sei vor diesem Hintergrund kritisch hinterfragt. Ungeachtet der wichtigen Aufgabe der zuverlässigen Rekonstruktion des Originaltextes wird so die Textgeschichte ungerechtfertigter Weise beschnitten.

6.1 Jüngere Überarbeitungen

Die folgenden Beispiele möchten einen kleinen Eindruck von der Art der jün-geren Überarbeitungen geben. Zu diesem Zweck erfolgt ein zeilengenaues Transkript der ersten Hand, in dem die überarbeitete Stelle kursiviert erscheint. Zur besseren Übersicht sind die Versnummern zusätzlich eingetragen.

Apk 10,2 (fol. 153r, rechte Spalte): correxit m. recens[24]

ως στυλοι πυρος (2) και εχων εν τη χει
ρι αυτου *βιβλαριδ [1-2]* ον και εθηκεν
τον ποδα αυτου τον δεξιον επι της
θαλασσης· τον δε ευωνυμον επι
της γης· (3) και εκραξεν φωνη μεγαλη

NTTranscripts gibt als Lesart der ersten Hand βιβλαριον und als Lesart der Korrekturhand βιβλαριδιον an.

βιβλαριδιον wäre die Lesart, wie sie NA[27] im rekonstruierten Text bietet. Grundsätzlich würde die Lesart βιβλαριδιον Sinn machen. Dagegen scheint die Rekonstruktion der ersten Hand in NTTranscripts[25] wie auch bei Woide pro-blematisch. Wenn man davon ausgehen will, dass das Delta nicht von erster

---

24 Woide, z.St.: „olim βιβλαριδειον vel βιβλαριδηον. correxit m. recens.; NTTranscripts: βιβλαριον 02T; βιβλαριδιον 02Z".

25 http://nttranscripts.uni-muenster.de/AnaServer?NTtranscripts+0+start.anv (Abruf 7.10.2009), dort zur Stelle.

Hand stammt, so umfasst das Spatium zwischen α und ον rund 4–5 Buchstaben. Belässt man das Delta bei der ersten Hand, so wäre der Abstand zwischen δ und ο immer noch ein wenig zu groß für ein ι, (was freilich bei einer Korrektur durchaus im Bereich des Möglichen läge). Daher wären als Lesarten der Korrektur auch βιβλαριδον und als Lesart der ersten Hand βιβλαριδειον oder βιβλαριδηον denkbar.[26] Jedoch werden diese Lesarten laut Hoskier nicht bezeugt.[27]

Ebenso wäre zu erwägen, ob der Schreiber in seiner Vorlage nicht βιβλαριδον las, zunächst aber das ihm vertrautere βιβλαριδιον schrieb und dies direkt durch Rasur korrigierte. Jedenfalls hatte der Schreiber seine liebe Mühe mit dem Wort, denn kurz darauf (10,9) muss er das selbst geschriebene βιβλαριον zu βιβλαριδιον korrigieren.

Inhaltlich bzw. theologisch machen die jeweiligen Lesarten keinen Unterschied und können textkritisch jeweils leicht erklärt werden. Die vorliegende Korrektur mahnt aber zur Vorsicht mit den bestehenden Editionen. NA[27] erweckt ebenso wie Hoskier[28] den Anschein, als sei die Lesart βιβλαριδιον die Einzige bzw. ursprüngliche.

Apk 11,5 (fol. 153v, linke Spalte): correxit m. recens[29]

κ̄ῡ της γης εστωτες· (5) και ει τις αυτους
θελει αδικησαι πυρ εκπορευεται
εκ του *στωματος* αυτων και κατεσθιει
τους εχθρους αυτων· και ει τις θελη
ση αυτους αδικησαι δι αυτον αποκτα(ν)
θηναι· (6) ουτοι εχουσιν την εξουσιαν

Das Transkript folgt der von Woide vorgeschlagenen Lesart, die singulär und sicherlich als Schreibfehler zu werten wäre. NTTranscripts verzeichnet hier στοματος. Jedoch ist der betreffende O-Laut hier sicherlich von jüngerer Hand nachgezogen oder korrigiert.

Apk 12,15 (fol. 154r, rechte Spalte): correctio recens ut videtur[30]

(15) και *ελαβεν* ο οφις εκ του στοματος

---

26 So Woide, z.St.
27 Hoskier, Concerning the Text, 266.
28 Hoskier, Concerning the Text, 266.
29 Woide, z.St.: „olim forte στωματος, correxit m. recens; NTTranscripts: στοματος 02".
30 Korrigiert zu εβαλεν, laut Woide vermutlich durch manus recens.

αυτου οπισω της γυναικος υδωρ
ως ποταμον ινα αυτην ποταμο
φορητον ποιηση·

Auch 12,15 mahnt zur Vorsicht. Das ελαβεν ist durch eine jüngere Hand zu εβαλεν korrigiert worden. Die Abweichung von A* wird in NA[27] nicht aufgenommen. Die von erster Hand gebotene Lesart ελαβεν findet sich aber auch noch in den Hss. 153–211 und 222. Zwar kann dies dort jeweils auf Buchstabenverdreher zurückgehen, jedoch u.U. auch ein wichtiges Indiz für eine stemmatologische Verwandtschaft sein.

Jedenfalls ist es offenkundig, dass hier von jüngerer Hand an die mehrheitlich überlieferte Lesart angeglichen wurde.

6.2 Kursive Überarbeitungen

Apk 21,14 (fol. 158r, linke Spalte): litterae cursivae[31]

[14] και το τειχος της πολεως εχων
θεμελιους δωδεκα· και επ αυτω[ν]
δωδεκα ονοματα των δωδεκα α
-Seitenumbruch auf fol. 158r-
[ποστολων] του αργιου· [15] και ο λαλων
[μετ] [εμου] [ε]ιχεν μετρον καλαμον
[χρυσου]ν ινα μετρηση την πολιν
[και] [τους] πυλωνας αυτης· και το

Der eigentliche Text des Alexandrinus geht hier mit allen großen Hss. überein und birgt keine Probleme. Jedoch ist zu beachten, dass der Text in der Hs. wohl schon längere Zeit nicht leicht lesbar ist. Denn eine kursive Hand hat den leicht abbrevierten Text δωδεκα αποστολ του αρνιου[32] (mit Akzenten versehen) über die Linie hinzugefügt.

Apk 22,18 (fol. 158v, linke Spalte): add. in litteris cursivis[33]

[18] μαρτυρω εγω παντι τω ακουοντι τους

---

31 Woide, z.St.: „literis cursivis cum accentibus, supra lineam δωδεκα αποστολ τυ αρνιου. quidam recentior!"
32 Woide liest δωδεκα αποστολ τυ αρνιου, jedoch ist m.E. das του gut zu erkennen.
33 Woide, z.St.: „literis cursivis cum accentibus m. rec. supra lineam addidit επ αυτω"; NTTranscripts: ο θεος 02T / ο θεος επ αυτω 02Z.

λογους της προφητειας του βιβλιου
τουτου· ___³⁴ εαν τις επιθη επ αυτα επι
θησει ο θς ⊤ τας πληγας τας γεγραμμε
νας εν τω βιβλιω τουτω·

Die kursive Hand, die wahrscheinlich nicht identisch mit der vorangegangenen ist, korrigiert den Text von A durch Einfügung des επ αυτω. Da diese Ergänzung in der Kollation von Junius (d.i. Young) noch nicht erwähnt wird, kann sie u.U. (wenn man keine fehlerhafte Kollation annehmen will), auf die Zeit nach 1633 datiert werden. Hoskier listet "- επ αυτω" schlicht unter dem Siegel A,[35] was so angesichts der Datierung der Hand irreführend ist (richtig dagegen NA[27], wo sich ο θεος als ursprüngliche Lesart verzeichnet findet).

6.3 Zusammenfassung der Korrekturen

Die Korrekturen und Nachträge sind weder textgeschichtlich noch theologisch besonders interessant, werfen aber doch einen bezeichnenden Blick auf die bestehende Editionslage der Apokalypse. Kulturgeschichtlich werfen sie die Frage auf, was einen späteren Nutzer motiviert, derartige Kleinigkeiten nachzutragen. Eine grundlegende Revision der Apk mit dem Ziel, einen „sauberen" Vorlagentext zu schaffen (zu welchem Zweck auch immer) fällt aus, da die Korrekturen zu punktuell sind und offenkundige Problemstellen, wie der Ausfalle eines ganzen Verses (5,4), nicht bearbeitet werden. Eine umfassende Analyse solcher späten Korrekturen könnte – nicht nur beim Codex Alexandrinus – u.U. aufschlussreich für die Nutzungsgewohnheiten und damit für die Funktion derartiger Codices im Verlauf ihrer Geschichte sein.

7. Eine Werbung für nähere Betrachtung der Hände

Die Betrachtung der einzelnen Schreiber und Korrekturhände sowie ihrer jeweiligen Aktionen mag angesichts der oben vorgebrachten Beispiele zunächst wenig ertragreich erscheinen, und in der Tat wirft eine derartige Textbetrachtung sicherlich vielfach mehr Fragen auf als sie beantwortet. Es kann sich aber auch als sehr spannend erweisen, wie an einem kleinen Beispiel verdeutlicht werden kann.

---

34 Spatium von zwei Buchstaben.
35 Hoskier, Concerning the Text, 642.

In Apk 13,2 (fol. 154r; beschrieben werden die beiden Tiere) fügt A zum
gängigen Text von NA²⁷ (καὶ τὸ θηρίον ὃ εἶδον ἦν ὅμοιον παρδάλει καὶ οἱ πόδες
αὐτοῦ ὡς ἄρκου καὶ τὸ στόμα αὐτοῦ ὡς στόμα λέοντος. καὶ ἔδωκεν αὐτῷ ὁ
δράκων τὴν δύναμιν αὐτοῦ καὶ τὸν θρόνον αὐτοῦ καὶ ἐξουσίαν μεγάλην) nach
dem letzten Wort ein weiteres ἔδωκεν αὐτῷ hinzu. Diese Addition ist laut
Hoskier singulär³⁶ und erscheint als versehentliche Wiederholung dieser beiden Wörter. Jedoch ist eine Dittographie auszuschließen: zum einen befindet
sich das erste ἔδωκεν αὐτῷ an einem Zeilenbeginn, wohingegen das zweite am
Zeilenschluss angefügt wurde. Zum anderen ist dieser Zusatz (für den Schreiber in der Apk sehr unüblich) an das Zeilenende in den Randbereich hinein
angefügt. Dies ist auffällig. Denn der Zusatz stammt von erster Hand. Im normalen Schreibprozess wäre nach dem bekannten Versende von NA²⁷ noch
Raum für etwa 4–5 Buchstaben gewesen, so dass er sicherlich das ἔδωκεν
zumindest hätte beginnen, und den Rest der Phrase in der folgenden Zeile
weiterschreiben können. So erweckt der Eintrag den Eindruck einer nachträglichen Addition von erster Hand. Zwei Gründe hierfür sind denkbar: Entweder
enthielt die Vorlage von A das zweite ἔδωκεν αὐτῷ, das der Schreiber jedoch
zunächst überging, weil es nicht dem bekannten Text entsprach, und dann
nachträglich nach seiner Vorlage einfügte; oder der Schreiber fügte die Phrase
aus eigenem Ermessen ein, nachdem er den Text der Vorlage, der hier der
Mehrheitslesart glich, abgeschrieben hatte.

So oder so muss nach der Funktion der Addition gefragt werden. Diese
könnte in dem Bemühen zu suchen sein, eine Anlehnung zu verdeutlichen.
Recht offenkundig greift die Apokalypse hier auf die Bilderwelt von Daniel
7,4–6 zurück. Vers 7,6 lautet nach Origenes καὶ μετὰ ταῦτα ἐθεώρουν θηρίον
ἄλλο ὡσεὶ πάρδαλιν, καὶ πτερὰ τέσσαρα ἐπέτεινον ἐπάνω αὐτοῦ, καὶ τέσσαρες
κεφαλαὶ τῷ θηρίῳ, καὶ γλῶσσα ἐδόθη αὐτῷ; die Rezension des Theodotion
übersetzt: ὀπίσω τούτου ἐθεώρουν καὶ ἰδοὺ ἕτερον θηρίον ὡσεὶ πάρδαλις, καὶ αὐτῇ
πτερὰ τέσσαρα πετεινοῦ ὑπεράνω αὐτῆς, καὶ τέσσαρες κεφαλαὶ τῷ θηρίῳ, καὶ
ἐξουσία ἐδόθη αὐτῇ. Die Vulgata schließt sich übrigens (wie auch Einheits- und
Lutherübersetzung) im Versschluss der dem hebr. Text folgenden Interpretation des Theodotion an: *potestas data est ei*. Interessanterweise liest in der Version des Theodotion die gesamte A–Gruppe (inkl. dem Codex Alexandrinus),
wie im Übrigen auch die sogenannte lukianische, d.h. antiochenische Zeugen-
gruppe, zum Versende αὐτῷ (vgl. auch den Schluss des Origenes).

Da das Geben der Macht (Stichwort ἐξουσία) in Dan 7,6 progressiv am
Versende hervorgehoben wird, erscheint es nicht unwahrscheinlich, dass der
Schreiber den Querbezug zum AT, den er hier erkannte, durch die ebenso
progressive Addition entgegen der gesamten bekannten ntl. Texttradition ver-

---

36   Hoskier, Concerning the Text, 336.

deutlichte. Die Lesart αὐτῷ in dem ihm vorliegenden Danieltext mag dem Schreiber den Querbezug erleichtert haben – auf jeden Fall war er es, der das Buch Daniel mit der betreffenden Variante im Codex Alexandrinus kopierte.

8. Ergebnis

Die bisherige Forschungsmeinung, dass die Apokalypse im Codex Alexandrinus von einer Hand geschrieben ist, welche sich auch für den Rest des NT verantwortlich zeichnet, findet sich – mit den oben gemachten Einschränkungen – bestätigt und kann dahingehend profiliert werden, dass auch die Mehrzahl der Korrekturen von diesem Schreiber oder einem wahrscheinlich in dergleichen Produktionseinheit arbeitenden Korrektor getätigt wurden. Alleine schon diese Tatsache rät zu einer Analyse des Codex mit modernstem Instrumentarium, könnte eine solche Untersuchung doch helfen, den Entstehungsprozess einer Bibelhandschrift im Skriptorium weiter zu elaborieren.

Bzgl. der weiteren Textgeschichte des Codex Alexandrinus ist mit Blick auf die Apokalypse zu notieren, dass keine entscheidenden Eingriffe vorgenommen wurden. Anscheinend wurde der Text so akzeptiert und verwendet, wie er vorliegt. Dass er für irgendeinen Zweck verwendet wurde, belegen die marginalen Verbesserungen.

Mit Bezug auf die Ausgangsfrage lässt sich festhalten, dass Anlehnungen innerhalb der Apokalypse, deren atl. Vorlage vom Schreiber A gemacht wurden, auf textliche Zusammenhänge zu überprüfen sind. Signifikante Varianten, die in Vorlage wie Anlehnung Verwendung finden, wären deutliche Indizien dafür, dass dem Schreiber diese Anlehnung bewusst war. Vor diesem Hintergrund ist zukünftig die Einbeziehung aller an einem Codex beteiligten Hände und aller Aktionen, die von ihnen durchgeführt wurden, vielleicht nicht unbedingt textgeschichtlich – aber doch im Sinne einer Text-Geschichte – dringend zu empfehlen.

Literatur:

A. E. Brooke/N. McLean, The Old Testament in Greek, Bd. 1/1.: Genesis, Cambridge 1906.

F. C. Burkitt, Codex Alexandrinus, JThS 11, 1910, 603–606.

B. H. Cowper (Ed.) Codex Alexandrinus, Novum Testamentum Graece, London, 1860.

J. K. Elliott, Supplement I to J. K. Elliott, A Bibliography of Greek New Testament Manuscripts, ed. by J. K. Elliott with Contributions by J. N. Birdsall, in: Novum Testamentum 46, 2004, 376–400

J. K. Elliott, A Bibliography of Greek New Testament Manuscripts. 2nd Ed., Cambridge 2000.

J. Hernández Jr., Scribal Habits and Theological Influences in the Apocalypse. The Singular Readings of Sinaiticus, Alexadrinus and Ephraemi, WUNT II, 218, Tübingen 2006.

J. Hernández Jr., The Apokalypse in Codex Alexandrinus. Its Singular Readings and Scribal Habits, in: P. Gray/G. R. O'Day (Edd.), Scripture and Traditions. Essays on Early Judaism and Christianity in Honor of Carl R. Holladay, SNT 129, Leiden/Boston 2008, 341–353.

H. C. Hoskier, Concerning the Text of the Apocalypse, 2 Bde., London 1929.

D. Jongkind, Scribal Habits of Codex Sinaiticus, Texts and Studies. Third Series. Vol. 5, Piscataway 2007.

F. G. Kenyon (Ed.), The Codex Alexandrinus (Royal MS. 1 D V–VIII) in Reduced Photographic Facsimile. Vol. V: New Testament and Clementine Epistles, with Introduction by F. G. Kenyon, London 1909.

S. Lake, Family Π and the Codex Alexandrinus, London 1937.

H. J. M. Milne/T. C. Skeat, Scribes and Correctors of the Codex Sinaiticus, London 1938.

T. S. Pattie, Manuscripts of the Bible. Greek Bibles in the British Library, London 1979.

T. S. Pattie, The Creation of the Great Codices, in: J. L. Sharpe III./K. Van Kampen (Edd.), The Bible as Book. The Manuscript Tradition, London 1998, 61–72.

J. Schmid, Studien zur Geschichte des griechischen Apokalypse-Textes, 2 Bde., München 1956.

T. C. Skeat, The Codex Sinaiticus and the Codex Alexandrinus, London 1955.

T. C. Skeat, The Provenance of the Codex Alexandrinus, JThS 6, 1955, 233–235.

H. B. Swete, An Introduction to the Old Testament in Greek, Cambridge 1900.

E. M. Thompson (Ed.), Facsimile of the Codex Alexandrinus, 4 Bde. (NT = Bd. 4), London, 1879–1883.

C. G. Woide (Ed.), NT Graecum e codice ms. alexandrino, London 1786

„Geschrieben in diesem Buche"

Die „Anspielungen" der Johannesapokalypse im Spannungsfeld zwischen den Referenztexten und der handschriftlichen Überlieferung in den großen Bibelhandschriften[*]

MICHAEL LABAHN

1. Die Ausgangslage: Forschungsgeschichtliche Standortbestimmung und Beschreibung des Phänomens der Schriftrezeption in der Johannesoffenbarung

„No other book of the NT is permeated by the OT as is Revelation".[1]

Diese Feststellung von Gregory Beale und Sean McDonough im Abschnitt zur Johannesapokalypse im umfangreichen *Commentary on the New Testament Use of the Old Testament* ist ebenso banal wie zutreffend; sie spiegelt den weitgehend unumstrittenen Konsens der Apokalypse-Forschung wider. Generell gilt nach wie vor, was Henry Barclay Swete bereits 1911 treffend feststellte:

> „[...] no writer of the Apostolic Age makes larger use of his predecessors (gemeint sind die atl. Schriften; ML.)".[2]

Die wissenschaftliche Sensibilität für eine breite und differenziert erfolgende Rezeption der Schriften Israels in der Johannesapokalypse ist das Ergebnis

---

[*] Eine erste Fassung dieses Aufsatzes wurde 2008 im gemeinsamen Seminar „Neutestamentliche Textkritik/Septuaginta" bei der Tagung der Studiorum Novi Testamenti Societas (SNTS) in Lund, Schweden, vorgetragen.

[1] G. K. Beal/S. M. McDonough, Revelation, in: G. K. Beale/D. A. Carson (Edd.), Commentary on the New Testament Use of the Old Testament, Grand Rapids, MI, 2007, 1081–1161, 1081. S.a. G.K. Beale, The Book of Revelation, NIGTC, Grand Rapids, MI/Cambridge 1999, 77 Anm. 16, der auf die Arbeit von C. Van der Waal, Openbaring van Jezus Christus Inleiding en Vertaling, Groningen 1971, 174–241, die etwa 1000 Anspielungen zählt, verweist.

[2] H. B. Swete, Commentary on Revelation, Grand Rapids, MI, 1977 (= ³1911), cxl.

einer seit den sechziger Jahren[3] des 20. Jh.s immer intensiver geführten Forschungsanstrengung, deren bisheriger Höhepunkt mit zahlreichen Studien zu einzelnen Referenzbereichen in den folgenden Jahrzehnten[4] bestimmt werden kann.[5]

Als ein wesentlicher Grundkonsens der unterschiedlichen methodischen und hermeneutischen Fragestellungen dieser Studien kann festgehalten werden, *dass die Sprach-, Erzähl- und Bilderwelt des Sehers eine Schrift-bezogene und Schrift-gesättigte*[6] *ist*, auch wenn deutlich zu erkennen ist, dass die Schriften nicht die ausschließliche Quelle der *story* der Johannesapokalypse bilden – die Johannesapokalypse ist eine Schrift im christlichen Traditionsstrom,[7] die mit wachem Auge soziale, religiöse und politische Bezüge in ihren konkreten

---

3   Hier ist vor allem A. Vanhoye, L'utilisation du Livre d'Ezéchiel dans l'Apocalypse, Bib 43, 1962, 436–476, zu nennen.

4   Beale, The Book of Revelation, 76, macht auf das ungewöhnlich späte Interesse der Erforschung des atl. Hintergrundes der Johannesapokalypse aufmerksam. Allerdings darf gegenüber Beale nicht übersehen werden, dass die monumentalen Kommentare von R. H. Charles, The Revelation of St. John in Two Volumes, ICC, Edinburgh ND 1956; W. Bousset, Die Offenbarung Johannis, KEK 16, Göttingen [6]1906, oder Swete, Commentary on Revelation, allesamt das Thema der AT-Rezeption ausführlich bedacht und durch ihre Theorie zur Textform der jeweiligen Rezeption bereichert haben.

5   Vgl. die Aufstellung von Beiträgen insbesondere vor 1990 bei Beale, The Book of Revelation, 76f.

6   Mit dem Begriff „Schrift" soll der Anachronismus „Altes Testament" vermieden werden, da auch die Formulierungen hebräische oder griechische Bibel im Bezug auf die Johannesapokalypse nicht zeitgemäß und nicht sachlich adäquat sind. Mit dem Begriff „Schrift(en)" wird zudem der Selbstanspruch des „Geschriebenen" in der Johannesapokalypse gegenüber der „Schrift" wesentlich schärfer und deutlicher.

7   Diese Aussage ist nicht so selbstverständlich, wie man meinen könnte; gerade die ältere Literarkritik konnte die Johannesapokalypse als eine nur mühsam christlich bearbeitete jüdische Schrift verstehen (so z. B. E. Vischer, Die Offenbarung Johannis, eine jüdische Apokalypse in christlicher Bearbeitung, mit einem Nachwort von A. Harnack, TU 2,3, Leipzig 1886). Im Horizont seiner existentialen Interpretation kann R. Bultmann, Theologie des Neuen Testaments, durchges. u. erg. v. O. Merk, UTB 630, Tübingen [9]1984, 525f., der Johannesapokalypse gegenüber jüdischen Texten eine im Christusbezug begründete „Sicherheit" zugestehen, aber die Apokalypse sei dennoch nicht mehr als „ein schwach christianisiertes Judentum"; zum Problem E. Lohse, Wie christlich ist die Offenbarung des Johannes?, in: ders., Das Neue Testament als Urkunde des Evangeliums. Exegetische Studien zur Theologie des Neuen Testaments III, FRLANT 192, Göttingen 2000, 191–205.

und archäologisch ausweisbaren Reflexen[8] auf ihre Umwelt kritisch interpretierend ebenso verwendet wie Mythen und religiöse Bilder.[9]

Nicht übersehen werden kann, und dies ist ebenfalls nicht oft genug zu wiederholen, dass durch die generelle Feststellung des Schriftbezuges und seine (bisher auch nur partielle) materiale Aufarbeitung nach verschiedenen Schriften bzw. Schriftkorpora die Arbeit an diesem Themenfeld nicht schon erschöpfend geschehen ist. *Vielmehr ist die Beschäftigung mit der Schriftrezeption trotz der insbesondere in der jüngeren Vergangenheit durchaus prosperierenden Forschung zur innerbiblischen Intertextualität der Johannesapokalypse ein noch immer notwendiges, in jedem Fall lohnendes und nicht umfassend bearbeitetes Feld ntl. Exegese.*

Unterschiedliche Problem- oder Arbeitsfelder lassen sich für die Weiterarbeit an der Schriftrezeption des Sehers benennen. Hierzu gehört das *weite Feld der Schrifthermeneutik des Sehers*:

(a) Die Schrift und ihre Gottes- und ihre Zukunftsbilder, ihre Gerichts- wie auch ihre Heilsaussagen sind eine wesentliche Quelle für die *story* der Johannesapokalypse von Gottes und des Lammes Herrschaftsdurchsetzung bis zur Heilsgemeinschaft im Neuen Jerusalem; diese Rezeptionen gestaltet der Seher zu einem neuen Sinnkosmos seiner Offenbarung um. Dabei bedient sich die Schrifthermeneutik des Sehers eines breiten Rezeptionsspektrums, das von konkreter Textauslegung und Neuinterpretation bis hin zu offenen Collagen schwankt, in denen Themen, Motive und Bilder atl.-jüd. Provenienz in ein neues und oftmals gewaltiges Gemälde integriert werden. Hier sind weitergehende Vertiefungen zum Verständnis der Schrifthermeneutik auf dem Hintergrund zeitgenössisch-jüdischer wie christlicher Schriftauslegung zu erbringen.

---

8 Vgl. exemplarisch die Materialfülle bei C. J. Hemer, The Letters to the Seven Churches of Asia in their Local Setting, The Biblical Resource Series, Grand Rapids, MI, 2001 (= 1986), und J. N. Kraybill, Imperial Cult and Commerce in John's Apocalypse, JSNT.S 132, Sheffield 1996.

9 Exemplarisch ist auf Apk 12 zu verweisen, dessen Bezüge zu antike Sagen und Mythen in zahlreichen Studien herausgestellt wurden; z.B. P. Busch, Der gefallene Drache. Mythenexegese am Beispiel von Apokalypse 12, TANZ 19, Tübingen 1996; J. H. Kalms, Der Sturz des Gottesfeindes. Traditionsgeschichtliche Studien zu Apokalypse 12, WMANT 93, Neukirchen-Vluyn 2001; M. Koch, Drachenkampf und Sonnenfrau. Zur Funktion des Mythischen in der Johannesapokalypse am Beispiel von Apk 12, WUNT 184, Tübingen 2004. Zur kritischen Rezeption politischer Propaganda H. Omerzu, Die Himmelsfrau in Apk 12. Ein polemischer Reflex des römischen Kaiserkults, in: M. Becker/M. Öhler (Hgg.), Apokalyptik als Herausforderung neutestamentlicher Theologie, WUNT II/214, Tübingen 2006, 167–194.

(b) Die unterschiedlichen Methoden der Schriftrezeption kulminieren also in einem hermeneutischen Grundprinzip der Johannesapokalypse: Die Rezeption von Referenztexten aus den Schriften Israels ist in hohem Maße ein *Prozess kreativer Transformation*;[10] diesen gestaltenden Rezeptionsprozess[11] umschreibt Martin Karrer mit der passenden Metapher der „Einschmelzung".[12] Die rezipierten Texte begegnen nicht anders als im Text der Johannesapokalypse; die Rezeptionen werden *ihr* Text – sie werden zur „Sicht" des Sehers, wie es die Selbstdarstellung des Werkes als „Schrift" („geschrieben in diesem Buch": 22,18.19; s.a. 1,3.11 sowie die Schreibbefehle: 1,19; 19,9; 21,5) belegt. Die Frage nach einer methodisch kontrollierten Bestimmung der Referenztexte bleibt auf der methodologischen und kriteriologischen Ebene aufzuarbeiten – der folgende Beitrag will hierzu eine Standortbestimmung leisten – und auf der materialen Seite weiter voranzutreiben, da an dieser Stelle ein Mangel an Konsens zu beklagen ist.[13]

(c) Die Sättigung des Apokalypsetextes mit Schrift-Referenzen ist methodisch gesprochen nicht nur ein Problem der Textrezeption oder der Textproduktion, sondern in besonderer Weise eine *rezeptionsästhetische Fragestellung*.[14] Wie zu sehen ist, verzichtet der Seher auf jegliche Form expliziter,

---

10 M. Labahn, Die Septuaginta und die Johannesapokalypse. Möglichkeiten und Grenzen einer Verhältnisbestimmung im Spiegel von kreativer Intertextualität und Textentwicklungen, in: J. Frey/J. A. Kelhoffer/F. Tóth (Hgg.), Die Johannesapokalypse: Kontexte und Konzepte/The Revelation of John: Contexts and Concepts, WUNT, Tübingen 2010 (im Erscheinen).

11 Das Phänomen des offenen, aktualisierenden und somit kreativen Umgangs mit der Schrift ist auch im Bereich der zeitgenössischen jüdischen Schriftrezeption zu beobachten; vgl. z. B. B. Fuss, „Dies ist die Zeit, von der geschrieben ist […]". Die expliziten Zitate aus dem Buch Hosea in den Handschriften von Qumran und im Neuen Testament, NTA.NF 37, Münster 2000; F. Wilk, Die Bedeutung des Jesajabuches für Paulus, FRLANT 179, Göttingen 1998.

12 M. Karrer, Von der Apokalypse zu Ezechiel. Der Ezechieltext der Apokalypse, in: D. Sänger (Hg.), Das Ezechielbuch in der Johannesoffenbarung, BThSt 76, Neukirchen-Vluyn 2004, 84–120, 88: „Deren Autor (der Johannesapokalypse; ML.) versteht seine Tätigkeit als Wiedergabe einer von ihm (seinen Angaben nach) geschauten Visions- und Auditionsreihe, die frühere Schriften nicht zitiert, sondern in den neuen Formulierungshorizont einschmilzt (1,11.19 u.ö.)".

13 Eine konsensorientierte Kriteriologie, wie sie J. Paulien, Criteria and the Assessment of Allusions to the Old Testament in the Book of Revelation, in: S. Moyise (Ed.), Studies in the Book of Revelation, Edinburgh 2001, 113–129, 128 (5), vorschlägt, bleibt m.E. allerdings zu vermeiden, da sich die Entscheidung am Text nicht an den Beobachtungen über ihn, sondern an der Interpretation von diesem zu orientieren hat.

14 Zu Methodik und Fragestellung vgl. z.B. P. Harner, Relation Analysis of the Fourth Gospel: A Study in Reader-Response Criticism, Lewiston, NY 1993; E. V. McKnight, Reader-Response Criticism, in S. L. McKenzie/S. R. Haynes (Edd.), To Each Its Own Meaning. An Introduction to Biblical Criticisms and their Application, Louisville, KY, 1999, 230–252; S.

durch Zitationsformel eingeleitete Textzitation, ohne dass auf der formalen Ebene zitationsartige Rezeptionen ausgeschlossen sind (dazu unten). Die in hohem Maße als ‚verdeckt' oder als ‚indirekt' zu bezeichnenden Rezeptions-formen stellen sogar die Frage, ob der Text seine Adressaten überhaupt in einen intertextuellen Prozess einführen will oder ob sein Text die Vollendung der „Schrift(en)" als neue „Schrift" ist.[15]

Demgegenüber animiert der Text durch seine hohe Konzentration von un-übersehbaren Namen, Themen und Motiven aus den Schriften, die trotz Schriftrezeption als Verschmelzung sichtbar sind, seine Leser und Leserinnen zu intertextuellen Konstruktionen.[16] Die Einzelanalyse zeigt zudem, dass ne-ben dem Ignorieren des Kontextes im Rezeptionstext in beachtenswerten Bei-spielen auch die Kontexte der Referenztexte aufgenommen oder variiert wer-den oder dass Korrekturen, Neukonstruktionen und Travestien der Rezeptions-texte im Referenztext stattfinden.[17] Beide Aspekte lassen innerhalb der Ver-schmelzung auch ein Spiel mit den Referenzen feststellen, das die Frage nach ihrer implizierten Erkennbarkeit wach hält. Methodisch ist dieses Phänomen nicht durch die Spekulation über „reale" Verständnismöglichkeiten und Ver-stehensbedingungen textexterner/realer Leser und Leserinnen zu lösen, son-dern die Frage nach der Konstruktion des „impliziten Lesers" als durch den Text selbst gestellte Aufgabe ist als Funktion der Interpretation der Schriftre-zeption weiterhin vorgegeben. Der weiter zu intensivierenden Analyse der Schrifthermeneutik entspricht die Notwendigkeit, ein angemessenes rezepti-

---

Moore, Literary Criticism and the Gospels: The Theoretical Challenge, New Haven, ND 1992.

15 Nicht unerheblich an dieser Interpretation beteiligt ist die Textsicherung durch die sogenann-te Kanonformel oder „Textsicherungsformel"; vgl. hierzu z. B. T. Hieke/T. Nicklas, „Die Worte der Prophetie dieses Buches". Offenbarung 22,6–21 als Schlussstein der christlichen Bibel Alten und Neuen Testaments gelesen, BThSt 62, Neukirchen-Vluyn 2003, 69ff; M. Til-ly, Textsicherung und Prophetie. Beobachtungen zur Septuaginta-Rezeption in Apk 22,18f, in: F. W. Horn/M. Wolter (Hgg.), Studien zur Johannesoffenbarung. FS O. Böcher, Neukir-chen-Vluyn 2005, 232–247.

16 Vgl. z.B. die Hinweise bei S. Moyise, Evoking Scripture. Seeing the Old Testament in the New, London 2008, 123f., auf „activating ‚allusions'". Diese Begriffsprägung geht zurück auf Z. Ben-Porat, The Poetic of Literary Allusion, PTL: A Journal for Descriptive Poetics and Theory of Literature 1, 1976, 105–128. Die Idee steht für folgendes Konzept von Anspie-lung im Kontext einer rezeptionsästhetischen Theorie: „The author places in the text a ‚marker' or ‚sign', inviting readers to ‚activate' the text by seeking meaningful connections. By definition, it points to a dynamic process which is not easily captured by a single rhetori-cal or theological purpose" (Moyise, ebd.).

17 Auch Beale, Book of Revelation, 85, macht darauf aufmerksam, dass es „varying degrees of context usage of OT passages" in der Johannesapokalypse gibt; vgl. seine Darstellung und Analyse des Problems: a.a.O., 81–86.

onsästhetisches Modell der Schriftreferenzen der Johannesapokalypse zu entwickeln.

Neben den grundlegenden hermeneutischen Fragen stellt sich eine Reihe *materieller Fragen*, die ebenfalls kaum als abschließend geklärt betrachtet werden können.

(a) Beeindruckend ist die Breite der *Formen von Schriftrezeption*. Von dem Extrem, dass nur mehr eine Collage atl. Themen und Bilder in der rhetorisch-kreativen Adaption des Sehers zu vernehmen ist, reicht die Schriftrezeption bis hin zu auffälligen Wort- und Syntaxübereinstimmungen. Das folgende Spektrum benennt wichtige Elemente der Schriften Israels:

Anspielungen,
Echos,[18]
Namen, Motive, Themen und Bilder,[19] narrative Abbreviaturen,[20]
Erzählstrukturen[21] und plots

---

18 Zur Kategorie des „Echos" zur Bestimmung von Textrezeption vgl. R. B. Hays, Echoes of Scripture in the Letters of Paul, Edinburgh 1989.

19 In diesem Bereich ist die Literatur nahezu unüberschaubar: Beispiele sind etwa das Motiv des Hochbetagten in Apk 1,13ff.; 4 (A. Vonach, Der Hochbetagte und sein Umfeld. Von prophetischen Theophanien zu christologischen Epiphanien, in: K. Huber/B. Repschinsky [Hgg.], Im Geist und in der Wahrheit. Studien zum Johannesevangelium und zur Offenbarung des Johannes sowie andere Beiträge. FS M. Hasitschka SJ zum 65. Geburtstag, NTA.NF 52, Münster 2008, 307–330).

20 Zum Konzept der narrativen Abbreviatur vgl. J. Straub, Geschichten erzählen, Geschichte bilden. Grundzüge einer narrativen Psychologie historischer Sinnbildung, in: ders., Erzählung, Identität und historisches Bewußtsein, stw 1402, 1998, 81–169, 123; ders., Temporale Orientierung und narrative Kompetenz. Zeit- und erzähltheoretische Grundlagen einer Psychologie biographischer und historischer Sinnbildung, in: J. Rüsen (Hg.), Geschichtsbewußtsein. Psychologische Grundlagen, Entwicklungskonzepte, empirische Befunde, Beiträge zur Geschichtskultur 21, Köln u.a. 2001, 15–44, 23; s. a. E. Reinmuth, Allegorese und Intertextualität. Narrative Abbreviaturen der Adam-Geschichte bei Paulus (Röm 1,18–29), in: S. Alkier/R. B. Hays (Hgg.), Die Bibel im Dialog der Schriften. Konzepte intertextueller Bibellektüre, NET 10, Tübingen/Basel 2005, 57–69: 57–61.

Beispiele sind die Verweise auf Sodom und Ägypten in Apk 11,8. Die große Stadt wird durch ἥτις καλεῖται nicht wörtlich als Sodom und Ägypten definiert. Vielmehr zeigt das Adverb πνευματικῶς, dass an einen Verstehensprozess im Horizont der atl. Geschichten um Sodom und Ägypten appelliert wird, in denen diese Städte jeweils negativ konnotiert sind. Die Appellstruktur setzt einen Rezeptionsvorgang in Bewegung, bei dem die Rezipienten die Schnittmenge zwischen Referenztext als den in den Städtenamen präsenten Erzählkontexten und Rezeptionstext so gestalten sollen, dass die große Stadt als Ort von Sünde, Gottesferne und wohl auch Untergang verstanden wird.

21 Z.B. vergleicht Karrer, Von der Apokalypse zu Ezechiel, die Textstrukturen der Johannesapokalypse und des Ezechielbuches, um festzustellen, „dass die Apk im großen Duktus der

(b) Neben diesen freien indirekten Rezeptionsformen ist weithin das Problem der Zitationen aufgefallen. Als eigentümliche Rezeptionsform ist mit wenigen

„unmarkierten" Zitaten

zu rechnen. Dies gilt es im Folgenden zu begründen:

Mit der Bezeichnung „unmarkierte" Zitate ist zunächst auf ein Negativresultat der Analyse der Schriftrezeption in der Johannesapokalypse hingewiesen: Sie weist keine durch eine metasprachliche Eingangsformulierung, eine *formula quotationis*, eingeleiteten Zitate auf. Dass allerdings das Phänomen „Zitat" der Johannesapokalypse gänzlich fehlt, wie es in vielen Publikationen behauptet wird, ist so kaum zutreffend. Es ist vielmehr zu betonen, dass es alternative Formen der Zitateinleitung bzw. Passagen gibt, die einen Referenztext so weit gehend abbilden, dass dies als hinreichendes Zitatmerkmal anzusehen ist;[22] die Kursivierungen verschiedener Passagen im Text des Novum Testamentum Graece (NA[27]) zeigen,[23] dass seine Bearbeiter dies zumindest erwogen haben.

Die Referenzen bei NA[27] sind allerdings von höchst unterschiedlicher Qualität und Evidenz. Eine Wendung wie κύριος ὁ θεὸς ὁ παντοκράτωρ (Apk 4,8 → Am 3,13) ist beispielsweise derart unspezifisch (vgl. Hos 12,6; Am 3,13; 4,13; 5,8.14.15.16.27; 9,5.6.15; Nah 3,5; Sach 10,3), dass die sprachliche Übereinstimmung eine Bewertung als Anspielung nicht hinreichend begründbar werden lässt. Bei Hos 10,8 (Apk 6,16) ist wohl auch nicht über die Bestimmung als Anspielung mit „hoher Evidenz" aufgrund der Quantität der Wortübereinstimmung hinauszugehen. Die sprachliche Dichte der Rezeption von Zeph 3,13 in Apk 14,5 (καὶ ἐν τῷ στόματι

Abfolge von p[967] näher steht, das aber einmal zugunsten des A- und B- bzw. protomasoretischen Textes durchbricht (Ez 37,10 in Apk 20,4). Damit spricht sehr viel dafür, dass die Apk als Leittext einem zu p[967] verwandten LXX-Text folgte, aber außerdem die Umstellung der protomasoretischen und A-B-Textform kannte" (Karrer, Ezechielbuch, in D. Sänger, 117).

22 Zur Rolle der Zitationsformel für die Definition des Zitats vgl. I. Schweikle, Art. Zitat, in: G. Schweikle/I. Schweikle (Hgg.), Metzler Literaturlexikon. Begriffe und Definitionen, Stuttgart ²1990, 511.

23 Apk 1,7 (Dan 7,13; Sach 12,10); 2,27 (Ps 2,9); 4,8 (Jes 6,3; Am 3,13); 6,16 (Hos 10,8); 7,16 (Jes 49,10).17 (Jes 25,8); 11,11 (Ez 37,5.10); 14,5 (Zeph 3,13; Jes 53,9); 15,3 (Ps 111,2; 139,14; Am 3,13; 4,13; Dtn 32,4; Ps 145,15; Jer 10,7).4 (Jer 10,7; Ps 86,9); 19,5 (Ps 2,9); 20,9 (2Kön 1,10.12); 21,4 (Jes 25,8). 7 (2Sam 7,14; Ez 11,20).
Im Projektverlauf werden die in NA[27] und andere als unmarkierte Zitate diskutierte Texte darauf geprüft, ob sie durch Markierungen der Hss. (Diplé) als Zitate bestimmt wurden. Das Ergebnis ist bislang nahezu durchweg negativ; zu den Diplés vgl. Kap. II des vorliegenden Sammelbandes.

αὐτῶν οὐκ εὑρέθη ψεῦδος[24]) könnte hingegen als (unmarkiertes) Zitat anerkannt werden. Sieben Worte sind aufgenommen, eins wird durch ein Substantiv mit analoger Bedeutung ersetzt und die Reihenfolge ist nur leicht variiert ohne sachliche Differenz. Über weitere Texte mit ähnlich hohem Maß an sprachlich-grammatikalischer Übereinstimmung, die den Umfang bloßer Anspielung überschreiten, ist das Gespräch zu führen.[25]

Die Forschung stellt angesichts des Phänomens von Texten mit sprachlich-grammatikalischer Übereinstimmung, die den Umfang bloßer Anspielung überschreitet, die etwas missverständliche Bezeichnung eines „unmarkierten Zitats" bereit.[26] Die Stichworte „unmarked" (Moyise) oder „unmarkiert", wie es vom Wuppertaler DFG-Projekt „Einflüsse der Septuaginta in der Apokalypse des Johannes" benutzt wird, beziehen sich auf die Absenz der expliziten Einführung des Zitats in Form einer *formula quotationis*. Das Stichwort „unmarked"/„unmarkiert" bestreitet nicht das textuelle Phänomen von „Markierung"[27] im Sinne eines Signals der Textrezeption, wie es eine hohe verbale Übereinstimmung abbildet.

(c) Neben der Erkenntnis der durchgängigen intensiven Sättigung des Apokalypsetextes mit den formal unterschiedlichen Rezeptionen von atl. Referenztexten fällt auf, dass alle großen Bereiche der biblischen Schriften, Gesetz, Propheten und Psalmen (so Lk 24,44: [...] τὰ γεγραμμένα ἐν τῷ νόμῳ Μωϋσέως καὶ τοῖς προφήταις καὶ ψαλμοῖς [...]), Aufnahme finden,[28] wenngleich durchaus Schwerpunkte besonders intensiver Nutzung einzelner Bücher

---

24   Zeph 3,13: οἱ κατάλοιποι τοῦ Ισραηλ, καὶ οὐ ποιήσουσιν ἀδικίαν καὶ οὐ λαλήσουσιν μάταια, <u>καὶ οὐ μὴ εὑρεθῇ ἐν τῷ στόματι αὐτῶν</u> γλῶσσα δολία, διότι αὐτοὶ νεμήσονται καὶ κοιτασθήσονται, καὶ οὐκ ἔσται ὁ ἐκφοβῶν αὐτούς. Beale/McDonough, Revelation, 1131, sprechen trotz der hohen sprachlichen Übereinstimmung nur von einer „allusion". Eine ähnliche sprachlich dichte Übereinstimmung bietet auch Jes 53,9: καὶ δώσω τοὺς πονηροὺς ἀντὶ τῆς ταφῆς αὐτοῦ καὶ τοὺς πλουσίους ἀντὶ τοῦ θανάτου αὐτοῦ· ὅτι ἀνομίαν οὐκ ἐποίησεν, <u>οὐδὲ εὑρέθη</u> δόλος <u>ἐν τῷ στόματι αὐτοῦ</u>.

25   S.u. S. 353.

26   S. Moyise, The Psalms in the Book of Revelation, in: S. Moyise/M. J. J. Menken (Edd.), The Psalms in the New Testament, The New Testament and the Scriptures of Israel, London 2004, 231–246, 231, bestimmt dieses Phänomen von Markierung als „verbal affinity to known sources". Tilly, Textsicherung und Prophetie, 232, verwendet in Unterscheidung zu den „mit den üblichen Formeln explizit als solches" eingeführten Passagen den Begriff „implizite Zitate".

27   Zur Markierung in der Intertextualitätsdiskussion vgl. grundlegend J. Helbig, Intertextualität und Markierung. Untersuchungen zur Systematik und Funktion der Signalisierung von Intertextualität, Beiträge zur neueren Literaturgeschichte III/141, Heidelberg 1996.

28   Vgl. z.B. Swete, Commentary on Revelation, cliii; etwas anders urteilt E. Lohmeyer, Die Offenbarung des Johannes, HAT 16, Tübingen ²1953, 195, der neben Schwerpunktsetzungen auch Lücken der Rezeption benennt.

ausgemacht werden können; z.b. Jesaja,[29] Ezechiel,[30] Sacharja[31] oder herausragend Daniel.[32] Solche Felder intensiver Schriftverwendung liegen in Schnittmengen der Darstellung begründet; diese reichen von Enderwartung, Darstellungen des himmlischen Thrones und verwandter Phänomene bis zu Heils- und Gerichtsansagen und Erwartungen.

(d) Im Zusammenhang mit in der Johannesapokalypse verwendeten Textformen ist auch die Frage von Interesse, ob und welche Schriften des sogenannten LXX-Kanons aufgenommen werden, auch wenn zur Zeit der Abfassung der Johannesapokalypse der Kanonbegriff mit Zurückhaltung und Vorsicht zu benutzen ist. Obwohl nicht alle in der in NA[27] aufgelisteten Referenzbelege[33] als Anspielungen verstanden werden können, scheint der Seher Baruch

---

29 Vgl. bes. J. Fekkes III, Isaiah and Prophetic Traditions in the Book of Revelation. Visionary Antecedents and their Development, JSNT.S 93, Sheffield 1994; ders., Isaiah and the Book of Revelation. John the Prophet as a Fourth Isaiah?, in: C. Mathews McGinnis/P. K. Tull (Edd.), „As Those who are Taught". The Interpretation of Isaiah from the LXX to the SBL, SBL.Symp. Series 27, Atlanta, GA, 2006, 125–143; s.a. J. Van Ruiten, The Intertextual Relationship Between Isaiah 65,17–20 and Revelation 21,1–5b, EstB 51, 1993, 473–510.

30 Vgl. bes. die Untersuchungen von J. M. Vogelgesang, The Interpretation of Ezekiel in the Book of Revelation (Ph.D. Dissertation), Cambridge, MA, 1985; J.-P. Ruiz, Ezekiel in the Apocalypse: The Transformation of Prophetic Language in Revelation 16,17–19,10, EHS 23/376, Frankfurt u.a. 1989; B. Kowalski, Die Rezeption des Propheten Ezechiel in der Offenbarung des Johannes, SBB 52, Stuttgart 2004, sowie Sänger (Hg.), Das Ezechielbuch in der Johannesoffenbarung; s.a. I. K. Boxall, Exile, Prophet, Visionary: Ezekiel's Influence on the Book of Revelation, in: H. J. De Jonge/J. Tromp (Edd.), The Book of Ezekiel and its Influence, Aldershot u.a. 2007, 147–164.

31 Vgl. z.B. M. Jauhiainen, The Use of Zechariah in Revelation, WUNT II/199, Tübingen 2005; s.a. S. Hübenthal, Transformation und Aktualisierung. Zur Rezeption von Sach 9–14 im Neuen Testament, SBB 57, Stuttgart 2006.

32 Vgl. bes. G. K. Beale, The Use of Daniel in Jewish Apocalyptic Literature and in the Revelation of St. John, Lanham, NY, 1984, *passim*, s.a. ders., The Use of Daniel in the Synoptic Eschatological Discourse and in the Book of Revelation, in: D. Wenham (Ed.), The Jesus Tradition Outside the Gospels, Gospel Perspectives 5, Sheffield 1985, 129–153.

33 Der Appendix *Loci citati vel allegati* des NA[27] nennt relativ wenige mögliche Bezüge zwischen der Apk und den Schriften, die nur in der LXX stehen: 2Makk (2,4–8: Apk 2,17; 11,19; 3,25: Apk 19,11; 10,7: Apk 7,9; 11,8: Apk 19,11; 13,4: Apk 17,14; 19,16; 13,14: Apk 2,10); 3Makk (2,3: Apk 4,11; 5,35: Apk 17,14); Tobit (12,12: Apk 8,3; 13,17: Apk 21,19f.; 13,18: Apk 19,1); Baruch (4,35: Apk 18,2); Sirach (16,12: Apk 20,12f.; 18,1: Apk 1,18; 4,11; 39,29: Apk 8,7); SapSal (1,14: Apk 4,11; 16,9: Apk 9,3; 16,22: Apk 8,7; 18,14: Apk 8,1; 18,16[15]: Apk 2,12); PsSal (8,2: Apk 19,1; 14,3: Apk 22,2; 17,23f.: Apk 2,27; 17,43: Apk 3,18). Aus 1Makk wird in dieser Liste keine Rezeption vermerkt; hier ist jedoch 1Makk 6,22 zu Apk 6,10 zu bedenken, das mehr als ein Beispiel für ein „type scene" (Aune, Revelation I, 408; s.a. L.L. Thompson, Revelation, ANTC, Nashville, TN, 1998, 104), ist.

(4,35 mit Jes^{LXX} 13,21f.[34] in Apk 18,2[35]), 1Makk (6,22 in Apk 6,10[36]) und 3Makk (2,11 in 19,11[37]) gekannt und an sie angespielt zu haben, wie es die sprachlich-syntaktischen und inhaltlichen genuinen Kohärenzen belegen. In die LXX eingehende Schriften gehören damit in jedem Fall zum Wahrnehmungskreis des Sehers, unabhängig davon, ob er nun bei den ursprünglich

---

34 Den Bezug auf Jes 13,21f. betonen z.B. D. E. Aune, Revelation, 3 Bde., WBC, 52 A–C, Dallas, TX, 1997/1998, 986: „allusion"; Beale, Book of Revelation, 894.

35 Genannt bei Thompson, Revelation, 167, als „common image for divine judgement of a city"; s.a. S. S. Smalley, The Revelation To John. A Commentary on the Greek Text of the Apocalypse, London 2005, 444.

36 Apk 6,10 wird oft als Rezeption von Sach 1,12, verstanden (z. B. E. F. Lupieri, A Commentary on the Apocalypse of John, Italian Texts and Studies on Religion and Society, Grand Rapids, MI/Cambridge 1999, 145; W. J. Harrington, Revelation, Sacra Pagina Series, Collegeville, MN, 1993, 93); eine Alternative bildet 4Esra 4,35f.: A. Satake, Die Offenbarung des Johannes, KEK 16, Göttingen 2008, 222. Das Sacharja-Buch ist ein verifizierbarer Hintergrund der Johannesoffenbarung; besonders die Verbindung zwischen Apk 6 und Sach 6 aufgrund des Auftretens der vier Pferde kann als ausgewiesen gelten. Somit sind zwei Kriterien für eine mögliche Anspielung wenigstens formal erfüllt. (1) Das biblische Buch ist dem Autor/Text bekannt und (2) es wird mehrfach, mithin im unmittelbaren Kontext verwendet. Weitere Kriterien sind (3) die Anrede, die an Gott gerichtet seine Mächtigkeit als ὁ δεσπότης ὁ ἅγιος καὶ ἀλητινός bzw. als κύριος παντοκράτωρ heraushebt, sowie die sachliche Analogie, die (4) in der Bitte um Beendigung eines göttlich verantworteten Schadenhandelns liegt.

    Einspruch gegen das Verständnis als Anspielung ist in drei Richtungen zu erheben, und diese Einwände sind m. E. entscheidend: (1) wenigstens im griechischen Text liegt keine sprachliche Identität bei den *keywords* vor und weitere sprachliche Analogien fehlen. (2) Die Klage ἕως πότε begegnet in anderen atl.-jüdischen Texten in analogen Zusammenhängen z.B.: 1Makk 6,22 καὶ ἐπορεύθησαν πρὸς τὸν βασιλέα καὶ εἶπον ἕως πότε οὐ ποιήσῃ κρίσιν καὶ ἐκδικήσεις τοὺς ἀδελφοὺς ἡμῶν. Hier findet sich eine weitere sachliche und sprachliche Übereinstimmung, vergleicht man den Bezugspunkt der Klage „wie lange" von οὐ κρίνεις καὶ ἐκδικεῖς τὸ αἷμα ἡμῶν ἐκ τῶν κατοικούντων ἐπὶ τῆς γῆς in Apk 6,10 mit dem οὐ ποιήσῃ κρίσιν καὶ ἐκδικήσεις τοὺς ἀδελφοὺς ἡμῶν in 1Makk 6,22. Ferner zeigt sich besonders in Klagepsalmen, dass eine Argumentation aufgrund der Wendung „wie lange (noch)" keine hinreichende Sicherheit für den Nachweis einer Anspielung auf einen konkreten Prätext bietet (vgl. Ps^{LXX} 4,3; 6,4; 12,2^{bis}.3; 61,4; 73,10; 78,5; 79,5; 81,2; 88,47; 89,13; 93,3^{bis} jeweils ἕως πότε). (3) Findet sich zwischen MT und LXX die Differenz צבאות und παντοκράτωρ, so wäre bei der Vorliebe des Sehers für die Bezeichnung παντοκράτωρ (neun der zehn NT-Belege finden sich in Apk) in beiden Fällen als Anrede παντοκράτωρ zu erwarten; die abweichende Verwendung von ὁ δεσπότης ist m.E. das stärkste Indiz, dass der Seher nicht auf Sach 1,12 zurückgreift, wo diese Herrscheranrede gerade verwendet wird.

    Die Prüfung zeigt, dass sich ein weiterer Text mit zusätzlichen sprachlichen Konvergenzen als diskutable Anspielung präsentiert: 1Makk 6,22. Dieser Text bietet sich trotz unterschiedlicher Adressaten der Klage als möglicher Referenztext für Apk 6,10 an, da οὐ ποιήσῃ κρίσιν καὶ ἐκδικήσεις in Analogie zum οὐ κρίνεις καὶ ἐκδικεῖς stehen; eine besondere Behandlung dieses Bezuges ist in Vorbereitung.

37 S.a. Smalley, The Revelation To John, 488.

hebräischen Schriften den in seiner Zeit umlaufenden protomasoretischen hebräischen Text oder griechische Übertragungen bevorzugt.

2. Drei Problemfelder: Referenztexte, Textformen und hand- schriftliche Überlieferung

Die in der Aufarbeitung der Forschungsleistungen beschriebenen Rezeptions- techniken, die auf die „Verschmelzung" der Referenztexte in den Rezeptions- text zielen, stellen vor methodisch nur schwierig zu bewältigende Aufgaben, denen sich die Forschung vor allem in den vergangenen Jahrzehnten verstärkt gestellt hat.

In diesem Abschnitt konkretisieren wir das Phänomen der Schriftrezeption der Johannesapokalypse an drei Problemfeldern mit Textbeispielen. Die drei Komplexe kreisen um die Identifikation von sprachlich-syntaktisch nachweis- baren Rezeptionsformen („Anspielungen", „unmarkierten Zitate"), um die Bestimmung der rezipierten Textformen und die Entwicklung der Textüberlie- ferung.

2.1 Die Identifikation der Referenztexte und ihre Bestimmung als Anspielung bzw. Zitat

2.1.1 Beschreibung des Problemfeldes am Beispiel der Überlappung von Referenztexten

Das Problem der Identifikation der Referenztexte innerhalb der Schriftrezepti- on kann durch das Beispiel der Überlappung von Referenztexten illustriert werden. Der Seher *kombiniert mehrfach souverän verschiedenartige Referenz- texte aus unterschiedlichen Schriften in einem einzelnen, syntaktisch trennba- ren Rezeptionsbereich*, so dass die Interferenzen dieser Überlagerungen mit- samt der Kreativität des Sehers eine Identifikation *des* Prätextes schwierig bis gelegentlich nahezu unmöglich machen:[38]

> „In his own particular way the author of Revelation combines texts and im- ages of OT into an individual narrative. Consequently, it is not easy to make a distinction between an allusion to one specific text on the one hand, and the

---

38 Diese Problematik thematisiert besonders S. Moyise, The Language of the Old Testament in the Apocalypse, JSNT 76, 1999, 97–113.

existence of a theme, an idea or a symbol which is not derived from one specific text on the other".[39]

Ein Beispiel aus dem „noisy book"[40] des Sehers ist die wie eine Posaune „große" Stimme, also der laute Klang, den der Seher nach Apk 1,10 hinter sich hört: ἤκουσα ὀπίσω μου φωνὴν μεγάλην ὡς σάλπιγγος. Zwei mögliche Referenztexte bieten sich an:

Ex 19,16 (ἐγίνοντο φωναὶ καὶ ἀστραπαὶ καὶ νεφέλη γνοφώδης ἐπ'ὄρους Σινα φωνὴ τῆς σάλπιγγος ἤχει μέγα· καὶ ἐπτοήθη πᾶς ὁ λαὸς ὁ ἐν τῇ παρεμβολῇ)

und

Ez 3,12 (καὶ ἀνέλαβέν με πνεῦμα, καὶ ἤκουσα κατόπισθέν μου φωνὴν σεισμοῦ μεγάλου Εὐλογημένη ἡ δόξα κυρίου ἐκ τοῦ τόπου αὐτοῦ).

Beide Texte werden in der Forschung als Referenztext bestimmt:

Aune: „[…] this phrase may be an allusion to Ez 3,12".[41]
Beale/McDonough: „[…] evoking the same voice that Mose heard when Yahweh revealed himself to him on Mount Sinai (Exod. 19:16, 19–20)".[42]

---

39 Van Ruiten, The Intertextual Relationship, 474. Zu diesem Phänomen vgl. Beale, Book of Revelation, 79–81; Beale/McDonough, Revelation, 1083–1085; Labahn, Die Septuaginta und die Johannesapokalypse, Abschn. 2.4.
   Eine Übersicht über „Mischanspielungen" aus den umfassenden und einflussreichen Bereichen Ezechiel, Jesaja und Daniel bietet Kowalski, Rezeption des Propheten Ezechiel, 73–83; s.a. L. H. Vos, Synoptic Traditions in the Apocalypse, Kampen 1965, 39f. Die Lösung von Beate Kowalski, die zwischen primären Bezugsversen (Plural!) und Con-Versen unterscheidet, ist eine wichtige methodische Innovation (Kowalski, Rezeption des Propheten Ezechiel, 72f.), auch wenn sie selbst im Sinne ihrer Studie die Ezechiel-Rezeption zumeist als den je gewichtigen Einfluss deutet.

40 J. L. Resseguie, The Revelation of John. A Narrative Commentary, Grand Rapids, MI, 2009, 73.

41 Aune, Revelation I, 84; s. a. Kowalski, Die Rezeption des Propheten Ezechiel, 83–86, die Ez 2,2 einen Einfluss als „Con-Vers" zubilligt, der sich vor allem auf 1,10a bezieht; Harrington, Revelation, 50; Satake, Die Offenbarung des Johannes, 140: „Vorlage"!; Smalley, The Revelation To John, 51; Vanhoye, L'utilisation du Livre d'Ezéchiel, 473. – Eine Nebenbemerkung: Ez^LXX 3,12 ist eine direkte Übersetzung von HT, dennoch sieht Charles, The Revelation of St. John I, 23, seine These des hebräischen Einflusses bei der Anspielung auf Ez 3,12 bestätigt.

42 Beale/McDonough, Revelation, 1091; s. a. R. H. Mounce, The Book of Revelation, NICNT, ²1997, 56 Anm. 11.

Giesen: „[...] Audition, die sich an Ez 3,12 [vgl. Ex
19,16.19–20] orientiert, [...]"[43]

Beide Schrifttexte werden also getrennt, aber auch kombiniert als Referenztexte bestimmt, wobei von den zuvor zitierten Voten nur Aune Ez 3,12 als eine Anspielung bestimmt. Im Folgenden wird die sprachliche Schnittmenge auf den Referenzbereich begrenzt dargestellt:

Apk 1,10b: [...] <u>καὶ ἤκουσα ὀπίσω μου φωνὴν μεγάλην</u> ὡς σάλπιγγος
Ex 19,16:   [...] φωνὴ τῆς σάλπιγγος ἤχει μέγα ...
Ez 3,12:   [...] <u>καὶ ἤκουσα κατόπισθέν μου φωνὴν</u> σεισμοῦ μεγάλου [...]

Ohne Zweifel ist im Kernbereich des Referenzfeldes die sprachliche Schnittmenge zwischen Apk 1,10 und Ez 3,12 frappant. Sechs der acht Worte haben ein Vorbild/Äquivalent bei Ezechiel und würden damit sechs der sieben Worte des Referenztextes aufnehmen. Vier Worte stimmen in Form und grammatikalischer Struktur überein, wobei die Differenz zwischen ὀπίσω (dreimal in Apk von 35 NT-Belegen) und κατόπισθεν (im NT nicht belegt) sich mit einer sprachlichen Änderung um die ntl. Zeit oder dem sprachlichen Stil der Johannesapokalypse erklären lässt – jedenfalls ist diese Veränderung dem Rezeptionsvorgang zuzuschreiben. Die Verwendung von Ez 3,12 lässt sich zudem durch eine Schnittmenge des Kontextes zwischen Referenz- und Rezeptionstext begreifen.

Ez 3,12 berichtet, dass der Geist den Propheten aufnimmt (καὶ ἀνέλαβέν με πνεῦμα; s. a. 3,14), was in dem „Sein"[44] im Geist (ἐγενόμην ἐν πνεύματι) von Apk 1,10a eine gewisse Parallele hat. Die wesentliche Differenz liegt im jeweiligen geographischen Zielpunkt des Wirkens des Geistes. Der Prophet wird von der Gotteserscheinung, deren eigene Wegbewegung mit Theophanieelementen sicht- und hörbar im Text inszeniert wird, weggerissen[45] und kehrt an seinen irdischen Aufenthaltsort zurück, zu den Verbannten am Fluss Chebar; der erzählte Seher der Johannesapokalypse wird in die gegenteilige Richtung in den Himmel bewegt, wo ihm die Christophanie zuteil wird. Die Summe von sprachlichen, grammatikalischen und inhaltlichen Indizien lässt

---

43   H. Giesen, Die Offenbarung des Johannes, RNT, Regensburg 1997, 86.

44   Das „Sein" ist keine ontologische, sondern eine dynamische Aktionsform, die oft als „ergriffen werden" gedeutet wird; z.B. Satake, Die Offenbarung des Johannes, 140. Treffend ist die Wendung ἐγενόμην ἐν πνεύματι als „Zustand der Entrückung, der den Zugang zur überirdischen Welt eröffnet", umschrieben; so T. Holtz, Die Offenbarung des Johannes, hrsg. v. K.-W. Niebuhr, NTD 11, Göttingen 2008, 27.

45   Zum Verständnis von Ez 3,12ff. vgl. W. Zimmerli, Ezechiel 1–24, BK 13/1, Neukirchen-Vluyn 1960, 82f.

Ez 3,12 als eine Anspielung von hoher Evidenz verstehen. Die unterschiedliche Bewegungsrichtung seines Aktanden unterstreicht der Erzähler durch selektierende und verändernde Rezeption.

Die Relation zu Ex 19,16 ist inhaltlich analog hergestellt, insofern es sich um die Nähe des Göttlichen und ein damit verbundenes Offenbarungsgeschehen am Sinai handelt. Sprachlich haben drei der fünf Worte Entsprechungen in Apk 1,10, was im Rezeptionstext das Verhältnis von drei zu acht ergibt. Der Posaunenhall ist in Ex 19 Teil des Epiphaniegeschehens, in Apk 1 aber durch das ὡς als Vergleich gekennzeichnet, was durch die Häufigkeit der distanzierenden und den bildhaften Charakter unterstreichenden Vergleichspartikel in der Johannesapokalypse[46] nicht als Argument gegen eine Rezeption, sondern für die kreative Gestaltung durch den Seher zu betrachten ist.

Stellt man in Rechnung, dass die Verbindung der Posaune mit einem Adjektiv des semantischen Feldes ‚groß' und φωνή kein stehendes Motiv ist,[47] dann beansprucht die Möglichkeit, Ex 19,16 als möglichen Referenztext zu bestimmen und das gesamte Ensemble als Mischanspielung zu betrachten, einige Wahrscheinlichkeit; wollte man differenzieren, so wäre Ez 3,12 der Leittext, in den Ex 19,16 ‚eingeschmolzen' wurde, wobei dieses Konglomerat wiederum in den Bewegungs- bzw. Erzählablauf von Apk 1,10 ‚eingeschmolzen' wird.

Zusammenfassend lässt sich Ez 3,12 als leitende Anspielung bestimmen; die Möglichkeit einer Verschmelzung beider Referenztexte ist gegeben, wobei sich die zweite Annahme durch inhaltliche Parallelität stützen lässt. Die Sicherheit, mit der diese Annahme zu begründen ist, ist geringer, aber der Verlust an Evidenz ist auch in der Rezeptionstechnik begründet, in der zwei Referenzstellen so verbunden und „eingeschmolzen" werden, dass ein neuer und sinnvoller Rezeptionstext entsteht, in dem die Referenzgrößen schlicht zum Apokalypsetext werden.

Die Überlappung der beiden Referenztexte ist an die griechische Ausdrucksweise gebunden. So ergibt sich nach der erwähnten Benützung von Schriften des griechischen Judentums durch die Johannesapokalypse ein zweiter Hinweis darauf, wie wichtig dem Autor die Umsetzung der Schriften Israels ins griechische Sprachfeld ist.

---

46   Vgl. nur ὡς in Apk: 70 von 413 Belegen. So nach Abzug der Belege für ὡς als Konjunktion: Zahlen nach R. Morgenthaler, Statistik des neutestamentlichen Wortschatzes, Zürich /Frankfurt a. M. 1958, 157 und 159.

47   Der „Laut der Posaune" ist allerdings eine breit belegte semantische Kombination; z. B. Ex 19,19; 20,18; Lev 25,9; 2Sam 6,15 u.ö.

2.1.2 Die Aufgabe: Bestimmung von Anspielungen bzw. Zitaten

Die Überlappung von Referenztexten unterstreicht die Notwendigkeit gestaffelter, wissenschaftlich plausibilisierbarer Kriterien zur Bestimmung von Referenztexten. So ergibt sich im Wuppertaler Forschungsprojekt die Aufgabe einer Kennzeichnung und Identifikation von „Anspielungen" zwischen motivlichen Anleihen und der Rezeption eines Einzeltextes bei Beachtung der möglichen Präsenz ‚unmarkierter Zitate'.

Zu den Gesichtspunkten gehören dabei vorrangig Impulse des Autors, aber auch die Frage, ob frühe Leser Signale ihrer Kenntnisnahme einer Anspielung hinterlassen haben – Textüberlieferungen mit ihren Varianten und möglichen Textanpassungen sind ein Feld, solche Signale zu heben (vgl. Abschn. 2.3.3).

Beide Argumentationsketten sind textorientiert zu verstehen, da das Projekt nicht wie etwa bei Marko Jauhiainen ein auf Leser-Kompetenz orientiertes Konzept entwickelt,[48] sondern im Bereich aktueller Textvergleichung zu verorten ist.

2.1.3 Lösungsmodell: Kriterien und Kategorisierung von Referenzen

Die Liste der *Loci citati vel allegati* im Nestle-Aland Novum Testamentum Graece in der 27. Auflage (NA[27]) und vergleichbare Listen[49] enthalten sehr unterschiedliche Rezeptionsformen von begrifflichen Analogien, über Motive, narrative Abbreviationnen, Echos bis hin zu Anspielungen und unmarkierten Zitaten. Deshalb sind sie nur als ein Ausgangspunkt zu verwenden, von dem aus der nähere Untersuchungsgegenstand zu erschließen ist.

„Anspielung", der Leit-Terminus für die Referenz, ist dabei positiv und negativ zu bestimmen. Positiv markiert er einen sprachlich-syntaktisch wie

---

48 Jauhiainen, Use of Zechariah in Revelation; vgl. ders., „Behold, I am coming". The Use of Zechariah in Revelation, in: TynB 56, 2005, 157–160: 158.

49 Novum Testamentum Graece, post E. Nestle et E. Nestle communiter ed. B. et K. Aland, J. Karavidopolus, C. M. Martini, B. M. Metzger, Stuttgart: Deutsche Bibelgesellschaft, [27]1993, 772–806. Möglichkeiten zum Abgleich in der Weiterarbeit bieten noch E. Hühn, Die alttestamentlichen Citate und Reminiscenzen im Neuen Testament, Tübingen 1900; W. D. Dittmar, Vetus Testamentum in Novo. Die alttestamentlichen Parallelen des Neuen Testaments im Wortlaut der Urtexte und der Septuaginta, Göttingen 1903. Des Weiteren enthalten verschiedene, vor allem ältere Kommentare Auflistungen wichtiger Referenztexte; so bes.: Swete, Commentary on Revelation, cxl–cliii (eine Liste, die ausdrücklich als „not exhaustive" gekennzeichnet ist). Materialübersichten bietet, oft in Auseinandersetzung mit der Auflistung in NA[27], auch die in Anm. 5 genannte Spezialliteratur. Die für das von H. Hübner initiierte Projekt Vetus Testamentum in Novo entstehende Liste ist noch nicht druckfertig geordnet und konnte vom Wuppertaler Projekt nur gesprächsweise einbezogen werden.

sachlich-inhaltlich erkennbaren intertextuellen Bezug. Negativ wird „Anspielung" (engl. „allusion") in diesem heuristischen und am Textvergleich orientierten Modell nicht als Begriff der Adressatenlenkung verwendet; welche rezeptionssteuernde Funktion den in den Text der Johannesapokalypse eingeschmolzenen Anspielungen zukommt, ist eine Folgerung aus ihrer Identifikation, nicht Basis derselben.

2.1.3.1 Kriterien

Folgende Bestimmung der Anspielungen bewährt sich im Wuppertaler Projekt und seiner Datenbank:

(1) Als „Anspielung" wird eine Textpassage identifiziert, die eine konkrete sprachliche Übereinstimmung (mindestens zwei signifikante Worte[50]) zwischen Referenz- und Rezeptionstext (sogenannte: „keywords" oder Schlüsselbegriffe) aufweist. Unterstützende Plausibilität erhält die Bestimmung als Anspielung, wenn eine analoge grammatikalische Struktur vorliegt.

Der sprachliche Vergleich konzentriert sich auf den jeweiligen Kernbereich einer möglichen Anspielung. So ergibt sich ein klareres Bild, wie Qualität und Quantität der Aufnahme des Referenztextes im Rezeptionstext bestimmt werden können. In einer Anspielung können durchaus Motive oder Bildprogramme aus verschiedenen Referenztexten zusammengefügt sein, die es je für sich zu analysieren gilt.

(2) „Signifikant" bedeutet, dass die übereinstimmenden Worte zwischen Referenz- und Rezeptionstext *im Unterschied zu einem stehenden Begriff oder*

50　Zu dieser „Minimalbedingung" s.a. Kowalski, Rezeption des Propheten Ezechiel, 61. Diese Bestimmung stellt ein klassisches Minimalkriterium für den Aufweis einer literarischen Relation dar; vgl. z.B. I. Dunderberg, Johannes und die Synoptiker. Studien zu Joh 1–9, AASF.DHL 69, Helsinki 1994, 26f. In Bezug auf das Verhältnis Johannes und die Synoptiker auch J. Frey, Das Vierte Evangelium auf dem Hintergrund der älteren Evangelientradition. Zum Problem: Johannes und die Synoptiker, in: T. Söding (Hg.), Das Johannesevangelium – Mitte oder Rand des Kanons? Neue Standortbestimmungen, QD 203, Freiburg 2003, 60–118, 79f., und J. Pichler, Jesus vor Pilatus. Zum Verhältnis der Passionserzählungen von Johannes und Lukas, in: K. Huber/B. Repschinsky (Hgg.), Im Geist und in der Wahrheit. Studien zum Johannesevangelium und zur Offenbarung des Johannes sowie andere Beiträge. FS M. Hasitschka SJ zum 65. Geburtstag, NTA.NF 52, Münster 2008, 169–200, 174. T. Nagel, Die Rezeption des Johannesevangeliums im 2. Jahrhundert. Studien zur vorirenäischen Aneignung und Auslegung des vierten Evangeliums in christlicher und christlich-gnostischer Literatur, ABG 2, Leipzig 2000, 41f. (für Nagel spielt die Erkennbarkeit bei den Adressaten eine herausragende Rolle).

Motiv als *Besonderheit* beiden Texten gemeinsam sind. Eine solche Besonderheit sind im zugespitzten Falle Solözismen.[51]

(3) Die Kriterien (1) und (2) haben eine besondere Bedeutung für die Differenzierung zwischen Anspielung und (unmarkiertem) Zitat, da Letzteres in der Johannesapokalypse nicht durch eine *formula quotationis* gekennzeichnet ist.[52] Gegenüber der Anspielung hebt sich ein Zitat durch ein hohes Maß an sprachlicher Kohärenz zum Prätext ab, die durch syntaktische Parallelität gestützt sein muss. Die Identität muss die sprachliche Struktur einbeziehen und mehr als zwei Worte umgreifen.

Neben den grundlegenden Merkmalen zur Feststellung einer Anspielung sind zum Zitat weitere Evidenzen erforderlich. Beispiele für (unmarkierte) Zitate sind Ps 2,9 in Apk 2,26b–27;[53] 19,15 (auch 12,5?);[54] 2Kön 1,10 in Apk 20,9; Zeph 3,13 in Apk 14,5.[55]

---

51 G.K. Beale, Solecisms in the Apocalypse as Signals for the Presence of Old Testament Allusions. A Selective Analysis of Revelation 1–22, in: C.A. Evans/J.A. Sanders (Edd.), Early Christian Interpretation of the Scriptures of Israel. Investigations and Proposals, JSNT.S 148 = Studies in Scripture in Early Judaism and Christianity 5, Sheffield 1997, 421–446.

52 Gelegentlich mögen metasprachliche Formen der Redeeinleitung an die Stelle der *formula quotationis* treten; z.B. Mal 3,1 (ἰδοὺ ἐγὼ ἐξαποστέλλω τὸν ἄγγελόν μου, καὶ ἐπιβλέψεται ὁδὸν πρὸ προσώπου μου, καὶ ἐξαίφνης ἥξει εἰς τὸν ναὸν (ἑαυτοῦ) κύριος, ὃν ὑμεῖς ζητεῖτε καὶ ὁ ἄγγελος τῆς διαθήκης ὃν ὑμεῖς θέλετε· ἰδοὺ ἔρχεται λέγει κύριος παντοκράτωρ.) in Apk 22,16a (Ἐγὼ Ἰησοῦς ἔπεμψα τὸν ἄγγελόν μου μαρτυρῆσαι ὑμῖν ταῦτα ἐπὶ ταῖς ἐκκλησίαις.). Die sprachliche Kohärenz zwischen Mal 3,1 und Apk 22,16 ist signifikant, da von fünf Worten vier identisch sind und lediglich das in beiden Texten präsente Verb des Sendens variiert ist. Vom Sprachbefund her müsste sogar geprüft werden, ob es sich hier um ein freies (bzw. im oben genannten Sinn „unmarkiertes") Zitat handelt. Zu beachten ist, dass das Senden eines Boten in direkter Rede ein sprachliches Spezifikum von Mal 3,1 (λέγει κύριος παντοκράτωρ) ist. Der erhöhte Kyrios Ἰησοῦς ist der Sendende nach Apk 22,16a.

53 Zu Apk 2,26b–27 als Beleg für LXX-Rezeption s.u. S. 364.

54 Zur Interpretation von Ps 2,9 in der Johannesapokalypse z. B. S. Witetschek, Der Lieblingspsalm des Sehers: Die Verwendung von Ps 2 in der Johannesapokalypse, in: M. A. Knibb (Ed.), The Septuagint and Messianism, BEThL 195, Leuven 2006, 487–502: 494–502, der die sprachliche Freiheit von Apk 12,5 bedenkt (a.a.O., 498f.), sich aber sonst nicht zum Problem der Rezeptionsform äußert.

55 Vgl. hierzu auch M. Labahn, Ausharren im Leben, um vom Baum des Lebens zu essen und ewig zu leben. Zur Textform und Auslegung der Paradiesgeschichte der Genesis in der Apokalypse des Johannes und deren Textgeschichte, in: H. Ausloos/B. Lemmelijn/M. Vervenne [Edd.], Florilegium Lovaniense. Studies in Septuagint and Textual Criticism in Honour of Florentino García Martínez, BEThL 224, Leuven 2008, 291–316, 298); Apk 7,1: Ez 7,2; Apk 10,10: Ez 3,14; Apk 18,18: Ez 27,32; Apk 21,7: Ez 11,20.

(4) Die Mehrfachverwendung eines gesicherten Referenztextes bzw. der Schrift, der dieser Referenztext entstammt, macht auch weitere Wiederverwendungen dieses Textes bzw. Textkomplexes wahrscheinlich (Kriterium zur Bestimmung von „echoes" bei Hays[56]).

Ein anschauliches Beispiel für dieses Kriterium stellt Apk 6,14 dar. Aufgrund des hohen Maßes an sprachlicher Übereinstimmung zwischen V.14a und Jes 34,4a[57] kann von einer Anspielung mit hoher Evidenz gehandelt werden.[58] Die sprachlichen und sachlichen Übereinstimmungen zwischen Jes 34,4 und Apk 6,14 umfassen die gesamte Wendung καὶ ὁ οὐρανός [...] ὡς βιβλίον ἑλισσόμενον. Spannend ist, dass das zweite Thema aus Jes 34,4[59] in Apk 6,13 angespielt wird, allerdings ist die Referenz wesentlich versteckter.[60] Kann der Bezug von Apk 6,14 auf Jes 34,4 als sicher gelten, so ergibt sich im Blick auf Apk 6,13 ein Folgeschluss. Es fällt auf, dass Stichworte und das Grundmotiv auch von Jes^{LXX} 34,4b (Mt 34,4c) in Apk 6,13 begegnen (Fallen der Sterne, Vergleich mit ὡς, der Feigenbaum, das Fallen von Objekten des Feigenbaums). Das Problem ist hier die größere Freiheit der Rezeption, die bei der Verwendung von ἀστήρ gegen ἀστρόν in Jes 34,4 beginnt. Das Substantiv ἀστρόν begegnet allerdings nur viermal im Neuen Testament, nie in der Johannesapokalypse; der Seher verwendet hingegen ἀστήρ 14mal (von 24 ntl. Belegen). Die Veränderung ist somit aufgrund der Sprache des Sehers erklärbar. Andere Änderungen sind auf das Konto der Erzählfreude des Sehers zu buchen, der aus dem Fallen der Blätter das Fallen der Früchte durch das Blasen der (Herbst-) Winde macht. Als Indiz unterstützt das Kriterium der Mehrfachreferenz auf einen Text bzw. Textkomplex die sprachlichen Beobachtungen.

(5) Neben der sprachlichen Übereinstimmung sind sachlich-inhaltliche Übereinstimmungen/Analogien zwischen Referenztext und Rezeptionstext zu beachten sowie der Kontext des Referenztextes auf möglichen Einfluss hin zu prüfen.

---

56 Zum Kriterium der Mehrfachverwendung eines Prätextes als Intertexualitätsmarker vgl. Hays, Echoes of Scripture, 29–32, der das Kriterium „of availability and recurrence" anführt.

57 Apk 6,14a: καὶ <u>ὁ οὐρανὸς</u> ἀπεχωρίσθη <u>ὡς βιβλίον</u> <u>ἑλισσόμενον</u>
    Jes 34,4a: καὶ <u>ἑλιγήσεται ὁ οὐρανὸς ὡς βιβλίον</u>.

58 Vgl. z.B. Aune, Revelation I, 415 „allusion"; Beale/McDonough, Revelation, 1104: „the most formative influence [...] is Isa 34:4".

59 Zur Bedeutung der jes. Darstellung des Strafgerichts über Idumäa (Kap. 34) s.a. Jes 34,(9–)10 in Apk 14,11.

60 Apk 6,13   καὶ <u>οἱ ἀστέρες τοῦ οὐρανοῦ</u> <u>ἔπεσαν</u> εἰς τὴν γῆν,
             ὡς <u>συκῆ</u> βάλλει τοὺς ὀλύνθους αὐτῆς ὑπὸ ἀνέμου μεγάλου σειομένη,
    Jes 34,4b–c <u>καὶ</u> πάντα τὰ <u>ἄστρα</u> <u>πεσεῖται</u> ὡς φύλλα ἐξ ἀμπέλου
             καὶ ὡς πίπτει φύλλα ἀπὸ <u>συκῆς</u>.

Dass Kontexte der Referenztexte im Rezeptionstext teils abgewandelt, teils in Entsprechung aufgenommen werden, ist bereits betont worden.[61] Das Indiz hat stützende Funktion etwa dann, wenn der Rezeptionstext mit dem Referenztext eine generelle inhaltliche Schnittmenge aufweist.

Beispiel: In Apk 2,23 droht der Erhöhte den Anhängern der Isebel ἀποκτενῶ ἐν θανάτῳ. Diese Wendung erinnert an Ez 33,27.[62] Auch wenn die sprachliche Übereinstimmung nur zwei Worte umfasst, ist aufgrund der breiten Ezechiel-Rezeption der Apk die Möglichkeit einer Anspielung zu erörtern. Zwar bildet Apk 2,23 die grammatische Konstruktion von Ez 33,27 nicht völlig deckungsgleich ab, aber der Dativ wird durch das instrumentale ἐν nachgebildet. θανάτῳ in der Bedeutung der Pest wird verschieden konstruiert, öfter mit πατάσσω, aber nur in Ez 33,27 mit ἀποκτείνω, so dass die Wendung durch (1) ihre Einzigartigkeit,[63] (2) die sprachliche Kohärenz und (3) die häufige Ezechiel-Rezeption als Anspielung gelten kann. (4) Als weiteres Indiz kommt die inhaltliche Übereinstimmung hinzu, dass beide Passagen Gerichtsansagen enthalten, auch wenn diese in der Johannesapokalypse der erhöhte Christus und nicht Gott spricht.

Je dichter die inhaltlich-sachlichen Übereinstimmungen sind, desto höher ist das Gewicht dieses Kriteriums anzusetzen.

(6) Auch die *Intratextualität* der Johannesoffenbarung, ihre Sprache, ihr Stil und ihre Bilderwelt können als ein Kriterium für Rezeption gewertet werden. Denn die Rezeption von Referenztexten erfolgt zwar zumeist kreativ, gestaltend und somit „einschmelzend", aber gelegentlich lassen sich im Zusammenhang des Gesamttextes Besonderheiten feststellen, die sich durch den Abgleich mit einem Referenztext erklären können und somit dessen Rezeption plausibel machen.

Die inhaltliche, sachliche und narrative Kohärenz innerhalb der Johannesapokalypse bildet damit einen Hintergrund, um intratextuelle Besonderheiten wahrzunehmen, die eventuell auf den Einfluss von Referenztexten zurückzuführen sind; dies gilt analog für Abweichungen gegenüber dem Stil des Textes. Die Johannesapokalypse ist durch einen Sprachstil aus Wiederholungen und Variationen geprägt. Variationen lassen sich dabei als Markierungen auffassen,

---

61 S.o. S. 343. Ein anschauliches Beispiel für die Auslegung des Gesamtkontextes eines Referenztextes im Rezeptionsvers ist Apk 2,7; vgl. Labahn, Ausharren im Leben, 291–316; für einen kritischen Dialog mit dem Kontext des Referenztextes steht die Aufnahme von Hos 12,8(9) in Apk 3,17; hierzu Labahn, Die Septuaginta und die Johannesapokalypse, Abschn. 3.4.1.

62 Apk 2,23a καὶ τὰ τέκνα αὐτῆς <u>ἀποκτενῶ ἐν θανάτῳ</u>.
Ez 33,27 ζῶ ἐγώ εἰ μὴν οἱ ἐν ταῖς ἠρημωμέναις μαχαίρᾳ πεσοῦνται, καὶ οἱ ἐπὶ προσώπου τοῦ πεδίου τοῖς θηρίοις τοῦ ἀγροῦ δοθήσονται εἰς κατάβρωμα, καὶ τοὺς ἐν ταῖς τετειχισμέναις καὶ τοὺς ἐν τοῖς σπηλαίοις <u>θανάτῳ ἀποκτενῶ</u>.

63 Kowalski, Die Rezeption des Propheten Ezechiel, 99.

die als neue Interpretationen, weiterführendende Gedanken, aber auch als Rezeptionssignale verstanden werden können, die einen Bezug zu einem Referenztext herstellen. Umgekehrt wurde seit langem in sprachlichen Härten innerhalb des Textes ein Signal für die Abhängigkeit von den Schriften Israels gefunden.[64]

Zwei Beispiele für Abweichungen von Sprache und Stil des Sehers als unterstützende Indizien für die Identifizierung eines Referenztextes als Anspielung seien genannt:

(a) *Die Rezeption von Ps 140(141),2 in Apk 5,8:*[65]
Die sprachliche Übereinstimmung zwischen dem Psalmen- und dem Apokalypse-Text beschränkt sich auf zwei Worte (προσευχή, θυμίαμα),[66] was für die Bestimmung als Anspielung ein schmaler Bereich ist. Hinzuzurechnen ist allerdings die Person des Beters, die sich in Ps^{LXX} als „Ich" des frommen Beters und in der Johannesoffenbarung als die Heiligen konkretisiert. Das anonyme „Ich" ist offen für eine Konkretisierung, wie sie in der Johannesapokalypse durch die Erwähnung der Heiligen erfolgt. Stellt man dies in Rechnung, so liegt eine deutlich höhere Qualität und Quantität im Kernbereich des Rezeptionstextes vor: φιάλας [...] γεμούσας θυμιαμάτων, αἵ εἰσιν αἱ προσευχαὶ τῶν ἁγίων.
Wichtiges Indiz für eine mögliche Rezeption ist die Identifikation bzw. Wertung des Gebetes als Weihrauch, der in der Johannesoffenbarung die explizite Identifizierung im Relativsatz entspricht. In Apk 5,8 werden die vier Lebewesen und Älteste mit Harfen und Schalen voller Weihrauch, der mit den „Gebeten der Heiligen" identifiziert wird, ausgestattet. Diese Gleichsetzung ist in der Apokalypse singulär und weicht sprachlich von Apk 8,3f. ab, wo der Weihrauch nicht mit den Gebeten identifiziert, sondern zusammen mit diesen (ταῖς προσευχαῖς τῶν ἁγίων als *dativus sociativus*[67]) dargebracht wird.
Die Differenz weist auf den möglichen Einfluss durch Ps 141,2 in Apk 5,8 hin. In Ps 141,2 sind Weihrauch (θυμίαμα) und Gebet (προσευχή) ebenfalls

---

64 E. Lohse, Die alttestamentliche Sprache des Sehers Johannes, in: ders., Die Einheit des Neuen Testaments. Exegetische Studien zur Theologie des Neuen Testaments, Göttingen 1973, 329–333, 330.

65 Aune, Revelation I, 358: „The origin of this metaphorical interpretation is found in Ps 141:2 (MT 141:3)"; s. a. Harrington, Revelation, 85; Resseguie, The Revelation of John, 120.

66 Apk 5,8: [...] ἔχοντες ἕκαστος κιθάραν καὶ φιάλας χρυσᾶς γεμούσας θυμιαμάτων, αἵ εἰσιν αἱ προσευχαὶ τῶν ἁγίων,
Ps 141(140),2: κατευθυνθήτω ἡ προσευχή μου ὡς θυμίαμα ἐνώπιόν σου, ἔπαρσις τῶν χειρῶν μου θυσία ἑσπερινή.

67 Mit Aune, Revelation II, 483.

gleichgesetzt, wobei die Spiritualisierung des Räucherwerks wie in Apk 8,3f. den Zugang des Gebets zu Gott illustriert. Der Seher rezipiert Ps 141,2, wobei er beide Aspekte seines Referenztextes aufnimmt und in zwei Kontexten jeweils einsetzt; die näher am Psalmtext stehende Identifikation des Weihrauchs mit dem Gebet erfolgt vor der freieren Referenz und signalisiert die Rezeption, Apk 8,3f. variiert die Aufnahme wiederum auf dem Hintergrund des Prätextes.

(b) *Die Rezeption von Dtn 32,43 in Apk 12,12*:[68]

Nach Kampf und Sieg über den Drachen im Himmel wird in Apk 12,10–12a ein himmlischer Jubel über den Untergang des Drachens als Ankläger angestimmt: er endet mit der Aufforderung zur Freude des Himmels und aller seiner Bewohner: διὰ τοῦτο εὐφραίνεσθε,[69] οὐρανοὶ καὶ οἱ ἐν αὐτοῖς σκηνοῦντες. Ein wichtiges Signal, dass der Seher von einer Tradition oder einem anderen Text abhängig ist, gibt der sprachliche Befund zur Verwendung von οὐρανός in der Johannesoffenbarung, da nur hier der Plural verwendet wird, sonst aber durchgängig, selbst mit unterschiedlichen Bezugsgrößen, der Singular.[70] Es gibt m.E. keinen anderen überzeugenden Grund für die Anomalie als die Rezeption eines Referenztextes,[71] auch wenn sich dabei mehrere mögliche Kan-

---

68 Aune, Revelation II, 703: „This page probably alludes to LXX Deut 32:43, freely reformed, since the initial summons for the heavens to rejoice is paired with an appeal for heavenly beings to respond to God in worship"; s. a. Smalley, The Revelation To John, 328f. Anders z.B. Lupieri, A Commentary on the Apocalypse of John, 198: "reference to Isa 49:13 (LXX)", oder Mounce, The Book of Revelation, 239: „[…] echoes such exclamations as Isa 49:13 […] and Ps 96:11 […]".

69 Mit Sinaiticus, Ephraemi, P 024, 1854, 2053, 2339, der Koine-Gruppe des Mehrheitstextes sowie der Textrekonstruktion in NA[25].

70 Vgl. die folgende Übersicht:

οὐρανός	6,14; 20,11; 21,1
οὐρανοῦ	3,12; 6,13; 8,10; 9,1; 10,1.4.8; 11,12.13; 12,4; 13,13; 14,2.13; 16,11.21; 18,1.4.5; 19,1; 20,1.9; 21,2.10
οὐρανῷ	4,1.2; 5,3.13; 8,1; 11,15.19; 12,1.3.7.8.10; 13,6; 14,17; 15,1.5; 19,14
οὐρανόν	10,5.6 ; 11,6.12; 14,7; 19,11; 21,1
οὐρανέ	18,20
οὐρανοί	12,12

Der Seher gebraucht das Substantiv an 51 von 52 Stellen im Singular, wobei der Numerus sowohl für das Himmelsgewölbe als auch für den Aufenthaltsort Gottes verwendet wird; diese Differenz ist dem Seher deutlich, wie er in 21,2.10 erkennen lässt. Apk 12,12 verwendet hingegen singulär den Plural.

71 Zur Argumentation (allerdings mit Bestimmung eines anderen Referenztextes) s.a. Lupieri, A Commentary on the Apocalypse of John, 198. Auch Satake, Die Offenbarung des Johannes, 290 Anm. 423, verweist aufgrund des Plurals darauf, dass die Wendung „traditionell" ist, aber er denkt dabei lediglich an eine „Grundstruktur", die 12,12 mit 18,20 verbindet und in

didaten anbieten, die sprachliche Schnittmenge sehr schmal ist und sich zudem der Übergang zu einem Motiv zeigt.[72] Die methodische Prämisse der Singularität eines Bezugstextes wäre in diesem Falle zu Gunsten der sprachlichen Besonderheit im Text der Johannesoffenbarung zu relativieren.

Dtn 32,43 ragt unter den zu diskutierenden Referenztexten heraus, da es mehrere inhaltliche Faktoren gibt, die eine Rezeption des Deuteronomiumtextes begründen lassen:

(ba)   Die Frage von Apk 6,10 (ἕως πότε, ὁ δεσπότης ὁ ἅγιος καὶ ἀληθινός, οὐ κρίνεις καὶ ἐκδικεῖς τὸ αἷμα ἡμῶν ἐκ τῶν κατοικούντων ἐπὶ τῆς γῆς;) geht mit Dtn 32,43 (καὶ ἐκδικήσει καὶ ἀνταποδώσει δίκην τοῖς ἐχθροῖς, καὶ τοῖς μισοῦσιν ἀνταποδώσει, καὶ ἐκκαθαριεῖ κύριος τὴν γῆν τοῦ λαοῦ αὐτοῦ.) parallel, so dass die Referenz auf Dtn 32,43 den himmlischen Jubel über den Sturz des Anklägers als eine erste Antwort auf die Aufforderung zu Gottes Handeln gäbe.

(bb)   Dtn 32,43 führt den Jubelaufruf weiter: καὶ προσκυνησάτωσαν αὐτῷ πάντες υἱοὶ θεοῦ[73]. Mit Aune lässt sich in den Gottessöhnen ein Signal sehen, das der Seher als Hinweis auf Himmelswesen frei ausdeuten könnte.

„Jes 49,13; vgl. Jes 44,23; Dtn 32,43; 4Q176 Frg 1–2 2,1–2 u.a." begegnet. Eine Struktur kann aber nicht eine bestimmte sprachliche Form erklären.

72   Folgende Referenztexte bieten sich an:
     Dtn 32,43
     εὐφράνθητε, οὐρανοί, ἅμα αὐτῷ καὶ προσκυνησάτωσαν αὐτῷ πάντες υἱοὶ θεοῦ· εὐφράνθητε ἔθνη μετὰ τοῦ λαοῦ αὐτοῦ, καὶ ἐνισχυσάτωσαν αὐτῷ πάντες ἄγγελοι θεοῦ· ὅτι τὸ αἷμα τῶν υἱῶν αὐτοῦ ἐκδικᾶται καὶ ἐκδικήσει, καὶ ἀνταποδώσει δίκην τοῖς ἐχθροῖς, καὶ τοῖς μισοῦσιν ἀνταποδώσει, καὶ ἐκκαθαριεῖ κύριος τὴν γῆν τοῦ λαοῦ αὐτοῦ.
     Jes 44,23
     εὐφράνθητε, οὐρανοί, ὅτι ἠλέησεν ὁ θεὸς τὸν Ισραηλ· σαλπίσατε, θεμέλια τῆς γῆς, βοήσατε, ὄρη εὐφροσύνην, οἱ βουνοὶ καὶ πάντα τὰ ξύλα τὰ ἐν αὐτοῖς, ὅτι ἐλυτρώσατο ὁ θεὸς τὸν Ιακωβ, καὶ Ισραηλ δοξασθήσεται.
     Ps 96(95),11
     εὐφραινέσθωσαν οἱ οὐρανοί, καὶ ἀγαλλιάσθω ἡ γῆ, σαλευθήτω ἡ θάλασσα καὶ τὸ πλήρωμα αὐτῆς·
     Weitere Belege im Singular könnten für die Aufforderung zum Jubel im Himmel genannt werden, erklären aber nicht den Plural des Apokalypsetextes: 1Chr 16,31 und Jes 45,8. Überhaupt zeigen diese Belege, dass die Referenz auf Sprache/Motivik nicht ausreicht, um den Wechsel vom gängigen Sprachgebrauch in den Plural zu begründen.

73   Angesichts der komplexen Überlieferungssituation von Dtn 32,43 besteht die Möglichkeit, dass der Seher mit seiner Referenz auf die himmlischen Wesen einen anderen, möglicherweise ursprünglicheren Dtn-Text gelesen hat, als ihn GÖ bietet. Für diesen Text ist als Parallele zu εὐφράνθητε οὐρανοί Engel Gottes zu lesen; vgl. R. Hanhart, Die Söhne Israels, die Söhne Gottes und die Engel in der Masora, in Qumran und in der Septuaginta. Ein letztes Kapitel aus „Israel in hellenistischer Zeit", in: C. Bultmann/W. Dietrich/C. Levin (Hgg.), Vergegenwärtigung des Alten Testaments. FS R. Smend, Göttingen 2002, 170–178, 171ff., sowie meinen Vortrag „The Five Books of the Law of Moses and the ‚Book' of John. Some

Trotz der sprachlichen Übereinstimmung mit Jes 49,13 kommt somit Dtn 32,43 eine höhere inhaltliche Kohärenz mit Apk 12,12 zu, so dass die Frage nach einer möglichen Anspielung vor dem Hintergrund des sprachlichen Stils des Sehers vorsichtig positiv mit Referenz auf Dtn 32,43 zu beantworten ist.

Die beiden zuvor dargestellten Beispiele zeigen, dass Differenzierungen bzw. Varianten innerhalb des Stils und der Darstellung der Johannesapokalypse als Kriterien für eine mögliche Anspielung Beachtung finden sollten. Anderseits verlangt der Hinweis auf die Intratextualiät der Johannesapokalypse Geltung, dass angesichts der Sprache, Stilistik, Motivik sowie der theologischen und christologischen Sinnstiftung der *Rezeptionsvorgang erläutert* werden kann.[74]

Um eine mögliche Anspielung zu identifizieren, ist eine *möglichst hohe Kriteriendichte* anzustreben. Dabei sind sprachlich-syntaktische Argumente und die dabei zu beobachtende Kohärenzdichte oder der Kohärenzmangel zum

---

Remarks on the Use of the Greek Pentateuch in the Revelation of John" bei der SBL 2009 in New Orleans, USA. Als Textbeleg kann 4Q44 = 4QDeut^q II Frg. 5ii l 6–7 (zu dessen Bedeutung für die Textgeschichte vgl. A. Lange, Handbuch der Textfunde vom Toten Meer. Band 1: Die Handschriften biblischer Bücher von Qumran und den anderen Fundorten, Tübingen 2009, 99f.: „Text […], der eng mit der hebräischen Vorlage der Dtn-LXX verbunden ist und eigenständige Tendenzen aufweist") gelten; s.a. Odae 2,43: εὐφράνθητε οὐρανοί ἅμα αὐτῷ/καὶ προσκυνησάτωσαν αὐτῷ πάντες οἱ ἄγγελοι θεοῦ.

74 Als Beleg kann die Überlagerung zweier Referenztexte in Apk 19,15 dienen, wobei die Diskussionslage äußerst komplex ist. Der Einfluss von Ps 2,9 ist ebenso präsent wie das Motiv vom Schwert aus dem Munde des Christus aus Jes 11,4b (καὶ <u>πατάξει</u> γῆν τῷ λόγῳ <u>τοῦ στόματος αὐτοῦ</u> καὶ ἐν πνεύματι διὰ χειλέων ἀνελεῖ ἀσεβῆ), das in dieser Form als eine Eigenbildung des Sehers betrachtet werden kann (Aune, 1060), auch wenn Vorbilder existieren. Ps 2,9 und Jes 11,4 überlagern sich auch in PsSal 17,24 (ἐν ῥάβδῳ σιδηρᾷ συντρῖψαι πᾶσαν ὑπόστασιν αὐτῶν [Ps 2,9] ὀλεθρεῦσαι ἔθνη παράνομα ἐν λόγῳ στόματος αὐτοῦ [Jes 11,4]). Mit der Kombination von Ps 2,9 und Jes 11,4 bewegt sich der Seher nach Ausweis von PsSal 17,24 im Gefälle jüdisch-christlicher messianischer Hermeneutik. Ps 2,9 verwendet er aber eigenständig, so dass die vorliegende Kombination nicht notwendig auf Verwendung von Tradition hinweist (s.a. Witetschek, Der Lieblingspsalm des Sehers, 496). Sprachlich ist die Schnittmenge zwischen Jes 11,4 und Apk 19,15 knapp, was aber durch die Überlagerung mit dem Schwertmotiv (möglicherweise Echo/Anspielung auf Jes 49,2 [hier nicht zu diskutieren]) und Ps 2,9 zu erklären ist. Jes 11,4 lässt sich dabei als Basis verstehen, in die die anderen Elemente eingefügt bzw. sachgemäß adaptiert wurden. Durch 19,14 wird die Beschreibung des Reiters unterbrochen, aber V.15 schließt wieder an die Beschreibung an, so dass das Ausgehen des Schwertes an den Anfang, die Funktion in das zweite Glied rutscht. Statt des „Wortes" (τῷ λόγῳ) findet sich das Schwert, das näher an den Stab des MT kommt und möglicherweise wieder eine Nachwirkung von HT signalisiert. Es tritt nun nach dem Modell des Schwertmotivs aus dem Mund heraus (Apk 1,16: ἐκ τοῦ στόματος αὐτοῦ ῥομφαία δίστομος ὀξεῖα ἐκπορευομένη). Die Funktionsbeschreibung nimmt das Schlagen auf und konkretisiert die „Erde" in Richtung auf die Völker.

So lässt sich die Verwendung von Jes 11,4 in einer intratextuellen *und* intertextuellen Interaktion transparent machen, so dass die Bewertung als mögliche Anspielung begründbar ist.

möglichen Referenztext das leitende Kriterium, zu dem die weiteren Kriterien insbesondere bei schwacher Kohärenz als unterstützende Indizien hinzukommen können und müssen. Nur bei hoher sprachlich-syntaktischer Dichte, wie bei einem „unmarkierten Zitat", wird man von einer Beweiskraft hinsichtlich der Rezeption sprechen können; alle weiteren Kriterien sind Teil eines methodisch kontrollierten Interpretationsgeschehens, das in hohem Maße von auf Konsens zielender Plausibilität geprägt ist. Das aus der Prüfung der Kriterien erreichte gestufte Maß an Plausibilität muss ebenfalls dokumentiert werden (s. den folgenden Abschnitt).

2.1.3.2 Kategorien

Mit Hilfe dieser Kriterien lassen sich Referenztexte bestimmen, wobei graduelle Differenzen hinsichtlich der Plausibilität der Bestimmung feststellbar sind, so dass zwischen eindeutigen, wahrscheinlichen und möglichen Anspielungen zu unterscheiden ist:

> In der Terminologie für die Wuppertaler Datenbank heißt dies:
> I: hohe Evidenz,
> II: Evidenz und
> III: begrenzte Evidenz.

Methodisch und inhaltlich ist diese Differenzierung mit der Kategorisierung von Beale zu vergleichen:

> „1. *Clear allusion*: the wording is almost identical to the OT source, shares some common core meaning, and could not likely have come from anywhere else.
> 2. *Probable allusion*: though the wording is not as close, it still contains an idea or wording that is uniquely traceable to the OT text or exhibits a structure of ideas uniquely traceable to the OT passage.
> 3. *Possible allusion*: the language is only generally similar to the purported source, echoing either its wording or concepts."[75]

Beales Beschreibung der dritten Kategorie entspricht allerdings eher der Vorstellung eines „Echos", wie wir sie bei Hays finden. Für die Kategorie der Anspielung ist auch bei begrenzter Evidenz dem sprachlichen Mindestkriterium zu genügen.

---

75 Beale, Book of Revelation, 78.

2.2 Identifikation der Textformen von Referenztexten

2.2.1 Beschreibung des Problemfeldes[76]

Die Frage, welcher Textform sich der Seher bei der Rezeption der Schriften bedient, ist kontrovers diskutiert.[77] Am pointiertesten zugunsten der LXX äußerte sich unlängst Michael Tilly.

> „Es kann als wahrscheinlich gelten, dass die Stellen, an denen der Text der Bibelzitate und Anspielungen in der Apk von der LXX abweicht, nicht auf die Benutzung einer hebräischen bzw. aramäischen Vorlage hinweisen. Solche Abweichungen lassen sich vielmehr dadurch erklären, dass hier entweder ein griechischer Bibeltext Verwendung fand, der sich von der späterhin im Christentum bestimmend gewordenen Texttradition unterschied, oder – und das ist am wahrscheinlichsten – dass der Verfasser ‚frei' zitierte und im Rahmen seiner kreativen schriftstellerischen Tätigkeit immer wieder kleinere Modifikationen seiner biblischen Traditionsstoffe vornahm."[78]

---

76 Eine problemorientierte Darstellung gibt Karrer, Von der Apokalypse zu Ezechiel, 99–101; s.a. Labahn, Die Septuaginta und die Johannesapokalypse, Abschn. 3.1: Erörterung der Rolle der unterschiedlichen Textformen für die Schriftrezeption des Sehers, insbesondere der Septuaginta.

77 Vgl. die Auseinandersetzung über die Textform bei Swete und Charles, wobei zunächst Charles größere Gefolgschaft erhielt: „John translated directly from the O. T. text. He did not quote from any Greek Version, though he was often influenced in his renderings by the LXX and another later Greek Version, a revised form of the o' (i.e. the LXX), which was subsequently revised and incorporated by Theodotion in his version" (Charles, Revelation of St. John, lxvi). Wichtig ist, dass Charles deutlich die Nähe der AT-Rezeption zur LXX und zu den LXX-Rezensionen des 1. Jh.s. n. Chr. erkennt und in seine Konzeption zu integrieren sucht, die den Seher als produktiven Rezipienten des hebräischen Textes versteht. Anders Swete in seinem Kommentar von 1906, der 1911 in dritter Auflage erschienen ist: the Apocalyptist generally availed himself of the Alexandrian version of the Old Testament. The familiar phraseology of the LXX meets us everywhere, and here and there we observe its peculiar renderings; […] On the other hand many of the references depart widely from the LXX, in particular words, where the writer of the Apocalypse has either rendered independently, or has used another version, or possibly a text of the LXX different from that which is found in our MSS" (Swete, Commentary on Revelation, cliv). Ein Einfluss des Hebräischen wird ausgeschlossen (a.a.O., clvi).

78 Tilly, Textsicherung und Prophetie, 232f.; s.a. ders., Deuteronomy in Revelation, in S. Moyise/M. J. J. Menken (Edd.), Deuteronomy in New Testament. The New Testament and the Scripture of Israel, LNTS 358, London 2007, 169–188, 169f. Den Einfluss der LXX betonen in der gegenwärtigen Diskussion auch: z. B. M. Reiser, Sprache und literarische Formen des Neuen Testaments. Eine Einführung, UTB 2197, Paderborn u.a. 2001, 85; Witetschek, Der Lieblingspsalm des Sehers, 502 u. ö.

Tatsächlich gibt es aufschlussreiche Beispiele, dass der LXX eindeutig ein
Vorrang einzuräumen ist, nämlich die Texte, wo die Apk mit LXX geht, aber
LXX von HT/MT abweicht; z. B.:

- Zeph 1,14f. in Apk 6,17: das ὅτι geht mit der Satzeinleitung in Apk 6,17
überein und könnte dabei sogar in die Rolle eines Zitatmarkers rücken;
- Ps 89(88),38 in Apk 1,5: auch wenn die Übersetzung des Niphal-Partizips
נֶאֱמָן durch das Adjektiv πιστός als sachgemäß gelten kann, ist die wörtliche
Entsprechung zwischen LXX und dem Text der Johannesapokalypse ein Signal, dass kein eigenständiger Rückgriff auf den hebräischen Text erfolgt bzw.
nachweisbar ist;
- Ps 2,9 in Apk 2,26b–27: in V.9 findet sich der herausstechendste Unterschied
zwischen LXX und MT; MT bietet רעע (q.: brechen/zerschlagen) und LXX
ποιμανεῖς, was eine Form von רעה statt רעע liest, wie es nach dem
unvokalisierten hebräischen Text möglich ist.[79]

Es kann aber auch mit der Rezeption eines zeitgenössischen von der LXX
abweichenden griechischen Textes gerechnet werden. Zudem ist der *direkte*
oder wenigstens *indirekte Einfluss hebräischer Textformen zu prüfen*.[80] Karrer
insistiert auf der noch offenen Entwicklung in den hebräischen und griechischen[81] Textformen und mahnt eine differenzierte Interpretation jenseits der
Alternativen hebräisch – griechisch an, die die Pluralität der Texttradition ernst
nimmt.[82] Dies schließt die Möglichkeit ein, dass die Rezeptionstexte der Johannesapokalypse ihrerseits diese Pluralität der Texte abbilden und von ihr
Zeugnis geben. Die Textbasis nötigt also dazu, die Frage nach den Textformen
im Horizont der Verschmelzung der Referenztexte offen zu halten. Eine einfa-

---

79   Das Verb רעע im qal wird nach Ausweis von T. Muraoka, Hebrew/Aramaic Index to the
     Septuagint. Keyed to Hatch-Redpath Concordance, Grand Rapids 1998, nie durch ποιμαίνω
     wiedergegeben. Die Verwendung von ποιμαίνω lässt aber für Apk 2,26f. deutlich einen
     LXX(-nahen) Text erwarten.

80   Eine vergleichbare, den hebräischen Einfluss wohl etwas zu stark gewichtende Forschungs-
     position vertritt U. Schnelle, Einleitung in das Neue Testament, UTB 1830, Göttingen ⁶2007,
     559: „Zitate und Anklänge sind teilweise von der LXX oder anderen späteren Übersetzungen
     beeinflusst, vielfach zeigt sich aber eine eigene Kenntnis des hebräischen oder aramäischen
     Textes".

81   Z. B. N. Fernandéz Marcos, The Septuagint in Context. Introduction to the Greek Versions of
     the Bible, Leiden 2000, 109–187; M. Tilly, Einführung in die Septuaginta, Einführung The-
     ologie, Darmstadt 2005, 81–92; s.a. S. Kreuzer, Towards the Old Greek. New Criteria for the
     Evaluation of the Recensions of the Septuagint (especially the Antiochene/Lucianic Text and
     the Kaige-Recension), in: M. K. H. Peters (Ed.), XIII Congress of the International Organiza-
     tion for the Septuagint and Cognate Studies, SBL.SCS 55, Atlanta 2008, 239–253.

82   Karrer, Von der Apokalypse zu Ezechiel, bes. 85.

che und exklusive Alternativentscheidung ist vor dem Textbefund nicht zu halten.

2.2.2 Die Aufgabe: Indizien griechischer und hebräisch-aramäischer Referenzen

Nach dem Gesagten bleibt die Frage gestellt, ob die Johannesoffenbarung die LXX, eine zeitgenössische griechische Textrezension oder hebraisierende Textformen rezipiert.[83]

Erkenntnismöglichkeiten sind gegeben und doch ist eine Grenze zu markieren: Die Rückfrage nach den Textformen macht in einem künstlichen Prozess die „Einschmelzung" der rezipierten Texte in die Johannesapokalypse rückgängig, um die Referenztexte in ihrer jeweiligen Textentwicklung zu betrachten. Die offene Rezeptionsform der Anspielung erweist sich aber als nicht sehr auskunftskräftig in Bezug auf konkrete Textformen. Namentlich ist bei der Übereinstimmung zwischen LXX und hebräischem Text im Referenztext eine Entscheidung über die Textform nahezu unmöglich. Als Argument ist dann allerdings zu gewichten, dass der griechischen Sprache des Gesamtdokuments auch im Blick auf den Referenztext der Vorzug zu geben sein wird.

Spielräume für eine Analyse der Textformen bieten die als Anspielung bestimmten Kerntexte mit sprachlich nachweisbarer Schnittmenge und Differenzen zum Referenztext. Wichtig wird das zumal, wenn sprachliche Differenzen auch zwischen den Textformen bemerkbar sind und zwar unter Beachtung ihrer jeweiligen Textgeschichte. Die Differenzen bzw. Bezüge der Rezeptionstexte zu den Referenztexten sind im Horizont des Sprachstils des Sehers mit der Textgeschichte der Referenztexte in Dialog zu bringen. So findet sich beispielsweise in Apk 1,7 ein griechischer Text, der an Dan 7,13θ´ erinnert.[84]

---

83 Aus der modernen Diskussion ist etwa auf B. Kowalski, Die Rezeption des Propheten Ezechiel, zu verweisen, die einen doppelten Einfluss aus hebräischem Text und der Septuaginta annimmt: „Der Verfasser der Offb hat den Wortlaut von Versen aus Ez in der LXX-Version ebenso gekannt wie Verse aus der Überlieferung des MT". Dieser doppelte Einfluss erkläre sich aus der Zweisprachigkeit des Sehers, der sich dieser Textformen durch das Gedächtnis bedient: „Eher wird man annehmen müssen, dass Johannes bilingual gewesen ist und sich Teile des AT in der Fassung des MT und andere in der LXX-Version in seinem Gedächtnis eingeprägt haben". Der Hinweis auf die Funktion des Gedächtnisses vermeidet die in der Tat irreführende Vorstellung des Sehers als Kopisten seiner atl. Prätexte, ohne dass dadurch die Frage der Identifizierbarkeit von Textformen und Handschriften als ihre Träger ausgeschlossen werden kann.

84 Apk 1,7a   Ἰδού   ἔρχεται μετὰ τῶν νεφελῶν [...]
    Dan 7,13   ἰδοὺ ἐπὶ τῶν νεφελῶν τοῦ οὐρανοῦ [...]   ἤρχετο
    Dan 7,13θ´   ἰδοὺ μετὰ τῶν νεφελῶν τοῦ οὐρανοῦ [...]   ἐρχόμενος.

Zudem steht auch die Rezeption von Sach 10,10.12 der θ'-Überlieferung nahe, die im Gegensatz zu LXX „den sie durchbohrt haben" liest (ὃν ἐξεκέντησαν)[85] und das Griechische dem hebräischen Text annähert (אֲשֶׁר־דָּקָרוּ). Die Johannespokalypse benützt hier eine Vorlage, die sich auf die θ'-Textgeschichte bezieht.[86]

Die Differenzen zwischen den Textformen halten daher im Dialog mit dem Rezeptionstext auch die Grundsatzfrage nach dem Verhältnis zu griechischen oder hebräischen Textformen des Referenztextes aufrecht. Diese forschungsgeschichtliche Grundalternative ist das Thema des folgenden Abschnittes.

2.2.3 Lösungsmodell: Anspielungen zwischen Texten und Gedächtnisräumen

Neben den möglichen Einflussnahmen unterschiedlicher griechischer Textformen bietet sich für das Hebräische ein Lösungsmodell an, das einen Einfluss des Gedächtnisses auf Tradierung und Bewahrung von Texten annimmt: *Das Hebräische wirkt als im Gedächtnisraum des Sehers bewahrte Erinnerung einflussreich auf den Text der Johannesapokalypse ein.*[87]

2.3 Die Überlieferung der Anspielungen
in den großen Bibelhandschriften des 4. Jh.s

2.3.1 Beschreibung des Problemfeldes

Anspielungen fordern die Überlieferung heraus. Denn Skriptorien können sie durch kleine Eingriffe verdichten oder umgekehrt auflösen. So ergibt sich die Frage, welchen Beitrag die Analyse der Textüberlieferung der Anspielungen für das Verständnis der Schriftrezeption des Sehers leisten kann.

---

85 Für Wilhelm Bousset ist diese Nähe noch ein Beleg für eine direkte Rezeption aus dem Hebräischen: Bousset, Offenbarung Johannis, 189, findet „deutliche Berührungen mit MT"; s.a. Charles, Revelation of St. John, lxviii.

86 Vgl. die Diskussion bei Labahn, Die Septuaginta und die Johannesapokalypse, Abschn. 3.4.3, mit Lit.; M. Karrer, Die Johannesoffenbarung als Brief. Studien zu ihrem literarischen, historischen und theologischen Ort, FRLANT, 140, Göttingen 1986, 121ff. Beachtenswert ist, dass die Sachrezeption auch in die Diskussion frühchristlicher Testimoniensammlungen hineinreicht, also die Frage nach in der Johannesoffenbarung verwendeten Textformen um eine weitere Tiefendimension erweitert; vgl. z.B. zu Apk 1,7 Holtz, Die Offenbarung des Johannes, 24.

87 So die These bei M. Labahn, Die Macht des Gedächtnisses (in diesem Band).

Freilich ist die gegenwärtige Rekonstruktion des Textes der Johannesapokalypse nicht über jeden wissenschaftlichen Zweifel erhaben.[88] Vielmehr lässt
sich erkennen, dass die komplizierte textgeschichtliche Situation der Johannesapokalypse[89] sich auch im Bereich der Schrift-Rezeption widerspiegelt. Auf
dieses Problem hat schon die kleine Studie „Die alttestamentliche Sprache des
Sehers Johannes" von Eduard Lohse ihren Finger gelegt.[90] Lohse sieht dabei
vor allem das Problem gestellt, dass die Benutzung biblischer Wendungen,
aber auch die Imitation biblischer Sprache zu einem sperrigen und fremdarti-
gen Text führt,[91] der von späteren Abschreibern griechisch überarbeitet bzw.
verbessert wird. D. h. Lohse sieht in der Textüberlieferung eine Bewegung
weg von der Sättigung durch atl. Sprache und Anspielungen hin zu einem
besseren griechischen Text und seiner höheren Verständlichkeit.[92]

Zu erwarten wären andererseits Verdeutlichungen und Anpassungen bzw.
ein Ausgleich mit dem Referenztext. Das Ausmaß solcher Anpassungen wäre
ein Zeugnis, inwieweit die Referenztexte von frühen realen Lesern erkannt
worden sind, und könnte klären, welche Linie die Beeinflussung nahm. Juan
Hernández jr. hat allerdings entsprechende Erwartungen hinsichtlich der Johannesoffenbarung deutlich gebremst. Für die Singulärlesarten im Codex
Alexandrinus stellt er fest:

88　Vgl. M. Karrer, Der Text der Johannesoffenbarung in Alexandrinus und Sinaiticus, in: A
　　Century of Knowledge in Early Christianity (40–140 AD). Ein Jahrhundert der Kenntnis im
　　frühen Christentum, erscheint Pretoria 2010, ders. Der Text der Johannesoffenbarung, in: J.
　　Frey/J. A. Kelhoffer/F. Tóth (Hgg.), Die Johannesapokalypse: Kontexte und Konzepte/The
　　Revelation of John: Contexts and Concepts, WUNT, Tübingen 2010 und andere Beiträge.

89　Noch immer grundlegend: J. Schmid, Studien zur Geschichte des griechischen Apokalypse-
　　Textes, MThSt 1, 1. Ergänzungsband, München 1955/1956. Für Einführungen in das Prob-
　　lem vgl. z.B. die textgeschichtlichen Abschnitte in den Kommentaren von Aune, Revelation
　　I, cxxxiv–clx, sowie grundlegend J. Hernández jr., Scribal Habits and Theological Influences
　　in the Apocalypse, WUNT II/218, Tübingen 2006, 1ff. 10ff; zur Arbeit von Hernández jr. s.a.
　　meine Besprechung in: EThL 83 (2007) 499–502.

90　Lohse, Die alttestamentliche Sprache, 329–333.

91　Die Sprache der Johannesapokalypse ist Teil der hermeneutischen Strategie, mit der sie das
　　eigentlich Unsichtbare, Unbekannte und Unzugängliche erzählt und darstellt, aber zugleich
　　deutlich macht, dass das Dargestellte das ganz Andere, das Transzendente ist. Es bedarf bib-
　　lischer und bildhafter Sprache, um dieses Andere darzustellen und so auch in der ἀποκάλυψις
　　daran zu erinnern, dass in ihr das Unsichtbare, Unbekannte und Unzugängliche sich der
　　menschlichen Welt offenbart.

92　Lohse, Die alttestamentliche Sprache, 330: „An den biblischen Wendungen hält er (der
　　Seher) selbst dann fest, wenn sie sich nicht mehr ganz in den Zusammenhang einfügen, in
　　den er sie nun hinein rücken möchte. Späteren Abschreibern sind solche Ausdrücke gelegent-
　　lich unverständlich erschienen und daher des Öfteren von ihnen korrigiert worden. Um an
　　solchen Stellen die durch die handschriftliche Überlieferung gegebenen Probleme richtig zu
　　lösen, muss daher stets in Rechnung gestellt werden, dass der Verfasser der Apokalypse in
　　einer vom AT geprägten Sprache schrieb".

„In only 1 place does the scribe of Codex Alexandrinus clearly harmonize to a text outside of the Apocalypse. This harmonization moves in the direction of the LXX, where the scribe brings John's depiction of one of the beasts of Revelation in line with the fourth beast of Daniel's vision (11:7)."[93]

Die referierten Forschungspositionen zeigen recht deutlich, dass die Schriftrezeptionen des Sehers im Verlauf der Textgeschichte zwar nicht unverändert geblieben sind, die Schreiberwerkstätten die Anspielungen aber weniger unterstrichen, sondern eher ignoriert (und durch Schreibversehen oder sprachlichstilistische Eingriffe verändert) haben. Annäherungen an den Referenztext werden dadurch als Ausnahmen besonders interessant.

2.3.2 Die Aufgabe: Einbezug der Textentwicklung

Wie bereits im forschungsgeschichtlichen Teil bedacht, sind in der Fortentwicklung des Textes angesichts des offenen Charakters der Anspielungen in der Johannesapokalypse beide Möglichkeiten denkbar: die Kategorie der *Verfremdung*, die ebenso *zufällig* wie *intentional* erfolgt sein kann, oder die Kategorie der *Verdeutlichung* einer Anspielung. Es ist daher zu klären, ob und in welchem Ausmaß die Textüberlieferung zur Verstärkung der Markierung von Anspielungen führt und in welchen Textbereichen dies geschieht. Innerhalb der Bibelhandschriften stellt sich die Frage, ob die jeweiligen Schreiberwerkstätten in der Vorbereitung der Texte so redaktionell eingegriffen haben, dass Anspielungstexte innerhalb der Hss. sprachlich zwischen Referenz- und Rezeptionstext angepasst werden. Besondere Aufmerksamkeit verdient die Richtung dieser möglichen Anpassung mit der Problemstellung, welcher Text sich dabei zum Leittext entwickelt.

2.3.3 Lösungsmodell: Der Raum der Textgeschichte zwischen der Wahrnehmung von Referenzen und ihrer Einschmelzung in die Johannesapokalypse

Es entspricht dem beschriebenen Charakter der Anspielungen in der Johannesapokalypse, dass Abschreiber mögliche Bezüge auf atl. Referenztexte selten unterstrichen haben. Beispiele für die Tendenz von Verdeutlichungen und Ausführungen sind daher rar (Apk 11,7 ist die Ausnahme) und schwer erkennbar. Ein Beispiel für die Schwierigkeiten stellt die scheinbar unmotivierte Auslassung des Adjektivs ὅλη in Apk 6,12 (Aufnahme von Joel[LXX] 2,31[3,4]) dar.

---

93 Hernández jr., Scribal Habits and Theological Influences, 115; s.a. 77f.

Apk 6,12[94]

Καὶ εἶδον ὅτε ἤνοιξεν τὴν σφραγῖδα τὴν ἕκτην, καὶ σεισμὸς μέγας ἐγένετο καὶ ὁ ἥλιος ἐγένετο μέλας ὡς σάκκος τρίχινος καὶ ἡ σελήνη ὅλη ἐγένετο ὡς αἷμα.

Joel^LXX 2,31

ὁ ἥλιος μεταστραφήσεται εἰς σκότος καὶ ἡ σελήνη εἰς αἷμα πρὶν ἐλθεῖν ἡμέραν κυρίου τὴν μεγάλην καὶ ἐπιφανῆ.

Joel 3,4

הַשֶּׁמֶשׁ יֵהָפֵךְ לְחֹשֶׁךְ וְהַיָּרֵחַ לְדָם לִפְנֵי בּוֹא יוֹם יְהוָֹה הַגָּדוֹל וְהַנּוֹרָא׃

Die Aufnahme von Joel^LXX 2,31[95] ist an dieser Stelle durch ein hohes Maß an sprachlicher Konvergenz gut erkennbar. Doch schießt die Johannesapokalypse über Joel durch die Intensivierung ἡ σελήνη ὅλη (!) hinaus. Korrespondierend weist Apk 6,12 in der Textüberlieferung verschiedene Varianten auf. Als eine mögliche vom Referenztext beeinflusste Variante lässt sich die Auslassung von ὅλη in den Minuskeln 1611, 2329, 2344, in der Andreas-Gruppe des Mehrheitstextes [𝔐^A], im Original von ar (*Book of Armagh*: Dublin Trintity College 52[96]), in der sahidischen Überlieferung und in äthiopischen Hss. sowie bei Primasius verstehen:

Apk 6,12NA^27:	καὶ ἡ σελήνη	ὅλη	ἐγένετο ὡς		αἷμα
Apk 6,12Var:	καὶ ἡ σελήνη		ἐγένετο ὡς		αἷμα
Joel^LXX 2,31:	καὶ ἡ σελήνη			εἰς	αἷμα

---

94 Der Bereich der Anspielung umfasst καὶ ὁ ἥλιος ἐγένετο μέλας ὡς σάκκος τρίχινος καὶ ἡ σελήνη ὅλη ἐγένετο ὡς αἷμα, wobei sich folgende keywords markieren lassen: ὁ ἥλιος, μέλας, καὶ, ἡ σελήνη, αἷμα. Die Annahme eines Rückbezugs bzw. einer Anspielung (Aune, Revelation II, 413; anders: Beale, The Book of Revelation, 397: „influence") ist in der Literatur anerkannt.

95 Zwischen der LXX und dem MT sind im angespielten Text keine signifikanten Differenzen zu bemerken. Auch die Unterschiede zwischen Prätext und Apk geben kein Signal, dass HT/MT Apk beeinflusst hat. הפך ni. wird in der LXX unterschiedlich übersetzt, so dass die Verwendung von μεταστραφήσεται ein eindeutiges Signal für den Rückgriff auf die LXX wäre. Die Konstruktion um γίνομαι ist Konstruktion des Sehers, wie es die beliebte Verwendung einer Vergleichspartikel (ὡς) belegt. Einmal mehr gestaltet der Seher seinen Text unter Aufnahme von AT kreativ und eigenständig.

96 Zur Dokumentation des *tota* und seiner Auslassung in der altlateinischen Textüberlieferung vgl. R. Gryson, Vetus Latina 26/2: Apocalypsis Johannis, Freiburg 2000–2003, ad loc.

Wird die Auslassung als Parablepsis erklärt,[97] reduziert sich die Differenz zum Referenztext. Tatsächlich warnt die verbleibende Differenz zwischen dem ὡς, das die Ebene des Vergleichs betritt, und dem εἰς, das eine substantielle Veränderung ergibt, vor weitreichenden Schlussfolgerungen.

Ein anderes, stärkeres Beispiel für eine mögliche Textänderung in Anpassung zum Prätext stellt die Rezeption von Hos 10,8 in Apk 6,16 dar, eine Stelle, die auch deshalb von Interesse ist, da sie in NA[27] als Zitat behandelt wird:

Apk 6,16

καὶ λέγουσιν τοῖς ὄρεσιν καὶ ταῖς πέτραις πέσετε ἐφ᾽ ἡμᾶς καὶ κρύψατε ἡμᾶς ἀπὸ προσώπου τοῦ καθημένου ἐπὶ τοῦ θρόνου καὶ ἀπὸ τῆς ὀργῆς τοῦ ἀρνίου,

Hos 10,8:

καὶ ἐξαρθήσονται βωμοὶ Ων ἁμαρτήματα τοῦ Ισραηλ· ἄκανθαι καὶ τρίβολοι ἀναβήσονται ἐπὶ τὰ θυσιαστήρια αὐτῶν· καὶ ἐροῦσιν τοῖς ὄρεσιν Καλύψατε ἡμᾶς, καὶ τοῖς βουνοῖς Πέσατε ἐφ᾽ἡμᾶς.

וְנִשְׁמְד֞וּ בָּמ֣וֹת אָ֗וֶן חַטַּאת֙ יִשְׂרָאֵ֔ל ק֥וֹץ וְדַרְדַּ֖ר יַעֲלֶ֣ה
עַל־מִזְבְּחוֹתָ֑ם וְאָמְר֤וּ לֶֽהָרִים֙ כַּסּ֔וּנוּ וְלַגְּבָע֖וֹת נִפְל֥וּ עָלֵֽינוּ׃

Die Aufnahme des Prätextes erfolgt nach folgendem Bauprinzip:

A καὶ λέγουσιν τοῖς ὄρεσιν   A καὶ ἐροῦσιν τοῖς ὄρεσιν
= D   B Καλύψατε ἡμᾶς,
B καὶ ταῖς πέτραις   C καὶ τοῖς βουνοῖς
C πέσετε ἐφ᾽ ἡμᾶς   D Πέσατε ἐφ᾽ἡμᾶς
D καὶ κρύψατε ἡμᾶς   = B
E ἀπὸ προσώπου τοῦ καθημένου ἐπὶ τοῦ θρόνου
καὶ ἀπὸ τῆς ὀργῆς τοῦ ἀρνίου,

Apk 6,16 rezipiert die Wendung aus Hos 10,8 nach dem Schema AD // BC und variiert dies, indem die Analogie von ὄρεσιν zu βουνοῖς durch πέτραις aufgelöst wird. Statt des Imperativs Aorist καλύψατε findet sich der Imperativ Aorist κρύψατε, der einen ähnlichen semantischen Wert des Verbergens hat, aber dem differenten Kontext geschuldet ist. Die Verödung (ἐξαρθήσονται) der heidnischen Kulthöhen geschieht im Referenztext dadurch, dass sie durch natürlichen Bewuchs aus dem Sichtbereich verschwinden, was ihre Verehrer im Parallelismus mit dem analogen Wunsch beantworten, von den Höhen bedeckt

---

97 σελ<u>η</u>νο<u>λη</u> zu σελ<u>ηνη</u>.

zu werden. Die Verbform κρύψατε in der Johannesapokalypse enthält ein anderes Moment, das auf das Entgehen vor dem Zorn zielt.

Die fehlende *formula quotationis* und die sprachlichen Detaildifferenzen sprechen gegen eine Bestimmung als Zitat, lassen aber die Klassifizierung als dichte Anspielung von hoher Evidenz zu.[98] Die Minuskel 2329, eine Apokalypsehandschrift des 10.Jh. aus dem Kloster Metamorphosis, das auch als Megali Meteora bekannt ist, bietet καλύψατε statt κρύψατε und verstärkt damit den Zusammenhang mit Hos 10,8. Eine technische Erklärung der Verschreibung lässt sich nicht erkennen, allerdings bleibt auch diese Veränderung diskutabel, da wir es nicht mit einer Vollbibel zu tun haben und letztlich nur ein selektiver Eingriff vorliegt. Zudem kann diese Veränderung auch durch einen anderen Text, der Hos 10,8 aufnimmt, ausgelöst sein, nämlich Lk 23,30: πέσετε ἐφ'ἡμᾶς, καὶ τοῖς βουνοῖς καλύψατε ἡμᾶς. Mit Lk 23,30 stimmen ferner die Wortfolge und die Verbformen überein:

Apk 6,16 NA[27]:	πέσετε ἐφ'ἡμᾶς καὶ	κρύψατε ἡμᾶς
Hos 10,8:	Καλύψατε ἡμᾶς, καὶ τοῖς βουνοῖς	Πέσατε ἐφ'ἡμᾶς
Apk 6,16 2329:	πέσετε ἐφ'ἡμᾶς καὶ	καλύψατε ἡμᾶς
Lk 23,30:	πέσετε ἐφ'ἡμᾶς καὶ τοῖς βουνοῖς·	καλύψατε ἡμᾶς

Eine Entscheidung zugunsten einer der genannten Optionen ist kaum möglich, aber Apk 6,16 nach Minuskel 2329 steht Lk 23,30 näher als Hos 10,8.

Ein weiteres Beispiel belegt hingegen deutlich einen *LXX-Einfluss auf die Überlieferung des LXX-Textes*. In der *salutatio*, Apk 1,4ff., wird der Zuspruch von Gnade und Frieden auch mit Jesus Christus verbunden. Der Gruß wird durch einen doxologischen Lobpreis[99] des Christus fortgeführt, der nach 1,6 derjenige ist, der die Empfänger mitsamt dem Verfasser des Schreibens ἐποίησεν ἡμᾶς βασιλείαν, ἱερεῖς τῷ θεῷ. Die Kernformulierung βασιλείαν, ἱερεῖς spielt auf Ex 19,6 an.[100]

Ex[LXX] 19,6 (βασίλειον ἱεράτευμα: „ein königliches Priestergemeinwesen"; LXX-D; zitiert in 1Petr 2,9) ist „an unsual pattern in Exod"[101]. Die LXX-Textform weicht vom hebräischen Text ab: מַמְלֶכֶת כֹּהֲנִים (Königreich von Priestern). Apk 1,6

---

98 καὶ λέγουσιν τοῖς ὄρεσιν καὶ ταῖς πέτραις πέσετε ἐφ'ἡμᾶς καὶ κρύψατε ἡμᾶς.

99 Z.B. Satake, Die Offenbarung des Johannes, 131.

100 Z.B. Beale/McDonough, Revelation, 1090; Lupieri, Commentary on the Apocalypse of John, 104; B. Witherington III, Revelation, NCBC, Cambridge 2003, 76. Vorsichtiger J. Roloff, Offenbarung des Johannes, ZBKNT 18, Zürich ²1987, 34: „Wendung, die von ferne an 2. Mose 19,6 anklingt", oder Smalley, The Revelation To John, 36: „echoes the thought of Israel as ‚a kingdom of priests and a holy nation' "; ähnlich Resseguie, Revelation of John, 67.

101 J. W. Wevers, Notes On the Greek Text of Exodus, SBL.SCSS 30, Atlanta, GA, 1990, 295.

steht mit der Verwendung zweier Substantive dem hebräischen Text näher[102] als
der LXX, auch wenn sie den *status constructus* nicht mit übersetzt (anders Aquila:
βασιλεία ἱερέων). Die Exodusrezeption folgt jüdischen Übersetzungstraditionen[103]
mit der Möglichkeit einer direkten Zuordnung: Theodotion und Symmachus lesen
βασιλεία ἱερεῖς (s.a. Syh[L]).[104] Die Peschitta unterscheidet zwei Größen: *mlkwt'
wksn* (Königreich und Priester; s.a. die Anspielungen auf Ex 19,6 in Philo Abr 56;
Sob 66; 2Makk 2,17 [καὶ ἀποδοὺς τὴν κληρονομίαν πᾶσιν καὶ τὸ βασίλειον καὶ τὸ
ἱεράτευμα καὶ τὸν ἁγιασμόν]). Die Formulierung βασιλείαν, ἱερεῖς, gemeint sind im
Vergleich mit Apk 5,10 (βασιλείαν καὶ ἱερεῖς) auch in der Johannesoffenbarung
zwei unterschiedliche Werte,[105] kann somit durch die Erinnerung an den hebräischen Text oder im Fluss jüdischer Interpretation des Textes formuliert sein.

Die Handschriftenüberlieferung ist uneinheitlich, wobei folgende Zeugen mit
dem Text der LXX βασίλειον ἱεράτευμα als Kerntext lesen: 42 61 69 325 367
456 468 517 1854* 2026 2070 2351. Diese Lesart ist trotz der Qualität einiger
ihrer Hss. (vgl. 1854, 2351, die als Minuskeln mit alter Textform gelten[106]) als
eine sekundäre Anpassung an LXX zu werten. Dies belegt sehr schön der
Andreaskommentar, der das Lemma βασιλεῖς καὶ ἱερεῖς bietet, aber der Kommentar selbst βασίλειον ἱεράτευμα liest. Im Andreaskommentar stehen damit
ein Text, der der Interpretation des hebräischen Textes nahesteht (s.o.), und der
LXX-Text eng beieinander.

Im Ergebnis ist ein Einfluss der LXX auf die ntl. Textüberlieferung zu erkennen, nicht aber umgekehrt. In der Überlieferung des griechischen Textes
finden wir vielmehr eine eigenständige Interpretation bzw. Annäherung an den
hebräischen Text. Die Anpassung an die LXX-Textform zeigt zudem, dass die
Anspielung an Ex 19,6 trotz ihrer Kürze und trotz ihrer sprachlichen Eigentümlichkeit erkannt wurde.

3. Ausblicke und Ergebnisse

(1) Selbst bei einer breiten Auslegung der Kriterien für eine „Anspielung"
reduziert sich das *Material* gegenüber der Liste in NA[27] deutlich. Denn die

---

102 Lupieri, Commentary on the Apocalypse of John, 104, spricht gar von der Möglichkeit, dass
     „John is adhering closely to the Hebrew Structure of Exod 19:6".

103 Vgl. die Dokumentation bei Aune, Revelation, 47f.

104 Die Nähe der Exodusrezeption zu Theodotion und Symmachus im Apokalypsetext betonen
     z.B. Aune, Revelation, 48; Satake, Die Offenbarung des Johannes, 134; s.a. Lupieri,
     Commentary on the Apocalypse of John, 104.

105 Aune, Revelation, 48.

106 J. Schmid, Studien zur Geschichte des griechischen Apokalypse-Textes. 2. Die alten Stämme,
     MThSt 1/2, München 1955, 25; s.a. D. C. Parker, An Introduction to the New Testament
     Manuscripts and Their Texts, Cambridge 2008, 241.

Mehrzahl der Randhinweise bei Nestle-Aland[27] bezieht sich auf motivliche Echos der Schriften Israels, die sich nicht textlich verdichten. Anspielungen im Sinne der vorgeschlagenen Kriterien bleiben etwa ein Drittel der Belege. Sie finden den Weg in die erwähnte, öffentlich frei zugängliche Wuppertaler Datenbank und sind so durch Dritte überprüfbar.

(2) Die Schriftrezeption in der Johannesapokalypse erweist sich mehrheitlich als sehr frei, wobei das Spektrum vom „Echo" bis hin zu weitläufigeren traditions- und motivgeschichtlichen Bezügen reicht. Referenztexte werden in den Rezeptionstext eingeschmolzen und so zu einem neuen Text. Auch die Frage nach Prioritäten und nach Mischeinflüssen ist hier ein Thema, da gelegentlich mehrere Texte als Parallele angeboten werden und diese oft zu Ausschlussverfahren führen.

(3) „Anspielungen" verweisen auf durch methodisch reflektierte Rekonstruktionsschritte aus dem Rezeptionstext isolierbare Referenztexte und unterscheiden sich in Quantität und Qualität der sprachlichen Schnittmenge von einem unmarkierten Zitat. Unmarkierte Zitate sind in der Johannesapokalypse selten und explizite (mit Zitationsformeln eröffnete) Zitate fehlen, da das Interesse der Johannesapokalypse an Einschmelzung der rezipierten Texte in seine ewigen Formulierungen einem zitierenden Stil widerspricht.

(4) Die Frage der *rezeptionssteuernden Funktion*, die mit der deutschen Semantik des Begriffs „Anspielung" – „anspielen" als aktive, eine Relation zwischen Rezeptionstext und Referenztext herstellende Funktion – verbunden ist, ist gegenüber einer methodisch begründbaren Isolierung und Re-Konstruierung der Referenztexte zurückzustellen. Doch stellt der Blick auf die Leser und Leserinnen vor eine notwendige hermeneutische Aufgabe.

Die Verschmelzung der Referenztexte aus den Schriften zu einer eigenen „Schriftrolle" hohen Anspruchs – vgl. das geschrieben ἐν τῷ βιβλίῳ τούτῳ 22,(18–)19 – ermöglicht die Annahme, dass das „Einschmelzen" des Rezipierten in der Rezeption ein hermeneutisches Programm des Sehers darstellt. Freilich ist zwischen dem intendierten und dem realen Leser zu differenzieren. Reale Leser/Leserinnen mögen die Referenztexte aus den Schriften Israels übersehen, wenn sie keine Schriftkenntnisse besitzen. Was die intendierten Leser/Leserinnen der Johannesapokalypse angeht, beginnen aber bereits in Apk 1,1 Textsignale, die auf eine Kenntnis der Referenztexte als Verständnisbedingung oder Verstehenshilfe verweisen.

(5) Bei der Analyse der Anspielungen fällt auf, dass trotz der Technik der „Einschmelzung" die Aufnahme oftmals nicht atomistisch, sondern in Rücksicht auf Kontexte erfolgt. Mehr noch, das bisweilen erkennbare Spiel mit den ursprünglichen Kontexten der Referenztexte (Beispiele: Hos 12,8[9] in Apk 3,17; die Auslegung der Paradiesesgeschichte durch Anspielung auf den Le-

bensbaum in Apk 2,7; Ps 140[141],2 in Apk 5,8;[107] Jes 34,4 in Apk 6,13f.) weist die Grenzen der Metapher der „Verschmelzung" zumindest im Blick auf die impliziten Leser aus. Diese sollen demnach im Hintergrund des Rezeptionstextes auch die Referenztexte wahrnehmen. Damit postuliert der Autor wohl auch eine beträchtliche Bereitschaft seiner Leser/Leserinnen, umfangreiche Schriftkenntnisse zumindest im Bereich der für ihn wichtigsten Schriften, nämlich der Prophetie Israels, zu erwerben.

(6) Die Schriftrezeption der Johannesoffenbarung lässt einen neuen und verstehbaren Text entstehen, der jedoch dadurch für einen idealen Leser, der das intertextuelle Spiel des Textes mit den Referenztexten mitspielen kann, neue bzw. vertiefte Pointen erzeugt. Die Differenz zwischen idealem und realem Leser entlässt aus der Suche nach Leserinnen und Lesern jenseits des Textes, die diesen Weg gehen können. Solche Leser sind aber die zitierenden Kirchenväter und die Skriptorien. Der Blick auf die Textüberlieferung zeigt interessanterweise, dass die Schreibwerkstätten kaum eine Rezeption suchen, die die Referenzen anschaulicher und zugänglicher machen würde. Die Sorgfalt der Abschrift hat in ihnen den Vorrang vor der Verdeutlichung von Zitaten und Anspielungen der Johannesapokalypse.

(7) Unter den Textformen der Referenztexte neigt sich die Waage zur LXX. Denn an einzelnen Stellen ist der Septuaginta-Bezug sicher, und in einer griechischen Schrift wie der Johannesapokalypse ist der Wortlaut der LXX häufig als auch dort maßgeblich heranzuziehen, wo die LXX den hebräischen Text akkurat übersetzt.

Abweichungen lassen zudem Einflüsse zeitgenössischer griechischer Textrezensionen erkennen. Zu einem eigenständigen Zeugen von griechischen Textformen kann der Text der Johannesapokalypse jedoch nur im Ausnahmefall werden, da die „Einschmelzung" der Schriften in seine „Schrift" kaum eine eigenständige Hypothese zulässt.[108]

Schließlich muss mit dem indirekten, aber messbaren Einfluss hebräischer Textformen gerechnet werden, der am besten dem kreativen Gedächtnis des Sehers zuzuschreiben ist. In Zentralmomenten (Schlüsselbegriffen, aber auch narrativen Grundstrukturen etc.) wichtiger Texte gewinnt die Erinnerung kreativen Einfluss auf die Gestaltung des Rezeptionstextes.

(8) Auch wenn es in der Analyse der Referenzen nicht primär darum geht, genauer zu verstehen, *wie* der Seher die Schrift für seine Darstellung und zur

---

107 Zur Rezeption von Ps 140(141),2 in Apk 5,8 s.o. S. 358. Die sprachlich-inhaltliche Abweichung gegenüber Apk 8,3f. signalisiert Rezeption und zugleich wird mit den beiden Schlüsselworten der Gesamtvers des Referenztextes aufgenommen und variiert.

108 Eine solche mögliche Ausnahme ist Dtn 32,43 in Apk 12,12, wo der Seher eine von MT und GÖ abweichende Textform verwendet haben könnte. S.o. Anm. 73.

Gestaltung seiner Sinnwelt[109] einsetzt, gibt die Arbeit an den Texten, den verwendeten Textformen und den Interpretationssignalen aus der Textüberlieferung Impulse für die Interpretation der Schriftanspielungen und die Auslegung der Johannesapokalypse. Dazu gehört schon die übergreifende Wahrnehmung, dass der Seher die Geltung der Schriften zur Autorisierung seiner eigenen Schrift als Schrift benützt, indem er die Anspielungen in seinen eigenen Text einschmilzt. So gesehen, zielt seine Hermeneutik nicht auf ein Verbergen der Schriftreferenzen, sondern auf deren Verstehen in einem Text, der dadurch seinerseits zur durch die Schriften autorisierten, den endzeitlichen Gotteswillen proklamierenden Schrift wird.

---

109 Zur Johannesoffenbarung als Sinnstiftung und Neukonstruktion von Wirklichkeit s.a. F. Tóth, Der himmlische Kult. Wirklichkeitskonstruktion und Sinnbildung in der Johannesoffenbarung, ABG 22, Leipzig 2006, sowie U. Schnelle, Theologie des Neuen Testaments, UTB 2917, Göttingen 2007, 712–733.

Anhang: Arbeitsgänge für die Wuppertaler Datenbank
(Johannesoffenbarung)

Folgende Arbeitsschritte werden ergriffen:

(1) Zunächst wurden die Referenzen auf Anspielungen nach NA[27] und weiterer Literatur zusammengestellt.

(2) Danach kamen die genannten Kriterien zur Feststellung von Anspielungen in Anschlag. Sie führten zur Reduktion der Textbasis für die Einstellung in die Datenbank und für die anschließende Analyse. Dabei wurde zu jeder Textstelle eine Kurzrechenschaft gegeben. Wird ein Text nach Maßgabe der genannten Definition in die Datenbank aufgenommen, so findet auch die Kurzbegründung Eingang in die Datenbank. Eine Kategorisierung, die zwischen

> I: hoher Evidenz,
> II: Evidenz und
> III: begrenzter Evidenz unterscheidet,

wird ebenfalls angegeben, um den Grad der Plausibilität, mit der die Anspielung bestimmt werden konnte, zu belegen; selbstverständlich verbleibt auch bei methodisch reflektierter Arbeit oft ein gewisses Maß an Unbestimmtheit.

In begründeten Einzelfällen wird die Kategorie „unmarkiertes" Zitat verwendet, wenn die sprachliche Identität sich über eine hinreichend große syntaktische Einheit erstreckt.

Aussortierte Texte werden im internen Datensystem, mit einer Kurzbegründung versehen, abgelegt. So entsteht eine umfassende Dokumentation über die Anspielungen, für deren endgültige Verwendung und Ausarbeitung Spielräume bestehen. Benutzer der Datenbank bekommen Rechenschaft, warum ein Text aufgenommen wurde, zugleich können sie versichert sein, dass auch die nicht aufgenommenen Texte – Referenzgröße ist die Liste von Nestle-Aland – bedacht und bearbeitet worden sind.

(3) Neben der Begründung werden in der Datenbank der angespielte Kerntext analog zur Zitatdatenbank isoliert und die sprachlichen Signalworte – Schlüsselwörter bzw. „keywords" genannt –, die die Anspielung begründen, angegeben.

(4) Es folgt der sprachliche Vergleich der Textformen. Bei jeder Anspielung wird geprüft, ob eine signifikante Abweichung zwischen hebräischen und griechischen Textüberlieferungen vorliegt. Über diesen Arbeitsschritt wird wiede-

rum Rechenschaft gegeben. Die Beobachtungen werden festgehalten und verdienen Beachtung auch bei der

(5) Analyse der Handschriftenüberlieferung: Die Haupthandschriften werden in der Datenbank gesondert nachgewiesen. So ist feststellbar, wenn sich in einzelnen Hss. Anspielungen verdichten. Zudem lässt sich fragen, ob es Hinweise auf Spuren hebraisierender Bearbeitung in Handschriftenkreisen (etwa einen revidierten griechischen Text) gibt, bevor die Frage nach einem möglichen Einfluss des hebräischen Textes auf die Formulierungen des Sehers erwogen werden kann. Und schließlich wird die Arbeit der Skriptorien sichtbar, die in Ausnahmefällen Anspielungen verdichten.

(6) Die Aufnahme der Textüberlieferung in die Datenbank erfolgt aufgrund dieser Vorarbeiten. Die Präsentation der Daten erfolgt in Analogie zum Vorgehen bei den ntl. Zitaten jenseits der Apk.

Literatur:

D. E. Aune, Revelation, 3 Bde., WBC, 52 A–C, Dallas, TX, 1997/1998.

G. K. Beale/S. M. McDonough, Revelation, in: G. K. Beale/D. A. Carson (Edd.), Commentary on the New Testament Use of the Old Testament, Grand Rapids, MI, 2007, 1081–1161.

G. K. Beale, Solecisms in the Apocalypse as Signals for the Presence of Old Testament Allusions. A Selective Analysis of Revelation 1–22, in: C.A. Evans/J.A. Sanders (Edd.), Early Christian Interpretation of the Scriptures of Israel. Investigations and Proposals, JSNT.S 148 = Studies in Scripture in Early Judaism and Christianity 5, Sheffield 1997, 421–446.

G. K. Beale, The Book of Revelation, NIGTC, Grand Rapids, MI/Cambridge 1999.

G. K. Beale, The Use of Daniel in Jewish Apocalyptic Literature and in the Revelation of St. John, Lanham, NY, 1984.

G. K. Beale, The Use of Daniel in the Synoptic Eschatological Discourse and in the Book of Revelation, in: D. Wenham (Ed.), The Jesus Tradition Outside the Gospels, Gospel Perspectives 5, Sheffield 1985, 129–153.

Z. Ben-Porat, The Poetic of Literary Allusion, PTL: A Journal for Descriptive Poetics and Theory of Literature 1, 1976, 105–128.

W. Bousset, Die Offenbarung Johannis, KEK 16, Göttingen [6]1906.

I. K. Boxall, Exile, Prophet, Visionary: Ezekiel's Influence on the Book of Revelation, in: H. J. De Jonge/J. Tromp (Edd.), The Book of Ezekiel and its Influence, Aldershot u.a. 2007, 147–164.

C. Breytenbach, MNHMONEYEIN. Das „Sich-erinnern" in der urchristlichen Überlieferung – Die Bethanienepisode (Mk 14,3–9/Jn 12,1–8) als Beispiel, in: A. Denaux (Ed.), John and the Synoptics, BEThL 101, Leuven 1992, 548–557.

R. Bultmann, Theologie des Neuen Testaments, durchges. u. erg. v. O. Merk, UTB 630, Tübingen [9]1984.

P. Busch, Der gefallene Drache. Mythenexegese am Beispiel von Apokalypse 12, TANZ 19, Tübingen 1996.

R. H. Charles, The Revelation of St. John in Two Volumes, ICC, Edinburgh ND 1956.

W. D. Dittmar, Vetus Testamentum in Novo. Die alttestamentlichen Parallelen des Neuen Testaments im Wortlaut der Urtexte und der Septuaginta, Göttingen 1903.

I. Dunderberg, Johannes und die Synoptiker. Studien zu Joh 1–9, AASF.DHL 69, Helsinki 1994.

J. Fekkes III, Isaiah and Prophetic Traditions in the Book of Revelation. Visionary Antecedents and their Development, JSNT.S 93, Sheffield 1994.

J. Fekkes III, Isaiah and the Book of Revelation. John the Prophet as a Fourth Isaiah?, in: C. Mathews McGinnis/P. K. Tull (Edd.), „As Those who are

Taught". The Interpretation of Isaiah from the LXX to the SBL, SBL.Symp. Series 27, Atlanta, GA, 2006, 125–143.

J. Frey, Das Vierte Evangelium auf dem Hintergrund der älteren Evangelientradition. Zum Problem: Johannes und die Synoptiker, in: T. Söding (Hg.), Das Johannesevangelium – Mitte oder Rand des Kanons?. Neue Standortbestimmungen, QD 203, Freiburg 2003, 60–118.

B. Fuss, „Dies ist die Zeit, von der geschrieben ist …". Die expliziten Zitate aus dem Buch Hosea in den Handschriften von Qumran und im Neuen Testament, NTA.NF 37, Münster 2000.

H. Giesen, Die Offenbarung des Johannes, RNT, Regensburg 1997.

R. Gryson, Vetus Latina 26/2: Apocalypsis Johannis, Freiburg 2000–2003.

R. Hanhart, Die Söhne Israels, die Söhne Gottes und die Engel in der Masora, in Qumran und in der Septuaginta. Ein letztes Kapitel aus „Israel in hellenistischer Zeit", in: C. Bultmann/W. Dietrich/C. Levin (Hgg.), Vergegenwärtigung des Alten Testaments. FS R. Smend, Göttingen 2002, 170–178.

P. Harner, Relation Analysis of the Fourth Gospel: A Study in Reader-Response Criticism, Lewiston, NY 1993.

W. J. Harrington, Revelation, Sacra Pagina Series, Collegeville/MN, 1993.

R. B. Hays, Echoes of Scripture in the Letters of Paul, Edinburgh 1989.

J. Helbig, Intertextualität und Markierung. Untersuchungen zur Systematik und Funktion der Signalisierung von Intertextualität, Beiträge zur neueren Literaturgeschichte III/141, Heidelberg 1996.

C. J. Hemer, The Letters to the Seven Churches of Asia in their Local Setting, The Biblical Resource Series, Grand Rapids, MI, 2001 (= 1986).

J. Hernández jr., Scribal Habits and Theological Influences in the Apocalypse, WUNT II/218, Tübingen 2006.

T. Hieke/T. Nicklas, „Die Worte der Prophetie dieses Buches". Offenbarung 22,6–21 als Schlussstein der christlichen Bibel Alten und Neuen Testaments gelesen, BThSt 62, Neukirchen-Vluyn 2003.

T. Holtz, Die Offenbarung des Johannes, hrsg. v. K.-W. Niebuhr, NTD 11, Göttingen 2008.

S. Hübenthal, Transformation und Aktualisierung. Zur Rezeption von Sach 9–14 im Neuen Testament, SBB 57, Stuttgart 2006.

E. Hühn, Die alttestamentlichen Citate und Reminiscenzen im Neuen Testament, Tübingen 1900.

M. Jauhiainen, „Behold, I am coming". The Use of Zechariah in Revelation, in: TynB 56, 2005, 157–160.

M. Jauhiainen, The Use of Zechariah in Revelation, WUNT II/199, Tübingen 2005.

J. H. Kalms, Der Sturz des Gottesfeindes. Traditionsgeschichtliche Studien zu Apokalypse 12, WMANT 93, Neukirchen-Vluyn 2001.

M. Karrer, Die Johannesoffenbarung als Brief. Studien zu ihrem literarischen, historischen und theologischen Ort, FRLANT, 140, Göttingen 1986.

M. Karrer, Der Text der Johannesoffenbarung, in: J. Frey/J. A. Kelhoffer/F. Tóth (Hgg.), Die Johannesapokalypse: Kontexte und Konzepte/The Revelation of John: Contexts and Concepts, WUNT, Tübingen 2010.

M. Karrer, Der Text der Johannesoffenbarung in Alexandrinus und Sinaiticus, in: A Century of Knowledge in Early Christianity (40–140 AD). Ein Jahrhundert der Kenntnis im frühen Christentum, erscheint Pretoria 2010.

M. Karrer, Von der Apokalypse zu Ezechiel. Der Ezechieltext der Apokalypse, in: D. Sänger (Hg.), Das Ezechielbuch in der Johannesoffenbarung, 84–120.

J. N. Kraybill, Imperial Cult and Commerce in John's Apocalypse, JSNT.S 132, Sheffield 1996.

M. Koch, Drachenkampf und Sonnenfrau. Zur Funktion des Mythischen in der Johannesapokalypse am Beispiel von Apk 12, WUNT 184, Tübingen 2004.

B. Kowalski, Die Rezeption des Propheten Ezechiel in der Offenbarung des Johannes, SBB 52, Stuttgart 2004.

S. Kreuzer, Towards the Old Greek. New Criteria for the Evaluation of the Recensions of the Septuagint (especially the Antiochene/Lucianic Text and the Kaige-Recension), in: M. K. H. Peters (Ed.), XIII Congress of the International Organization for the Septuagint and Cognate Studies, SBL.SCS 55, Atlanta 2008, 239–253.

M. Labahn, Ausharren im Leben, um vom Baum des Lebens zu essen und ewig zu leben. Zur Textform und Auslegung der Paradiesgeschichte der Genesis in der Apokalypse des Johannes und deren Textgeschichte, in: H. Ausloos/B. Lemmelijn/M. Vervenne (Edd.), Florilegium Lovaniense. Studies in Septuagint and Textual Criticism in Honour of Florentino García Martínez, BEThL 224, Leuven 2008, 291–316.

M. Labahn, Die Septuaginta und die Johannesapokalypse. Möglichkeiten und Grenzen einer Verhältnisbestimmung im Spiegel von kreativer Intertextualität und Textentwicklungen, in: J. Frey/J. A. Kelhoffer/F. Tóth (Edd.), Die Johannesapokalypse: Kontexte und Konzepte/The Revelation of John: Contexts and Concepts, WUNT, Tübingen 2010.

A. Lange, Handbuch der Textfunde vom Toten Meer. Band 1: Die Handschriften biblischer Bücher von Qumran und den anderen Fundorten, Tübingen 2009.

E. Lohmeyer, Die Offenbarung des Johannes, HAT 16, Tübingen ²1953 (³1970).

E. Lohse, Die alttestamentliche Sprache des Sehers Johannes, in: ders., Die Einheit des Neuen Testaments. Exegetische Studien zur Theologie des Neuen Testaments, Göttingen 1973, 329–333.

E. Lohse, Wie christlich ist die Offenbarung des Johannes?, in: ders., Das Neue Testament als Urkunde des Evangeliums. Exegetische Studien zur Theologie des Neuen Testaments III, FRLANT 192, Göttingen 2000, 191–205.

E. F. Lupieri, A Commentary on the Apocalypse of John, Italian Texts and Studies on Religion and Society, Grand Rapids, MI/Cambridge 1999.

N. Fernandéz Marcos, The Septuagint in Context. Introduction to the Greek Versions of the Bible, Leiden 2000.

E. V. McKnight, Reader-Response Criticism, in: S. L. McKenzie/S. R. Haynes (Edd.), To Each Its Own Meaning. An Introduction to Biblical Criticisms and their Application, Louisville, KY 1999, 230–252.

R. Morgenthaler, Statistik des neutestamentlichen Wortschatzes, Zürich/Frankfurt a. M. 1958.

S. Moore, Literary Criticism and the Gospels:The Theoretical Challenge, New Haven, ND 1992.

R. H. Mounce, The Book of Revelation, NICNT, [2]1997.

S. Moyise, Evoking Scripture. Seeing the Old Testament in the New, London 2008.

S. Moyise, The Language of the Old Testament in the Apocalypse, JSNT 76, 1999, 97–113.

S. Moyise, The Psalms in the Book of Revelation, in: S. Moyise/M. J. J. Menken (Edd.), The Psalms in the New Testament, The New Testament and the Scriptures of Israel, London 2004, 231–246.

T. Muraoka, Hebrew/Aramaic Index to the Septuagint. Keyed to Hatch-Redpath Concordance, Grand Rapids, MI 1998.

T. Nagel, Die Rezeption des Johannesevangeliums im 2. Jahrhundert. Studien zur vorirenäischen Aneignung und Auslegung des vierten Evangeliums in christlicher und christlich-gnostischer Literatur, ABG 2, Leipzig 2000.

H. Omerzu, Die Himmelsfrau in Apk 12. Ein polemischer Reflex des römischen Kaiserkults, in: M. Becker/M. Öhler (Hgg.), Apokalyptik als Herausforderung neutestamentlicher Theologie, WUNT II/214, Tübingen 2006, 167–194.

D. C. Parker, An Introduction to the New Testament Manuscripts and Their Texts, Cambridge 2008.

J. Paulien, Criteria and the Assessment of Allusions to the Old Testament in the Book of Revelation, in: S. Moyise (Ed.), Studies in the Book of Revelation, Edinburgh 2001, 113–129.

J. Pichler, Jesus vor Pilatus. Zum Verhältnis der Passionserzählungen von Johannes und Lukas, in: K. Huber/B. Repschinsky (Hgg.), Im Geist und in der Wahrheit. Studien zum Johannesevangelium und zur Offenbarung des Johannes sowie andere Beiträge. FS M. Hasitschka SJ zum 65. Geburtstag, NTA.NF 52, Münster 2008, 169–200.

E. Reinmuth, Allegorese und Intertextualität. Narrative Abbreviaturen der Adam-Geschichte bei Paulus (Röm 1,18–29), in: S. Alkier/R. B. Hays (Hgg.), Die Bibel im Dialog der Schriften. Konzepte intertextueller Bibellektüre, NET 10, Tübingen/Basel 2005, 57–69.

M. Reiser, Sprache und literarische Formen des Neuen Testaments. Eine Einführung, UTB 2197, Paderborn u.a. 2001.

J. L. Resseguie, The Revelation of John. A Narrative Commentary, Grand Rapids, MI, 2009.

J. Roloff, Offenbarung des Johannes, ZBKNT 18, Zürich ²1987.

J. Van Ruiten, The Intertextual Relationship Between Isaiah 65,17–20 and Revelation 21,1–5b, EstB 51, 1993, 473–510.

J.-P. Ruiz, Ezekiel in the Apocalypse: The Transformation of Prophetic Language in Revelation 16,17–19,10, EHS 23/376, Frankfurt u.a. 1989.

D. Sänger (Hg.), Das Ezechielbuch in der Johannesoffenbarung, BThSt 76, Neukirchen-Vluyn 2004.

J. Schmid, Studien zur Geschichte des griechischen Apokalypse-Textes, MThSt 1, 1. Ergänzungsband, München 1955/1956.

J. Schmid, Studien zur Geschichte des griechischen Apokalypse-Textes. 2. Die alten Stämme, MThSt 1/2, München 1955.

U. Schnelle, Einleitung in das Neue Testament, UTB 1830, Göttingen ⁶2007.

U. Schnelle, Theologie des Neuen Testaments, UTB 2917, Göttingen 2007.

I. Schweikle, Art. Zitat, in: G. Schweikle/I. Schweikle (Hgg.), Metzler Literaturlexikon. Begriffe und Definitionen, Stuttgart ²1990, 511.

S. S. Smalley, The Revelation To John. A Commentary on the Greek Text of the Apocalypse, London 2005.

J. Straub, Geschichten erzählen, Geschichte bilden. Grundzüge einer narrativen Psychologie historischer Sinnbildung, in: ders., Erzählung, Identität und historisches Bewußtsein, stw 1402, 1998, 81–169.

J. Straub, Temporale Orientierung und narrative Kompetenz. Zeit- und erzähltheoretische Grundlagen einer Psychologie biographischer und historischer Sinnbildung, in: J. Rüsen (Hg.), Geschichtsbewußtsein. Psychologische Grundlagen, Entwicklungskonzepte, empirische Befunde, Beiträge zur Geschichtskultur 21, Köln u.a. 2001, 15–44.

H. B. Swete, Commentary on Revelation, Grand Rapids, MI, 1977 (= ³1911).

M. Tilly, Deuteronomy in Revelation, in S. Moyise/M. J. J. Menken (Edd.), Deuteronomy in New Testament. The New Testament and the Scripture of Israel, LNTS 358, London 2007, 169–188.

M. Tilly, Einführung in die Septuaginta, Einführung Theologie, Darmstadt 2005.

M. Tilly, Textsicherung und Prophetie. Beobachtungen zur Septuaginta-Rezeption in Apk 22,18f, in: F. W. Horn/M. Wolter (Hgg.), Studien zur Johannesoffenbarung. FS O. Böcher, Neukirchen-Vluyn 2005, 232–247.

L. L. Thompson, Revelation, ANTC, Nashville, TN, 1998.

F. Tóth, Der himmlische Kult. Wirklichkeitskonstruktion und Sinnbildung in der Johannesoffenbarung, ABG 22, Leipzig 2006.

A. Vanhoye, L'utilisation du Livre d'Ezéchiel dans l'Apocalypse, Bib 43, 1962, 436–476.

B. E. Vischer, Die Offenbarung Johannis, eine jüdische Apokalypse in christlicher Bearbeitung, mit einem Nachwort von A. v. Harnack, TU 2,3, Leipzig 1886.

J. M. Vogelgesang, The Interpretation of Ezekiel in the Book of Revelation (Ph.D. Dissertation), Cambridge MA. 1985.

A. Vonach, Der Hochbetagte und sein Umfeld. Von prophetischen Theophanien zu christologischen Epiphanien, in: K. Huber/B. Repschinsky (Hgg.), Im Geist und in der Wahrheit. Studien zum Johannesevangelium und zur Offenbarung des Johannes sowie andere Beiträge. FS M. Hasitschka SJ zum 65. Geburtstag, NTA.NF 52, Münster 2008, 307–330.

L. H. Vos, Synoptic Traditions in the Apocalypse, Kampen 1965.

C. Van der Waal, Openbaring van Jezus Christus Inleiding en Vertaling, Groningen 1971.

J. W. Wevers, Notes On the Greek Text of Exodus, SBL.SCSS 30, Atlanta, GA, 1990.

F. Wilk, Die Bedeutung des Jesajabuches für Paulus, FRLANT 179, Göttingen 1998.

S. Witetschek, Der Lieblingspsalm des Sehers: Die Verwendung von Ps 2 in der Johannesapokalypse, in: M. A. Knibb (Ed.), The Septuagint and Messianism, BEThL 195, Leuven 2006, 487–502.

B. Witherington III, Revelation, NCBC, Cambridge 2003.

W. Zimmerli, Ezechiel 1–24, BK 13/1, Neukirchen-Vluyn 1960.

Die Macht des Gedächtnisses

Überlegungen zu Möglichkeit und Grenzen des Einflusses hebräischer Texttradition auf die Johannesapokalypse[1]

MICHAEL LABAHN

> „Erinnerungen
> sind im Grunde genommen
> wohl das einzige,
> was man nicht wechseln kann."[2]

1. Einleitung

Wie kaum ein anderes Buch im NT ist die Johannesapokalypse ein Text *gesättigt* von „Erinnerung" an die Schriften Israels. Es gibt nur wenige Sentenzen in der Johannesapokalypse, die nicht von dem intertextuellen Spiel mit Schrifttexten leben und diese ihrerseits neu beleben, indem sie die Referenztexte zu neuer Schrift *transformieren*. *Sättigung* und *Transformation* beschreiben somit den in der Forschung unumstritten anerkannten kreativen Umgangs mit den Schriften treffend.[3]

---

1   Frühere Fassungen dieses Aufsatzes wurden beim *Annual Meeting* der *Society of Biblical Literature* in Boston, USA, 2008, unter dem Titel „The Book of Revelation and Septuagint" und bei der European Association of Biblical Studies in Lincoln, England, 2009, unter dem Titel „The Power of Mind – Reflections on Hebrew Influence in the Book of Revelation" vorgetragen. Den Teilnehmern und Teilnehmerinnen der entsprechenden Sitzungen möchte ich für Ihre Diskussionsbeiträge danken.

2   L. Gustafsson, Windy erzählt. Von ihrem Leben, von den Verschwundenen und von denen die noch da sind, München/Wien 1999, 22. – Ich grüße mit diesem Beitrag einen guten Freund und Wegbegleiter, Prof. Dr. Hans Hübner, zu seinem 80. Geburtstag, dem die Erinnerung an die Schrift ein wesentliches Thema ntl. Hermeneutik ist.

3   Vgl. zum Folgenden M. Labahn, „Geschrieben in diesem Buche". Die „Anspielungen" der Johannesapokalypse im Spannungsfeld zwischen den Referenztexten und der handschriftlichen Überlieferung in den großen Bibelhandschriften, in diesem Band, sowie ders., Die Septuaginta und die Johannesapokalypse. Möglichkeiten und Grenzen einer Verhältnisbestimmung im Spiegel von kreativer Intertextualität und Textentwicklungen, in: J. Frey/J. A.

Seit langem findet sich in der Forschung eine wenig überzeugende Alternativsetzung zwischen griechischen und hebräischen Textformen.[4] Der Text der Johannesapokalypse ist bekanntlich auf Griechisch verfasst[5] und an griechisch-sprachige Adressaten gerichtet. Dies hat als unbestreitbarer Ausgangspunkt für jegliche Diskussion um die Textformen der Referenztexte zu gelten. Angesichts der sprachlich ausweisbaren Übereinstimmungen zwischen Referenztexten und Rezeptionstexten ist allerdings der Sprache des Zieltextes, also dem Griechischen, in Bezug auf die Referenztexte ein höheres Maß an Bedeutung zuzumessen.[6] Unterschiede zur LXX innerhalb eines Rezeptionstextes können ein Hinweis auf einen abweichenden griechischen Text des 1.Jh.s n.Chr. sein. So eröffnet die kreative Aufnahme von Referenztexten bisweilen die Identifikation anderer Texttraditionen wie den Antiochenischen Text[7] oder ältere LXX-Texttraditionen.[8] Auch lassen sich in den von der LXX abweichenden Passagen beachtenswerte Textbelege nachweisen, die den revidierten griechischen Texten bei Aquila, Symmachus oder Theodotion nahestehen, so dass die Frage nach den Datierungen ihrer Frühformen durch den Text der Johannesapokalypse begründet gestellt werden kann.[9] Es ist daher sachlich notwendig, die griechische Textüberlieferung in aller Breite zu vergleichen.

Kelhoffer/F. Tóth (Edd.), Die Johannesapokalypse: Kontexte und Konzepte/The Revelation of John: Contexts and Concepts, WUNT, Tübingen 2010 (im Erscheinen), bes. Abschn. 1–2, jeweils mit weiterführender Diskussion und Literatur.

4   Vgl. den Überblick bei Labahn, Die Septuaginta und die Johannesapokalypse, Abschn. 3,1.

5   Die Frage nach möglichen Quellen und ihrer Sprache ist ebenfalls ein denkbares, wenngleich sehr hypothetisches Feld, Textformen zu erfassen. Die spezifische Schriftrezeption der Johannesapokalypse ist zunächst Ausdruck des literarischen Wirkens ihres Verfassers, wenngleich im Einzelnen die Frage nach Traditions-/Quellenbenutzung nicht obsolet ist.

6   S.a. M. Tilly, Textsicherung und Prophetie. Beobachtungen zur Septuaginta-Rezeption in Apk 22,18f, in: F. W. Horn/M. Wolter (Hgg.), Studien zur Johannesoffenbarung. FS Otto Böcher, Neukirchen-Vluyn 2005, 232–247: 232.

7   Diskutiert bei Apk 20,9 : 2Kön 1,10.14. Zur Sache S. Kreuzer, Die Bedeutung des Antiochenischen Textes für die älteste Septuaginta (Old Greek) und für das Neue Testament, in diesem Band.

8   Ein Beispiel hierfür ist die Aufnahme von Dtn 32,43 in Apk 12,12a vor dem Hintergrund von 4Q44 = 4QDeut[q] II Frg. 5ii l. 6f.; vgl. meinen beim *Annual Meeting* 2009 der *Society of Biblical Literature* in New Orleans, USA, gehaltenen Vortrag „The Five Books of the Law of Moses and the ‚Book' of John. Some Remarks on the Use of the Greek Pentateuch in the Revelation of John" unter Aufnahme von R. Hanhart, Die Söhne Israels, die Söhne Gottes und die Engel in der Masora, in Qumran und in der Septuaginta. Ein letztes Kapitel aus „Israel in hellenistischer Zeit", in: C. Bultmann/W. Dietrich/C. Levin (Hgg.), Vergegenwärtigung des Alten Testaments. FS R. Smend, Göttingen 2002, 170–178: 171ff.

9   Vgl. N. Fernandéz Marcos, The Septuagint in Context. Introduction to the Greek Versions of the Bible, Leiden 2000, 149, in Auseinandersetzung mit A. Rahlfs, Über Theodotion-Lesarten im Neuen Testament und Aquila-Lesarten bei Justin, ZNW 20, 1921, 182–199.

Somit bildet *die griechische Texttradition in ihrer ganzen Breite den primären Rahmen, in den die Schriftrezeption der Johannesapokalypse einzuordnen ist.* Daneben belegen Beobachtungen an Einzeltexten, dass ein Einfluss hebräischer Schrifttexte auf den Text der Johannesapokalypse keineswegs generell ausgeschlossen werden kann. Es bleibt jedoch die Frage nach seiner Gewichtung der Einflüsse zu stellen, aber auch danach, wie dieses Benutzungsmodell verschiedener Textformen in einem oralen Umfeld darzustellen ist. Es geht also darum, wie die Präsenz des Hebräischen im Kontext der antiken medialen Welt zu interpretieren ist.

In dieser Studie geht es folglich um eine Verhältnisbestimmung der Rezeption von griechischen und hebräischen Textformen in der Schriftrezeption der Johannesapokalypse. Es wird gezeigt werden, dass eine Beantwortung ausschließlich auf der literarischen Ebene dem komplizierten Sachverhalt nicht hinreichend gerecht wird. Aspekte von Oralität sind zudem zu bedenken. Unter Aufnahme von Impulsen der Kognitionspsychologie wird das kreative Gedächtnis als Ort ausgemacht, von dem her Einflüsse des hebräischen Textes diskutabel sind.[10]

2. Das Gedächtnis und seine mögliche Rolle bei der Schriftrezeption: Historische, methodologische und hermeneutische Überlegungen

2.1 Überlegungen zum Verfasser der Johannesapokalypse und seinem Hintergrund

Wie allgemein bekannt ist ein Autor eines Textes zunächst einmal eine durch den vorgegebenen Text rekonstruierte Figur, hinter der jegliche reale Autorin und jeglicher realer Autor zurücktreten. Das Bild des impliziten Autors kann dem realen Autoren/der Autorin nahe kommen, kann aber auch Fiktion sein. Dennoch benötigt jeder Text einen Autoren/eine Autorin, der/die ihn hervorgebracht hat.

Der Text der Johannesapokalypse entwickelt als Porträt des impliziten Autors eine Figur von starker Autorität als Prophet und als Seher himmlischer Wirklichkeit und himmlischen Geschehens, der göttliche Offenbarung über das Ziel von Gottes Geschichte mit der Menschheit erhält (Apk 1,1: δεῖξαι [...] ἃ δεῖ γενέσθαι ἐν τάχει). Für das Verständnis der Johannesapokalypse ist es eine wichtige Aufgabe, ihr

---

10 Damit wird das Votum von M. Tilly, Textsicherung und Prophetie, 233, dass „sowohl die Idiome als auch die Ideen- und Bilderwelt der griechischen *und* der hebräischen Bibel sein (des Sehers Johannes; Vf.) Denken, Leben und Schreiben prägten", kritisch aufgenommen, aber auch weitergeführt und konkretisiert.

Konzept des ‚impliziten Autors' (die Summe der Informationen im Text über seinen Autor),[11] besonders aber ihres ‚Erzählers', der eine nicht mit dem realen Autor gleichzusetzende Stimme im Text ist, zu verstehen.[12]

Gleichwohl steht ein realer Verfasser hinter dem Text, der sich als Teilnehmer an der Kommunikation mit den Gemeinden im westlichen Kleinasien durch den brieflichen Rahmen seines Schreibens zu Wort meldet[13] – auch wenn dies Teil der Analyse des Erzählers ist, so überschneiden sich diese Elemente mit dem Anspruch des realen Verfassers.[14] Es kann also gefragt werden, welche Informationen über den Autor im Text zu finden sind, ohne damit zu behaupten, dass das Bild, das dem Text zu entnehmen ist, den Verfasser vollständig erfasse. Es geht vielmehr darum, ein plausibles Bild des Verfassers, der sich als Johannes vorstellt, und seiner Stellung in der frühchristlichen Geschichte zu gewinnen. Die Informationen hierfür sind nicht allein dem Porträt seines impliziten Autors zu entnehmen, sondern dem Gesamtbild seines Denkens und Schreibens, wie es sein Werk zur Verfügung stellt.

Ohne zu weit in die Diskussion um den Verfasser der Johannesapokalypse einzudringen,[15] ist an zwei einfache Punkte zu erinnern. Die Sprache der Johannesapokalypse zeigt Kenntnis semitischer Sprachen. Dazu gehören sprachliche Härten im Griechischen, die semitischen Stil abbilden[16] und nahe legen,

---

11 Zu Funktion und Problematik des Konzepts vom ‚impliziten Autor' vgl. G. Genette, Die Erzählung, UTB.W, München ²1998, 283ff.

12 Eine Analyse des Erzählers der Johannesapokalypse bietet J. L. Resseguie, The Revelation of John. A Narrative Commentary, Grand Rapids, MI, 2009, 47–53, die sich vor allem stilistischen Beobachtungen widmet.

13 Insofern trifft keine der Ausnahmen zu, in denen nach Genette, Die Erzählung, 289, das Bild des Textes von seinem Verfasser diesem „wesensmäßig untreu" ist.

14 Dies betont U. B. Müller, Apokalyptik im Neuen Testament, in: ders., Christologie und Apokalyptik. Ausgewählte Aufsätze, ABG 12, Leipzig 2003, 268–290: 286, wenn er den Schreibbefehl Apk 1,11 auf die „Abfassung und Absendung eines Rundbriefes" an die sieben Gemeinden bezieht. Zur Kommunikationsorientierung und Gesprächsstruktur des Schreibens z.B. M. Karrer, Die Johannesoffenbarung als Brief. Studien zu ihrem literarischen, historischen und theologischen Ort, FRLANT 140, Göttingen 1986, 220ff.

15 Vgl. neben den bekannten Einleitungen in das Neue Testament die entsprechenden Abschnitte in den modernen Kommentaren zur Johannesapokalypse.

16 Zum semitischen Einfluss auf das Griechisch des Verfassers vgl. z. B. J. Frey, Erwägungen zum Verhältnis der Johannesapokalypse zu den übrigen Schriften des Corpus Johanneum, in: M. Hengel, Die johanneische Frage. Ein Lösungsversuch, WUNT 67, Tübingen 1993, 326–429: 373–380: „Die stilistische Auswahl des Apokalyptikers aus den im Griechischen seiner Zeit möglichen Kategorien wie etwa die Meidung von Kompositaverben oder der völlige Verzicht auf den Genetivus absolutus läßt daher auf einen semitischen Sprachhintergrund des ‚Apokalyptikers letzter Hand' selbst schließen, sie wäre bei einer bloßen Prägung durch die LXX oder einer bewußten Imitation alttestamentlicher Sprachmuster kaum erklärlich" (Zitat: 379). Für diese Analyse kann Frey auf bedeutende Vorarbeiten zurückgreifen, z.B. G. Mussies, The Greek of the Book of Revelation, in: J. Lambrecht (Ed.), L'Apocalypse johannique et l'Apocalyptique dans le Noveau Testament, BEThL 53, Gembloux/Leuven 1980, 167–177.

dass der Verfasser des Buches einen semitisch-sprachigen Hintergrund hatte. Transkriptionen hebräischer Worte, die auch außerhalb der Johannesapokalypse nachweisbar sind, haben keine eigenständige Beweiskraft, fundieren aber das bisherige Bild. Diese Beobachtungen zu Stil und Sprache verweisen wenigstens auf einen zweisprachigen (Hebräisch und Griechisch) oder trilingualen (Hebräisch, Aramäisch und Griechisch) Autor.[17]

Weiterhin finden sich eine Reihe von Hinweisen auf einen palästinisch-judenchristlichen Hintergrund,[18] wie er sich in seinem Selbstverständnis als christlicher (Wander-)Prophet zeigt,[19] beispielsweise in seiner rigorosen Ethik, die Übereinstimmungen mit der Ethik und der Eschatologie von Q[20] aufweist. Der Verfasser kennt sich im Jerusalemer Tempel und Kult aus (Apk 8,3f.; 11,1f., 19), was nach David Aune eine Kenntnis der „pre-A.D. 70 topography of Jerusalem itself" einschließen kann.[21] Wenn dies zutrifft, so hat der Verfasser möglicherweise Palästina wie andere Juden auch (Jos Ant 20,256) nach dem ersten jüdischen Krieg verlassen,[22] was ebenfalls auf eine bi- oder trilinguale Sprachfähigkeit verweisen würde.

Die Informationen des Textes über seinen Verfasser legen die begründete Annahme nahe, dass der Verfasser der Johannesapokalypse beide Sprachen nutzen konnte, das Hebräische und das Griechische, so dass wir aus histori-

---

Im Blick auf die sprachliche Gesamtgestalt der Johannesapokalypse, die auch gute Griechischkenntnisse zeigt, wie z.B. J. Roloff, Offenbarung des Johannes, ZBKNT 18, Zürich ²1987, 20, betont, weist sie Frey den gestaltenden theologischen Tendenzen des Sehers zu: „Gerade die auffälligsten Regelverstöße und Härten lassen sich nicht einfach der hebraisierenden Tendenz des Verfassers anlasten, ein Teil von ihnen entstammt auch der Übernahme alttestamentlicher oder liturgischer Sprachmuster und damit einer bewußten theologischen Gestaltungsabsicht."

17   Anders z.B. Fernandéz Marcos, Septuagint in Context, 331: „The language of the Apocalypse is not narrative but provocative and political. However, it intentionally uses the LXX and from the distortion of language it cannot be concluded that the author knew Hebrew or Greek". Fernandéz Marcos greift in seiner Schlussfolgerung vor allem auf A. D. Callahan, The Language of Apocalypse, HThR 88, 1995, 453–470, zurück.

18   Vgl. z.B. D. E. Aune, Revelation 1–3, WBC 52A–52c, Dallas, TX, 1997/1998, l, der die wesentlichen Argumente auflistet; s.a. z.B. A. Satake, Die Offenbarung des Johannes, KEK 16, Göttingen 2008, 33; U. Schnelle, Einleitung in das Neue Testament, UTB 1830, Göttingen ⁶2007, 547. Auch der Versuch von G. Guttenberger, Johannes von Thyateira. Zur Perspektive des Sehers, in: F. W. Horn/M. Wolter (Hgg.), Studien zur Johannesoffenbarung. FS Otto Böcher, Neukirchen-Vluyn 2005, 160–188, den Verfasser der Johannesapokalypse in Thyateira zu beheimaten (185) und ihn einem „ländlichen eher bildungsfernen Christentum(.)" (188) zuzuordnen, erkennt seine „palästinische Herkunft" (188 Anm. 110) an.

19   S.a. z.B. H. Giesen, Die Offenbarung des Johannes, RNT, Regensburg 1997, 40.

20   S.a. sprachliche Parallelen: Q 12,8 in Apk 3,5; Q 12,28.30 mit Apk 3,21.

21   Aune, Revelation, l.

22   Z.B. Giesen, Offenbarung des Johannes, 40; Schnelle, Einleitung in das Neue Testament, 547; ähnlich Satake, Offenbarung, 35.

schen Gründen nicht den möglichen Einfluss hebräischer Textformen bei seiner Schriftrezeption ausschließen können.

2.2 Der Einfluss des Gedächtnisses auf Tradierung und Bewahrung von Texten im Licht ausgewählter Impulse der Gedächtnispsychologie

Der Hinweis auf die Kreativität des Verfassers der Johannesapokalypse verweist zugleich auf sein Erinnern und das Gedächtnis. Bei der Textproduktion eines neuen Textes aus verschiedenen Quellen oder (mündlichen wie schriftlichen) Überlieferungsmedien nimmt das Gehirn bzw. das Gedächtnis des Schreibers/der Schreiberin eine bedeutende Rolle ein. Das Gedächtnis eines Verfassers/einer Verfasserin kann als ein „Speicher" von Informationen verstanden werden, die dieser/diese bei der Abfassung seines/ihres Werkes nutzen kann und nutzen wird.

Die Erforschung des Gedächtnisses als Medium der Informationsspeicherung hat Regelmäßigkeiten entdeckt,[23] wie die Wahrnehmung von Informationen und ihre Bewahrung erfolgen und in welcher Weise deren Wiedergabe geschieht. Dieser Vorgang wird in der neueren Forschung als Akt aktiver Rekonstruktion beschrieben, die auf gespeicherte Erinnerungen zurückgreift. Allerdings ist auch die Erinnerung selbst nicht als statisch abgelegte zu verstehen, sondern als etwas, was, biochemisch gesehen, in dynamischen Operationen in langen Zeiträumen organisiert und den aktuellen Bedürfnissen je angepasst wird.

> „Wahrnehmungen bzw. *cues* können einen Abruf von individuellen Erinnerungen aus dem episodischen Gedächtnis in Gang setzen und damit von unmittelbarer Relevanz für das Selbstverständnis des Individuums sein. Wie die Gedächtnispsychologie verdeutlicht, fungieren externe *cues* nicht nur als neutraler Abrufreiz von Erinnerungen; vielmehr bestimmen sie auch die konkrete Elaboration von vergangenen Erfahrungsspuren. Erinnerungen müssen daher als Synthese von gegenwärtigen *cues* und zurückliegenden Ereignissen betrachtet werden. Dies bedeutet,

---

23 Eine Übersicht über die Erforschung des Gedächtnisses als Speicher von Information seit dem Ende des 19. Jh.s gibt K. Patzel-Mattern, Geschichte im Zeichen der Erinnerung. Subjektivität und Kulturwissenschaftliche Theoriebildung, Studien zur Geschichte des Alltags 19, Wiesbaden 2002, 58ff. („Das Gedächtnis als Speicher: Die experimentelle und psychologische Gedächtnispsychologie der Jahrhundertwende"); über die neuere experimentelle Gedächtnispsychologie: V. Hobi, Kurze Einführung in die Grundlagen der Gedächtnispsychologie, in: ders./D. Boedeker/M. Schuster/J. von Ungern-Sternberg (Hgg.), Vergangenheit in mündlicher Überlieferung, Colloquium Rauricum 1, Stuttgart 1988, 9–33:11ff.

dass vergangene Erfahrungen von der erinnernden Figur je nach gegenwärtigem *cue* ganz unterschiedlich elaboriert werden können."[24]

Die dort erarbeiten Analysen sind *mutatis mutandis* auf den Umgang mit Traditionen wie mit Texten, die über einen unterschiedlich langen Zeitraum im Gedächtnis aufbewahrt werden, zu übertragen.[25] Dabei werden in sinnvoller Vernetzung nicht Texte bzw. auch nicht vorrangig einzelne Worte, sondern „Inhalte und Bedeutungen" im Langzeitgedächtnis durch sinnvolle und hierarchische Vernetzung selektiv gespeichert.[26] Dabei sind allerdings Generalisierungen zugunsten des individuellen Erinnerns mit seinen entwicklungsgeschichtlichen wie kulturellen und sozialen Kontexten – insbesondere Aspekten des kollektiven Gedächtnisses[27] – sowie den jeweils leitenden Interessen des Erinnerns zu vermeiden.[28] Prozesse der Beeinflussung erfolgen nicht „only mutually but also simultaniously".[29]

Hinsichtlich der Überlieferung von Jesustradition wies Cilliers Breytenbach in einem grundlegenden Aufsatz auf die Gedächtnispsychologie und ihre Bedeutung für die Bibelwissenschaften, exemplarisch an der Relation des Johannesevangeliums zu den Synoptikern, hin.[30] „Wenn mündliche Texte nicht gerade gesprochen werden, bestehen sie nur in der Erinnerung derer, die sie sprachen oder hörten."[31] Im Überlieferungsprozess bleiben Traditionen in thematischen Schlüsselbegriffen und in Grundstrukturen im episodischen Ge-

---

24   B. Neumann, Erinnerung – Identität – Narration. Gattungstypologie und Funktionen kanadischer „Fictions of Memory", Media and Cultural Memory/Medien und kulturelle Erinnerung 3, Berlin 2005, 174.

25   Vgl. z.B. P. Thompson, The Voice of the Past. Oral History, Oxford [3]2000, 129ff.

26   Z.B. Hobi, Einführung in die Grundlagen der Gedächtnispsychologie, 20ff.

27   Zur Sache grundlegend M. Halbwachs, Das Gedächtnis und seine sozialen Bedingungen, stw 538, ND Frankfurt a. M. 2006; kritisch aufgenommen durch J. Assmann, Das kulturelle Gedächtnis. Schrift, Erinnerung und politische Identität in frühen Hochkulturen, München 1992; zum kollektiven Gedächtnis und seiner Rezeption in der ntl. Forschung z.B. R. Rodriguez, Structuring Early Christian Memory. Jesus in Tradition, Performance and Text, ESCO = LNTS 407, London u.a. 2010, 41–51.

28   Vgl. kurz Hobi, Einführung in die Grundlagen der Gedächtnispsychologie, 26ff.

29   R. Rodriguez, Structuring Early Christian Memory, 44.

30   C. Breytenbach, MNHMONEYEIN. Das „Sich-erinnern" in der urchristlichen Überlieferung – Die Bethanienepisode (Mk 14,3–9/Jn 12,1–8) als Beispiel, in: A. Denaux (Ed.), John and the Synoptics, BEThL 101, Leuven 1992, 548–557; s.a. M. Labahn, Fischen nach Bedeutung – Sinnstiftung im Wechsel literarischer Kontexte. Der wunderbare Fischfang in Johannes 21 zwischen Inter- und Intratextualität, SNTU 32, 2007, 115–140:136; eine kritische Würdigung erfolgt bei M. Labahn/M. Lang, Johannes und die Synoptiker. Positionen und Impulse seit 1990, in: J. Frey/U. Schnelle/J. Schlegel (Hgg.), Kontexte des Johannesevangeliums. Das vierte Evangelium in religions- und traditionsgeschichtlicher Perspektive, WUNT 175, Tübingen 2004, 443–515: 462f.

31   Breytenbach, MNHMONEUEIN, 554.

dächtnis[32] bewahrt.[33] Es handelt sich um eine „kognitive/gedankliche Reprä-
sentation des Textinhaltes im Gedächtnis des Hörers",[34] die mittels des kulturellen Wissens nicht die geschehene Situation abbildet, sondern nur einige
Aspekte zur Erzählung strukturiert:

> „Wenn der Hörer nun aber zum Erzähler wird, greift er nicht auf die von ihm da-
> mals gehörte Phonemkette zurück. Diese hat er nicht mehr im Ohr. Er hat sie aber
> beim Hören in eine semantische Textbasis, die situationell organisiert ist, umge-
> setzt. Er greift auf diese kognitive Repräsentation in seinem eigenen Gedächtnis
> zurück und formuliert mit Hilfe seiner gedanklichen Vorstellung der Situation, von
> der die Erzählung handelt, eine neue Erzählung, die seinem neuen kommunikati-
> ven Kontext entspricht."[35]

Diese Einsicht stimmt mit Überlegungen zu Kontinuität und Diskontinuität in
der oralen Überlieferung überein.[36] Solche „Eindrücke" im Gedächtnis können
durch Analyse unterschiedlicher Versionen einer Tradition aufgewiesen werden.[37]

Ein vergleichbarer methodischer Zugriff kann auch die Differenzen bei einer kreativen Quellenrezeption erklären – z.B. das Problem der literarischen
Rezeption innerhalb der Zwei-Quellen-Hypothese[38] – oder die Verwendung
von Referenztexten wie bei der Johannesapokalypse. Insbesondere bei der
geringen Zahl der Belege, bei denen ein möglicher Rückgriff auf eine hebräische Textform aussichtsreich erwogen werden kann, sollte man nicht mit ausführlicher Sprachübereinstimmung rechnen, sondern mit Spuren, die in den
Bereichen von Strukturanalogie, sprachlicher oder narrativer Dynamik des
Referenztextes wie auch Schlüsselbegriffen liegen. Sie beeinflussen die

---

32 Hierzu kurz B. Vaterrodt-Plünnecke, Episodisches Gedächtnis, in: N. Pethes/J. Ruchatz
    (Hgg.), Gedächtnis und Erinnerung. Ein interdisziplinäres Lexikon, re 55636, Reinbek 2001,
    142f.

33 Vgl. z.B. G. H. Bower/R. K. Cirilo, Cognitive Psychology and Text Processing, in: T. A. Can
    Dijk (Ed.), Handbook of Discourse Analysis Vol. 1, New York 1985, 71–105.

34 Breytenbach, MNHMONEUEIN, 554f.

35 Breytenbach, MNHMONEUEIN, 555.

36 Z.B. C. Breytenbach, Das Problem des Übergangs von mündlicher zu schriftlicher Überliefe-
    rung, Neot. 20, 1986, 47–58; W. H. Kelber, Die Anfangsprozesse der Verschriftlichung im
    Frühchristentum, ANRW II 26,1, 1992, 3–62; G. Sellin, „Gattung" und „Sitz im Leben" auf
    dem Hintergrund der Problematik von Mündlichkeit und Schriftlichkeit synoptischer Erzäh-
    lungen, EvTh 50, 1990, 311–331.

37 S.a. M. Labahn, The ‚Dark Side of Power' – Beelzebul. Manipulated or Manipulator? Reflec-
    tions on the History of a Conflict in the Traces Left in the Memory of Its Narrators, in: T.
    Holmén/St. E. Porter (Edd.), Handbook of the Study of the Historical Jesus. vol. 4, Leiden
    2010, 9–43.

38 Auf die Notwendigkeit gedächtnispsychologischer Überlegungen zur Beschreibung der
    Quellenrezeption hat schon R. A. Derrenbacker jr., Ancient Compositional Practices and the
    Synoptic Problem, BEThL 186, Leuven u.a. 2005, 234, hingewiesen.

Schriftrezeption auch mit, wenn sie sich anderen Textformen wie des Griechischen bedienen. Wenn der Verfasser seine griechischen meist der LXX entsprechenden Referenztexte in seine neue „Schrift" „einschmilzt", so erfolgt dies bisweilen unter Beeinflussung oder Organisation durch Vorstellungen und Modelle, die als Erinnerung an Episoden und Bilder aus der hebräischen Bibel in seinem Gedächtnis eingeprägt sind.

Wenn es zutrifft, dass Johannes der Seher ein palästinisch-judenchristlicher Denker ist, dann haben wir auch jüdischen Hintergrund zu bedenken, der die mögliche Kenntnis der hebräischen Schriften einschließt und die entsprechenden Eindrücke in seinem Gedächtnis hinterlassen hat. Das bedeutet, dass auch die Ansätze, die die Kreativität des Sehers zugunsten der LXX-Rezeption auch in solchen Passagen einbringen, die der hebräischen Textform nahekommen, mit einem indirekten Einfluss der hebräischen Textwelt durch die Bewahrung im Gedächtnis des Sehers rechnen müssen.[39]

Der aufgeworfene Theorieansatz bedeutet nicht, dass wir auf eine direkte und literarische Abhängigkeit zu einem schriftlichen hebräischen Text verweisen. Es ist daran zu erinnern, dass der Verfasser der Johannesapokalypse fast nie seine Referenztexte kopiert.[40] Hebräische Einflüsse werden erklärbar durch den Hinweis auf inhaltlich zentrale Schlüsselbegriffe bzw. Zentralvorstellungen, Grundstrukturen und sprachlich-inhaltliche Dynamiken, die in den Rezeptionstexten bei der „Einschmelzung" Spuren durch die Erinnerung an die Schrift(en) hinterlassen. Die Verwendung des Hebräischen in der Johannesapokalypse geschieht somit nicht durch das literarische Medium, sondern durch das der Oralität als *kreative Erinnerung* seines Verfassers. Spuren dieses nie statischen, sondern *konstruktiven* Erinnerns kann ein mehrschichtiger Textvergleich (s. Abschn. 3.3) durchaus nachvollziehbar machen. Dabei ist immer zu beachten, dass es sich um eine moderne und abstrahierende Kon-

---

39 Dieser Theorieansatz lässt sich auf das gesamte Feld der Schriftrezeption ausweiten, wenn man davon auszugehen hat, dass Schriftrollen nicht immer und überall zur Verfügung standen. Allerdings sprechen dichte sprachliche Übereinstimmungen eher für literarische Relationen denn für Imitationen literarischer Abhängigkeiten durch auswendig gelernte Texte.

40 In wenigen Ausnahmen erreichen Rezeptionstexte eine derart hohe Übereinstimmung mit Referenztexten, dass man von impliziten oder unmarkierten Zitaten sprechen kann (vgl. Labahn, „Geschrieben in diesem Buche"). Die hermeneutisch programmatische Ablehnung von Zitaten bei Fernandéz Marcos, Septuagint in Context, 331, ist nicht gerechtfertigt. Damit ist zwar die wiederholte Bestreitung der Verwendung von Schriftzitaten beim Seher zu revidieren, doch bleiben diese Passagen Ausnahmen. Auch scheint mir die Aufgabe der Differenzierung zwischen Anspielungen und Zitaten, wie sie H. Hübner, Biblische Theologie des Neuen Testaments 3. Hebräerbrief, Evangelien und Offenbarung. Epilegommena, Göttingen 1995, 206, vorschlägt, wegen der unterschiedlichen sprachlichen Dichte der Schriftrezeptionen wenigstens heuristisch nicht durchzuhalten.

struktion handelt, die heuristisch bestimmte im Vergleich von Texten gewonnene Textbeobachtungen interpretiert.

2.3 Methodische Schlussfolgerungen

Welche methodischen Konsequenzen sind aus den voranstehenden Beobachtungen zu ziehen? Zunächst einmal ist es notwendig, die Anspielungen oder freien Zitate im Text der Johannesapokalypse zu identifizieren.[41] Dabei muss ein konkreter sprachlich beschreibbarer Rezeptionstext ausgewiesen werden, an dem ein Textvergleich durchgeführt werden kann. Der hebräische und der griechische Text des Referenztextes sind zu vergleichen, ob es signifikante sprachliche, aber auch sachliche Parallelen und Differenzen zwischen beiden Versionen gibt oder ob die LXX eine konkordante Übersetzung des Prätextes (oder im Einzelfall einer differenten Vorlage) bietet. Sind Unterschiede auszuweisen, so ist zu prüfen, welcher Textform der Rezeptionstext näher steht, falls der beobachtete Unterschied nicht aus Stil, Sprache und Theologie des Zieltextes zu erklären ist.

Außerdem muss geprüft werden, ob die Unterschiede sich eventuell einer jüngeren griechischen Überlieferung verdanken, die an den hebräischen Text anpasst (s.o. Abschn. 2). Es bleibt also zu beachten, dass der Rezeptionstext auf eine andere griechische Textform zurückgreifen kann, so dass es angesichts der zumeist freien und kreativen Schriftrezeption schwierig ist, sicheren Grund für die jeweilige Argumentation zu gewinnen. Jede Hypothese muss sich daher zunächst anhand der Textvergleiche bewähren und ist dann mit den Impulsen aus der Gedächtnispsychologie zusammen zu diskutieren.

Dies bedeutet, wenn der Rezeptionstext oder Aspekte in ihm der hebräischen Textform deutlich näher stehen und eine Änderung nicht durch den Stil, die Sprache, narrative-rhetorische Strategie und Theologie der Johannesapokalypse begründet werden kann, ist die Annahme einer Rezeption der hebräischen Textform wahrscheinlich. Zu prüfen ist, ob nun eine eigene Übersetzung eines hebräischen Referenztextes vorliegt. Die in den bisherigen Analysen begründete Hypothese ist, dass eine Nähe zur hebräischen Texttradition in Schlüsselbegriffen und zentralen Motiven, Strukturen oder Dynamiken besteht, die der Erinnerung des bi- oder gar trilingualen Verfassers aus Palästina zugeschrieben werden können.

---

41 Labahn, „Geschrieben in diesem Buche".

3. Beispiele für mögliche Einflüsse der hebräischen Textform

3.1 Gottes Offenbarung seines göttlichen Namens in Ex 3,14 und in der Johannesapokalypse: Ein Beispiel für die Übernahme eines Grundmotivs aus dem hebräischen Text

Apk 1,4–8 bildet die briefliche Einleitung in die Johannesapokalypse. 1,4–6 formen das an das paulinische Briefmodell erinnernde *praescript*. Apk 1,7f. ist eine oft als prophetische Sprüche[42] bezeichnete Kommentierung der Bucheinleitung, die sachlich auf das gesamte Buch vorausschaut, indem sie von der *salutatio* zu den folgenden Visionen überleitet. Obwohl 1,4–6 und 1,7f. durch ihre literarische Form unterschieden sind, sind sie durch Wiederholung und Variation ihres Vokabulars eng verbunden. So bilden Apk 1,4b–8 eine markierte Einheit, die in chiastischer Struktur aufgebaut ist:

4b	[...]	χάρις ὑμῖν καὶ εἰρήνη
A		ἀπὸ ὁ ὢν καὶ ὁ ἦν καὶ ὁ ἐρχόμενος
		καὶ ἀπὸ τῶν ἑπτὰ πνευμάτων ἃ ἐνώπιον τοῦ θρόνου αὐτοῦ
B	5	καὶ ἀπὸ Ἰησοῦ Χριστοῦ, ὁ μάρτυς, ὁ πιστός, ὁ πρωτότοκος τῶν νεκρῶν καὶ ὁ ἄρχων τῶν βασιλέων τῆς γῆς. ...
	[...]	
B'	7	Ἰδοὺ ἔρχεται μετὰ τῶν νεφελῶν, καὶ ὄψεται αὐτὸν πᾶς ὀφθαλμὸς καὶ οἵτινες αὐτὸν ἐξεκέντησαν, καὶ κόψονται ἐπ'αὐτὸν πᾶσαι αἱ φυλαὶ τῆς γῆς. ναί, ἀμήν.
	[...]	
A'	8	Ἐγώ εἰμι τὸ ἄλφα καὶ τὸ ὦ
		λέγει κύριος ὁ θεός,
		ὁ ὢν καὶ ὁ ἦν καὶ ὁ ἐρχόμενος,
		ὁ παντοκράτωρ.

Beginnend mit Gott (A) als Ursprung der Gnade und des Friedens (V.4b) endet diese Passage mit der Selbstvorstellung Gottes (A'),[43] der einer der zentralen Charaktere in der Erzählung der Johannesapokalypse ist,[44] in direkter Rede (V.8). Der Text zwischen diesen beiden Polen spricht von Jesus. Er wird zunächst ebenfalls als Quelle der Gnade und des Friedens und in seiner Bedeutung für das Heil der

---

42   Z.B. Aune, Revelation, 50.

43   Giesen, Offenbarung des Johannes, 80, spricht von einer „Inklusion zu 1,4"; s.a. Resseguie, Revelation, 68.

44   Vgl. J. L. Resseguie, Revelation Unsealed. A Narrative Critical Approach to John's Apocalypse, BIS 32, Leiden 1998, 105ff. Zu Apk 1,8: „The first character to speak in a narrative receives undivided attention [...]" (105).

christlichen Gemeinde vorgestellt (B), dann aber im kommentierenden Spruch, der auf die erzählte Zukunft vorausschaut, als derjenige eingeführt (V.7), der universell wahrnehmbar mit den Wolken wieder kommen wird (B'). Die Notiz über das Kommen schließt Jesus Christus eng mit Gott zusammen, der sich „in einem wesentlichen Attribut – als der Kommende – mit Jesus Christus identifiziert".[45] Die Notiz über die sieben Geister in V.4b ist eng mit der Charakterisierung Gottes zusammenzubinden.[46]

Ein wichtiges Signal für die chiastische Struktur ist die Formel ὁ ὤν καὶ ὁ ἦν καὶ ὁ ἐρχόμενος, die in V.4 und 8 wiederholt wird. Diese Formel wird dreimal in der Johannesapokalypse zur Bezeichnung Gottes verwendet (1,4b.8; 4,8[47]), so dass sie als ein für das Verständnis Gottes grundlegender theologischer Titel in diesem Buch zu verstehen ist. Mit diesem Titel verweist der Seher nicht allein auf die Schöpfung der Welt und ihre Bewahrung durch Gott bis in die Gegenwart, sondern auch auf das Kommen Gottes, das in Übereinstimmung mit dem Gesamtplot steht: das, was in Bälde geschieht (1,1; 22,6), ist ein in der Gegenwart ansetzendes Kommen Gottes, das für Gottes zukünftige Präsenz im Neuen Jerusalem (vgl. 21,1–22,5; zu Gottes unmittelbarer Gegenwart vgl. 22,3f.) offen ist.[48]

Doch zunächst zur Erstverwendung der Formel in Apk 1,4:

Ἰωάννης
    ταῖς ἑπτὰ ἐκκλησίαις ταῖς ἐν τῇ Ἀσίᾳ·

---

45 Karrer, Johannesoffenbarung als Brief, 109.

46 Z.B. Resseguie, Revelation, 68: „The dynamic imagery emphasizes the active presence and power of the Spirit of God in the world". Nach Karrer, Johannesoffenbarung als Brief, 130, üben die Geister vor dem Thron „die Macht Gottes mittelnd zum Wohle der Menschen" aus.

47 Apk 4,8: καὶ τὰ τέσσαρα ζῷα, ἓν καθ᾽ ἓν αὐτῶν ἔχων ἀνὰ πτέρυγας ἕξ, κυκλόθεν καὶ ἔσωθεν γέμουσιν ὀφθαλμῶν, καὶ ἀνάπαυσιν οὐκ ἔχουσιν ἡμέρας καὶ νυκτὸς λέγοντες· ἅγιος ἅγιος ἅγιος κύριος ὁ θεὸς ὁ παντοκράτωρ, ὁ ἦν καὶ ὁ ὢν καὶ ὁ ἐρχόμενος.
S.a. die zweiteiligen Formeln, die eine intratextuelle Referenz zurück auf Apk 1,4–8 bilden, in:
Apk 11,17: λέγοντες· εὐχαριστοῦμέν σοι, κύριε ὁ θεὸς ὁ παντοκράτωρ, ὁ ὢν καὶ ὁ ἦν, ὅτι εἴληφας τὴν δύναμίν σου τὴν μεγάλην καὶ ἐβασίλευσας.
Apk 16,5: Καὶ ἤκουσα τοῦ ἀγγέλου τῶν ὑδάτων λέγοντος, Δίκαιος εἶ, ὁ ὢν καὶ ὁ ἦν, ὁ ὅσιος, ὅτι ταῦτα ἔκρινας·
Mit G. Delling, Zum gottesdienstlichen Stil der Johannesapokalypse, in: ders., Studien zum Neuen Testament und zum hellenistischen Judentum. Gesammelte Aufsätze 1950–1968, hg. v. F. Hahn/T. Holtz/N. Walter, Göttingen 1970, 425–450: 441, kann man die Variationen der Formel darin begründet sehen, „daß Gott mit dem Eintreten der Endereignisse im Kommen ist". Allerdings reicht das Kommen Gottes für den Seher weiter als das „Aktivwerden" Gottes; es blickt auf das Ziel der Darstellung und damit sein Zum-Ziel-Kommen in Gottes Da-Sein im Neuen Jerusalem voraus.

48 S.a. Resseguie, Revelation Unsealed, 106: „The first speech identifies God and sets in motion a movement towards a new creation".

χάρις ὑμῖν καὶ εἰρήνη
ἀπὸ ὁ ὢν καὶ ὁ ἦν καὶ ὁ ἐρχόμενος
καὶ ἀπὸ τῶν ἑπτὰ πνευμάτων ἃ ἐνώπιον τοῦ θρόνου αὐτοῦ.

In Übereinstimmung mit dem paulinischen Briefformular werden Sender und Empfänger des Textes genannt. Danach folgt in einem neuen Satz die *salutatio*,[49] in dem Gnade und Frieden von den sieben Geistern und vom erhöhten Jesus Christus zugesprochen werden. Gott ist als ὁ ὢν καὶ ὁ ἦν καὶ ὁ ἐρχόμενος vorgestellt.

Die verwendete Formel erinnert an Ex 3,14:

καὶ εἶπεν ὁ θεὸς πρὸς Μωυσῆν
ἐγώ εἰμι ὁ ὢν
καὶ εἶπεν
οὕτως ἐρεῖς τοῖς υἱοῖς Ισραηλ ὁ ὢν ἀπέσταλκέν με πρὸς ὑμᾶς

וַיֹּאמֶר אֱלֹהִים אֶל־מֹשֶׁה
אֶהְיֶה אֲשֶׁר אֶהְיֶה
וַיֹּאמֶר
כֹּה תֹאמַר לִבְנֵי יִשְׂרָאֵל אֶהְיֶה שְׁלָחַנִי אֲלֵיכֶם:

In Ex 3,14 stellt sich Gott dem Mose vor. Im hebräischen Text verweist die Selbstvorstellung Gottes auf seine effektive Aktivität: *Ich werde mich als derjenige erweisen, der ich sein werde* (אֶהְיֶה אֲשֶׁר אֶהְיֶה).[50] Im Gegensatz zum Hebräischen liest sich die griechische Übersetzung mehr als eine ontologische Bestimmung: Ich bin der Seiende (ὁ ὢν) erweitert um eine Rekognitionsformel: ἐγώ εἰμι.

Dennoch, wie so oft beim Schriftgebrauch der Johannesapokalypse, ist die Identifikation eines Referenztextes umstritten. Aune weist in seinem grundlegenden Kommentar in eine andere Richtung:

> „ὁ ὢν, ‚the one who is‘ (a substantival participle from the verb εἰμι, ‚to be‘), was, among Greek-speaking Jews, a popular name for God ultimately derived from the phrase ἐγώ εἰμι ὁ ὢν, ‚I am the one who is,‘ in the LXX translation of the Hebrew phrase אהיה אשר אהיה [...] in Exod 3:14.“[51]

---

49 Vgl. H. J. Klauck, Die antike Briefliteratur und das Neue Testament. Ein Lehr- und Arbeitsbuch, Paderborn u.a. 1998, 263f.

50 Vgl. H. Hübner, EN APXHI EΓΩ EIMI, in: ders., Wahrheit und Wirklichkeit. Exegese auf dem Weg zur Fundamentaltheologie, hg. v. A. Labahn/M. Labahn, Göttingen 2005, 65–81: 73: היה „meint aber bekanntlich nicht ein statisches Sein, sondern ein wirkendes Sein, also *Sein als Wirken*. Gott ist also gerade darin Gott, daß er als der an Israel Handelnde Gott ist. Gott sagt sich selbst durch Mose dem Volke Israel zu, und zwar als derjenige, der rettend in Israels Not an ihm handelt". Gerade in diesem Sinne lässt sich das ἐρχόμενος der Drei-Zeiten-Formel als Auslegung von Ex 3,14 verstehen.

51 Aune, Revelation, 30f.; ähnlich Satake, Offenbarung, 128f.

Aune nennt als Belege Josephus und Philo zumeist in Abschnitten, die auf Ex 3,14 anspielen, sowie die Jeremia-LXX (1,6; 4,10; 14,13; 39,17) und eine Altar-Inschrift von Pergamon. Weiterhin wird ὁ ὤν zusammen mit Iao als göttlicher Name in magischen Papyri verwendet. Diese Belegsituation ist jedoch etwas zu schmal, um von einem „popular name for God" zu sprechen, vor allem, weil die Wendung zumeist in Aufnahme von Ex 3,14 begegnet. Daher ist die Gottesbezeichnung ὁ ὤν primär als eine Referenz auf Ex 3,14 zu lesen.

Andererseits ist das Partizip ὁ ὤν als Hinweis auf eine Anspielung allein zu vage, da der Referenztext nur auf zwei griechische Worte einschließlich Artikel verweisen würde. Allerdings müssen beide Belege für die Formel in Apk 1 analysiert werden einschließlich der grammatikalischen Besonderheit von V.4, so dass wir eine wesentlich breitere Evidenz gewinnen können:

(1) Die grammatikalische Konstruktion in V.4 stellt einen Marker für die extratextuelle Referenz dar. Die Präposition ἀπό mit Genitiv verweist auf den Ursprung von etwas. In Apk 1,4b ist die grammatikalische Konstruktion jedoch durch einen Nominativ unterbrochen, der in einigen Hss. korrigiert ist.

Einzelne Zeugen der im Apparat des NA[27] nicht ausführlich dokumentierten Handschriftenüberlieferung[52] ergänzen sprachlich vermittelnd[53] den Genitiv θεοῦ bzw. κυρίου,[54] so dass die Formel als eine Parenthese im Nominativ fungiert. Diese grammatikalische Struktur ist in V.5 entwickelt, der lautet:

καὶ ἀπὸ Ἰησοῦ Χριστοῦ, ὁ μάρτυς, ὁ πιστός, ὁ πρωτότοκος τῶν νεκρῶν καὶ ὁ ἄρχων τῶν βασιλέων τῆς γῆς.

Apk 1,5 kann damit als Modell für die Einfügung von θεοῦ in die Hss. gelten. Die kürzere und schwierigere Lesart bietet kein ἀπὸ θεοῦ und ἀπό wird durch die Formel im Nominativ sowie eine weitere ἀπό-Konstruktion in V.4c nunmehr mit dem Genitiv fortgesetzt, der auf die sieben Geister hinweist.

Zwar kann die Konstruktion der Formel als Bezug auf den undeklinierbaren Eigennamen Gottes interpretiert werden.[55] Wahrscheinlicher ist jedoch, dass hier eine Anspielung auf die Selbstoffenbarung des Gottesnamens in Ex 3,14

---

52 Zum Problem vgl. M. Karrer, Der Text der Johannesoffenbarung, in: J. Frey/J. A. Kelhoffer/F. Tóth (Edd.), Die Johannesapokalypse: Kontexte und Konzepte/The Revelation of John: Contexts and Concepts, WUNT, Tübingen 2010.

53 J. Schmid, Studien zur Geschichte des griechischen Apokalypse-Textes 2. Die alten Stämme, MThSt, I/1.2, München 1955, 249: Milderung sprachlicher Härte.

54 Ausführliche Dokumentation und Diskussion bei Aune, Revelation, 24. In altlateinischen Handschriften spiegelt sich dieser Befund ebenfalls wieder: Dokumentation in R. Gryson, Vetus Latina 26/2: Apocalypsis Johannis, Freiburg 2003, 112.

55 I. T. Beckwith, The Apocalypse of John. Studies in Introduction with a Critical and Exegetical Commentary, ND Grand Rapids, MI, 1967, 424; Schmid, Studien, 249. – U. B. Müller, Die Offenbarung des Johannes, ÖTbK 19, Gütersloh 1984, 72, denkt an „Ehrerbietung".

vorliegt, so dass die grammatische Anomalie als Intertextualitätsmarker zu verstehen ist.

(2) Der zweite Befund in Apk 1,8 hält weitere Indizien für eine intendierte und markierte Anspielung auf Ex 3,14 bereit. Obgleich eine Distanz durch die Vermittlung der Offenbarung über verschiedene die Authentizität garantierende Instanzen in V.1 gewahrt wurde, spricht in V.8 Gott selbst. Die direkte Rede unterbricht den Textfluss innerhalb der sogenannten prophetischen Sprüche.

Wie in Ex 3,14 stellt sich Gott in dieser direkten Rede selbst vor als der autoritative Charakter in der Johannesapokalypse. Wie in Ex 3 gehört diese Selbstvorstellung Gottes hinein in die narrative Einführung einer Figur, die Gottes Willen seinem Volk offenbaren soll – im Buch Exodus ist es Mose, in der Johannesapokalypse der Seher Johannes. In beiden Erzählungen sollen diese Personen ihr Volk von einem alten Leben in Unfreiheit bzw. Bedrohung in eine neue Heimat führen. Im Buch Exodus verlässt Israel Ägypten, um in das Land der Verheißung zu gelangen, in der Johannesapokalypse fordert Johannes seine christlichen Adressaten dazu auf, die Stadt Babylon als Metapher für widergöttliche Herrschaft zu verlassen (Apk 18,4: […] ἐξέλθατε ὁ λαός μου ἐξ αὐτῆς […]), um nach dem Endgericht in das neue Jerusalem zu gelangen.

(3) Die Selbstvorstellung Gottes in V.8 beginnt mit der Formel ἐγώ εἰμι, die an die LXX-Übersetzung erinnert, indem sie das erste אֶהְיֶה des hebräischen Textes übersetzt. Die Formel τὸ ἄλφα καὶ τὸ ὦ hat ihre eigene Traditionsgeschichte, die nicht auf Ex 3,14, sondern auf Jes 41–48 (vgl. z.B. 41,4; 44,6) zurückgreift. Wir können diese Formel als einen Kommentar zu ὁ ὤν aus Ex 3,14 par Apk 1,4.8 lesen, aber nicht als Indiz für eine Exodusanspielung. Doch der folgende Erzählerkommentar λέγει κύριος ὁ θεός variiert wieder Ex 3,14a: καὶ εἶπεν ὁ θεός. In beiden Texten wird die Formel durch Gott selbst gesprochen und so zu seiner bekannten „Selbstoffenbarung".

Zusammenfassung: Wie die inhaltlichen und sprachlichen Parallelen zwischen Apk 1,4.8 und Ex^LXX 3,14 einschließlich der speziellen Übersetzung des zweiten אהיה mit dem Partizip ὁ ὤν[56] belegen, spielt der Autor der Johannesapoka-

---

56 Beachtenswert ist, dass אֶהְיֶה in der LXX unterschiedlich übersetzt wird. Alle drei temporalen Aspekte der Formel in Apk 1,4.8 finden sich in den Übersetzungen wieder: *Vergangenheit* (Hiob 10,19 [כַּאֲשֶׁר לֹא־הָיִיתִי אֶהְיֶה: καὶ ὥσπερ οὐκ ὢν ἐγενόμην]; Hld 1,7 [μήποτε γένωμαι (Konjunktiv Aorist!) ὡς […] übersetzt […] כְּ אֶהְיֶה שַׁלְמָה]; sonst וָאֶהְיֶה: 2Sam 7,6.9; 1Chr 17,5.8; Prov 8,30), *Gegenwart* (εἰμι: 2Sam 15,34; Hos 1,9; Hiob 7,20) und *Zukunft* (ἔσομαι: Ex 3,12; Jos 1,5 = 3,7; Ri 11,6; Ruth 2,3; Gen 26,3; 31,3; 1Sam 23,17; 2Sam

lypse auf Ex 3,14 an; er übersetzt den Referenztext insgesamt nicht selbst, sondern rekurriert auf einen LXX-Text. Diese Schlussfolgerung erfolgt in Übereinstimmung mit der generellen Regel, dass dort, wo bei einer Anspielung oder einem (freien) Zitat sprachliche Übereinstimmungen zwischen LXX-Referenztext und dem Rezeptionstext in der Johannesapokalypse bestehen, dies eine LXX-Rezeption nahe legt (s.o. Abschn. 2).

Es ist jedoch weiterhin zu fragen, weshalb und mit welcher Funktion eine Drei-Zeiten-Formel in einer markierten Referenz auf Ex^{LXX} 3,14 formuliert wird.

Zum Verständnis der sogenannten Drei-Zeiten-Formel können formelhafte Wendungen, wie sie in der griechisch-römischen Verehrung des Zeus oder anderer Götter verwendet werden, angeführt werden.[57] Die Formel ist in der griechisch-römischen Literatur weit verbreitet. Allerdings wird der zukünftige Aspekt zumeist durch eine Futurform des Verbs εἰμί bzw. im Lateinischen durch *esse* ausgedrückt. In seiner möglichen Aufnahme der Formel verwendet der Seher jedoch sein ὁ ἐρχόμενος, was zeigt, dass seine Rezeption sehr bewusst und gestaltend erfolgt.

Im Verhältnis zur Selbstoffenbarung Gottes in Ex^{LXX} ist die Verwendung von ἐρχόμενος in der Drei-Zeiten-Formel des Sehers ein dynamischeres Element als das Partizip ὁ ὤν der LXX, auch verglichen mit den griechisch-römischen Parallelen.[58] Mit der dynamischeren Formulierung befindet sich die Formel des Sehers näher am Hebräischen von Ex 3,14 als bei Ex^{LXX} 3,14.

Die Differenz des Old Greek zum Hebräischen findet in den Revisionen Beachtung. Die griechischen Übersetzungen von Aquila und Theodotion wei-

---

7,14; 16,18.19; 22,24; 1Chr 17,3; 28,6; Ps 50[49],21; Jes 3,7; 47,7; Jer 11,4; 24,7; 31,1; 32[39],38; Ez 11,20; 14,11; 34,24; 36,28; 37,23; Hos 11,4; 14,6; Sach 2,9; 8,8; s. a. ἔσται: Dtn 31,23; Ri 6,16 [vgl. Ex 4,12 = 4,15: וְאָנֹכִי אֶהְיֶה עִם־פִּיךָ: ἐγὼ ἀνοίξω τὸ στόμα σου]). Dieser Vergleich zeigt das Spektrum für die Übersetzung von אֶהְיֶה auf.

57   Vgl. z.B. Plutarch, Isis und Osiris 9 (Hinweis auf eine Inschrift in Saïs: „Ich bin alles, was war und ist und sein wird [ἐγώ εἰμι πᾶν τὸ γεγονὸς καὶ ὂν καὶ ἐσόμενον]"; Übers.: H. Görgemanns u. Mitarb. v. R. Feldmeier/J. Assmann, Plutarch. Drei Religionsphilosophische Schriften, Tusc, Düsseldorf/Zürich 2003, 149); s.a. z.B. Pausanias X 12,5.
   Auch in jüdischen Texten findet sich die Drei-Zeiten-Formel mit Formulierungen, die der der Johannesapokalypse sachlich etwas näher stehen; vgl. hierzu Delling, Stil der Johannesapokalypse, 440f.; M. McNamara, The New Testament and the Palestinian Targum to the Pentateuch, AnBib 27, Rome 1966, 103–122.
   Anders als Delling nehmen z.B. Müller, Offenbarung, 72, und W. J. Harrington, Revelation, Sacra Pagina Series, Collegeville, MN, 1993, 46, einen direkten Einfluss durch die Targumin („John may have been influenced by the Targums") an, ohne jedoch die Datierungsfragen zu erörtern; kritisch hierzu Karrer, Johannesoffenbarung als Brief, 126 Anm. 73.
58   Den Unterschied betont Giesen, Offenbarung des Johannes, 74: „Im dritten Glied unterscheidet sich die Formel in der Offb jedoch grundlegend von allen ihren Parallelen" (s.a. Satake, Offenbarung, 129), was Giesen mit der Nähe zu Ex 3,14 verrechnet!

chen von der LXX- Tradition ab, indem sie den futurischen Aspekt unterstrei-
chen: ἔσομαι <ὅς>[59] ἔσομ[αι], *Ich werde sein, der ich sein werde*. Die Version
der Johannesapokalypse ist nicht von diesen Revisionen beeinflusst, aber sie
belegt, dass eine stärker am hebräischen Text orientierte Formulierung den
futurischen Aspekt herausstellt.

Die bisherigen Beobachtungen ergeben eine starke Evidenz, dass die Formel ὁ
ὢν καὶ ὁ ἦν καὶ ὁ ἐρχόμενος kein genereller Hinweis auf eine griechisch-
jüdische Tradition ist, die das Partizip ὁ ὤν aus Ex 3,14 verbindet, noch dass
eine pagane Drei-Zeiten-Formel zitiert wäre. Allerdings können sich bei der
Selbstvorstellung Gottes in der Johannesapokalypse pagane Einflüsse mit einer
Erinnerung an den hebräischen Text der Selbstoffenbarung verbinden, da gerade nicht das verbreitete ὁ ὤν allein steht,[60] sondern eine dynamische, zukunftsoffene Wendung die Formel abschließt – damit entspricht ihr Abschluss
dem Verständnis der hebräischen Selbstvorstellung von Ex 3,14, wie wir sie in
den späteren griechischen Textrevisionen finden.

Das Dargestellte zeigt, dass auf die Frage nach der Anspielung, ihrer Textform und der Kreativität des Verfassers keine einfachen Antworten zu geben
sind. Das kreative und konstruktive Gedächtnis nimmt die Dynamik der hebräischen Vorlage auf, es erinnert Gott als aktive, zukunftsoffene Gestalt, ohne
dass von einer primär literarischen Verhältnisbestimmung auszugehen ist. Es
ist vielmehr die Erinnerung an die hebräische Version der Selbstvorstellung
Gottes, die kreativ dem *plot* der Johannesapokalypse unter Verwendung der
griechischen Textform angepasst wird.

Auch wenn diese Verhältnisbestimmung schwierig zu beweisen ist, trägt
sie den verschiedenen sprachlichen Signalen der Referenztexte wie des Rezeptionstextes Rechnung und ist im Horizont der Gedächtnisforschung verständ-
lich. Die Formel wird mittels des im Gedächtnis episodisch bewahrten Zentral-
textes der hebräischen Schriften (Ex 3,14) interpretiert. So gelesen ist Apk 1,8
nicht einfach eine Anspielung auf Ex 3,14, sondern eher ein Kommentar zum
LXX-Text,[61] um Gottes Funktion innerhalb der Erzählung der Johannesapoka-

---

59 Das Sigel ◇ verweist auf Buchstaben/Worte, die durch den Herausgeber der Textedition
hinzugefügt wurden.

60 S.o. S. 397f.

61 Auch Müller, Offenbarung, 72, sieht eine Interpretation des Gottesnamens aus Ex 3,14. Nach
S. S. Smalley, The Revelation To John. A Commentary on the Greek Text of the Apocalypse,
London 2005, 32, liegt hier eine Paraphrase des Gottesnamens aus Ex 3,14f. vor.

lypse zu verstehen und durch die höchste Autorität im Text selbst zu präsentieren.[62]

3.2 Das Selbstverständnis der Gemeinde von Laodizea (Apk 3,17) im Licht von Hos 12,8(9) – Der Einfluss des hebräischen Referenzkontextes auf die Paränese des Apokalyptikers[63]

Ein weiteres Beispiel, das man als Spiel mit der Erinnerung an die Kritik der Episode von den betrügerischen Händlern im hebräischen Text von Hos 12,7ff. verstehen kann, findet sich in Apk 3,17. In diesem Beispiel ist der Einfluss der hebräischen Textform durch mehrere Beobachtungen abzusichern, die auch den Kontext des Referenztextes mit einschließen, der die Struktur des Rezeptionstextes mit beeinflusst hat. Wiederum lässt sich zeigen, dass Zentralelemente aber auch Schlüsselbegriffe des Referenztextes aus Hos 12,8(9)[64] im Gedächtnis gespeichert waren, die im neuen Text kreativ aktualisiert an dessen Oberfläche treten.

Im letzten Brief der sieben Sendschreiben an die Gemeinde in Laodizea, Apk 3,17, werden die Adressaten mit einer generellen Kritik religiöser Ignoranz konfrontiert – die Gemeinde lässt ihren Einsatz „für ein kompromissloses christliches Leben" vermissen[65], welchen der Seher jedoch einfordert. Im Gegensatz zu den Adressaten des Schreibens an die Gemeinde von Smyrna, wo die Gemeinde als „arm" bezeichnet wird (Apk 2,9), versteht sich die Gemeinde in Laodizea als ökonomisch reich[66], ein Selbstverständnis, das im Widerspruch

---

62 Vgl. T. Holtz, Die Offenbarung des Johannes, hg.v. K.-W. Niebuhr, NTD 11, Göttingen 2008, 22: „Die *Salutatio* [...] ist insgesamt eine theologisch reflektierte ‚relecture' des Mose am Dornbusch offenbarten Gottesnamens Ex 3,14: ‚Ich bin der Ich-bin'."

63 S.a. Labahn, Die Septuaginta und die Johannesapokalypse, Abschn. 3.4.1.

64 Eine Zusammenfassung der Argumente ist bei Labahn, Die Septuaginta und die Johannesapokalypse, Abschn. 3.4.1., gegeben und wird hier nicht wiederholt.

65 Giesen, Offenbarung des Johannes, 140, der die Alternative von heiß und kalt nicht im Sinne der Alternative radikaler Nachfolge und gesellschaftlicher Anpassung deuten möchte; so aber z.B. Müller, Offenbarung, 136. Diese Deutung der Alternative ist angesichts des Drohworts 3,16, der radikalen Ethik des Sehers (vgl. exemplarisch K. Scholtissek, Mitteilhaber an der Bedrängnis, der Königsherrschaft und der Ausdauer in Jesus [Offb 1,9]. Partizipatorische Ethik in der Offenbarung des Johannes, in: K. Backhaus [Hg.], Theologie als Vision. Studien zur Johannes-Offenbarung, SBS 191, Stuttgart 2001, 172–207; s.a. M. Wolter, Christliches Ethos nach der Offenbarung des Johannes, in: F. W. Horn/M. Wolter [Hgg.], Studien zur Johannesoffenbarung. FS Otto Böcher, Neukirchen-Vluyn 2005, 189–209) und des in 3,17 dargestellten Selbstverständnisses, das ein gewisses Arrangement in der gesellschaftlichen Umwelt und mit ihren wirtschaftlichen Kräften voraussetzt, wenig wahrscheinlich.

66 Der Hintergrund von Hos 12,8(9) stützt den wirtschaftlichen Aspekt, der in Relation zu seinem sozialen wie auch seinem religiösen Kontext steht. Teilnahme am wirtschaftlichen

zum radikalen Verständnis des christlichen Lebens steht, wie es im Send-schreiben vertreten wird (V.17a):

ὅτι λέγεις ὅτι πλούσιός εἰμι καὶ πεπλούτηκα καὶ οὐδὲν χρείαν ἔχω, […]

Auf diese Aussage mitsamt ihren ökonomischen Zwischentönen fällt deutli-cheres Licht, wenn sie im Kontext ihres Referenztextes Hos 12 gelesen wird. Im Hoseabuch klagt der Prophet die Händler aus Ephraim wegen der Verwen-dung gefälschter Gewichte an, was als generelle Ungerechtigkeit verstanden wird (12,7). Die kritisierten Charaktere antworten durch selbstzufriedene Selbstreflexion in 12,9a, die mit der prophetischen Bewertung in V.9b kon-frontiert wird:

8a(9a)

καὶ εἶπεν Εφραιμ
Πλὴν πεπλούτηκα,
εὕρηκα ἀναψυχὴν ἐμαυτῷ.

Und Ephraim sprach:
Ja, ich bin reich geworden,
ich habe eine Erholung für mich selbst gefunden.

8b(9b)

πάντες οἱ πόνοι αὐτοῦ οὐχ εὑρεθήσονται αὐτῷ δι'ἀδικίας ἃς ἥμαρτεν.

Alle seine Mühen sollen nicht für ihn (als im Gericht ausreichend) gefunden wer-den, um des Unrechts willens, das er sündigte.

Apk 3,14–22 ruft die Gemeinde in Laodizea zur Umkehr auf, was sich im Horizont des Referenztextes als Korrektur eines zugrundeliegenden falschen Selbstverständnisses lesen lässt, wie es die Händler aus Ephraim in Hos 12,7(8)f. entfalten.

Zwischen Apk 3,17 und Hos[LXX] 12,8(9) bestehen verschiedene sprachliche Differenzen, die die Formulierung der Gerichtsansage in V.8(9)b einschließen. Selbst zwischen der hebräischen und der griechischen Version bestehen klare Unterschiede, die im Porträt der Händler aus Ephraim in V.8(9)a wie auch in der Anklage in V.8(9)b zu finden sind; die Unterschiede resultieren aus einer schwierigen hebräischen Konstruktion:

12,9(MT):

וַיֹּאמֶר אֶפְרַיִם
אַךְ עָשַׁרְתִּי מָצָאתִי אוֹן לִי
כָּל־יְגִיעַי לֹא יִמְצְאוּ־לִי עָוֹן אֲשֶׁר־חֵטְא׃

Prozess bedeutet auch Teilnahme an gesellschaftlichen und religiösen Konventionen. Es ist kaum zufällig, dass der Stamm πλούσ- auch für die durch den römischen Handel reich ge-wordenen Händler und Seeleute steht: Apk 18,3.15.19; vgl. L. L. Thompson, Revelation, ANTC, Nashville, TN, 1998, 85, Daher sieht Satake, Offenbarung, 188, den materiellen Reichtum als „ein Ergebnis ihrer Kompromisse mit der Umwelt" an.

Und Efraim spricht:

Aber/gewiss, ich bin reich geworden, ich habe Kraft/Reichtum für mich gefunden.

Was alles, was ich mir erwarb, betrifft,[67] wird man an mir keine Schuld finden, die Sünde ist.

Bereits in V.8(9)a finden sich Abweichungen in der Darstellung des Selbstbewusstseins der Kaufleute hinsichtlich ihres erlangten Reichtums.[68]

καὶ εἶπεν Εφραιμ	וַיֹּאמֶר אֶפְרַיִם
Πλήν	אַךְ
πεπλούτηκα,	עָשַׁרְתִּי
εὕρηκα ἀναψυχὴν ἐμαυτῷ.	מָצָאתִי אוֹן לִי
Und Efraim sprach:	Und Efraim sprach:
Aber	Aber/gewiss,
ich bin reich,	ich bin reich geworden,
ich habe eine Erholung für mich selbst gefunden [...]	ich habe Kraft/Reichtum für mich gefunden [...]

Der Hebräische Text beschreibt denselben Sachverhalt des Erwerbs von Wohlstand in zwei sprachlich unterschiedlichen Sätzen. LXX vermeidet hingegen das retardierende Element der Wiederholung, indem die Übersetzung zunächst den Reichtum und dann die aus dem Wohlstand resultierende „Erleichterung"[69] feststellt.

Die Differenz der Übersetzung mit ἀναψυχή zum hebräischen Wortlaut wurde in den jüngeren griechischen Rezensionen wahrgenommen und in Richtung des hebräischen Textes verändert. So bietet Theodotion ἀνάπαυσις (Ruhe/Erholung), und Aquila interpretiert mit erhobenem Zeigefinger ἀνωφελὴς <ἐμ>αυτῷ (82) („unnütz für mich selbst"). Aquila zeigt dabei einen direkten Rückgriff auf hebräischen Text, da ἀνωφελής als Interpretation von אוֹן durch עָוֶן in V.8(9)b inspiriert sein wird.

---

67 Zur Übersetzung vgl. die Bemerkungen bei W. Rudolph, Hosea, KAT XIII/1, Gütersloh 1966, 223f.

68 Diese Passage fehlt in 8HevXIIgr (E. Tov, The Greek Minor Prophets Scroll From Naḥal Ḥever [8ḤevXIIgr], The Seyâl Collection I, DJD VIII, Oxford ²1995; s.a. B. Ego/A. Lange/H. Lichtenberger/K. de Troyer [Edd.], Minor Prophets, Biblica Qumranica 3B, Leiden/Boston 2005), so dass eine interessante Gegenkontrolle zur Textentwicklung entfallen muss.

69 Das griechische Substantiv ἀναψυχή begegnet in der LXX dreimal und übersetzt jeweils verschiedene hebräische Vorlagen. Dabei übergehe ich die bei T. Muraoka, Hebrew/Aramaic Index to the Septuagint. Keyed to Hatch-Redpath Concordance, Grand Rapids 1998, ad voc., durch eckige Klammern als „implausible" gekennzeichneten Einträge.

Beide Versionen des Referenztextes weisen keine signifikante Nähe zur doppelten Verwendung des Stammes πλουσ- in der Johannesapokalypse auf. LXX verwendet nie eine Form von πλουσ-, um אוֹן I zu übersetzen, obgleich es der semantischen Bedeutung des hebräischen Begriffs nahekommt.

Ein weiterer und bedeutender Unterschied ist in V.8(9)b festzustellen. Durch die Phrase יְגִיעַי לֹא יִמְצְאוּ לִי עָלֹ-עָוֹן אֲשֶׁר חֵטְא könnte die in der LXX formulierte Anklage in das Hebräische zurückübersetzt werden.[70] Überlegungen, dass die so rekonstruierte Anklage eine andere Vorlage für die Übersetzung der LXX darstellen könnte, sind wenig plausibel, da der Subjektswechsel erst in V.9(10) mit einer pointiert eingeleiteten Gottesrede erfolgt: וְאָנֹכִי יְהוָֹה אֱלֹהֶיךָ. Im hebräischen Text dient V.8(9)b dem plot, indem er den Vorwurf der prophetischen Rede durch das eigene Unschuldsbewusstsein kontrastiert. Ein solches selbstzufriedenes Unschuldsbewusstsein artikuliert sich auch in Apk 3,17: καὶ οὐδὲν χρείαν ἔχω. Dieses fehlgeleitete Unrechtsbewusstsein ist in Relation zur Christusverkündigung des Sehers zu setzen. Es finden sich einmal mehr Aufnahme und *Transformation* als Charakteristikum der Schriftrezeption der Johannesapokalypse. Der Verfasser konzentriert sich nicht auf die Anklage des unmoralisch erworbenen Profits, sondern kritisiert das οὐδὲν χρείαν ἔχω als ein falsches Selbstbewusstsein, das dem erforderlichen religiösen Ernst des von der Johannesapokalypse geforderten christlichen Lebensstils zuwiderläuft.

Zusammenfassend lässt sich feststellen, dass Inhalt und Sprache von Apk 3,17 und Hos 12,8(9) große Kohärenz aufweisen, wobei Apk 3,17 mit der Formulierung πλούσιός εἰμι καὶ πεπλούτηκα dem hebräischen Text näher steht als dem der LXX[71] und der anderen griechischen Versionen bei Theodotion und Aquila. Der Text der Johannesapokalypse verbindet die erste Form von πλουσ- mit dem Zustand des Reich-Seins, die zweite mit dem Erlangen des Reichtums und gestaltet so das Verb מצא nach. Die Möglichkeit einer eigenen Übersetzung aus dem hebräischen Text ist angesichts der Eigenständigkeit der Version der Johannesapokalypse nicht völlig auszuschließen, zumal der Kerntext auch nicht durch Sprache und Stil des Verfassers zwingend erklärt werden kann. Will man nicht mit der Ausnahmemöglichkeit direkter literarischer Aufnahme eines hebräischen Textes operieren, so gewinnt die Möglichkeit an Plausibilität, dass auch Apk 3,17 unter dem Einfluss der Erinnerung und zwar an den hebräischen Text von Hos 12 verfasst wurde. Dies belegen Grundgedanken,

---

70 H. W. Wolff, Dodekapropheton I. Hosea, BK XIV/1, Neukirchen-Vluyn [3]1976, 268: 9[b-b].

71 Anders allerdings E. F. Lupieri, A Commentary on the Apocalypse of John, Italian Texts and Studies on Religion and Society, Grand Rapids, MI, 2006, 129, der Apk 3,17 näher an LXX als HT sieht.

Schlüsselworte und Strukturelemente, die offensichtlich für die Erinnerung an die Episode von Hoseas Kritik der Händler stehen.

Apk 3,17 zeigt die Kreativität, mit der der Seher seine Referenztexte in seine eigene „Schrift" einschmilzt. Die Johannesapokalypse rezipiert das Selbstverständnis der Händler aus Ephraim, indem ihr (falsches: Hos 12,7) Selbst-Verständnis der Unschuld im Horizont ethisch-radikaler Interpretation als „Armut" (Apk 3,17b) zur unerkannten Notwendigkeit der Umkehr transferiert wird (Kontext des gesamten siebenten Sendschreibens und bes. 3,19b).

Das Selbstverständnis der Gemeinde von Laodizea ist durch den Prätext als falsch gebrandmarkt. Mehr noch, in Hinblick auf den hebräischen Referenztext kann dieses Verhalten als Übernahme des Auftretens der pagan Umwelt gedeutet werden, was darauf hinweist, dass der Seher das hebräische כְּנַעַן in Hos 12,7(8) (wie LXX) als Kanaan liest.[72] Ist zudem in Hos 12,9(10) die „Ankündigung der neuen Wüstensituation" als Strafe in den Blick genommen,[73] so wird diese Bedrohung in die Aufforderung „mache nun ernst und kehre um" (V.19) von Apk 3,18f. interpretiert, was wiederum eine kreative wie adäquate Aufnahme wäre. Auch Apk 3,17 belegt, dass der Text der Johannesapokalypse durch den hebräischen Text bzw. die Erinnerung an ihn beeinflusst ist.

Mit der dargestellten Kreativität, die durch den Gesamtkontext des hebräischen Textes von Hos 12,7(8)–9(10) inspiriert ist, ist auch die Frage nach der Erkennbarkeit der Anspielungen in der Johannesapokalypse gestellt. Apk 3,17 gehört zu den Stellen, die einen impliziten Leser bzw. Modellleser konstruieren, der den Referenztext erkennt und so die Tiefen der neuen „Schrift" des Sehers mit Gewinn ausloten kann.

3.3 Hebräische Schlüsselbegriffe und Syntax in griechischem Kontext: Weitere Beispiele möglichen Einflusses durch hebräische Textformen

Neben möglichen Einflüssen der Textstruktur des Referenztextes ist die Untersuchung eines möglichen Einflusses durch Schlüsselbegriffe des hebräischen Textes auf den griechischen Zieltext der Johannesoffenbarung lohnend. Die folgenden Beispiele repräsentieren relativ unumstrittene Anspielungen in der Johannesapokalypse.

(a) Nach *Apk 5,6b* ist das Lamm, das wie geschlachtet ist, mit sieben Augen dargestellt. Diese sieben Augen gelten als Repräsentanten der sieben Geister

---

72 S.a. Rudolph, Hosea, 222: 8a. 233, anders z.B. Wolff, Hosea, 268: 8a.
73 Wolff, Hosea, 279, als Aufnahme von Hos 2,1ff.16ff.; 9,15.17.

Gottes, die in die ganze Welt ausgesandt sind (καὶ ὀφθαλμοὺς ἑπτὰ οἵ εἰσιν τὰ [ἑπτὰ] πνεύματα τοῦ θεοῦ ἀπεσταλμένοι εἰς πᾶσαν τὴν γῆν). Dieses Bild wird weithin als eine Anspielung auf Sach 4,10 verstanden (ἑπτὰ οὗτοι ὀφθαλμοὶ κυρίου εἰσὶν οἱ ἐπιβλέποντες ἐπὶ πᾶσαν τὴν γῆν).[74]

Bei dieser Anspielung fallen zunächst einmal die dichten sprachlichen Übereinstimmungen zwischen der LXX und dem Text der Johannesoffenbarung auf. Es lassen sich folgende Übereinstimmungen auflisten: ὀφθαλμοὺς ἑπτά, πᾶσαν τὴν γῆν (einschließlich der Grundstruktur von οἵ εἰσιν τὰ [ἑπτὰ] πνεύματα τοῦ θεοῦ ἀπεσταλμένοι κτλ – εἰσὶν οἱ ἐπιβλέποντες κτλ).

Die beachtenswerteste Differenz zwischen Referenz- und Rezeptionstext liegt in der Aktivität der sieben Augen des Lammes. In der Johannesapokalypse sehen die Augen nicht umher, wie es in der LXX-Version von Sach 4,10 berichtet wird (ἐπιβλέποντες), sie bewegen sich vielmehr aktiv in der gesamten Welt, in die sie gesandt worden sind. Insofern ihre Aufgabe darin erschlossen werden kann, Kenntnis zu geben, was in der Welt geschieht, vermitteln sie dem Lamm universelles Wissen.[75] Das Verb „umhersehen" der LXX hätte insofern durchaus den narrativen Ansprüchen seines neuen Kontextes genügt. Zudem ist seine Verwendung durch den semantischen Kontext der Augen vorgeprägt, so dass diese Abweichung zu besonderer Aufmerksamkeit bei der Erklärung nötigt.

Weiterhin ist ἀποστέλλω auch kein besonderes Vorzugswort der Johannesapokalypse. Es wird nur dreimal in der Johannesoffenbarung verwendet, zweimal im Rahmen (Apk 1,1 und 22,6[76]) und ein drittes Mal eben in 5,6b, so dass die Wendung ἀπεσταλμένοι εἰς πᾶσαν τὴν γῆν nicht zwingend durch Sprache und Stil des Autors motiviert ist.

---

74 Vgl. z.B. Aune, Revelation, 354: „[...] an allusion here to Zech 4:10"; Giesen, Offenbarung des Johannes, 168; Satake, Offenbarung, 210, mit Hinweis auf das in der Johannesapokalypse singuläre πᾶσα ἡ γῆ. G. K. Beale, The Book of Revelation. A Commentary on the Greek Text, NIGTC, Grand Rapids, MI, 1999., 355, optiert genereller für einen Einfluss von Sach 3f. Harrington, Revelation, 85, rechnet mit Einfluss auch von Jes 11,2.

75 Resseguie, Revelation, 119: „The seven eyes suggest that the lamb sees all or completely. If the lamb sees all, he knows all; he has the ,ability to see as God sees' (cf. Zech. 4:10)". Ähnlich versteht Thompson, Revelation, 95, das Bildprogramm als „image of omniscience". Nach Giesen, Offenbarung des Johannes, 140, wird „eine Eigenschaft Gottes, seine Allwissenheit und Allgegenwärtigkeit, auf Christus übertragen"; andere Deutungen gehen z.B. auf die Aufrichtung der Herrschaft Gottes durch das Lamm (Satake, Offenbarung, 210), der Sendung des Geistes durch das Lamm in die Welt, der den Plan Gottes ausführt (Beale, Revelation, 355).

76 In Apk 22,6 wird noch einmal differenzierend auf den Gott der Geister der Propheten verwiesen, der aber seinen Boten ἀπέστειλεν [...] δεῖξαι τοῖς δούλοις αὐτοῦ ἃ δεῖ γενέσθαι ἐν τάχει, was sich wiederum in Übereinstimmung mit der Bemerkung in 1,1 befindet: ἐσήμανεν ἀποστείλας διὰ τοῦ ἀγγέλου αὐτοῦ τῷ δούλῳ αὐτοῦ Ἰωάννῃ. Der Gegenstand des Zeigens ist dem vorausgehenden ἃ δεῖ γενέσθαι ἐν τάχει zu entnehmen.

Die hebräische Textversion bietet die seltene Verbform מְשׁוֹטְטִים (Polel von שׁוּט). LXX übersetzt die Verbform als „(umher-)sehen", was in der Funktion der Augen bei Sacharja begründet ist, geht es dort um die Wahrnehmung des Geschehens in der Welt. Dennoch verweist שׁוּט semantisch auf eine Art Bewegung, so dass das Hebräische Polel als „Umherwandeln" zu verstehen ist.[77] Die Sendung der sieben Geister in die Welt ist eine sachliche Voraussetzung für ihr Umherschweifen durch die Welt.

Die sieben Augen und ihr Umherschweifen bilden im hebräischen Text ein geschlossenes und bizarres Bild; dies ist wichtig zu betonen, da kognitionspsychologisch davon auszugehen ist, dass Bilder, insbesondere exotische Bilder, bleibende Einprägungen im Gedächtnis hinterlassen.

Beide, die hebräische Textversion und der Rezeptionstext, stimmen darin gegen den LXX-Text überein, dass sie den sieben Augen eine Bewegung zuschreiben. Ohne den grundlegenden Einfluss einer griechischen, die LXX entsprechenden Textform von Sach 4,10 zu bestreiten, ist es möglich, dass die Schlüsselbewegung oder ein Schlüsselmotiv des hebräischen Texts, das Herumschweifen der Augen, im Gedächtnis des Autors bewahrt wurde. So wurde das Sehen aus dem LXX-Text im Rezeptionstext durch eine Bewegung ersetzt, die nun das Aussenden der Augen auslöst. Das im Gedächtnis eingeprägte Bild prägt die Nutzung des griechischen Referenztextes.

(b) Mit dem Öffnen des siebenten Siegels in *Apk 6,14* wird das Ende der Grundfesten der antiken Welt berichtet. Hierzu gehört die kosmologische Katastrophe, bei der auch der Himmel zerstört wird. Diese Zerstörung des Himmelsfirmaments wird in das Bild vom Zusammenrollen einer Buchrolle[78] gepackt.

Die sprachlichen und sachlichen Übereinstimmungen zwischen Jes 34,4 und Apk 6,14 (*καὶ ὁ οὐρανὸς ἀπεχωρίσθη ὡς βιβλίον ἑλισσόμενον* [...]) sind

---

77 In der LXX geschieht dies in Jer 5,1 – Jeremiah[LXX] übersetzt שׁוֹטְטוּ בְּחוּצוֹת יְרוּשָׁלַם treffend durch περιδράμετε ἐν ταῖς ὁδοῖς Ιερουσαλημ (Zieht durch die Straßen Jerusalems [...]; LXX-D).

78 Zur Vorstellung s.a. Sib III 75–86 (Übers.: J.-D. Gauger, Sibyllinische Weissagungen. Griechisch-deutsch, Tusc, Darmstadt 1998, 71): „Wenn dann die Witwe die ganze Welt ihrem Szepter vereinigt und wirft alles Silber und Gold in die glänzende Salzflut und auch das Erz und das Eisen des Eintagsgeschlechtes der Menschen wirft in das Meer, dann werden alle Urelemente des Kosmos gänzlich veröden, wenn Gott, der den Äther bewohnet, verdreht den Himmel, so wie ein Buch zusammengerollt wird. Und dann stürzet das vielgestaltige Himmelsgewölbe auf die göttliche Erde, aufs Meer, und ein Sturzbach mächtigen Feuers strömt unermüdlich, verbrennt die Erde, verbrennt das Meer und wird das Himmelsgewölbe, Gestirne und alle Geschöpfe in eins zusammen verschmelzen und wieder zur Läuterung trennen."

deutlich erkennbar und umfassen nahezu die gesamte Wendung.[79] Neben den sprachlichen Beobachtungen ist ergänzend zu beachten, dass auch das zweite Thema aus Jes 34,4 in Apk 6,13 Verwendung gefunden hat.[80] Die sprachliche und grammatikalische Variation des Rezeptionstextes lässt von der Bestimmung als ein implizites Zitat Abstand nehmen. Die Berührungen mit dem Wortlaut der LXX lassen allerdings die Bezugnahme auf einen LXX-nahen griechischen Text wahrscheinlich erscheinen.

—	וְנָמַקּוּ כָּל־צְבָא הַשָּׁמַיִם
καὶ ἑλιγήσεται ὁ οὐρανὸς ὡς βιβλίον	וְנָגֹלּוּ כַסֵּפֶר הַשָּׁמָיִם
καὶ πάντα τὰ ἄστρα πεσεῖται ὡς φύλλα ἐξ ἀμπέλου	וְכָל־צְבָאָם יִבּוֹל כִּנְבֹל עָלֶה מִגֶּפֶן
καὶ ὡς πίπτει φύλλα ἀπὸ συκῆς	וּכְנֹבֶלֶת מִתְּאֵנָה:

Der Seher fügt in seinen Referenztext lediglich ein weiteres Verb ein, ἀπεχωρίσθη – ein hapax legomenon der Johannesapokalypse –, womit der Seher das Zusammenrollen des Himmels als dessen Entfernung aus dem kosmologischen Gefüge explizit macht.

Die Übersetzung der LXX differiert entschieden vom hebräischen Text. Das erste Glied der Szene im hebräischen Text, das Weichen der himmlischen Heere, findet keinen Eingang in die griechische Übersetzung, was in späteren Rezensionen nachgetragen wird.[81] Nach dem hebräischen Text ist V.4b ein Parallelismus der ebenfalls dem Himmelsheer gilt. In der Interpretation der כָּל־צְבָאָם durch πάντα τὰ ἄστρα werden beim Einrollen des Himmelsgewölbes auch die Sterne aus ihrer Verankerung gerissen. Der erforderliche Plural der Blätter in LXX ist eine Folge der ersten Änderung.

Die Verbform ἀπεχωρίσθη aus Apk 3,14 kann die Wendung וְנָמַקּוּ כָּל־צְבָא הַשָּׁמַיִם (‚und das gesamte Heer des Himmels zerfließt/verrottet‘) von Jes 34,4a[82] reflektieren,[83] so dass wir einen interessanten Doppeleinfluss des hebräischen Textes (aus dem Gedächtnis) und der LXX bedenken könnten. Die mehrfache Präsenz von Jes 34 in der Johannesapokalypse zeigt die Bedeutung,

---

79 Z.B. Satake, Offenbarung, 224; s.a. Giesen, Offenbarung des Johannes, 188; Müller, Offenbarung, 174.

80 Zur Bedeutung der jesajanischen Darstellung des Strafgerichts über Idumäa (Kap. 34) s.a. Jes 34,(9–)10 in Apk 14,11.

81 Die Versionen ergänzen das in LXX gegenüber dem hebräischen Text fehlende, mehrheitlich mit dem Verb τήκομαι verbundene כָּל־צְבָא הַשָּׁמַיִם, das jedoch unterschiedlich mit Heer bzw. Kraft/Kräfte des Himmels wiedergegeben wird.

82 Die Parallele in V.34,4c verweist nicht auf das Himmelsheer: וְכָל־צְבָאָם יִבּוֹל.

83 Die Übersetzung folgt dem Wortlaut von MT, aber die Textlesung ist umstritten; z.B. H. Wildberger, Jesaja. 3. Teilband: Jesaja 28–39. Das Buch, der Prophet und seine Botschaft, BK X/3, Neukirchen-Vluyn 1982, 1326; zu MT s.a. die Abweichung 1QJes[a].

die dieser Text für ihren Verfasser hat, so dass mit einer längeren Beschäftigung des Verfassers mit diesem Strafgericht und seiner Interpretation gerechnet werden kann. Die Präzisierung der Entfernung des Himmels haftet an der hebräischen Gesamtepisode und lässt sich daher gut mit der Erinnerung an Jes 34 verbinden. Die Ergänzung der keineswegs durch Sprache und Stil des Sehers begründeten Verbform ἀπεχωρίσθη durch das kreative Gedächtnis des Hebräischen ist daher eine plausible Erklärung – nicht die Erinnerung an ein bestimmtes Wort oder eine syntaktische Einheit wird dabei vorausgesetzt, sondern die Erinnerung an eine Geschehensabfolge prägt mit neuer Formulierung einen neuen Text.

(c) Gelegentlich ist auch die unterschiedliche grammatikalische Struktur zwischen dem hebräischen und dem griechischen Referenztext aufschlussreich, um einen partiellen Einfluss des Hebräischen zu diskutieren. Wiederum handelt es sich um einen Vers aus der Gerichtsansage über Idumäa in Jes 34. In der Drohung gegen die Anbeter des Tieres und seines Bildes, Apk 14,9–12, wird das Bild vom endlos aufsteigenden Rauch aus Jes 34,10 als ewige Strafe in *Apk 14,11* aufgenommen:[84]

Apk 14,11:

καὶ ὁ καπνὸς τοῦ βασανισμοῦ αὐτῶν εἰς αἰῶνας αἰώνων ἀναβαίνει,

καὶ οὐκ ἔχουσιν ἀνάπαυσιν ἡμέρας καὶ νυκτός οἱ προσκυνοῦντες τὸ θηρίον

JesLXX 34,9f.:

9 καὶ στραφήσονται αὐτῆς αἱ φάραγγες εἰς πίσσαν καὶ ἡ γῆ αὐτῆς εἰς θεῖον, καὶ ἔσται αὐτῆς ἡ γῆ καιομένη ὡς πίσσα

10 νυκτὸς καὶ ἡμέρας καὶ οὐ σβεσθήσεται εἰς τὸν αἰῶνα χρόνον, καὶ ἀναβήσεται ὁ καπνὸς αὐτῆς ἄνω εἰς γενεὰς ἐρημωθήσεται καὶ εἰς χρόνον πολὺν ἐρημωθήσεται

Jes 34,10 (MT)

לַיְלָה וְיוֹמָם לֹא תִכְבֶּה לְעוֹלָם יַעֲלֶה עֲשָׁנָהּ מִדּוֹר לָדוֹר תֶּחֱרָב לְנֵצַח נְצָחִים אֵין
עֹבֵר בָּהּ׃

Die Verwendung der sprachlichen Bestandteile aus Jes 34,10 ist derart dicht (ὁ καπνός, εἰς αἰῶνας αἰώνων, ἀναβαίνει, οὐκ, ἡμέρας καὶ νυκτός), dass eine relativ sichere „Anspielung" vorliegt. Aus dem sprachlichen Material und der mit ihm verbundenen Motivik schafft der Seher ein mit Jesaja verwandtes, aber doch neues Bild. Aus dem Land, das als ein schwelendes Feuer wie brennendes Pech dargestellt wird, wird beim Seher eine Höllen-Szene, die bereits auf

---

84   J. Fekkes, III, Isaiah and Prophetic Traditions in the Book of Revelation. Visionary Antecedents and their Development, JSNT.S 93, Sheffield 1994, 206ff.; Müller, Offenbarung, 268. S.a. Giesen, Offenbarung des Johannes, 331; Satake, Offenbarung, 319.

den Feuersee, 20,14f.; 21,8 (ἐν τῇ λίμνῃ τῇ καιομένῃ πυρὶ καὶ θείῳ ↔ 14,10: καὶ βασανισθήσεται ἐν πυρὶ καὶ θείῳ), vorweg verweist.

Allerdings ist die Wendung καὶ οὐκ ἔχουσιν ἀνάπαυσιν ἡμέρας καὶ νυκτός fast völlig identisch mit 4,8: καὶ ἀνάπαυσιν οὐκ ἔχουσιν ἡμέρας καὶ νυκτός, so dass mit Aune eine intratextuelle Verbindungslinie gezogen werden muss.[85] Sind diese Intratextualität und Klammer ein Indiz fehlender Intertextualität und Ausweis individueller Kreativität? Zwei grundlegende Beobachtungen sind zu ergänzen. Tag und Nacht als Zeitspanne sind kein spezifischer Terminus, der für sich genommen eine Textrelation begründen kann. Im Blick auf intratextuelle Zusammenhänge muss neben der Opposition zwischen 4,8 und 14,11 auch das Verhältnis zu 7,15 und 20,10 bedacht werden, das sprachlich und motivlich 14,10f. aufnimmt und variiert.

In summa: Intratextualität und Intertextualität greifen in Apk 14,11 nahezu unauflöslich ineinander; der Rückbezug auf Jes 34 stellt das in der Apk erzählte Gerichtshandeln in den Horizont des Eintritts des universell ausgeweiteten, prophetisch angekündigten Gerichtshandelns aus Jes 34 (wie schon Apk 6,13f.). Die Brandmotivik ordnet zudem den Untergang der Hure Babylon in dieses globale Gerichtshandeln ein (vgl. 18,8).

In diesem Lichte ist die Erwähnung des Schwefels in Apk 14,9 (θεῖον) bereits ein Element der folgenden Anspielung.

LXX erzeugt eine andere syntaktische Struktur, bei der die Zeitangabe noch zu Jes 34,9 gerechnet werden muss. LXX unterscheidet damit das Brennen des Landes bei Nacht und Tag, sein Nicht-Erlöschen auf ewig und das Aufsteigen des Rauchs nach oben. Der hebräische Text differenziert zwischen dem Nichterlöschen bei Nacht und Tag und dem ewigen Aufsteigen des Rauchs. Syntaktisch steht Apk 14,11 der Syntax des hebräischen Textes näher; im verwendeten Vokabular, soweit nicht durch die Neugestaltung überlagert, spiegelt es die LXX wieder.

Die Speicherung der Erinnerung lässt die Variation der Bildfolge verstehen. Der hebräische Text ist im Gedächtnis als anders gelagerte Episoden- bzw. Bildfolge präsent, die im Text der Johannesapokalypse durchscheint. Jes 34,9f. als Teil des Berichts vom Gericht über Idumäa ist ein „Geschehen", das dem Seher besonders im Gedächtnis haftet. Er hat diesen Textzusammenhang bereits in Apk 6,13f. angespielt. Auch dort fanden wir unterschiedliche Grade sprachlicher Nähe zwischen Ziel- und Prätext und einen möglichen Einfluss des Hebräischen.

---

85 Aune, Revelation, 836f.

4. Zusammenfassung: Griechischer Text und hebräische Erinnerung

Die vorgelegten Untersuchungen von Textbeispielen zeigen, dass die Beantwortung der Frage nach der Textform der Rezeptionstexte der Johannesapokalypse nicht zugunsten exklusiver Alternativen entschieden werden kann. Eine Linienziehung zwischen der LXX und jüngeren Textrezensionen einerseits und hebräischer Textform andererseits ist eine zu einfache Alternative. Sie operiert ausschließlich mit einem textorientierten statischen Modell literarischer Abhängigkeit von Text A zu Text B, das einem mehrsprachigen, kreativen und gestaltenden Autoren und Denker, wie er hinter der Story der Johannesapokalypse steht, kaum gerecht wird.

Schlüsselmomente seiner Beschäftigung mit dem hebräischen Text haben in seinem Gedächtnis Raum belegt und werden angesichts der Abfassung der neuen Schrift der Johannesapokalypse neu aus dem ‚Gedächtnisspeicher hervorgeholt‘ und aktualisierend erinnert; wir sprechen in den textlich verifizierbaren Fällen am besten von einer Rezeption durch das *kreative Gedächtnis*, womit nicht mit einer statischen Bewahrung der Erinnerung wie in den Konzepten der älteren Gedächtnispsychologie argumentiert wird, sondern einer Aktualisierung und Neugestaltung im Zieltext Rechnung getragen wird. Zudem sind nicht wortwörtliche Übereinstimmungen auszuweisen, sondern besagte Schlüsselaspekte, die im Langzeitgedächtnis für die erinnerten Episoden der hebräischen Schriften stehen.

Der Hinweis auf das Gedächtnis des Textproduzenten erspart die Annahme extensiver Rezeptionen schriftlicher Quellen und damit die Verwendung verschiedenster Schriftrollen. Das kreative Gedächtnis ersetzt vielmehr die Annahme direkter textlicher Einflüsse und literarischer Abhängigkeiten. Dies kann in ähnlicher Weise für die Aufnahme des griechischen Textes gelten, allerdings muss den bestehenden wortwörtlichen Übereinstimmungen in beachtenswertem Ausmaß mit Rechnung getragen werden. Ohne Zweifel ist auch hier die Kreativität und Gestaltungskraft des Textproduzenten einzurechnen, aber die sprachliche Kohärenz nötigt zu einer stärker literarischen Relation zwischen Referenz- und Rezeptionstext.

Methodisch ist es angeraten, zukünftig den jeweiligen Einzelfall zu prüfen und dabei sowohl die Textgeschichte der Referenztexte im Blick zu behalten wie auch die Kreativität des Rezipienten, aber auch die von der Gedächtnispsychologie erinnerte Bezugnahme des Gedächtnisses auf Schlüsselmomente, rezipierte Situationen, Bilder und Texte. So eröffnet sich ein weiter differenziertes Bild von der Schriftrezeption der Johannesapokalypse.

Literatur:

J. Assmann, Das kulturelle Gedächtnis. Schrift, Erinnerung und politische Identität in frühen Hochkulturen, München 1992.

D. E. Aune, Revelation 1–3, WBC 52A–52c, Dallas, TX, 1997/1998.

G. K. Beale, The Book of Revelation. A Commentary on the Greek Text, NIGTC, Grand Rapids, MI, 1999.

I. T. Beckwith, The Apocalypse of John. Studies in Introduction with a Critical and Exegetical Commentary, ND Grand Rapids, MI, 1967.

G. H. Bower/R. K. Cirilo, Cognitive Psychology and Text Processing, in: T. A. Can Dijk (Ed.), Handbook of Discourse Analysis Vol. 1, New York 1985, 71–105.

C. Breytenbach, Das Problem des Übergangs von mündlicher zu schriftlicher Überlieferung, Neot. 20, 1986, 47–58.

C. Breytenbach, MNHMONEYEIN. Das „Sich-erinnern" in der urchristlichen Überlieferung – Die Bethanienepisode (Mk 14,3–9/Jn 12,1–8) als Beispiel, in: A. Denaux (Ed.), John and the Synoptics, BEThL 101, Leuven 1992, 548–557.

A. D. Callahan, The Language of Apocalypse, HThR 88, 1995, 453–470.

G. Delling, Zum gottesdienstlichen Stil der Johannesapokalypse, in: ders., Studien zum Neuen Testament und zum hellenistischen Judentum. Gesammelte Aufsätze 1950–1968, hg. v. F. Hahn/T. Holtz/N. Walter, Göttingen 1970, 425–450.

R. A. Derrenbacker jr., Ancient Compositional Practices and the Synoptic Problem, BEThL 186, Leuven u.a. 2005.

B. Ego/A. Lange/H. Lichtenberger/K. de Troyer (Edd.), Minor Prophets, Biblica Qumranica 3B, Leiden/Boston 2005.

J. Fekkes, III, Isaiah and Prophetic Traditions in the Book of Revelation. Visionary Antecedents and their Development, JSNT.S 93, Sheffield 1994.

N. Fernandéz Marcos, The Septuagint in Context. Introduction to the Greek Versions of the Bible, Leiden 2000.

J. Frey, Erwägungen zum Verhältnis der Johannesapokalypse zu den übrigen Schriften des Corpus Johanneum, in: M. Hengel, Die johanneische Frage. Ein Lösungsversuch, WUNT 67, Tübingen 1993, 326–429.

J.-D. Gauger, Sibyllinische Weissagungen. Griechisch-deutsch, Tusc, Darmstadt 1998.

G. Genette, Die Erzählung, UTB.W, München [2]1998.

H. Giesen, Die Offenbarung des Johannes, RNT, Regensburg 1997.

H. Görgemanns u. Mitarb. v. R. Feldmeier/J. Assmann, Plutarch. Drei Religionsphilosophische Schriften, Tusc, Düsseldorf/Zürich 2003.

R. Gryson, Vetus Latina 26/2: Apocalypsis Johannis, Freiburg 2003.

L. Gustafsson, Windy erzählt. Von ihrem Leben, von den Verschwundenen und von denen die noch da sind, München/Wien 1999.

G. Guttenberger, Johannes von Thyateira. Zur Perspektive des Sehers, in: F. W. Horn/M. Wolter (Hgg.), Studien zur Johannesoffenbarung. FS Otto Böcher, Neukirchen-Vluyn 2005, 160–188.

P. Haeuser, Des heiligen Philosophen und Martyrers Justinus Dialog mit dem Juden Tryphon, BKV 33, Kempen/München 1917.

M. Halbwachs, Das Gedächtnis und seine sozialen Bedingungen, stw 538, ND Frankfurt a. M. 2006.

R. Hanhart, Die Söhne Israels, die Söhne Gottes und die Engel in der Masora, in Qumran und in der Septuaginta. Ein letztes Kapitel aus „Israel in hellenistischer Zeit", in: C. Bultmann/W. Dietrich/C. Levin (Hgg.), Vergegenwärtigung des Alten Testaments FS R. Smend, Göttingen 2002, 170–178.

W. J. Harrington, Revelation, Sacra Pagina Series, Collegeville, MN, 1993.

V. Hobi, Kurze Einführung in die Grundlagen der Gedächtnispsychologie, in: ders./D. Boedeker/M. Schuster, J. von Ungern-Sternberg (Edd.), Vergangenheit in mündlicher Überlieferung, Colloquium Rauricum 1, Stuttgart 1988, 9–33.

T. Holtz, Die Offenbarung des Johannes, hg.v. K.-W. Niebuhr, NTD 11, Göttingen 2008.

H. Hübner, Biblische Theologie des Neuen Testaments 3. Hebräerbrief, Evangelien und Offenbarung. Epilegommena, Göttingen 1995.

H. Hübner, EN APXHI EΓΩ EIMI, in: ders., Wahrheit und Wirklichkeit. Exegese auf dem Weg zur Fundamentaltheologie, hg. v. A. Labahn/M. Labahn, Göttingen 2005, 65–81.

M. Karrer, Der Text der Johannesoffenbarung, in: J. Frey/J. A. Kelhoffer/F. Tóth (Edd.), Die Johannesapokalypse: Kontexte und Konzepte/The Revelation of John: Contexts and Concepts, WUNT, Tübingen 2010.

M. Karrer, Die Johannesoffenbarung als Brief. Studien zu ihrem literarischen, historischen und theologischen Ort, FRLANT 140, Göttingen 1986.

W. H. Kelber, Die Anfangsprozesse der Verschriftlichung im Frühchristentum, ANRW II 26,1, 1992, 3–62.

H. J. Klauck, Die antike Briefliteratur und das Neue Testament. Ein Lehr- und Arbeitsbuch, UTB 2022, Paderborn u.a. 1998.

S. Kreuzer, Die Bedeutung des Antiochenischen Textes für die älteste Septuaginta (Old Greek) und für das Neue Testament, in diesem Band.

M. Labahn, Die Septuaginta und die Johannesapokalypse. Möglichkeiten und Grenzen einer Verhältnisbestimmung im Spiegel von kreativer Intertextualität und Textentwicklungen, in: J. Frey/J. A. Kelhoffer/F. Tóth (Edd.), Die Johannesapokalypse: Kontexte und Konzepte/The Revelation of John: Contexts and Concepts, WUNT, Tübingen 2010.

M. Labahn, Fischen nach Bedeutung – Sinnstiftung im Wechsel literarischer Kontexte. Der wunderbare Fischfang in Johannes 21 zwischen Inter- und Intratextualität, SNTU 32, 2007, 115–140.

M. Labahn, The ‚Dark Side of Power' – Beelzebul. Manipulated or Manipulator? Reflections on the History of a Conflict in the Traces Left in the Memory of Its Narrators, in: T. Holmén/St. E. Porter (Edd.), Handbook of the Study of the Historical Jesus. vol. 4, Leiden 2010, 9–43.

M. Labahn/M. Lang, Johannes und die Synoptiker. Positionen und Impulse seit 1990, in: J. Frey/U. Schnelle/J. Schlegel (Edd.), Kontexte des Johannesevangeliums. Das vierte Evangelium in religions- und traditionsgeschichtlicher Perspektive, WUNT 175, Tübingen 2004, 443–515.

E. Lohmeyer, Die Offenbarung des Johannes, HNT 16, Tübingen [2]1953.

E. F. Lupieri, A Commentary on the Apocalypse of John, Italian Texts and Studies on Religion and Society, Grand Rapids, MI, 2006.

M. McNamara, The New Testament and the Palestinian Targum to the Pentateuch, AnBib 27, Rome 1966, 103–122.

U. B. Müller, Apokalyptik im Neuen Testament, in: ders., Christologie und Apokalyptik. Ausgewählte Aufsätze, ABG 12, Leipzig 2003, 268–290.

U. B. Müller, Die Offenbarung des Johannes, ÖTbK 19, Gütersloh 1984.

T. Muraoka, Hebrew/Aramaic Index to the Septuagint. Keyed to Hatch-Redpath Concordance, Grand Rapids 1998.

G. Mussies, The Greek of the Book of Revelation, in: J. Lambrecht (Ed.), L'Apocalypse johannique et l'Apocalyptique dans le Noveau Testament, BEThL 53, Gembloux/Leuven 1980, 167–177.

B. Neumann, Erinnerung – Identität – Narration. Gattungstypologie und Funktionen kanadischer „Fictions of Memory", Media and Cultural Memory/Medien und kulturelle Erinnerung 3, Berlin 2005.

K. Patzel-Mattern, Geschichte im Zeichen der Erinnerung. Subjektivität und Kulturwissenschaftliche Theoriebildung, Studien zur Geschichte des Alltags 19, Wiesbaden 2002.

A. Rahlfs, Über Theodotion-Lesarten im Neuen Testament und Aquila-Lesarten bei Justin, ZNW 20, 1921, 182–199.

J. L. Resseguie, Revelation Unsealed. A Narrative Critical Approach to John's Apocalypse, BIS 32, Leiden 1998.

J. L. Resseguie, The Revelation of John. A Narrative Commentary, Grand Rapids, MI, 2009.

R. Rodriguez, Structuring Early Christian Memory. Jesus in Tradition, Performance and Text, ESCO = LNTS 407, London u.a. 2010.

J. Roloff, Offenbarung des Johannes, ZBKNT 18, Zürich [2]1987.

W. Rudolph, Hosea, KAT XIII/1, Gütersloh 1966.

A. Satake, Die Offenbarung des Johannes, KEK 16, Göttingen 2008.

J. Schmid, Studien zur Geschichte des griechischen Apokalypse-Textes 2. Die alten Stämme, MThSt, I/1.2, München 1955.

U. Schnelle, Einleitung in das Neue Testament, UTB 1830, Göttingen [6]2007.

K. Scholtissek, Mitteilhaber an der Bedrängnis, der Königsherrschaft und der Ausdauer in Jesus (Offb 1,9). Partizipatorische Ethik in der Offenbarung des Johannes, in: K. Backhaus (Hg.), Theologie als Vision. Studien zur Johannes-Offenbarung, SBS 191, Stuttgart 2001, 172–207.

G. Sellin, „Gattung" und „Sitz im Leben" auf dem Hintergrund der Problematik von Mündlichkeit und Schriftlichkeit synoptischer Erzählungen, EvTh 50, 1990, 311–331.

S. S. Smalley, The Revelation To John. A Commentary on the Greek Text of the Apocalypse, London 2005.

L. L. Thompson, Revelation, ANTC, Nashville, TN, 1998.

P. Thompson, The Voice of the Past. Oral History, Oxford ³2000.

M. Tilly, Textsicherung und Prophetie. Beobachtungen zur Septuaginta-Rezeption in Apk 22,18f, in: F. W. Horn/M. Wolter (Edd.), Studien zur Johannesoffenbarung. FS Otto Böcher, Neukirchen-Vluyn 2005, 232–247.

E. Tov, The Greek Minor Prophets Scroll From Nahal Hever [8HevXIIgr], The Seyâl Collection I, DJD VIII, Oxford ²1995.

B. Vaterrodt-Plünnecke, Episodisches Gedächtnis, in: N. Pethes/J. Ruchatz (Edd.), Gedächtnis und Erinnerung. Ein interdisziplinäres Lexikon, re 55636, Reinbek 2001.

H. Wildberger, Jesaja. 3. Teilband: Jesaja 28–39. Das Buch, der Prophet und seine Botschaft, BK X/3, Neukirchen-Vluyn 1982.

H. W. Wolff, Dodekaproheton I. Hosea, BK XIV/1, Neukirchen-Vluyn ³1976.

M. Wolter, Christliches Ethos nach der Offenbarung des Johannes, in: F. W. Horn/M. Wolter (Edd.), Studien zur Johannesoffenbarung. FS Otto Böcher, Neukirchen-Vluyn 2005, 189–209.

Ps 86^{MT}/Ps 85^{LXX} in Apk 15, 4bβ

Anmerkungen zum Text von Psalter und Johannesoffenbarung

JOHANNES DE VRIES

1. Überblick

Besondere textgeschichtliche Verwicklungen ergeben sich im Zusammenhang von (atl.) Schriftzitaten im NT. Freilich bieten solche Stellen auch entsprechend interessante Blicke in die Textgeschichte von Altem und Neuem Testament. Dies wird deutlich an einer Stelle des Lobpreises in Apk 15, 3b.4.

Apk 15,3b.4 (Obertext des NA^{27})	
3bα	μεγάλα καὶ θαυμαστὰ τὰ ἔργα σου,
3bβ	κύριε ὁ θεὸς ὁ παντοκράτωρ·
3bγ	δίκαιαι καὶ ἀληθιναὶ αἱ ὁδοί σου,
3bδ	ὁ βασιλεὺς τῶν ἐθνῶν·
4aα	τίς οὐ μὴ φοβηθῇ, κύριε,
4aβ	καὶ δοξάσει τὸ ὄνομά σου;
4bα	ὅτι μόνος ὅσιος,
4bβ	ὅτι πάντα τὰ ἔθνη ἥξουσιν καὶ προσκυνήσουσιν ἐνώπιόν σου,
4bγ	ὅτι τὰ δικαιώματά σου ἐφανερώθησαν.

Das Lied ist stark geprägt von Ps^{MT} 86, 8.11(12)/Ps^{LXX} 85,8–11(12).[1] Für uns interessant: Die Johannesoffenbarung gibt an dieser Stelle Ps^{LXX} 85,9 nahezu wörtlich wieder.

---

[1] Fast zu jedem Gedanken in Ps^{LXX} 85,8–11 findet sich eine Entsprechung in Apk 15,3b.4. Apk entnimmt aus Ps^{LXX} 85,8–12 den Preis der großen und wunderbaren Taten Gottes (85,8.10), den Gedanken seiner wahren Wege (85,11), das Fürchten (85,11) und das Verherrlichen (85,9.12) des Gottesnamens sowie die Einzigartigkeit Gottes (85,8.10). Weiteres zur Benützung von Ps^{MT} 86/Ps^{LXX} 85 an dieser Stelle und in Apk insgesamt findet sich in meiner Dissertation, in welcher ich die Verwendung und Bedeutung des atl. Psalters in der Johannesoffenbarung untersuche.

2. Das Zitat aus Ps^LXX 85,9

Ps^LXX 85,9 lautet in (fast)[2] allen Hss.: πάντα τὰ ἔθνη ὅσα ἐποίησας ἥξουσιν καὶ
προσκυνήσουσιν ἐνώπιόν σου κύριε καὶ δοξάσουσιν τὸ ὄνομά σου.

Der zweite Teil des Psalmverses (κύριε καὶ δοξάσουσιν τὸ ὄνομά σου) wird
(mit Veränderung der grammatischen Person) in Apk 15,4a wiedergegeben;
dies unterstreicht die besondere Bedeutung des Psalms für Apk 15,3b.4, ist im
Übrigen aber hier zurückzustellen. Vergleichen wir stattdessen ausführlicher
Ps^LXX 85,9a mit Apk 15,4bβ:

Ps^LXX 85,9α:
   πάντα τὰ ἔθνη ὅσα ἐποίησας   ἥξουσιν καὶ προσκυνήσουσιν ἐνώπιόν σου
Apk 15,4bβ:
ὅτι πάντα τὰ ἔθνη   ἥξουσιν καὶ προσκυνήσουσιν ἐνώπιόν σου

Der Psalm liest einen Relativsatz, den Apk nicht bietet: ὅσα ἐποίησας. Darüberhinaus sind beide Texte identisch. Die wörtlichen Übereinstimmungen machen
es sehr wahrscheinlich, dass Apk an dieser Stelle tatsächlich auf ein griechisches AT zurückgriff, also keine eigene Übersetzung des Hebräischen
bietet.

Bemerkenswert ist die Einleitung der Psalmwiedergabe mit ὅτι. Denn die
Abfolge von drei entsprechend eingeleiteten Nebensätzen muss in Apk 15,4b
keinesfalls als inhaltlicher Parallelismus verstanden werden.[3] So liest auch
Gregory K. Beale[4] – wohl zu Recht – nur den ersten (4bα) und dritten (4bγ)
Gliedsatz als Begründung der Furcht und Ehrung des Gottesnamens (4a), den
zweiten (4bγ) aber als Folge der alleinigen Heiligkeit Gottes. Dieser enge Bezug des Psalmverses auf die Alleinstellung Gottes findet sich auch in Ps^MT
86,8-10/Ps^LXX 85,8-10. Dann ist das ὅτι aber tatsächlich eine (zurück-haltende)
Zitateinleitung.

---

2   A. Rahlfs/R. Hanhart, Septuaginta. Id Est Vetus Testamentum Graece Iuxta LXX Interpretes,
    Stuttgart ^22006, 229) führt als einzige *varia lectio* eine Erweiterung (τὸ ὄνομά σου τὸ ἅγιον) in
    einer sahidischen Hs. (Sa^B) auf, die hier zurückgestellt werden kann. Vgl. ebenso A. Rahlfs,
    Psalmi cum Odis, Septuaginta Societatis Scientiarum Gottingensis X, Göttingen 1931, z.St.,
    wo darüber hinaus auf (hier zu vernachlässigende) stichometrische Varianten verwiesen wird.
3   So aber beispielsweise D. E. Aune, Revelation 6–16, WBC 52B, Nashville 1998, 861.
4   G. K. Beale, The Book of Revelation. Commentary on the Greek Text, NIGTC, Grand Rap-
    ids ^11999, 797.

3. Der älteste Text von Ps 86,8f.

Die Johannesoffenbarung geht an vielen Stellen offensichtlich recht frei mit dem alttestamentlichen Wortlaut um. Diese Beobachtung könnte die Vermutung nahelegen, dass sie sich auch hier von ihrer LXX-Vorlage entfernt und den Relativsatz ὅσα ἐποίησας ausfallen lässt. Doch ein Blick in die Diskussion um den hebräischen Text von Ps 86,8f. eröffnet eine Alternative. So wird – erstmals m.W. durch Hermann Gunkel – von einem Teil der Ausleger eine Emendation gegenüber dem Text des Leningradensis vorgeschlagen.[5]

Ps 86,8f. Leningradensis	Ps 86,8f. BHS-Apparat, Gunkel, Kraus (emendiert)
אֵין־כָּמ֖וֹךָ בָאֱלֹהִ֥ים ׀ אֲדֹנָ֗י וְאֵ֣ין כְּמַעֲשֶׂ֑יךָ׃ כָּל־גּוֹיִ֤ם ׀ אֲשֶׁ֥ר עָשִׂ֗יתָ יָב֤וֹאוּ ׀ וְיִשְׁתַּחֲו֣וּ לְפָנֶ֣יךָ אֲדֹנָ֑י וִ֖יכַבְּד֣וּ לִשְׁמֶֽךָ׃	אֵין־כָּמ֖וֹךָ בָאֱלֹהִ֥ים ׀ אֲדֹנָ֗י וְאֵ֣ין כְּמַעֲשֶׂ֗יךָ אֲשֶׁ֥ר עָשִֽׂיתָ׃ כָּל־גּוֹיִ֤ם ׀ יָב֤וֹאוּ וְיִשְׁתַּחֲו֣וּ לְפָנֶ֣יךָ אֲדֹנָ֑י וִ֖יכַבְּד֣וּ לִשְׁמֶֽךָ׃

„אֲשֶׁר עָשִׂיתָ ist in 9 versehentlich hineingekommen und muß zur Füllung in 8b herangezogen werden."[6] Für diese Korrektur spricht also nicht nur der biblische Sprachgebrauch,[7] entscheidend sind metrische Überlegungen: Sowohl 86,8 als auch 86,9 fügen sich ohne die Konjektur nur schwerlich in das Maß des Psalms, das von Siebener- (3+4/4+3) und Achter-Versen (4+4) dominiert wird. So besteht 86,8f. (emendiert) aus drei vierfüßigen und einem dreifüßigen Teilvers (4+4/4+3).

Diese Korrektur des atl. Textes wird üblicherweise nur aus inneren Gründen ohne Anhalt an einzelnen Textzeugen vorgenommen. Doch ist es durchaus

---

5 H. Gunkel, Die Psalmen, Göttinger Handkommentar zum Alten Testament 2/2, Göttingen ⁴1926, 376f. Die Transposition wird u.a. neben H. Herkenne, Das Buch der Psalmen. Die Heilige Schrift des Alten Testamentes, Bonn 1936, 289 und F. Nötscher, Die Psalmen, Echter-Bibel 1, Würzburg 1947, 174 auch von H.-J. Kraus, Psalmen 60–150, BK.AT 15,2, Neukirchen-Vluyn ⁵1978 (¹1960), 760 vertreten. Seit der dritten Auflage bietet Kittel die Konjektur als Variante im Apparat seiner Biblia Hebraica. Zuletzt wurde sie von F.-L. Hossfeld und E. Zenger im Anschluss an die Einheitsübersetzung (Neue Echter Bibel) übernommen, allerdings in Zweifel gezogen (Psalm 51–100, NEB 40, Würzburg 2002, 477). Dagegen lehnen [dies.]: Psalmen 51–100, HThKAT, Freiburg u.a. ²2000 die Emendation explizit als „nicht durch die Textüberlieferung gestützt" (536) ab.

6 H.-J. Kraus, Psalmen 60–150, BK.AT 15,2, Neukirchen-Vluyn ⁵1978, 760.

7 Die Verbindung von מַעֲשֶׂה und einer Form von עשה mit einem אֲשֶׁר-Satz ist übliche atl. Sprache (vgl. z.B. Ex 18,20; Dtn 11,3; Ri 2,10; 1Sam 8,8; 1Kön 13,11; Koh 8,17; Jes 19,15; Dan 9,14).

möglich, dass Apk 15,4 ein Zeuge für diesen vermuteten Text ist. Als Vorlage der Johannesoffenbarung ist dann ein griechisches AT (oder ein Teil davon) anzunehmen, das gegenüber der Old Greek auf einen hebräischen Text hin korrigiert wurde, der die ursprüngliche Textform bewahrte.

Angemerkt sei ebenfalls, dass die Johannesoffenbarung an dieser Stelle auch zu Jeremia eine Revision der Old Greek verwendete. Im ersten Teil von 15,4 gibt sie eine (rhetorische) Frage aus Jer 10,7 wieder (wobei der enge Bezug durch die gemeinsame Gottesbezeichnung „König der Völker" in Apk 15,3 und Jer 10,7 verdeutlicht wird). Dieser Vers findet sich nicht in der Old Greek, wohl aber fast wörtlich in späteren Rezensionen, besonders deutlich in der nach Theodotion:

Jer^{MT} 10,7a   מִי לֹא יִרָאֲךָ מֶלֶךְ הַגּוֹיִם

Apk 15,3bβ.4a   ὁ βασιλεὺς τῶν ἐθνῶν· τίς οὐ μὴ φοβηθῇ [...] τὸ ὄνομά σου;

Jer$^{Θ-LXX}$ 10,7a   τίς οὐ μὴ φοβηθήσεται σε⁸, βασιλεῦ τῶν ἐθνῶν

4. Textgeschichte

Ein Blick auf die Textgeschichte zeigt, dass es in den ersten Jahrhunderten (insb. in den großen Codices ‎א und A) keine Versuche gab, den Relativsatz ὅσα ἐποίησας im Psalter zu tilgen oder in Apk zu ergänzen. Fand an dieser Stelle also keine gegenseitige Beeinflussung von AT und NT statt, so hat die Beziehung beider Texte aufeinander doch textgeschichtliche Spuren hinterlassen.

Ein Teil der Hss. (unter denen die prominenteste A ist) liest nämlich in Apk 15,4 den Vokativ κύριε, der an entsprechender Stelle aus Ps^{LXX} 85,9 entnommen wurde:

Apk^{NA27} 15,4bβ   πάντα τὰ ἔθνη [...] προσκυνήσουσιν ἐνώπιόν σου

Ps^{LXX} 85,9a   πάντα τὰ ἔθνη [...] προσκυνήσουσιν ἐνώπιόν σου κύριε

Apk$^{Hs. A}$ 15,4bβ   πάντα τὰ ἔθνη [...] προσκυνήσουσιν ἐνώπιόν σου κύριε

Es handelt sich zwar nicht um eine Singulärlesart des Codex Alexandrinus, aber insgesamt doch um eine eher schwach bezeugte Variante,⁹ die vermutlich

---

8   „σε" ist in den Marginalien der Hs. 86 überliefert, der wichtige Zeuge Q dagegen lässt es aus.

9   Neben A nennt H. C. Hoskier, Concerning the Text of the Apocalypse. Collations of All Existing Available Greek Documents, Bd. 2, London 1929, 405 folgende (griechische) Zeugen: 209 (bei Hoskier: 46), 2026–250* (=59–121), 205 (=88), 2040 (=95), 2043 (=101), 1841 (=127), 1854* (=130), 2045 (=137), 1006^{mg} (=215). (Vgl. auch C. Tischendorf (Ed.), Novum Testamentum Graece. Ad Antiquissimos Testes Denuo Recensuit, Bd. 2, Leipzig ⁸1872, 994

nicht ursprünglich ist.[10] Dann ist aber davon auszugehen, dass die Überlieferung von Apk 15,3b.4 an dieser Stelle von Ps^{LXX} 85 beeinflusst wurde.

Wäre man dagegen eher geneigt, den von A bezeugten Text für ursprünglich zu halten, hätte Apk das κύριε aus Ps^{LXX} 85,9 doppelt (nämlich in 15,4bβ und 15,4aα) zitiert. Der von א überlieferte (und von NA^{27} übernommene) Text erklärte sich dann am besten als Straffung, um ein doppeltes κύριε in 15,4 zu vermeiden. Eine solche Änderung würde eine besondere Unabhängigkeit des ntl. Textes von Apk 15,3b.4 in den ersten Jahrhunderten gegenüber dem Psalter andeuten (Straffung des ntl. Textes gegen die atl. Zitatquelle).

Aber es findet sich noch ein Argument, hier eher von einer sekundären Erweiterung und nicht von einer Kürzung auszugehen. Wie in Anm. 9 vermerkt, bezeugt fast die gesamte lateinische Überlieferung den kürzeren Text. Einzige Ausnahme sind zwei lateinische Stundenbücher Ferdinands I. des Großen (11. Jh.) und seiner Frau, die zwischen verschiedenen (größtenteils nichtbiblischen) *cantica* auch Apk 15,1–4 und 19,5.1f.6f. enthalten.[11] Der Text entspricht im Übrigen dem der lateinischen Tradition, so dass hier nicht von einer Neuübersetzung ausgegangen werden sollte. Diese beiden *cantica* ergänzen *domine* an entsprechender Stelle. Eine Neuübersetzung (von einer griechischen Vorlage mit Langfassung) ist nicht anzunehmen,[12] doch aus der lateinischen Tradition kann *domine* ebenfalls nicht stammen. Die plausibelste Erklärung: die Variante ist im Mittelalter durch Abgleich mit dem lateinischen Psalter unabhängig von der griechischen Texttradition erneut entstanden. Die Analogie bekräftigt die Vermutung, dass auch die Variante im A-Text sekundär und dem Einfluss des Psalters geschuldet ist.

---

und R. Gryson (Ed.), Apocalypsis Johannis, Vetus Latina. Die Reste der altlateinischen Bibel, 26/2, 7. Lief., Freiburg 2003, 554.) Hinzu kommen die armenische und die äthiopische Überlieferung (genannt bei Tischendorf und Hoskier). Die lateinische Überlieferung folgt der Variante nicht; allerdings findet sie sich überraschenderweise in zwei lateinischen Stundenbüchern Ferdinands I. des Großen (11. Jh.) und seiner Frau, die zwischen verschiedenen (größtenteils nicht-biblischen) *cantica* auch Apk 15,1–4 und 19,5.1f.6f. enthalten (so Gryson; vgl. unten).

10   Die Variante ist nicht nur schwächer bezeugt (A wird weder von anderen wichtigen Zeugen noch von der lat. Überlieferung unterstützt), sondern auch länger: der spätere Ausfall des κύριε wäre nur schwer zu erklären. Nestle-Aland^{27} verzichtet ganz darauf, die Variante aufzuführen.

11   Eine Beschreibung der Stundenbücher findet sich bei R. Gryson (Ed.), Apocalypsis Johannis, Vetus Latina. Die Reste der altlateinischen Bibel, 26/2, 1. Lief., Freiburg 2000, 16.

12   Gryson (Apocalypsis Johannis,16) beschreibt den Text der beiden Apk-*cantica* als „un texte mixte, vulgate pour l'essentiel, mais panaché de variantes vieilles latines, pour la plupart d'origine africaine."

V. Zusammenfassung

Im Überblick wird die Textgeschichte also von mehreren Seiten beleuchtet. Einerseits lässt das Lied in Apk 15,3b.4 Licht auf zwei Textfassungen fallen, für die jeweils keine direkten Zeugen überliefert sind, namentlich eine ältere vormasoretische Textfassung des hebräischen Ps 86, als auch eine Revision der Old Greek von Ps 85. Zugleich zeigt sich, dass dieser Psalm seine Spuren schon in der frühen Textgeschichte von Apk 15,3b.4 hinterlassen hat, wenngleich eine konsequente Anpassung der Texte für diese Zeit nicht festzustellen ist. Darüberhinaus ließ sich auch eine Beeinflussung des ntl. Textes durch den Psalter für das Mittelalter aufzeigen. Dasselbe textkritische Phänomen trat also unabhängig voneinander zu verschiedenen Zeiten und in verschiedenen Traditionen auf.

Literatur:

D. E. Aune, Revelation 6–16, WBC 52B, Nashville 1998.

G. K. Beale, The Book of Revelation. Commentary on the Greek Text, NIGTC, Grand Rapids ^11999.

R. Gryson (Ed.), Apocalypsis Johannis, Vetus Latina. Die Reste der altlateinischen Bibel, 26/2, 7. Lief., Freiburg 2003.

H. Gunkel, Die Psalmen, Göttinger Handkommentar zum Alten Testament 2/2, Göttingen ^41926.

H. Herkenne, Das Buch der Psalmen. Die Heilige Schrift des Alten Testamentes, Bonn 1936.

H. C. Hoskier, Concerning the Text of the Apocalypse. Collations of All Existing Available Greek Documents, Bd. 2, London 1929.

F.-L. Hossfeld/E. Zenger, Psalmen 51–100, HThKAT, Freiburg u.a. ^22000.

F.-L. Hossfeld/E. Zenger, Psalm 51–100, NEB 40, Würzburg 2002.

H.-J. Kraus, Psalmen 60–150, BK.AT 15,2, Neukirchen-Vluyn ^51978 (^11960).

F. Nötscher, Die Psalmen, Echter-Bibel 1, Würzburg 1947.

A. Rahlfs/R. Hanhart (Edd.), Septuaginta. Id Est Vetus Testamentum Graece Iuxta LXX Interpretes, Stuttgart ^22006.

A. Rahlfs (Ed.), Psalmi cum Odis, Septuaginta Societatis Scientiarum Gottingensis X, Göttingen 1931.

C. Tischendorf (Ed.), Novum Testamentum Graece. Ad Antiquissimos Testes Denuo Recensuit, Bd. 2, Leipzig ^81872.

VI. Register

Sachregister

addition, added   156, 157, 171, 172, 213, 336

äthiopisch   46, 111, 292, 369, 421

allusion (→ Anspielung)   343, 346, 350, 351, 354, 363, 407

altkirchlich   283, 284, 286, 287, 288, 289, 296, 302, 303, 309, 315

Anlehnung /anlehnen   250, 257, 262, 276, 324, 334, 335

Anspielung (→ allusion)   2, 61, 229, 244, 245, 247, 339–377, 385, 393, 394, 398, 401, 406, 411

antichristlich   288, 293

antiochenisch / Antiochenischer Text / Ant   1–4, 13–38, 39–50, 51–59, 63, 158–160, 176–179, 185, 336, 386

Aquila (Übersetzung)   52, 57, 61, 155, 156, 175, 181, 212, 236, 241, 242, 284, 288, 289, 293, 307, 372, 386, 400, 404, 405

armenisch   45, 59, 292, 421

atticistic   162

attisch / attisierend   54, 61

Auszeichnungshände / - praxis / - formen / -buchstabe (→ Schreiber / - hände / - praxis; → Diplé)   20, 63, 79, 80, 95, 99, 109, 121–125, 138, 149–152

Autor (in der Antike)
    realer -   458, 459
    impliziter -   458, 459

Baal (die Baal)   31–33, 177, 293

Bearbeitung / bearbeiten   3, 17, 21, 22, 23, 33–36, 41, 53, 54, 150, 286, 325, 340, 377

bohairisch   33, 234, 305

Byzanz / byzantinisch   13, 183, 236, 258, 273, 284, 303
    - Schulregel   41

Catena / Katene   43, 44, 110, 163, 234, 313

Christian /-s   156, 159, 163, 165, 172
    addition   156
    glosses   157
    interpolation   170, 172
    provenance   157

Handschriftenverzeichnis

1. Griechische Handschriften

1.1 Papyri

Berol. 9782   78

Bodmer XXIV   33, 221, 222, 255, 271

Bodmer LXX ms. 2110   165

830   238

902   231

904   231

915   231

948   231

958   231

965/Chester Beatty Papyrus VII   231

967   178, 179, 345

Oxy 3.405 (Camb. MS Add 4413)   78

$\mathfrak{P}^{46}$ 176, 177, 259, 263

$\mathfrak{P}^{72}$ 234–238

1.2 Majuskeln

ℵ/01/S/Sinaiticus   1, 2, 33, 34, 40, 77, 79, 80, 83–99, 109, 115, 116, 138, 149–151, 158, 160–162, 166, 167–169, 171, 172, 177, 183, 198, 215, 231, 234, 236–238, 250, 259, 267, 263, 267, 292, 302, 307, 317, 318, 331, 332, 359

A/02/Alexandrinus   1, 2, 29, 33, 34, 40, 59, 60, 63, 66, 67, 77, 79, 80, 109, 115–143, 145, 149–151, 158, 160, 162, 166, 167, 168, 170, 179, 183, 198, 215, 231, 235, 236, 237, 255, 263, 267, 292, 302, 319–338, 367, 368, 420

1.3 Minuskeln

82	15, 40	501	60, 66
86	301, 302, 305, 307	509	45
88	307	517	372
92	44	534	285, 305
93	15, 40, 305, 307	538	289, 301, 302
106	302, 305	552	239
108	15, 40	554	40, 45, 60, 63, 69
127	15, 40	564	306
120	44	619	239
130	306	629	236
147	305	700	45
153	324	707	45
158	44	711	302
211	324	770	305
222	324	918	231
233	289	1001	285, 305
243	44, 61	1524	235
245	45	1611	369
247	60, 66	1735	237
254	235	1739	234, 292
301	299, 305	1837	234
309	305	1854	359, 372, 420
314	45	1881	258, 292
325	372	2019	292
326	234, 257	2026	372
323	236	2053	359
367	372	2070	372
372	45	2329	369
393	285, 305	2339	359
403	287, 307	2344	369
407	305, 307	2351	372
456	305, 307, 372	2464	257
468	372	4078	306
489	45		

Stellenregister

1. Altes Testament

Genesis		37,3	257
1,1	260		
2	309	Leviticus	
2,7	257	10,5–13,6	238
16,11	163	11,44f.	230, 238–240, 246
26,3	399	11,44	137
31,3	399	13,59	238
37,35	175	19,2	230, 238–240, 246
42,38	175	20,7.26	239, 240
44,29	175	20,27–22,30	238
44,31	175	23,20–30	238
		25,30–40	238
Exodus			
1,8	108	Numeri	
3,12	399	12,7	270, 271
3,14	395, 397–402	16,30.33	175
4,12	400	23,33	92
4,15	400	24,8	92, 169, 292
12,10.46	141		
17,7	272	Deuteronomium	
18,20	419	11,3	419
19,6	371, 372	22,25–27	289
19,16	352–354, 373, 374	31,6	180
19,19–20	353	31,23	400
23,20	97	32,4	345
25,40	138	32,35	5, 182
27,23	257		

2. Neues Testament

3. Griechische und lateinische Schriftsteller

4. Jüdische Schriften

4.1 Texte aus Qumran

4.2 Targumim

4.3 Frühjüdische Literatur

5. Frühchristliche Schriften

6. Kirchenväter

Namenregister

1. Antike und Mittelalter

2. Neuzeit und Gegenwart

Autorenverzeichnis

PROF. DR. JOSTEIN ÅDNA
School of Mission and Theology, Stavanger (Norwegen)
Lehrstuhl für Neues Testament

PD DR. MARTIN HEIDE
Philipps-Universität Marburg (Deutschland)
Centrum für Nah- und Mittelost-Studien

PROF. DR. MARTIN KARRER
Kirchliche Hochschule Wuppertal/Bethel (Deutschland)
Lehrstuhl für Neues Testament

PROF. DR. SIEGFRIED KREUZER
Kirchliche Hochschule Wuppertal/Bethel (Deutschland)
Lehrstuhl für Altes Testament und Biblische Archäologie

DR. MICHAEL LABAHN
Kirchliche Hochschule Wuppertal/Bethel (Deutschland)
Institut für Septuaginta und Biblische Textforschung

PROF. DR. MARTIN MEISER
Universität des Saarlandes (Deutschland)
Fachrichtung 3.2 Evangelische Theologie

DR. MARCUS SIGISMUND
Kirchliche Hochschule Wuppertal/Bethel (Deutschland)
Institut für Septuaginta und Biblische Textforschung

APL.-PROF. DR. ULRICH SCHMID
Kirchliche Hochschule Wuppertal/Bethel (Deutschland)/ Westfälische-
        Wilhelms-Universität Münster (Deutschland)
Institut für Septuaginta und Biblische Textforschung/ Institut für
        neutestamentliche Textforschung

PROF. DR. GERT J. STEYN
University of Pretoria (Südafrika)
Lehrstuhl für Neues Testament, Faculty of Theology

JENS ULRICH THOMAS
linux systeme thomas, Wuppertal (Deutschland)

JOHANNES DE VRIES
Kirchliche Hochschule Wuppertal/Bethel (Deutschland)
Lehrbereich Neues Testament